国家社科基金后期资助项目

《广雅疏证》词汇研究

A Lexical Study of "Guang Ya Shu Zheng"

胡继明　周　勤　向学春　著

商务印书馆
创于1897　The Commercial Press
2015 年 · 北京

图书在版编目(CIP)数据

《广雅疏证》词汇研究/胡继明,周勤,向学春著.—北京:
商务印书馆,2015
ISBN 978 - 7 - 100 - 11091 - 4

Ⅰ.①广⋯　Ⅱ.①胡⋯②周⋯③向⋯　Ⅲ.①《广雅》—
词汇—研究　Ⅳ.①H131.4

中国版本图书馆 CIP 数据核字(2015)第 044132 号

《广雅疏证》词汇研究

胡继明　周　勤　向学春　著

商 务 印 书 馆 出 版
(北京王府井大街36号　邮政编码 100710)
商 务 印 书 馆 发 行
北 京 冠 中 印 刷 厂 印 刷
ISBN 978 - 7 - 100 - 11091 - 4

2015 年 4 月第 1 版　　　开本 787 × 1092　1/16
2015 年 4 月北京第 1 次印刷　印张 37½

定价:99.00 元

国家社科基金后期资助项目
出版说明

后期资助项目是国家社科基金设立的一类重要项目，旨在鼓励广大社科研究者潜心治学，支持基础研究多出优秀成果。它是经过严格评审，从接近完成的科研成果中遴选立项的。为扩大后期资助项目的影响，更好地推动学术发展，促进成果转化，全国哲学社会科学规划办公室按照"统一设计、统一标识、统一版式、形成系列"的总体要求，组织出版国家社科基金后期资助项目成果。

全国哲学社会科学规划办公室

序

　　三国魏张揖撰《广雅》，在《尔雅》基础上汇集先秦两汉几乎所有的词和词义。"其自《易》、《书》、《诗》、三《礼》、三《传》经师之训，《论语》、《孟子》、《鸿烈》、《法言》之注，《楚辞》、汉赋之解，谶纬之记，《仓颉》、《训纂》、《滂喜》、《方言》、《说文》之说，靡不兼载。盖周秦两汉古义之存者，可据以正其得失。其散逸不传者，可借以阅其端绪，则其书之为功于训诂也大矣。"（王念孙语）《广雅》未列书证，不少内容读者无法理解。清代训诂大师王念孙著《广雅疏证》，大量采用各种古籍语料汇注《广雅》，又用《广雅》解读古籍文字。就古音求古义，引申触类，不限形体，取得巨大成功，被誉为训诂研究的典范，也是现代学者研究古汉语词汇语义的丰富语料库。

　　胡继明教授等所著的《〈广雅疏证〉词汇研究》，以现代语义学理论为指导，以王力先生所定声、韵系统为古音标准，就《广雅疏证》所列语料，分为同义词、反义词、同源词、动植物名词"异名同实"现象四个方面的内容进行研究，并且评述了《广雅疏证》的有关研究理论、方法、成就与不足。本书归纳统计《广雅疏证》的同义词 632 组，用义素分析法深入辨析了其中 100 组，并揭示了同义词构成的语义特征。归纳统计了《广雅疏证》反义词 178 组，细致分析其中 100 组，并揭示了对文、连文、否定结构、正反同词四种反义词构成形式。同源词是来自同一语源，上古读音相同或相近、意义相同或相关的词。本书在前人研究的基础上，运用比较互证、义素分析、系统贯通、数理统计等方法，清理了同源词之间多种复杂的语音关系、语义关系和音义关系，归纳统计出《广雅疏证》同源词 413 组，深入讨论了其中 100 组，并追溯其音义根源、构词理据和语源意义。动植物名词"异名同实"现象是词源学研究的重要内容，《广雅疏证》有非常丰富的动植物"异名同实"的语料。构成动植物异名同实有多种原因，构词理据（词的内部形式）不同是重要原因之一。本书归纳《广雅疏证》动植物名词异名同实的理据有形体理据、习性理据、纹色理据、时空理据、功用理据、感官理据、质地理据、综合理据八种之多。此外，单音复音词不同、词语同义替换、语音流变、方言差异、雅俗不同、时代不同、风格有别等也都容易造成动植物名词异名同实。书中一一举例论证分析,全面而深入。书末附有"《广雅疏证》同义词表",录同义词 632组,依音序排列;"《广雅疏证》反义词表",录反义词 178 组,按音序排列;"《广雅疏证》同源词表",录同源词 413 组,依古韵 30 部排列。便于查阅,很实用,对读者大有帮助,也可以看出作者心思缜密,用功匪浅。

学术研究总是随时代发展而不断进步的。前修开路,功不可没,理当受到尊重,后人站在前辈学者的肩膀上,有所创新和前进是自然的。继明教授等以现代语言学理论方法为指导,结合其他典籍,对《广雅疏证》深入进行考察研究,重新归纳分析,形成一个以同义词、反义词、同源词、动植物名词"异名同实"现象为重点的新的古代汉语词汇研究体系,内容翔实,论证充分,纲举目张,条理清楚,与研究《广雅疏证》的其他成果相比,有自己的特色,达到了一个新的水平,无疑很有学术价值。

十余年来,继明教授担任高校领导,工作繁忙。但他没有忘记教学科研是教授的基本任务,坚持给学生上课,带研究生,承担国家社会科学研究项目,取得不少成绩,这种精神值得赞赏。《〈广雅疏证〉词汇研究》即将付梓,继明教授让我看一看书稿,于是写了上面一些话,算作序。

向 熹

2014.8.10

前　言

一、本书研究的目的与意义

本书通过对王念孙《广雅疏证》中的同义词、反义词、同源词以及动植物名词"异名同实"现象等词汇词义问题的全面系统研究,旨在从一个新的角度客观展示《广雅疏证》的词汇词义面貌及其特征,在一定程度上弥补《广雅疏证》从清代至今在词汇词义等方面研究的不足,为进一步深入研究《广雅疏证》中的词汇词义现象,正确认识王念孙及其《广雅疏证》在汉语语言学史上的历史地位,拓展《广雅疏证》的研究视野,建立科学的汉语词汇史和现代汉语词汇学提供一些经过整理的实证材料,经过阐述论证的有价值的术语、原理和结论以及可资借鉴的理论和方法。

二、《广雅疏证》的研究现状

《广雅疏证》虽然在中国语言学史上占有很高的地位,但对其研究还远远不够。近几十年来,学者们对《广雅疏证》的研究主要集中在总体评价、校勘补正、词汇词义和价值意义等方面,李福言《近三十年〈广雅疏证〉研究综述》(2013)做了较为详细的介绍。鉴于本书研究的对象和内容,我们主要就其训诂和词汇语义两个方面的研究现状概述如下。

训诂研究方面,主要涉及王念孙《广雅疏证》的训诂方式和训诂术语。如吴荣范《〈广雅疏证〉类同引申说的成就与不足》(2006)及其硕士论文《〈广雅疏证〉类同引申研究》(2007),彭慧《"求变"与"求通"——试析段玉裁〈说文解字注〉与王念孙〈广雅疏证〉词义引申研究的不同》(2010),胡继明《〈说文解字注〉和〈广雅疏证〉的右文说》(1993),朱国理《〈广雅疏证〉对右文说的继承与发展》(2000),周光庆《王念孙"因声求义"的理论基础和实践意义》(1987),王小莘《王氏父子"因声求义"述评》(1988),彭慧《论〈广雅疏证〉的"因声求义"》(2006),朱国理《〈广雅疏证〉中的转语》(2003),李福言《〈广雅疏证〉"语之转"研究》(2014),朱国理《试论转语理论的历史发展》(2002),

杜丽荣《试析〈广雅疏证·释诂〉"一声之转"的语音关系》(2004),彭慧《〈广雅疏证〉中〈文选〉通假字研究》(2004),胡继明《〈广雅疏证〉的"字异而义同"》(1995),马景伦《〈广雅疏证〉部分训诂术语的含义和用法浅析》(2008),朱国理《〈广雅疏证〉中的"同"》(1999)、《〈广雅疏证〉中的"通"》(2001)、《〈广雅疏证〉"声同声近声通"考》(2001),盛林《〈广雅疏证〉中的"依文释义"》(2006)、《略论〈广雅疏证〉中的"对文异,散文通"》(2006),马景伦《〈广雅疏证〉所揭示的"二义同条"之词义关系分析》(2006)、《〈广雅疏证〉训诂术语"相对成文"浅析》(2006),梁孝梅、单殿元《〈广雅疏证〉中与修辞相关的术语》(2007)等。

在词汇词义研究方面,主要涉及王念孙《广雅疏证》中的同源词、同义词和反义词。如胡继明博士论文《〈广雅疏证〉同源词研究》(2002)以及单篇论文《〈广雅疏证〉系联同源词的方法和表达方式》(2002)、《〈广雅疏证〉同源词的词义关系类型》(2003)、《〈广雅疏证〉研究同源词的成就和不足》(2003)、《〈广雅疏证〉研究同源词的理论和方法》(2003)、《〈广雅疏证〉中的同源词研究》(2004),刘殿义、张仁明《〈广雅疏证〉同源字的语义问题》(1995),张仁明《〈广雅疏证〉同源字组间的语义关系》(1997),华学诚《就王念孙〈广雅疏证〉研究同源词的方法与梅祖麟教授商榷》(2003),朱国理《〈广雅疏证〉同源词的词义关系》(2005),齐冲天《〈广雅疏证〉的因声求义与语源学研究》(2006),孙德平《〈广雅疏证〉在同义词研究上的贡献》(2007),盛林《〈广雅疏证〉中的同义观》(2009),周勤、胡继明《〈广雅疏证〉研究单音节同义词的方法》(2008),周勤《论〈广雅疏证〉中蕴含的同义词辨析理论》(2011),向学春《〈广雅疏证〉之反义关系研究》(2010)等。

徐兴海的专著《〈广雅疏证〉研究》对《广雅疏证》进行了较为全面的研究;张其昀的《〈广雅疏证〉导读》从"证义"、"校勘"、"纠谬"、"阐发"等方面对《广雅疏证》进行了研究;盛林《〈广雅疏证〉语义学研究》则是专门研究《广雅疏证》语义学价值的专书。

从以上研究成果可以看出,研究《广雅疏证》词汇词义方面的成果相对较少,且零星不成系统,也不全面。因此,从《广雅疏证》的词汇词义关系的角度对其进行全面、系统的研究,是十分必要的。

因此,本书希望通过对《广雅疏证》词汇和词义关系的考察,探究汉语同义词、反义词、同源词以及动植物名词"异名同实"的构成来源、区别特征、形成规律,探讨古今词义观与词义研究的方法,试图对汉语词义之间的关系做出较为合理的解释。

三、本书研究的主要内容

本书从《广雅疏证》列举、分析的语言材料出发,参照先秦两汉文献语言材料及汉唐人注疏、清人集解,借鉴前辈学者和当代学者的研究方法和成果,尝试以现代语言学理论为指导,运用现代词汇学的理论、成果,从词义关系的角度全面、系统地研究了《广雅疏证》的同义词、反义词、同源词、动植物名词"异名同实"现象,对王念孙《广雅疏证》研究的同义词、反义词、同源词、动植物名词"异名同实"现象进行了较为穷尽的分析、归纳和整理,探讨了王念孙《广雅疏证》研究同义词、反义词、同源词的理论和方法,对其成就和不足也进行了较为客观、全面的总结和评价。对《广雅疏证》动植物名词"异名同实"得名理据及"异名同实"现象的形成原因进行了探讨。

四、本书研究的主要观点

王念孙《广雅疏证》对词汇词义的研究,不仅继承了传统语言学的研究方法,同时也具备较为先进的词汇学理论思维,是一部当之无愧的语言学巨著。

1. 王念孙《广雅疏证》的词汇研究进一步体现和发展了中国传统语言学词汇研究的系统性观念。

《尔雅》已初步体现了汉语词汇研究的系统性观念,王念孙吸取了秦汉以来汉语词汇研究的精华,他的《广雅疏证》从同义词、反义词、同源词、动植物名词"异名同实"的角度对汉语词汇系统进行了较为全面的阐释,基本囊括了汉语词汇系统的全部内容,既体现和发展了中国传统语言学词汇研究的系统性观念,也展现了他在这种观念指导下进行词汇词义研究所取得的巨大成就。

2. 王念孙《广雅疏证》走出了中国传统词汇研究的训诂学范式,对词汇词义的研究已初步具备现代词汇学的理论思维。

王念孙在分析同义现象、反义现象时,已有运用义场、义素理论、区别特征分析同义词、反义词的意识,已触摸到现代语义学的领域;同源词研究将词的语音与语义结合起来考察,这种思维与现代语言学中关于语言的符号学原理不谋而合;对动植物名词得名理据及"异名同实"现象形成原因的解析已经涉入词源学研究领域。

3. 较为先进科学的研究方法的成功运用是《广雅疏证》能取得巨大成就的重要保障。

王念孙在《广雅疏证》同义词的考辨中,运用了识同法、辨异法等研究方法;在反义词的考辨中,运用了反义类比证义法、正反同词证义法等研究方法;在同源词的整理中,运用了音义结合法、右文法、声训法、音转法、综合法等研究方法。这些较为先进科学的研究方法在今天的词汇学研究中仍在广泛应用。

目　录

第一章 《广雅疏证》同义词研究

古汉语同义词是汉语词义系统的重要组成部分。本章以《广雅疏证》语料为研究对象，以语义学理论为指导，采用义素分析法、数据统计法、同义词的语义关系及语义结构分析法等方法，研究《广雅疏证》中的同义词，共系联出632组有同义关系的词。阐述了研究《广雅疏证》同义词的意义、依据以及研究《广雅疏证》同义词意义关系的方法，揭示了《广雅疏证》同义词的分布状况及体现规律，运用义素分析法举例分析了632组同义词中的100组，揭示了《广雅疏证》同义词的基本特征，总结归纳了《广雅疏证》研究同义词的理论与方法、成就与不足。其理论成就主要体现在：已有运用语义场、义素理论分析同义词的意识；具有同义词系统性观念；形成了关于同义词、反义词辩证关系的理论；形成了同义词的形态理论。王念孙在辨析《广雅疏证》的同义词时，主要在于识同，但也对部分同义词做了辨异，提出了同义词分析的方法。他在材料运用上除借鉴前人注解以及同义词辨析的成果之外，还注重根据文献材料归纳和分析同义词；注重运用口语、方言等语言材料。因此，《广雅疏证》研究同义词的成就既表现在对同义词语料的整理方面，也表现在对同义词理论和方法等的研究方面。

第一节 《广雅疏证》同义词分析

一、同义词概说

（一）同义词的性质

有了词汇，就有了同义词，同义词与整个语言以及语音、词汇、语法等要素是同步的。语言是发展的，词汇也是发展的，因此，同义词也是发展变化的，它和多义词、反义词、同源词一样，是一种动态的语言现象，而不是一种固定的语言现象。

关于同义词的性质,虽然经历了半个多世纪的讨论,至今仍然没有一个统一的标准。迄今为止,主要有以下诸说:

1."意义同近"说。此说认为同义词是指意义相同或相近的一组词。代表学者有周祖谟、张永言、刘叔新和陆善采等。

2."概念同一"说。此说认为同义词是指概念相同而词义有细微差别的词。代表学者有石安石、陈满华、崔复爰等。

3."对象相同"说。此说认为同义词是指指称对象相同的词。代表学者有武占坤、王勤、武谦光等。

4."义位相同"说。此说认为同义词是指义位相同或相近的一组词。代表学者有蒋绍愚、钱乃荣、符淮青、黄金贵等。

另外,同义词的性质还涉及词性问题,即构成同义关系的词在词性上是否一致。关于同义词的词性问题,历来也有不同的看法:

1."相同"说。此观点认为构成同义关系的词彼此之间的词性需要相同。代表学者有刘冠群、高庆赐、刘叔新、葛本仪等。

2."不同"说。此观点认为构成同义关系的词彼此之间的词性可以不同。代表学者有张世禄、蔚群、濮侃、胡裕树、梅立崇等。

3."综合"说。此观点认为构成同义关系的词彼此之间的词性最好相同,但也可以不同。代表学者有周祖谟、张永言、王宁等。

此外,还有同义词各词之间的语音有无关系问题。王力先生在《同源字论》中认为同源字必然是同义词。[①] 张双棣先生在《〈吕氏春秋〉词汇研究》一书中也认为同义词中各词之间具有语音联系。[②] 冯蒸先生《〈说文〉同义词研究》根据语音条件把古汉语同义词分为非同源同义词和同源同义词两类。[③] 王宁先生在《训诂学原理》一书中认为同义词是声音没有渊源而意义局部相近的词。同义词必定不同源,两个词只要有一个义项的义值相近,就可称为在这个意义上的同义词。[④] 万艺玲等《词汇应用通则》认为同义词之间的语音是不相关的。语音相关,具备音近义通条件的,是同源词,不应该包括在同义词的范围之内。[⑤]

综合以上诸家的观点,我们对同义词的认识是:意义相同或相近的一组词叫作同义词。所谓"意义相同",是指基本意义相同或部分意义相同。在

---

① 王力:《王力语言学论文集》,商务印书馆 2000 年版,第 534 页。
② 张双棣:《〈吕氏春秋〉词汇研究》,山东教育出版社 1989 年版,第 87 页。
③ 冯蒸:《〈说文〉同义词研究》,首都师范大学出版社 1995 年版,第 3 页。
④ 王宁:《训诂学原理》,中国国际广播出版社 1996 年版,第 48 页。
⑤ 万艺玲、郑振峰、赵学清:《词汇应用通则》,春风文艺出版社 1999 年版,第 131 页。

任何语境中都能够替换的同义词叫绝对同义词或等义词。这类意义完全相同的同义词只是少数。同义词必须词性相同,词性不同的不是同义词。同义词的语音不相关,语音相关的,是同源词。

现代汉语词汇以双音词为主,古代汉语词汇单音词占优势,这是现代汉语和古代汉语词汇系统的显著差别。一般来说,单音词的义项多,指向广,因此,古代汉语的同义词大多由单音词聚合而成,并且古代汉语中的同义关系比现代汉语要复杂得多。如果仅就某一历史时期而言,古代汉语同义词之间的同义关系也许并不是很复杂,但是,如果将其放在汉语的历史长河中来进行考察,古代汉语同义词之间的同义关系就不是那么简单了。也就是说,古代汉语同义词不仅涉及同一历史层面,而且也涉及不同的历史时期;不仅涉及词的本义,而且也涉及词的引申义。因此,从理论上讲,每个词都有不同数量的同义词。我们把古代汉语的同义词界定为:同义词是指在词的理性意义上有一个相同或相近义位的一组词。这一定义应该包含如下内涵:

1.由于古代汉语单音词占优势,而这些单音词大多又是多义词,因此确定词与词之间的同义关系只是就某一个义位而言的,而不是它的全部义位。

2.在汉语漫长的历史长河中,词义随着社会的发展而发生了演变,因此,词的时代性和词义的可变性是确定词与词之间同义关系的重要要素。有的同义词在同一历史时期构成同义关系,有的词在不同的历史时期构成同义关系。

3.同源词不是同义词。

4.同义词的同或近只是就某一义位而言的。由于古代汉语词义具有多义性,因此,在系联词的同义关系时,可以任意选择其中的一个义位。

5.具有同义关系的词词性相同。

6.同义词在语音上不相关。

我们从实际的语言材料出发,认为古代汉语的同义词大致有以下几种情况:

(1)从时代上看

①有的词古今都是同义词。如"诽"、"谤"都有"编造谎言坏话来攻击陷害他人"之义;"恐"、"惧"都有"害怕"之义;"房"、"屋"、"室"都有"供人居住的建筑物"之义;"刚"、"强"都有"强硬"之义。

②有的词开始具有同义关系,后来演变为不同义。如"树"、"艺"上古都有"种植"的意思,中古以后"树"主要作"树木"讲,"艺"通常作"技巧"讲,不再用作"种植"之义,"树"与"艺"就不同义了;"美"和"好"在上古是同义词,

都有"美好"之义,后来"好"表示"优"、"良",与"坏"、"劣"相对,"美"仍表示"美好"之义,与"丑"相对,于是"美"与"好"就变得不同义了。

③有的词本来不是同义词,后来演变为同义词。如"狱"与"牢"上古不同义,"狱"指诉讼案件,"牢"指关养牲畜的栏圈,秦汉以后都有了"监狱"的意思,二者变成了同义词;"涕"与"泗"上古不同义,"涕"指"眼泪","泗"指"鼻涕",后来"涕"也表示"鼻涕",二者变成了同义词。

(2)从词义关系上看

①有本义与本义相同的同义词。即有的同义词是以本义与本义相同为条件构成的。如"宫"与"室",《尔雅・释宫》:"宫谓之室,室谓之宫。""宫"与"室"的本义都是指"居室",二者是本义与本义相同构成的同义词。又如"逃"与"亡",《说文・辵部》:"逃,亡也。"《说文・亡部》:"亡,逃也。"段玉裁注:"亡之本义为逃。""逃"与"亡"本义都是指"逃跑",二者是本义与本义相同构成的同义词。

②有本义与引申义相同的同义词。即有的同义词是以本义与引申义相同为条件构成的。如"面"的本义为"脸面",此义一直在沿用;"脸"的本义指"脸颊",后来引申为指整个面部,于是"脸"就与"面"同义了。

③有引申义与引申义相同的同义词。即有的同义词是以引申义与引申义相同为条件构成的。如"兵"、"士"、"卒","兵"的本义是"兵器","士"的本义是"男子","卒"的本义是"古代穿染色衣服的奴隶",它们后来都引申指"士兵","兵"、"士"、"卒"是一组引申义与引申义相同构成的同义词。又如"理"的本义是"治玉","治"的本义是治水,它们后来都引申为"治理","理"与"治"是一组引申义与引申义相同构成的同义词。

同义词最主要的特征是"同中有异","同"是指在某一义位上词的理性意义相同,"异"是指同义词在语义、语用、语法等方面存在着细微差别。

(二)同义词的判定

词的同义关系是在词的具体运用中体现出来的,所以确定词的同义关系不能只靠主观臆测,必须运用古代文献语言材料来证明①。现代汉语同义词的认定方法主要有替换法、义素分析法、同形结合法等。古代汉语的同义词非常丰富,同义词的意义有同有异,因此其意义的相同部分是确定同义词的依据。洪成玉先生《古汉语同义词及其辨析方法》认为:确定同义词有一定的客观依据。一般说,属下列情况之一的,都可以认为是

---

① 万艺玲、郑振峰、赵学清:《词汇应用通则》,春风文艺出版社 1999 年版,第 132 页。

古汉语中的同义词：（1）互训；（2）同训；（3）同义递训；（4）互文；（5）异文。① 王宁先生在《训诂学原理》一书中指出："两个词是否同义，也需要有文献语言的材料加以证明，而绝对同义的词是没有的，确定同义词的同时，就需要辨析它们的差异。"她随后列举了能够证明两词同义的文献语言材料有四种②：

1. 义训：直训的训释词与被训释词如果不属文意训释，则必定同义，互训更易判定为同义词。……同训词如果其中没有文意训释，也可判定在这一义项上同义。……作同一被训释词的训释词的两词，也可判定在某一义项上同义。

2. 互言：同义词在使用它们相同的义项时可以相互置换，也就是说，在相同的语言环境里，它们因意义相同，可以同用。韵文中常有互言的现象，可以看出词的同义。

3. 对言：同义词用在相对应的位置上，可以见其同。

4. 连言：在古汉语里，同义词可以连用而义不变，这正是后来发展为双音合成词的基础。

根据以上两家的意见，我们认为确定古汉语同义词的方法主要有同训、互训、递训、互言、对言、连言等。确定同义词的目的是为了准确把握同义词之间存在的"同中有异"。在阅读古代文献作品时，只有准确把握同义词之间存在的"同中有异"，才能正确理解古代汉语词义，增进提高阅读古代文献作品的能力，避免误解词与词之间的同义关系及其差异。

（三）古代同义词的判定方法

"同义词"虽然是现代语言学的一个术语，但是中国古代的语言学家们却很早就在从事这方面的研究工作。两千多年以前，中国最早的一部词典——《尔雅》，其《释诂》、《释言》、《释训》等篇就是按义类汇编的同义词词典。晋郭璞《尔雅注·序》："夫《尔雅》者，所以通训诂之指归，叙诗人之兴咏，总绝代之离词，辨同实而殊号者也。"③郭璞认为《尔雅》作者编辑《尔雅》的目的之一就是为了帮助人们"辨同实而殊号"。所谓"同实而殊号"，就是指这些词的意义相同而字形和读音不同。历代研究《尔雅》的训诂学家都非常重视同义词之间"同中有异"的辩证关系。同训、互训、递训等词义训释方式是古代训诂学家确定同义词的一种重要方法。《尔雅》之后的《广雅》等"雅学"著作都存在大量的同训、互

---

① 洪成玉：《古汉语同义词及其辨析方法》，《中国语文》1983 年第 6 期。

② 王宁：《训诂学原理》，中国国际广播出版社 1996 年版，第 83～84 页。

③ 李学勤主编：《十三经注疏·尔雅注疏》，北京大学出版社 1999 年版，第 2 页。

训、递训等词义训释方式,特别是同训这一训诂方法特别突出,因此,深入探讨、整理古代训诂学家对《尔雅》、《广雅》等"雅学"著作各种语义现象的分析,无疑将为我们研究古代汉语和现代汉语同义词开辟一条新的道路。

二、研究《广雅疏证》同义词的意义和依据

(一)研究《广雅疏证》同义词的意义

我们的研究对象是王念孙《广雅疏证》中的同义词。我们从《广雅疏证》列举、分析的语料出发,参考先秦两汉文献语料及汉唐人注疏、清人集解,借鉴前辈学者和当代学者的相关研究方法和成果,运用训诂学研究成果和现代词义学的理论、方法与成果对王念孙《广雅疏证》中具有同义关系的一组组词进行词义分析,试图深入细致地展示出这些同义词的词义结构和同义词之间的内部关系,对古代汉语同义词词义规律做一些切实的探讨,总结和评介王念孙的同义词理论,为科学系统地研究古代汉语同义词提供经过整理的文献语料和经过阐述和论证的有价值的结论。

清代王念孙的《广雅疏证》展现了王氏在文字、音韵、训诂三方面的精深造诣,尤其是在训诂方面,可谓是古代训诂学方面的典范之作。无论是在理论探讨抑或是语言材料的辨析等方面对于中国语言学史及汉语史研究都是不可多得的典范之作,因而自其问世以来,备受语言学家的赞誉。清段玉裁《〈广雅疏证·序〉》评价道:"假《广雅》以证其所得,其注之精粹,再有子云,必能知之,敢以是质于怀祖氏,并质诸天下后世言小学者。"

可见,王念孙的《广雅疏证》不仅是传统语言学的巅峰之作,同时也开启了近现代语言学研究之门,特别是对词汇学影响很大。因此,近现代语言学家很早就开始关注这部著作,并进行了深入研究。但到现在为止,研究成果最突出的是同源词、词源学方面,如近代章太炎先生创建近代汉语词汇学对《广雅疏证》的借鉴、吸收;现代如杨树达先生、王力先生等受《广雅疏证》影响,在同源词、词源学的研究上取得了丰硕的成果。此外,还有以《广雅疏证》作原点,探讨其中词汇学等问题,专著有张其昀《〈广雅疏证〉导读》、徐兴海《〈广雅疏证〉研究》、盛林《〈广雅疏证〉中的语义学研究》等,当然还有很多单篇文章深入探讨了《广雅疏证》的词汇问题。

尽管很早有人注意到《广雅疏证》在词汇学上的价值,但迄今为止,全面研究《广雅疏证》同义词的还为数甚少。究其原因,首先在于古代汉语同义词研究起步较晚且比较薄弱。其次是对《广雅疏证》有"同"语汇材料的分析、评价分歧较大。比如王力先生在其《同源字典·序》中认为《广雅疏证》中"同"所联系的字都是同源字,朱国理先生认为《广雅疏证》中"同"有四类,

即:1.同源词;2.本字和通假字;3.异体字;4.双音节联绵词、名物词或者其中一个音节的不同书写形式。其中"表异体字的比例明显高于其他各类"。① 凡此种种对《广雅疏证》有"同"语汇材料的观点,实质上都是否定有"同"材料中存在同义词,而"同"字又是判断古汉语同义词的一个直观形式标志,所以一旦否定了有"同"材料有同义词,就易使人误以为《广雅疏证》中没有同义词存在,当然也就没有对同义词进行研究的必要和价值。再次是《广雅疏证》在同源词研究上取得的巨大成就、王念孙的语源学思想、因声求义运用等成为目前研究的热点、重心,这在一定程度上转移了人们对其中的同义词材料的关注。最后,《广雅疏证》中同义词材料比较隐晦,加之《广雅疏证》提出了有关音义关系、通假、连语等方面的理论,并有一定的阐述,但是对同义词理论的阐述零星且缺乏系统性,因此,容易使对其同义词的研究成为一个盲点,被人忽视。

经过对《广雅疏证》的分析和研究,我们从中共整理出 632 组同义词,数量可观,其中绝大部分为单音节同义词群,这是古汉语同义词研究不可多得的语料,不仅对古代汉语同义词研究提供了可供借鉴的理论和方法,而且对研究汉语史也大有裨益。同时,王念孙在分析词语时体现了他对同义词辨析的认识及朴素的同义词理论,具有较高的学术价值。因此,对《广雅疏证》中的同义词进行系统研究是非常有意义和价值的。

(二)研究《广雅疏证》同义词的依据

我们研究和对比分析的语料不仅来自《广雅疏证》一书,也来自与之相关的典籍,其中既有《说文》、《尔雅》、《方言》等通释语义的专著,也有传世文献及其注解。根据《广雅疏证》提供的有关分析同义词的语料,验证于典籍所载语料及其注解,结合对汉语同义词的认识以及判定标准,把同义词与非同义词区别开来,从而在《广雅疏证》中共整理出了 632 组同义词。这些同义词不仅适合于研究古汉语同义词的词义关系、语义特征以及同义词的发展规律,而且也适合于全面归纳和总结王念孙《广雅疏证》研究同义词的理论和方法。这 632 组同义词大多能与《说文解字》、《尔雅》、《方言》等的训释相互印证,也能与典籍中的词义相印证。《广雅疏证》在论述词义关系时,常使用"某与某同义"、"义同而音异"、"某几字同义"、"某某皆同义"、"其义一也"、"某某同为某义"、"某与某同训为某"等术语,这些术语为我们识别和研究《广雅疏证》同义词提供了很好的线索。

---

① 朱国理:《〈广雅疏证〉的"同"》,《殷都学刊》1999 年第 4 期。

三、研究《广雅疏证》同义词意义关系的方法

我们对《广雅疏证》同义词的意义关系的辨析主要从以下差异入手。

语义方面,同义词在质地、形制、属性、用途、行为、方式、程度、适用对象、侧重点等方面存在着差异。

语法方面,同义词在语法功能方面存在着差异,主要体现在句法功能、组合能力等方面。

语用方面,同义词在感情色彩、语体色彩、方言色彩、时代色彩等方面存在着差异。

我们采用的研究方法包括同义词的判定方法、同义词的语义关系分析法、同义词的语义结构分析法等。在对这些方法进行实际操作时,采用陆宗达先生和王宁先生总结出来的比较互证法以及西方词义学提出的义素分析法。此外,还采用了数理统计法等方法。

四、《广雅疏证》同义词分析

(一)《广雅疏证》同义词概况

1.《广雅疏证》的同义词类型

通过对王念孙《广雅疏证》的梳理,共整理、系联出 632 组同义词。其中,单音节的共 622 组,含有复音节或皆为复音节的共 10 组。在这些单音节同义词组中,每组数量为两个同义词的共 365 组,占 59%;数量为三个的共计 145 组,占 23%;数量为四个的共计 68 组,占 11%;数量为五个的共计 19 组,占 3%;数量为五个以上的共 25 组,占 4%。从这些数据可以看出,《广雅疏证》分析同义词的重心是单音节词,但音节并非是确定同义词的标准。从每组同义词的词语数量来看,由于我们是据王念孙《广雅疏证》汇集的同义词群,故两个一组的同义词数量略高于三个及以上词构成的同义词,但依然显示了同义词在数量上表现出的系统性。

从同义词组的构成和来源情况看,《广雅疏证》同义词主要有以下一些类型:

(1)属种型。这类同义词由具有属种关系的词构成,故其差异也表现为事物本身具有的特性。例如:

①"蕑(蔄)、兰"组

《释草》卷十上:"蕑,兰也。"疏证:"《郑风·溱洧篇》:方秉蕑兮。《陈风·泽陂篇》:有蒲与蕑。传并云:蕑,兰也。"又"《众经音义》卷二引《字书》云:蔄

与蔄同。蕳,蔄也。"(第 308 页下①)

"蔄"是兰草的一种。"蕳"同"蔄",唐玄应《一切经音义》卷二:"蕳,《字书》:与'蔄'同。"即二字为异体关系。故"蔄(蕳)"、"兰"两词构成同义关系。二者的差异为属种关系。

②"蒿、菣、青蒿"组

《释草》卷十上:"草蒿,青蒿也。"疏证:"《尔雅》:蒿,菣。郭注云:今人呼青蒿香中炙啗者为菣。"(第 309 页上)

"菣"为青蒿的一种,与青蒿又同是蒿的一种,故"蒿"与"菣、青蒿"构成具有属种关系的同义词。

③"楚、牡荆、曼荆、荆"组

《释木》卷十上:"楚,荆也。"疏证:"《说文》云:楚,丛木,一名荆也。"(第350 页下)

《释木》卷十上:"牡荆,曼荆也。"疏证:"牡荆、曼荆一种而小异,称名可以互通也。"(第 351 页上)

"楚",木名,又名牡荆。"荆",落叶灌木,种类甚多,如紫荆、牡荆等。牡荆、曼荆都是荆的一种。故"荆"与"楚、牡荆、曼荆"构成具有属种关系的同义词。

(2)时代型。这类同义词由出现和使用时代不同的词构成,故其差异表现为出现和使用时代的不同以及由此带来的古雅与通俗色彩的不同。例如:

①"戚、斧、扬、戉(钺)"组

《释器》卷八上:"戉、戚,斧也。"疏证:"《说文》:戚,戉也。"又"毛传云:戚,斧也。扬,钺也。"(第 253 页下)

这组词语由斧类兵器名构成,形成同义关系。其中"戚"、"扬"、"戉(钺)"都是古代兵器名,"斧"的一种。这三个词所指兵器与"斧"形制有异,既有属种关系,也存在使用时代的差异,"斧"作兵器历时最长。故这组同义词由使用时代有差异的词构成。

②"管、钥(籥、闟)"组

《释宫》卷七上:"投谓之闟。键、笠戾,户牡也。"疏证:"闟,字或作钥,又作籥。键字或作楗。郑注《金滕》云:籥,开藏之管也。"又"《周官·司门》:掌授管键以启闭国门。郑众注云:管谓钥也,键谓牡。《月令》:修键闭,慎管

篇。郑注云:键,牡;闭,牝也。"(第 212 页下)

"管"古称钥匙,与"钥"形成同义关系。故这组同义词是由两个使用时代有差异的词构成。

③"斝、醆(瑶、湔)、爵"组

《释器》卷七下:"斝、醆,爵也。"疏证:"《礼运》:斝醆及尸君,非礼也。郑注云:斝、醆,先王之爵也。传云:斝,爵也。"又"《释文》云:瑶,刘本作湔,字并与醆同。"(第 221 页上)

"斝"和"醆"都是古代青铜制贮酒器,盛行于殷代和西周初期。《诗·大雅·行苇》:"或献或酢,洗爵奠斝。"毛传:"斝,爵也。夏曰醆,殷曰斝,周曰爵。"可见这组同义词是由三个时代上有差异的词构成的。

(3)地域型。这类同义词由来源地域不同的词构成,既有方言词,也有共同语。故其差异表现为不同方言之间以及方言与共同语之间在地域上的不同。例如:

①"摭(拓)、攘、取"组

《释诂》卷一上:"搴、摭……穌,取也。"疏证:"腊、俎、摭与拓同。……《方言》:攘、摭,取也。……今本作搴。……索亦取也。"(第 19 页上)

拓,也作"摭",《说文·手部》:"拓,拾也。陈、宋语,或从庶。"可见"拓"、"摭"为一对异体字。"摭(拓)"、"攘"、"取"三词都可以表示"采摘获取",即三词有相同的义位,故"摭(拓)"、"攘"、"取"三词构成一个表"采摘获取"义的同义词群。又据《方言》卷一:"拚、攘、摭、挻,取也。南楚曰攘,陈宋之间曰摭,卫鲁扬徐荆衡之郊曰拚。"可见,这几个词在使用地域上有较大差别,其中"摭(拓)"用于陈宋之间,"攘"是南楚方言词,"取"是共同语。故这组同义词由使用地域有差异的三个词构成。

②"忨、怜、哀"组

《释诂》卷一上:"忨,哀也。"疏证:"哀与爱声义相近,故忨、怜既训为爱,而又训为哀。"(第 18 页下)

"忨"、"怜"、"哀"三词都可以表示"哀怜"义,即三词有相同的义位,所以构成一组同义词。同时,这三个词在使用地域、时代、施受关系等方面也存在细微差别。在使用地域方面,《方言》卷一:"忨,哀也。自楚之北郊曰忨。"可见,"忨"为使用于"楚之北郊"的方言词,而"怜"和"哀"为共同语。

③"箭、矢"组

《释器》卷八上:"矢,箭也。"疏证:"《方言》:箭,自关而东谓之矢,关西曰箭。"(第 264 页上)

"箭"和"矢"都指搭在弓上发射的武器。《方言》卷九:"箭,自关而东谓之矢,江淮之间谓之镞,关西曰箭。"可见"箭"为关西地区的方言词,而"矢"为关东地区的方言词。所以这两个词构成同义关系,但由关西和关东两个使用地域有差异的词构成。

(4)语义特征型。这类同义词由语义特征上有细微差别的词构成,包括程度、侧重点、行为方式、所用工具、形状、功能等。例如:

①"类、律、法、纪"组

《释诂》卷一上:"类,法也。"疏证:"《荀子·儒效篇》云:其言有类,其行有礼。类之言律也。律,亦法也。"又"纪,法也。"(第10页上,第11页上)

"类"、"律"、"法"、"纪"四个词都可以用于表示"法则"义,即这四个词有相同的义位,所以它们构成一个表"法则"义的同义词群。同时这四个词在语义特征(侧重点)上有细微的区别,故这组同义词由四个语义特征(侧重点)有差异的词构成。"类"侧重日常生活,而"律"、"法"侧重正式行文,带有强制执行性。"法"为古今通用的泛称。"纪"不限于国家层面,没有强制执行性。

②"貌、形、容"组

《释诂》卷一上:"容,法也。"疏证:"容者,象之法也。《考工记·函人》:凡为甲,必先为容,然后制革。郑众注云:容谓象式。《老子》:孔德之容。钟会注云:容,法也。《吕氏春秋·士容论》:此国士之容也。高诱注与钟会同。《说文》:镕,冶器法也。《汉书·食货志》:冶镕炊炭。应劭注云:镕,形容也,作钱模也,义亦与容同。貌谓之形,亦谓之容,常谓之刑,亦谓之庸,法谓之刑,亦谓之容,义并相近也。"(第10页下)

"貌"、"形"、"容"都有"相貌"的意思,即这三个词都有"相貌"这一义位,所以它们构成一个表"相貌"义的同义词群。同时,这几个词之间也存在细微的区别,主要表现在语义特征的不同。"貌"和"形"都侧重于外观的形状,但"貌"限于面部形状,"形"可以表现整体的效果,"容"既可以指整个身体仪容,还可以用于指面部形状和表情。

③"坼、分、折、裂"组

《广雅疏证补正①·释诂》卷一上:"坼,分也。"疏证:"《少仪》:以牛左肩、臂臑,折九个。注云:折,断分之也。《楚辞·九章》:令五帝以折中兮。王注云:折犹分也。……《说文》:坼,裂也。"(第418页下)

"坼"、"分"、"折"、"裂"四个词都可以表示"分裂"义,即这四个词有相同的义位,所以构成同义词。这四个词在语义特征(行为属性)和语法特征、受

---

① 《广雅疏证补正》,以下简称《补正》。

事者等方面有细微差别。语义特征上表现为"坼"为自然形成，"分"、"折"和"裂"可以人为形成。

（5）附属色彩型。这类同义词由在附属色彩方面有细微差别的词构成，包括语体色彩、感情色彩、形象色彩等。例如：

①"歆、喜、兴"组

《释诂》卷一下："媐，喜也。"疏证："……《学记》：不兴其艺，不能乐学。郑注云：兴之言喜也，歆也。正义引《尔雅》云：歆、喜，兴也。"（第34页下）

"歆"、"喜"、"兴"都表示"高兴"义，即有共同的义位，所以能够构成一个表"高兴"义的同义词群。同时，这三个词附属色彩（语体、形象）有细微差别。故这组同义词由三个附属色彩（语体、形象）有差异的词构成。"歆"带有满意或得意的形象，具有书面语体的典雅色彩；"喜"带有满足快乐的形象，口语色彩；"兴"含有快乐激动的形象，书面语色彩。"兴"表现于外，"喜"重在内心感受。

②"耸、奖、劝"组

《释诂》卷一下："怂恿、励，劝也。"疏证："《汉书·衡山王传》：日夜纵臾王谋反事。颜师古注云：纵臾，谓奖劝也。《史记》作从容。《汲黯传》：从谀承意。意并与怂恿同。案：怂恿，叠韵也。单言之，则谓之耸。《方言》云：自关而西，秦晋之间，相劝曰耸，或曰将。中心不欲而由旁人之劝语，亦曰耸。……《汉书·刑法志》耸作慫。颜师古注云：慫，谓奖也。案：颜说是也。耸之以行，谓举善行以奖劝之。《楚语》：教之春秋，而为之耸善而抑恶焉，以戒劝其心。韦昭注云：耸，奖也。"（第26页上）

"耸"、"奖"、"劝"都可以表示"劝勉"之义，即这三个词都有共同的义位，所以构成一个表"劝勉"义的同义词群。同时，这三个词在行动方式、受事对象、附属色彩等方面有细微差别。其中，附属色彩上的差异主要表现在"耸"由中性变成贬义，"奖"和"劝"都表现为中性的感情色彩。

③"泄、漏"组

《释诂》卷一下："涸，尽也。"疏证："卷二云：歇、漏，泄也。泄谓之漏，犹尽谓之漉也，泄谓之歇，犹尽谓之竭也。"（第41页下）

"泄"、"漏"都表示"透出"的意思，即这两个词有相同的义位"透出"，故二词构成同义词。同时，这两个词在语义特征、搭配对象、附属色彩等方面有细微差别。其中，附属色彩上的差异主要表现在"泄"具有典雅的书面语色彩，"漏"带有口语色彩。

（6）语法特征型。这类同义词由语法特征有细微差别的词构成，包括充当成分、施受对象及关系、与其他语法单位的组合关系等。例如：

①"殖、蕃"组

《释诂》卷一上："殖，积也。"疏证："《晋语》：同姓不婚，恶不殖也。韦昭注云：殖，蕃也。《周语》云：财用蕃殖。皆积之义也。"（第18页下）

"蕃"、"殖"都可以表示"繁殖"义，即这两个词有相同的义位，所以它们形成一对同义词。同时，这两个词在语义和语法特征上有细微差别。"蕃"的施事者一般为植物和人畜，"殖"的施事者为谷物或财物，故这组同义词由两个语法特征（施事对象）有差异的词构成。

②"报、复"组

《释诂》卷一下："报，媱也。"疏证："报，复也。"（第40页下）

报，义为报复。《国语·越语上》："昔者夫差耻吾君于诸侯之国，今越国亦节矣，请报之。"故"报"有"报复"这一义位。复，义为报复。汉袁康《越绝书·外传计倪》："〔子胥〕三年自咎，不亲妻子，饥不饱食，寒不重彩，结心于越，欲复其仇。"故"复"也有"报复"这一义位。可见，"报"、"复"都可以表示"报复"的意思，即这两个词有共同的义位，所以它们构成同义词。同时，这两个词在语义特征、受事对象上存在着细微差别。"报"的对象可以为事也可以为人，内容可以是"恩"也可以是"仇"。"复"的对象一般限于"仇"。

（7）所状对象差异型。这类同义词由所状对象有细微差别的词构成。例如：

①"大、荒、讦、憮、廓"组

《释诂》卷一上："荒，远也。"疏证："远与大同义，远谓之荒，犹大谓之荒也，远谓之遐，犹大谓之假也，远谓之迂，犹大谓之讦也。"（第13页上）

《释诂》卷一上："憮，张也。"疏证："凡张与大同义，张谓之憮，亦谓之扜，犹大谓之憮，亦谓之讦也，张谓之磔，犹大谓之祐也。张谓之潢，犹大谓之廓也。"（第14页下～15页上）

"大"、"荒"、"讦"、"憮"、"廓"都有"面积大"的意思，即这五个词都有"大"这一义位，所以它们构成一个表"大"义的同义词群。同时也有表区别性的义素，所状对象的差异即为其中一项。

②"觙、伛、曲"组

《释诂》卷一下："折……觙、伛……诎，曲也。"疏证："觙之言委曲也。《文选·舞赋》注引《仓颉篇》云：觙，曲也。……《吕氏春秋·必已篇》：直则觙。高诱注云：觙，曲也。……《说文》：伛，偻也。……《庄子·达生篇》云：见痀偻者。痀与伛同。"（第34页上）

"觙"、"伛"、"曲"都有"弯曲"义，即这三个词有相同的义位，所以它们构成一个表"弯曲"义的同义词群。同时，这三个词在语义特征、使用时代、所状对象等方面存在细微差别。在所状对象方面,"骫"限于骨或树,"伛"用于人,指背部、腰部,"曲"所状对象不限。

当然,并非每一个同义词群的构成和来源都是单纯的一个类型,相反,绝大多数是综合型的。如"虏、钞、略"组:

《释诂》卷一下:"擄、钞,强也。"疏证:"《方言》:虏、钞,强也。"又"虏与擄通。虏、钞、略同义,故《方言》又云:略,强取也。"(第 29 页下)

"虏"、"钞"、"略"都可以表示"掠夺"之义,即都有"掠夺"这一义位,故它们构成一个表"掠夺"义的同义词群。"虏"的对象一般为人;"钞"侧重于动作,对象多为地或物;"略"的对象可人可物,含有"轻易取得"之义。同时,这几个词在语义特征(行为方式)、受事范围、使用地域等方面也存在细微的差别。

同义词的这种差异多样性现象与同义词复杂多样的形成因素是直接相关的。而这些形成因素也就形成了王念孙《广雅疏证》中同义词的区别特征。概括地讲,主要表现在三个方面:语义特征、语法特征和语用特征。详细请参见下文同义词分析。

2.《广雅疏证》同义词的分布状况及体现的规律

(1)同义词分布于《广雅疏证》各部的情况

《广雅疏证》中的同义词大部分分布于其对《释诂》、《释器》和《释言》三篇的疏证中,分布数量在 10 组以下的为《释亲》、《释乐》、《释地》、《释山》、《释木》、《释虫》、《释鸟》[①]。详细情况如下所示:

释诂 228 组　释言 76 组　释训 38 组　释亲 6 组　释宫 32 组

释器 120 组　释乐 3 组　　释天 17 组　释地 7 组　释丘 10 组

释山 2 组　　释水 14 组　　释草 38 组　释木 8 组　释虫 4 组

释鱼 11 组　释鸟 5 组　　释兽 10 组

《补正》31 组

(2)《广雅疏证》同义词分布状况体现的规律

从以上分布情况可以看到以下规律:

①同义词的形成既有横向的地域因素,更有纵向的时间因素。

②同义词的形成与人们生活关系的亲疏程度密切相关,一般来说,与生活关系越近的,同义词的数量就越多。

③同义词中普通词数量多,专有词数量少。

---

①　由于一部分同义词源自多个类,所以我们只按类统计,不避同义词组的重复出现,但在同一组内,不管有多少条材料,也不管这些材料是否出现在相同卷次,只要源自同一个类型,只统计 1 次。

④亲属称谓词虽然与人们生活关系密切,但这些词语在于别人伦,分尊卑,所以也不宜创造太多的同义词,以免混淆人际关系。

⑤由于词义的发展演变,致使《广雅疏证》同义词的分布并不单纯,打破了原《广雅》同义词的格局,出现了一组覆盖几类的现象。如"捭、开、擘、分、扒、别"组源自《释诂》和《释言》;"蒙、覆、盖"组源自《释诂》和《释地》;"惶、恐、慎、愤、恍、怵、惧、憬"组源自《释诂》、《释言》和《释训》。这些既体现了词义演变的客观现象,也反映出王念孙在同义词词义发展方面具有科学的历史观。

(二)《广雅疏证》同义词分析举例

我们通过对《广雅疏证》语料的分析和整理,共系联出632组同义词。由于篇幅的限制,这里我们只列举其中的100组同义词进行分析。

1. 乍、基、扆、哉、始

《释诂》卷一上:"作,始也。"疏证:"作者,《鲁颂·駉篇》:思马斯作。毛传云:作,始也。作之言乍也。乍亦始也。"(第5页上)

"作"与"乍"为同源关系,在"开始"这个核心义素上同义,所以"乍"也有"开始"之义。王念孙利用《毛传》对"作"的注解加上"作"、"乍"的同源关系,指出"乍"也有"开始"之义。"乍"的"开始"义中含有"突然性"的意思,所以"突然性"是"乍"在"开始"这一义位上所含有的表差异性的义素。

《释诂》卷一上:"鼀、莘,始也。"疏证:"鼀、莘者,《方言》:鼀、律,始也。律与莘通。《说文》:扆,始开也。从户聿。聿,亦始也,声与莘近而义同。"(第5页上)

《释诂》卷一上:"业,始也。"疏证:"业与基同义,故亦训为始。《齐语》:择其善者而业用之。韦昭注云:业,犹创也。《史记·太史公自序》云:项梁业之,子羽接之。"(第5页上)

基,《说文·土部》:"基,墙始也。"段玉裁注:"墙始者,本义也。引申之为凡始之偁。《释诂》、《周语》、《毛诗》传皆曰:基,始也。"故其本义为建筑物的根脚,引申为最下面的;事物的根本;起头、开始等。如《国语·晋语九》:"基于其身,以克复其所。"韦昭注:"基,始也。始更修之于身,以能复其先。"在"开始"这个义位上与"乍"形成同义关系。但是"基"受本义"建筑物的根脚"的影响,使其含有"根本性"的意思,这就使"基"在"开始"这一义位上含有了表差异性的义素,即"根本性"。"扆",义为开始。《说文·户部》:"扆,始开也。"段玉裁注:"引申为凡始之偁。凡经传言肇始者,皆扆之叚借。肇行而扆废矣。"故"扆"与"基"有相同的义位,构成同义关系。另据《六书故》卷十五:"扆,池沼切,创始也。《书》云:肇十有二州。又曰:肇我邦于有夏。

曰:肇造我区夏。"可见"肁"含有"从无到有"的意思。

《释诂》卷四上:"甾,业也。"疏证:"是凡言甾者,皆始立基业之意。甾之言哉也,《尔雅》:哉、基,始也。"(第109页下)

哉,开始。《书·伊训》:"造攻自鸣条,朕哉自亳。"孔传:"造、哉,皆始也。"始,开始;开端。与"终"相对。《易·乾》:"大哉乾元,万物资始。"由此可见,"哉"、"始"都有"开始"之义,即这两个词有相同的义位,所以形成一个表"开始"义的同义词群。《集韵·哈韵》:"哉,才。将来切。《说文》言之间也。一曰始也。古作才。"可见"哉"与"才"在表"开始"义时为古今字关系。因此,"哉"、"始"在语义特征、使用时代、语法功能等方面存在细微差别。

由此可见,"乍(作)"、"基"、"肁"、"哉"、"始"在"开始"这个义位上相同,因而构成同义关系。这组同义词词义用义素分析法表示如下:

乍＝/开始/＋/突然性/

基＝/开始/＋/从起点/＋/基础/＋/根本性/

肁＝/开始/＋/方言词/＋/古词/＋/从无到有/

哉＝/开始/＋/古词/

始＝/开始/＋/与"终"相对/＋/古今通用/

2.官、长、君

《释诂》卷一上:"官,君也。"疏证:"官,各本官伪作宫,唯影宋本不伪,与长同义,故训为君。"(第5页上)

官,魏晋以下对帝王的称呼或帝王自称。《晋书·石季龙载记下》:"卿是功臣,好为官陈力,朕从台观卿,勿虑无报也。"《资治通鉴·晋穆帝永和五年》引此文,胡三省注云:"魏晋以下率谓天子为官,天子亦时自言之。"《宋书·恩幸传·戴法兴》:"外间云宫中有两天子,官是一人,戴法兴是一人。"《南齐书·荀伯玉传》:"太子所为官终不知,岂得顾死蔽官耳目。我不启闻,谁敢启者?"古代南方少数民族的首领亦自称官。宋洪迈《容斋四笔·渠阳蛮俗》:"蛮酋自称曰官,谓其所部之长曰都幏,邦人称之曰土官。"可见,"官"在"帝王"、"君王"这一义位上与"长"、"君"相同,因此具有共同的核义素即"君王",但在使用时代、地域和指称对象上有特殊性,这就使"官"一词在"君王"这相同的义位上又含有"魏晋以下"或"南方"、"少数民族的首领"、"或用于自称"等表差异性的义素。

《释诂》卷一上:"长,君也。"疏证:"长者,《周语》:晋闻古之长民者。韦昭注云:长,犹君也。"(第5页上)

《疏证》中所举《周语》此句的"长"做动词,义为统领、统治。"长"做名词时义为君长;领袖;首领。《孟子·梁惠王下》:"君行仁政,斯民亲其上,死其长矣。"汉司马相如《喻巴蜀檄》:"南夷之君,西僰之长,常效贡职,不敢惶怠。"可见"长"具有"君王"之义。另外,从王念孙《疏证》所引韦昭注可以得知,表"君王"义的"长"是魏晋以前的用语。故"魏晋以前"是该词的时段限制。总之,"长"在"君王"义位上与"官"形成同义关系,它们也具有相同的义素"君王",同时也有表差异性的义素即"长"在使用时段上的限制:魏晋以前的用语。

君,是古代大夫以上且据有土地的各级统治者的通称。《仪礼·丧服》:"君,至尊也。"郑玄注:"天子、诸侯及卿大夫有地者,皆曰君。"也常用以专称帝王。《书·大禹谟》:"皇天眷命,奄有四海,为天下君。"可见"君"作为称谓词,既可以用作古代大夫以上且据有土地的各级统治者的通称,也可以作为帝王的专称,而用作帝王专称时则与"官"和"长"形成同义关系,有相同的义素"君王"。同时,因没有时段和地域等的限制,这一专称相对"官"和"长"反而具有了通用性,这即成为"君"所含有的差异性义素。

从上可知,"官"、"长"、"君"有共同的义位"君王",但是也各自有区别性义素。这组同义词词义用义素分析法表示如下:

官=/君王/+/魏晋以下/+或(/南方/+/少数民族的首领/)+/可用于自称/

长=/君王/+/古代通用/

君=/君王/+/通用语/

3.精、微、小

《释诂》卷一上:"殷,大也。"疏证:"殷者,《丧大记》:主人具殷奠之礼。郑注云:殷,犹大也。《庄子·秋水篇》云:夫精,小之微也,垺,大之殷也。微亦小也,殷亦大也。"(第5页下)

据《疏证》所引《礼记·丧大记》郑注"殷,犹大也"和《庄子·秋水》"夫精,小之微也,垺,大之殷也。微亦小也,殷亦大也",可知"精"、"微"、"小"在"小"这个核心义素上相同,因此它们构成一个同义词群。"精"有小义。《广雅·释诂二》:"精,小也。"《庄子·秋水》:"夫精,小之微也。"成玄英疏:"精,微小也。"可见"精"具有"小"这一义位。"微",义为小。《孟子·公孙丑上》:"子夏、子游、子张皆有圣人之一体,冉有、闵子、颜渊则具体而微。"赵岐注:"微,小也。"可见"微"有"小"这一义位。"小"形容事物在体积、面积、数量、力量、强度等方面不及一般的或不及比较的对象。与"大"相对。《诗·小雅·吉日》:"发彼小豝,殪此大兕。""精"、"微"、"小"有共同的义位"小",都含有"小"这一表共性的义素,所以构成同义关系,形成一个同义词群。但这三个词之间也有细微的差别。"精"、"微"、"小"的差异在程度上。

"精"是"小之微",义为"微小",所以程度最高;"微"即细小,比"精"程度低一些但又比"小"程度高一些;而"小"是三个词中程度最低的,与"大"相对。此外,"小"和"微"在修饰对象上也有差异。"小"可以修饰各种对象,而"微"一般修饰绳线等对象①。这些就是这三个词之间的差异性义素。这组同义词词义用义素分析法表示如下:

精＝／小／＋／程度最高／

微＝／小／＋／程度较高／＋／一般不易看到／＋／轻／＋／一般修饰绳线等对象／

小＝／小／＋／程度一般／＋／与"大"相对／＋／可以修饰各种对象／

4. 垺、殷(隐)、麤、粗

《释诂》卷一上:"殷,大也。"疏证:"殷者,《丧大记》:主人具殷奠之礼。郑注云:殷犹大也。《庄子·秋水篇》云:夫精,小之微也,垺,大之殷也。微亦小也,殷亦大也。《庄子·山木篇》云:翼殷不逝,目大不睹。《楚辞·九叹》:带隐虹之逶蛇。王逸注云:隐,大也。隐与殷声近而义同。……麤,仓胡反;粗,在户反。二字义同而音异。"(第5页下)

"垺"、"殷(隐)"、"麤"、"粗"都有"大"这一相同的义位,同时也表明它们有"宏大"这一相同的核心义素。因此这四个词构成一个同义词群。《集韵·候韵》:"垺,大也;盛也。"即"垺"有盛大的意思。《庄子·秋水》:"垺,大之殷也。"可见,"垺"意味着特别大,可以说程度很高,与这个同义词群中其他词相比,程度是最高的。"殷",《说文·月部》:"殷,作乐之盛偁殷。"段玉裁注:"此殷之本义也。《易·豫》《象传》是,引伸之为盛之偁。又引伸之为大也,又引伸之为众也,又引伸之为正也、中也。"可见"殷"有大的意思,"隐"是"殷"的借字。"殷"表大的意思由其本义"作乐之盛"及首项引申义"盛"发展而来,因此"殷"含有"盛大,宏大"义,但在程度上比"垺"低一些。以上这三个词侧重于规模上的大。"麤"和"粗"也有"大"的意思。"麤",据《汉语大字典》②,义为粗大,强大。如《史记·乐书》:"其喜心感者,其声发以散;其怒心感者,其声麤以厉。"可见"麤"在"大"这个义位中还有"粗壮、强壮"的意思。"粗",犹大。《礼记·月令》:"〔孟夏之月〕其器高以粗。"郑玄注:"粗,犹大也。器高大者,象物盛长。"又据王氏《疏证》:"麤,仓胡反;粗,在户反。二字义同而音异。"故它们具有同义关系。"粗"、"垺"、"殷(隐)"、"麤"有共同的义位"大",也有相同的核心义素"宏大",但是

---

① 池昌海:《〈史记〉同义词研究》,上海古籍出版社 2002 年版,第 262 页。
② 汉语大字典编辑委员会编纂:《汉语大字典》,四川辞书出版社 2010 年版,第 5053 页。

"粗"在其"大"的义位中还体现在体积方面,这便是"粗"在"大"这一义位上所含有的表差异性的义素。

由此可见,"垺"、"殷(隐)"、"麤"、"粗"都有相同的义位"宏大"。这组同义词词义用义素分析法表示如下:

垺＝/宏大/＋/程度最高/＋/在规模上/

殷(隐)＝/宏大/＋/程度较高/＋/在规模上/

麤＝/宏大/＋/外表粗壮不细致/＋/强壮/＋/古词,早于"粗"/①

粗＝/宏大/＋/古今通用/＋/一般在体积方面/

5.善、介(佳)、大、傀

《释诂》卷一上:"佳,大也。"疏证:"佳者,善之大也。《中山策》:佳丽人之所出。高诱注云:佳,大;丽,美也。《大雅·桑柔》笺云:善,犹大也。故善谓之佳,亦谓之介;大谓之介,亦谓之佳。佳介语之转耳。"(第5页下～6页上)

《释诂》卷二上:"肖,小也。"疏证:"傀者,大也;肖者,小也。肖与傀正相反。"(第55页上～55页下)

善,大。《广韵·仙韵》:"善,常演切,良也,大也,佳也。"《诗·大雅·桑柔》:"民之未戾,职盗为寇。凉曰不可,覆背善詈。"郑玄笺:"善,犹大也。"可见"善"有"程度大"这个义位。"佳"和"介"在语音上是语转关系,且词义相同。《广韵·佳韵》:"佳,善也,大也,好也。"因此"佳"也有大的意思。《战国策·中山策》:"臣闻赵天下善为音,佳丽人之所出也。"介,大。《易·晋》:"受兹介福,于其王母。"王弼注:"受兹大福。"可见"佳"和"介"为同源词,它们都有"程度大"这一义位。所以"善"、"介(佳)"、"大"有共同的义位"程度大",可见在这一个义位上它们也有相同的核心义素"程度大"。傀,大。《庄子·列御寇》:"达生之情者傀,达于知者肖。"其中"傀"与"肖"相对,故"傀"也有"大"的意思,且"傀"和"大"有相同的义位,构成同义词。因此,这四个词构成一个表"程度大"义的同义词群。

"善"作"程度大"解时,根据其用例,该词多用于修饰抽象意义的词。"佳"和"介"作"程度大"解时,据《广韵》所列"佳"的义项以及王念孙疏证"佳者,善之大者"可知,"佳"和"介"在用法上和"善"一致,且感情色彩上一般不能是贬义的,但是其程度略比"善"要高一些。"大"与"小"相对,其程度在四个词中最低,同时在用法和词义感情色彩方面属于中性。

综上所述,"善"、"介(佳)"、"大"、"傀"的共同义位是"程度大",表明

---

① 王凤阳:《古辞辨》,吉林文史出版社1993年版,第961页。

它们有相同的表共性的义素"程度大",但是各词也有表区别性的义素。"善"的区别性义素是"修饰抽象意义的词"、"感情色彩上一般不能是贬义的";"佳"和"介"这对同源词的区别性义素包括"修饰抽象意义的词"、"感情色彩上一般不能是贬义的"、"程度上比'善'略高";"大"的区别性义素是"程度相对较低"、"用法广泛"、"中性色彩"。这组同义词词义用义素分析法表示如下:

善＝/程度大/＋/修饰抽象意义的词/＋/感情色彩上一般不能是贬义的/

介(佳)＝/程度大/＋/修饰抽象意义的词/＋/感情色彩上一般不能是贬义的/＋/程度上比"善"略高/

大＝/程度大/＋/程度相对"善"、"介(佳)"较低/＋/用法广泛/＋/中性色彩/＋/古今通用/

傀＝/程度大/＋/程度比"大"更高/＋/反义词为"肖"/

6. 丰(封、坟)、冢、大

《释诂》卷一上:"封,大也。"疏证:"封之言丰也。《商颂·殷武》传云:封,大也。《尧典》云:封十有二山。封、坟,语之转。故大谓之封,亦谓之坟。冢谓之坟,亦谓之封。冢亦大也。"(第5页下,第6页下)

《释丘》卷九下:"坟,冢也。"疏证:"《尔雅》云:山顶,冢。又云:坟、冢,大也。……故冢或谓之坟,或谓之封矣。"(第299页下)

"封"同"丰","封"是"丰"的借字,"丰"是本字。"封",义为大。《诗·周颂·烈文》:"无封靡于尔邦,维王其崇之。"毛传:"封,大也。""丰",表示大、高大的意思。《易·序卦》:"丰者,大也。"唐李翰《苏州嘉兴屯田纪绩颂序》:"有白雀集于高丰屯禀,盖大穰之征也。""坟",义为大。《诗·小雅·苕之华》:"牂羊坟首。三星在罶。人可以食,鲜可以饱!"毛传:"坟,大也。"朱熹集传:"羊瘠则首大也。"《韩非子·八奸》:"其于德施也,纵禁财,发坟仓。"冢,义为大。《逸周书·商誓》:"尔冢邦君,无敢其有不告,见于我有周。"朱右曾校释:"冢,大也。""大"与"小"相对。形容体积、面积、数量、力量等方面超过一般或超过所比较的对象。《水浒传》第六十六回:"城内有座楼,唤做翠云楼,楼上楼下,大小有百十个阁子。"故"大"可表体积高大,有"高大"这一义位。可见"丰"、"封"、"坟"、"冢"、"大"都有共同的义位"高大",但"丰"和"封"为假借关系,不能构成同义词。"封"和"坟"虽然也有相同的义位,但是它们在语音上又有关联,按王氏"封、坟,语之转",因此"封"和"坟"是一对同源词。"冢"也有"高大"的义位,所以"丰"和"冢"构成一组同义词。

《方言》卷二:"朦、厖,丰也。自关而西秦晋之间,凡大貌谓之朦,或谓之庬。丰,其通语也。"可见"丰"作"高大"解时,是官话,而且这一义位今天仍然保留,具有通用性,如"丰功伟绩"。同时根据"丰"的用例,可见这个词现在已经含有褒义色彩,且在一般用法上没有限定。"冢"作"高大"解时,受其本义"高大的坟墓"的影响,在"高大"的义位中还含有义素"地位高",因而"冢"作"高大"解时可以和官位、爵位词相连,如"冢君"、"冢宰"等,表地位高大,而且这个词在使用时段上有限制。

综上可知,"丰"、"冢"、"大"有共同的义位"高大",表明它们有相同的核心义素"高大",同时也有表区别性的义素。"丰"具有的区别性义素是"古今通用"、"褒义色彩"。"冢"表区别性的义素是"地位高"、"不用于现代"。"大"表区别性的义素是"古今通用"、"中性色彩"。这组同义词词义用义素分析法表示如下:

丰(封、坟)=/高大/+/古今通用/+/褒义色彩/

冢=/高大/+/地位高/+/不用于现代/

大=/高大/+/古今通用/+/中性色彩/

7. 佸(括)、止、造、邸(抵)、致(至、臻)、薄、傅、氐

《释诂》卷一上:"括,至也。"疏证:"括者,《王风·君子于役篇》:羊牛下括。毛传云:括,至也。又曷其有佸,《韩诗》云:佸,至也。毛云:佸,会也。会亦至也。……括、佸、会,古声义并同。"(第8页上)

《释诂》卷一上:"距,至也。"疏证:"《说文》:距,止也。碍,止也。《小尔雅》:艾,止也。《大雅·抑》传云:止,至也。止与至同义。故距、碍、艾三字训为止,又训为至也。……距者,《汉书·食货志》:元龟距冉长尺二寸。孟康注云:距,至也。"(第8页上)

《释诂》卷一上:"撽,至也。"疏证:"撽者,《方言》:撽,到也。撽之言造也。造亦至也,造与撽古同声。"(第8页上)

《释诂》卷一上:"抵,至也。"疏证:"《律书》云:氐者,言万物皆至也。《汉书·文帝纪》:至邸而议之。颜师古注:邸,郡国朝宿之舍在京师者,率名邸。邸,至也,言所归至也。义并与抵通。致、会、抵三字同义。《方言》:抵、徯、会也。雍梁之间曰抵,秦晋亦曰抵,凡会物谓之徯。"(第8页上~8页下)

《释诂》卷四下:"低,舍也。"疏证:"低,读为氐。《说文》:氐,至也。《汉书·尹翁归传》:盗贼所过抵。颜师古注云:抵,归也。所经过及所归投也。《文帝纪》注云:郡国朝宿之舍在京师者,率名邸。邸,至也,言所归至也。邸,至也。言所归至也。义并与氐同。"(第131页上)

佸,到。《类篇》卷二十二:"户括切,又苦活切。《说文》会也。又古活切,又乎括切,一曰至也,勤力于田也。文一重音三。"陆德明《经典释文》:

"佸,《韩诗》:'至也。'"所以"佸"有"到达"这个义位。括,到来。《诗·王风·君子于役》:"日之夕矣,羊牛下括。"毛传:"括,至也。"故"括"有"到达"的义位。会,义为至;到达①。《广雅·释诂三》:"会,至也。"故"会"也有"到达"这一义位。但又据王念孙《疏证》:"括、佸、会,古声义并同",所以,这三个词不构成同义关系,只能是同源关系。"止",义为至;到。《诗·鲁颂·泮水》:"鲁侯戾止,言观其旗。"郑玄笺:"戾,来。止,至也。"故"止"也有"到达"这个义位。"造",义为到;去。《周礼·地官·司门》:"凡四方之宾客造焉,则以告。"郑玄注:"造,犹至也。"孙诒让正义:"注云'造,犹至也'者,《大司寇》注义同此引申之义。"故"造"也有"到达"这个义位。"邸"通"抵",本字为"抵",所以有"至,抵达"之义。《史记·河渠书》:"令凿泾水自中山西邸瓠口为渠。"张守节正义:"邸,至也。"故"邸(抵)"有"到达"这个义位。"致",据陆德明《经典释文》:"致,至也。本亦作至。"可知其义为"达到"。《庄子·外物》:"天地非不广且大也,人之所用容足耳;然则厕足而垫之致黄泉,人尚有用乎?"故"致"也有"到达"这个义位。"至",义为到;达到。《诗·秦风·渭阳》:"我送舅氏,曰至渭阳。""致"和"至"在语音上相同,词义上相同,实际上是同源关系,所以不构成同义词组。综上所述,"佸"、"止"、"造"、"邸(抵)"、"致(至)"都有相同的义位"到达",因而这五个词构成一个表"到达"义的同义词群。

"佸"作"到达"解时,一般后面不接宾语,即常做不及物动词。"止"作"到达"解时,是个不及物动词,一般动作发出者是人。"造"作"到达"解时,是个及物动词,所以后面可以接宾语。但此义不单用于现代汉语。"抵"作"到达"解时,是个及物动词,后可接具体地名,也可接一般名词做补语。"致"作"到达"解时,其后可接具体地名,也可接一般名词、抽象名词。

综上所述,"佸"、"止"、"造"、"邸(抵)"、"致(至)"有共同的义位"到达",表明它们有相同的义素"到达",同时也有表区别性的义素。"佸"表区别性的义素是"不及物";"止"表区别性的义素是"不及物"、"动作发出者一般是人";"造"表区别性的义素是"及物"、"用于古代汉语";"邸(抵)"表区别性的义素是"及物"、"古今通用";"致"表区别性的义素是"可接抽象名词"。

《释诂》卷一上:"薄,至也。"疏证:"薄者,《皋陶谟》云:外薄四海。《楚策》云:七日而薄秦王之朝。薄之言傅也。《小雅·菀柳篇》:有鸟高飞,亦傅于天。郑笺注云:傅,至也。"(第8页上~8页下)

薄,义为逼近;靠近。《左传·僖公二十三年》:"曹共公闻其骈胁,欲观

---

① 汉语大字典编辑委员会编纂:《汉语大字典》,四川辞书出版社2010年版,第1635页。

其裸。浴,薄而观之。"孔颖达疏:"薄者,逼近之意。"又据上文王氏《疏证》"《楚策》云:七日而薄秦王之朝。薄之言傅也","薄"有"逼近,靠近"之义。傅,义为至;达。《诗·小雅·菀柳》:"有鸟高飞,亦傅于天。彼人之心,于何其臻。"郑玄笺:"傅、臻,皆至也。"故"薄"和"傅"都有"到达"这一义位。臻,义为到;达到。《诗·邶风·泉水》:"遄臻于卫。"毛传:"遄,疾;臻,至。"故"臻"也有"到达"这个义位。但"臻"与"致(至)"音义相通,为同源关系,故不构成同义词。当然这三个词在语法上仍有区别,如上古"致"和"臻"为不及物动词,而"至"为及物动词。"氐",义为至;抵达。《史记·律书》:"氐者言万物皆至也。"故"氐"也含有"到达"这一义位。综上所述,"薄"、"傅"、"氐"都有"到达"这一相同的义位,所以这三个词构成了一个表"到达"义的同义词群。

"薄"作"到达"解时,实质上还没有完全到达,表即将到,接近。"傅"作"到达"解时,是不及物动词,若要接宾语时后面可加介词"于",并且后面一般不接具体地名。

由此可见,"薄"、"傅"、"氐"有共同的义位"到达",表明它们有相同的义素"到达",同时也有表区别性的义素。"薄"表区别性的义素是"及物"、"即将";"傅"表区别性的义素是"不及物"、"可与介词'于'连用接名词"、"受事者一般为非具体地名";"氐"表区别性的义素是"古词"、"典雅色彩"。这组同义词词义用义素分析法表示如下:

佸=/到达/+/不及物/+/古词/

止=/到达/+/不及物/+/动作发出者一般是人/

造=/到达/+/及物/+/古词/

邸(抵)=/到达/+/及物/+/古今通用/

致(至、臻)=/到达/+/及物/+/可接抽象名词/

薄=/到达/+/及物/+/即将/

傅=/到达/+/不及物/+/可与介词"于"连用接名词/+/受事者一般为非具体地名/

氐=/到达/+/可泛指一切对象到某一地方/+/典雅色彩/+/古词/

8. 乃、曩、昔、遂、往

《释诂》卷一上:"乃,往也。"疏证:"乃者,《众经音义》卷十八引《仓颉篇》云:𨒪,往也。《说文》:卤,往也。𨒪、卤并与乃同。《赵策》:苏秦谓赵王曰:秦乃者过柱山。《汉书·曹参传》:乃者我使谏君也。颜师古注云:乃者,犹言曩者也。是乃为往也。……赵岐注《孟子·离娄篇》云:昔者,往也。《玉篇》、《广韵》俱云:昔,往也。……遂者,《楚辞·天问》:遂古之初。王逸注云:遂,往也。……隐公二年《公羊传》云:妇人谓嫁曰归。《尔雅》:嫁,往

也。"(第8页下)

乃,以往;过去。《战国策·赵策一》:"秦乃者过柱山,有两木焉。"曩,先前;以前。《说文·日部》:"曩,向也。"段玉裁注:"《释言》文。《左传》曰:曩者志人而已,今则怯也。《晋语》曰:曩而言戏乎。《庄子》曰:曩子行,今子止。"《庄子·齐物论》:"曩子行,今子止;曩子坐,今子起。"成玄英疏:"曩,昔也,向也。"昔,从前;过去。与"今"相对。《书·尧典》:"昔在帝尧,聪明文思,光宅天下。"往,从前;过去。《易·系辞下》:"夫《易》,彰往而察来,而微显阐幽。"遂,往。可以表已成,终了。《广韵·脂韵》:"遂,达也,进也,成也,安也,止也,往也,从志也。"《论语·八佾》:"成事不说,遂事不谏,既往不咎。"由此可见,"乃"、"昔"、"遂"、"往"都有共同的义位"过去",构成一个表"过去"义的同义词群。

"乃"作"过去"解时,不能单独使用,必须和"者"等助词相结合使用才能表示"过去"、"以往"的意思。"曩"作"过去"解时可以单独使用,也可以与"者"等助词相结合使用,且组合能力很强,如可以构成"曩年"、"曩古"、"曩昔"等词。同时其反义词为"今"。"昔"作"过去"解时,可以单独使用,其构词能力也很强,如构成"昔年"、"昔时"、"昔人"等词,但不能构成"昔曩"、"昔古"等词,在搭配上与"曩"有区别,并且在指称范围上也有差异。同时其反义词也为"今"。"乃"、"曩"、"昔"一般做状语,"曩"和"昔"还可做定语。"遂"作"过去"解时,只能做定语,且构词能力为零。"往"作"过去"解时,可以单独使用,可以做定语,其反义词为"来"。

综上所述,"乃"、"曩"、"昔"、"遂"、"往"有共同的义位"过去",表明它们有相同的义素"过去",同时也有表区别性的义素。"乃"表区别性的义素是"不能单独使用"、"一般做状语";"曩"表区别性的义素是"可以单独使用"、"构词能力很强"、"反义词为'今'"、"做状语"、"做定语";"昔"表区别性的义素是"可以单独使用"、"构词能力也很强"、"搭配上与'曩'有别"、"做状语"、"做定语";"遂"表区别性的义素是"只能单独使用"、"只能做定语"、"构词能力为零";"往"表区别性的义素是"可以单独使用"、"可以做定语"、"反义词为'来'"。这组同义词词义用义素分析法表示如下:

乃=/过去/+/不能单独使用/+/一般做状语/+/古词/

曩=/过去/+/可以单独使用/+/构词能力很强/+/可与名词性语素或形容词性语素结合构成名词/+/做状语/+/做定语/+/反义词为"今"/+/古词/

昔=/过去/+/可以单独使用/+/构词能力强/+/一般可与名词性语素结合构成名词/(/搭配上与"曩"有别/)/+/做状语/+/做定语/+/反义词为"今"/+/古今通用/

遂＝/过去/＋/只能单独使用/＋/只能做定语/＋/构词能力为零/＋
/古词/

往＝/过去/＋/可以单独使用/＋/可以做定语/＋/反义词为"来"/＋
/古今通用/

9.嫁、归、往

《释诂》卷一上："归,往也。"疏证："隐公二年《公羊传》云:妇人谓嫁曰
归。《尔雅》:嫁,往也。"(第8页下)

嫁,《说文·女部》:"嫁,女适人也。"本义为女子出嫁;结婚。引申为往;
由此处到彼处。《尔雅·释诂》:"嫁,往也。"郭璞注:"《方言》云:自家而出谓
之嫁,犹女出谓嫁。"《列子·天瑞》:"子列子居郑圃,四十年人无识者……
国不足,将嫁于卫。"故"嫁"有"到……去"的意思。归,向往;趋向;归附。
《易·序卦》:"与人同者,物必归焉。"故"归"也有表"到……去"的意思。
往,《广韵·阳韵》:"往,之也,去也,行也,至也。"《易·系辞下》:"寒往则暑
来,暑往则寒来,寒暑相推,而岁成焉。"《诗·小雅·采薇》:"昔我往矣,杨柳
依依;今我来思,雨雪霏霏。"也可以表"到……去"。唐韩愈《感春》诗之一:
"东西南北皆欲往,千江隔兮万山阻。"故"往"也有表"到……去"的意思。综
上所述,"嫁"、"归"、"往"都有表"到……去"的意思,即这三个词有共同的义
位"到……去",能够构成一个表"到……去"义的同义词群。

"嫁"作"到……去"解时,动作的发出者只能是人,且为不及物动词,施
事者地位比"归"高,视角是施事者。"归"作"到……去"解时,动作的发出者
可以是物,表趋向,故是及物动词,施事者地位比"嫁"低一些,视角是受事
者。"往"作"到……去"解时,动作发出者可以是人也可以是物,没有主动被
动之分,"往"的反义词是"来"。

综上所述,"嫁"、"归"、"往"有共同的义位"到……去",表明它们有相同
的义素"到……去",同时也有表区别性的义素。"嫁"表区别性的义素是"施
事者为人"、"不及物"、"施事者地位比'归'高"、"视角是施事者";"归"表区
别性的义素是"施事者可人可物"、"趋向"、"及物"、"施事者地位比'嫁'低一
些"、"视角是受事者";"往"表区别性的义素是"施事者可人可物"、"没有主动
被动地位之分"、"反义词是'来'"。这组同义词词义用义素分析法表示如下:

嫁＝/到……去/＋/施事者为人/＋/不及物/＋/施事者地位比"归"
高/＋/视角是施事者/＋/古今通用/

归＝/到……去/＋/施事者可人可物/＋/及物/＋/施事者地位比"嫁"
低/＋/视角是受事者/＋/趋向/＋/古词/

往＝/到……去/＋/施事者可人可物/＋/没有主动被动地位之分/＋/不

及物/＋/反义词是"来"/

10. 善、时、嘉、静、美、昌

《释诂》卷一上："时、竫、党，善也。"疏证："时者，《小雅·颊弁篇》：尔殽既时。毛传云：时，善也。尔殽既时，犹言尔殽既嘉也。维其时矣，犹言维其嘉矣也。威仪孔时，犹言饮酒孔嘉，维其令仪也。他若孔惠孔时，以奏尔时，胡臭亶时，及《士冠礼》之嘉荐亶时，皆谓善也。""竫、静、靖并通，静与善同义。"又"党者，……今本作昌言。《史记·夏本纪》作美言，党、谠、昌，声近义同。"（第9页上）

善，义为美好；善美。《论语·八佾》："子谓《韶》'尽美矣，又尽善也'；谓《武》'尽美矣，未尽善也'。"时，义为善美。《诗·小雅·颊弁》："尔酒既甘，尔殽既时。"毛传："时，善也。"嘉，义为善；美好。《诗·豳风·东山》："其新孔嘉，其旧如之何？"郑玄笺："嘉，善也。"静，义为善美。《艺文类聚》卷八七引《韩诗》："'东门之栗，有静家室。'静，善也。言东门之栗树之下，有善人，可以为室家也。"美，义为善；好。《易·坤》："畅于四支，发于事业，美之至也。"昌，义为美善。《汉书·扬雄传上》："图累承彼洪族兮，又览累之昌辞。"颜师古注："昌，美也。"综上所述，"善"、"时"、"嘉"、"静"、"美"、"昌"都有"善美"的意思，即这六个词都有"善美"这一义位，所以它们构成一个表"善美"义的同义词群。

"善"作"善美"解时，还含有"祥和"、"得当"的意思，其反义词是"恶"，能够与同义词、反义词连用，所修饰名词大多是抽象事物名词。[1] "时"作"善美"解时，还含有"鲜美"的意思，所以该词只能修饰无生命的事物。"嘉"作"善美"解时还含有"吉祥"、"以人心所善为标准"之义。"静"作"善美"解时，还含有"稳重"的意思，多用于修饰女性。"美"作"善美"解时，还含有"感官能够感受到的"的意思[2]，反义词也为"恶"，该词适用范围广泛，可以做宾语，可以和同义、反义及相关义词连用。[3] "昌"作"善美"解时，还含有"正当"、"恰当"的意思，同时"昌"所表示的"善美"，要用心灵去体会，是感官不能达到的。

综上所述，"善"、"时"、"嘉"、"静"、"美"、"昌"有共同的义位"善美"，表明它们有相同的义素"善美"，同时也有表区别性的义素。"善"表区别性的义素是"祥和"、"得当"、"反义词是'恶'"、"可以和同义词、反义词连用"、"所

---

① 黄晓冬：《〈荀子〉单音节形容词同义关系研究》，巴蜀书社2003年版，第297页。
② 同上书，第294页。
③ 同上书，第297页。

修饰名词大多是抽象事物名词";"时"表区别性的义素是"鲜美"、"只能修饰无生命的事物";"嘉"表区别性的义素是"吉祥"、"以人心所善为标准";"静"表区别性的义素是"稳重"、"文雅"、"多用于修饰女性";"美"表区别性的义素是"感官能够感受到"、"反义词为'恶'"、"适用范围广泛"、"可以做宾语"、"可以和同义、反义及相关义词连用";"昌"表区别性的义素是"正当"、"恰当"、"要用心灵去体会,感官不能达到"。这组同义词词义用义素分析法表示如下:

善＝/善美/＋/祥和/＋/得当/＋/反义词是"恶"/＋/可以和同义词、反义词连用/＋/所修饰名词大多是抽象事物名词/

时＝/善美/＋/鲜美/＋/只能修饰无生命的事物/

嘉＝/善美/＋/吉祥/＋/以人心所善为标准/

静＝/善美/＋/稳重/＋/文雅/＋/多用于修饰女性/

美＝/善美/＋/感官能够感受到/＋/反义词为"恶"/＋/适用范围广泛/＋/可以做宾语/＋/可以和同义、反义及相关义词连用/

昌＝/善美/＋/正当/＋/恰当/＋/要用心灵去体会,感官不能达到/

11.第、次、顺

《释诂》卷一上:"悌,顺也。"疏证:"悌者,《白虎通义》云:弟者,悌也,心顺行笃也。《孝经》云:教民礼顺,莫善于悌。《释名》云:悌,弟也。又云:弟,第也,相次第而生也,皆顺之义也。"(第10页上)

第,义为次序;次第。《左传·哀公十六年》:"楚国第,我死,令尹司马,非胜而谁?"杜预注:"第,用士之次第。"次,义为顺序;次序。《国语·周语中》:"吾曰:'子则贤矣。抑晋国之举也,不失其次,吾惧政之未及子也。'"顺,义为顺序;次序。《左传·宣公四年》:"郑人立子良。辞曰:'以贤则去疾不足,以顺则公子坚长。'"杨伯峻注:"顺谓长少。"由此可知,"第"、"次"、"顺"都有"顺序"的意思,即这三个词都有"顺序"这一义位,所以它们构成一个表"顺序"义的同义词群。

"第"作"顺序"解时,表等级或先后的顺序,后面可以与数词相连用。"次"作"顺序"解时,表等级、位列的顺序,不能与数词相连用。"顺"作"顺序"解时,还含有年龄的长少顺序,也不能与数词相连用。

综上所述,"第"、"次"、"顺"都有共同的义位"顺序",同时也有表区别性的义素。"第"表区别性的义素是"等级或先后的顺序"、"后面可以与数词相连用";"次"表区别性的义素是"表等级、位列的顺序"、"不能与数词相连用";"顺"表区别性的义素是"含有年龄的长少顺序"、"不能与数词相连用"。这组同义词词义用义素分析法表示如下:

第＝/顺序/＋/等级或先后的顺序/＋/后面可以与数词相连用/

次＝/顺序/＋/表等级、位列的顺序/＋/不能与数词相连用/

顺＝/顺序/＋/含有年龄的长少顺序/＋/不能与数词相连用/

12.抚、循、顺

《释诂》卷一上:"揗……揩,顺也。"疏证:"揗者,卷四云:揗,循也。《说文》:揗,抚也。抚、循,皆顺也。……《说文》:揩,摩也。揩、摩、揗,皆同义。"(第10页上)

抚,顺应;依循。《广韵·虞韵》:"抚,安存也。又持也,循也。"《楚辞·九章·怀沙》:"抚情效志兮,冤屈而自抑。"王逸注:"抚,循也。"《史记·历书》:"时鸡三号,率明。抚十二节,卒于丑。"张守节正义:"抚,犹循也。"循,依循;顺着。《左传·僖公四年》:"若出于东方,观兵于东夷,循海而归,其可也。"《汉书·李陵传》:"明日复战,斩首三千余级。引兵东南,循故龙城行。"顺,沿着同一个方向。《诗·鲁颂·泮水》:"顺彼长道,屈此群丑。"由此可知,"抚"、"循"、"顺"都有"依循"的意思,即这三个词都有"依循"这一义位,所以它们构成一个表"依循"义的同义词群。

"抚"作"依循"解时,还含有"顺其自然"的意思,没有明确的方向,所以"抚"作"依循"解时,其后接的宾语为抽象名词、时间名词等,而不能是方位名词、地名等有空间性的词语。"循"作"依循"解时,义为"沿着"、"顺着",故其后接的宾语可以是方位名词、地名等有空间性的词语。"顺"作"依循"解时,强调同一个方向。

综上所知,"抚"、"循"、"顺"有共同的义位"依循",表明它们有相同的义素"依循",同时也有表区别性的义素。"抚"表区别性的义素是"顺其自然"、"没有空间性"、"宾语是非方位名词、地名等有空间性的词语";"循"表区别性的义素是"沿着、顺着"、"宾语是方位名词、地名等有空间性的词语";"顺"表区别性的义素是"强调同一个方向"。这组同义词词义用义素分析法表示如下:

抚＝/依循/＋/顺其自然/＋/没有明确的方向/＋/宾语是非方位名词、地名等有空间性的词语/

循＝/依循/＋/沿着、顺着/＋/宾语是方位名词、地名等有空间性的词语/

顺＝/依循/＋/强调同一个方向/

13.揗、摩、抚、揩

《释诂》卷一上:"揗……揩,顺也。"疏证:"揗者,卷四云:揗,循也。《说文》:揗,抚也。抚、循,皆顺也。……《说文》:揩,摩也。揩、摩、揗,皆同义。"(第10页上)

揗,抚;摹。《集韵·真韵》:"揗,《说文》:'抚也,一曰摹也。'"故"揗"有

"抚摸"这一义位。摩,抚摸。《陈书·徐陵传》:"宝志手摩其顶,曰:'天上石麒麟也。'"抚,抚摸。《庄子·达生》:"桓公田于泽,管仲御,见鬼焉,公抚管仲之手,曰:'仲父何见?'"揗,抚摸。《说文·手部》:"揗,摩也。"段玉裁注:"《广雅》曰:揗,顺也。《广韵》曰:手相安慰也。今人抚循字,古盖作揗。循者,行顺也。《淮南》曰:引揗万物。高注:引揗,拔擢也。读允恭之允。"桂馥义证:"通作循。"由此可见,"揅"、"摩"、"抚"、"揗"都有"抚摸"的意思,即这四个词都有"抚摸"这一义位,所以它们构成一个表"抚摸"义的同义词群。

"揅"作"抚摸"解时,是一个古代的用法。"摩"作"抚摸"解时,其对象可以是位置高之物。"抚"作"抚摸"解时,更正式,更文雅。"揗"是"摩"的古代用法,有"安慰"之义。这组同义词词义用义素分析法表示如下:

揅＝/抚摸/＋/相当于"抚"/＋/古词/

摩＝/抚摸/＋或/抚平/①＋或/怜爱/＋/方向不定/

抚＝/抚摸/＋或/怜爱/＋或/安慰/＋或/无目的/＋/方向不定/

揗＝/抚摸/＋/按一定方向/＋/反复、不断/②＋或/安慰/＋或/无目的/＋/古词/

14. 埻(准)、臬、法

《释诂》卷一上:"埻……臬,法也。"疏证:"埻,与臬同意,故皆训为法。"(第10页上)

埻,同"准",本义为箭靶,引申为准则。《说文·土部》:"堋(埻),射臬也。读若准。"《潜夫论·交际》:"得则誉之,怨则谤之,平议无埻的,讥誉无效验。"故"埻"有"准则"这一义位。臬,本义为箭靶,引申为法度。《说文·木部》:"臬,射准也。"段玉裁注:"臬之引伸为凡标准法度之称。"《书·康诰》:"王曰,外事,汝陈时臬,司师兹殷罚有伦。"孔传:"言外土诸侯,奉王事,汝当布陈是法,司牧其众,及此殷家刑罚有伦理者,兼用之。"孔颖达疏:"汝当布陈是刑法。"故"臬"也有"准则"这一义位。法,义为刑法,也泛指法律。《易·噬嗑》:"先王以明罚敕法。"故"法"也有"准则"这一义位。由此可见,"埻(准)"、"臬"、"法"都有"准则"的意思,即这三个词都有"准则"这一义位,所以它们构成一个表"准则"义的同义词群。

"埻(准)"作"准则"解时,对象为一般的事情,日常生活;"臬"作"准则"解时,重在表示规章制度;"法"作"准则"解时,泛指一切法律法规。这组同义词词义用义素分析法表示如下:

---

① 王凤阳:《古辞辨》,吉林文史出版社1993年版,第682~683页。

② 同上书,第683页。

埻(准)＝/准则/＋/日常生活/＋/一般事物/

臬＝/准则/＋/规章制度/＋/刑法/＋/正式成文/

法＝/准则/＋/规章制度/＋/法律/＋/泛指一切法律法规/

15. 容、常、刑、庸、索(素)、法

《释诂》卷一上:"容,法也。"疏证:"容者,象之法也。《考工记·函人》:凡为甲,必先为容,然后制革。郑众注云:容谓象式。《老子》:孔德之容。钟会注云:容,法也。《吕氏春秋·士容论》:此国士之容也。高诱注与钟会同。《说文》:镕,冶器法也。《汉书·食货志》:冶镕炊炭。应劭注云:镕,形容也,作钱模也,义亦与容同。貌谓之形,亦谓之容,常谓之刑,亦谓之庸,法谓之刑,亦谓之容,义并相近也。"(第10页上~10页下)

《释言》卷五下:"傃,经也。"疏证:"傃与素通。素、经皆常也,法也。……素与索古同声,故索亦训为法。"(第159页上)

容,法度;规范。《吕氏春秋·士容》:"士不偏不党,柔而坚,虚而实……宽裕不訾而中心甚厉,难动以物而必不妄折。此国士之容也。"高诱注:"容,犹法也。"陈奇猷校释:"士之态度有一定法范,故下文高注训为法也。"《韩诗外传》卷四:"致爱恭谨谓之礼,文礼谓之容。礼容之义生,以治为法。"常,典章法度。《易·系辞下》:"初率其乱,而揆其方,既有典常。"《国语·越语下》:"肆与大夫觞饮,无忘国常。"韦昭注:"常,旧法。"《文选·张衡〈东京赋〉》:"布教颁常。"李善注:"常,旧典也。"刑,刑法;法度。《书·吕刑》:"王享国百年,耄荒,度作刑以诘四方。"《左传·隐公十一年》:"许无刑而伐之,服而舍之。"杜预注:"刑,法也。"唐韩愈《送浮屠文畅师序》:"道莫大乎仁义,教莫正乎礼乐刑政。"庸,法度。汉扬雄《太玄·中》:"龙出于中,首尾信,可以为庸。"范望注:"庸,法也。"索(素),法度。《左传·定公四年》:"皆启以商政,疆以周索。"法,泛指法律。《史记·孝文本纪》:"法者,治之正也,所以禁暴而率善人也。"由此可见,"容""常""刑""庸""索""法"都有"法度"的意思,即这几个词都有"法度"这一义位,所以它们构成一个表"法度"义的同义词群。但是,这几个词之间也有细微的区别,主要区别体现在指称对象的特征和适用对象、使用时段等方面。这组同义词词义用义素分析法表示如下:

容＝/法度/＋/道德约束/＋/自觉意识/＋/修养/＋/个人/＋ /多用于礼仪范畴/

常＝/法度/＋/正式成文/＋/强制执行/＋/古词/＋/国家/＋/庄重/ ＋/用于典章制度/

刑＝/法度/＋/正式成文/＋/强制执行/＋/古今通用/＋/国家/

庸＝/法度/＋/规律性/＋/古词/＋/一般的法规/＋/常规性/

索(素)＝/法度/＋/规律性/＋/古词/

法＝/法度/＋/正式成文/＋/强制执行/＋/古今通用/＋/总称/＋/国家/

16.貌、形、容

《释诂》卷一上:"容,法也。"疏证:"容者,象之法也。《考工记·函人》:凡为甲,必先为容,然后制革。郑众注云:容谓象式。《老子》:孔德之容。钟会注云:容,法也。《吕氏春秋·士容论》:此国士之容也。高诱注与钟会同。《说文》:镕,冶器法也。《汉书·食货志》:冶镕炊炭。应劭注云:镕,形容也,作钱模也,义亦与容同。貌谓之形,亦谓之容,常谓之刑,亦谓之庸,法谓之刑,亦谓之容,义并相近也。"(第10页上~10页下)

貌,面容;容颜。《左传·哀公二年》:"彼见吾貌,必有惧心。"宋玉《神女赋》:"貌丰盈以庄姝兮,苞温润之玉颜。"形,容貌。《广韵·青韵》:"容也,常也。"《荀子·非相》:"故相形不如论心,论心不如择术。"容,仪容;相貌。《诗·周颂·振鹭》:"振鹭于飞,于彼西雝。我客戾止,亦有斯容。"朱熹《诗集传》:"言鹭飞于西雝之水,而我客来助祭者,其容貌修整,亦如鹭之洁白也。"由此可见,"貌"、"形"、"容"都有"相貌"的意思,即这三个词都有"相貌"这一义位,所以它们构成一个表"相貌"义的同义词群。但是,这三个词之间也有细微的区别,主要表现在视角等语义特征的不同。这组同义词词义用义素分析法表示如下:

貌＝/相貌/＋/有形/＋/外观/＋/局部效果/＋/限于面部形状/

形＝/相貌/＋/有形/＋/外观/＋/整体效果/

容＝/相貌/＋/精神/＋/仪态/＋/侧重内在/＋/面部表情/＋/可用于面部形状/＋或(/整个身体仪容/＋/身体各部位姿容/)

17.肖、类

《释诂》卷一上:"类,法也。"疏证:"类者,《方言》:类,法也。齐曰类。……类之言律也,律亦法也。《乐记》:律小大之称。《史记·乐书》作类,是类与律,声义同。相似谓之类,亦谓之肖。法谓之肖,亦谓之类。义亦相近也。"(第10页上,第11页上)

肖,本义为相貌相似,引申为相似、类似。《说文·肉部》:"肖,骨肉相似也。"段玉裁注:"骨肉相似者,谓此人骨肉与彼人骨肉状皃略同也,故字从肉。《方言》卷七:"肖、类,法也。"郭璞注:"肖者,似也。"《书·说命上》:"乃审厥象,俾以形旁求于天下,说筑傅岩之野,惟肖。"孔传:"肖,似。"类,本义为犬相似;引申为"相似、像"的意思。《说文·犬部》:"类,种类相似,唯犬为甚。"段玉裁注:"类本谓犬相似,引伸假借为凡相似之称。"《易·系辞下》:

"于是始作八卦,以通神明之德,以类万物之情。"孔颖达疏:"今作八卦,以类象万物之情,皆可见也。"

由此可见,"肖"、"类"都有"相似"的意思,即这两个词都有"相似"这一义位,所以它们构成一个表"相似"义的同义词组。但是,它们在受事者(属性)和语法功能等方面有细微的差别。这组同义词词义用义素分析法表示如下:

肖=/相似/+/不及物/+/侧重具体外观/+/古今通用/

类=/相似/+/及物/+/可侧重抽象/+/或/总体状况/+/古今通用/

18.类、律、法、纪

《释诂》卷一上:"类,法也。"疏证:"类者,《方言》:类,法也。齐曰类。……《荀子·儒效篇》云:其言有类,其行有礼。类之言律也。律,亦法也。"又"纪,法也。"(第10页上,第11页上)

类,法则。《广韵·脂韵》:"类,善也,法也,等也,种也。"《荀子·非十二子》:"案往旧造说,谓之五行,甚僻违而无类。"王先谦集解引王念孙曰:"类者,法也。言邪僻而无法也。"律,法纪;法令;规则。《易·师》:"师出以律,否臧凶。"孔颖达疏:"律,法也。"法,规章;制度。《周礼·天官·大宰》:"以八法治官府。"也泛指法律。《史记·孝文本纪》:"法者,治之正也,所以禁暴而率善人也。"纪,法则;准则。《管子·心术上》:"故必知不言无为之事,然后知道之纪。"由此可见,"类"、"律"、"法"、"纪"都可以用于表示"法则"之义,即这四个词有相同的义位,所以它们构成一个表"法则"义的同义词群。但是,这四个词在语义特征和附属色彩等方面有细微的区别。这组同义词词义用义素分析法表示如下:

类=/法则/+/侧重日常生活/+/规律性/+/口语色彩/

律=/法则/+/正式成文/+/强制执行/+/国家/+/庄重色彩/+/古今通用/

法=/法则/+/正式成文/+/强制执行/+/古今通用/+/泛称/+/国家/

纪=/法则/+/正式成文/+/古今通用/

19.侧、旁

《释诂》卷一上:"厔,方也。"疏证:"厔与浮声近义同。次章言淇厔,三章言淇侧,其义一也。"(第11页下)

侧,旁边。《诗·召南·殷其靁》:"殷其靁,在南山之侧。"旁,近侧;旁边。唐韩愈《李花》诗之一:"旁有一株李,颜色惨惨似含嗟。"由此可见,"侧"、"旁"二词都可以用于表示"旁边"义,属于方位代词,这两个词有相同的义位,所以它们构成一个表"旁边"义的同义词组。但是,这两个词在使用时代、语义特征、语法功能以及附属色彩等方面存在差异。这组同义词词义用义素分析法表示如下：

侧＝/旁边/＋/斜对/＋/范围比"旁"小/＋/典雅色彩/＋/先秦常用/①

旁＝/旁边/＋/周围/＋/可直接修饰人/＋/搭配对象比"侧"更广/②＋/典雅色彩/＋/汉代至魏晋常用/③

20.懑、盈（亿）、满

《释诂》卷一上："懑，满也。"疏证："翼，盛也，谓威仪盛于外。懑翼二字，古人多连举。"（第 12 页上～12 页下）

《补正·释诂》卷一上："忾、臆，满也。"疏证："《小雅·楚茨篇》：我仓既盈，我庾维亿。亿、盈亦语之转也。……是亿即盈也。"（第 417 页上）

懑，满。《楚辞·离骚》："懑不厌乎求索。"王逸注："懑，满也。"盈，满；充满。《诗·周南·卷耳》："采采卷耳，不盈顷筐。"亿，盈；满。然据王氏"亿、盈亦语之转也"，说明"亿"、"盈"为同源关系，不构成同义词。可见，"懑"、"盈（亿）"都可以表示"满"之义，即有相同的义位，故"懑"和"盈（亿）"、"满"构成一组同义词。但是，这三个词在使用时段和语法功能等方面有所不同。这组同义词词义用义素分析法表示如下：

懑＝/满/＋/古词/＋/可做状语/

盈（亿）＝/满/＋/古今通用/＋/可做定语/＋/从空到满的过程/＋/典雅色彩/

满＝/满/＋/古今通用/＋/不限于容器/＋/可做状语和定语/

21.荒、遐、远、弥、久

《释诂》卷一上："荒，远也。"疏证："远与大同义，远谓之荒，犹大谓之荒也，远谓之遐，犹大谓之假也，远谓之迂，犹大谓之讦也。"（第 13 页上）

《释诂》卷一上："幠，张也。"疏证："凡张与大同义，张谓之幠，亦谓之扞，犹大谓之幠，亦谓之讦也，张谓之磔，犹大谓之袥也。张谓之彍，犹大谓之廓也。"（第 14 页下～15 页上）

《补正·释诂》卷四上："弥，久也。"疏证："《逸周书·谥法解》云：弥，久也。"（第 425 页上）

荒，时间久远。唐李贺《致酒行》："吾闻马周昔作新丰客，天荒地老无人识。"遐，久远。唐韩愈《河南少尹裴君墓志铭》："何寿之不遐，而禄之不多，谓必有后，其又信然耶！"远，久远，指时间漫长。《论语·述而》："慎终追远，

---

① 汪维辉：《东汉—隋常用词演变研究》，南京大学出版社 2000 年版，第 87 页。

② 同上书，第 87～88 页。

③ 同上书，第 87～93 页。

民德归厚矣。"邢昺疏:"远,谓亲终既葬日月已远也。"《吕氏春秋·大乐》:"音乐之所由来者远矣。"高诱注:"远,久。"弥,时间长。《广韵·支韵》:"益也,长也,久也。"《楚辞·招魂》:"容态好比,顺弥代些。"久,时间长。《广韵·有韵》:"久,长久也。"《论语·述而》:"久矣吾不复梦见周公。"唐杜甫《不见》:"不见李生久,佯狂真可哀。"

由此可见,"荒""遐""远""弥""久"都有"久远"之义,即这五个词都有"久远"这一义位,所以它们构成一个表"久远"义的同义词群。但是,这五个词在语用特征、程度、使用时代等方面都有一些细微的差别。这组同义词词义用义素分析法表示如下:

荒=/时间久远/+/程度高/+/空/

遐=/时间久远/+/典雅色彩/+/与"迩"相对/+/时代早于"远"/①

远=/时间久远/+/一般用语/+/与"近"相对/

弥=/时间久远/+/典雅色彩/+/古词/

久=/时间久远/+/一般用语/+/程度最低/+/与"暂"相对/②

22. 大、荒、訏、幠、廓

《释诂》卷一上:"荒,远也。"疏证:"远与大同义,远谓之荒,犹大谓之荒也,远谓之遐,犹大谓之假也,远谓之迂,犹大谓之訏也。"(第13页上)

《释诂》卷一上:"幠,张也。"疏证:"凡张与大同义,张谓之幠,亦谓之扜,犹大谓之幠,亦谓之訏也,张谓之磔,犹大谓之祊也。张谓之彉,犹大谓之廓也。"(第14页下~15页上)

荒,扩大;大。《诗·周颂·天作》:"天作高山,大王荒之。"毛传:"荒,大也。"《汉书·叙传下》:"靡法靡度,民肆其诈,偪上并下,荒殖其货。"故"荒"有"面积大"这一义位。訏,大。《诗·大雅·抑》:"訏谟定命,远犹辰告。"毛传:"訏,大;谟,谋。"故"訏"也有"面积大"这一义位。幠,大。《诗·小雅·巧言》:"无罪无辜,乱如此幠。"毛传:"幠,大也。"故"幠"也有"面积大"这一义位。廓,义为广大。《诗·大雅·皇矣》:"上帝耆之,憎其式廓。"毛传:"廓,大也。"故"廓"也有"面积大"这一义位。

由此可见,"大""荒""訏""幠""廓"都有"面积大"之义,即这五个词都有"面积大"这一义位,所以它们构成一个表"面积大"义的同义词群。但是,这些词在程度、色彩、所状对象以及语法功能等方面都有细微差别。这组同义词词义用义素分析法表示如下:

---

① 王凤阳:《古辞辨》,吉林文史出版社1993年版,第898页。

② 同上。

大＝/面积大/＋/程度最低/＋/一般做谓语或定语/＋/古今通用/＋/与
"小"相对/

荒＝/面积大/＋/程度最高/＋/给人空旷的感觉/＋/可做定语和状语/

讦＝/面积大/＋/古词/＋/可做状语/

幠＝/面积大/＋/可修饰抽象事物/＋/贬义色彩/＋/一般做谓语或定语/

廓＝/面积大/＋/中性色彩/＋/空/＋/一般做谓语或定语/

23. 畅、通

《释诂》卷一上；"昶，通也。"疏证："昶之言畅也，畅亦通也。《琴赋》：雅
昶唐尧。注云：昶与畅同。"（第14页上）

畅，通畅；通达。《易·坤》："美在其中，而畅于四支。"孔颖达疏："有美
在于中，必通畅于外。"通，义为畅达；顺畅。宋范仲淹《岳阳楼记》："庆历四
年春，滕子京谪守巴陵郡。越明年，政通人和，百废俱兴。"故"通"也有"通
达"这一义位。可见，"畅"和"通"都可以用来表示"通达"之义，即有相同的
义位，所以"畅"和"通"构成一组同义词。但是，这两个词在附属色彩、语法
特征（搭配）等方面有细微差别。这组同义词词义用义素分析法表示如下：

畅＝/通达/＋/无阻/＋/可自由延伸/＋/舒适感/＋/侧重主观感受/＋/多
与抽象事物搭配/

通＝/通达/＋/无阻/＋/重在客观描述/＋/中性色彩/

24. 敬、肃

《释诂》卷一上："亟，敬也。"疏证："《说文》：敬，肃也。从攴苟。苟，自急
敕也，从羊省，从句省。从口，口，犹慎言也，从羊，与义、善、美同意。"（第14
页上～14页下）

敬，恭敬；端肃。《易·坤》："君子敬以直内，义以方外。"孔颖达疏："内
谓心也，用此恭敬以直内。"肃，义为恭敬。《庄子·则阳》："其慢若彼之甚
也，见贤人若此其肃也，是其所以为灵公也。"可见，"敬"和"肃"都可以用以
表示"恭敬"之义，即有相同的义位，所以"敬"和"肃"构成一组同义词。但
是，这两个词在语义侧重、语法特征（搭配）等方面有细微差别。这组同义词
词义用义素分析法表示如下：

敬＝/恭敬/＋/重在内心、感情/＋/对受事者言行五体投地/①＋/受事
者身份地位一般高于自己/＋/反义词为"嫚"/

肃＝/恭敬/＋/重在礼仪外观上/＋/谨慎/＋/受事者身份地位一般平
于或低于自己/

---

① 王凤阳：《古辞辨》，吉林文史出版社1993年版，第598页。

25. 义、善、美

《释诂》卷一上："亟，敬也。"疏证："《说文》：敬，肃也。从支苟。苟，自急敕也，从羊省，从句省。从口，口，犹慎言也，从羊，与义、善、美同意。"（第14页上～14页下）

义，善良。《书·皋陶谟》："强而义。"王引之《经义述闻·尚书上》："义，善也。谓性发强而又良善也。"善，品行善良；和善。《金瓶梅词话》第一回："一言难尽，自从嫁得你哥哥，吃他试善了，被人欺负。"美，善良。《国语·晋语一》："彼将恶始而美终。"韦昭注："美，善也。"由此可见，"义"、"善"、"美"都有"善良"之义，即这三个词都有"善良"这一义位，所以它们构成一个表"善良"义的同义词群。但是，这三个词在语用特征等方面有细微差别。这组同义词词义用义素分析法表示如下：

义＝/善良/＋/品德/＋/助人/＋/向外/

善＝/善良/＋/品德/＋/与"恶"相对/＋/古今通用/＋/内修/

美＝/善良/＋/品德/＋/程度高于"善"/＋/古词/

26. 事、贯

《释诂》卷一上："贯，行也。"疏证："《尔雅》：贯，事业。事与行义相近，故事谓之贯，亦谓之服；行谓之服，亦谓之贯矣。"（第15页下）

事，侍奉；供奉。《易·蛊》："不事王侯，志可则也。"《荀子·劝学》："行衢道者不至，事两君者不容。"又《非相》："幼而不肯事长，贱而不肯事贵，不肖而不肯事贤，是人之三不祥也。"贯，义为侍奉；服侍。《诗·魏风·硕鼠》："三岁贯女，莫我肯顾。"毛传："贯，事也。"可见，"事"和"贯"都可以用来表示"侍奉"，即有相同的义位，所以"事"和"贯"构成一组同义词。但是，这两个词在语用特征和使用时代等方面有细微差别。这组同义词词义用义素分析法表示如下：

事＝/侍奉/＋/古今通用/＋/受事者地位身份高于施事者/

贯＝/侍奉/＋/古词/＋/受事者不限/＋/受事者可以不是人/

27. 行、服

《释诂》卷一上："贯，行也。"疏证："《尔雅》：贯，事业。事与行义相近，故事谓之贯，亦谓之服；行谓之服，亦谓之贯矣。"（第15页下）

行，实施。《易·系辞上》："形而上者谓之道，形而下者谓之器，化而裁之谓之变，推而行之谓之通。"孔颖达疏："因推此以可变而施行之，谓之通也。"服，义为实行；施行。《书·说命中》："旨哉！说乃言惟服。"孔传："旨，美也。美其所言，皆可服行。"《晏子春秋·谏上三》："君身服之，故外无怨治，内无乱行。"可见，"行"和"服"都可以用来表示"实施"之义，即有相同的义位，所以"行"和"服"构成一组同义词。但是，这两个词在语法、语用特征

和使用时代等方面有细微差别。这组同义词词义用义素分析法表示如下:

行＝/实施/＋/古今通用/＋/施事者可不限/

服＝/实施/＋/古词/＋/施事者为第一人称/＋/用于人/＋/心甘情愿/＋/施事者一般地位低于发令者/

28.殖、蕃

《释诂》卷一上:"殖,积也。"疏证:"《晋语》:同姓不婚,恶不殖也。韦昭注云:殖,蕃也。《周语》云:财用蕃殖。皆积之义也。"(第18页下)

蕃,生息;繁殖。《易·坤》"天地变化,草木蕃。"孔颖达疏:"谓二气交通,生养万物,故草木蕃滋。"殖,义为滋生;繁殖。《汉书·叙传上》:"譬犹草木之殖山林,鸟鱼之毓川泽,得气者蕃滋,失时者苓落。"可见,"蕃"、"殖"二词都可以表示"繁殖"义,即这两个词有相同的义位,所以它们构成一组同义词。但是,这两个词在语义、语用及语法等方面有细微差别。这组同义词词义用义素分析法表示如下:

蕃＝/繁殖/＋/侧重于植物和人畜/＋/主要用于生物/

殖＝/繁殖/＋/侧重于谷物和财物/①＋/可用于非生物/＋/及物/＋/本义与繁殖无关/

29.恫、怜、哀

《释诂》卷一上:"恫,哀也。"疏证:"哀与爱声义相近,故恫、怜既训为爱,而又训为哀。"(第18页下)

恫,哀怜。《方言》卷一:"恫,哀也。自楚之北郊曰恫。"怜,义为哀怜;怜悯。汉王褒《九怀·通路》:"阴忧兮感余,惆怅兮自怜。"哀,义为怜悯;怜爱;同情。《穆天子传》卷五:"天子作诗三章以哀民。"郭璞注:"哀,犹愍也。"可见,"恫"、"怜"、"哀"都可以表示"哀怜"义,即这三个词有相同的义位,所以它们构成一组同义词。但是,这三个词在使用地域、时代、施受关系的地位等方面都有细微差别。这组同义词词义用义素分析法表示如下:

恫＝/哀怜/＋/楚之北郊方言/＋/施事者地位高于受事者/

怜＝/哀怜/＋/共同语/＋/施受地位不限/＋/同情/

哀＝/哀怜/＋/共同语/＋/古今通用/＋/施受地位不限/＋/忧伤感/

30.摭(拓)、攎、取

《释诂》卷一上:"搴、摭……稣,取也。"疏证:"搴、摭者,《方言》:攎、摭,取也。南楚曰攎,陈宋之间曰摭。……摭与拓同。"(第19页上)

摭,摘取。《法言·问明》:"摭我华而不食我实。""摭"有"采摘获取"这

---

① 王凤阳:《古辞辨》,吉林文史出版社1993年版,第530页。

一义位。"拓"也作"摭",《说文·手部》:"摭,拾也。陈宋语,或从庶。"可见"拓"、"摭"为异体字关系。攓,《广韵·仙韵》"同搴","搴,取也"。即"攓"有"获取,拔取"义。《庄子·至乐》:"列子行食于道从,见百岁髑髅,攓蓬而指之曰:'唯予与汝知而未尝死,未尝生也。'""攓"也有"采摘获取"这一义位。取,获取;采取。《广韵·虞韵》:"取,收也,受也。"《易·系辞下》:"上古穴居而野处,后世圣人易之以宫室,上栋下宇,以待风雨,盖取诸《大壮》。"由此可知,"摭(拓)"、"攓"、"取"三词都可以表示"采摘获取"义,即"摭(拓)"、"攓"、"取"有相同的义位,故构成一个表"采摘获取"义的同义词群。但是,这三个词在语义特征(行为属性)和使用地域等方面有细微差别。这组同义词词义用义素分析法表示如下:

摭(拓)=/采摘获取/+/陈宋之间方言/+/力度小/+/用手/

攓=/采摘获取/+/南楚方言/+/力度大/+/用手/

取=/采摘获取/+/共同语/+/工具不限/

31. 有、取

《释诂》卷一上:"有,取也。"疏证:"《大雅·瞻卬篇》云:人有土田,女反有之;人有民人,女覆夺之。是有为取也。"(第19页下)

有,取得;占有。《诗·周南·芣苢》:"采采芣苢,薄言有之。"朱熹集传:"有,既得之也。"取,得到。《楚辞·天问》:"女岐无合,夫焉取九子。"可见,"有"和"取"都可以表示"得到"义,即这两个词有相同的义位,故它们构成一组同义词。但是,这两个词在语义特征(行为属性)等方面有细微差别。这组同义词词义用义素分析法表示如下:

有=/得到/+/强调结果/

取=/得到/+/积极/+/主动/+/强调过程/

32. 坼、分、折、裂

《补正·释诂》卷一上:"坼,分也。"疏证:"《少仪》:以牛左肩、臂臑,折九个。注云:折,断分之也。《楚辞·九章》:令五帝以折中兮。王注云:折犹分也。……坼者,《说文》:坼,裂也。释文引《广雅》:坼,分也。《众经音义》卷一、卷六、卷十七引《广雅》并与《释文》同。今本脱坼字。"(第418页下)

坼,裂开;分裂。唐杜甫《登岳阳楼》诗:"吴楚东南坼,乾坤日夜浮。"分,分裂。《汉书·地理志上》:"陵夷至于战国,天下分而为七。""折",按王念孙疏证:"《少仪》:以牛左肩、臂臑,折九个。注云:折,断分之也。《楚辞·九章》:令五帝以折中兮。王注云:折犹分也。"可知"折"有"断开、分裂"的意思。裂,割裂;分裂。《淮南子·览冥》:"四极废,九州裂。"高诱注:"裂,分也。"可见,"坼"、"分"、"折"、"裂"都可以表示"分裂"之义,即这四个词有相同的义位,所以构成一组同义词。但是,这四个词在语义特征(行为属性)和语法特征、受事者等方面有细微差别。这组同义词词义用义素分析法表示如下:

坼＝/分裂/＋/古词/＋/自然形成/＋/不及物/＋/受事者为具体事物/＋/源于土地分裂/＋/方向不定/

分＝/分裂/＋/古今通用/＋/可以人为形成/＋/及物/＋/受事者可以是抽象事物/＋/方向不定/

折＝/分裂/＋/断/＋/古今通用/＋/多人为形成/＋/及物/＋/受事者为具体事物/＋/方向不定/

裂＝ /分裂/＋/古今通用/＋/可以人为形成/＋/不及物/＋/源于撕裂布帛/＋/动作力度大/＋/破坏性/＋/中分/①

33.将、嘉、休、美

《释诂》卷一上:"滑、党、贲……将,美也。"疏证:"《内则》云:旨甘柔滑。是滑为美也。……《小雅·白驹篇》:贲然来思。毛传云:贲,饰也。皆美之义也。……将者,《豳风·破斧》首章:亦孔之将。毛传:将,大也。大,亦美也。二章云:亦孔之嘉;三章云:亦孔之休。将、嘉、休,皆美也。"(第24页上)

将,美好。《诗·豳风·破斧》:"哀我人斯,亦孔之将。"毛传:"将,大也。大,亦美也。"嘉,善;美好。《广韵·麻韵》:"嘉,善也,美也。"宋陆游《数日秋气已深清坐无酒戏题长句》:"渐近重阳天气嘉,数椽茅竹淡生涯。"休,美好。《汉书·武五子传》:"远方珍物陈于太庙,德甚休盛。"颜师古注:"休,美也。"美,美好。《易·坤》:"畅于四支,发于事业,美之至也。"可见,"将"、"嘉"、"休"、"美"都可以用于表示事物美好,即这四个词有相同的义位,所以它们构成一个表"美好"义的同义词群。但是,这四个词在所状对象和附属色彩及使用时段、语法功能等方面都有细微差别。这组同义词词义用义素分析法表示如下:

将＝/美好/＋/古词/＋/不做前置定语/＋/受事者为具体事物/＋/书面语色彩/＋/典雅色彩/

嘉＝/美好/＋/古今通用/＋/受事者可以是抽象事物/＋/书面语色彩/＋/典雅色彩/＋/吉庆/

休＝/美好/＋/古词/＋/受事者可以是抽象事物/＋/书面语色彩/＋/典雅色彩/

美＝/美好/＋/古今通用/＋/受事者可以是抽象事物/＋/口语色彩/

---

① 王凤阳:《古辞辨》,吉林文史出版社1993年版,第521页。

34.盛、贲

《释诂》卷一上:"滑、党、贲……将,美也。"疏证:"盛,亦美也。别见《释训》翼翼,盛也下。……《小雅·白驹篇》:贲然来思。毛传云:贲,饰也。皆美之义也。"(第 24 页上)

盛,华美。《荀子·子道》:"今女衣既盛,颜色充盈,天下且孰肯谏女矣!"贲,华美光彩貌。《易·贲》:"九三:贲如濡如,永贞吉。"孔颖达疏:"贲如,华饰之貌。"可见,"盛"和"贲"都可以表示"华美"义,即有相同的义位,故它们构成同义词。但是,这两个词在所状对象及使用时段、语法功能等方面有细微差别。这组同义词词义用义素分析法表示如下:

盛=/华美/+/古今通用/+/受事者可以为抽象事物/

贲=/华美/+/古词/+/受事者为具体事物/

35.将、皇、甫、大

《释诂》卷一上:"皇……将,美也。"疏证:"美从大,与大同意。故大谓之将,亦谓之皇,美谓之皇,亦谓之将,美谓之贲,犹大谓之坟也。美谓之肤,犹大谓之甫也。"(第 24 页上)

将,大。《诗·商颂·长发》:"有娀方将,帝立子生商。"毛传:"将,大也。"郑玄笺:"禹敷下土之时,有娀氏之国亦始广大。"可见"将"有"广大"这一义位。皇,大。《说文·王部》:"皇,大也。"段玉裁注:"皇本大君,因之凡大皆曰皇。"《诗·大雅·皇矣》:"皇矣上帝,临下有赫。"毛传:"皇,大。"故"皇"也有"广大"这一义位。甫,广大。《广韵·虞韵》:"甫,始也,大也。"《诗·齐风·甫田》:"无田甫田,维莠骄骄。"孔传:"甫,大也。"故"甫"也有"广大"这一义位。大,指在面积、体积、容量、力量、强度、年龄、重要性等方面超过一般或超过所比对象。与"小"相对。《诗·大雅·行苇》:"酌以大斗,以祈黄耇。"《史记·高祖本纪》:"大风起兮云飞扬,威加海内兮归故乡。"由此可见,"将"、"皇"、"甫"、"大"都可以表示"广大"义,即有相同的义位,故它们构成一个同义词群。但是,这四个词在所状对象和附属色彩及使用时段、语法功能等方面有细微差别。这组同义词词义用义素分析法表示如下:

将=/广大/+/褒义色彩/+/不做前置定语/+/古词/

皇=/广大/+/褒义色彩/+/所状对象身份地位高/+/尊贵/

甫=/广大/+/中性色彩/+/横向/+/所状对象为无生命的事物/

大=/广大/+/古今通用/+/中性色彩/+/口语色彩/

36.耸、奖、劝

《释诂》卷一下:"怂涌、励,劝也。"疏证:"《汉书·衡山王传》:日夜纵臾王谋反事。颜师古注云:纵臾,谓奖劝也。《史记》作从容。《汲黯传》,从谀承意。意并与怂涌同。案：怂涌，叠韵也。单言之，则谓之耸。《方言》云：自关而西，秦晋之间，相劝曰耸，或曰将。中心不欲而由旁人之劝语，亦曰耸。……《汉书·刑法志》耸作愯。颜师古注云：愯，谓奖也。案：颜说是也。耸之以行，谓举善行以奖劝之。《楚语》：教之春秋，而为之耸善而抑恶焉，以戒劝其心。韦昭注云：耸，奖也。"（第 26 页上）

耸，劝勉；奖励。《左传·昭公六年》："故诲之以忠，耸之以行。"王引之《经义述闻·春秋左传下》引王念孙曰："谓举善行以奖劝之。"奖，劝勉；鼓励。《左传·昭公二十二年》："无亢不衷，以奖乱人。"劝，劝勉；鼓励。《国语·越语上》："国人皆劝，父勉其子，兄勉其弟，妇勉其夫。"由此可见，"耸"、"奖"、"劝"都可以表示"劝勉"之义，即这三个词都有共同的义位，所以构成一个表"劝勉"义的同义词群。但是，这三个词在行动方式、受事对象、附属色彩等方面有细微差别。这组同义词词义用义素分析法表示如下：

耸＝/劝勉/＋/主要用行动/＋/中性变贬义/＋/方言词/

奖＝/劝勉/＋/古代主要用语言和行动/＋/近代主要用财物/＋/中性色彩/＋/共同语/＋/反义词为"抑"/

劝＝/劝勉/＋/主要用语言/＋/侧重在精神上/＋/中性色彩/＋/共同语/＋/反义词为"沮"或"惩"/

37.妖、妍、昌、茂、嬬、好、瑶、姚

《释诂》卷一下："姚……妍……嬬，好也。"疏证："《荀子·非相篇》：莫不美丽姚冶。杨倞注引《说文》云：姚，美好貌。……《说文》：瑶，石之美者，亦与姚同义。《大雅·公刘篇》：维玉及瑶。毛传云：瑶，言有美德也。……《众经音义》卷一引《三仓》云：妖，妍也。……《齐风·还》首章：子之还兮。毛传云：还，便捷之貌。《韩诗》作嬬。云：好貌。案：此亦《韩诗》是也。二章：子之茂兮。毛传云：茂，美也。三章：子之昌兮。毛传云：昌，盛也。郑笺云：佼好貌。昌、茂皆好，则还亦好也，嬬、还字异而义同。"（第 26 页下～27 页下）

妖，艳丽；貌美。《广韵·宵韵》："妖，妖艳也。"《文选·宋玉〈神女赋〉》："近之既妖，远之有望。"李善注："近看既美，复宜远望。"妍，美丽；美好。晋陆机《吴王郎中时从梁陈作》诗："玄冕无丑士，冶服使我妍。"昌，佼好貌。《诗·齐风·猗嗟》："猗嗟昌兮，颀而长兮。"郑玄笺："昌，佼好貌。"茂，美好；美貌。南朝宋刘义庆《世说新语·容止》："有人叹王恭形茂者云：濯濯如春月柳。"嬬，貌美。《集韵·线韵》："嬬，美谓之嬬。"好，指女子貌美。《国语·晋语一》："子思报父之耻而信其欲，虽好色，必恶心，不可谓好。"韦昭注："好，美也。""妖"含有"美艳"的义素。"妍"还有方言色彩，《方言》卷一："自关而西,秦晋之故都曰妍。好,其通语也。"可见上古时段"妍"是个方言词,"好"是共同语。"好"用于人天生的,用于女子时侧重容貌和肤色的美,指长相漂亮。"昌"含有"美好"、"佼好"的义素,重在整体效果。"茂"含有"清纯"的意味,"嫙"含有"绝色"之义。"瑶",本为似玉的美石,也泛指美玉,引申形容珍贵美好,常用作称美之词。南朝梁江淹《知己赋》:"闻瑶质兮可变,知余采兮一夺。"故"瑶"有"貌美"之义。"姚",义为美好。《荀子·非相》:"今世俗之乱君,乡曲之儇子,莫不美丽姚冶,奇衣妇饰,血气态度,拟于女子。"杨倞注:"《说文》曰:'姚,美好貌;冶,妖。'"故"姚"也有"貌美"这一义位。此外,"好",也有"貌美"这一义位。由此可见,"妖"、"妍"、"昌"、"茂"、"嫙"、"好"、"瑶"、"姚"都可以表示"貌美"之义,即这八个词都有共同的义素"貌美",所以构成一个表"貌美"义的同义词群。"瑶"含有"珍贵"这一义素。"姚"含有"指女性外表、外貌"的义素。但是,这八个词在所状对象、语义特征、使用地域、色彩等方面都有细微差别。这组同义词词义用义素分析法表示如下:

妖=/貌美/+/艳丽/+/迷人/+/一般为女性/+/容貌、妆饰、姿态/+/色彩由褒变贬/

妍=/貌美/+/综合形体、肤色、长相等/+/上古为方言/+/典雅色彩/+/对象可为人也可以为物/+/褒义色彩/

昌=/貌美/+/壮大/+/形体/+/古词/+/褒义色彩/

茂=/貌美/+/一般为男性/+/清纯/+/古词/+/褒义色彩/

嫙=/貌美/+/一般为女性/+/侧重貌和色绝好/+/典雅色彩/+/褒义色彩/

好=/貌美/+/用于男性时侧重综合形体等/+/用于女性时侧重容貌和肤色的美,指长相漂亮/+/天生/+/口语色彩/+/古今通用/+/中性色彩/

瑶=/貌美/+/珍贵/+/内外气质/+/褒义色彩/

姚=/貌美/+/形貌/+/一般为女性/+/褒义色彩/

38.鈺、镣

《释诂》卷一下:"鈺、嬲,好也。"疏证:"《方言》:鈺、嬲,好也。青徐海岱之间曰鈺,或谓之嬲。注云:今通呼小娇洁喜好者为嬲鈺。鈺,犹小也。凡小与好义相近。……《玉篇》:鈺,美金也。《尔雅》:白金谓之银,其美者谓之镣。是金之美者谓之鈺,亦谓之镣,义并与鈺、嬲同也。"(第27页上)

鈺,金之美者。《玉篇·金部》:"鈺,美金也。""鈺"有"纯美的金属"这一义位。镣,指纯美的银子。《尔雅·释器》:"白金谓之银,其美者谓之镣。"

"镣"有"纯美的金属"这一义位。可见,"鈋"、"镣"都可以表示纯美的金属,即这两个词有相同的义位,所以它们构成一组同义词。但是,这两个词在所指范围等方面有细微差别。这组同义词词义用义素分析法表示如下:

鈋＝/纯美的金属/＋/方言词/＋/泛指/

镣＝/纯美的金属/＋/方言词/＋/特指银子/

39.抒(纾)、瘛(挚)、解

《释诂》卷一下:"纾、挚,解也。"疏证:"《方言》:抒、瘛,解也。……抒与纾通,亦作舒。挚,即《方言》瘛字也。"(第28页下)

抒,与"纾"通,"纾"又与"舒"同源,义为解除;缓解。《左传·文公六年》:"有此四德者,难必抒矣。"杜预注:"抒,除也。"挚,同"瘛",义为解。《方言》卷十二:"瘛,解也。"解,义为解除。晋葛洪《抱朴子·安贫》:"图画骐骥以代徒行之劳,遥指海水以解口焦之渴。"由此可见,"抒(纾)"、"瘛(挚)"、"解"都可以表示"解除"之义,即这三个词都有共同的义位,所以构成一个表"解除"义的同义词群。"抒"含有"逐渐"这一义素。"解"侧重结果彻底。"瘛(挚)"是方言词。可见,这三个词在使用地域、附加色彩等方面有细微差别。这组同义词词义用义素分析法表示如下:

抒＝/解除/＋/典雅色彩/＋/共同语/＋/逐渐/

瘛＝/解除/＋/方言词/

解＝/解除/＋/口语色彩/＋/古今通用/＋/侧重结果/

40.虏、钞、略

《释诂》卷一下:"摛、钞,强也。"疏证:"《方言》:虏、钞,强也。注云:皆强取物也。虏与摛通,虏、钞、略同义,故《方言》又云:略,强取也。"(第29页下)

虏,掠夺。《史记·韩长孺列传》:"匈奴虏略千余人及畜产而去。"钞,抢掠;强取。后作"抄"。《后汉书·皇后纪下·灵思何皇后》:"及李催破长安,遣兵钞关东,略得姬。"略,夺取。《左传·宣公十五年》:"壬午,晋侯治兵于稷,以略狄土,立黎侯而还。"杜预注:"略,取也。"可见,"虏"、"钞"、"略"都可以表示"掠夺"之义,即都有"掠夺"这一义位,故它们构成一个表"掠夺"义的同义词群。"虏"的对象一般为人。"钞"侧重于动作,对象多为地或物。"略"的对象可人可物,含有"轻易取得"之义。但是,这三个词在语义特征(行为方式)、受事范围、使用地域等方面有细微差别。这组同义词词义用义素分析法表示如下:

虏＝/掠夺/＋/受事者一般为人/＋/方言词/

钞＝/掠夺/＋/受事者一般为处所或物/＋/方言词/＋/侧重动作/

略＝/掠夺/＋/共同语/＋/经略某地而得/＋/受事者可人可物/＋/轻易/

41.淑、漻、清

《释诂》卷一下:"漻、淑,清也。"疏证:"漻者,《说文》:漻,清深也。《庄子·天地篇》云:漻乎其清也。……是凡言漻者,皆清之貌也。……淑者,《说文》:淑,清湛也。《管子·白心篇》云:淑然自清。……淑与漻之同训为清,犹寂与寥之同训为静也。"(第 30 页上)

淑,清湛。《说文·水部》:"淑,清湛也。"《淮南子·本经》:"日月淑清而扬光,五星循轨而不失其行。"漻,清澈貌。《庄子·天地》:"夫道,渊乎其居也,漻乎其清也。"清,洁净;纯洁。《书·尧典下》:"夙夜惟寅,直哉惟清。""清"也有"清澈"这一义位。可见,"淑"、"漻"、"清"都可以用来表示"清澈"之义,即这三个词都有共同的义位,所以它们构成了一个表"清澈"义的同义词群。但是,这三个词在语义特征(侧重点、程度上)、所状事物等方面有细微差别。这组同义词词义用义素分析法表示如下:

淑=/清澈/+/程度最高/+/一般状水/+/透亮/

漻=/清澈/+/程度较高/+/一般状水/+/透澈/

清=/清澈/+/程度一般/+/反义词为"浊"、"浑"/+/经过澄清、去掉污秽的水/

42.寂、寥、清、静

《释诂》卷一下:"漻、淑,清也。"疏证:"淑者,《说文》:淑,清湛也。《管子·白心篇》云:淑然自清。……淑与漻之同训为清,犹寂与寥之同训为静也。"(第 30 页上)

寂,静;无声。晋陆机《挽歌诗》:"魂舆寂无响,但见冠与带。"寥,空虚无形;空旷。《老子》:"有物混成,先天地生。寂兮寥兮,独立而不改。"王弼注:"寥者,空无形。"又据上文王氏《疏证》"犹寂与寥之同训为静也",故"寥"也有"无声"这一义位。清,寂静。《庄子·天下》:"芴乎若亡,寂乎若清。"故"清"也有"无声"这一义位。静,寂静;无声。《楚辞·九章·怀沙》:"眴兮杳杳,孔静幽默。"王逸注:"野甚清净,漠无人声。"由此可见,"寂"、"寥"、"清"、"静"都可以表示"无声"之义,即这四个词都有相同的义位,所以构成一个表"无声"义的同义词群。但是,这四个词在语义特征(侧重点、程度上)、所状事物等方面有细微差别。这组同义词词义用义素分析法表示如下:

寂=/无声/+/程度最高/+/典雅色彩/+/孤独/

寥=/无声/+/程度较高/+/无物/+/空旷/+/典雅色彩/+/孤独/+/常与"寂"相配而用/

清=/无声/+/程度次于"寂"/+/典雅色彩/

静=/无声/+/程度一般/+/中性词,不涉及感情/+/反义词为"喧"/

43.贞、久

《释诂》卷一下："字,生也。"疏证:"韦昭注《晋语》云:固,久也。"又"贞,固也;固,久也。"(第30页下)

贞,操守坚定不移。《礼记·檀弓下》:"昔者卫国凶饥,夫子为粥与国之饿者,是不亦惠乎! 昔者卫国有难,夫子以死卫寡人,不亦贞乎!"故"贞"有"持久不变"这一义位。久,持久。《吕氏春秋·诬徒》:"为之而苦矣,奚待不肖者! 虽贤者犹不能久。"故"久"也有"持久不变"这一义位。可见,"贞"和"久"都可以表示"持久不变"之义,即这两个词有共同的义位,所以它们构成一组同义词。但是,这两个词在语义特征(侧重点)、使用时代等方面有细微差别。这组同义词词义用义素分析法表示如下:

贞＝/持久不变/＋/侧重人的品性/＋/正直/＋/古词/

久＝/持久不变/＋/对象不限/＋/时间长/＋/古今通用/＋/反义词为"暂"/

44.盈、满

《释诂》卷一下:"愤,盈也。"疏证:"愤者,《方言》:愤,盈也。……《周语》:阳瘅愤盈。韦昭注云:愤,积也;盈,满也。"(第31页下)

盈,满;充满。《诗·周南·卷耳》:"采采卷耳,不盈顷筐。"满,充满;布满。《庄子·天运》:"在谷满谷,在坑满坑。"成玄英疏:"乃谷乃坑,悉皆盈满。"可见,"盈"和"满"都可以表示"充满"义,即这两个词有共同的义位,所以它们构成一组同义词。但是,这两个词在语义特征(侧重点、程度)、所状事物、附属色彩等方面有细微差别。这组同义词词义用义素分析法表示如下:

盈＝/充满/＋/溢出/＋/过余/＋/程度比"满"高/＋/褒义色彩/＋/搭配对象一般为具体事物/＋/典雅色彩/

满＝/充满/＋/没有过余/＋/中性色彩/＋/口语化/＋/使用时代晚于"盈"/①＋/全、遍/

45.趣、凑、遽

《释诂》卷一下:"凑……趣,遽也。"疏证:"《玉篇》:凑,竞进也。……趋与趣同。王逸注《大招》云:遽,趣也。是趣、凑皆为遽也。"(第31页下)

趣,赶快,从速。《集韵·虞韵》:"此苟切,促也。《周礼》有趣马官,或作趋文九。"《国语·晋语三》:"三军之士皆在,有人能坐待刑而不能面夷? 趣行事乎!"故"趣"有"迅速"这一义位。凑,趋;奔赴。《战国策·燕策一》:"乐

---

① 王凤阳:《古辞辨》,吉林文史出版社1993年版,第510页。

毅自魏往,邹衍自齐往,剧辛自赵往,士争凑燕。"上文王氏《疏证》"是趣、凑皆为遽也"。遽,赶快;疾速。《史记·魏世家》:"于是秦昭王遽为发兵救魏。"故"凑"和"遽"都有"迅速"这一义位。由此可见,"趣"、"凑"、"遽"都可以表示"迅速"之义,即这三个词有相同的义位,故它们构成一个表"迅速"义的同义词群。但是,这三个词在语义特征(侧重点)、所状事物、语法功能等方面有细微差别。这组同义词词义用义素分析法表示如下:

趣=/迅速/+/强调紧迫性/+/做副词/

凑=/迅速/+/跑/+/对象为目的地/+/可做动词/

遽=/迅速/+/强调动作速度/+/紧急/+/仓促/+/做副词/

46.疲(罷)、倦(券)、劳、嬾

《释诂》卷一下:"罷、券,劳也。"疏证:"罷与疲同,券与倦同。罷、倦为劳苦之劳。"(第32页下)

《释诂》卷二下:"疲、劳,嬾也。"疏证:"案:《广韵》:罷,倦也。劳,倦也。倦与嬾同义。嬾、劳、傈,又一声之转,是傈、疲、劳三字,皆与嬾同义。"(第63页下)

疲,疲乏;困倦。《庄子·天道》:"一心定而王天下……其魂不疲。"故"疲"有"疲惫劳累"这一义位。倦,疲惫劳累。《国语·晋语一》:"用而不倦,身之利也。"韦昭注:"倦,劳也。"故"倦"也有"疲惫劳累"这一义位。劳,疲劳;劳苦。《易·系辞上》:"子曰:'劳而不伐。'"孔颖达疏:"虽谦退疲劳而不自伐其善也。"故"劳"也有"疲惫劳累"这一义位。嬾,同"懒",义为疲惫。《水浒传》第六回:"智深走得远了,喘息方定……信步望前面去,行一步,懒一步。"又王氏《疏证》:"倦与嬾同义",故"嬾"也有"疲惫劳累"这一义位。由此可见,"疲(罷)"、"倦(券)"、"劳"、"嬾"都表示"疲惫劳累"之义,即有共同的义位,所以构成一个表"疲惫劳累"义的同义词群。但是,这几个词在语义特征(侧重点)、使用时代等方面有细微差别。这组同义词词义用义素分析法表示如下:

疲(罷)=/疲惫劳累/+/困乏欲停/+/无力/+/强调状态/

倦(券)=/疲惫劳累/+/困乏欲停/+/欲睡/+/强调程度/+/思想、意识上涣散/

劳=/疲惫劳累/+/陈述一种疲惫的状态/+/程度比"疲、倦"低/

嬾=/疲惫劳累/+/使用时代不同(后起词)/

47.侦、窥、伺、觇、瞻、视

《释诂》卷一下:"窥、觇,视也。"疏证:"觇者,《方言》:贴,视也。凡相窃视,南楚或谓之贴,自江而北谓之贴。《说文》:觇,窥视也。《晋语》:公使觇之。韦昭注云：觇，微视也。觇与贴同。……《玉篇》、《广韵》并云：觊，视也。《集韵》、《类篇》觊，又音时。引《广雅》：觊，视也。《释言篇》云：时，伺也。《论语·阳货篇》：孔子时其亡也，而往拜之。义与觊同。……窥者，《说文》：窥，正视也。《后汉书·章帝八王传》：使御者侦伺得失。侦与窥通。……占者，《方言》：凡相窃视，南楚或谓之占。占，犹瞻也。《说文》：占，视兆问也。义亦同。"（第33页上～33页下）

侦，暗中察看。《史记·淮南衡山列传》："为中诇长安。"司马贞索隐引三国魏孟康曰："诇音'侦'。西方人以反闲为侦。"又服虔曰："侦，候也。"故"侦"有"观看"这一义位。窥，正视。《广韵·庚韵》："窥，正视也。"《广雅·释诂一》："窥，视也。"故"窥"也有"观看"这一义位。伺，观察。宋司马光《进士策问》之二："夫圣人之道，正直无隐，岂伺人颜色而言邪！"故"伺"也有"观看"这一义位。觇，窥视；侦察。《左传·成公十七年》："公使觇之，信。"杜预注："觇，伺也。"故"觇"也有"观看"这一义位。瞻，观察；察看。《礼记·月令》："〔仲秋之月〕案刍豢，瞻肥瘠，察物色，必比类；量小大，视长短，皆中度。"故"瞻"也有"观看"这一义位。视，观察。《国语·晋语八》："叔鱼生，其母视之。"韦昭注："视，相察也。"故"视"也有"观看"这一义位。由此可见，"侦"、"窥"、"伺"、"觇"、"瞻"、"视"都表示"观看"之义，即有共同的义位，所以构成一个表"观看"义的同义词群。但是，这几个词在语义特征（行为方式）、使用时代和地域等方面有细微差别。这组同义词词义用义素分析法表示如下：

侦＝/观看/＋/暗中进行/＋/带有较强的目的性/＋/注意力集中/＋/时间长/＋/在隐蔽处/

窥＝/观看/＋/时代较晚/＋/正对，直面/＋/对象为物/

伺＝/观看/＋/侦探/＋/仔细/＋/在隐蔽处/＋/对象多为情况、机会等/

觇＝/观看/＋/细致地/＋/方言词/＋/在隐蔽处/＋/暗中/

瞻＝/观看/＋/察看/＋/仰视/＋/向上/

视＝/观看/＋/一般的看的动作/＋/时代与"睹"不同，先秦常用，早于"看"/

48.觖、伛、诎

《释诂》卷一下："折……觖、伛……诎，曲也。"疏证："觖之言委曲也。《文选·舞赋》注引《仓颉篇》云：觖，曲也。……《吕氏春秋·必己篇》：直则觖。高诱注云：觖，曲也。……《说文》：伛，偻也。……《庄子·达生篇》云：见痀偻者。痀与伛同。"（第34页上）

觖，本义为骨曲，引申指枉曲。《玉篇·骨部》："觖，骨曲也。"《广雅·释诂一》："觖，曲也。"《吕氏春秋·必己》："尊则亏，直则觖。"高诱注："觖，屈也。直不可久,故曰直则枭。"也指树木弯曲貌。《吕氏春秋·报更》:"臣枭桑之下饿人也。"《楚辞·淮南小山〈招隐士〉》:"树轮相纠兮,林木茷枭。"伛,曲背;弯腰。《广韵·虞韵》:"伛,不伸也,尪也。荀卿子曰:周公伛背。于武切。"《左传·昭公七年》:"一命而偻,再命而伛,三命而俯,循墙而走,亦莫余敢侮。"曲,义为弯曲;不直。《荀子·劝学》:"其曲中规。"由此可见,"枭"、"伛"、"曲"都有"弯曲"义,即这三个词有相同的义位,所以形成一个表"弯曲"义的同义词群。但是,这三个词在语义特征、使用时代、所状对象等方面有细微差别。这组同义词词义用义素分析法表示如下:

枭=/弯曲/+/对象限于骨或树/

伛=/弯曲/+/用于人/+/指背,腰部/

曲=/弯曲/+/泛指所有不直的对象/+/古今通用/

49.崇、高、上、尧

《释诂》卷一下:"高……崇,上也。"疏证:"《尔雅》:崇、崇,重也。《方言》:崇者,高也。上,重也。是崇为上也。"(第34页下)

《释言》卷五上:"尧,峣也。"疏证:"《风俗通义》云:尧者,高也。"(第151页下)

崇,高。《方言》卷十二:"崇,高也。"高,指位置处于上方,离地面远,与"低"相对。唐韩愈《同窦牟韦执中寻刘尊师不遇》诗:"院闭青霞入,松高老鹤寻。"故"崇"和"高"都含有"离地面远"这一义位。上,表位置在高处。《诗·周颂·敬之》:"无曰高高在上,陟降厥土,日监在兹。"《庄子·让王》:"上漏下湿,匡坐而弦。"故"上"也含有"离地面远"这一义位。尧,义为高。汉班固《白虎通·号》:"谓之'尧'者何?尧犹峣峣也。至高之貌,清妙高远,优游博衍,众圣之主,百王之长也。"故"尧"也含有"离地面远"这一义位。但是,这四个词在使用地域、反义词、语义特征等方面有细微差别。这组同义词词义用义素分析法表示如下:

崇=/离地面远/+/方言词/

高=/离地面远/+/与"低"相对/

上=/离地面远/+/位于高处/+/与"下"相对/

尧=/离地面远/+/大/+/一般不用于动物/

50.歆、喜、兴

《释诂》卷一下:"嬹,喜也。"疏证:"嬹者,《说文》:嬹,说也。《学记》:不兴其艺,不能乐学。郑注云:兴之言喜也,歆也。正义引《尔雅》云:歆、喜、兴也。嬹与兴通。"(第34页下)

歆,欣喜。《国语·周语》:"民歆而德之,则归心焉。"韦昭注:"歆,犹欣欣,喜服也。"《史记·游侠列传》:"然终不伐其能,欣其德,诸所赏施,唯恐见之。"故"欣"有"高兴"这一义位。喜,快乐;高兴。唐杜甫《闻官军收河南河北》诗:"却看妻子愁何在,漫卷诗书喜欲狂。"兴,义为高兴;喜欢。《礼记·学记》:"不兴其艺,不能乐学。"郑玄注:"兴之言喜也,欣也。"由此可见,"欣"、"喜"、"兴"都可表示"高兴"之义,即有共同的义位,所以它们构成一个表"高兴"义的同义词群。但是,这三个词在搭配对象、语义特征(侧重点、程度)、附属色彩等方面有细微差别。这组同义词词义用义素分析法表示如下:

欣=/高兴/+/程度最高/+/满意或得意/+/搭配对象不同/+/古词/+/典雅色彩/+/及物/

喜=/高兴/+/程度比"兴"略高/+/表快乐的心态/+/重在内心自我感受/+/口语色彩/+/不及物/

兴=/高兴/+/程度最低/+/表快乐的心态/+/表现于外/+/及物/

51.急、苦、快

《释诂》卷一下:"苦,急也。"疏证:"《淮南子·道应训》与《庄子》同。高诱注云:苦,急意也。……《方言》:苦,快也。快与急亦同义。今俗语犹谓急为快矣。"(第36页上)

急,义为疾速。《史记·秦始皇本纪》:"项羽急击秦军,虏王离,邯等遂以兵降诸侯。"故"急"有"快速"这一义位。苦,义为急迫;紧迫。《梁书·曹景宗传》:"〔天监〕二年十月,魏寇司州……时魏攻日苦,城中负板而汲。景宗望门不出,但耀军游猎而已。"又据上文王氏《疏证》"《方言》:苦,快也。快与急亦同义",故"苦"也有"快速"这一义位。快,义为迅速;敏捷。《史记·项羽本纪》:"今日固决死,愿为诸君快战。"故"快"也有"快速"这一义位。由此可见,"急"、"苦"、"快"都表示"快速"之义,即有共同的义位,所以构成一个表"快速"义的同义词群。但是,这三个词在搭配对象、语义特征(侧重点)、附属色彩、语法功能等方面有细微差别。这组同义词词义用义素分析法表示如下:

急=/快速/+/强调心态/

苦=/快速/+/紧迫/+/不做状语/

快=/快速/+/程度最低/+/中性色彩/+/强调动作速度/+/西汉以后始用此义/[①]

52.撼、动、挥、奋、衡、㑅

《释诂》卷一下:"奋、勷、撼、㧅、撞、摁、掉、捎、扮、挥……衡、㑅,动也。"

---

① 汪维辉:《东汉—隋常用词演变研究》,南京大学出版社2000年版,第359页。

疏证:"撼者,《说文》:撼,摇也。撼与撼同。……撼之言感也。《召南·野有死麕篇》:无感我帨兮。毛传云:感,动也。《释文》:感,如字。又胡坎反,是感撼同声同义。……挥者,《乾·文言》:六爻发挥。《释文》引《广雅》:挥,动也。挥与奋同义。……衙、休者,《方言》:衙、休,动也。衙、休与衙、休同。衙,亦动也。方俗语有轻重耳。……是休与动同义。"(第38页上~38页下)

撼,与"撼"同。动;摇动。《说文·手部》:"撼,摇也。"段玉裁注:"胡感切。古音在七部。铉曰:今别作撼。非是。"《集韵·覃部》:"撼,《说文》:摇也,或从感。"唐韩愈《调张籍》:"蚍蜉撼大树,可笑不自量。"故"撼"有"摇动"这一义位。动,泛指脱离静止状态。《诗·豳风·七月》:"五月斯螽动股,六月莎鸡振羽。"故"动"也有"摇动"这一义位。挥,义为舞动;摇动。《红楼梦》第二十六回:"这脸上,又和谁挥拳来,挂了幌子了!"奋,指用力挥动或摇动。汉荀悦《汉纪·高祖纪四》:"高祖起于布衣之中,奋剑而取天下。""衙",义为动。《方言》卷十二:"衙,动也。"故"衙"也有"摇动"这一义位。休,动。《广韵·屋韵》:"休,始也,厚也,作也,动也。"《诗·大雅·崧高》:"有休有城。"毛传:"休,作也。""休"也有"摇动"这一义位。这六个词在"摇动"这个意义上同义,构成一个同义词群。但是,这六个词在搭配对象、语义特征(行为方式)、使用地域等方面有细微差别。这组同义词词义用义素分析法表示如下:

撼=/摇动/+/对象比较庞大/+/所用力最大/

动=/摇动/+/总称/+/包括各种形式的动作/+/古今通用/

挥=/摇动/+/搭配对象可以是身体部件/+/或指体积较小、体重较轻的物体/+/含有"旋转"的意思/

奋=/摇动/+/搭配对象与"挥"基本一致/+/身体部件的范围比"挥"更小/+/力度比"挥"大/

衙=/摇动/+/方言词,相当于"动"/

休=/摇动/+/对象一般无生命/+/古词/

53. 虔、刘、杀

《释诂》卷一下:"虔,杀也。"疏证:"成十三年《传》:虔刘我边陲。杜预注云:虔、刘,皆杀也。"(第40页上)

虔,杀戮。《说文·虍部》:"虔,虎不柔不信也。从虍文声。"段玉裁注:"《释诂》、《大雅·商颂》传皆曰:'虔,固也。'《商颂》传、《鲁语》注皆曰:'虔,敬也。'《左传》'虔刘我边陲',注:'虔、刘皆杀也。'《方言》:'虔,慧也。虔,杀也。虔,谩也。'按《方言》不可知其说。纠虔、虔刘皆《释诂》虔固之义,坚固者必敬,坚固者乃能杀也。坚固者,虎行之皃也。《商颂》笺:'虔,椹也。'亦取坚固之意。"唐皮日休《忧赋》:"入人之心也,如毒如螫,如虔如刘。"故"虔"

有"杀戮"这一义位。刘,诛杀。《书·盘庚上》:"重我民,无尽刘。"孔传:
"刘,杀也。"《方言》卷一:"秦晋宋卫之间谓杀为刘,晋之北鄙也谓刘。"故
"刘"也有"杀戮"这一义位。杀,义为杀戮。《书·大禹谟》:"与其杀不辜,宁
失不经。"由此可见,"虔"、"刘"、"杀"都可以表示"杀戮"义,即有共同的义
位,所以它们构成一个表"杀戮"义的同义词群。但是,这三个词在语义特征
(行为方式、工具)、语义范围、时代、附属色彩等方面有细微差别。这组同义
词词义用义素分析法表示如下:

虔=/杀戮/+/含有较明显的仇恨的情绪/+/一般不用刀/+/古词/+/方
言词/

刘=/杀戮/+/大规模/+/一般用刀/+/古词/+/方言词/

杀=/杀戮/+/总称/+/古今通用/+/泛指性动作/+/手段和对象不限/

54.任、用、使

《释诂》卷一下:"任,使也。"疏证:"《说文》:任,保也。徐锴传云:信于朋
友曰任。任者,可保任也,亦言可任用也。《说文》:赁,庸也。赁亦任也,庸
亦用也。"(第40页上)

任,委任;任用。《后汉书·侯霸传》:"成帝时,任霸为太子舍人。"用,使
用;任用。《孟子·梁惠王下》:"见贤焉,然后用之。"使,义为使用、使唤;运
用。元马致远《青衫泪》第二折:"如今浮梁刘官人,有三千引茶,又标致,又
肯使钱。"由此可见,"任"、"用"、"使"都可以表示"任用"义,即有共同的义
位,所以三词构成一个表"任用"义的同义词群。但是,这三个词在语义特征
(行为方式)、受事对象等方面有细微差别。这组同义词词义用义素分析法
表示如下:

任=/任用/+/官方/+/正式/+/含有"委任,委托"的意思/+/一般后
面要跟明确的职位/+/受事对象一定是人/

用=/任用/+/后可不跟明确职位/+/对象可不是人/

使=/任用/+/泛指性/+/对象不一定是人/

55.报、复

《释诂》卷一下:"报,娸也。"疏证:"报,复也。"(第40页下)

报,报复。《国语·越语上》:"昔者夫差耻吾君于诸侯之国,今越国亦节
矣,请报之。"复,报复。汉袁康《越绝书·外传计倪》:"〔子胥〕三年自咎,
不亲妻子,饥不饱食,寒不重彩,结心于越,欲复其仇。"可见,"报"、"复"都可
以表示"报复"的意思,即这两个词有共同的义位,所以它们构成一组同义
词。但是,这两个词在语义特征、受事对象等方面有细微差别。这组同义词
词义用义素分析法表示如下:

报＝/报复/＋/对象可以为事可以为人/＋/内容可以是恩也可以是仇/

复＝/报复/＋/对象多为事/＋/一般内容限于仇/

56.索、空、尽

《释诂》卷一下："索，尽也。"疏证："索者，《众经音义》卷三引《仓颉解诂》云：索，尽也。《牧誓》云：惟家之索。卷三云：素，空也。《尔雅》：空，尽也。素与索，亦声近义同。"(第41页下)

索，空；尽。《小尔雅·广言二》："索，尽也。"《韩非子·初见秦》："士民病，蓄积索。"《书·牧誓》："牝鸡之晨，惟家之索。"孔传："索，尽也。"故"索"含有"没有"这一义位。空，义为没有。唐上官仪《从驾闾山咏马》："桂香尘处减，练影月前空。"尽，义为空无。《说文·皿部》："尽，器中空也。"桂馥义证："《世说》：'可以累心处都尽。'注云：'尽，犹空也。'"故"尽"也有"没有"这一义位。可见，"素"、"空"、"尽"都可以表示"没有"的意思，即这三个词有共同的义位，所以它们构成一个表"没有"义的同义词群。但是，这三个词在使用时代、语义特征、受事对象等方面有细微差别。这组同义词词义用义素分析法表示如下：

索＝/没有/＋/语义所指可以为存贮空间的状态，也可以为受事物体/＋/古词/

空＝/没有/＋/着眼于抽象或具体空间/＋/语义所指为存贮空间的状态/

尽＝/没有/＋/因某个动作而完结了/＋/到极限/＋/不再存在/＋/语义所指为受事物体/

57.濜、涸、漉、极、尽、竭、汔

《释诂》卷一下："濜、涸、急、汔，尽也。"疏证："《方言》：濜，涸也。漉，极也。……卷二云：歊、漏，泄也。泄谓之漏，犹尽谓之漉也，泄谓之歊，犹尽谓之竭也。汔之言讫也。《说文》：汔，水涸也。……《广韵》：湓，汔也。汔即涸也。"(第41页下～42页上)

濜，即"盡"，干涸。《尔雅·释诂下》："盡，竭也。"且据上文王氏《疏证》："《方言》：濜，涸也。"涸，义为竭；尽。《管子·牧民》："错国于不倾之地，积于不涸之仓，藏于不竭之府。"故"涸"和"濜"都有"穷竭"这一义位。漉，义为使干涸；竭尽。《礼记·月令》："〔仲春之月〕毋竭川泽，毋漉陂池，毋焚山林。"故"漉"也有"穷竭"这一义位。极，义为穷尽；竭尽。《礼记·大学》："是故君子无所不用其极。"郑玄注："极，犹尽也。君子日新其德，常尽心力不有余也。"故"极"也有"穷竭"这一义位。尽，义为竭尽；完。《管子·乘马》："货尽而后知不足，是不知量也。"故"尽"也有"穷竭"这一义位。竭，义为穷尽。《礼记·大传》："旁治昆弟，合族以食，序以昭缪，别之以礼义，人道竭矣。"郑玄注:“竭,尽也。”故“竭”也有“穷竭”这一义位。汔,义为尽;完成。宋岳珂《桯史·部胥增损文书》:“〔张氏〕问其故,胥不肯泄,曰:‘君第汔事,何庸知我。’”故“汔”也有“穷竭”这一义位。可见,“滥”、“涸”、“漉”、“极”、“尽”、“竭”、“汔”都可以表示“穷竭”的意思,即这七个词有共同的义位,所以它们构成表“穷竭”义的同义词群。但是,这七个词在语义特征、所状对象、使用时代、组合能力等方面有细微差别。这组同义词词义用义素分析法表示如下:

滥=/穷竭/+/古词/+/方言词/

涸=/穷竭/+/对象一般为具体事物/

漉=/穷竭/+/对象一般为液态事物/+/古词/

极=/穷竭/+/使用时代受限/+/侧重程度/

尽=/穷竭/+/古今通用/+/使用时代不受限/+/组合能力最强/+/表状态和结果/+/极限/

竭=/穷竭/+/可用于抽象事物/+/侧重结果/+/最初用于液态事物,后可用于力量/+/侧重于逐渐消耗掉的事物/[①]+/反义词为“盈”/

汔=/穷竭/+/侧重于表动作完结/

58. 泄、漏

《释诂》卷一下:“涸,尽也。”疏证:“卷二云:歇、漏,泄也。泄谓之漏,犹尽谓之漉也,泄谓之歇,犹尽谓之竭也。”(第41页下)

泄,义为物体由孔穴或缝中滴下、透出或掉出。《管子·君臣下》:“墙有耳者,微谋外泄之谓也。”曹禺《北京人》第二幕:“槅扇与槅扇的隙间泄进来一丝微光,纸幕上似乎有模糊的人影隐约浮动。”故“泄”有“透出”这一义位。漏,义为液体、气体、光线等从孔隙中渗出或透出。《易·井》:“井谷射鲋,瓮敝漏。”孔颖达疏:“有似瓮敝漏水,水漏下流,故曰瓮敝漏也。”故“漏”也有“透出”这一义位。由此可见,“泄”、“漏”都表示“透出”的意思,即这两个词有相同的义位“透出”,故它们构成一组同义词。但是,这两个词在语义特征、搭配对象、附属色彩等方面有细微差别。这组同义词词义用义素分析法表示如下:

泄=/透出/+/强度大/+/速度快/+/书面语/+/受事对象可为体内之物/+/及物/+/排出/

漏=/透出/+/可用于口语/+/及物/+/受事对象不可为体内之物/

59. 醮、尽、酋、终、已、央

《释诂》卷一下:“湫……醻,尽也。”疏证:“湫,读为遒。《玉篇》、《广韵》并云:遒,尽也。《广韵》:湫,遒,并即由切。《尔雅》:酋,终也。《大雅·卷阿

---

① 王凤阳:《古辞辨》,吉林文史出版社1993年版,第475页。

篇》：似先公酋矣。毛传云：酋，终也。正义作遒。《楚辞·九辩》云：岁忽忽而遒尽兮。《淮南子·俶真训》云：精有湫尽而神无穷极。并字异而义同。……《说文》：醮，饮酒尽也。……凡言醮者，皆尽之义。……《九歌》：烂昭昭兮未央。注云：央，已也。已，亦尽也。"（第41页下～42页上）

醮，义为尽；完。《荀子·礼论》："利爵之不醮也，成事之俎不尝也。"杨倞注："醮，尽也。"故"醮"有"结束"这一义位。尽，义为止；终。《易·序卦》："物不可以终尽。"故"尽"也有"结束"这一义位。酋，义为完成。《汉书·叙传上》："《说难》既酋，其身乃囚。"王念孙《读书杂志·汉书十五》："酋读为就，就，成也，言《说难》之书既成，而其身乃囚也。"故"酋"也有"结束"这一义位。终，义为事物的结局。与"始"相对。《诗·大雅·荡》："靡不有初，鲜克有终。"故"终"也有"结束"这一义位。已，义为完毕。《战国策·齐策二》："左右恶张仪，曰：'仪事先王不忠。'言未已，齐让又至。"故"已"也有"结束"这一义位。央，义为尽；完了。《楚辞·离骚》："及年岁之未晏兮，时亦犹其未央。"王逸注："央，尽也。"故"央"也有"结束"这一义位。由此可见，"醮"、"尽"、"酋"、"终"、"已"、"央"都可以表示"结束"的意思，即这六个词都有共同的义位，它们形成一个表"结束"义的同义词群。但是，这六个词在语义特征（侧重面）、搭配对象、使用时代、附属色彩等方面有细微差别。这组同义词词义用义素分析法表示如下：

醮＝/结束/＋/与酒等饮料相关/＋/表喝尽/＋/古词/

尽＝/结束/＋/侧重于状态和结果/＋/极限/＋/古今通用/

酋＝/结束/＋/表动作完成/＋/古词/

终＝/结束/＋/事物的结局/＋/与"始"相对/＋/古今通用/

已＝/结束/＋/侧重于动作/＋/使用的范围受限较多/＋/一般与言谈相关/＋/可能是暂时性的结束/

央＝/结束/＋/不好的结果/＋/古词/

60.吸、噏

《释诂》卷一下："翕，引也。"疏证："翕者，《说文》：吸，内息也。歙，缩鼻也。《小雅·大东篇》：载翕其舌。郑笺云：翕，犹引也。《楚辞·九章》：吸湛露之浮凉。杨雄《甘泉赋》：噏青云之流瑕。并字异而义同。"（第43页上）

吸，吸饮；吸食。《楚辞·九章·远游》："吸飞泉之微液兮，怀琬琰之华英。"故"吸"有"吸入"这一义位。噏，吸入。《汉书·扬雄传上》："噏青云之流瑕兮，饮若木之露英。""噏"，《文选·扬雄〈甘泉赋〉》作"吸"。故"噏"也有"吸入"这一义位。由此可见，"吸"和"噏"都可以表示"吸入"的意思，即这两个词有相同的义位，故它们构成一组表"吸入"义的同义词。但是，这两个词在使用时代、附属色彩等方面有细微差别。这组同义词词义用义素分析法表示如下：

吸＝/吸入/＋/口语色彩/＋/古今通用/

噏＝/吸入/＋/典雅色彩/＋/古词/

61. 忨、愒、贪

《释诂》卷二上："忨，贪也。"疏证："《尔雅》：懊，忨也。愒，贪也。《说文》：忨，贪也。昭元年《左传》：翫岁而愒日。杜预注云：翫、愒，贪也。"（第44页上）

忨，义为贪恋；苟安。《说文·心部》："忨，贪也。"段玉裁注："贪者，物欲也。"故"忨"有"贪恋"这一义位。愒，义为贪恋；贪图。三国魏曹操《气出唱》之一："心恬澹，无所愒欲。"故"愒"也有"贪恋"这一义位。贪，义为贪图；片面追求。《左传·成公二年》："今纳夏姬，贪其色也。"故"贪"也有"贪恋"这一义位。由此可见，"忨"、"愒"、"贪"都表示"贪恋"的意思，即都有相同的义位，故它们构成一个表"贪恋"义的同义词群。但是，这三个词在受事对象、使用时代等方面有细微差别。这组同义词词义用义素分析法表示如下：

忨＝/贪恋/＋/古词/＋/对象一般是物/

愒＝/贪恋/＋/古词/＋/对象可以是时间性词"日、月"/＋/荒废/

贪＝/贪恋/＋/古今通用/＋/对象不限/

62. 墨、捊

《释诂》卷二上："捊，贪也。"疏证："昭十四年《左传》云：贪以败官曰墨。墨与捊亦声近义同。"（第44页上）

墨，义为贪污；不廉洁。《左传·昭公十四年》："己恶而掠美为昏，贪以败官为墨，杀人不忌为贼。"杜预注："墨，不洁之称。"捊，义为贪。《方言》卷十三："捊，贪也。"故"捊"也有"贪污"这一义位。由此可见，"墨"、"捊"都可以表示"贪污"义，故这两个词有相同的义位，所以它们构成一组同义词。但是，这两个词在语义特征（侧重面）、使用地域等方面有细微差别。这组同义词词义用义素分析法表示如下：

墨＝/贪污/＋/为官者在权财方面的不洁行为/

捊＝/贪污/＋/方言词/

63. 服、任、事

《释诂》卷二上："服，任也。"疏证："《尔雅》：服，事也。《周官·大司马》注云：任，犹事也。是服与任同义。"（第44页下）

服，任用；使用。《文选·屈原〈离骚〉》："謇吾法夫前修兮，非世俗之所服。"吕向注："服，用也。"任，委任；任用。《韩非子·外储说左上》："燕相受书而说之，曰：'举烛者，尚明也，尚明也者，举贤而任之。'"又据王氏《疏证》

"《周官大司马》注云:任,犹事也",故"任"也有"使用"这一义位。事,使用;役使。《国语·鲁语下》:"大夫有贰车,备承事也。"韦昭注:"事,使也。"由此可见,"服"、"任"、"事"都可以表示"使用"的意思,即这三个词有相同的义位,故它们构成一个表"使用"义的同义词群。但是,这三个词在语义特征、受事对象和语法功能等方面有细微差别。这组同义词词义用义素分析法表示如下:

服=/使用/+/表被动/+/不接宾语/+/自愿/

任=/使用/+/正式/+/对象为人/

事=/使用/+/对象不限/+/可不接宾语/

64. 汹、讻、諠（讙）、哗

《释诂》卷二上:"詢……讙,鸣也。"疏证:"讻者,《尔雅》:讻,讼也。郭注云:言讻讉也。……《楚辞·九章》云:听波声之汹汹。杨雄《羽猎赋》:汹汹旭旭。李善注云:鼓动之声也。义并与讻同。……《说文》:吅,惊呼也。讙,哗也。讙与吅通。亦作諠。"(第45页上)

汹,形容声音喧闹。《楚辞·九章·悲回风》:"惮涌湍之磕磕兮,听波声之汹汹。"故"汹"有"吵闹"这一义位。讻,义为喧哗纷扰。《诗·鲁颂·泮水》:"不告于讻,在泮献功。"故"讻"也有"吵闹"这一义位。諠,表示声音大而嘈杂;喧嚷。汉王褒《洞箫赋》:"惟详察其素体兮,宜清静而弗諠。"故"諠"也有"吵闹"这一义位。讙,义为喧哗。《荀子·儒效》:"此君义信乎人矣,通于四海,则天下应之如讙。"杨倞注:"讙,喧也。言声齐应之也。"但"諠"、"讙"声近义同,为同源关系[1],故不构成同义词。哗,义为喧哗;喧闹。《书·费誓》:"公曰:嗟!人无哗,听命!"孔传:"使无喧哗,欲其静听誓命。"故"哗"也有"吵闹"这一义位。由此可见,"汹"、"讻"、"諠(讙)"、"哗"都可以表示"吵闹"的意思,即这四个词有相同的义位,故它们构成一个表"吵闹"义的同义词群。但是,这四个词在语义特征、形成原因等方面有细微差别。这组同义词词义用义素分析法表示如下:

汹=/吵闹/+/形成原因可以是人也可以是自然界/

讻=/吵闹/+/由于人喧哗造成的/+/混乱/+/古词/

諠(讙)=/吵闹/+/强调声音大/+/人为原因造成/

哗=/吵闹/+/强调声音杂乱/+/人说话造成/

65. 旁、大、广

《释诂》卷二上:"旁,广也。"疏证:"旁者,《说文》:旁,溥也。《洛诰》云:旁作穆穆。《周官·巫男》云:旁招以茅。《月令》云:命有司,大难旁磔。皆

---

① 王力:《同源字典》,商务印书馆1982年版,第143页。

广之义也。"(第 46 页上)

旁,义为广泛。《尚书·说命下》:"旁招俊乂,列于庶位。"孔传:"广招俊乂,使列众官。"大,表示范围广。《礼记·郊特牲》:"大报天而主日也。"郑玄注:"大,犹徧也。"广,意为广泛。《明史·朱升传》:"高筑墙,广积粮,缓称王。"可见,"旁"、"大"、"广"都可以用来表示"广泛"之义,即这三个词有相同的义位,因而它们构成一个表"广泛"义的同义词群。王氏在《疏证》中据《周官·巫男》"旁招以茅"文意相承,以及《月令》"命有司,大难旁磔"文意相承推出"皆广之义也"。但是,这三个词在语义特征、使用时代及附属色彩上有细微差别。这组同义词词义用义素分析法表示如下:

旁=/广泛/+/典雅色彩/+/面宽/+/量大/+/古词/

大=/广泛/+/强调程度/+/古今通用/+/周遍/

广=/广泛/+/面宽/+/量大/+/古今通用/+/反义词为"狭"/

66.枯、槀(槁)、殆

《释诂》卷二上:"殆、殰,干也。"疏证:"《说文》:枯,槀也。枯与殆通。"(第 46 页下)

枯,义为草木枯槁。《礼记·月令》:"〔孟夏之月〕行冬令则草木蚤枯。"槀,即"槁",义为枯槁;干枯。《礼记·曲礼下》:"槀鱼曰商祭。"孔颖达疏:"槀,干也。"即"槀"也有"干枯"这一义位。但从该词的词义发展看,"可能是由用于草波及于用于木"。[1] 殆,义为枯;干。《说文·歹部》:"殆,枯也。"《广韵·模韵》:"殆,殆瘁。"故"殆"也有"干枯"这一义位。可见,"枯"、"槀(槁)"、"殆"都有"干枯"义,这三个词有共同的义位,故它们形成一个表"干枯"义的同义词群。但是,这三个词在所饰对象、语法功能等方面有细微差别。这组同义词词义用义素分析法表示如下:

枯=/干枯/+/修饰对象不限/+/古今通用/

槀(槁)=/干枯/+/一般不做表语/+/常做定语/+/一般修饰植物或其他物体/+/应用率低于"枯"/[2]

殆=/干枯/+/憔悴或生命等消失/+/修饰对象不限/+/古词/

67.燎(爒)、炙

《释诂》卷二上:"燎,干也。"疏证:"《说文》:爒,炙也,爒与燎同。《众经音义》卷八引《广雅》:燎,干也。今本脱燎字。"(第 47 页上)

燎,义为烘烤。宋陆游《城东逆旅》诗:"店家乞火燎征衣,湿竹生薪不受

---

① 王凤阳:《古辞辨》,吉林文史出版社 1993 年版,第 526 页。

② 同上。

吹。"'爒'本作'燎',二者为古今字关系,不构成同义词。炙,义为烤。《诗·小雅·瓠叶》:"有兔斯首,燔之炙之。"毛传:"炕火曰炙。"可见,这两个词都有"烘烤"义,构成同义词。但是,这两个词在受事对象、语义特征(行为目的)等方面有细微差别。这组同义词词义用义素分析法表示如下:

燎(爒)=/烘烤/+/对象不限/+/目的是使之变干/

炙=/烘烤/+/对象为做食物的材料/+/目的是使之变熟以供食用/

68. 脩、暵、干

《释诂》卷二上:"暵,曝也。"疏证:"暵者,《玉篇》:暵,邱立切,欲干也。《众经音义》卷二十二引《通俗文》云:欲燥曰暵。引之云:《王风·中谷有蓷篇》:中谷有蓷,暵其干矣。中谷有蓷,暵其脩矣。中谷有蓷,暵其湿矣。传云:脩,且干也。……案湿当读为暵,暵亦且干也。暵与湿声近,故通。暵其干矣,暵其脩矣,暵其湿矣,三章同义。草干谓之脩,亦谓之湿,犹肉干谓之脩,亦谓之腒。"(第47页上)

脩,义为干枯。《诗·王风·中谷有蓷》:"中谷有蓷,暵其脩矣。"毛传:"脩,且干也。"湿,为"暵"的通假字,表示干燥。[①]《诗·王风·中谷有蓷》:"中谷有蓷,暵其湿矣。"故"脩"和"暵"都有"干燥"这一义位。干,义为没有水分或水分很少。《吕氏春秋·爱类》:"禹于是疏河决江,为彭蠡之障,干东土,所活者千八百国。"又据上文王氏《疏证》"暵其干矣,暵其脩矣,暵其湿矣,三章同义",故"干"也有"干燥"这一义位。由此可见,"干"、"脩"、"暵"都可以表示"干燥"之义,说明这三个词有相同的义位,所以它们构成一个表"干燥"义的同义词群。但是,这三个词在使用时代、搭配对象、反义词及程度等方面都有细微差别。这组同义词词义用义素分析法表示如下:

干=/干燥/+/反义词为"湿"/+/古今通用/

脩=/干燥/+/古词/+/不做定语/

暵=/干燥/+/古词/+/用于先前受湿之物/+/干燥程度低于"干"和"脩"/

69. 捭、开、擘、分、扒、别

《释诂》卷二上:"罅,裂也。"疏证:"捭之言擘也。《鬼谷子·捭阖篇》云:捭之者,开也;阖之者,闭也。"(第47页下)

《释言》卷五上:"扒,擘也。"疏证:"卷一云:擘,分也。扒之言别也。捌与扒同。《说文》:八,别也。义与扒亦相近。"(第149页下)

捭,分开。《说文·手部》:"捭,两手击也。"段玉裁注:"谓左右两手横开

---

① 盛林:《〈广雅疏证〉中的语义学研究》,上海人民出版社2008年版,第126页。

旁击也。引申之为鬼谷子之捭阖。捭之者，开也。阖之者，闭也。"《礼记·礼运》："其燔黍捭豚，污尊而抔饮，蒉桴而土鼓，犹若可以致其敬于鬼神。"开，分开。前蜀魏承班《诉衷情》词："春深花簇小楼台，风飘锦绣开。""捭"与"开"具有同义关系。擘，裂开。《说文·手部》："擘，㧪也。"又"㧪，裂也。"段玉裁注："今俗语谓裂之曰擘开。"因而"擘"有"分开，剖裂"的意思。《礼记·内则》："炮之，涂皆干，擘之。"故"擘"含有"分开"这一义位。分，义为分开；划分。《易·系辞上》："方以类聚，物以群分，吉凶生矣。"扒，义为将物体分开。《广雅·释言五》："扒，擘也。"王念孙疏证："卷一云：擘，分也。扒之言别也。捌与扒同。《说文》：'八，别也。'义与扒亦相近。"别，义为分开；离析。《广雅·释诂一》："别，分也。"《史记·周本纪》："始，周与秦国合而别，别五载复合，合十七岁而霸王者出焉。"由此可见，"捭"、"开""擘"、"分"、"扒"、"别"都有"分开"义，即它们有相同的义位，所以构成一个表"分开"义的同义词群。但是，这六个词在使用时代、对应反义词、语义特征、受事对象、语法功能等方面有细微差别。这组同义词词义用义素分析法表示如下：

捭＝/分开/＋/古词/＋/反义词为"阖"/

开＝/分开/＋/反义词为"关"或"闭"/

擘＝/分开/＋/动作快速/＋/用力轻/＋/对象一般为具体的事物/＋/断开处齐整、平/

分＝/分开/＋/口语色彩/＋/泛指/＋/反义词为"合"/＋/从中/＋/剖/＋/整体变为两份或多份/

扒＝/分开/＋/工具为手/＋/强调用力大/＋/对象为具体事物/

别＝/分开/＋/反义词为"合"、"并"/＋/从整体中切割一部分出去/

70.闭、阖

《释诂》卷二上："罅，裂也。"疏证："捭之言擘也。《鬼谷子·捭阖篇》云：捭之者，开也；阖之者，闭也。"（第47页下）

阖，义为闭合。《易·系辞上》："一阖一辟谓之变。"闭，义为闭合。汉刘向《九叹·思古》："心婵媛而无告兮，口噤闭而不言。""闭"与"阖"有共同的义位"闭合"，所以它们构成一组同义词。但是，这两个词在使用时代、反义词等方面有细微差别。这组同义词词义用义素分析法表示如下：

闭＝/闭合/＋/古今通用/＋/反义词为"开"/

阖＝/闭合/＋/古词/＋/反义词为"辟"或"捭"/

71.荼、毒、苦、痛

《释诂》卷二上："荼、毒，痛也。"疏证："《大雅·桑柔篇》：宁为荼毒。郑笺以荼毒为苦毒。陆机《豪士赋序》云：身厌荼毒之痛。是荼、毒皆痛也。"
（第49页上）

荼，义为苦；痛苦。《书·汤诰》："尔万方百姓，罹其凶害，弗忍荼毒。"
毒，义为痛苦。晋袁宏《后汉纪·桓帝纪上》："欲犯王怒，触帝禁，伏于两观
之下，陈写痛毒之冤，然后登金镬，入沸汤，虽死而不恨。"苦，痛苦。《书·盘
庚中》："尔惟自鞠自苦。"痛，痛苦。《汉书·路温舒传》："夫人情安则乐生，
痛则思死。"可见，"荼"、"毒"、"苦"、"痛"都可以用于表示"痛苦"义，即它们
有相同的义位，所以构成一个表"痛苦"义的同义词群。王氏在《疏证》中据
《大雅·桑柔》和陆机《豪士赋序》中"荼"、"毒"连文的现象得出"是荼、毒皆
痛也"的结论。但是，这四个词在搭配对象、使用时代、反义词和语法功能等
方面有细微差别。这组同义词词义用义素分析法表示如下：

　　荼＝/痛苦/＋/一般不做定语/＋/常与"毒"连用/
　　毒＝/痛苦/＋/一般不做谓语/
　　苦＝/痛苦/＋/古今通用/＋/反义词为"乐"/
　　痛＝/痛苦/＋/古今通用＋/反义词为"安"/

72．螫、瘌

《释诂》卷二上："瘌，痛也。"疏证："螫与瘌同义。……螫亦刺也。"（第
49页下）

螫，毒虫或毒蛇咬刺。《说文·虫部》："螫，虫行毒也。"《列子·杨朱》：
"昔人有美戎菽，甘枲茎芹萍子者，对乡豪称之。乡豪取而尝之，螫于口，惨
于腹。"可见"螫"有"刺痛"这一义位。瘌，义为被虫刺痛；或皮肤微痛。朱骏
声《说文通训定声·泰部》："瘌，言虫螫痛或肤小痛。"可见"瘌"也有"刺痛"
这一义位。"螫"与"瘌"构成一组同义词。但是，这两个词在语义特征、施事
者等方面有细微差别。这组同义词词义用义素分析法表示如下：

　　螫＝/刺痛/＋/施事者是虫或蛇/＋/伤口小/＋/伤口一般呈圆孔形/＋/古
今通用/

　　瘌＝/刺痛/＋/施事者是虫/＋/伤口小/＋/伤口一般呈圆孔形/＋/古词/

73．里（閭）、乡、閈

《释诂》卷二上："里、宄、閭……閈，居也。"疏证："里者，《周官·遂人》：
五家为邻，五邻为里。《广韵》引《风俗通义》云：里者，止也。共居止也。《尔
雅》：里，邑也。《郑风·将仲子篇》传云：里，居也。……《说文》：閭，侣也。
二十五家相群侣也。又云：閭，里门业。案閭、里一声之转。乡谓之閭，遂谓
之里，其义一也。二十五家谓之閭，故其门亦谓之閭。……《说文》：閈，閭
也。汝南平舆里门曰閈。……《楚辞·招魂》：去君之恒幹。王逸注云：或曰

去君之恒闬。闬，里也。楚人名里曰闬。"(第 51 页上)

里，乡村的庐舍、宅院。后泛指乡村居民聚落。《诗·郑风·将仲子》："将仲子兮，无逾我里。"毛传："里，居也。"高亨注："里，庐也，即宅院。"据王氏《疏证》："闬、里一声之转"，故"里"与"闬"为同源关系。乡，泛指城市以外的农村地区。《儒林外史》第九回："穷乡僻壤有这样读书君子，却被守财奴如此凌虐，足令人怒发冲冠。"又据上文王氏《疏证》"乡谓之闬，遂谓之里，其义一也"，故"乡"也有"乡村居民聚落"这一义位。闬，义为乡里。《楚辞·招魂》："去君之恒幹。"汉王逸注："或曰去君之恒闬。闬，里也。楚人名里曰闬也。"故"闬"也有"乡村居民聚落"这一义位。由此可见，"里(闬)"、"乡"、"闬"都有"乡村居民聚落"之义，表明这三个词有共同的义位，故它们构成一个表"乡村居民聚落"义的同义词群。但是，这三个词在语义特征和使用地域等方面有细微差别。这组同义词词义用义素分析法表示如下：

里(闬)＝/乡村居民聚落/＋/单位面积及户数比"乡"小/＋/古词/

乡＝/乡村居民聚落/＋/范围比"里"广/＋/凡城镇以外的农村地区都包括在内/

闬＝/乡村居民聚落/＋/楚方言，相当于"里"/

74.丘、邑

《释诂》卷二上："丘，居也。"疏证："《说文》云：古者九夫为井，四井为邑，四邑为丘，丘谓之虚。……《释名》云：四邑为丘。丘，聚也。僖十五年《左传》：败于宗丘。杜预注云：丘，犹邑也。正义云：土之高者曰丘，众之所聚为邑。故丘犹邑也。《檀弓》：狐死正丘首。正义以丘为狐窟。是凡言丘者，皆居之义也。"(第 51 页下)

"丘"与"邑"都指人聚居之处，古代以此作为划分土地区域的单位。《释名·释州国》："邑，犹偈也，邑人聚会之称也。"清俞正燮《癸巳类稿·周乡遂田制义》："《小司徒》：经土地，井牧其田野。以四井为邑，四邑为丘，四丘为甸。"《周礼·地官·里宰》："里宰掌比其邑之众寡与其六畜兵器，治其政令。"郑玄注："邑，犹里也。"贾公彦疏："邑是人所居之处。里训为居，故云邑犹里也。"故"丘"、"邑"都有"人聚居之处"这一共同的义位，它们构成同义关系。但是，这两个词在指称范围、语义特征等方面有细微差别。这组同义词词义用义素分析法表示如下：

丘＝/人聚居之处/＋/泛称/＋/总称聚居处/＋/古词/

邑＝/人聚居之处/＋/"丘"的一类/＋/比"丘"面积小，人口少/

75.肆、缓、嬴、繼

《释诂》卷二上："懈、慢、悸、繼，缓也。"疏证："《说文》：悸，肆也。《小尔雅》云：肆，缓也。悸、逮，并音他内反。其义同也。……繲者，《说文》：繲，缓也。《玉篇》音他丁切。《集韵》又音盈。《大雅·云汉篇》：大夫君子，昭假无赢。郑笺训赢为缓，义与繲同。"（第52页上）

肆，赦免；延缓。《书·舜典》：眚灾肆赦，怙终贼刑。"孔传："肆，缓。"《春秋·庄公二十二年》："春王正月，肆大眚。"杜预注："赦有罪也。"故"肆"有"缓解"这一义位。缓，谓刑政等宽缓。《管子·霸形》："公轻其税敛，则人不忧饥；缓其刑政，则人不惧死。"故"缓"也有"缓解"这一义位。赢，义为宽缓；松懈。《诗·大雅·云汉》："瞻卬昊天，有嘒其星，大夫君子，昭假无赢，大命近止，无弃尔成。"郑玄笺："天之光耀升行不休，无自赢缓之时。"《礼记·月令》："〔孟秋之月〕戮有罪，严断刑，天地始肃，不可以赢。"郑玄注："赢，犹解也。"故"赢"也有"缓解"这一义位。繲，义为缓。《说文·糸部》："繲，缓也。"故"繲"也有"缓解"这一义位。由此可见，"肆"、"缓"、"赢"、"繲"都有"缓解"之义，即这四个词有相同的义位，所以它们构成一个表"缓解"义的同义词群。但是，这四个词在使用时代、语义特征、语法功能等方面有细微差别。这组同义词词义用义素分析法表示如下：

肆＝/缓解/＋/一般用于刑法方面/＋/古词/＋/可可不接宾语/

缓＝/缓解/＋/古今通用/＋/一般要接宾语/＋/放松约束之力/

赢＝/缓解/＋/一般用于非刑法方面/＋/古词/

繲＝/缓解/＋/古词/＋/与"缓"相当/

76. 栞、除、去

《释诂》卷二上："除，去也。"疏证："栞与除同义，故具训为去也。"（第53页上）

栞，同"刊"，义为削除。《史记·夏本纪》："九山栞旅。"《汉书·地理志》："九山栞旅。"除，清除；去除。《书·微子之命》："抚民以宽，除其邪虐。"唐杜甫《忆昔》诗之二："洛阳宫殿烧焚尽，宗庙新除狐兔穴。"去，去掉；除去。《易·系辞下》："小人以小善为无益而弗为也，以小恶为无伤而弗去也。"《汉书·霍去病传》："单于后得其众，右王乃去单于之号。"可见，以上三个词有相同的义位"去掉"，构成同义词群。但是，这三个词在使用时代、语义特征（所用工具和侧重面）、受事对象等方面有细微差别。这组同义词词义用义素分析法表示如下：

栞＝/去掉/＋/隐含工具为刀具或如刀具类锋利之物/

除＝/去掉/＋/清理/＋/强调结果干净/＋/对象一般被认为是不好之物/

去＝/去掉/＋/对象不限/＋/古今通用/

77. 况、益、滋

《释言》卷五上:"况,兹也。"疏证:"《小雅·常棣篇》:况也永叹。毛传云:况,兹也。《大雅·桑柔篇》:仓兄填兮。传云:兄,滋也。兄与况通,兹与滋通。《晋语》:众况厚之。韦昭注云:况,益也。益亦滋也。"(第147页下)

况,副词,义为更加。《诗·小雅·常棣》:"脊令在原,兄弟急难。每有良朋,况也永叹。"益,副词,义为更加。《左传·昭公七年》:"国人益惧。"滋,副词,义为愈益;更加。《左传·襄公八年》:"谋之多族,民之多违,事滋无成。"由此可见,"况"、"益"、"滋"都有"更加"之义,即这三个词有相同的义位,所以形成一个表"更加"义的同义词群。但是,它们在受事对象、使用时代、语法功能等方面有细微差别。这组同义词词义用义素分析法表示如下:

况=/更加/+/副词/+/不直接修饰形容词/+/古词/

益=/更加/+/副词/+/古今通用/+/可直接修饰形容词、动词/

滋=/更加/+/副词/+/一般不接表心理的动词/+/古词/

78. 针(箴)、插、刺

《释诂》卷二上:"箴,插也。"疏证:"箴,或作针。《文王世子》:其刑罪则纤剸也。郑注云:纤读为针。针,刺也。《说文》:插,刺入也。是箴与插同义。"(第53页下)

《释诂》卷二上:"瘌,痛也。"疏证:"螫与瘌同义。……刺者,毒伤也。"(第49页下)

针,指用针或针状物刺。《汉书·广川惠王刘越传》:"笞问昭平,不服,以铁针针之,强服。""箴"后作"针",二者为古今字关系,不构成同义词。插,义为刺入;穿入。《吕氏春秋·贵卒》:"〔吴起〕拔矢而走,伏尸插矢而疾言曰:'群臣乱王。'"刺,义为用刀剑等尖锐的东西刺入或穿过物体。《孟子·梁惠王上》:"狗彘食人食而不知检,涂有饿莩而不知发;人死,则曰'非我也,岁也'。是何异于刺人而杀之,曰'非我也,兵也。'""针(箴)"、"插"、"刺"构成一组同义词。但是,这三个词在语义特征(所用工具和侧重面)等方面有细微差别。这组同义词词义用义素分析法表示如下:

针(箴)=/刺入/+/工具要求是针或针状物/+/伤口为圆孔,且很小/

插=/刺入/+/工具较大/+/一般伤口较大,形状不定/

刺=/刺入/+/工具一般为刀剑等尖锐的东西/

79. 傀、伟

《释诂》卷二上:"傀,盛也。"疏证:"《方言》注云:傀,言瓌玮也。《说文》:傀,伟也。《庄子·列御寇篇》:达生之情者傀。郭象注云:傀然大。司马相如《子虚赋》:俶傥瑰玮。傥、傀、瑰、瓌并通。……《说文》:伟,奇也。炜,盛

赤也。"(第 53 页下～54 页上)

傀,珍奇;怪异。《文选·郭璞〈江赋〉》:"珍怪之所化产;傀奇之所窟宅。"张铣注:"珍怪、瑰奇,谓珠玉龟鱼之类也。"伟,义为奇异。《管子·任法》:"无伟服,无奇行。尹知章注:"伟服奇行,皆过越法制者。"可见,"傀"、"伟"都有"奇异"义,即这两个词有相同的义位,所以它们构成一组同义词。但是,这两个词在语义特征、附属色彩等方面有细微差别。这组同义词词义用义素分析法表示如下:

傀=/奇异/+/珍贵/+/程度比"伟"高/+/稀少/+/怪/

伟=/奇异/+/与众不同/+/不合常规/

80. 耀、照

《释诂》卷二上:"昆,盛也。"疏证:"昆读为焜。……《说文》:焜,煌也。昭三年《左传》:焜燿寡人之望。服虔注云:焜,明也。耀,照也。"(第 54 页上)

燿,同"耀",义为照射;放光。《说文·火部》:"燿,照也。"徐灏注笺:"俗作耀。"《左传·庄公二十二年》:"光远而自他有耀者也。"照,义为光线照射;照耀。《说文·火部》:"照,明也。"桂馥义证:"明也者,本书'明,照也'。"《易·恒》:"日月得天而能久照。""耀"与"照"都有相同的义位"照射",二者构成同义关系。但是,这两个词在语义特征等方面有细微差别。这组同义词词义用义素分析法表示如下:

耀=/照射/+/突然亮起、闪烁不定的光源/+/强烈/+/刺目/+/短暂/+/宾语多为器物/[1]

照=/照射/+/上古多指日月之光/+/只说明动作/+/宾语多为处所/

81. 幺、小、蔑、肖

《释诂》卷二上:"纱、麽、㦪……肖,小也。"疏证:"《说文》:幺,小也。《汉书·食货志》云:次七分三铢曰幺钱。……《方言》:私、策,小也。自关而西,秦晋之郊,梁益之间,凡物小者谓之私,江淮陈楚之内,谓木细枝为蔑。……蔑与㦪同。郭注云:蔑,小貌也。……肖者,《方言》:肖,小也。《庄子·列御寇篇》:达生之情者傀,达于知者肖。傀者,大也;肖者,小也。肖与傀正相反。"(第 54 页下,55 页下)

幺,细小。《广韵·萧韵》:"幺,麽,小也。"《文选·陆机〈文赋〉》:"犹弦幺而徽急,故虽和而不悲。"小,用于形容事物在体积、面积、数量、力量、强度等方面不及一般的或不及比较的对象。同"大"相对。《诗·小雅·吉日》:"发彼小豝,殪此大兕。"蔑,义为细小;轻微。《方言》卷二:"木细枝谓之杪,

---

① 王凤阳:《古辞辨》,吉林文史出版社 1993 年版,第 503～504 页。

江、淮、陈、楚之内谓之蔑。"郭璞注:"蔑,小貌也。"汉扬雄《法言·学行》:"视日月而知众星之蔑也,仰圣人而知众说之小也。"宋咸注:"蔑,微也。"肖,义为细微。《庄子·列御寇》:"达生之情者傀,达于知者肖。"王先谦集解:"肖,当训小。"由此可见,"幺"、"小"、"蔑"、"肖"都有"细小"义,即它们都有相同的义位,所以构成一个表"细小"义的同义词群。但是,这四个词在语义特征(侧重面)、反义词、附属色彩、使用时代等方面有细微差别。这组同义词词义用义素分析法表示如下:

幺=/细小/+/强调细/+/对象多为具体事物/

小=/细小/+/与"大"相对/+/口语色彩/+/古今通用/+/对象不限/

蔑=/细小/+/木枝细小/+/轻/+/方言词/

肖=/细小/+/程度比"小"更高/+/细微/+/反义词为"傀"/+/方言词/+/对象多为抽象事物/

82. 理、治、乱、敕、汩、越

《释诂》卷二上:"乱,理也。"疏证:"乱者,《说文》:矞,治也。一曰:理也。《尔雅》:乱,治也。《皋陶谟》云:乱而敬。乱与矞同。乐之终有乱,诗之终有乱,皆理之义也。故《乐记》云:复乱以饬归。王逸《离骚》注云:乱,理也。所以发理辞指,总撮其要也。理与治同意。故理谓之乱,亦谓之敕,治谓之敕,亦谓之乱。"(第58页上)

《释诂》卷三下:"越,治也。"疏证:"《周语》:汩越九原,宅居九隩。汩、越,皆治也。《说文》:汩,治水也。汩与越声相近,故同训为治。"(第96页上)

理,治理;整理。《易·系辞下》:"理财正辞,禁民为非曰义。"《淮南子·原道》:"夫能理三苗、朝羽民 ……其惟心行者乎!"高诱注:"理,治也。"治,义为治理;统治。《易·系辞下》:"上古结绳而治,后世圣人易之以书契。"乱,治理。《书·顾命》:"其能而乱四方。"蔡沈注:"而,如;乱,治也。"敕,犹治;理。《韩非子·主道》:"贤者敕其材,君因而任之,故君不穷于能。"汩,义为治水;也泛指治。《楚辞·天问》:"不任汩鸿,师何以尚之?"故"汩"含有"治理"这一义位。越,义为治理。《书·盘庚下》:"肆上帝将复我高祖之德,乱越我家。"孔传:"以徙故,天将复汤德,治理于我家。"故"越"也含有"治理"这一义位。由此可见,"理"、"治"、"乱"、"敕"、"汩"、"越"都有"治理"义,即有相同的义位,所以形成一个表"治理"义的同义词群。同时,以上几个词在使用时代、使用地域、语义特征和语法功能等方面有细微差别。这组同义词词义用义素分析法表示如下:

理=/治理/+/侧重结果是使之顺畅/

治＝/治理/＋/强调管理者的动作/＋/可不接宾语/

乱＝/治理/＋/古词/＋/受事对象一般为具体事物/

敕＝/治理/＋/古词/＋/可搭配抽象事物/

汩＝/治理/＋/古词/＋/专指治水/

越＝/治理/＋/古词/

83. 贷、借

《释诂》卷二下："贷，借也。"疏证："赊、贷同义，故具训为借也。"（第 60 页上）

贷，借出或借入。《左传·昭公三年》："以家量贷，而以公量收之。"此 "贷"义为借出。《左传·文公十四年》："尽其家，贷于公，有司以继之。"杜预 注："家财尽，从公及国之有司富者贷。"此"贷"义为借入，故"贷"含有"借"这 一义位。"借"也包括借入和借出。作"借入"解指暂时取用别人提供的钱 物。《晋书·齐王攸传》："就人借书，必手刊其谬，然后反之。"作"借出"解指 将自己的钱物暂时供人使用。《论语·卫灵公》："吾犹及史之阙文也。有马 者，借人乘之，今亡矣夫！"可见"贷"与"借"都有相同的义位"借"，所以这两 个词构成一组同义词。但是，这两个词在语义特征、受事对象等方面有细微 差别。这组同义词词义用义素分析法表示如下：

贷＝/借/＋/表出入两个方向/＋/受事对象为钱财/＋/商业性的借 用行为/

借＝/借/＋/表出入两个方向/＋/受事对象不限/＋/多非商业性的一 般借用行为/①

84. 蒙、覆、盖

《释诂》卷二下："幪，覆也。"疏证："幪、冢、蒙并通，今俗语犹谓覆物为 蒙。"（第 60 页下）又"《说文》云：覆，盖也。"（第 62 页上）

蒙，覆盖；遮蔽。《诗·鄘风·君子偕老》："蒙彼绉絺，是绁袢也。"毛传： "蒙，覆也。"覆，义为覆盖；遮蔽。《吕氏春秋·音初》："帝令燕往视之，鸣若 谥隘，二女爱而争抟之，覆以玉筐。"盖，义为遮盖；覆盖。《淮南子·说林》： "日月欲明而浮云盖之。"高诱注："盖，犹蔽也。"由此可见，"蒙""覆""盖" 都可以表示"覆盖"之义，即这三个词有相同的义位，所以它们构成一个表 "覆盖"义的同义词群。但是，这三个词在语义特征、附属色彩等方面有细微 差别。这组同义词词义用义素分析法表示如下：

① 唐智燕：《汉语商贸词汇演变研究》，中国社会科学出版社 2010 年版，第 45～47 页。

蒙＝/覆盖/＋/动作从上自下/＋/使用材料是布、巾、手等软物/＋/结果是使看不见/＋/动作较轻/＋/对象全部被遮完/

覆＝/覆盖/＋/动作从上自下/＋/使用材料不限/＋/可以是有孔的物/＋/结果可以看见部分/＋/笼罩、保护覆盖物/＋/上古常用/①

盖＝/覆盖/＋/动作从上自下/＋/口语色彩/＋/挡住外来物/＋/可接抽象事物/＋/中古后常用/②

85.惶、恐、慎、愼、悇、怵、惧、懅

《释诂》卷二下："恐,惧也。"疏证："《众经音义》卷三引《仓颉》篇云:惶,恐也。"(第 62 页下)

《释言》卷五上："慎,愼也。"疏证："卷四云:慎,恐也。愼,亦恐也。《玉篇》:愼,心动也。《方言》:蠢悇,战栗也。荆吴曰蠢悇,蠢悇,又恐也,并与愼声近义同。"(第 138 页上)

《释训》卷六上："沭,懅也。"疏证："《说文》:怵,恐也。怵与怵通……卷二云:遽,惧也。遽与懅通。"(第 196 页上)

惶,恐惧;惊慌。汉李尤《函谷关赋》:"蕃镇造而惕息,侯伯过而震惶。"恐,义为畏惧;害怕。《素问·藏气法时论》:"善恐,如人将捕之。"王冰注:"恐,谓恐惧,魂不安也。"慎,恐惧;忧惧。《晏子春秋·杂上二六》:"〔泯子午〕睹晏子,恐惧而不能言。"愼,恐惧。如王念孙疏证:"愼,亦恐也。"悇义为恐惧。如《玉篇·心部》:"悇,恐也。"怵,恐惧;害怕。《文选·张衡〈西京赋〉》:"将乍往而未半,怵悼栗而怂兢。"薛综注:"怵,恐也。"惧,恐惧;害怕。《诗·小雅·谷风》:"将恐将惧,维予与女。"懅,恐惧。南朝梁江淹《丹砂可学赋》:"懅生死于半气,惜百年于一光。"可见,"惶"、"恐"、"慎"、"愼"、"悇"、"怵"、"惧"、"懅"都可以表示"害怕",即这八个词有相同的义位,构成一组同义词。但是,这八个词在语义特征、语法功能等方面有细微差别。这组同义词词义用义素分析法表示如下:

惶＝/害怕/＋/惊慌不知所措/＋/重在外在反应/＋/不接宾语/

恐＝/害怕/＋/重在表现心里感到恐怖的状态/＋/可接宾语/＋/宾语多为事/

慎＝/害怕/＋/过于小心/＋/常不带宾语/

愼＝/害怕/＋/侧重内心感受/＋/担心出现/＋/古词/

悇＝/害怕/＋/侧重内心感受/＋/担心出现/＋/方言词/＋/古词/

---

① 汪维辉:《东汉—隋常用词演变研究》,南京大学出版社 2000 年版,第 225 页。
② 同上。

怵＝/害怕/＋/常与"惕"连用/＋/带宾语/

惧＝/害怕/＋/侧重内心感受/＋/不安/＋/多不带宾语/＋/常与"恐"连用/

慷＝/害怕/＋/焦急/＋/可不接宾语/

86.击、椎

《释诂》卷二下："锻，椎也。"疏证："击与椎同义。"（第67页上）

击，打；敲打。《诗·邶风·击鼓》："击鼓其镗。"唐韩愈《送孟东野序》："金石之无声，或击之鸣，人之于言也亦然。"椎，指用椎打击。《战国策·齐策六》："秦始皇尝使使者遗君王后玉连环……君王后引椎椎破之。"也泛指重力撞击。元关汉卿《救风尘》第一折："早努牙突嘴，拳椎脚踢，打的你哭啼啼。"可见，"击"、"椎"都有"敲打"义，即这两个词有相同的义位，所以它们构成一组同义词。同时，这两个词在语义特征等方面有细微差别。这组同义词词义用义素分析法表示如下：

击＝/敲打/＋/所用工具不限/＋/不以改变所击事物形状或性质为目的/

椎＝/敲打/＋/用力较大/＋/用椎或类似物打/

87.谖、诈、诖、误、欺、谬、詑

《释诂》卷二下："谖、诈、诖，欺也。"疏证："《说文》：谖，诈也。"又"《说文》：诖，误也。误亦欺也。""詑者，《说文》：沇州谓欺曰詑。《燕策》云：寡人甚不喜詑者言也。詑与詑同。今江淮间犹谓欺曰詑，是古之遗语也。"（第72页上）

《释诂》卷三下："诖，误也。"疏证："凡见欺于人谓之误，欺人亦谓之误。故自误谓之诖，亦谓之谬；误人谓之谬，亦谓之诖也。"（第107页上）

谖，欺诈。《公羊传·文公三年》："晋阳处父帅师伐楚救江。此伐楚也，其言救江何？为谖也。"何休注："谖，诈。"诈，义为欺骗。《左传·宣公十五年》："我无尔诈，尔无我虞。"诖，欺骗。《汉书·王莽传上》："即有所间非，则臣莽当被诖上误朝之罪。"误，义为迷惑。《左传·哀公十九年》："十九年春，越人侵楚，以误吴也。"杜预注："误吴，使不备也。"欺，欺骗；欺诈。《论语·子罕》："吾谁欺？欺天乎？"谬，义为诈伪。《史记·范雎蔡泽列传》："应侯知蔡泽之欲困己以说，复谬曰：'何为不可？'"詑，义为欺骗。《说文·言部》："詑，沇州谓欺曰詑。"又宋沈遘《五言蓬莱山送徐仲微赴蓬莱令》："胡然古荒王，甘心事欺詑。"可见，"谖"、"诈"、"诖"、"误"、"欺"、"谬"、"詑"都有"欺骗"义，即它们都有相同的义位，所以形成一个表"欺骗"义的同义词群。但是，这七个词在语义特征、受事对象和使用时代等方面有细微差别。这组同义词词义用义素分析法表示如下：

诶＝/欺骗/＋/诈骗,诈取/＋/对象一般为人/＋/对他人/＋/古词/

诈＝/欺骗/＋/重在诈取/＋/带有明显的目的/＋/古今通用/＋/对象一般为人/＋/对他人/

诖＝/欺骗/＋/古词/＋/典雅色彩/＋/对象一般为人/＋/对他人/＋或/对自己/

误＝/欺骗/＋/迷惑/＋/使上当/＋/对象一般为人/＋/对他人/＋或/对自己/

欺＝/欺骗/＋/古今通用/＋/对象不限/

谬＝/欺骗/＋/使上当/＋/对象一般为人/＋/对他人/＋或/对自己/

詑＝/欺骗/＋/对象不限/＋/方言词/＋/古词/

88. 顿、泯、乱

《释诂》卷三上："顿、愍,乱也。"疏证："《尔雅》:訰訰,乱也。訰与顿声近义同。"又"愍字本作忞,或作瞀,又作泯……泯亦乱也。"又"今俗语犹谓乱为搅矣。"(第 80 页上～80 页下)

顿,昏乱。《淮南子·要略》："今学者无圣人之才,而不为详说,则终身颠顿乎混溟之中,而不知觉寤乎昭明之术矣。"《方言》卷十："顿愍,惛也。楚扬谓之惃,或谓之怣,江湘之间谓之顿愍。"泯,义为昏乱;淆乱。《书·康诰》："天惟与我民彝大泯乱。"王引之《经义述闻·尚书下》引王念孙曰："泯,亦乱也。"乱,义为昏乱;迷乱。《易·萃》："乃乱乃萃,其志乱也。"高亨注："乱者,神志昏乱也。"由此可见,"顿"、"泯"、"乱"都可以表示"昏乱"的意义,即这三个词有共同的义位,所以它们构成一个表"昏乱"义的同义词群。但是,它们在语义特征、附属色彩等方面有细微差别。这组同义词词义用义素分析法表示如下：

顿＝/昏乱/＋/由外界因素所致/＋/不利/＋/方言词/

泯＝/昏乱/＋/不利/＋/带有灾难性/＋/指社会方面/＋/古词/

乱＝/昏乱/＋/人神志迷糊不清/＋/形成原因不限/＋/古今通用/

89. 乱、搅

《释诂》卷三上："顿、愍,乱也。"疏证："《尔雅》:訰訰,乱也。訰与顿声近义同。"又"愍字本作忞,或作瞀,又作泯……泯亦乱也。"又"今俗语犹谓乱为搅矣。"(第 80 页上～80 页下)

乱,扰乱。《警世通言·拗相公饮恨半山堂》："惟李承之见安石双眼多白,谓是奸邪之相,他日必乱天下。"搅,义为扰乱;打扰。《诗·小雅·何人斯》："胡逝我梁，祇搅我心。"毛传："搅，乱也。"可见，"乱"和"搅"都可以表示"扰乱"的意思，即这两个词有相同的义位，所以它们构成一组表"扰乱"义的同义词。但是，这两个词在语义特征等方面有细微差别。这组同义词词义用义素分析法表示如下：

乱＝/扰乱/＋/使动荡不安/＋/侧重结果/

搅＝/扰乱/＋/侧重动作＋/形成的动作方式不同/＋/做圆周形运动/

90. 忧、思、妯、陶

《释诂》卷二下："悠，思也。"疏证："《小雅·鼓钟篇》：忧心且妯。《众经音义》卷十二引《韩诗》作忧心且陶。是陶为忧也。……忧与思同义。"（第66页上）

忧，忧愁。《诗·秦风·晨风》："未见君子，忧心如醉。"思，义为悲伤；哀愁。《礼记·乐记》："亡国之音哀以思，其民困。"妯，义为哀伤。《诗·小雅·鼓钟》："淮有三洲，忧心且妯。"毛传："妯，动也。"郑玄笺："妯之言悼也。""悼"，伤感；哀伤。可见"妯"含有"伤感"这一义位。陶，义为忧伤。《旧唐书·李密传》："〔李密〕郁郁不得志，为五言诗曰：'金风荡初节，玉露凋晚林。此夕穷涂士，郁陶伤寸心。'"其中"陶"义为忧郁、忧伤，故"陶"也有"伤感"的义位。由此可见"忧"、"思"、"妯"、"陶"都可以表示"伤感"之义，即这四个词有相同的义位，所以它们构成一个表"伤感"义的同义词群。但是，它们在语义特征、使用时代等方面有细微差别。这组同义词词义用义素分析法表示如下：

忧＝/伤感/＋/古今通用/＋/中等程度/

思＝/伤感/＋/因思念而致/

妯＝/伤感/＋/古词/＋/使人心痛/＋/程度比"忧"高/

陶＝/伤感/＋/抑郁/＋/难以排泄/

91. 漫、污、涂

《释诂》卷三上："釁、涂，污也。"疏证："高诱注云：漫，污也。漫、涴并与釁通。""《汉书·王尊传》云：涂污宰相，摧辱公卿。是涂为污也。污、涂、漫义相同。"（第83页上）

漫，玷污。《吕氏春秋·诚廉》："与其并乎周以漫吾身也，不若避之以洁吾行。"高诱注："漫，污。"污，义为玷污；玷辱。《楚辞·九辩》："窃不自聊而愿忠兮，或黦点而污之。"王逸注："谗人诬谤，被以恶名也。"涂，玷污。《庄子·让王》："今天下闇，殷德衰，其并乎周以涂吾身，不如避之以洁吾行。"由此可见，"漫"、"污"、"涂"都可以用于表示"玷污"之义，即这三个词有相同的义位，所以它们构成一个表"玷污"义的同义词群。但是，它们在语义特征、附属色彩、反义词等方面有细微差别。这组同义词词义用义素分析法表示如下：

漫＝/玷污/＋/典雅色彩/＋/受害面广/＋/对象多为名声等抽象事物/

污＝/玷污/＋/口语色彩/＋/对象不限/＋/侧重结果/

涂＝/玷污/＋/侧重动作/＋/对象多为名声等抽象事物/

92. 却、推

《释诂》卷三上："斥，推也。"疏证："《说文》：斥，却屋也。却与推同义。"（第 92 页上）

却，拒绝；推辞。吴善述《说文广义校订》："却，因退却之义，故引申为……辞而不受，拒而不见之词。"《孟子·万章下》："却之为不恭。"朱熹集注："却，不受而还之也。"推，义为拒绝；推辞。元马致远《耍孩儿·借马》套曲："有那等无知辈，出言要借，对面难推。"可见，"却"、"推"都有"拒绝"义，即这两个词有相同的义位，所以构成一组同义词。但是，这两个词在使用时代、附属色彩等方面有细微差别。这组同义词词义用义素分析法表示如下：

却＝/拒绝/＋/典雅色彩/＋/态度比"推"强硬/

推＝/拒绝/＋/古今通用/

93. 竢、止、待

《释诂》卷三下："矣，止也。"疏证："诸书无训矣为止者矣。疑当作竢。《尔雅》：竢、止，待也。是竢与止同义。"（第 93 页下）

竢，同"俟"，义为等待。《说文·立部》："竢，待也。"《广韵·止韵》："竢，同俟。"《国语·晋语四》："质将善，而贤良赞之，则济可竢。"《汉书·贾谊传》："恭承嘉惠兮，竢罪长沙。"颜师古注："竢，古俟字。"《玉篇·人部》："俟，候也。"《字汇·人部》："俟，待也。"《诗·邶风·静女》："静女其姝，俟我于城隅。"郑玄笺："俟，待也。"止，义为等待。《礼记·檀弓上》："故丧事虽遽不陵节，吉事虽止不怠。"郑玄注："止，立俟事时也。"待，等待；等候。《说文·彳部》："待，竢也。"段玉裁注："今人易其语曰等。"《左传·隐公元年》："多行不义，必自毙，子姑待之。"由此可见，"竢"、"止"、"待"都可以表示"等待"义，即这三个词有相同的义位，所以它们构成一个表"等待"义的同义词群。但是，它们在语义特征、使用时代等方面有细微差别。这组同义词词义用义素分析法表示如下：

竢＝/等待/＋/古词/＋/方言词/①

止＝/等待/＋/站立/＋/不懈怠/＋/古词/

待＝/等待/＋/古今通用/

---

①　王凤阳：《古辞辨》，吉林文史出版社 1993 年版，第 576 页。

94. 茎、本

《释诂》卷三下:"树、茎、干,本也。"疏证:"树、茎、干诸字为根本之本。……茎、干皆枝之本也。……是茎为本也。"(第97页下)

茎,植物体的一部分,由胚芽发展而成,下部和根连接,上部一般都生有枝叶花果。《说文·艸部》:"茎,枝柱也。"《楚辞·九歌·少司命》:"秋兰兮青青,绿叶兮紫茎。"本,义为草木的茎、干。《广雅·释木》:"本,干也。"王念孙疏证:"干亦茎也。前《释诂》云:'茎、干,本也。'"《庄子·逍遥游》:"吾有大树,人谓之樗,其大本拥肿而不中绳墨。"故"茎"、"本"有相同的义位"草木的干",所以构成一组同义词。但是,它们在语义特征、所指范围等方面有细微差别。这组同义词词义用义素分析法表示如下:

茎=/草木的干/+/只指中间部分,主干部分/+/本义/

本=/草木的干/+/可以包括根在内/+/引申义/

95. 楒、剗、刊、除

《释诂》卷三下:"揣,除也。"疏证:"《说文》:楒,剗也。剗,刊也。刊与除同义。"(第98页上)

楒、剗,去除。《说文·木部》:"楒,剗也。"段玉裁注:"《刀部》曰:剗,刊也。"剗,义为刊削;删除。《商君书·定分》:"有敢剗定法令,损益一字以上,罪死不赦。"刊,义为砍斫;削除。《说文·刀部》:"刊,剗也。"段玉裁注:"《柞氏》:夏日至,令刊阳木而火之。注:刊谓斫去次地之皮也。按凡有所削去谓之刊。故刻石谓之刊石。"唐陆龟蒙《中酒赋》:"先刊美禄,次削真龙。"除,义为清除;去除。唐杜甫《忆昔》诗之二:"洛阳宫殿烧焚尽,宗庙新除狐兔穴。"由此可见,"楒"、"剗"、"刊"、"除"都有"去除"义,即这四个词有相同的义位,所以形成一个表"去除"义的同义词群。但是,它们在语义特征、受事对象、使用时代等方面有细微差别。这组同义词词义用义素分析法表示如下:

楒=/去除/+/与"剗"相当/+/古词/

剗=/去除/+/用于文句方面/+/删掉/

刊=/去除/+/古今通用/+/对象可以是抽象的也可是具体的/+/可用于有误或不合要求的文句/

除=/去除/+/强调动作的结果/+/清理/+/古今通用/

96. 佥、咸、胥、皆

《释诂》卷三下:"员,众也。"疏证:"《说文》:员,物数也。春秋楚伍员,字子胥。《尔雅》:佥、咸、胥,皆也。是众之义也。"(第100页上)

佥,都;皆。汉蔡邕《郭有道碑文》:"佥以为先民既没,而德音犹存者,亦赖之于见述也。"咸,义为皆;都。《史记·淮阴侯列传》:"于诸侯之约,大王当王关中,关中民咸知之。"胥,义为皆;都。《诗经·小雅·角弓》:"尔之远矣,民胥然矣。"郑玄笺:"胥,皆也。"皆,义为都;全。《易·解》:"天地解而雷雨作,雷雨作而百果草木皆甲坼。"由此可见,"佥"、"咸"、"胥"、"皆"都有共同的义位"都",构成一个表"都"的同义词群,故它们也属于同一个语义场。但是,它们在语义特征、使用时代、地域等方面有细微差别。这组同义词词义用义素分析法表示如下:

佥=/都/+/古词/+/自山而东五国之郊方言/

咸=/都/+/口语色彩/

胥=/都/+/古词/+/东齐所用方言/

皆=/都/+/古今通用/

97.剡、锋

《释诂》卷四下:"剡,锐也。"疏证:"剡者,《尔雅》:剡,利也。《说文》云:锐利也。……剡训为锐,故又训为锋。《晋语》:大丧大乱之剡也,不可犯也。韦昭注云:剡,锋也。"(第126页下)

剡,锐利。《说文·刀部》:"剡,锐利也。"段玉裁注:"《释诂》曰:剡,利也。毛诗假借覃为之。《大田》曰:以我覃耜。毛曰:覃,利也。《释诂》文也。按此二篆,古本当作:利,剡也;剡,利也。二字互训。"《尔雅·释诂下》:"剡,利也。"《楚辞·九章·橘颂》:"曾枝剡棘,圆果抟兮。"王逸注:"剡,利也。"唐柳宗元《复吴子松说》:"雕葩剡芒,臭朽馨香。"锋,义为尖锐;锐利。南朝宋鲍照《行京口至竹里》诗:"高柯危且竦,锋石横复仄。"可见,"剡"、"锋"都有"锐利"义,即这两个词有相同的义位,所以构成一组同义词。但是,它们在语义特征、所指范围、使用时代等方面有细微差别。这组同义词词义用义素分析法表示如下:

剡=/锐利/+/泛指/+/搭配对象不限/+/古词/

锋=/锐利/+/主要用于刀具等/+/使用范围有限/+/古今通用/

98.荡、逸、放、恣

《释诂》卷四上:"荡、逸、放、恣,置也。"疏证:"废者,《尔雅》:废,舍也。郭注云:舍,放置也。……《说文》云:赦,置也。捨与赦,声义亦同。故《尔雅》云:赦,舍也。舍与捨通。荡、逸、放、恣并同义。"(第109页下)

荡,恣纵;放荡不羁。《书·毕命》:"世禄之家,鲜克由礼,以荡陵德,实悖天道。"章炳麟《商鞅》:"能综核名实,而使上下交蒙其利,不犹愈荡乎?"逸,义为放纵;淫荒。《书·大禹谟》:"罔游于逸,罔淫于乐。"孔颖达疏:"逸为纵体。"《北史·魏诸宗室传》:"中山平,拜幽州刺史,豪奢放逸,左迁上谷太守。"放,义为放纵;放荡。《孟子·滕文公下》:"汤居亳,与葛为邻,葛伯放而不祀。"恣，放纵；放肆。《吕氏春秋·适威》："骄则恣，恣则极物。"由此可见，"荡"、"逸"、"放"、"恣"都有"放纵"之义，即这四个词有相同的义位，所以形成一个表"放纵"义的同义词群。但是，它们在语义特征、附属色彩、语法功能等方面有细微差别。这组同义词词义用义素分析法表示如下：

荡＝/放纵/＋/贬义色彩/＋/程度最高/＋/重在行为/

逸＝/放纵/＋/身体方面的自我感觉/＋/程度比"放"高/

放＝/放纵/＋/行为无拘/＋/程度低/＋/中性色彩/

恣＝/放纵/＋/无惧/＋/胡乱的举动/

99. 绎、充、寻、长

《释诂》卷四下："绎，充也。"疏证："《方言》：绎、寻，长也。周官之法，度广为寻，幅广为充。《说文》：充，长也。是充与绎同义。"（第 132 页下）

绎，长。《方言》卷一："绎，长也。""绎"有"空间距离大"这一义位。充，义为长；高。《说文·儿部》："充，长也；高也。"钱坫斠诠：《方言》卷一：'物长谓之寻，度广为寻，幅广为充。'故充有长训。""充"也有"空间距离大"这一义位。寻，义为长。《方言》卷一："寻，长也。……凡物长谓之寻。"《淮南子·齐俗》："深溪峭岸，峻木寻枝。"晋左思《魏都赋》："硕果灌丛，围木竦寻。""寻"也有"空间距离大"这一义位。长，指在空间的两端之间距离大。汉张衡《西京赋》："流长则难竭，柢深则难朽。""长"也有"空间距离大"这一义位。可见，"绎"、"充"、"寻"、"长"都有相同的义位"空间距离大"，它们构成一组同义词群。但是，它们在语义特征、使用时代、使用地域等方面有细微差别。这组同义词词义用义素分析法表示如下：

绎＝/空间距离大/＋/方言词/

充＝/空间距离大/＋/古词/＋/一般不做定语/＋/横向/＋/用于周代度量制度/

寻＝/空间距离大/＋/纵向/＋/用于周代度量制度/

长＝/空间距离大/＋/古今通用/＋/共同语/

100. 簨、缆、索、條（绦）、縢、緘、约、绳、紩、绹、绞、緤、纫

《释器》卷七下："簨，鞶带也。"疏证："簨之言缆也。上文云：缆，索也。高诱注《淮南子·原道训》云：小车盖四维谓之紘绳，即鞶带也。"（第 243 页上）

《释器》卷七下："縢、絜、緘……紩……绹，索也。"疏证："《说文》：縢，缄也。郑注《金縢》云：縢，束也。《秦风·小戎篇》：竹闭绲縢。毛传云：縢，约也。《鲁颂·閟宫篇》：朱英绿縢。传云：縢，绳也。……《说文》：緘，束箧也。……《释名》云：棺束曰緘。緘，函也。……《玉篇》：紩，索也。……《尔雅》：绹，绞也。绞亦索也。……索谓之绹，犹编丝绳谓之條矣。"（第

238 页下～239 页上)

《释器》卷七下："靮谓之纆。"疏证："緤、絪、靮，皆引也。"(第 243 页下)

《补正·释诂》："纠，索也。"(第 425 页下)

簑，车篷宽绳。《方言》卷九："车枸簑，宋、魏、陈、楚之间谓之筱，或谓之簦笼，其上约谓之箹，或谓之簑。"郭璞注："即靳带也。"缆，义为系船的粗绳或铁索。南朝宋谢灵运《登临海峤与从弟惠连》诗："日落当栖薄，系缆临江楼。"索，义为粗绳，也泛指绳索。《墨子·尚贤中》："傅说被褐带索，庸筑乎傅岩。"絛，同"绦"，义为丝绳。前蜀李珣《渔父》词："棹警鸥飞水溅袍，影随潭面柳垂绦。"综上可知，"簑"、"缆"、"索"、"絛(绦)"都有"绳索"的意思，即这四个词都有"绳索"这一义位，所以它们构成一个表"绳索"义的同义词群。

滕，义为绳索。《晏子春秋·内篇谏下二十》："布衣滕履，元冠芘武。"缄，义为扎束器物的绳。《汉书·外戚传下·孝成赵皇后》："帝与昭仪坐，使客子解箧缄。"约，义为绳子。《左传·哀公十一年》："人寻约，吴发短。"杜预注："约，绳也。八尺为寻。"绳，指绳子。《易·系辞下》："作结绳而为罔罟，以佃以渔。"绋，义为索。《玉篇·糸部》："绋，索也。"绚、绞，都指绳索。《尔雅·释言》："绚，绞也。"緤，绳索。《礼记·少仪》："犬则执緤。"纠，为单股绳。《说文·糸部》："纠，单绳也。"可见，这几个词与前面四个词都有共同的义位"绳索"，所以这些词构成一个表"绳索"义的同义词群。但是，这组同义词在语义特征、使用时代、使用地域等方面存在细微差别。这组同义词词义用义素分析法表示如下：

簑＝/绳索/＋/用于车篷/＋/宽/＋/方言词/

缆＝/绳索/＋/系船/＋/粗的/＋/或金属的/

索＝/绳索/＋/粗的/＋/可用于泛称/＋/古今通用/

絛(绦)＝/绳索/＋/细或窄/＋/丝质/

滕＝/绳索/＋/古词/＋/可用于编鞋/

缄＝/绳索/＋/用于扎束器物/

约＝/绳索/＋/古词/＋/束缚/

绳＝/绳索/＋/古今通用/＋/泛称/

绋＝/绳索/＋/粗的/＋/可泛指/＋/古词/

绚＝/绳索/＋/泛称/＋/古词/＋/粗的/

绞＝/绳索/＋/泛称/＋/时代晚于"绚"/＋/两股以上条状物拧成/

緤＝/绳索/＋/泛称/＋/古词/

纠＝/绳索/＋/单股/

第二节　《广雅疏证》研究同义词的理论和方法

一、《广雅疏证》研究同义词的理论

王念孙在其《广雅疏证》中运用识同和辨异等方法分析了大量的同义词,通观这些同义词辨析语料,我们可以发现其中隐含了一些同义词理论,具体体现在以下几个方面。

(一)已有运用语义场、义素理论分析同义词的意识

义场、义素和义位是中国语言学家从西方引入的术语,用于语义研究。尽管我国古代语言学家没有提出这些语义学术语,但是并不能由此否认前人在词义、语义分析时没有运用义场、义素、义位分析的意识。例如,段玉裁在《说文解字注》的同义词词义分析中已经有大量的材料表现出运用义素及义素分析法的意识。在传统语义学研究方面与段氏相当的王念孙同样也有运用义场、义素分析同义词的意识,他在《广雅疏证》的同义词辨析语料中就蕴含了义场、义素理论[①],并取得了较为丰硕的成果。

1. 体现出用语义场理论分析同义词的意识

所谓语义场是指"义位形成的系统,说得详细些,如果若干个义位含有相同的表彼此共性的义素和相应的表彼此差异的义素,因而联结在一起,互相规定、互相制约、互相作用,那么这些义位就构成语义场"。"语义场体现了义位的关系、区别,体现了语义的系统性。"[②]语义场的类型有多种[③],最有代表的即为同义词和反义词。同义词凭借相同核义素而聚合成群,相互间又因区别性义素的存在而同中有异,形成同义词场。我们通过王念孙《广雅疏证》对同义词之同和异的论述,可以看到他已经具有语义场理论方面的意识。

王氏在《释诂》卷一下"舆,举也"疏证中,引《释名》"自古制器立象,名之于实,各有义类"(第 37 页上)证明词义关系。其中"义类"这一概念已与语义场相当。虽然王氏在《疏证》中主要用此概念分析词义源流情况、词语间的同源关系,但是这个理念也同样用于分析同义词的词义关系。例如:

① "潏、溺、湁、濯"组

《释器》卷八上:"湁,潏也。"疏证:"《荀子·劝学篇》:兰槐之根是为芷,

---

① 孙红梅:《〈说文解字注〉辨析同义词的方法》,《语文学刊》2009 年第 8 期。
② 贾彦德:《汉语语义学》,北京大学出版社 2001 年版,第 143～144 页。
③ 同上书,第 147～171 页。

其渐之滫,君子不近,庶人不服。杨倞注云:滫,溺也。""臭汁谓之滫,亦谓之潎,亦谓之濯。"(第250页下～251页上)

案:"滫",义为酸臭的陈淘米水,引申为污水。《淮南子·人间》:"申菽杜,美人之所怀服也,及渐之滫,则不能保其芳矣。"高诱注:"滫,臭汁也。"故"滫"属于"污水"这一义场。"溺",义为尿,人或动物的小便。《庄子·知北游》:"东郭子问于庄子曰:'所谓道,恶乎在?'庄子曰:'无所不在。'东郭子曰:'期而后可。'庄子曰:'在蝼蚁……在屎溺'。"王念孙又据《疏证》中《荀子·劝学》杨倞注"滫,溺也",可推知"溺"也属于"污水"这一义场。"濯"指洗沐后的脏水。《礼记·丧大记》:"小臣爪手翦须,濡濯弃于坎。"孔颖达疏:"皇氏云,濡谓烦润其发,濯谓不净之汁也。言所濡濯汁弃于坎中。"故"濯"也属于"污水"这一义场。"潎",义为臭汁,也指用泔水搅和成的猪饲料。《广雅·释器》:"潎,滫也。"王念孙疏证:"《玉篇》:'潎,臭汁也。潘也。'"故"潎"也属于"污水"这一义场。王氏在《疏证》中指出"臭汁谓之滫,亦谓之潎,亦谓之濯",也就是指出了"滫"、"潎"、"濯"都是属于"污水"这个语义场,又据《荀子·劝学》杨倞注"滫,溺也"可得知,"滫"、"溺"、"潎"、"濯"都属于"污水"这一语义场。

② "麨、糗、糒"组

《释器》卷八上:"粃麴谓之麨。"疏证:"《释言》云:糗、麨,食也。《玉篇》:麨,糗也,或作麨。"(第247页下)

《释器》卷八上:"糗,糒也。"疏证:"昭二十五年《公羊传》:敢致糗于从者。何休注云:糗,糒也。糗、糒,皆干也。"(第247页下)

案:"麨",义为干粮。《玉篇》:"麨,糗也。""糗",义为炒熟的米麦。亦泛指干粮。《左传·哀公十一年》:"国人逐之,故出,道渴,其族进稻醴粱糗腶脯焉。"杜预注:"糗,干饭也。""糒",指干粮。《水经注·河水二》:"段国曰浇河,西南百七十里有黄沙,沙南北百二十里,东西七十里,西极大杨川。望黄沙犹若人委干糒于地。"可见,"麨"、"糗"、"糒"有相同的义位,故能构成同义关系。在这条《疏证》中,王念孙根据《玉篇》和何休注指出"糗"、"糒"都有"干"义,即"麨"、"糗"、"糒"都属于"干粮"这一语义场。

③ "矜、杖、柲、殳、梃"组

《释器》卷八上:"殳、梃,杖也。"疏证:"矜谓之杖,柲、矜、殳,皆杖也。"(第260页上)

案:"矜",指矛或戟的柄,也指做兵器的杖。《方言》卷九:"矛,其柄谓之矜。"又"矜谓之杖。"汉贾谊《过秦论》:"鉏耰棘矜,非铦于钩戟长铩也。""杖",泛指棍棒或棒状物。《孔子家语·六本》:"舜之事瞽瞍……小棰则待过,大杖则逃走。"也指杖类兵器。《吕氏春秋·贵卒》:"操铁杖以战,而所击无不碎。""柲",义为积竹杖。《说文·木部》:"柲,攒也。"又《说文·木部》:"攒,积竹杖。"另据《疏证》"柲、矜、殳,皆杖也"可知"柲"也属"杖"的范畴。"殳",义为古代兵器,杖属,以竹或木制成,八棱,顶端装有圆筒形金属,无刃。也有装金属刺球,顶端带矛的。多用作仪仗。《诗·卫风·伯兮》:"伯也执殳,为王前驱。"毛传:"殳,长丈二而无刃。""梃",义为棍棒。《孟子·梁惠王上》:"杀人以梃与刃,有以异乎?"由此可见,"矜"、"杖"、"柲"、"殳"、"梃"都可以表"杖类器物"。因此,这五个词有相同的义位,构成同义关系。王念孙在《疏证》中指出,"矜谓之杖,柲、矜、殳,皆杖也",即"矜"、"杖"、"柲"、"殳"、"梃"都有相同的意思"杖",也就表明这五个词属于"杖"这个语义场。

④ "饴、饧、餹"组

《释器》卷八上:"饴,饧也。"疏证:"饴谓之饧。""《方言》:凡饴谓之餹,又云饧谓之餹。"(第248页下)

案:"饴",义为饴糖。《诗经·大雅·绵》:"周原膴膴;堇荼如饴。"故"饴"属于"糖"这一语义场。"饧",义为用麦芽或谷芽熬成的饴糖。唐沈佺期《岭表逢寒食》诗:"岭外无寒食,春来不见饧。"即"饧"也属于"糖"语义场。"餹",义为饴糖。《方言》卷十三:"饴谓之餹。"即"餹"也是属于"糖"的义场。王氏在《疏证》中引《方言》"凡饴谓之餹",即是运用"义场"概念进行的分析。由此可见,"饴"、"饧"、"餹"都属于"糖"这一语义场。

在进行同义词分析时,同义词的识同应该是第一步,是首要的。只有首先证明词语间有相同之处,才谈得上同义词的辨析等问题。同时,在确定同义词的过程中,义场理论又是其基础。凡同义词首先必须是同一语义场,所以整个识同分析的过程,首先是要求证这些词是否属于同一个语义场。又由于《广雅》是依据义类编排,王念孙是在这个基础上梳理词义,即已经具有语义场这一前提。同时王氏在《疏证》中实际已经意识到语义场理论在同义词识同分析中的重要地位及作用,所以在其同义词分析的语料中也始终隐含着这一理论基础。

2.体现用义素理论分析同义词的意识

在确定了所需分析的词语属于同一语义场后,还需要进一步分析词语间的同和异,即进行词义辨析。其方法可以说不少,但用义素理论分析则可以尽可能达到深入、精细的目的。语义场分析重在求同,而义素分析虽然也可找到相同之处,但重在求异。虽然在《疏证》中,王氏没有明确提出义素或

义位的概念,也没有阐述相关的理论,但是在分析同义词时却已经体现出运用义素理论的一些意识①。例如:

① "埠、殷(隐)、麤、粗"和"善、介(佳)、大、傀"组

《释诂》卷一上:"殷,大也。"疏证:"殷者,《丧大记》:主人具殷奠之礼。郑注云:殷,犹大也。《庄子·秋水篇》云:夫精,小之微也,埠,大之殷也。微亦小也,殷亦大也。《庄子·山木篇》云:翼殷不逝,目大不睹。《楚辞·九叹》:带隐虹之透蛇。王逸注云:隐,大也。隐与殷声近而义同。"又"麤,仓胡反;粗,在户反。二字义同而音异。"(第5页下)

《释诂》卷一上:"佳,大也。"疏证:"佳者,善之大者。《中山策》:佳丽人之所出。高诱注云:佳,大;丽,美也。《大雅·桑柔》笺云:善,犹大也。故善谓之佳,亦谓之介,大谓之介,亦谓之佳。佳介语之转耳。"(第6页上)

《释诂》卷二上:"肖,小也。"疏证:"傀者,大也;肖者,小也。肖与傀正相反。"(第55页上~55页下)

案:"埠"、"殷(隐)"、"麤"、"粗"都属于"宏大"这一义场。它们有相同的核义素,但也有区别性义素。"埠",义为盛大。《集韵·候韵》:"埠,大也;盛也。"即"埠"意味着特别大:"大之殷也"。可见,这个词程度很高,与这个同义词群中其他词相比,程度是最高的。"殷",也有大之义,"隐"是"殷"的借字。"殷",表示宏大,在程度上比"埠"低一些。这三个词都侧重于规模上的大。"麤"和"粗"也是大的意思。"麤",义为粗大;强大。《史记·乐书》:"其喜心感者,其声发以散;其怒心感者,其声麤以厉。"可见"麤"在"宏大"这个义位中还有"粗壮、强壮"的意思。"粗",义为大。《礼记·月令》:"〔孟夏之月〕其器高以粗。"郑玄注:"粗,犹大也。器高大者,象物盛长。""粗"有与"埠"、"殷(隐)"、"麤"相同的义位"宏大",但是"粗"在其"宏大"的义位中还有"体积方面"的特点,这便是"粗"在"宏大"这一义位上所含有的表差异的义素。可见,"埠"、"殷(隐)"、"麤"、"粗"都有"宏大"这一相同的义位,同时也表明它们既有"宏大"这一相同的核义素,也有区别性义素。因此,它们构成一个同义词群。

"善",义为大;高;丰。《诗·大雅·桑柔》:"民之未戾,职盗为寇。凉曰不可,覆背善詈。"郑玄笺:"善,犹大也。"可见"善"有"程度大"这个义位。"佳"和"介"语音上是音转关系,且词义相同。"佳",义为大。《战国策·中山策》:"臣闻赵天下善为音,佳丽人之所出也。""介",也义为大。《易·晋》:"受兹介福,于其王母。"王弼注:"受兹大福。"可见"佳"、"介"为同源词,这两

---

① 盛林:《〈广雅疏证〉中的语义学研究》,上海人民出版社2008年版,第20~30页。

个词都有"程度大"这一义位。"傀",按疏证:"傀者,大也",义为大。所以"善"、"介(佳)"、"大"、"傀"有共同的义位"程度大",在这一个义位上也有相同的核义素"程度大"。因此,这几个词构成一个表"程度大"义的同义词。"善"作"程度大"解时,根据其用例,可见该词多用于修饰抽象意义的词。"佳"和"介"作"程度大"解时,由王念孙《疏证》"佳者,善之大者"可知"佳"和"介"在用法上与"善"是一致的,且词义在感情色彩上一般不能是贬义的,但是其程度比"善"要略高一些。"大"与"小"相对,形容体积、面积、数量、力量等方面超过一般或超过所比较的对象。《诗·小雅·吉日》:"发彼小豝,殪此大兕。"可见,"大"的程度在几个词中最低,同时在用法和词义感情色彩方面属于中性。"傀",据疏证:"肖与傀正相反",可知"傀"与"肖"相反,这是"傀"与其他三个词的差异。

王念孙在《疏证》中指出"垺,大之殷也","佳者,善之大者",实际是在分析它们共同的核义素"宏大"与"程度大"的同时,同时也指出了它们各自不同的非中心义素。

② "伤、创"组

《释诂》卷一上:"伤,创也。"疏证:"《月令》:命理瞻伤察创。郑注云:创之浅者曰伤。此对文也,散文则创亦谓之伤。"(第 17 页上)

案:"创",义为创伤。《战国策·燕策三》:"秦王复击轲,被八创。"故"创"有"创伤"这一义位。"伤",也表示创伤。《书·说命上》:"若跣弗视地,厥足用伤。"故"伤"也有"创伤"这一义位。故此条中"创"和"伤"为同义词,但它们也有区别性义素,表现在深浅程度的不同:"创"受伤的程度深,"伤"受伤的程度浅。王氏在《疏证》中引用郑注指出"创"和"伤"的区别性义素"创之浅者曰伤",并指出它们的区别是对文的结果,如果是散文,它们词义相同,"创"也称作"伤"。即表明它们有相同的核义素。

③ "桄、艙"组

《释水》卷九下:"艙谓之桄。"疏证:"此谓船前横木也。桄之言横也。"又"别言之,则船前横木曰桄,合言之则四边皆曰桄,今人言边桄是也。"(第306 页下)

案:"艙",义为船前的横木。《集韵·谆韵》:"艙,船前桄也。"故"艙"有"船前横木"这一核义素。"桄",义为门、几、车、船、梯、床、织机等物上的横木。《旧唐书·薛仁贵传》:"〔薛仁贵〕遂登门桄叫呼,以惊宫内。"故"桄"也有"船前横木"这一核义素。可见,"桄"、"艙"都可以表示"船前的横木"的意思,有相同的核义素,构成同义关系。但这两个词也有区别性义素,表现在泛指和特指上。"桄"既可以泛指门、几、车、船、梯、床、织机等物上的横木,也可以特指船前的横木。"舳"只有特指义。《疏证》中的"此谓船前横木也"是指出这两个词有相同的核义素,而"别言之,则船前横木曰桄,合言之则四边皆曰桄,今人言边桄是也"是指出它们的区别性义素。

用语义场理论分析词义,可以清楚地揭示词义之间的关系以及同义词的系统性。用义素理论分析词义不仅可以深入到词义内部,还可以清楚而准确地辨析出同义词的相同之处和相异之处,使同义词分析理性化、科学化。所以义素分析法在现代的同义词研究中都是首选的方法。

(二)同义词系统性观念

同义词是成系统的,单独一个词称不上同义词。同义词的系统性既表现在同义词组词的数量上,也表现在词义关系上。也就是黄金贵所说的"同义词组的系统性"和"义类的系统性"。[①] 因此在对某一个词进行词义分析时,也应该把它放于其同义词系统中,才能比较清楚地看到该词在整个同义词群中所处的地位。王念孙在《广雅疏证》中系联同义词时也体现了这种观念。这一观念首先体现在《广雅疏证》系联的同义词组,其词的数量大于二的组数,具有可观的数量,占整个单音节同义词的 41%。例如:

① "轨、道、蹊(徯)、径、远、庚"组

《释宫》卷七上:"轨,道也。"疏证:"轨谓车道也。《考工记·匠人》云:涂度以轨。高诱注《淮南子·本经训》云:轨,道也。褚少孙《续龟策传》云:内经闾术,外为阡陌。蹊或作徯。蹊亦径也。"又"张衡《西京赋》:远杜蹊塞。薛综注云:远,道也。成十八年《左传》:以塞夷庚。杜注云:夷庚,吴晋往来之要道。"《汉书·文帝纪》:大横庚庚。服虔注云:庚庚,横貌,义与远同。"(第214页下~215页上)

"轨",义为道路;途径。晋陆机《五等诸侯论》:"有名无实,天下旷然,复袭亡秦之轨矣。""道",义为道路。《诗·小雅·大东》:"周道如砥,其直如矢。""蹊",义为小路,也泛指道路。《史记·李将军列传论》:"谚曰:'桃李不言,下自成蹊。'""径",义为小路,也泛指道路。晋陆机《辩亡论》下:"重山积险,陆无长毂之径。""远",义为道路。《文选·张衡〈西京赋〉》:"结罝百里,远杜蹊塞。""庚",义为道路。《左传·成公十八年》:"今将崇诸侯之奸而披其地,以塞夷庚。"可见,以上六个词有相同的义位"道路",因而构成一个同义词群。

② "葩、华、菁、花、荂、荣"组

《释草》卷第十上:"葩、花,华也。"疏证:"《说文》云:皅,草华白也。从

---

① 黄金贵:《古汉语同义词辨释论》,上海古籍出版社 2002 年版,第 280 页。

白,巴声。葩,华也。从艸,䰟声。《广雅》云:菁,华也。"又"华者,花也。" "华、荂,荣也。"(第 336 页下~337 页上)

"葩",义为花。汉张衡《西京赋》:"蒂倒茄于藻井,披红葩之狎猎。" "华",即花。《易·大过》:"枯杨生华,老妇得其士夫,无咎无誉。""菁",泛指 花。《文选·宋玉〈高唐赋〉》:"秋兰茝蕙,江离载菁。""花",通常由花托、花 萼、花冠、花蕊组成,有各种形状和颜色。《魏书·李谐传》:"树先春而动色, 草迎岁而发花。""荂",指草木开的花。《尔雅·释草》:"华,荂也。"郭璞注: "今江东人呼华为荂。""荣",草木的花。《楚辞·九章·橘颂》:"绿叶素荣, 纷其可喜兮。"王逸注:"言橘青叶白华,纷然茂盛,诚可喜也。"可见,这六个 词都有"花"这一相同的义位,所以它们构成一个表"花"义的同义词群。

③ "薍、葭、苇、蒹、薕、荻(菼)、萑"组

《释草》卷十上:"菼,萑也。"疏证:"《周官》:司几筵。注云:萑如苇而细 者。菼或作荻,萑之未秀者也。或谓之薍,或谓之葭,或谓之雚,或谓之乌 蕳,或谓之蒹。《尔雅》云:葭,雚也;菼,薍也。又云:蒹,薕。葭,菼。"又"蒹、 菼,虽为未秀之名,而既秀亦得称之。《豳风·七月》云:八月萑苇。而《秦 风》:蒹葭苍苍,白露为霜。即指其时是既秀者名萑,亦名蒹也。《淮南·说 林训》云:菼苗类絮而不可为絮。高诱注云:菼苗萑秀,楚人谓之菼,菼读敌 战之敌,幽冀谓之萑苕也。是既秀者名萑,亦名菼也。"(第 312 页上)

"薍",义为初生的荻。《诗·秦风·蒹葭》"蒹葭苍苍"三国吴陆玑疏: "葭,一名芦葭,一名薍。薍,或谓之荻。至秋坚成,则谓之萑。""葭",义为初 生的荻,似苇而小,茎秆可以编席箔等。《诗·卫风·硕人》:"鳣鲔发发,葭 菼揭揭。""苇",指芦苇。《诗·豳风·七月》:"七月流火,八月萑苇。"孔颖达 疏:"初生为葭,长大为芦,成则名为苇。""蒹",指没有长穗的芦苇。《诗·秦 风·蒹葭》:"蒹葭苍苍,白露为霜。""薕",义为未开花的荻。《玉篇·艸部》: "薕,荻也。""荻",为多年生草本植物,与芦同类。生长在水边。根茎都有节 似竹,叶抱茎生,秋天生紫色或白色、草黄色花穗,茎可以编席箔。《韩非子· 十过》:"公宫之垣,皆以荻蒿楛楚墙之。""萑",义为芦类植物,初生名"葭", 幼小时叫"蒹",长成后称"萑"。《仪礼·特牲馈食礼》:"盛两敦,陈于西堂,藉 用萑,几席陈于西堂,如初。"郑玄注:"萑,细苇。"由此可见,"薍"、"葭"、 "苇"、"蒹"、"薕"、"荻(菼)"、"萑"都表示"芦类植物"之义,即有共同的义位, 所以构成一个表"芦类植物"义的同义词群。

④ "袂、袖(褎)、袿、袔、被、袘"组

《释器》卷七下:"袂,袖也。"疏证:"《说文》,褎,袂也。俗作袖。"又"夏侯 湛《雀钗赋》云:理袿襟,整服饰。是袿为袖也。《玉篇》袔、被、袖也。""《玉

篇》：袥，衣袂也。"（第233页下）

"袂"，指衣袖。《易·归妹》："帝乙归妹，其君之袂，不如其娣之袂良。"
"袖"，衣袖。《左传·襄公十四年》："余不说初矣，余狐裘而羔袖。""袿"，即
衣袖。清钮琇《觚剩·燕京元夜词》："京城元夜妇女连袿而出，踏月天街。"
"袔"和"袚"都义为衣袖。《玉篇·衣部》："袔、袚，袖也。""袥"，也可指衣袖。
《玉篇·衣部》："袥，衣袂。"即这六个词有相同的义位，所以它们构成一个表
"衣袖"义的同义词群。

促使同义词出现有社会、语言、思维等诸多因素，而这些因素同样也决
定了同义词组的词语个数一般都会大于二，但是由于我们这里只是以王念
孙的《广雅疏证》为基础收集和整理同义词，去除了《广雅》中的部分词语，故
两个词为一组的同义词数量最多，占整个同义词的59%。

其次，在"义类的系统性"方面，由于《广雅》与《尔雅》的格局一致，都是按
义类聚合词群，王念孙在对其中词语梳理时遵循了这种体例。这就使《广雅
疏证》中存在数量可观的语义聚合群，且系联出的同义词义类上具有系统性。
这种规律可以运用于同义词群词义分析。故王念孙在对《广雅疏证》同义词
分析时就已经注意在词义系统内进行对比分析，即进行义素分析。例如：

①　"牢、闲、圈、㣇、槛、㭣、栏"组

《释宫》卷七上："栏、槛、㭣，牢也。"疏证："《说文》：牢、闲，养牛马圈也。"
又"《释名》云：狱谓之牢。""《说文》：㭣，槛也。"《众经音义》卷一引《三仓》云：
㭣，所以盛禽兽，槛，栏也。"（第211页下）

《释兽》卷十下："㣇，圈也。"疏证："人居薪上谓之㣇，犹豕居草上谓之㣇
也。㣇本圈中卧蓐之名，因而圈亦谓之㣇。"（第385页上）

"牢"，义为关养牲畜的栏圈。《诗·大雅·公刘》："执豕于牢，酌之用
匏。"故"牢"有"关养设施"这一核义素。"闲"，指马厩。《周礼·夏官·校
人》："天子十有二闲，马六种。"郑玄注："每厩为一闲。"故"闲"也有"关养设
施"这一核义素。"圈"，指养兽之所。《庄子·齐物论》："大木百围之窍穴，
似鼻，似口，似耳，似枅，似圈，似臼，似洼者，似污者。"成玄英疏："木既百围，
穴亦奇众，故或似人之口鼻，或似兽之阑圈。"故"圈"也有"关养设施"这一核
义素。"㣇"，义为猪圈①。《释兽》卷十下："㣇，圈也。"疏证："人居薪上谓之
㣇，犹豕居草上谓之㣇也。㣇本圈中卧蓐之名，因而圈亦谓之㣇。"（第385
页上）故"㣇"也有"关养设施"这一核义素。"槛"，指关动物的大笼子、栅栏。
《淮南子·主术》："故夫养虎豹犀象者，为之圈槛，供其嗜欲。"故"槛"也有

---

① 　盛林：《〈广雅疏证〉中的语义学研究》，上海人民出版社2008年版，第84页。

"关养设施"这一核义素。"柳",指圈养禽兽的笼槛。汉祢衡《鹦鹉赋》:"顺柳槛以俯仰,窥户牖以踟蹰。"故"柳"也有"关养设施"这一核义素。"栏",指饲养家畜的圈。三国魏嵇康《宅无吉凶摄生论》:"夫一栖之鸡,一栏之羊,宾至而有死者,岂居异哉!"故"栏"也有"关养设施"这一核义素。王念孙在《疏证》中据《说文》、《释名》、《众经音义》等系联出一个有共同核心义素"关养设施"的同义词群,并且对"牢"、"闲"、"橧"在词义系统内进行了对比分析,指出它们的区别主要在于关养对象的不同,如"牢、闲,养牛马圈也。""柳,所以盛禽兽。""人居薪上谓之橧,犹豕居草上谓之橧也。橧本圈中卧蓐之名,因而圈亦谓之橧。"实质上王氏是在分析辨别这些词的区别性义素。

② "绎、充、寻、长"组

《释诂》卷四下:"绎,充也。"疏证:"《方言》:绎、寻、长也。周官之法,度广为寻,幅广为充。《说文》:充,长也。是充与绎同义。"(第132页下)

"绎",义为长。《方言》卷一:"绎,长也。"故"绎"有"空间距离大"这一核义素。"充",义为长、高。《说文·儿部》:"充,长也;高也。"钱坫斠诠:"《方言》卷一:'物长谓之寻,度广为寻,幅广为充。'故充有长训。"故"充"也有"空间距离大"这一核义素。"寻",义为长。《方言》卷一:"寻,长也。……凡物长谓之寻。"《淮南子·齐俗》:"深溪峭岸,峻木寻枝。"晋左思《魏都赋》:"硕果灌丛,围木竦寻。"故"寻"也有"空间距离大"这一核义素。"长",指在空间的两端之间距离大。汉张衡《西京赋》:"流长则难竭,柢深则难朽。""长"也有"空间距离大"这一义位。可见,"绎"、"充"、"寻"、"长"有相同的核义素"空间距离大",属于同一个语义场。王念孙在《疏证》中指出"周官之法,度广为寻,幅广为充",实际是在"空间距离大"这个语义场中,将"寻"和"充"以及"绎"做了对比分析。

(三)同义词、反义词辩证关系的理论

同义词与反义词虽然是两类词义关系相反的词群,但是二者之间存在着对立统一的辩证关系。同义词是同中有异,而反义词是异中有同。对同义词的界定虽然多种多样,但不论是哪一种定义都必须要肯定同义词在词义关系中存在共同的内容,不管是整个词义,还是某一义位或是中心义素、主要义素,必有相同点方可构成同义词,这是前提条件。但是也不能回避另一方面,即同义词还有"异"。绝对同义词是很少的,一般的同义词之间都有差异。大到义位上,小到义素上,都存在或大或小的差别:或理性意义,或色彩意义,或用法等,这既是语言的经济性原则所致,也是复杂的语言环境对词语运用提出的要求。反义词的基本前提是词义相反,不管是相对反义词还是绝对反义词,它们在词义上都应存在相反关系。不管在整个词义上还是在义位或中心义素、主要义素上都要有相反关系,那么也可以说反义词在词义上主要表现为相异性,这是其显著的前提条件。但是,与同义词同中存在异一样,反义词在词义上虽然显性为异,但是也不能忽视反义词在词义中存在同的因素。这里所说的"同"指的是词义所属范围上,即要处在同一个语义场。由于同义词和反义词各自在词义上存在着上述关系,所以两类词群便具有了对立统一关系。那么在系联、分析同义词时不能回避反义词,同样在系联、分析反义词时也不得不联系到同义词。充分运用这种对立统一关系对同义词或反义词进行研究都是大有裨益的。王念孙在其《广雅疏证》中也体现了他对同义词和反义词之间辩证关系的认识。如在系联、分析同义词的"同"时,常常利用反义词推理和归纳同义词群以及辨析词义之间的共同义位,在辨析同义词之"异"时,也是往往借助反义词归纳同义词群和辨析其词义之间的"异"及区别性义素。同样,王念孙在系联、归纳、辨析反义词时,也往往借助同义词的"异"与"同"。例如:

① 贫、忟——富

《释诂》卷四下:"忟,贫也。"疏证:"忟与富对言,是忟为贫也。"(第133页上)

由于"贫"与"富"是一对反义词,又由于"忟与富对言",所以王氏在《疏证》中利用反义词与同义词之间的辩证关系,分析出"忟"和"贫"为同义关系。

② 密、勅(敕)——略、疏

《补正·释诂》:"必,敕也。"疏证:"勅谓密也。略谓疏也。"(第428页上)

"密"和"疏"是一对反义词,王氏在《疏证》中指出"勅谓密也。略谓疏也",则"密"与"勅"是一对同义词,推导出"略"与"疏"也是一对同义词。

③ "腐、朽、臭"组

《释器》卷八上:"腐、朽,臭也。"疏证:"《吕氏春秋·尽数篇》云:流水不腐。是腐为臭也。《列子·周穆王篇》云:飨香以为朽,尝甘以为苦。是朽为臭也。朽与朽同。"(第251页上)

"腐",义为腐烂;腐臭。《荀子·劝学》:"肉腐出虫,鱼枯生蠹。""腐臭"也是指秽恶的气味,故"腐"有"秽恶之气"这一核义素。"朽",表示气味臭。与"香"相对。《列子·周穆王》:"闻歌以为哭,视白以为黑,飨香以为朽。"杨伯峻《集释》引钱大昕之言:"古人香与朽对,取其相反,犹味有甘苦也。""臭"即是指一种秽恶的气味,故"朽"也有"秽恶之气"这一核义素。"臭",用于表示秽恶之气。与"香"相对。《左传·僖公四年》:"一熏一莸,十年尚犹有臭。"故"臭"也有"秽恶之气"这一核义素。由此可见,"腐"、"朽"、"臭"都可以用于表示"秽恶之气",即这三个词有相同的核义素,所以它们构成一个表

"秽恶之气"义的同义词群。

王念孙在《疏证》中借助了同义词和反义词之间的辩证关系。在"飨香以为朽,尝甘以为苦"句中,因"甘"与"苦"是一对反义词,故"香"与"朽"也应是一对反义词。"香"与"臭"词义相反,因而"朽"与"臭"即为同义关系,故王氏得出"是朽为臭也"的结论。因为文句中"甘"、"苦"是反义关系,所以"香"和"朽"也必构成反义关系,故推出"朽"为"臭"之义,又由于"腐为臭",最后归纳出"腐"、"臭"、"朽"为同义关系。可见这一条也是运用同义词与反义词之间的辩证关系归纳、辨析同义词的。

（四）同义词的形态理论——同义词的音节标准

《广雅疏证》中的同义词大多为单音词,但也有部分复音词。通过这些同义词群可以了解王氏对同义词音节的认识:同义词是词与词之间有相同的义位或核义素,无论音节是否相同。故这类语料也蕴含了王念孙对同义词的音节标准的认识。例如:

① "耿耿、儆儆"组

《释训》卷六上:"耿耿,不安也。"疏证:"《邶风·柏舟篇》:耿耿不寐。毛传云:耿耿,犹儆儆也。"（第181页上）

"耿耿"和"儆儆"都有"不安貌"这一义位,所以构成一组同义词。这组同义词是由两个重叠式复音词构成的。

② "蟪蚓（蚯蚓、曲蟺、蛐蟮、蟊蝾、朐腮）、螼蚕、寒引、螾、蜸、蟺、蜿蟺、螾衍（衍蚓）"组

《释虫》卷十下:"蚯蚓,蜿蟺,引无也。"疏证:"《尔雅》:蟪蚓,螼蚕。郭璞注云:即蜿蟺也,江东呼寒引。蟪蚓,蚯蚓,声之转也,又转而为曲蟺。《古今注》云:蚯蚓,一名蜿蟺,一名曲蟺,善长吟于地中。江东谓之歌女,或谓之鸣砌,一作蛐蟮。郭璞注《方言》'螾场谓之坥'云:螾,蛐蟮也。又转而为蟊蝾,为朐腮。高诱注《淮南·时则训》云:邱螾,蟊蝾也。《后汉书·吴汉传》注:朐腮县属巴郡。《十三州志》:朐音蟊,腮音闰。其地下湿,多朐腮虫,因以名焉。……《广韵》云:蟺,蚯蚓也。吴楚呼为寒蟺。……蔡邕《章句》云:结,犹屈也。邱蚓屈首下向阳气,气动则宛而上首,故其结而屈也。邱蚓之形屈曲,故谓之蜿蟺,又谓之蜸。蜿蟺之言宛转也。蜸之言曲也。……刘昌宗云:螾衍或作衍蚓,今曲蟮也。是曲蟮一名衍蚓。"（第364页上～364页下）

这是一个表"蚯蚓"义的同义词群,有通语,也有方言。这个同义词群中既有单音词,也有复音词。

综上所述,虽然由于时代的限制,王念孙不可能提出语义学方面的理论,但在《广雅疏证》同义词分析中,已经反映出他具有语义学方面的意识,

如前文提到的运用义场、义素理论分析同义词的意识,同义词系统性观念,以及对同义词、反义词之间的辩证关系和同义词形态理论的认识等等。所以,《广雅疏证》的同义词分析在理论方面已经超越传统的训诂学范畴,表现出一些近代语言学甚至现代语言学的理念,这是王念孙对汉语同义词研究在理论上的贡献。因此,他的这些意识、观念和实践,无论是对汉语词汇史研究还是中国语言学史研究都是很有价值的。

二、《广雅疏证》研究同义词的方法

历来对古汉语同义词研究重心都在辨“异”,忽视了同义词的证“同”,所以黄金贵先生在其《古汉语同义词辨释论》一书中提出“‘识同’是决定同义词辨释优劣的前提,若说重点,同义词研究的第一个重点恰恰就是识同。”①而王念孙《广雅疏证》的同义词辨析的价值首先就体现在“识同”研究方面。

通观《广雅疏证》,王念孙为了分析词语间的同义关系,主要采用了识同法、辨异法等辨析方法。

(一)识同法

识同法是王念孙研究同义词的主要方法,包括文句归纳识同法、借古注识同法、用俗语识同法等三种方法。

1. 文句归纳识同法

所谓文句归纳识同法,是指根据一系列文段语句,结合一定的语境逐一分析出某个语言单位的意义,再根据所析得的各语言单位的意义进一步归纳出它们之间的意义关系。王念孙在《广雅疏证》中便运用这种方法辨析词语的同义关系,进行“证同”分析。具体包括以下几种方法:

(1)顺意推理法

这种方法是指王氏在分析词义时,依循文句的意义相同或相承现象推理词义,归纳出词语之间的同义关系。例如:

① “将、嘉、休、美”组

《释诂》卷一上:“将,美也。”疏证:“二章云:亦孔之嘉。三章云:亦孔之休。将、嘉、休,皆美也。”(第24页上)

“将”、“嘉”、“休”、“美”都可以用于表示“美好”义,即这四个词有相同的义位,所以它们构成一个同义词群。王念孙根据《诗经》中“二章云:亦孔之嘉。三章云:亦孔之休”异句同义现象比较分析,从而归纳出这四个词为同义关系。

---

① 黄金贵:《古汉语同义词辨释论》,上海古籍出版社2002年版,第140页。

② "类、律、法、纪"组

《释诂》卷一上："类，法也。"疏证："《荀子·儒效篇》云：其言有类，其行有礼。类之言律也。律，亦法也。"又"纪，法也。"(第 10 页上，第 11 页上)

"类"、"律"、"法"、"纪"都可以用于表示"法则"义，即这四个词有相同的义位，所以它们构成一个表"法则"义的同义词群。王氏在《疏证》中据"其言有类，其行有礼"的文意相承推出"类之言律也。律，亦法也"。

③ "旁、大、广"组

《释诂》卷二上："旁，广也。"疏证："《周官·巫男》云：旁招以茅。"又"《月令》云：命有司，大难旁磔。皆广大之义也。"(第 46 页上)

"旁"、"大"、"广"都可以用来表示"广泛"义，即这三个词有相同的义位，因而它构成一个表"广泛"义的同义词群。王氏在《疏证》中据《周官·巫男》"旁招以茅"文意相承，以及《月令》"命有司，大难旁磔"文意相承推出"皆广大之义也"。

(2)反义推理法

所谓反义推理法即是王念孙在语义分析时利用文句中反义词的对立关系反推出词群间的同义关系。王念孙《广雅疏证》中这种识同方法的材料也不可忽视。例如：

① "腐、朽、臭"组

《释器》卷八上："腐、殠，臭也。"疏证："《吕氏春秋·尽数篇》云：流水不腐。是腐为臭也。《列子·周穆王篇》云：飨香以为朽，尝甘以为苦。是朽为臭也。朽与殠同。"(第 251 页上)

"腐"、"朽"、"臭"都可以用于表示"秽恶之气"，构成一个表"秽恶之气"义的同义词群。王念孙在《疏证》中分析"腐"、"臭"关系时，使用了文意推理法，而在分析"朽"与"臭"的词义关系时则是用了反义推理法，在"飨香以为朽，尝甘以为苦"句中，因"甘"与"苦"是一对反义词，故"香"与"朽"也应是一对反义词。"香"与"臭"词义相反，所以"朽"与"臭"即为同义关系，由此王氏得出"是朽为臭也"的结论。

② "湿、埕"组

《释诂》卷一下："埕，下也。"疏证："《论衡·气寿篇》云：儿生号啼之声，鸿朗高畅者寿，嘶喝湿下者夭。义并与埕同。"(第 37 页下)

"湿"，义为低下。《荀子·修身》："卑湿重迟贪利，则抗之以高志。"故"湿"有"位置低下"这一义位。"埕"同"塂"，义为低下之地。《说文·土部》："塂，下入也。"故"埕"也有"位置低下"这一义位。可见，"湿"、"埕"有相同的义位，故这两个词具有同义关系。王念孙在《疏证》中运用"鸿朗高畅者寿，嘶喝湿下者夭"里"高畅"与"湿下"文意相反,得出"义并与堙同"的结论。

③ "闭、阖"组

《释诂》卷二上:"罅,裂也。"疏证:"掉之言擘也。《鬼谷子·捭阖篇》云:捭之者,开也;阖之者,闭也。"(第47页下)

"闭"与"阖"都表"闭合"之义,构成一组同义词。在《疏证》中,王氏利用《鬼谷子·捭阖》"捭之者,开也;阖之者,闭也"里两个分句的反义关系,印证"阖"、"闭"具有同义关系。

（3）异文识同法

"异文识同法"是指同一个句子在不同的文献中引用时,有书写形式的差异,如果不是文字问题,那么就是同义关系。据此可以识别同义词。王氏在《疏证》中也运用了这种方法。例如:

① "忧、思、妯、陶"组:

《释诂》卷二下:"悠,思也。"疏证:"《小雅·鼓钟篇》:忧心且妯。《众经音义》卷十引《韩诗》作忧心且陶。是陶为忧也。"(第66页上)

"忧"、"思"、"妯"、"陶"都可以用于表示"伤感"义,即这四个词有相同的义位,所以它们构成一个表"伤感"义的同义词群。王氏在《疏证》里将《小雅·鼓钟篇》的"忧心且妯"与《韩诗》中"忧心且陶"的异文现象做比较分析,从而得出"是陶为忧也"的结论。

② "善、时、嘉、静、美、昌"组

《释诂》卷一上:"时、竫、党,善也。"疏证:"时者,《小雅·颊弁篇》:尔殽既时。毛传云:时,善也。尔殽既时,犹言尔殽既嘉也。维其时矣,犹言维其嘉矣也。威仪孔时,犹言饮酒孔嘉。维其时矣,维其令仪也。他若孔惠孔时,以奏尔时,胡臭亶时,及《士冠礼》之嘉荐亶时,皆谓善也。""竫、静、靖并通,静与善同义。""党者,……《孟子·公孙丑篇》:禹闻善言则拜。赵岐注引《皋陶谟》:禹拜谠言。今本作昌言。《史记·夏本纪》作美言,党、谠、昌,声近义同。"(第9页上)

"善"、"时"、"嘉"、"静"、"美"、"昌"都有"善美"的意思,即这六个词都有"善美"这一义位,所以它们构成一个表"善美"义的同义词群。在《疏证》里,王氏将《孟子·公孙丑篇》的"禹闻善言则拜"与赵岐注转引《皋陶谟》作"禹拜谠言",今本《尚书·皋陶谟》的"昌言",以及《史记·夏本纪》的"美言"这一系列异文现象做比较分析,从而得出"党、谠、昌,声近义同"的结论,并由此证明"善"、"昌"与"美"具有同义关系。

（4）连文识同法

这种识同方法是利用句法、修辞等原理来分析其中的用词现象。一般如果句子中出现几个词语有连用现象,根据句法关系、修辞原理,这些词就可能存在同义关系,王氏在《疏证》中利用语句中出现的连文,证明词语间的同义关系,系联同义词。例如:

① "荼、毒、苦、痛"组

《释诂》卷二上:"荼、毒,痛也。"疏证:"《大雅·桑柔篇》:宁为荼毒,郑笺以荼毒为苦毒。《豪士赋序》云:身厌荼毒之痛。是荼、毒皆痛也。"(第49页上)

"荼"、"毒"、"苦"、"痛"都可以用于表示"痛苦"义,即它们有相同的义位,所以构成一个表"痛苦"义的同义词群。王氏在《疏证》中据《大雅·桑柔》和《豪士赋序》中"荼"、"毒"连文的现象得出"是荼、毒皆痛也"的结论。

② "漫、污、涂"组

《释诂》卷三上:"䵅、涂,污也。"疏证:"高诱注云:漫,污也。漫、浼并与䵅通。"又"《汉书·王尊传》云:涂污宰相,摧辱公卿。是涂为污也。污、涂、漫义相同。"(第83页上)

"漫"、"污"、"涂"都可以用来表示"玷污"义,即这三个词有相同的义位,所以它们构成一个表"玷污"义的同义词群。在《疏证》中,王念孙据《汉书·王尊传》"涂污宰相,摧辱公卿"连文现象,推出"是涂为污也",又据高诱注"漫,污也"得出"污、涂、漫义相同"的结论。

此外,王念孙还在《疏证》中针对《尔雅》、《广雅》连文现象阐述了自己的见解,其中也包括了连文与同义词的关系,如"有因上一字而连及之者,若爽差也,爽忒也……有因下一字而连及之者,若流覃也,覃延也,速征也,征召也之类是也。……凡如此者,或义同而类及,或义异而别训,属辞比事,各有要归。"这虽然是探讨《广雅》的体例问题,但也表现出王氏对连文中同义现象的理性认识。

2.借古注识同法

所谓借古注识同法即是王念孙为证明词义间有同义关系,借助辞书文献注释分析印证,这些注释既有散见于文献中的,也有来源于辞书的。例如:

① "锲(契)、刻"组

《释诂》卷二下:"切,割也。"疏证:"锲所以割草,义与剀同也。……定九年《左传》:尽借邑人之车,锲其轴。杜预注云:锲,刻也。""《尔雅》:契,绝也。郭璞注云:今江东呼刻断物为契断,义与剀亦同也。"(第59页下)

"锲",义为用刀刻。《旧唐书·李百药传》:"锲船求剑,未见其可。"故"锲"含有"刻物"这一义位。"契",即刻。本谓占卜时以刀凿刻龟甲,后泛指刻物。《诗·大雅·绵》:"爰始爰谋,爰契我龟。"毛传:"契,开也。"故"契"也含有"刻物"这一义位。"契"与"锲"为古今字关系,不构成同义词。"刻",义为雕镂。《春秋·庄公二十四年》："刻桓宫桷。"杜预注："刻,镂也。"故"刻"也含有"刻物"这一义位。由此可见,"锲(契)"、"刻"都有"刻物"义,即这两个词有相同的义位,所以它们构成一个表"刻物"义的同义词群。王念孙引《左传》杜预注"锲,刻也",以及《尔雅》郭璞注"今江东呼刻断物为契断,义与刻亦同也",证明了"锲(契)"、"刻"具有同义关系。

② "谣、毁、诼、谮、諲、諀"组

《释诂》卷二下："諀,諲也。"疏证："《楚辞·离骚》:谣诼谓余以善淫。王逸注云:谣谓毁也。诼犹谮。"又"《说文》:諲,毁也。义亦与諀同。"(第66页上)

"谣",指没有根据地传言;凭空捏造的话。鲁迅《华盖集·我观北大》:"但是,有些流言家幸勿误会我的意思,以为谣我怎样,我便怎样的。"故"谣"含有"毁谤"这一义位。"毁",义为毁谤;诋毁;詈骂。《论语·子张》:"叔孙武叔毁仲尼。子贡曰:'无以为也! 仲尼不可毁也。'"故"毁"也含有"毁谤"这一义位。"诼",义为毁谤;谮毁。《楚辞·离骚》:"众女嫉余之蛾眉兮,谣诼谓余以善淫。"王逸注:"诼,犹谮也。"故"诼"也含有"毁谤"这一义位。"谮",义为谗毁;诬陷。《论语·颜渊》:"浸润之谮,肤受之愬。"故"谮"也含有"毁谤"这一义位。"諲",义为"毁"。《说文·攴部》:"諲,毁也。从攴卑声。"故"諲"也含有"毁谤"这一义位。"諀",义为诽谤。《广韵·纸韵》:"諀,恶言也。"故"諀"也含有"毁谤"这一义位。由此可见,"谣"、"毁"、"诼"、"谮"、"諲"、"諀"都可以表示"毁谤"的意义,即这六个词有相同的义位,所以它们构成一个表"毁谤"义的同义词群。在《疏证》中,王氏根据《楚辞·离骚》王逸注和《说文》证明"谣"、"毁"、"诼"、"谮"、"諲"、"諀"为一个同义词群。

王氏在利用古注识同时,特别注意利用训释材料间的关系以及方言材料。主要体现在:

(1)利用训释材料间的关系

王氏在《广雅疏证》中充分运用前人训诂材料间的同训、递训、互训三种关系分析词义。

同训关系:王氏在《广雅疏证》中使用了大量具有同训关系的训诂材料来分析同义词,其中包括有"同训"标志的和无"同训"标志的两类,可见王念孙是很重视利用同训材料来证同义词的"义同"关系的。例如:

① "敻、谹、詗、求"组

《释诂》卷三下："谹、詗,求也。"疏证:"谹、詗者,《说文》:谹,流言也。《广韵》云:流言有所求也。《说文》:敻,营求也。敻与谹同义。""詗与谹之同训为求,犹迥与敻之同训为远也。"(第98页上)

"覓",义为营求。《说文·夏部》:"覓,营求也。"故"覓"含有"营求"这一义位。"讒",义为营求。《广韵·霰韵》:"讒,有所求也。"故"讒"也含有"营求"这一义位。"詷",义为求。梁启超《中国前途之希望与国民责任》:"詷诸史乘,历历可稽。"故"詷"也含有"营求"这一义位。"求",义为谋求;追求。《诗·大雅·文王有声》:"遹求厥宁,遹观厥成。"故"求"也含有"营求"这一义位。由此可见,"覓"、"讒"、"詷"、"求"都有"营求"之义,即这四个词有相同的义位,所以构成一个表"营求"义的同义词群。这条王念孙利用同训材料系联出以上两个同义词群,这种是有"同训"标志的。

② "拊、击、抵"组

《释言》卷五下:"拊,抵也。"疏证:"王逸注《九歌》云,拊,击也。"又"《汉书·杜周传》:赞业因势而抵陒。服虔注云:抵音纸。颜师古注云:抵,击也。"(第 171 页下)

"拊",义为拍;击。《左传·襄公二十五年》:"公拊楹而歌。"杜预注:"拊,拍也。"唐韩愈《元和圣德诗》:"凤皇应奏,舒翼自拊。"即"拊"有"击打"这一义位。"击",义为打;敲打。《诗·邶风·击鼓》:"击鼓其镗。"即"击"也有"击打"这一义位。"抵",义为侧击;击。《后汉书·刘玄传》:"起,抵破书案。李贤注:"抵,击也。"即"抵"也有"击打"这一义位。由此可见,"拊"、"击"、"抵"都有"击打"义,即这三个词有相同的义位,所以它们构成一个表"击打"义的同义词群。在《疏证》中,王氏根据王逸《九歌》注"拊,击也"和《汉书·杜周传》颜师古注"抵,击也"所构成的同训关系,揭示出"拊"、"击"、"抵"具有同义关系。

递训关系:利用递训关系来对同义词进行识同辨析,也是《广雅疏证》辨析同义词的常见方法。例如:

① "荫、覆、庱"组

《释言》卷五下:"庱,荫也。"疏证:"《玉篇》亦云:庱,荫也。荫与覆同义。"(第 176 页上)

"荫",义为遮蔽。《左传·文公七年》:"公族,公室之枝叶也。若去之,则本根无所庇荫矣。"即"荫"有"遮挡"这一义位。"覆",义为覆盖或掩藏。《论衡·自纪》:"玉隐石间,珠匿鱼腹,故为深覆。"故"覆"也有"遮挡"这一义位。"庱",义为荫;覆盖。《玉篇·广部》:"庱,荫也。"即"庱"也有"遮挡"这一义位。由此可见,"荫"、"覆"、"庱"都有"遮挡"义,即这三个词有相同的义位,所以构成一个表"遮挡"义的同义词群。王念孙在《疏证》中利用《玉篇》训"庱"为"荫"以及"荫"与"覆"同义的递训关系,证明"荫"、"覆"、"庱"有同义关系。

②　"抎、损、失"组

《释诂》卷二下:"抎,失也。"疏证:"抎之言损也,损亦失也。"(第67页上)

"抎",义为损失;陨坠。《说文·手部》:"抎,有所失也。"字下引《春秋传》:"抎子,辱矣。"段玉裁注:"成公二年《左传》:石稷谓孙良夫曰:'子,国卿也。陨子,辱矣。'许所据本作抎,正谓失也。"故"抎"含有"失掉"这一义位。"损",义为丧失;损失。三国魏曹丕《与锺大理书》:"猥以蒙鄙之姿,得睹希世之宝,不烦一介之使,不损连城之价。"故"损"也有"失掉"这一义位。"失",义为失掉;丢失。《论语·阳货》:"既得之,患失之。"故"失"也有"失掉"这一义位。由此可见,"抎"、"损"、"失"都可以表示"失掉"的意义,即这三个词有相同的义位,所以它们构成一个表"失掉"义的同义词群。王念孙在《疏证》中利用"抎"训为"损"以及"损"训为"失"的递训关系,证明"抎"、"损"、"失"有同义关系。

③　"迁、遁、徙、移"组

《释诂》卷三下:"遁,避也。"疏证:"《说文》:遁,迁也。是迁与避同义。"又"《尔雅》:迁,徙也。迁与移、徙,亦同义。故遁、迁、移、徙四字,俱训为避也。"(第106页上)

"迁",义为迁移;搬动。《诗·卫风·氓》:"以尔车来,以我贿迁。"毛传:"迁,徙也。"故"迁"有"迁移"这一义位。"遁",义为迁移。《说文·辵部》:"遁,迁也。"徐锴系传:"《尚书》殷高宗曰:'既乃遁于荒野。'是迁于荒野也。"故"遁"也有"迁移"这一义位。"徙",义为迁移;移居。《周礼·地官·比长》:"徙于国中及郊则从而授之。"郑玄注:"徙,谓不便其居也。或国中之民出徙郊或郊民入徙国中,皆从而付所处之吏,明无罪恶。"故"徙"也有"迁移"这一义位。"移",义为迁徙;调动。《国语·齐语》:"相地而衰征,则民不移。"韦昭注:"视土地之美恶及所生出,以差征赋之轻重也。移,徙也。"故"移"也有"迁移"这一义位。由此可见,这四个词都可以表示"迁移"的意思,即这四个词有相同的义位,所以它们构成一个表"迁移"义的同义词群。王氏在《疏证》中根据《说文》"遁"训为"迁",《尔雅》"迁"训为"徙",构成递训关系,因而"迁"、"遁"、"徙"为同义关系,进而得出"故遁、迁、移、徙俱训为避也"的结论,系联出这组同义词。

互训关系:利用互训关系识同,也是王念孙在《广雅疏证》中用以辨析同义词关系的一种有效方法。例如:

①　"发、明"组

《释诂》卷四上:"发,明也。"疏证:"《商颂·长发篇》:元王桓拨。《韩诗》拨作发。云:发,明也。下文云:明,发也。是发与明同义。"(第112页下)

王念孙在《疏证》中利用"明"和"发"的互训关系，推导出"发"与"明"为同义关系。

② "敕、诚"组

《释诂》卷二下："葳、饬、戒，备也。"疏证："文十七年《左传》：寡君又朝以葳陈事。贾逵注云：葳，勅也。《说文》：敕，诚也。诚，敕也。"（第72页下）

"敕"，义为诚饬；告诫。《史记·乐书序》："余每读《虞书》，至于君臣相敕，维是几安，而股肱不良，万事堕坏，未尝不流涕也。"故"敕"含有"告诫"这一义位。"诚"，警告；告诫。唐韩愈《送杨少尹序》："乡人莫不加敬，诚子孙以杨侯不去其乡为法。"故"诚"含有"告诫"这一义位。可见，"敕"、"诚"都有"告诫"义，即这两个词有相同的义位，所以为一组同义词。在《疏证》中，王念孙利用《说文》里"敕"和"诚"的互训关系，推导出"敕"与"诚"为同义关系。

（2）利用方言材料

利用方言材料识同也是《广雅疏证》辨析同义词的常见方法。王念孙或引《方言》中记录的方言材料，或用其他典籍中的方言材料来证明同义词之"同"。例如：

① "钻、鑋"组

《释器》卷八上："鑋谓之钻。"疏证："《方言》：钻谓之鑋，矜谓之杖。此谓矛戟刃也。"（第255页上）

"钻"，义为穿孔的工具。《管子·轻重乙》："一车必有一斤、一锯、一釭、一钻、一凿、一銶、一轲，然后成为车。""鑋"，义为钻，小矛。《方言》："钻谓之鑋。"钱绎笺疏："此释矛之小者也。"故以上两个词构成同义关系。王念孙借用《方言》"钻谓之鑋"，归纳出"钻"、"鑋"有共同的义位，即"穿孔的工具"，从而得出这两个词同义的结论。

② "蒔、殖、树、立、置"组

《释地》卷九下："蒔，种也。"疏证："《方言》：蒔、殖，立也。""《晏子春秋·谏篇》云：民尽得种时。《说苑·辨物篇》时作树。树亦殖也。"（第298页下）

"蒔"，义为树立。《方言》卷十二："蒔，立也。""殖"，义为树立。《书·仲虺之诰》："殖有礼，覆昏暴。""树"，义为树立；建立。《史记·李斯列传》："建翠凤之旗，树灵鼍之鼓。""立"，义为竖起；树立。《尚书·牧誓》："比尔干，立尔矛。""置"，通"植"，义为树立；竖立。《诗·商颂·那》："置我鞉鼓。"故以上几个词都可以表"树立"义，构成同义关系。王念孙借用《方言》"蒔、殖，立也"揭示了"蒔"、"殖"、"树"具有同义关系。

③ "湮、浇、濯、淳、沃、淙、淋、灓、灌"组

《释诂》卷二下："沤，渍也。"疏证："《考工记·慌氏》：以涚水沤其丝。郑

注云:沤,渐也。楚人曰沤,齐人曰湦,浇、濡、淳、沃、淙、淋、鑾,皆灌之渍也。"又"《周语》:王乃淳濯飨礼。郑、韦并注云:淳,沃也。"(第64页下)

王氏在《疏证》中利用前人注释及楚、齐人方言语料,证明"湦"、"浇"、"濡"、"淳"、"沃"、"淙"、"淋"、"鑾"、"灌"都有"浇灌"这一义位,它们为一组同义词。

总之,利用古注推演出同义关系是《广雅疏证》中很常见的识同方法。古代训诂材料丰富,不仅数量多而且来源多元,为王氏论证同义词的"同"提供了有力的证据。

3.用俗语识同法

这种识同法在《广雅疏证》中时有所见,王念孙在论述词语关系、分析词义时,借用俗语材料证明词语间的义同关系。例如:

① "橛、杙、橬"组

《释宫》卷七上:"橛,杙也。"疏证:"橬与杙之言皆直也。"又"今俗语犹谓杙为橛。橛之言厥也。凡木形之直而短者谓之橛。"(第214页上)

"橛",义为木橛子;短木桩。《隋书·酷吏传·王文同》:"因令左右剡木为大橛,埋之于庭,出尺余,四角各埋小橛。"故"橛"含有"木桩"这一义位。"杙",义为木桩。《左传·襄公十七年》:"以杙抉其伤而死。""橬",义为木桩。《墨子·备梯》:"县火,四尺一钩橬,五步一灶。"孙诒让《间诂》:"《说文·木部》云:橬,弋也。钩橬,盖以弋着钩而县火。"故"橬"也含有"木桩"这一义位。王念孙在《疏证》中使用了俗语材料,既扩大了同义词的数量,又证明了"橛"、"杙"、"橬"有共同义位,从而系联出"橛"、"杙"、"橬"为一组同义词。

② "急、苦、快"组

《释诂》卷一下:"苦,急也。"疏证:"《方言》:苦,快也。快与急亦同义。今俗语犹谓急为快矣。"(第36页上)

"急",义为疾速。《史记·秦始皇本纪》:"项羽急击秦军,虏王离,邯等遂以兵降诸侯。"故"急"也有"快速"这一义位。"苦",义为快速。《方言》卷二:"苦,快也。"故"苦"也有"快速"这一义位。"快",义为迅速;敏捷。《史记·项羽本纪》:"今日固决死,愿为诸君快战。"故"快"也有"快速"这一义位。由此可见,"急"、"苦"、"快"都能表示"快速"义,即有共同的义位,所以能够构成一个表"快速"义的同义词群。王念孙在《疏证》中既用了方言语料证明"苦"、"快"同义,又运用俗语系联出"急"、"快"有同义关系。

③ "顿、泯、乱"与"乱、搅"组

《释诂》卷三上:"顿、慁,乱也。"疏证:"《尔雅》:訰訰,乱也。訰与顿声近义同。"又"慁字本作忞,或作瞀,又作泯……泯亦乱也。""今俗语犹谓乱为搅矣。"(第80页上~80页下)

"顿"、"泯"、"乱"都可以表示"昏乱"的意义,即这三个词有共同的义位,所以它们构成一个"昏乱"义的同义词群。又"乱"和"搅"都可以表示"扰乱"的意思,即这两个词有相同的义位,所以它们构成一组表"扰乱"义的同义词。在这则识同材料中,王念孙既用《尔雅》中的语料证明"顿"与"泯"、"乱"有同义关系,也用俗语中称"乱"为"搅"的材料证明"乱"和"搅"有同义关系,从而系联出两组同义词。

可见,王念孙在古汉语同义词分析中,非常重视识同这一前提,所用语料丰富,方法多样,且比较成熟,虽然还没有提出"义位"这个概念,但是在识同分析中实际上已经体现出在运用这个概念及相关理论了。

(二)辨异法

尽管《广雅疏证》研究同义词主要运用了识同法,但在识同分析时也间或运用了辨异法。例如:

1. 反义辨异法

这种辨析法是指王念孙在分析同义词词义时,为了清楚明白地展示"同"中之"异",分别指出各词相对应的反义词,这样就用一种简洁明了的方法将"同中之异"表现了出来。这种方法不但对于古代汉语同义词研究有效,同样也常运用于现代汉语同义词分析,而且因其简便,故有很强的可操作性。例如:

① "肖、小"与"傀、大"组

《释诂》卷二上:"肖,小也。"疏证:"肖者,《方言》:肖,小也。《庄子·列御寇篇》:达生之情者傀,达于知者肖。傀者,大也;肖者,小也。肖与傀正相反。"(第55页下)

王念孙据《方言》和《庄子·列御寇》材料,得出"傀者,大也;肖者,小也"。即"傀"的同义词为"大","肖"的同义词为"小"。王氏在其《疏证》中又通过"肖"、"傀"词义相反,相应"大"、"小"词义相反,从而揭示出"傀、大"与"肖、小"两组同义词的同中之异。

② "横、广"与"纵、长"组

《释诂》卷二上:"纵,长也。"疏证:"东西曰横,南北曰纵,横为广,纵为长也。"(第56页上)

王念孙在《疏证》中用"横为广,纵为长也"指明"横"与"广"为同义关系,"纵"和"长"也为同义关系。又用"东西曰横,南北曰纵"指明"横"与"纵"为反义关系,同时也指出了这两个词词义相反之处。这样可以比较清楚地揭示出"横"与"广"的细微差别,"纵"与"长"之间的同中之异。

2. 对文散文辨异法

运用"对文"、"散文"两个术语分析词义,是传统训诂学常用的一种方

式,在清代依然在广泛应用并得到进一步的完善。王氏在《广雅疏证》中也运用这种辨异法,对比分析同义词的同中之异。例如:

① "漱、瀚"组

《释言》卷五下:"漱,瀚也。"疏证:"《内则》:冠带垢,和灰请漱;衣裳垢,和灰请瀚。郑注云:手曰漱,足曰瀚。正义云:此漱、瀚对文为例耳,散则通也。"(第162页上)

"漱"和"瀚"都表示"洗涤"义,王氏在《疏证》中指出郑注"漱"和"瀚"的差异,是对文的结果,如果是散文,则这两个词词义相通。

② "伤、创"组

《释诂》卷一上:"伤,创也。"疏证:"《月令》:命理瞻伤察创。郑注云:创之浅者曰伤。此对文也,散文则创亦谓之伤。"(第17页上)

此条中"创"和"伤"为同义词,但二者也有差异,王氏在《疏证》中指出郑注"创"和"伤"的差异,是对文的结果,如果是散文,则二词词义相同,"创"也称作"伤"。它们的异同,王念孙通过"对文"、"散文"两个术语的比较揭示了出来。

3.别言合言辨异法

"别言"指狭义的说法,是特指。"合言"指广义的说法,是泛指。王氏在《广雅疏证》中使用了"别言"、"合言"两个术语分析词义关系,指出所析词语同义和异义的条件,显示出同中之异。例如"桄、艂"组:

《释水》卷九下:"艂谓之桄。"疏证:"此谓船前横木也。桄之言横也。""别言之,则船前横木曰桄,合言之则四边皆曰桄,今人言边桄是也。"(第306页下)

"桄"、"艂"都可以表示"船前横木"意思,既有同义关系,但也有差异,"桄"既可以泛指门、几、车、船、梯、床、织机等物上的横木,也可以特指船前的横木,"艂"只有特指义——船前横木。故王念孙用"合言"和"别言"两个术语分析了二者的同中之异。

4.语义界定辨异法

这种辨析法是指王念孙在分析同义词词义时,为了清楚明白地揭示同义词的"同中之异",采用类似下定义的方法。基本结构是:主训词＋义值差。主训词指出各词的类义素,即相同之处,义值差则指出各词区别之处。[①] 这种方法不但对于古代汉语同义词研究有效,同样也常运用于现代汉语同义词分析,而且也因其简便,故有较强的可操作性。例如"剌(瘌)、

---

① 王宁:《训诂学原理》,中国国际广播出版社1996年版,209～210页。

剌、剠、创、伤"组：

《释诂》卷四上："剌、剠，伤也。"疏证："剌与瘌通。今俗语犹谓刀伤曰剌矣。剠者，锐伤也。……创者，刃伤也。"（第110页上～110页下）

"剌（瘌）"、"剠"、"创"、"伤"都有相同的义位"创伤"，它们构成一个同义词群。王念孙在《疏证》中用语义界定辨异法，一方面指出这四个词的共同类义素"伤"，另一方面也指出了它们词义之间的细微差别，即所用工具以及义域大小不同。

5.其他

王念孙在《疏证》中还有些同义词辨析语料，由于都没有明确的术语或标志，所以我们将这些单独列为一类。如"善、介（佳）、大"组：

《释诂》卷一上："佳，大也。"疏证："佳者，善之大也。《中山策》：佳丽人之所出。高诱注云：佳，大；丽，美也。《大雅·桑柔》笺云：善，犹大也。故善谓之佳，亦谓之介；大谓之介，亦谓之佳。佳介语之转耳。"（第6页上）

"善"、"介（佳）"、"大"有相同的义位"程度大"，它们构成一个同义词群。王氏在《疏证》中利用古注指出这三个词的同义关系。此外，王氏还指出"佳者，善之大者"，这指明了"佳"、"善"在程度上的细微差别。

综上所述，王念孙在辨析《广雅疏证》的同义词时，主要在于识同，因为识同是同义词研究的前提，但王氏也对部分同义词做了辨异。在进行识同分析时主要运用了文句归纳识同法、借古注识同法、用俗语识同法等，在辨异分析时主要运用了反义辨异法、对文散文辨异法、别言合言辨异法、语义界定辨异法等。总之，王念孙在研究《广雅疏证》的同义词时所用材料丰富，方法多样，是我们探讨王氏同义词研究的切入点和有效途径。同时，对古汉语同义词研究乃至现代汉语同义词研究也颇具参考价值。

同义词辨析既包括识同，也包括辨异。王念孙在进行同义词辨析时，也提出了同义词分析的方法。如合言、别言，在材料运用上除借鉴前人注解以及同义词辨析的成果之外，还注意根据文献材料归纳和分析同义词。此外，王念孙还注意到口语、俗语、方言材料，这在当时是很少见的，所以尤为难得。这对我国传统训诂学、语义学可以说是引入了新的方法，打开了新的视角。我国传统训诂学、语义学很重视传世典籍、古代书面语，为解读古书服务，这在一定程度上束缚了其发展，难以在语义研究方面提出新的理论。王念孙把当时的方言和俗语引入训诂中，这样就拓展了这门学科的研究领域，扩大了关注视野，为训诂学、传统语义学进一步发展打开了一扇门。当然，由于时代的局限以及语言科学发展的滞后，王念孙也不可能像今天的语言学家这样提出较为精辟的语义学方面的理论，但他在《广雅疏证》同义词分析中已经隐含了语义学方面的意识,并运用于研究实践中,取得了难能可贵的成就。如前文提到的"义位"、"义素"和"语义场"等方面的观念和意识。

总之,《广雅疏证》中的同义词分析,无论在材料运用上,还是研究理论和方法上,乃至训诂实践上,都已经超越以往的训诂学范畴,表现出近代语言学甚至现代语言学的理念,也取得了较为丰硕的成果。王念孙站在了他那个时代的高峰,这是他对汉语同义词研究的一大贡献。所以无论是对汉语词汇史研究,还是中国语言学史研究都是很有借鉴价值的。

第三节 《广雅疏证》研究同义词的成就和不足

一、《广雅疏证》研究同义词的成就

王念孙的《广雅疏证》虽然是在《广雅》基础上成文,但并非简单梳理,而是以《广雅》原词条为出发点引发开去,不但旁征博引、引今据古、全方位地阐释原词,还系联出大量原文中没有的词语及其相关语料,因此,充分展现了王念孙个人深厚的学术素养和精深的学术思想,诸如对汉语形、音、义辩证关系的认识,对因声求义理论体系的运用,对语义系统的认识等,堪称"清代以前语义研究的集大成者"。[①] 就同义词研究而言,体现了王氏在义素、义位、义场方面的思想以及对同义词语义聚合等理论的认识。王氏之《疏证》目的在于贯通,不使《广雅》的各字、各条成为分散的独立体,而是将各字、各条的内在联系揭示出来。[②] 因而《广雅疏证》中才会汇聚数量可观的同义词群,并蕴含了王氏的同义观以及对汉语同义词研究在理论和方法上的认识。因此,可以说《广雅疏证》同义词研究方面的成就,既体现在同义词语料的整理方面,也表现在同义词研究的方法和理论方面。

（一）语料收集和整理上的成就

同义词辨析离不开语料的分析和求证,特别是古代汉语的同义词研究。这与现代汉语同义词分析相比,显得尤为突出,也更为困难。由于古汉语同义词辨析在语料的收集、整理以及分析等诸多方面存在障碍,所以一直影响到其研究进程和成果。因而,古汉语同义词研究急需拥有相当多的同义词语料,特别是已经经过梳理、求证过的语料,而王念孙的《广雅疏证》恰好为

---

① 盛林:《〈广雅疏证〉中的语义学研究》,上海人民出版社 2008 年版,第 5 页。
② 徐兴海:《〈广雅疏证〉研究》,江苏古籍出版社 2001 年版,第 80～86 页。

我们整理、求证古汉语同义词积累了比较可观的同义词语料,为古汉语同义词研究奠定了坚实的基础。

《广雅疏证》中有同义词 632 组,每组同义词都储备了一定的同义词语料,有的还相当丰富。例如:

① "抒(纾)、瘝(挚)"组:

《释诂》卷一下:"纾、挚,解也。"疏证:"《方言》:抒、瘝,解也。……抒与纾通,亦作舒。挚,即《方言》瘝字也。"(第 28 页下)

② "聚、积、庾"组:

《释宫》卷七上:"庾,仓也。"疏证:"《释名》云:庾,裕也。言盈裕也。案:庾之言亦聚也,聚者,积也。"(第 210 页下)

③ "垺、殷(隐)、麤、粗;善、介(佳)、大、傀;将、皇、甫;夸、淫;硕、大"等与"大"相关的同义词组:

《释诂》卷一上:"殷,大也。"疏证:"殷者,《丧大记》:主人具殷奠之礼。郑注云:殷犹大也。《庄子·秋水篇》云:夫精,小之微也,垺,大之殷也。微亦小也,殷亦大也。"(第 5 页下)

《释诂》卷一上:"佳,大也。"疏证:"佳者,善之大也。《中山策》:佳丽人之所出。高诱注云:佳,大;丽,美也。《大雅·桑柔》笺云:善,犹大也。故善谓之佳,亦谓之介;大谓之介,亦谓之佳。佳介语之转耳。"(第 6 页上)

《释诂》卷二上:"肖,小也。"疏证:"傀者,大也;肖者,小也。肖与傀正相反。"(第 55 页上～55 页下)

《释诂》卷一上:"将,美也。"疏证:"美从大,与大同意。故大谓之将,亦谓之皇,美谓之皇,亦谓之将,美谓之贲,犹大谓之坟也。美谓之肤,犹大谓之甫也。"(第 24 页上)

《释诂》卷一下:"夸,淫也。"疏证:"夸,大也。《尔雅》云:淫,大也。"(第 40 页下)

《释训》卷六上:"旷旷,大也。"疏证:"《史记·郑世家》集解引贾逵注云:旷,大也。"(第 179 页下)

《释山》卷九下:"石,秥也。"疏证:"石与硕同声,硕亦大也。"(第 302 页下)

《补正·释诂》:"方,大也。"疏证:"是方与大同义。"(第 416 页上～416 页下)

《释器》卷七下:"幋,巾也。"疏证:"《方言》云:般,大也。"(第 230 页下)

《释地》卷九下:"曲京曰阿。"疏证:"《尔雅》:京,大也。"(第 299 页上)

《释训》卷六上:"都,凡也。"疏证:"《释诂》云:都,大也,聚也。"(第 198 页上)

④ "剡、锋"组

《释诂》卷四下:"剡,锐也。"疏证:"剡者,《尔雅》:剡,利也。《说文》云:

锐利也。……剡训为锐,故又训为锋。《晋语》:大丧大乱之剡也,不可犯也。韦昭注云:剡,锋也。"(第 126 页下)

以上几组同义词,王念孙都通过疏证的形式,运用比较丰富的语料来归纳同义词并辨析其异同。这些语料从来源上看涉及《尔雅》、《方言》、《释名》等通释语义的专著,也涉及《庄子》、《史记》、《国语》等随文释义的传注,其中既有语言学专著,也有各类文献作品的用例、今言方俗殊语,可以说遍及经史子集①。然而,王氏不是简单的材料罗列,而是重在对这些材料进行归纳和辨析。纵观这 632 组同义词,王氏都提供了翔实的分析材料,我们可以从中获得大量有关同义词辨析的语料,同时也为后代研究同义词提供了有效的途径和方法。

(二)研究方法上的成就

作为传统训诂学的集大成者,王念孙在其《广雅疏证》中运用"许多训诂方法,如引申、对文散文、相对成文、反训、通假,又特别揭示了以声音为纽带结成的词族,并对表义词语之间的转换生成关系予以发明。对所揭示的规律,或引证大量的文献资料证明之,或证以今言俗语,或证以人名训诂。"②在同义词辨析方面也是如此,即运用多种方法对《广雅疏证》同义词进行识同和辨异分析。

识同方面包括文句归纳识同法、借古注识同法、用俗语识同法三种。文句归纳识同法又包括如下几类。

第一,顺意推理法,即王念孙依循文句的意义相同或相承现象推理词义,归纳出词语之间的同义关系。如"脩、曝、干"组(《释诂》卷二上"曝也"条疏证,第 47 页上),三个词都可以表示干燥,说明这三个词有相同的义位,所以它们构成一个表"干燥"义的同义词群。王念孙根据"暵其干矣,暵其脩矣,暵其曝矣,三章同义"的异句同义现象比较分析,从而归纳出这三个词为同义关系。

第二,反义推理法,即王念孙在语义分析时,利用文句中反义词的对立关系,反推出词群间的同义关系。如"腐、朽、臭"组(《释器》卷八上"臭也"条疏证,第 251 页上),三个词有相同的核义素,构成一个表"秽恶之气"义的同义词群。王氏在《广雅疏证》中据"飨香以为朽,尝甘以为苦",得出"是朽为臭也"的结论,此是用反义推理法分析"朽"与"臭"的词义关系。

---

① 孙德平:《〈广雅疏证〉在同义词研究上的贡献》,《东南大学学报》(哲学社会科学版)2007 年第 5 期。

② 徐兴海:《〈广雅疏证〉研究》,江苏古籍出版社 2001 年版,第 6 页。

第三,异文识同法,王念孙即根据同一个句子在不同文献中引用时,有书写形式,但非文字问题的差异,推导出词的同义关系。例如"醮、尽、酋、终、已、央"组(《释诂》卷一下"尽也"条疏证,第 41 页下~42 页上),六个词有相同的核义素,构成一个表"结束"义的同义词群。王氏在《广雅疏证》中据"《大雅·卷阿篇》:似先公酋矣。毛传云,酋,终也。正义作遒。"其中"酋"、"遒"的异文关系,再结合"《楚辞·九辩》云:岁忽忽而遒尽兮。《淮南子·俶真训》云:精有湫尽而神无穷极",从而得出"酋"、"遒"、"终"、"尽","并字异而义同"。此为异文识同法。

另外,还有连文识同法,即王念孙根据句法关系、修辞原理,分析句子中出现几个词语有连用的现象,推导出相关词语的同义关系。

借古注识同法,即王念孙借助前贤注释及相关文献,分析印证词义间的同义关系。王氏用古注识同时还特别注意利用训释材料间的关系以及方言、今言俗语材料。其中所利用的训释材料包括同训、递训、互训等关系。同训关系的训释材料包括有"同训"标志的和无"同训"标志的两类。利用方言材料进行同义词"识同"分析,主要表现在或引《方言》中记录的方言材料,或用其他典籍中的方言材料,甚至王氏时代的方言材料来证明同义词之"同"。如"谖、诈、讠圭、误、欺、谬、詑"组(《释诂》卷二下"欺也"条疏证,第 72 页上;《释诂》卷三下"误也"条疏证,第 107 页上),王氏为说明"詑"与"欺"的同义关系,不但引用了《说文》中的方言材料"沇州谓欺曰詑",而且还引入自己时代的方言材料"今江淮间犹谓欺曰詑",并指出"是古之遗语也"。利用今言俗语识同,如"急、苦、快"组(《释诂》卷一下"急也"条疏证,第 36 页上),王氏据"今俗语犹谓急为快矣",证明"急"与"快"间存在同义关系。

我国传统语言学家进行语言研究时,特别注重对传世文献的吸收和利用,其中包括前人的注解。为考释某一个词语,说明某一语言现象而征引大量文献,但这些文献一般为传世文献。直至清代,随着一大批出土文献的涌现和语言学家的介入,这种格局逐渐被打破,故而王国维提出了"二重证据法"。今又有人提出"三重证据法",即"文献典籍、实物资料、活材料这三种证据相互印证、相互补充"。其中,"活材料"指"方言、亲属语言、民俗等方面的材料"。① 实际上是在王国维"二重证据法"的基础上补充了一类现今还存在的语言现象和民俗活动等。其实,对这类"活材料"的运用并非今人特有②,从上面谈到的王氏在分析同义词之同时所用材料尤其是方言和今俗

---

① 陈东辉:《古汉语与古文献论丛》,中华书局 2010 年版,第 3 页。
② 徐兴海:《〈广雅疏证〉研究》,江苏古籍出版社 2001 年版,第 225 页。

语的情况看,已经是有意识地运用"活材料"研究古汉语同义词了。

总之,在做古汉语同义词分析时,王念孙非常重视"识同"这一前提,所用语料丰富且方法多样,已经比较成熟,虽然还没有明确提出"义位"这个概念,但是在具体识同分析中,已经在比较娴熟地运用这个概念及相关理论进行训诂实践了。另一方面,《广雅疏证》在辨析同义词时也采用了"辨异法",主要包括以下几种。第一,反义辨异法,即指出各词相对应的反义词,用简洁的方式展示同义词间的差异。第二,对文散文辨异法,这是传统训诂学中常用之法,王氏将其运用于辨析同义词"同"中之"异"。第三,别言合言辨异法,即利用特指与泛指的差异辨析同义词。王氏使用"别言"、"合言"指出词语同中之异在于所指范围的不同,实已涉及现代语义学中义域范围问题。第四,语义界定辨异法,即采用类似下定义的方法,基本结构是:主训词+义值差。主训词指出各词的类义素,即相同之处,义值差则指出各词区别之处。① 这种方法表明王氏对词义结构已有较为理性的认识。其他还有一些都没有明确的术语或标志的同义词辨析语料,此不再列举。

综上所述,王念孙在《广雅疏证》中分析同义词时,主要在于识同,因为识同是同义词研究的前提。在进行识同分析时,运用了文句归纳识同法、借古注识同法、用俗语识同法等;在辨异分析时,运用了反义辨异法、对文散文辨异法、别言合言辨异法、语义界定辨异法等。引证丰富,举例精当,方法多样而科学,为我们进一步研究同义词提供了可资借鉴的有效方法和丰富的语料。纵观王氏《广雅疏证》辨析同义词的方法,可以发现,他既吸收了传统训诂学的精髓,又在一定程度上有所突破。比如,识同分析,实质是利用文意关系、句法结构、修辞、异文以及训释材料关系和俗语材料等进行逻辑推理,归纳系联,比较互证,得出了更为科学的结论。这些方法突破了传统训诂学单词释义、单科深入的局限性,大量集中和整理了各种散见的语料并归纳义类,从而系联出了大量的同义词群,"建构了一个同义的意义网络"②。王念孙的辨异分析诸方法,是在传统对文、散文等简单笼统区别词义的方法上,开始探讨语义内部结构,运用语义界定等方法分析词义异同,这些方法都不仅具有普遍规律性,而且十分行之有效。虽然由于时代的限制,语言科学发展的滞后,王念孙不能提出十分精当的语义学方面的理论,但《广雅疏证》在同义词分析中已经反映出语义学方面的意识和观念。可以说,《广雅

---

① 王宁:《训诂学原理》,中国国际广播出版社,1996年版,第209～210页。

② 孙德平:《〈广雅疏证〉在同义词研究上的贡献》,《东南大学学报》(哲学社会科学版)2007年第5期。

疏证》同义词分析的方法,已初具义素分析法的模式,体现了王念孙朴素的现代语义学理论,他的同义词研究站在了他那个时代的高峰,为汉语词汇学研究做出了相当大的贡献。所以,《广雅疏证》同义词分析方法在理论和实践上都已经超越了传统训诂学的研究范畴和领域,具有初步的近代语言学甚至一些现代语言学的思想和理念,这是王念孙对汉语同义词研究的重大贡献,对后世汉语同义词研究乃至词汇学研究产生了积极影响。

(三)研究理论方面的成就

在《广雅疏证》丰富而翔实的同义词辨析语料里,在既有继承又有发展突破的各种同义词辨析方法里,都展示了王念孙对汉语同义词理论的认识,其中有些可谓已触摸到现代语义学的领域。具体体现在以下几个方面。

第一,已有运用义场、义素理论分析同义词的意识。语义场理论是同义词识别和分析的基础。因《广雅》依据义类编排,王氏又是在这个基础上梳理、求证词义,故已具有语义场这一前提。王氏在《广雅疏证》中,也意识到义场理论在识同分析中的地位及作用,因此,在其同义词分析的语料中已经蕴含了这一理论。这为我们现在识别和分析《广雅疏证》中的同义词提供了理论基础。语义场分析重在求同,义素分析重在求异。用义素理论分析词义不仅可以深入到词义内部,还可以清楚而准确地分析出同义词的相同之处和相异之处,因此,它能使同义词分析走上理性化、科学化的道路。王氏在义素理论方面的意识主要体现在其对同义词差异性的辨析上,如"嚌、啐"组(《释诂》卷三下"尝也"条疏证,第 103 页下～104 页上),王氏据"嚌至齿,啐入口"及《说文》之"啐,小饮也",指出这组有共同核义素"尝试"的同义词,区别义为"液体所到部位的不同",即"至齿"与"至口"。

第二,已有同义词系统性观念。同义词不是孤立存在的,而是成系统的,其系统性不仅表现在同义词组同义词的数量上,也表现在词义关系上。即"同义词组的系统性"和"义类的系统性"①,后者是前者的内在基础。同义词组的系统性也就是指一个同义词群中词的数量一般都大于二。因为促使同义词出现有社会、语言、思维等诸多因素,而这些因素同样也决定了每组同义词的词语数量一般都会大于二。王念孙《广雅疏证》系联同义词时也体现了这种观念。在 622 组单音节同义词中,每组数量为两个同义词的共计 365 个,占 59%;数量为三个的共计 145 个,占 23%;数量为四个的共计 68 个,占 11%;数量为五个的共计 19 个,占 3%;数量为五个以上的共计 25 个,占 4%。由于我们是据《广雅疏证》汇集的同义词群,故两词一组的数量

---

① 黄金贵:《古汉语同义词辨释论》,上海古籍出版社 2002 年版,280 页。

高于三词及以上的词构成的同义词群,但依然在一定程度上显示了同义词在数量上表现出的系统性。例如"涂、堄、墐、墍、㙊、墁、塓、塗"组,即是由《广雅疏证》系联出的八个词语构成一个表"涂抹"义的同义词群。再如"幡、幖、帜、帮"组,也是由《广雅疏证》系联出的一组含有四个词语的表"旗帜"义的同义词群。

语义是成系统的,语义单位间存在各种复杂的关系,形成语义体系。"王念孙时代是无缘接触到语义系统理论的,但从王氏的训释实践中可以看到王念孙时期对于语义系统已经有了初步的认识。"①比如在"义类的系统性"方面,因《广雅》是按义类聚合成词群,王念孙在梳理其中词语时遵循了这种体例。这就使其系联出的同义词义类上具有系统性。此外,王念孙在《广雅疏证》中分析《广雅》的同义词时,总是引入词群里其他成员。同时,在同义词辨析方面,《广雅疏证》还存在不少系统内对比分析的语料,也即进行义素分析,这在前文已经有所体现,因此不再赘述。

第三,对同义词、反义词的辩证关系理论的认识。王氏不但认识到同义和反义两种聚合群的存在,而且也意识到这两类聚合群之间存在着密切的联系,在进行同义词和反义词研究时需要相互关照。因此,他有意识地将同义词和反义词在词义上存在的对立统一关系应用于同义词的辨异分析中。

第四,同义词的形态理论——同义词的音节标准。同义词在词义方面要求有相同点,这是大家公认的,但对同义词外在形态的标准如何却少有问津,然而王氏在系联同义词时,却蕴含了他在同义词形态理论方面的意识,即音节是否相同并非识别同义词的一个标准。

二、《广雅疏证》研究同义词的不足

由于时代的限制,王念孙在同义词研究方面也有其不足之处。主要表现在以下几方面:

(一)在识同方面,主要表现为继承多,发展略显不足

尽管王氏在《广雅疏证》中运用多种方法证明词语的同义关系,也用了一些新方法和新材料,对传统训诂学来说确有突破和发展。但是从各种方法在同义词分析材料中的分布情况来看,创新略显不足,而且分析也显得不够细致。例如:

① "理、治、乱、敉、汩、越"组

《释诂》卷二上:"乱,理也。"疏证:"理与治同意,故理谓之乱,亦谓之敉,

---

① 盛林:《〈广雅疏证〉中的语义学研究》,上海人民出版社2008年版,第116页。

治谓之敕,亦谓之乱。"(第 58 页上)

《释诂》卷三下:"越,治也。"疏证:"隩、汩、越,皆治也。"(第 96 页上)

"理"、"治"、"乱"、"敕"、"汩"、"越"都有"治理"义,形成一个表"治理"义的同义词群。王氏以"理与治同意,故理谓之乱,亦谓之敕,治谓之敕,亦谓之乱",用递训的方式指出"理"、"治"、"乱"、"敕"具有同义关系,又以"隩、汩、越,皆治也"将"汩"、"越"与前两个词系联在一起。对于以上几个词语在语义特征、使用时代、使用地域等方面的细微差别,王氏没有进一步申述。

② "获、铚、刈"组

《释器》卷八上:"铚谓之刈。"疏证:"获谓之铚,亦谓之刈。"(第 253 页下)

"获",指收割庄稼。《书·金縢》:"秋,大熟,未获,天大雷电,以风,禾尽偃。"也泛指刈割、砍伐。唐韩愈《潮州祭神文》之二:"稻既穟矣而雨,不得熟以获也。""铚",指用镰刀割。《诗·周颂·臣工》:"命我众人,庤乃钱镈,奄观铚艾。"毛传:"铚,获也。""刈",义为割取。《诗·周南·葛覃》:"葛之覃兮,施于中谷,维叶莫莫,是刈是濩。"孔颖达疏:"葛既成就,已可采用,后妃于是刈取之。"故几个词都有"刈割"义,构成同义关系。王氏仅以"获谓之铚,亦谓之刈"指明三个词的同义关系,然相同点具体为何,以及所用工具、行为目的、语义特征等方面的细微差别,却没有进一步辩证。

③ "脵、脯、腊、脩、腒、腒"组

《释诂》卷二上:"腒,曝也。"疏证:"肉干谓之脩,亦谓之腒。"(第 47 页上)

《释器》卷八上:"脵,肉也。"疏证:"《说文》:脵,脯也。"(第 245 页下)

《释器》卷八上:"脩、腒,脯也。"疏证:"是腊、脩、腒,皆久也。"(第 246 页下)

"脵",义为干肉;熟食。汉扬雄《太玄·逃》:"次六,多田不娄,费我脵功。"范望注:"熟食为脵。"《旧唐书·元行冲传》:"譬贵家储积,则脯、腊、脵、胲以供滋膳,参、术、芝、桂以防疴疾。""脯",也为干肉。《汉书·东方朔传》:"生肉为脍,干肉为脯。""腊",义为干肉。汉应劭《风俗通·祀典·司命》:"汝南余郡亦多有,皆祠以腊,率以春秋之月。""脩",义为干肉。《周礼·天官·膳夫》:"凡肉脩之颁赐,皆掌之。"郑玄注引郑司农云:"脩,脯也。"贾公彦疏:"加姜桂锻治者谓之脩,不加姜桂以盐干之者谓之脯,则脩、脯异矣。先郑云:脩,脯者,散文言之,脩、脯通也。"《左传·庄公二十四年》:"女贽不过榛栗枣脩,以告虔也。""腒",指干鸟肉。后也泛指干腌的肉类。《周礼·天官·庖人》:"夏行腒鱐,膳膏臊。"郑玄注引郑司农曰:"腒,干雉。"另据《广雅疏证·释诂》卷二上:"肉干谓之脩,亦谓之腒。"可见,"脵"、"脯"、"腊"、"脩"、"腒"、"腒"都有"干肉"这个义位,故构成一个同义词群。王氏《广雅疏证》引《说文》"朘，脯也"，指出"朘"和"脯"具有同义关系。又以"腊、脩、腒，皆久也"指出"腊"、"脩"、"腒"具有同义关系，又以"肉干谓之脩，亦谓之膃"指出"脩"、"膃"有同义关系，但并没有明确指出这六个词之间的异同。

诸如在以上的识同分析语料中，王念孙通过这些词在相关语句中的词义分析，归纳出"某某皆某义"或"某谓之某，亦谓之某"，即说明它们有同义关系。这种方法在诸如《尔雅》、《方言》、《说文》等中已有使用，虽然简洁但缺乏细致和深入的分析。

(二)在辨异方面数量太少

《广雅疏证》重在识同，也有部分辨异，但是相对于识同材料来说，辨异分量明显不足，而且也显得比较粗略。例如：

① "蝎、瘌"组

《释诂》卷二上："瘌，痛也。"疏证："蝎与瘌同义。""蝎亦刺也。"又"瘌与刺同音，刺者，毒伤也。故蝎又谓之瘌矣。"(第49页下)

"蝎"和"瘌"都有"刺痛"这一核义素。但是，这两个词在语义特征、施事者等方面也有细微差别，然王氏仅指出"刺者，毒伤也"，没有进一步辨析。

② "谖、诈、诖、误、欺、谬、訑"组

《释诂》卷二下："谖、诈、诖，欺也。"疏证："《说文》：谖，诈也。"又"《说文》：诖，误也。误亦欺也。""訑者，《说文》：沇州谓欺曰訑。《燕策》云：寡人甚不喜訑者言也。訑与訑同。今江淮间犹谓欺曰訑，是古之遗语也。"(第72页上)又《释诂》卷三下"误也"条，疏证："凡见欺于人谓之误，欺人亦谓之误。故自误谓之诖，亦谓之谬；误人谓之谬，亦谓之诖也。"(第107页上)

"谖"、"诈"、"诖"、"误"、"谬"、"欺"、"訑"都有"欺骗"义，即它们有相同的核义素，所以形成一个表"欺骗"义的同义词群。但是，这七个词语在语义特征、受事对象和使用时代、地域等方面都存在细微差别，王氏以"今江淮间犹谓欺曰訑，是古之遗语也"等方言材料，仅指出其在使用时代、地域方面的差异。

③ "杯、盏"组

《释器》卷七下："盏，爵也。"疏证："爵谓之盏，杯谓之盏也，一也。《方言》注云：盏，最小杯也。"(第221页上)

"盏"与"杯"有共同的义位"杯子"，两个词构成同义关系。但这两个词除表现为方言词与共同语的差别外，还有属种关系以及所指物品大小形制的不同，即"盏"在外形上"浅而小"。王氏在《广雅疏证》中引"《方言》注云：盏，最小杯也"，较为隐晦地指出了二者的不同：方言与共同语、形体大小、属种关系，忽略了两词所指物品深浅有无差别。

以上同义词辨异是《广雅疏证》里比较典型的几种。据此，我们可以看出这些辨异虽然方法不同，但是只指出了它们的大致区别，没有进一步分析它们具体的差异元素，所以是比较粗略的，这应该与《广雅》的体例有一定的关系。

（三）没有提出明确而系统的词汇学理论，材料重于理论

受时代及传统训诂学风格的影响，王氏在《广雅疏证》中辨析同义词时材料充分，但理论方面略显逊色。前面我们提及的相关理论，在《广雅疏证》中实际还只是一种蕴含的意识和观念，既没有明确提出来，也不成系统，同时在训诂实践中运用得也不够充分。

其他还有同义词术语不明，比较混乱。在同义词的语料中，所用的术语一般是"同"、"义同"、"音异而义同"等，但有的非同义词也使用这些术语，如同源词、通假现象等。这就使同义词术语显得比较混乱。这些现象前贤已经研究，此不赘述①。

以上这些不足与整部著作的同义词研究成就相比仍是瑕不掩瑜。当然，我们今天在整理和进一步研究《广雅疏证》的同义词以及研究古代汉语的同义词群时，可以充分借鉴、吸收王念孙研究同义词科学、合理的理论和方法，古为今用，站在巨人的肩膀上而不断开拓创新。

---

① 朱国理：《〈广雅疏证〉的"同"》，《殷都学刊》1999 年第 4 期。

第二章 《广雅疏证》反义词研究

反义是语言中的重要语义关系之一,也是语义系统性的重要表现。通过梳理《广雅疏证》中的训释语料,可以发现王念孙在参证古文献语言文字材料以证《广雅》之训义的过程中,涉及了大量的反义现象。本章充分利用《广雅疏证》中涉及反义关系的语料,采用系统贯通的方法系联其中的反义聚合。具体而言,《广雅疏证》主要以对文、连文、否定式结构、正反同词四种形式作为反义关系的表述方式。全章据此系联相关的被训词与训词,构组反义聚合共计178组。以这178组反义聚合为依托,结合历代文献资料对其中100组反义词进行了深入细致的分析。本章全面归纳、总结了王念孙对反义关系的理论认识、分析经验以及他具有的语义系统思想,对传统词义学的贡献,对现代语义学的启示;客观评价了王念孙研究反义词的成就和不足。

第一节 《广雅疏证》反义词分析

一、反义词的性质

反义词是特定语言系统在共时范畴内的实词,在一个或几个义位上具有相反或相对关系,表示同类事物或概念,在同一语境中具有对举关系,且音节、词性相同,色彩一致。这个定义揭示了反义词应具备以下六个特点:

第一,隶属于特定的语言系统。反义词应该隶属于某一特定的语言系统及其词汇系统。换句话说,词汇单位只能在其所属的语言词汇系统内构成反义词,分属于不同语言的词汇系统的词不能构成反义词,如英语词汇中的词和汉语词汇中的词不能构成反义词。石安石、詹人凤认为:"反义词聚乃是一种语言现象,而且是特定语言中的语言现象,因此,反义词聚的形成,还有语言自身的条件。""各种语言既然在词义上不能一一对应,那么各种语言的反义词聚也就不能一一对应,也就是说,反义词聚的形成要受语言词义系统的制约。"①刘叔新也指出:"分属共同语和方言的词语、分属不同语言或不同方言的词语、分属古今不同时期的词语、分属语言和言语的单位或全属言语的单位,都不能形成语言词汇中的反义聚合。"②

第二,属于同一意义范畴。具有反义关系的词必须具有同一性,即属于同一意义范畴,表示的是同类事物或概念。"凡属相反或相对属性的事物,它们之间都具有同一性,没有同一性就无所谓相反或相对。"③孙良明也指出:"反义词虽然表示相互对立、相互排斥的概念,但是两者有不可分割的联系,它们必须是指同一现象和同类事物的矛盾的和反对的两面,也就是属于同一个范围内的。如'生'和'死'都是指生命现象,'高'和'低'都指高度,'开'和'关'都指动作。不属于同一范围内的词不能构成反义词。如'高'和'浅','重'和'小'一般不成为反义词。"④也就是说,反义词必须属于同一意义范畴,表示的是同类事物或概念,反映的是同一意义领域内矛盾对立的两个方面,否则,就不能视为反义词。同一性是反义词构成的前提和基础。

第三,属于共时范畴的对立。即构成反义关系的词必须使用于同一历史时代。如果一个词所处的历史时代不同,其反义关系的构成也可能不同。"反义词的相反或相对,是横向对比,是共时范畴的对立,而不是纵向对比,不是历时范畴的对立。具体来讲,甲词和乙词在一定的义位上相反或相对,两者未必就是反义词,还要看它们相对的义位是否用于同一时代,用于同一时代的才是反义词,否则不是。"⑤随着词义关系的变化,反义词的关系也会发生变化。例如在古代汉语中"敬"在"严肃"的意义上与"苟"(苟且)构成反义词,后来却没有反义关系。又如"快"的本义是"高兴","慢"的本义是"怠慢",它们本无反义关系;后来,"快"有"迅速"义,"慢"有"缓慢"义,"快"与"慢"就构成了一组反义词。

第四,在同一语境中具有对举关系。即反义词经常对举使用,共同出现于某一语境中,反映了客观事物矛盾对立而又统一的关系。何九盈、蒋绍愚等认为:"在句子中,反义词无疑可以单独出现,但是,在古汉语中,特别是上古汉语中,一对反义词经常是成双成对的出现或一起出现于单句,或分别出

---

① 石安石、詹人凤:《反义词聚的共性、类别及不平衡性》,见《语言学论丛》第十辑,商务印书馆 1983 年版,第 79 页。

② 刘叔新:《论反义聚合的条件和范围》,见《语言研究论丛》第五辑,南开大学出版社 1988 年版,第 30 页。

③ 高守纲:《古代汉语词义通论》,语文出版社 1994 年版,第 99 页。

④ 孙良明:《反义词》,《语文学习》1958 年第 1 期。

⑤ 高守纲:《古代汉语词义通论》,语文出版社 1994 年版,第 104 页。

现于复句。"①

第五，词性与音节相同。构成反义关系的词词性必须相同，词性不同，不能构成反义词。"一组反义词，必须是词性相同的。如'高'和'低'都是形容词，'破坏'和'建设'都是动词，这样才能用反义来表示对立的现象。如果词性不同，就很难互相对照，如'高'和'降低'、'破坏'和'整齐'就不能表示对立现象。""一对反义词出现在同一语法结构中，词性总是一样的，如果改变词性就一齐改变词性。"②同时，反义词的音节也必须相同。符淮青先生指出："音节不同的不能构成反义词。"③谢文庆也认为："反义词经常用于对举、对比，而且要保持风格的一致，这就要求反义词在形式上尽量对称、整齐，因此，习惯上人们总是将音节数目相同的词构成一对反义词。"④

第六，色彩一致。反义词除了意义相对相反外，在色彩上还必须具有一致性，这也是反义词的一个重要特点。所谓色彩主要是指感情色彩、语体色彩和形象色彩。石安石、詹人凤认为："反义词聚乃是一种语言现象，而且是特定语言中的语言现象，因此，反义词聚的形成，还有语言自身的条件。对反义词聚的两项，要求风格上一致，就是这方面的一个重要表现。"⑤

语言中的反义词与同义词一样都是十分丰富的，在语言中的作用也与同义词一样极其重要。在语言表达上，运用反义词能揭示事物、现象的相对或相反，使矛盾对立的双方对比鲜明，语言含义鲜明、突出，达到给人印象深刻的语言效果；通过反义词的对举使用，能以事物的两端或两个侧面概指事物的整体；运用反义词能辩证地揭示事物的客观真理，使语言精练含蓄，富于感染力；将要表达的意思用反义词表达，能够构成修辞上的反语，可以使语言具有讽刺性和幽默感。因此，掌握反义词，对于考辨古今词义、辨析同义词都很有裨益。

二、研究《广雅疏证》反义关系的语料来源和判定方法

（一）研究《广雅疏证》反义关系的语料来源

本书系联《广雅疏证》的反义聚合主要语料来源有三个：一是来源于《广雅》原有条目的系联。例如《释兽》卷十下："牡，雄也。"（第385页下）又"牝，

① 何九盈、蒋绍愚：《古汉语词汇讲话》，北京出版社1980年版，第90页。
② 同上书，第91页。
③ 符淮青：《现代汉语词汇》（现代汉语知识丛书），北京大学出版社1985年版，第139页。
④ 谢文庆：《反义词》（现代汉语知识丛书），湖北教育出版社1988年版，第5页。
⑤ 石安石、詹人凤：《反义词聚的共性、类别及不平衡性》，见《语言学论丛》第十辑，商务印书馆1983年版，第79页。

雌也。"(第 386 页上)"牡"与"牝"、"雌"与"雄"构成反义关系;《释诂》卷二下:"锐,利也。"(第 63 页上)《释诂》卷四上:"钝,迟也。"(第 119 页上)"钝"与"锐"、"利"构成反义关系;《释诂》卷二上:"益、增,加也。"(第 47 页上)《释诂》卷二下:"损,减也。"(第 61 页上)"益"、"增"、"加"分别与"损"、"减"构成反义关系。二是来源于《广雅疏证》中书证文献引例的系联。据江式《古今文字表》统计,《广雅》原书只有 18,150 字,而《广雅疏证》全书则达 50 万字之多;而且其浅显易见者,《广雅疏证》则置之不语,并不是有意增大篇幅以徼其功。它的主要篇幅是用在对疑难冷僻词语的疏证上。《广雅疏证》收集的书证十分宏富,不仅有历史、经传、子书、类书、政书和小学书中的材料,而且对同时代较近的学者如顾炎武、惠栋、戴震、邵晋涵、程瑶田、钱大昕、段玉裁、阮元等人的研究成果也广为征用。全书除引将近 300 种典籍外,还大量引用了活的方言材料以及经过目验的实物数据。从这些材料中我们系联出了大量反义聚合。例如《释诂》卷一下:"苦,急也。"疏证:"苦者……《庄子·天道篇》云:斲轮,徐则甘而不固,疾则苦而不入。"(第 36 页上)根据《疏证》中的《庄子》引例,"徐"与"疾"、"甘"与"苦"构成反义关系;《释言》卷五上:"稙,早也。"疏证:"《鲁颂·闷宫篇》:稙稚菽麦。毛传云:先种曰稙,后种曰稚。"(第 141 页上)根据《毛传》,"先"与"后"、"稙"与"稚"构成反义关系;《释诂》卷四上:"缔,结也。"疏证:"缔者,《说文》:缔,结不解也。"(第 115 页下)根据《说文》,"结"与"解"构成反义关系。三是来源于《广雅疏证》中王念孙的训释语言文字材料。例如:《释诂》卷一下:"流,末也。"疏证:"流者,水本曰原,末曰流。"(第 28 页上)"本"与"末"、"原"与"流"构成反义关系;《释诂》卷一下:"沾,薄也。"疏证:"沾者……案:《楚辞·大招》:吴酸蒿蒌,不沾薄只。言羹味之厚也,王逸注以沾为多汁,失之。"(第 35 页下)"薄"与"厚"构成反义关系;《释诂》卷一下:"矜,急也。"疏证:"矜者,《荀子·议兵篇》:矜纠收缭之属,为之化而调。矜纠、收缭皆急戾之意,故与调和相反。杨倞注以矜为夸汏,失之。"(第 36 页上)"急戾"与"调和"构成反义关系。

(二)研究《广雅疏证》反义关系的判定方法

《广雅疏证》中被训词与训词、训词语与训词语之间存在着千丝万缕的联系,彼此在意义与用法上往往相互牵连,相互印证。我们仔细梳理、分析《广雅疏证》中涉及反义关系的语料,总结归纳《广雅疏证》中反义关系的表述方式,采用系统贯通的方法系联《广雅疏证》中的反义关系。具体而言,本书主要是利用《广雅疏证》的对文、连文、否定式结构、正反同词等反义关系的表述形式系联相关的词语,构组反义聚合。

三、研究《广雅疏证》反义词的意义和依据

(一)研究《广雅疏证》反义词的意义

"探讨汉语词义之间的关系,传统的方法是把这种关系简化成反义、同义、同源这三种一般的类型。这种简化反映了汉语词义关系中浅显、常见而易于把握的类别与范型,有利于认识词义关系被拆开之后的一些基本样式。"①王念孙在全面疏证《广雅》的过程中,通过对词义的训释和词义关系的表述,充分体现了他对同义、反义、同源关系的理论认识和分析经验。探讨、总结和评介王念孙关于词义关系的理论认识和实践经验,可以为构建科学的现代词义学提供经过整理的文献语言材料和有价值的术语、原理和方法。

在《广雅疏证》词义关系的研究方面,同源词研究比较充分,且成果丰硕。张其昀、徐兴海、朱国理、王小莘、胡继明等学者的研究成果,为进一步研究《广雅疏证》的同义关系、反义关系提供了可资借鉴的方法和可资参照的范例。

除了同源关系之外,同义关系和反义关系是古代汉语中另外两种重要的聚合关系。近年来,古汉语同义词研究有较大进展,并有人逐渐开始研究王念孙《广雅疏证》中的同义关系。盛林《〈广雅疏证〉中的语义学研究》一书,从现代语义学的角度审视《广雅疏证》,发掘出了《广雅疏证》中很多有价值的语义思想和语义研究方法。她在该书第二章第四节专门研究了《广雅疏证》的同义观,指出《广雅疏证》的同义观与现代同义观是不一样的,主要表现在:1.特征相同即谓同义;2.特征和包含特征的事物之间可谓同义;3.感觉相通即谓同义;4.指征相同相近者即谓同义。另外张其昀《〈广雅疏证〉导读》、徐兴海《〈广雅疏证〉研究》、马景仑《〈广雅疏证〉"散文"、"对文"所涉同义词词义状况分析》等都对《广雅疏证》中的同义关系进行了探讨,这是非常令人鼓舞的,同义与反义的关系是相辅相成的,同义关系的研究可以为研究反义词提供经验和借鉴。

相对而言,古汉语反义词的研究则比较滞后。根据收集到的资料来看,目前还没有人系统地关注到《广雅疏证》的反义关系。究其原因有三:一是当前学术界对共时词汇类聚的研究多以同义词为主;二是《广雅》沿袭《尔雅》,是以同训类聚的方式编纂成书的②,"同"是《广雅疏证》中语汇材料最

---

① 宋永培:《〈说文〉对反义同义同源关系的表述与探讨》,《河北大学学报》(哲学社会科学版)1992 年第 4 期。

② 赵振铎:《训诂学纲要》,巴蜀书社 2003 年版,第 181 页。

显而易见的特点，书中用来证明训义的一大批"同"、"近"、"通"之类的术语使词语之间的同义、同源关系更明显、更具体、更引人注意。相比之下，《广雅疏证》中表现反义关系的语料都是为证"同"而存在的，地位次要，数量较少，容易被忽视。加之"反"、"相反"之类的术语在书中也寥寥无几，因此相对同义、同源关系而言，《广雅疏证》中词语之间的反义关系隐藏更深、更加微妙，不易被人察觉和把握；三是《广雅疏证》首创的"因声求义"理论的巨大成就使同源关系成为目前语义研究的热点、重心，这在一定程度上转移了人们对其中的反义关系的注意。

反义关系是语言中的重要语义聚合，也是语义系统性的重要表现。盛林认为《广雅疏证》中存在各种各样的不同类型的语义聚合：1. 同义的词语系联；2. 语音上有联系的词语系联；3. 具有相同语义关系的词语系联；4. 有相同引申方式的词语系联①。这启示我们可以从《广雅疏证》中的语义聚合去发现王念孙的语义系统思想以及他对具体语义关系的理论认识和分析经验。但她并没有提及《广雅疏证》中的反义聚合关系。仔细梳理《广雅疏证》的训释语料，我们发现王念孙在参考古代文献语言文字材料以证《广雅》之训义的过程中，涉及了很多的反义现象，通过这些语料，我们可以发现大批反义词聚合。例如：

疢者，《说文》："疢，贫病也。"引《周颂·闵予小子篇》"嬛嬛在疢"，今本作疚。《释文》："疚，本又作嬛。"《大雅·召旻篇》："维昔之富，不如时；维今之疚，不如兹。"《释文》："疚，字或作疢。"疢与富对言，是疢为贫也。（《释诂》卷四下"贫也"条疏证，第133页上）

此《疏证》中"疢"与"富"构成反义关系。

慢，与谩同。《说文》："谩，欺也。"《韩子·守道篇》云："所以使众人不相谩也。"《贾子·道术篇》云："反信为慢。"（《释诂》卷二下"欺也"条疏证，第72页上）

此《疏证》中"信"与"慢"构成反义关系。

《荀子·荣辱篇》云："先王案为之制礼仪以分之，使有贵贱之等，长幼之差，知贤愚能不能之分，皆使人载其事而各得其宜，然后使悫禄多少厚薄之称，是夫群居和一之道也，故曰斩而齐，枉而顺，不同而一。"（《释诂》卷一上"法也"条疏证，第10页下）

此《疏证》中，"贵"与"贱"、"长"与"幼"、"贤"与"愚"、"多"与"少"、"厚"与"薄"等构成反义关系。

---

① 盛林：《〈广雅疏证〉中的语义学研究》，上海人民出版社2008年版，第121～122页。

捭之言擘也。《鬼谷子·捭阖篇》云:"捭之者,开也;阖之者,闭也。"张衡《西京赋》:"置互摆牲。"薛综注云:"摆,谓破磔悬之。"《后汉书·马融传》注引《字书》云:"摆,亦捭字也。"《周官·大宗伯》:"以疈辜祭四方百物,故书疈为罢。"郑众注云:"罢辜,披磔牲以祭。"捭,摆,罢,声义并同。(《释诂》卷三下"开也"条疏证,第107页下)

此《疏证》中"捭"与"阖"、"开"与"闭"构成反义关系。

《史记·平准书》云:"桑宏羊以诸官各自市……大农之诸官,尽笼天下之货物,贵则卖之,贱则买之,如此富商大贾无所牟大利,则反本而万物不得腾踊,故抑天下物,名曰平准。"是平均皆赋也。(《释诂》卷五上"赋也"条疏证,第141页上)

此《疏证》中"贵"与"贱"、"买"与"卖"构成反义关系。

上述例子中,反义关系的词语系联是和我们现代反义词观念相近的,即理性意义相反的反义词系联。《广雅疏证》中所体现的反义观和现代语义学的反义观不一样(具体参见本章第二节一"《广雅疏证》研究反义词的理论"),因此《广雅疏证》中也有它所特有的、我们今天看来算不上反义词的反义聚合,即言语语义相反的词语系联。例如:

肖者,《方言》:"肖,小也。"《庄子·列御寇篇》:"达生之情者傀,达于知者肖。"傀者,大也;肖者,小也。肖与傀,正相反。(《释诂》卷二上"小也"条疏证,第55页下)

此《疏证》中"肖"与"傀"构成反义关系。

时者,《小雅·颊弁篇》:"尔肴既时。"毛传云:"时,善也。"尔肴既时,犹言尔肴既嘉也。维其时矣,犹言维其嘉矣也。威仪孔时,犹言饮酒孔嘉,维其令仪也……《杂卦传》:"《大畜》,时也;《无妄》,灾也。"时与灾相对,亦谓善也。(《释诂》卷一上"善也"条疏证,第9页上)

此《疏证》中,"灾"指恶事,有"不善"义,"时"有"善"义,"灾"与"时"意义相反。

《吕氏春秋·尽数篇》云:"流水不腐。"是腐为臭也。《列子·周穆王篇》云:"飨香以为朽,尝甘以为苦。"是朽为臭也。朽与殠同。(《释器》卷八上"臭也"条疏证,第251页上)

此《疏证》中,"朽"、"臭"与"香"构成反义关系。

𦝩者,《方言》:"𦝩,短也。"注云:"蹶𦝩,短小貌也。"《玉篇》音知劣切,云:"吴人呼短物也。"又云:"矬,短也。"《庄子·秋水篇》:"遥而不闷,掇而不跂。"郭象注云:"遥,长也。掇,犹短也。"(《释诂》卷二下"短也"条疏证,第69页下)

此《疏证》中，"遥"有"长"义，"掇"有"短"义，"掇"与"遥"构成反义关系。

矜者，《荀子·议兵篇》："矜纠收缭之属，为之化而调。"矜纠、收缭皆急戾之意，故与调和相反。杨倞注以矜为夸汰，失之。（《释诂》卷一下"急也"条疏证，第 36 页上）

此《疏证》中，"矜纠"、"收缭"有"急戾"之意，故"矜纠"、"收缭"与"调和"构成反义关系。

毓，长也。毓，稚也。（《释言》卷五下，第 173 页上）

此《释言》中"长"与"稚"，"毓"与"长"、"稚"构成反义关系。

《孟子·告子篇》："今夫麰麦，播种而耰之，其地同，树之时又同，浡然而生，至于日至之时皆熟矣。"赵岐注云："麰麦，大麦。引《诗》云：贻我来。来麰对文，麰为大，则来为小矣。"（《释草》卷十上"麰也"条疏证，第 334 页下）

此《疏证》中"来"与"麰"、"大"与"小"构成反义关系。

不仅《广雅疏证》的训释文字材料中有很多反义词的聚合，《广雅》原有条目中也存在很多反义系联，例如胡继明在《〈广雅〉研究》一书的第五章第三节"《广雅》的反义词"中就系联了大量反义词①，此不赘举。

《广雅》是一部"同训纂集"的训诂词典和百科词典，所以《广雅疏证》中的"反义关系"语料具有异于其他专书的独特特点：为证"同"服务。鉴于此，我们认为研究《广雅疏证》中的反义关系也有较高的学术价值和意义。通过梳理这些涉及反义关系的语料，系联、构组《广雅疏证》中的反义词聚合，并对这些反义词的特征、表述方式进行分析，一方面我们可以总结归纳出王念孙对反义关系的理论认识和分析经验，结合《广雅疏证》同源、同义关系的研究成果，全面认识王念孙的语义系统理论；另一方面，我们可以由此进一步认识反义词自身的特点、形成原因及其在训诂学中的重要作用和价值，进一步揭示反义词与同义词、同源词的复杂套叠关系，验证、完善、补益现有的反义词理论，也为汉语词义关系的探讨和词义发展运动规律的总结提供一些有益的补充和参照。

（二）研究《广雅疏证》反义词的依据

本书系联《广雅疏证》的反义聚合主要依据《广雅》原有条目的系联，《广雅疏证》中书证文献引例的系联，《广雅疏证》中王念孙的训释语言文字材料的系联。

---

① 胡继明：《〈广雅〉研究》，四川辞书出版社 2008 年版，第 136～152 页。

四、研究《广雅疏证》反义词意义关系的方法

宋永培先生指出：上古汉语专书原文中记录着上古汉语词语与词语之间的各种关系，对上古汉语专书原文做悉心考察，可以揭示出专书词语与词语之间的各种关系。考察上古汉语文献中字词的相互关系，"则会发现同一篇中，乃至全书各篇之中的字词，在意义与用法上是彼此牵连与证明的，就是说，经典文献的原文，已经通过字词的相互关系对每个字词的意义与用法作了准确与显白的注释"。① 不言而喻，宋永培先生的这一论断也是适用于《广雅疏证》的反义词研究的。因为"古汉语中词义训释的情况极其复杂，被释词和解释词之间在词义、语音等方面，往往存在某些规律性的东西；而这些规律性的东西，则常常反映了语词之间的深层联系"。② 作为训诂语义词典，《广雅疏证》中被训词与训词、训词语与训词语之间存在着千丝万缕的联系，彼此在意义与用法上往往相互牵连，相互印证。在宋永培先生的启示之下，我们仔细梳理、分析《广雅疏证》中涉及反义关系的语料，总结归纳《广雅疏证》中反义关系的表述方式，采用系统贯通的方法系联《广雅疏证》中的反义词。需要说明的是，我们这里所谓《广雅疏证》反义关系的表述方式，意思是说《广雅疏证》中的反义关系多以某种形式出现，但不能逆向地认为以这种形式出现的词就一定具有反义关系。确定反义关系的关键是要结合语言运用的具体实际看它们在词义之间是否具有相反相对的关系。

具体而言，本书主要是利用《广雅疏证》的对文、连文、否定式结构、正反同词等反义关系的表述形式来系联相关的词语，构组反义关系。

（一）反义对文

《释诂》卷一上："作，始也。"疏证："作者，《鲁颂·駉篇》：思马斯作。毛传云：作，始也。作之言乍也。乍，亦始也。《皋陶谟》：烝民乃粒，万邦作乂。作与乃相对成文，言烝民乃粒，万邦始乂也。《禹贡》：莱夷作牧。言莱夷水退始放牧也。沱潜既道，云梦土作乂。作与既相对成文。言沱潜之水既道，云梦之土始乂也。"（第5页上）

在这段训释中，"作"与"既"相对成文，"既"含有表已然义。"始"实含有表将然倾向之义；"作"义通于"始"，"作"、"始"与"既"构成反义关系。

《释乐》卷八下："鸣廉、修营、蓝胁、号钟。"疏证："《淮南子·修务训》云：琴或拨剌、枉桡、阔解、漏越，而称以楚庄之琴，则侧室争鼓之。山桐之琴，涧

① 宋永培：《〈说文〉与上古汉语词义研究》，巴蜀书社2001年版，第505页。
② 马景仑：《段注训诂研究》，江苏教育出版社1998年版，第181页。

梓之腹，虽鸣廉、修营、唐牙，莫之鼓也。高诱注云：鸣廉，言其鸣音声有廉隅；修营，音清凉，声和调也。案：此谓世俗之人皆贵古而贱今，故琴之恶者而称为古琴，则人争鼓之，否则虽善而莫之鼓也。故下文云：服剑者期于铦利，而不期于墨阳、莫邪；乘马者期于千里，而不期于骅骝、绿耳；鼓琴者期于鸣廉、修营，而不期于滥胁、号钟。是滥胁、号钟为古琴之名，而鸣廉、修营乃言其声之美，非琴名也。《广雅》以四者皆为琴名，失之。滥与蓝同。"（第277页下）

这段训释是以《淮南子》之文和高诱注，证明"鸣廉、修营"不是琴名，不同于"蓝胁、号钟"，《广雅》"以四者皆为琴名"，不当。在《疏证》引例"贵古而贱今"句中，"贵"与"贱"、"古"与"今"形成反义对文。所以"贵"与"贱"、"古"与"今"构成反义关系。

《释诂》卷三下："堇，少也。"疏证："堇读为僅。《说文》：僅，才能也。徐锴传云：仅能如此，是才能如此也。又《说文》：廑，少劣之居也。……《盐铁论·通有篇》云：多者不独衍，少者不独廑。《汉书·董仲舒传》：廑能勿失耳。颜师古注云：廑，少也。《地理志》：堇堇物之所有。应劭注云：堇堇，少也。并字异而义同。"（第101页下）

《疏证》所引《盐铁论·通有篇》"多者不独衍，少者不独廑"句中，"多"与"少"、"衍"与"廑"形成反义对文。故"多"与"少"、"衍"与"廑"构成反义关系。

（二）反义连文

《释诂》卷一下："休，喜也。"疏证："休者，《周语》：为晋休戚。韦昭注云：休，喜也。《小雅·菁菁者莪篇》云：我心则喜，我心则休。休，亦喜也。《释文》《正义》并训休为美，失之。"（第35页上）

《疏证》所引《周语》"为晋休戚"句中，《周语》"休"与"戚"反义连文，故"休"与"戚"构成反义关系。

《释诂》卷四下："元、良、悖、饱、眺、趺、坚，长也。"疏证："元、良为长幼之长；悖、饱为消长之长；眺、趺、坚为长短之长。"（第131页下）

在这段训释中，"长"与"幼"、"消"与"长"、"长"与"短"形成连文，意义相反，分别构成反义关系。

《释诂》卷三下："畏，恶也。"疏证："此条恶字有二义，一为美恶之恶，一为爱恶之恶。"（第106页下）

在这段训释中，"美"与"恶"、"爱"与"恶"反义连文，分别构成反义关系。

（三）反义否定形式

《释诂》卷四上："襞，诎也。"疏证："跛者，足屈而不伸，故亦谓之躄。《吴志·孙峻传》注引《吴书》云：留赞与吴桓战，一足被创，遂屈不伸，曰：我屈躄

在闾巷之间,存亡无以异。是也。"(第111页下)

根据词义的矛盾对立关系,如果某词的否定式与另一词具有同义的关系,那么可以确定它们具有反义关系。在这段训释中,"屈"与"不伸"同义,可以确定"屈"与"伸"构成反义关系。

《释诂》卷三下:"歉,少也。"疏证:"襄二十四年《谷梁传》:一谷不升谓之嗛。范甯注云:嗛,不足貌。……《广雅·释天》作歉。"(第101页下)

在这段疏证中,"歉"与"不足"同义,故"歉"与"足"构成反义关系。

《释诂》卷二下:"谩,欺也。"疏证:"慢,与谩同。《说文》:谩,欺也。《韩子·守道篇》云:所以使众人不相谩也。《贾子·道术篇》云:反信为慢。"(第72页上)

在这段疏证中,"反"为否定词,"反信"与"慢"同义,可以判定"信"与"慢"构成反义关系。

(四)正反同词现象

"正反同词"现象,简单地说,就是两个相反或相对的意义共存于一词(字)之中。在"正反同词"现象中我们至少可以系联出两组反义关系:

1.两个下位概念词之间构成反义关系;

2.上位概念词与两个下位概念词之一构成反义关系。例如:"泞,清也。""泞,泥也。"(《释言》卷五下,第173页下)

据此,我们可以系联出"清"与"泥"、"泞"与"清"、"泞"与"泥"三组反义词。

五、《广雅疏证》反义词分析举例

我们通过对《广雅疏证》语料的分析、归纳、演绎和整理,共系联出178组反义词。由于篇幅的限制,这里我们只列举其中的100组反义词进行辨析。

1.麤粗——微妙

《释诂》卷一上:"粗……麤,大也。"疏证:"粗,曹宪音在户反,《管子·水地篇》云:非特知于麤粗也,察于微眇。《春秋繁露·俞序篇》云:始于麤粗,终于精微。《论衡·正说篇》云:略正题目麤粗之说,以照篇中微妙之文。粗,字亦作牾……《淮南子·泛论训》云:风气者,阴阳麤牾者也。《汉书·艺文志》云:庶得麤牾。隐公元年《公羊传》注云:用心尚麤牾。…… 麤,仓胡反;粗,在户反。二字义同而音异,故《广雅》以麤粗并列。《管子》《晏子》《淮南子》《春秋繁露》《汉书》《论衡》诸书皆以麤粗连文,后人乱之久矣。"(第5页下～6页上)

麤粗,也作"麤牾"。粗略;粗糙。《管子·水地》:"心之所虑,非特知于麤粗也,察于微眇。"《公羊传·隐公元年》"所传闻异事"汉何休注:"于所传闻之世,见治起于衰乱之中,用心尚麤觕,故内其国而外诸夏。"《汉书·艺文志》:"汉有唐都,庶得麤觕。"颜师古注:"觕,粗略也。"章炳麟《文学说例》:"予向作《正名略例》,尝道其麤觕矣。"

微妙,细小;精妙。《荀子·议兵》:"兼是数国者,皆干赏蹈利之兵也,佣徒鬻卖之道也,未有贵上安制綦节之理也。诸侯有能微妙之以节,则作而兼殆之耳。"杨倞注:"微妙,精尽也……诸侯有能精尽仁义,则能起而兼危此数国。"《淮南子·俶真》:"夫挟依于跂跃之术,提挈人间之际,撢掞挺捔世之风俗,以摸苏牵连物之微妙,犹得肆其志,充其欲。"高诱注:"微妙,犹细小。"

可见,"麤粗"与"微妙",在"粗"与"细"的义位上构成反义关系。

2. 殷——微

《释诂》卷一上:"殷,大也。"疏证:"殷者,《丧大记》:主人具殷奠之礼。郑注云:殷,犹大也。《庄子·秋水篇》云:夫精,小之微也;垺,大之殷也。微亦小也,殷亦大也。《庄子·山木篇》云:翼殷不逝,目大不覩。《楚辞·九叹》:带隐虹之透迤。王逸注云:隐,大也。隐与殷声近而义同。"(第5页下)

殷,盛;大。《说文·冐部》:"殷,作乐之盛称殷。"《字汇·殳部》:"殷,盛也。"《庄子·山木》:"此何鸟哉,翼殷不逝,目大不覩?"陆德明释文:"司马云:殷,大也。"《文选·王延寿〈鲁灵光殿赋〉》:"殷五代之纯熙,绍伊唐之炎精。"李善注:"殷,盛也。"《水经注·漾水》引三国蜀诸葛亮《祈山表》:"祈山去沮县五百里,有民万户,瞩其丘墟,信为殷矣。"南朝宋鲍照《芜城赋》:"是以板筑雉堞之殷,井干烽橹之勤,格高五岳,袤广三坟。"

微,小;细。《广雅·释诂二》:"微,小也。"《易·系辞下》:"几者动之微。"孔颖达疏:"初动之时,其理未著,唯纤微而已。"《孟子·公孙丑上》:"子夏、子游、子张皆有圣人之一体,冉牛、闵子、颜渊则具体而微。"赵岐注:"微,小也。"《荀子·非相》:"叶公子高,微小短瘠。"杨倞注:"微,细也。"《礼记·乐记》:"是故志微噍杀之音作,而民思忧。"郑玄注:"志微,意细也。"南朝梁刘勰《文心雕龙·物色》:"微虫犹或入感,四时之动物深矣。"宋王安石《易泛论》:"豚,豕之微者也。"清严有禧《漱华随笔·贺相国》:"天下事皆起于微,成于慎。微之不慎,星火燎原,蚁穴溃堤。"

可见,"殷"与"微",在"大"与"小"的义位上构成反义关系。

3. 甘——苦

《释诂》卷一下:"苦,急也。"疏证:"苦者,《文选·广绝交论》注引《说文》云:苦,急也。《庄子·天道》篇云:斲轮,徐则甘而不固,疾则苦而不入。《淮南子·道应训》与《庄子》同,高诱注云:苦急义也,甘缓意也。《方言》:苦,快也。快与急亦同义,今俗语犹谓急为快矣。"(第35页上~36页上)

甘,松缓。《广雅·释诂二》:"甘,缓也。"《庄子·天道》:"斲轮,徐则甘而不固,疾则苦而不入。"成玄英疏:"甘,缓也。"

苦,急迫;快。《广雅·释诂二》:"苦,快也。"王念孙疏证:"逞、苦、憭、晓、恔者,《方言》:'逞、苦、了,快也。自山而东或曰逞,楚曰苦,秦曰了。又云:逞、晓、恔、苦,快也。自关而东或曰晓,或曰逞,江淮陈楚之间曰逞,宋郑周洛韩魏之间曰苦。'"《庄子·天道》:"斲轮,徐则甘而不固,疾则苦而不入。"成玄英疏:"苦,急也。"《梁书·曹景宗传》:"(天监)二年十月,魏寇司州……时魏攻日苦,城中负板而汲。景宗望门不出,但耀军游猎而已。"

可见,"甘"与"苦",在"急"与"缓"的义位上构成反义关系。

4. 原——流

《释诂》卷一下:"流,末也。"疏证:"流者,水本曰原,末曰流。"(第28页上)

原,"源"的古字。水流始出处,即源头。《说文·灥部》:"灥(原),水泉本也。"清俞樾《群经平议·周易一》"原筮元永贞无咎":"原之本义,水泉,本也。今俗加'水'作'源',即其字也。"《荀子·君道》:"官人守数,君子养原;原清则流清,原浊则流浊。"《左传·昭公九年》:"犹衣服之有冠冕,木水之有本原。"《汉书·西域传上》:"南北有大山,中央有河……其河有两原:一出葱岭山,一出于阗。"宋司马光《初除中丞上尉札子》:"臣闻澄其原则流清,固其本则末茂。"

流,水流离开源头后的部分,特指下游部分。与"源"对言。《论语·子张》:"纣之不善,不如是之甚也;是以君子恶居下流,天下之恶皆归焉。"汉王充《论衡·异虚》:"根生,叶安得不茂;源发,流安得不广?"清叶燮《原诗·内篇》:"因流而溯源,循末以返本。"陈毅《雅鲁藏布江》:"雅鲁藏布是大江,其源甚远流亦长。"

可见,"原"与"流",在"水流的开始"与"水流的末尾"的义位上构成反义关系。

5. 薄——厚

《释诂》卷一下:"沾,薄也。"疏证:"沾者,《汉书·魏其传》:沾沾自喜。颜师古注云:沾沾,轻薄也。今俗言薄沾沾也。案:《楚辞·大招》:吴酸蒿蒌,不沾薄只。言羹味之厚也。王逸注以沾为多汁,失之。"(第35页下)

薄,味淡薄。《庄子·胠箧》:"鲁酒薄而邯郸围。"《楚辞·大招》:"吴酸蒿蒌,不沾薄只。"王逸注:"沾,多汁也。薄,无味也。"唐杜甫《羌村》诗之三:"莫辞酒味薄,黍地无人耕。"清孔尚任《桃花扇·赚将》:"这样薄酒,拿来灌俺。"

厚,味浓厚。《广雅·释诂三》:"醇、酨,厚也。"王念孙疏证:"凡厚与大义相近,厚谓之敦,犹大谓之敦也;厚谓之醇,犹大谓之纯也;厚谓之臧,犹大谓之将也。"《列子·杨朱》:"丰屋美服,厚味姣色。"《仪礼·士冠礼》:"甘醴惟厚,嘉荐令芳。"《论衡·率性》:"酒之泊厚,同一麹蘗;人之善恶,共一元气。"《文选·枚乘〈七发〉》:"饮食则温淳甘膬,腥酸肥厚。"李善注:"厚酒肥肉。"宋洪迈《容斋五笔》卷六:"杜蔗紫嫩,味极厚,专用作霜。"清潘荣陛《帝京岁时纪胜·十月·时品》:"虽品味各殊,然皆不及内府之玉泉醴酒醇且厚也。"萧军《八月的乡村》:"这不如我们家乡的烟味多多了!这味道一点也不厚,真是嗳。"

可见,"薄"与"厚",在"味淡"与"味浓"的义位上构成反义关系。

6.歉——足

《释诂》卷三下:"歉,少也。"疏证:"歉者,《说文》:歉,食不满也。襄二十四年《谷梁传》:一谷不升谓之嗛。范甯注云:嗛,不足貌。《韩诗外传》作镰。《广雅·释天》作歉。《孟子·公孙丑篇》:吾何慊乎哉?赵岐注云:慊,少也。《逸周书·武称》解云:爵位不谦,田宅不亏。并字异而义同。"(第101页下)

歉,少;不足。《集韵·忝韵》:"歉,不足貌。"清段玉裁《说文解字注·欠部》:"歉,引申为凡未满之称。"清玉筠《说文解字句读》卷十六:"其物本少谓之歉,少其物亦谓之歉。"宋蔡絛《铁围山丛谈》卷三:"魏公薨于乡郡,而郑公不吊祭,识者以为盛德之歉。"宋王安石《推命对》:"吾贤欤,可以位公卿欤,则万钟之禄固有焉,则箪食豆羹无歉焉,若幸而富且贵,则咎也。"明冯梦龙《挂枝儿·调情》:"碌碌之夫,遇事推调,不是胆歉,尽曲情寡。"清郑珍《江边老叟诗》:"他方难去守坏基,田土虽多歉人力。"

足,多;充足。《广雅·释言五》:"裕,足也。"《诗·召南·行露》:"谁谓雀无角,何以穿我屋。谁谓女无家,何以速我狱。虽速我狱,室家不足!"余冠英注:"'室家不足'是说对方要求缔结婚姻的理由不足。"北周庾信《周大将军司马神道碑铭》:"谷寒无日,山空足云。"唐李白《荆州歌》:"白帝城边足风波,瞿塘五月谁敢过。"宋陈造《再次韵自诳简宾王》之一:"山田雨足鸠呼妇,篱援春深竹有孙。"明袁宏道《邢州道上大风》诗:"吹面如有痕,欲拔髭须去。此地足黄沙,易作风神怒。"

可见,"歉"与"足",在"多"与"少"的义位上构成反义关系。

7.宎——富

《释诂》卷四下:"宎,贫也。"疏证:"宎者,《说文》:宎,贫病也。引《周颂·闵予小子篇》:嬛嬛在宎。今本作疚。《释文》:疚,本又作宎。《大雅·召旻篇》:维昔之富,不如时;维今之疚,不如兹。《释文》:疚,字或作宎。宎与富对言,是宎为贫也。"(第133页上)

宎,贫穷。《说文·宀部》:"宎,贫。"字亦同"疚"。《诗经·大雅·召旻》:"维昔之富,不如时;维今之疚,不如兹。"

富,财物多。与"贫"相对。《书·洪范》:"五福:一曰寿,二曰富,三曰康宁,四曰攸好德,五曰终考命。"孔传:"富,财丰备。"孔颖达疏:"二曰富,家丰财货也。"

"欠"与"富",在"财物少"与"财物多"的义位上构成反义关系。

8.晻、冥——明

《释诂》卷四上:"晻,冥也。"疏证:"晻之言暗也。《说文》:晻,不明也。《尔雅》:陪,闇也。郭璞注云:陪然冥貌。《中庸》云:闇然而日章。《荀子·不苟篇》云:是奸人将以盗名于晻世者也。晻、陪、闇并通。"(第120页上)

《释诂》卷二下:"晻,障也。"疏证:"《说文》:晻,不明也。《楚辞·离骚》:扬云霓之晻蔼兮。王逸注云:晻蔼,犹翁郁,荫貌也。"(第64页上)

晻,同"暗"。昏暗;阴暗。《广雅·释诂四》:"晻,冥也。"疏证:"晻之言暗也。"《集韵·勘韵》:"暗,或从奄。"《荀子·君道》:"孤独而晻谓之危。"《汉书·元帝纪》:"三光晻昧。"颜师古注:"晻与暗同。"晋陆云《感逝》:"浮云晻蔼,天明息兮;缯罗重设,凤矫翼兮。"《资治通鉴·汉元帝永光二年》:"阴变则静者动,阳蔽则明者晻。"胡三省注:"明者晻,谓日食也。"

冥,昏暗;不明。《说文·冥部》:"冥,幽也。"《广雅·释训六》:"冥冥,暗也。"《老子》:"窈兮冥兮,其中有精。"《史记·龟策列传》:"正昼无见,风雨晦冥。"《汉书·五行志下之上》:"其庙独冥。"颜师古注:"冥,暗也。"《新唐书·窦建德传》:"会大雾昼冥,跬不可视。"元何中《立秋夕作》诗:"未事冥难测,闲心远作愁。"

明,光明;明亮。与"昏暗"相对。《尔雅·释言》:"明,朗也。"《广韵·庚韵》:"明,光也。"《广雅·释诂四》:"皎,明也。"《易·系辞下》:"日往则月来,月往则日来,日月相推而明生焉。"《荀子·天论》:"在天者莫明于日月。"三国魏曹操《短歌行》:"月明星稀,乌鹊南飞。"《红楼梦》第十七回:"三间房舍,两明一暗。"赵树理《小二黑结婚》二:"三仙姑也暗暗猜透大家的心事,衣服穿得更新鲜,头发梳得更光滑,首饰擦得更明。"

可见,"晻"、"冥"与"明",在"昏暗"与"明亮"的义位上构成反义关系。

9.肖——傀

《释诂》卷二上:"肖,小也。"疏证:"肖者,《方言》:肖,小也。肖者,小也。《庄子·列御寇篇》:达生之情者傀,达于知者肖。傀者,大也;肖者,小也。肖与傀正相反。郭象注以傀为大是也,其以肖为失散则非。肖,犹宵也。《学记》:宵雅肄三。郑玄注云:宵之言小也。宵、肖古同声,故《汉书·刑法志》肖字通作宵。《史记·太史公自序》:申吕肖矣。徐广注云:肖音痟,痟犹

衰微。义并同也。"(第55页下)

肖，细小；衰微。《方言》卷十二："肖，小也。"《庄子·列御寇》："达生之情者傀，达于知者肖。"王先谦集解："肖，当训小。"王念孙杂志："肖与傀正相反，言人天则大，任志则小也。"《史记·太史公自序》："申、吕肖也，尚父侧微，卒归西伯，文、武是师。"司马贞索隐："肖谓微弱而省少，所谓'申吕虽衰'也。"裴骃集解引徐广曰："肖音痟。痟犹衰弱。"张守节正义："吕尚之祖封于申，申，吕后痟微，故尚父微贱也。"

傀，盛大；魁伟。《说文·人部》："傀，伟也。"《广韵·灰韵》："傀，大皃。"《广雅·释诂二》："傀，盛也。"《庄子·列御寇》："达生之情者傀，达于知者肖。"郭象注："傀然，大恬解之貌也。"《聊斋志异·司文郎》："有少年游寺中，白服裙帽，望之傀然。"何垠注："傀，大貌。"

可见，"肖"与"傀"，在"小"与"大"的义位上构成反义关系。

10.祛——合

《释诂》卷三下："祛，开也。"疏证："祛，去也。……《汉书·兒宽传》：合祛于天地神祇。李奇注云：祛，开散也。……《秋水篇》：公孙龙口呿而不合。《吕氏春秋·重言篇》：君呿而不唫。高诱、司马彪注并云：呿，开也。祛、胠、呿古通用。"(第107页下)

祛，分开；消散。《汉书·兒宽传》："然享荐之义，不着于经，以为封禅告成，合祛于天地神祇。"颜师古注引李奇曰："祛，开散。"《文选·扬雄〈剧秦美新〉》："权舆天地未祛，睢睢盱盱。"李善注："言混沌之始，天地未开，万物睢盱不定也。"

合，闭合；合拢。《说文·亼部》："合，合口也。"《战国策·燕策二》："蚌方出曝，而鹬啄其肉，蚌合而拑其喙。"《山海经·大荒西经》："西北海之外，大荒之隅，有山而不合，名曰不周负子。"唐白居易《寄行简》："春来梦何处？合眼到东川。"《醒世恒言·薛录事鱼服证仙》："(薛少府)方才把口就饵上一合，还不曾吞下肚子，早被赵干一掣，掣将过去。"巴金《寒夜》二十："随后他合上书，懒洋洋地站起来。"

可见，"祛"与"合"，在"开"与"闭"的义位上构成反义关系。

11.掇——遥

《释诂》卷二下："矬、绌，短也。"疏证："绌者，《方言》：绌，短也。注云：蹶绌，短小貌也。《玉篇》音知劣切，云：吴人呼短物也。又云：绌，短也。《庄子·秋水篇》：遥而不闷，掇而不跂。郭象注云：遥，长也。掇，犹短也。"(第69页下)

掇，同"绌"。短貌；矮貌。《集韵·薛韵》："绌，短皃。或作掇。"《庄子·秋水》："故遥而不闷，掇而不跂，知时无止。"郭象注："掇，犹短也。"《新唐书·

南蛮传中·南诏下》:"长戈二百,掇刀辅之;短矛二百,连鎚辅之。"

遥,(时间)长。《广雅·释诂》卷一上:"遥,远也。"《庄子·秋水》:"故遥而不闷,掇而不跂,知时无止。"郭象注:"遥,长也。"《礼记·王制》:"自江至于衡山,千里而遥。"宋欧阳修《和八月十五日斋宫对月》:"斋馆心方寂,秋城夜已遥。"

可见,"掇"与"遥",在"短"与"长"的义位上构成反义关系。

12. 既——作

《释诂》卷一上:"作,始也。"疏证:"作者,《鲁颂·驹篇》:思马斯作。毛传云:作,始也。作之言乍也。乍,亦始也。《皋陶谟》:烝民乃粒,万邦作乂。作与乃相对成文,言烝民乃粒,万邦始乂也。《禹贡》:莱夷作牧。言莱夷水退始放牧也。沱潜既道,云梦土作乂。作与既相对成文。言沱潜之水既道,云梦之土始乂也。"(第1页上)

既,终了。唐韩愈《进学解》:"言未既,有笑于列者曰:'先生欺余哉!'"宋王安石《戏赠叶致远直讲》诗:"终朝已罢精,既夜未交睫。"清沈曰霖《晋人麈·舟人见鬼》:"(孙姓者)言未既,而忽仆于舟,惝然不醒。"用作副词,相当于"已经"。《书·尧典》:"克明俊德,以亲九族,九族既睦,平章百姓。"孔传:"既,已也。"南朝宋鲍照《咏白雪》:"兰焚石既断,何用恃芳坚。"《初刻拍案惊奇》卷六:"既得陇,复望蜀,人之常情。"《红楼梦》第十七回:"话说秦钟既死,宝玉痛哭不止。"《中国近代史资料丛刊·太平天国·天父下凡诏书一》:"事因假辨妖壮,曲从带兵,现投入新墟妖营,既有七八天矣。"

作,兴起;开始。《说文·人部》:"作,起也。"《诗·鲁颂·驹》:"思马斯作。"毛传:"作,始也。"《书·益稷》:"烝民乃粒,万邦作乂。"《老子》第六十三章:"天下难事,必作于易;天下大事,必作于细。"《文选·张衡〈东京赋〉》:"坚冰作于履霜,寻木起于蘖栽。"薛综注:"言事皆从微至著,不可不慎之于初。"

可见,"既"与"作",在"已然"和"未然"的义位上构成反义关系。

13. 信——慢

《释诂》卷二下:"谩,欺也。"疏证:"慢,与谩同。《说文》:谩,欺也。《韩子·守道篇》云:所以使众人不相谩也。《贾子·道术篇》云:反信为慢。"(第72页上)

信,诚实不欺。《说文·言部》:"信,诚也。"《字汇·人部》:"信,悫实也。"《广雅·释诂一》:"信,诚也。"《诗·卫风·氓》:"信誓旦旦。"孔颖达疏:"言其恳恻款诚。"《论语·学而》:"为人谋而不忠乎?与朋友交而不信乎?"《左传·宣公二年》:"贼民之主,不忠,弃君之命,不信。"《国语·晋语二》:"吾闻之,申生甚好信而强,又失言于众矣,虽欲有退,众将责焉。"韦昭注:

"信,言必行之。"《礼记·礼运》:"讲信修睦。"孔颖达疏:"信,不欺也。"《资治通鉴·唐僖宗光启三年》:"君可选一温信大将军,以我手札谕之。"胡三省注:"信,诚实不妄言者也。"

慢,同"谩"。欺骗;隐瞒。《说文·言部》:"谩,欺也。"《墨子·非儒下》:"且夫繁饰礼乐以淫人,久丧伪哀以谩亲。"毕沅校注引《说文》:"谩,欺也。"《史记·淮南衡山列传》:"吏觉知,使长安尉奇等往捕开章,长匿不予,与故中尉蕑忌谋,杀以闭口,为棺椁衣衾,葬之肥陵邑,谩吏曰:'不知安在。'"司马贞索隐:"谩,诳也。"唐柳宗元《骂尸虫文》:"潜下谩上,恒其心术,妬人之能,幸人之失。"宋王谠《唐语林·企羡》:"揆既至,蕃长曰:'闻唐家第一人李揆,公是否?'揆曰:'非也。他那个李揆争肯到此?'恐其拘留,以此谩之也。"元侯克中《醉花阴》套曲:"慢不过天地神明,说来的咒誓终朝应。"

可见,"信"与"慢",在"诚实"与"欺瞒"的义位上构成反义关系。

14. 衍——堇

《释诂》卷三下:"堇,少也。"疏证:"堇读为仅。《说文》:仅,才能也。徐锴传云:仅能如此,是才能如此也。又《说文》:廑,少劣之居也。……《盐铁论·通有篇》云:多者不独衍,少者不独廑。《汉书·董仲舒传》:廑能勿失耳。颜师古注云:廑,少也。《地理志》:堇堇物之所有。应劭注云:堇堇,少也。并字异而义同。"(第101页下)

衍,(财物、面积等)数量多。《小尔雅·广言》:"衍,广也。"《广雅·释诂二》:"衍,广也。"疏证:"衍者,《楚辞·天问》:'其衍几何?'王逸注云:'衍,广大也'。"《诗·小雅·伐木》:"伐木于阪,醸酒有衍。"朱熹集传:"衍,多也。"《荀子·赋》:"仁人绌约,暴人衍矣。"杨倞注:"衍,饶也。"汉扬雄《太玄·法》:"井无干,水直衍。"王涯注:"井而无干则水衍溢也。"《文选·陆机〈叹逝赋〉》:"居充堂而衍宇,行连驾而比轩。"张铣注:"言昔时宾族众盛若此也。"《宋史·乐志八》:"祀事孔寅,明灵降眷。洁粢丰盛,仓箱流衍。"

堇,也作"仅",极言数量少。《诗·大雅·行苇》:"序宾以贤。"毛传:"盖仅有存焉。"《史记·货殖列传》:"豫章出黄金,长沙出连、锡,然堇堇物之所有,取之不足以更费。"裴骃集解引应劭曰:"堇,少也。"宋陆游《书室杂兴》:"衰疾虽向平,不死亦堇堇。"清刘书年《刘贵阳说经残稿·附录》:"民间不善积粪,故膏腴之地,水旱时若,犹可丰收,至于瘠壤,虽收亦仅矣。"

可见,"衍"与"堇",在数量"多"与"少"的义位上构成反义关系。

15. 捭——阖

《释诂》卷三下:"捭,开也。"疏证:"捭之言擘也。《鬼谷子·捭阖篇》云:捭之者,开也;阖之者,闭也。张衡《西京赋》:置互摆牲。薛综注云:摆,谓破磔悬之。《后汉书·马融传》注引《字书》云:摒,亦捭字也。《周官·大宗伯》:以疈辜祭四方百物,故书疈为罢。郑众注云:罢辜,披磔牲以祭。捭、摒、罢,声义并同。"(第107页下)

捭,分开。《说文·手部》:"捭,两手击也。"段玉裁注:"谓左右手横开旁击也。"《广雅·释诂三》:"捭,开也。"《礼记·礼运》:"其燔黍捭豚,汗尊而抔饮,蒉桴而土鼓,犹若可以致其敬于鬼神。"孔颖达疏:"捭析豚肉加于烧石之上而孰之,故云捭豚。"陆德明释文:"捭,卜麦反,或作'擗',又作'擘',皆同。"《广雅·释诂一》:"擘,分也。"

阖,闭合。《说文·门部》:"阖,闭也。"《易·系辞上》:"一阖一辟谓之变。"《易·系辞上》:"是故阖户谓之坤,辟户谓之干。"孔颖达疏:"阖户,谓闭藏万物若室之闭阖其户。"《文选·潘岳〈哀永逝文〉》:"户阖兮灯灭。"吕向注:"阖,闭也。"丁玲《太阳照在桑干河上》十八:"疲乏已经使他的眼皮阖下来。"

可见,"捭"与"阖",在"分开"和"闭合"的义位上构成反义关系。

16.休——戚

《释诂》卷一下:"休,喜也。"疏证:"休者,《周语》:为晋休戚。韦昭注云:休,喜也。《小雅·菁菁者莪篇》云:我心则喜,我心则休。休亦喜也。《释文》、《正义》并训休为美,失之。"(第35页上)

休,喜悦;欢乐。《诗·小雅·菁菁者莪》:"既见君子,我心则喜。……既见君子,我心则休。"郑玄笺:"休者,休休然。"王引之《经义述闻·毛诗上》"我心则休":"家大人曰:《菁菁者莪篇》:'我心则喜'、'我心则休'。休亦喜也,语之转耳。《笺》曰:'休者,休休然。'休休犹欣欣,亦语之转也。"《国语·周语下》:"为晋休戚。"韦昭注云:"休,喜也。"《新唐书·杜如晦传》:"休戚与我均。"王闿运《鄱阳黄君墓志铭》:"伊勇昭孝,天休允终。"

戚,忧愁;悲伤。字后作"慽"。清段玉裁《说文解字注·戈部》:"戚,又引申训忧。度古只有戚,后乃另制慽字。"《易·离》:"出涕沱若,戚嗟若。"孔颖达疏:"忧伤之深,所以出涕滂沱,戚嗟若也。"《诗·小雅·小明》:"心之忧矣,自诒伊戚。"毛传:"戚,忧也。"《后汉书·皇甫规传》:"前变未远,臣诚戚之。"李贤注:"戚,忧也。"唐韩愈《祭十二郎文》:"恐旦暮死而汝抱无涯之戚也,而忘天下之忧。"宋范仲淹《上执政书》:"不以一心之戚,而忘天下之忧。"《东周列国志》第三十回:"二三子何患乎无君,勿过戚也。"

可见,"休"与"戚",在"喜"与"忧"的义位上构成反义关系。

17.清、冷、寒——温、煖(暖)

《释诂》卷四上:"瀄、冷、洞、清,寒也。"疏证:"瀄与下清字通。《说文》:瀄,冷寒也。又云:清,寒也。《曲礼》云:冬温而夏清。《庄子·人间世篇》

云:爨无欲清之人。瀞、清、凊并通。"(第113页下)

《释诂》卷三上:"温、煖、煨也。"疏证:"煖,与煖同。又读为暄。《乐记》:煖之以日月。是也。"(第82页上)

清,寒凉;冷。《墨子·辞过》:"古之民,未知为衣服时,衣皮带茭,冬则不轻而温,夏则不轻而清。"《吕氏春秋·有度》:"冬不用翣,非爱翣也,清余也。"汉董仲舒《春秋繁露·王道通》:"然而主好恶喜怒,乃天之春夏秋冬也,其居暖清寒暑而以变化成功也。"《素问·五藏生成论》:"腰痛,足清,头痛。"王冰注:"清,亦冷也。"唐杜甫《端午日赐衣》:"自天题处湿,当暑着来清。"

冷,寒冷。《说文·仌部》:"冷,寒也。"《庄子·则阳》:"夫冻者假衣于春,暍者反冬乎冷风。"北周庾信《山中》诗:"涧暗泉偏冷,岩深桂绝香。"唐杜荀鹤《怀紫阁隐者》诗:"焚香赋诗罢,星月冷遥天。"明徐弘祖《徐霞客游记·闽游日记前》:"门在山坳间,不甚轩豁,而森碧上交,清流出其下,不觉神骨俱冷。"曹禺《日出》第一幕:"白露,这屋子太冷了,你要冻着,我给你关上窗户。"

寒,寒冷。《说文·宀部》:"寒,冻也。"段玉裁注:"冻当作冷。"《书·洪范》:"庶征:曰雨,曰旸,曰燠,曰寒,曰风。曰时。五者来备,各以其叙,庶草蕃庑。一极备,凶;一极无,凶。"孔颖达疏:"寒是冷之极。"《荀子·劝学》:"青,取之于蓝,而青于蓝;冰,水为之,而寒于水。"《史记·刺客列传》:"风萧萧兮易水寒。"唐韩愈《琴操·履霜操》诗:"儿寒何衣?儿饥何食?"王蒙《布礼》:"他的下身,御寒的只有一条已掉光了绒毛,'赶'成了一个个小疙瘩的绒裤。"

温,暖和。《楚辞·九辩》:"食不偷而为饱兮,衣不苟而为温。"《论衡·寒温》:"近水则寒,近火则温。"唐白居易《重赋》:"幼者形不蔽,老者体无温。"清葆光子《物妖志·虎》:"见路傍有茅舍,中有烟火甚温,乃往就之。"

煖,同"暖"。温暖;暖和。《说文·火部》:"煖,温也。"朱骏声通训定声:"煖,字亦作暖。"《玉篇·日部》:"暖,温也。"《礼记·王制》:"七十非帛不暖,八十非人不暖,九十虽得人不暖矣。"《墨子·节用中》:"冬服绀緅之衣,轻且暖。"唐韩愈《苦寒》诗:"侵炉不觉暖,炽炭屡已添。"《新唐书·柳公度传》:"吾初无术,但未尝以气海暖冷物、熟生物,不以元气佐喜怒耳。"宋范成大《案上梅花》诗之二:"地炉火暖日烘窗,一夜花须半吐黄。"清顾炎武《〈劳山图志〉序》:"惟山深多生药草,地暖能发南花。"周而复《上海的早晨》第四部三二:"夏有夏衣,冬有冬装,穿的很暖,吃的很饱。"

可见,"清"、"冷"、"寒"与"温"、"煖(暖)",在"寒凉"与"暖和"的义位上构成反义关系。

18.柔服——屈强

《释诂》卷二上:"踊、膌,力也。"疏证:"踊、膌者,《方言》:踊、膌,力也。

东齐曰蹶,宋鲁曰臂。臂,田力也。郭璞注云:律蹶,多力貌。田力,谓耕垦也。《汉书·陆贾传》:屈强于此。颜师古注云:屈强,谓不柔服也。屈与蹶通。"(第44页下)

柔服,温柔顺服。《左传·昭公三十年》:"若好吴边疆,使柔服焉,犹惧其至。"前蜀杜光庭《谢恩宣示修丈人观殿功毕表》:"文风遐布,殊庭效柔服之诚;武烈光宣,异俗禀雪霜之令。"

屈强,倔强固执。《史记·匈奴列传》:"杨信为人刚直屈强,素非贵臣。"《汉书·陆贾传》:"乃欲以新造未集之越,屈强于此。"颜师古注:"屈强,谓不柔服也。"汉陈琳《檄吴将校部曲文》:"及吴王濞骄恣屈强,猖猾始乱。"宋梅尧臣《李审言相招与会开宝塔院》:"又效市井态,屈强体非雅。"

可见,"柔服"与"屈强",在"顺服"与"倔强"的义位上构成反义关系。

19. 牡——牝

《释兽》卷十下:"牡,雄也。"(第385页下)

《释兽》卷十下:"牝,雌也。"(第386页上)

牡,(鸟兽类的)雄性。《说文·牛部》:"牝,畜父也。"《集韵·姥韵》:"牡,雄禽曰牡。"《诗经·邶风·匏有苦叶》:"雉鸣求其牡。"《史记·龟策列传》:"禽兽有牝牡,置之山原;鸟有雌雄,布之林泽;有介之虫,置之溪谷。"唐韩愈《元和圣德诗》:"乃以上辛,于郊用牡。"清纪昀《阅微草堂笔记·如是我闻四》:"牝不胜蠮而窜避,牡无所发泄,蕴热内燔以毙也。"

牝,(鸟兽类的)雌性。《说文·牛部》:"牝,兽母也。《易》曰:'畜牝牛,吉。'"《书·牧誓》:"牝鸡无晨。"《荀子·非相》:"夫禽兽有父子而无父子之亲,有牝牡而无男女之别。"《淮南子·时则》:"游牝别其群。"高诱注:"是月牝马怀胎已定,故别其群,不欲腾狗蹴伤其胎育。"唐刘知几《史通·叙事》:"董生乘马,三年不知牝牡。"清和邦额《夜谭随录·菜王子》:"翌日,驱车入市,往觇之,果有怀驹牝驴。"杨沫《青春之歌》第二部第八章:"那两只悲哀的大眼睛像要挨宰的牝牛,谁见了都要掉泪。"

可见,"牡"与"牝",在"雄"与"雌"的义位上构成反义关系。

20. 丰——俭、约

《释诂》卷三下:"俭、约,少也。"(第101页下)

《释诂》卷四下:"穰,丰也。"疏证:"穰者,《商颂·烈祖篇》云:丰年穰穰。"(第134页上)

丰,多;丰富。《广雅·释诂一》:"丰,满也。"《左传·僖公二十七年》:"民易资者不求丰焉,明征其辞。"杜预注:"不诈以求多。"《荀子·君道》:"上好贪利,则臣下百吏乘是而后丰取刻与,以无度取于民。"《文选·潘岳〈杨荆州诔〉》："多才丰艺,强记洽闻。"李善注："《尚书》周公曰:'不若旦多才多艺,洽闻强记。'"晋陆机《辩亡论》下:"其野沃,其兵练,其器利,其财丰。"又使丰富。《国语·晋语一》:"义以生利,利以丰民。"

俭,少;贫乏。《孟子·告子下》:"地非不足,而俭于百里。"《淮南子·道应》:"多闻博辩,守之以俭。"王念孙《读书杂志·淮南十二》"险陋":"《广雅》'俭,少也',正与'多闻博辩'相对。"南朝梁刘勰《文心雕龙·铭箴》:"李尤积篇,义俭辞碎。"《辽史·文学传·萧韩家奴》:"由此观之,寇盗多寡,皆由衣食丰俭,徭役重轻耳。"

约,少;不多。《广雅·释言五》:"约,俭也。"《孙子·虚实》:"能以众击寡者,则吾之所与战者约矣。"杜牧注:"约,犹少也。"《汉书·朱博传》:"古者民朴事约。"颜师古注:"约,少也。"南朝梁刘勰《文心雕龙·宗经》:"辞约而旨丰,事近而喻远。"宋苏轼《奏浙西灾伤第一状》:"若灾伤之民,救之于未饥,则用物约而所及广。"夏衍《〈学人谈治学〉代序》:"有了这种精神,才能从博到约,从浅入深。"

可见,"丰"与"俭"、"约",在"多"与"少"的义位上构成反义关系。

21.老、长、大——幼、稚、少、小

《释诂》卷三上:"幼、稚,少也。"(第85页上)

《释诂》卷一上:"长,老也。"(第11页上)

《释诂》卷一上:"兄,大也。"(第5页下)

《释言》卷五下:"毓,长也。"疏证:"此下八条皆一字两训而其义相反。"(第173页上)

《释言》卷五下:"毓,稚也。"(第173页上)

老,年岁大。《说文·老部》:"老,考也。七十曰老。"《论语·季氏》:"及其老也,血气既衰,戒之在得。"邢昺疏:"老,谓五十以上。"《楚辞·离骚》:"老冉冉其将至兮,恐鸱名之不立。"王逸注:"七十曰老。"《后汉书·马援传》:"穷当益坚,老当益壮。"又指年纪大的人。《孟子·离娄上》:"二老者,天下之大老也。"《礼记·大学》:"上老老而民与孝,上长长而民与弟。"郑玄注:"老老、长长,谓尊老、敬长也。"

长,年岁高;相比之下年纪较大。《论语·先进》:"以吾一日长乎尔,毋吾以也。"《左传·隐公三年》:"且夫贱妨贵,少陵长,远间亲,新间旧,小加大,淫破义,所谓六逆也。"杨伯峻注:"此以年龄言,完长,州吁少。"《庄子·大宗师》:"子之年长矣,而色若孺子,何也?"《国语·晋语四》:"齐侯长矣。"韦昭注:"长,老也。"

大,相比之下年长。《诗·小雅·楚茨》:"既醉既饱,小大稽首。"郑玄笺:"小大,犹长幼也。"

幼,年少。《尔雅·释言》:"幼,稚也。"邢昺疏:"《方言》云:'稚,年小也。'"《说文·幺部》:"幼,少也。"《礼记·曲礼上》:"人生十年曰幼。"《史记·五帝本纪》:"(黄帝)幼而徇齐,长而敦敏,成而聪明。"《宋史·程迥传》:"吾儿幼。"

稚,年少;幼小。《广韵·至韵》:"稚,幼稚。"《谷梁传·僖公十年》:"晋献公伐虢,得丽姬,献公私之。有二子,长曰奚齐,稚曰卓子。"唐孟郊《路病》:"稚颜能几日,壮志忽已残。"

少,年幼;年轻。与"老"、"长"相对。《玉篇·小部》:"少,幼也。"《左传·襄公三十一年》:"子皮欲使尹何为邑,子产曰:'少,未知可否。'"《墨子·兼爱中》:"少失其父母者,有所放依而长。"《史记·陈涉世家》:"陈涉少时,尝与人佣耕。"《墨子·贵义》:"今有人于此,负粟息于路侧,欲起而不能,君子见之,无长少贵贱必起之。"《庄子·天道》:"君先而臣从,父先而子从,兄先而弟从,长先而少从。"三国魏曹丕《与吴质书》:"少壮真当努力;年一过往,何可攀援?"

小,相比之下年幼。年幼者;年幼。《墨子·号令》:"男女老小,先分守者,人赐钱千。"《世说新语·言语》:"小时了了,大未必佳。"唐王维《别弟妹》:"念昔别时小,未知疏与亲。"

可见,"老"、"长"、"大"与"幼"、"稚"、"少"、"小",在"年龄大"与"年龄小"的义位上构成反义关系。

22.本——末

《释诂》卷一上:"本、根,始也。"(第5页上)

《释诂》卷一下:"桻、标,末也。"(第28页上)

本,树根。《说文·木部》:"本,木下曰本。"《诗·大雅·荡》:"枝叶未有害,本实先拨。"《吕氏春秋·辩土》:"是以晦广以平,则不丧本茎。"高诱注:"本,根也。"

末,树梢。《说文·木部》:"木上曰梢。"徐灝注笺:"木杪曰末。"《说文·木部》:"标,木杪末也。"《广雅·释诂一》:"桻、标,末也。"疏证:"桻,《玉篇》:'桻,木上也。'"《广韵·锺韵》:"桻,木上。"《庄子·天地》:"上如标枝,民如野鹿。"陆德明释文:"言树梢之枝无心在上也。"《左传·昭公十一年》:"末大必折,尾大不掉。"

可见,"本"与"末",在"树根"与"树梢"的义位上构成反义关系。

23.沈——浮

《释诂》卷一下:"沈,没也。"(第32页下)

《释言》卷五上:"浮,漂也。"(第148页下)

沈，沉没；人或物没入水中。《小尔雅·广诂》："沈，没也。"《篇海内编·地理类·水部》："沈，投物于水中。"《左传·成公十一年》："晋人归之施氏，施氏逆诸河，沈其二子。"《庄子·人间世》："散木也，以为舟则沈。"《二十年目睹之怪现状》第十四回："宦海茫茫，穷官自缢；烽烟渺渺，兵舰先沈。"孙犁《白洋淀纪事·荷花淀》："手榴弹把敌人那只大船击沉，一切都沉下去了。"

浮，漂在水或其他液体上面；漂浮。与"沉"相对。《说文·水部》："浮，泛也。"《玉篇·水部》："浮，水上曰浮。"《诗·小雅·菁菁者莪》："泛泛杨舟，载沉载浮。"汉班固《典引》："太极之元，两仪始分，烟烟煴煴，有沉而奥，有浮而清。"《论衡·语增》："察《武成》之篇，牧野之战，血流浮杵，赤地千里。"前蜀韦庄《耒阳县浮山神庙》诗："山曾尧代浮洪水，地有唐臣奠绿醽。"宋黄庭坚《刘邦直送早梅水仙花三首》之二："鸳鸯浮弄婵娟影，白露窥鱼凝不知。"曹禺《北京人》第一幕："从后面大花厅一排明净的敞窗望出去，正有三两朵白云浮在蔚蓝的天空。"

可见，"沈"与"浮"，在"沉没"与"漂浮"的义位上构成反义关系。

24. 抑——举

《释诂》卷三下："抑，按也。"（第101页上）

《释诂》卷一下："仰、卬，举也。"（第36页下）

抑，向下压。《玉篇·手部》："抑，按也。"《广雅·释诂一》："按，下也。"《老子》："高者抑之，下者举之。"《吕氏春秋·适威》："若玺之于涂也，抑之以方则方，抑之以圆则圆。"《淮南子·精神》："病之疵瘕者，捧心抑腹。"高诱注："抑，按也。"唐柳宗元《梓人传》："高者不可抑而下也，狭者不可张而广也。"宋沈括《岸老堂记》："野不加抑而下，视不加明而远者，封高以为之构也。"

举，向上托物。《孟子·告子下》："今曰举百钧，则为有力人矣。"汉桓宽《盐铁论·刑德》："千钧之重，人不轻举。"《新五代史·吴世家·杨行密》："为人长大有力，能手举百斤。"唐李白《静夜思》诗："举头望明月，低头思故乡。"

可见，"抑"与"举"，在"向下压"与"向上托"的义位上构成反义关系。

25. 益、增——损、减

《释诂》卷二上："益、增，加也。"（第47页上）

《释诂》卷二下："损，减也。"（第61页上）

《释诂》卷三下："减，少也。"（第101页上）

益，增加。《广韵·昔韵》："益，增也。"《易·谦》："天道亏盈而益谦。"孔颖达疏："减损盈满而增益谦退。"《左传·襄公二十六年》："子木惧，言诸王，益其禄爵而复之。"《国语·周语下》："（郤氏）有是宠也，而益之以三怨，其谁能忍之！"韦昭注："益，犹加也。"《史记·高祖本纪》："秦益章邯兵，夜衔枚击项梁。"宋曾巩《请西北择将东南益兵札子》:"窃以谓西北之宜,当择将率;东南之备,当益戍兵。"鲁迅《坟·摩罗诗力说》:"益智不如史乘,诚人不如格言。"

增,添加。《说文·土部》:"增,益也。"《诗·小雅·天保》:"如川之方至,以莫不增。"郑玄笺:"川之方至,谓其水纵长之时也,万物之收皆增多也。"汉扬雄《长杨赋》:"以禅梁甫之基,增泰山之高。"唐韩愈《为人求荐书》:"伯乐一顾,价增三倍。"

损,减少。《说文·手部》:"损,减也。"《玉篇·手部》:"损,减少也。"《易·损》:"损下益上,其道上行。"《墨子·七患》:"岁馑,则仕者大夫以下皆损禄五分之一。"晋陆机《辩亡论》下:"屏气局蹐,以伺子明之疾;分滋损甘,以育凌统之孤。"宋苏轼《郊祀奏议》:"自秦、汉以来,天子仪物,日以滋多,有加无损,以至于今。"《农政全书·牧养》:"每早埽其粪于塘中以饲草鱼,而草鱼之粪,又可以饲鲢鱼,如是可以损人打草。"叶圣陶《线下·潘先生在难中》:"他起好草稿,往复看了三遍,觉得再没有可以增损的。"

减,减少。《说文·水部》:"减,损也。"《广雅·释诂三》:"减,少也。"《史记·秦始皇本纪》:"盗多,皆以戍漕转作事苦,赋税大也。请且止阿房作者,减省四边戍转。"《文选·宋玉〈登徒子好色赋〉》:"东家之子,增之一分则太长,减之一分则太短。"唐杜甫《曲江》:"一片花飞减却春,风飘万点正愁人。"

可见,"益"、"增"与"损"、"减",在"增加"与"减少"的义位上构成反义关系。

26. 与、予——求

《释诂》卷三下:"匄、贷……乞、遗、予,与也。"疏证:"乞、匄为求而又为与,贷为借而又为与,禀为受而又为与。义有相反而实相因者,皆此类也。"(第98页下~99页上)

与,给予。《周礼·春官·大卜》:"以邦事作龟之八命:一曰征,二曰象,三曰与。"郑玄注引郑司农云:"与谓予人物也。"《左传·僖公二十三年》:"〔重耳〕乞食于野人,野人与之块。"三国魏曹植《黄初五年令》:"功之宜赏,于疏必与;罪之宜戮,在亲不赦。"《古今小说·沈小官一鸟害七命》:"严氏见说儿子头有了,心中欢喜,随即安排酒饭,管待二人,与了一千贯赏钱。"

予,赐予;给予。《诗·小雅·采菽》:"君子来朝,何锡予之?"《荀子·修身》:"怒不过夺,喜不过予。"杨倞注:"予,赐也。"《史记·廉颇蔺相如列传》:"秦亦不以城予赵,赵亦终不予秦璧。"《新五代史·张筠传》:"筠为人好施予,以其富,故所至不为聚敛,民赖以安。"清严有禧《漱华随笔·李孝女》:"官直女,问础罪当死,余分别予杖。"魏巍《东方》第五部第一章:"人民军……予敌人以大量的杀伤。"

求,获得;得到。《论语·述而》:"富而可求也,虽执鞭之士,吾亦为之。"

《淮南子·说山》:"圣人用物,若用朱丝约刍狗,若为土龙以求雨;刍狗待之而求福,土龙待之而得食。"高诱注:"求,犹得也。"

可见,"与"、"予"与"求",在"给予"与"获得"的义位上构成反义关系。

27. 君、官——民

《释诂》卷一上:"官、元,君也。"(第5页上)

《释诂》卷四下:"师、尹、工,官也。"(第129页下)

《释诂》卷四上:"氓,民也。"(第110页下)

君,古代大夫以上,据有土地的各级统治者的通称。《左传·宣公二年》:"贼民之主,不忠;弃君之命,不信。"《仪礼·丧服》:"君,至尊也。"郑玄注:"天子、诸侯及卿大夫有地者,皆曰君。"

官,官吏。《书·武成》:"建官惟贤,位事惟能。"《论语·宪问》:"君薨,百官总己以听于冢宰三年。"明祝允明《野记》:"洪武己未冬,诏致仕官居办,与人叙坐。"曲波《桥隆飙》一:"从此三古镇沉没在兵如蚁、官如蜂的涂炭中,一天之内竟有八九个军头索捐要款。"

民,平民;百姓。与"君"、"官"对称。《广雅·释言五》:"民,氓也。"《易·系辞下》:"上古结绳而治,后世圣人易之以书契,百官以治,万民以察,盖取诸夬。"《诗·大雅·假乐》:"宜民宜人,受禄于天。"朱熹集传:"民,庶民也。"《国语·周语上》:"防民之口,甚于防川,川壅而溃,伤人必多,民亦如之。"《文选·张衡〈东京赋〉》:"民忘其劳,乐输其财。"薛综注:"民,谓百姓也。言民不以力役为劳苦,不以财赋为损费。"清顾炎武《日知录》卷八:"官愈多而民愈扰。"章炳麟《平等论》:"及其悍然独立于民上,而欲引而下之,则不能已。"

可见,"君"、"官"与"民",在"统治者"与"被统治者"的义位上构成反义关系。

28. 外、表——内、里、中

《释诂》卷四上:"外,表也。"(第114页上)

《释言》卷五上:"内,里也。"(第147页上)

《释言》卷五上:"央,中也。"(第135页上)

外,外表;外层。与"内"、"里"相对。《易·兑》:"刚中而柔外,说以利贞。"《庄子·天下》:"至大无外,谓之大一;至小无内,谓之小一。"汉袁康《越绝书·外传计倪》:"夫有勇见于外,必有仁于内。"南朝宋刘义庆《世说新语·规箴》:"汉武帝乳母尝于外犯事。"唐韩愈《答殷侍御书》:"愧生于中,颜变于外,不复自比于人。"

表,本指穿在外面的衣服。《说文·衣部》:"表,上衣也。"段玉裁注:"上衣者,衣之在外者也。"引申为外面;外表。与"里"相对。《书·尧典》:"光被四表,格于上下。"孔颖达疏:"表里内外,相对之言,故以表为外。"《左传·僖公二十八年》:"若其不捷,表里山河,必无害也。"杜预注:"晋国内河而外山。"

内,里面。表示方位,与"外"相对。《左传·定公八年》:"公敛处父帅成人自上东门入,与阳氏战于南门之内。"《仪礼·士昏礼》:"主妇阖扉,立于其内;婿立于门外,东面。"唐韩愈《祭鳄鱼文》:"四海之外,六合之内,皆抚而有之。"《警世通言·杜十娘怒沉百宝箱》:"十娘取钥开锁,内皆抽替小箱。"

里,里面;内部。与"外"相对。《正字通·里部》:"里,借凡内称表之对也。"《左传·僖公十八年》:"若其不捷,表里山河必无害也。"杜预注:"晋国外山而内河。"南朝梁庾肩吾《奉使北徐州参丞御诗》:"云边开巩树,雾里识岖峰。"《素问·刺腰痛》:"肉里之脉,令人腰痛。"元王实甫《西厢记》第五本第一折:"怎想道惜花心养成折桂手? 脂粉丛里包藏着锦绣?"

中,内;里面;中间。与"外"相对。《易·坤》:"象曰:黄裳元吉,文在中也。"高亨注:"中,犹内也。"《诗·秦风·蒹葭》:"溯游从之,宛在水中央。"《孙子·九地》:"击其中则首尾俱至。"唐韩愈《和侯协律咏笋》:"外恨苞藏密,中仍节目繁。"清蒲松龄《聊斋志异·鼠戏》:"背负一囊,中蓄小鼠十余头。"

可见,"外"、"表"与"内"、"里"、"中",在"外面"与"里面"的义位上构成反义关系。

29. 歉、饥、馑、歉——丰、穰

《释天》卷九上:"一谷不升曰歉,二谷不升曰饥,三谷不升曰馑,四谷不升曰歉,五谷不升曰大侵。"疏证:"此襄公二十四年《谷梁传》文也。《谷梁传》歉作嗛,歉作康。范甯注云:嗛,不足貌。康,虚也。侵,伤也。案:歉、饥、馑、歉,皆虚乏之名。"(第282页下)

《释诂》卷四下:"穰,丰也。"疏证:"穰者,《商颂·烈祖篇》云:丰年穰穰。"(第134页上)

歉,收成不好。《广雅·释诂三》:"歉,少也。"《广雅·释诂四》:"歉,贫也。"唐李公佐《庐江冯媪传》:"元和四年,淮楚大歉。"隋王通《中说·立命》:"仁生于歉,义生于丰。"《宋史·黄廉传》:"久饥初稔,累给并偿,是使民遇丰年而思歉岁。"明尹耕《秋兴四首》之一:"冬残战士衣仍薄,岁歉孤城廪欲空。"《清会典事例·户部·平粜》:"地方年岁丰歉不常,时价低昂不一。"

饥,荒年;五谷不收。《尔雅·释天》:"饥,谷不熟为饥。"郭璞注:"五谷不成。"《诗·小雅·雨无正》:"降丧饥馑,斩伐四国。"毛传:"谷不熟曰饥,蔬不熟曰馑。"《墨子·七患》:"一谷不收谓之馑,二谷不收谓之旱,三谷不收谓之凶,四谷不收谓之馈,五谷不收谓之饥。"《史记·秦本纪》:"因其饥伐之,可有大功。"《新唐书·甄济传》:"岁饥,节用以给亲里;大穰,则振其余于乡党贫狭者。"《续资治通鉴·宋理宗淳祐六年》:"泉州饥,州民谢应瑞自出私钞四十余万籴米,以赈乡井。"《清史稿·唐锡晋传》:"关中大饥,人相食。"

馑,蔬菜或谷物歉收;也泛指歉收,饥荒。《尔雅·释天》:"谷不熟为饥,蔬不熟为馑。"邢昺疏引李巡曰:"可食之菜皆不熟为馑。"《墨子·七患》:"岁馑,则仕者大夫以下皆损禄五分之一。"《汉书·元帝纪》:"待诏贾捐之以为宜弃珠厓,救民饥馑。"唐白居易《除李逊京兆尹制》:"或纷扰之际,或荒馑之余;威惠所加,罔不和辑。"

歉,字也作"康"。荒歉。《谷梁传·襄公二十四年》:"四谷不升谓之康。"《淮南子·天文》:"故三岁而一饥,六岁而一衰,十二岁一康。"清王筠《说文解字句读》卷十六:"歉为凶饥之一名也。《释天》说凶年,有饥馑荒荐四名。《谷梁传·襄公二十四年传》嗛、饥、馑、康、大侵五名,又中之以虚者,释其所以名为歉者。范甯注曰:'康,虚也。康者,谷皮,中空无米,故从康之字,皆空虚之义。'"

丰,丰收。《诗·周颂·丰年》:"丰年多黍多余。"郑玄笺:"丰年,大有年也。"《管子·五行》:"岁农丰,年大茂。"汉王符《潜夫论·本政》:"阴阳和则五谷丰。"晋束皙《补亡诗·华黍》:"靡田不播,九谷斯丰。"清谭嗣同《论湘粤铁路之益》:"有铁路以为转运,丰则粜,歉则籴,谷价自可常平,而赈济岂忧无及乎?"

穰,禾谷丰收。《正字通·禾部》:"禾实丰也。凡物丰盛者,亦曰穰。"《管子·国蓄》:"岁有凶穰,故谷有贵贱。"汉贾谊《论积贮疏》:"世之有饥穰,天之行也,禹、汤被之矣。"《史记·天官书》:"所居野大穰。"张守节正义:"穰,丰熟也。"宋王安石《上杜学士言开河书》:"某为县于此,幸岁大穰。"元郑光祖《伊尹耕莘》第一折:"那其间四野桑麻禾稼穰,百姓每讴歌将天祭享。"谢觉哉《瞻仰天安门》:"全场红紫成花海,一望丰穰滚麦云。"

可见,"饥"、"馑"、"歉"与"丰"、"穰",在"歉收"与"丰收"的义位上构成反义关系。

30. 吞——吐

《释言》卷五下:"吞,咽也。"(第 173 页上)

《释诂》卷四下:"欧,吐也。"(第 133 页下)

吞,咽下。《说文·口部》:"吞,咽也。"《韩非子·说林上》:"我且曰:'子取吞之。'"《庄子·庚桑楚》:"吞舟之鱼,砀而失水,则蚁能苦之。"《楚辞·招魂》:"往来儵忽,吞人以益其心些。"南朝宋鲍照《升天行》:"何时与尔曹,啄腐共吞腥。"《醒世恒言·薛录事鱼服证仙》:"(薛少府)方才把口就饵上一合,还不曾吞下肚子,早被赵干一掣,掣将去了。"

吐,使物从口中出来。《说文·口部》:"吐,写也。"《释名·释疾病》:"扬、豫以东,谓泻为吐也。"《广雅·释言五》:"吐,泻也。"《荀子·赋篇》:"冬伏而夏游,食桑而吐丝。"《史记·留侯世家》:"汉王辍食吐哺。"南朝宋刘义庆《世说新语·德行》:"公于是独往食,辄含饭着两颊边。还,吐与二儿。"唐曹松《南海》诗:"文鮋隔雾朝含碧,老蚌凌波夜吐丹。"宋孔平仲《观瀑》:"鲸嘘鳌噫蛟吐涎,龙呼其俦相后先。"《水浒传》第六回:"只见树影里一个人探头探脑,望了一望,吐了一口唾,闪入去了。"

可见,"吞"与"吐",在"使物从口进入"与"使物从口出来"的义位上构成反义关系。

31. 福——祸

《释言》卷五下:"殃,祸也。"(第163页下)

《释言》卷五上:"灵、禔,福也。"(第142页上)

福,古称富贵寿考等齐备为福,《书·洪范》:"五福:一曰寿,二曰富,三曰康宁,四曰攸好德,五曰考终命。"《诗·小雅·瞻彼洛矣》:"君子至止,福禄如茨。"郑玄笺:"爵命为福,赏赐为禄。"孔颖达疏:"凡言福者,大庆之辞;禄者,吉祉之谓。"《韩非子·解老》:"全寿富贵之谓福。"也泛指幸福;福气。与"祸"相对。《老子》第五十八章:"祸兮福之所依;福兮祸之所伏。"《说苑·权谋》:"此所谓福不重至,祸必重来者也。"

祸,灾害;灾难。与"福"相对。《说文·示部》:"祸,害也。"《字汇·示部》:"祸,殃也,害也,灾也。"《诗经·小雅·何人斯》:"二人从行,谁为此祸?"《礼记·表记》:"君子慎以辟祸。"《史记·孔子世家》:"闻君子祸至不惧,福至不喜。"晋陆机《君子行》:"福锺恒有兆,祸集非无端。"《醒世恒言·两县令竞义婚孤女》:"谁知命里官星不现,飞祸相侵。"

可见,"福"与"祸",在"幸福"与"灾祸"的义位上构成反义关系。

32. 盈——亏

《释诂》卷四上:"余,盈也。"疏证:"盈亦余也,语之转耳。《汉书·食货志》云:蓄积余盈。《后汉书·马援传》:致有盈余。盈与赢通。"(第114页上)

《释诂》卷三下:"亏,少也。"(第101页下)

盈,充足;有余。《广雅·释诂四》:"盈、满,充也。"《诗·小雅·节南山》:"降此鞠讻。"毛传:"鞠,盈也。"郑玄笺:"盈,犹多也。"汉蔡邕《樊惠渠歌并序》:"泯泯我人,既富且盈。"《九章算术·盈不足》:"今有共买物,人出八,盈三;人出七,不足四。"

亏,不足;差缺。《说文·亏部》:"亏,气损也。"段玉裁注:"引申凡损皆曰亏。"《书·旅獒》:"为山九仞,功亏一篑。"孔传:"未成一篑,犹不为山,故曰功亏一篑。"《楚辞·天问》:"八柱何当? 东南何亏?"王逸注:"东南不足,谁亏缺之也?"《韩非子·五蠹》:"虽监门之服养,不亏于此。"《史记·范雎蔡泽列传》:"日中则移,月满则亏。"唐韩愈《祭李氏二十九娘子文》:"汝之警敏和静,人莫及之。姿相丰端,不见阙亏。"《朱子语类》卷七五:"论得到极处固只是一个道理,看时须做两处看,方看得周匝无亏欠处。"

可见,"盈"与"亏",在"有余"与"不足"的义位上构成反义关系。

33. 丈夫——妇人

《释亲》卷六下:"男子谓之丈夫,女子谓之妇人。"(第 202 页下)

丈夫,指成年男子。《谷梁传·文公十二年》:"男子二十而冠,冠而列丈夫。"《管子·地数》:"凡食盐之数,一月:丈夫五升少半,妇人三升少半,婴儿二升少半。"唐无名氏《补江总白猿传》:"少选,有美髯丈夫长六尺余,白衣曳杖,拥诸妇人而出。"

妇人,指成年女子。《易·恒》:"妇人吉,夫子凶。"《墨子·非攻下》:"农夫不暇稼穑,妇人不暇纺绩织纴。"北齐颜之推《颜氏家训·治家》:"妇人之性,率宠子婿而虐儿妇。"唐罗隐《谗书·拾甲子年事》:"谷竟从逆,呜呼,谋及妇人者必亡。"《水浒传》第二十七回:"早望见一个酒店,门前窗槛边坐着一个妇人。"茅盾《野蔷薇·诗与散文》:"他霍地转过身来,便和一位身材苗条的妇人面对面了。"

可见,"丈夫"与"妇人",在"男子"与"女子"的意义上构成反义关系。

34. 耆——懦

《释诂》卷一下:"耆,强也。"疏证:"耆者,《逸周书·谥法解》云:耆,强也。昭二十三年《左传》:不懦不耆。杜预注云:耆,强也。"(第 29 页下)

耆,强横。《逸周书·谥法》:"耆意大虑曰景。"孔晁注:"耆,强也。"《左传·昭公二十三年》:"不僭不贪,不懦不耆;完其守备,以待不虞。"杜预注:"耆,强也。"孔颖达疏:"不强,不凌人也。"《睡虎地秦墓竹简·司空律》:"居贳赎责(债),欲代者,耆弱相当,许之。"

懦,畏怯软弱。《说文·心部》:"懦,驽弱者也。"《广韵·虞韵》:"懦,弱也。"《左传·僖公二年》:"宫之奇之为人也,懦而不能强谏。"杜预注:"懦,弱也。"《淮南子·缪称》:"简公以懦杀,子阳以猛刭,皆不得其道者也。"《宋史·范仲淹传》:"王举正懦默不任事。"《金瓶梅词话》第七回:"老身当言不言谓之懦。"

可见,"耆"与"懦",在"强横"与"怯弱"的义位上构成反义关系。

35. 阽、危——安

《释诂》卷一上:"虞、宴、镇、抚、慰,安也。"(第 13 页下)

《释诂》卷一下："阽，危也。"（第 29 页下）

阽，危险。清段玉裁《说文解字注·阜部》："阽，引申为凡物之危。"《楚辞·离骚》："阽余身而危死兮，览余初其犹未悔。"王逸注："阽，犹危也。"汉贾谊《论积贮疏》："失时不雨，民且狼顾；岁恶不入，请卖爵子。既闻耳矣，安有为天下阽危者若是而上不惊者？"清龚自珍《平均篇》："有如贫相轧，富相耀；贫者阽，富者安。"《医宗金鉴·四诊心法要诀上》："官部色脉，五病交参，上逆下顺，左右反阽。"原注："阽，危也。"

危，危险，不安全。《左传·昭公十八年》："小国忘守则危，况有灾乎？"《韩非子·十过》："故曹，小国也，而迫于晋、楚之间，其君之危，犹累卵也。"唐王昌龄《咏史》诗："位重任亦重，时危志弥敦。"孙犁《秀露集·耕堂读书记三》："尝思书籍之危，还不在历史上的焚书禁书，以及水、火、兵、虫之灾。"

安，安全；平安。与"危"相对。《易·系辞下》："君子安而不忘危，存而不忘亡，治而不忘乱，是以身安而国可保也。"汉焦赣《易林·旅之剥》："去安就危，坠陷井池。"唐韩愈《秋怀》诗之九："青冥无依倚，飞辙危难安。"明陈继儒《珍珠船》卷一："供奉官郭垣在母胎余年不育，有善针人百余针，竟亦不动，至二十二月生，子母俱安。"

可见，"阽"、"危"与"安"，在"危险"与"安全"的义位上构成反义关系。

36. 粜——籴

《释诂》卷三上："粜，卖也。"（第 81 页下）

《释诂》卷三上："籴，买也。"（第 81 页下）

粜，卖出粮食。《说文·出部》："粜，出谷也。"《玉篇·出部》："粜，出谷米也。"《管子·轻重丁》："齐西水潦而民饥，齐东丰庸而粜贱。"《韩非子·内储说下》："韩昭侯之时黍种尝贵甚，昭侯令人覆廪，吏果窃黍种而粜之甚多。"《史记·货殖列传》："夫粜，二十病农，九十病末。"唐聂夷中《咏田家》："二月卖新丝，五月粜新谷。"刘大白《收成好》诗："不但全家饱一年，有余更上行家粜。"

籴，买进粮食。《说文·入部》："籴，市谷也。"《玉篇·入部》："籴，入米也。"《广韵·锡部》："籴，市谷米。"《集韵·药部》："籴，关中谓买粟麦曰籴。"《公羊传·庄公二十八年》："臧孙辰告籴于齐。"何休注："买谷曰籴。"北齐颜之推《颜氏家训·治家》："遣婢籴米，因尔逃窜。"唐杜甫《醉时歌》："日籴太仓五升米，时赴郑老同襟期。"《儒林外史》第十一回："不多时，老妪籴米回，往厨下烧饭去了。"叶圣陶《倪焕之》二三："农民们只好特别廉价卖掉仅有的收获去缴租，自己日后反而用高价籴每天的饭米。"

可见，"粜"与"籴"，在"卖粮食"与"买粮食"的义位上构成反义关系。

37. 调和——急戾

《释诂》卷一下:"矜,急也。"疏证:"矜者,《荀子·议兵篇》:矜纠缭之属,为之化而调。矜纠、收缭皆急戾之意,故与调和相反。杨倞注以矜为夸汏,失之。"(第35页下～第36页上)

调和,和顺协调。《说文·言部》:"调,和也。"《玉篇·言部》:"调,合和。"《广雅·释诂三》:"调,和也。"《广雅·释诂三》:"和,谐也。"《诗·小雅·车攻》:"决拾既饮,弓矢既调。"郑玄笺:"调谓弓强弱与矢轻重相得。"《楚辞·东方朔〈七谏·谬谏〉》:"不论世而高举兮,恐操行之不调。"王逸注:"调,和也。"《吕氏春秋·察今》:"尝一脟肉,而知一镬之味,一鼎之调。"高诱注:"调,调和也。"《资治通鉴·汉光武帝建武二十四年》:"但畏长者家儿或在左右,或与从事,殊难得调,介介独恶是耳!"胡三省注:"调,和也。"

急戾,急躁违逆。戾,违逆。《广韵·霁韵》:"戾,乖也。"《荀子·荣辱》:"为事利,争货财,无辞让,果敢而振,猛贪而戾。"杨倞注:"戾,乖背也。"《淮南子·览冥》:"举事戾苍天,发号逆四时。"高诱注:"戾,反也。"唐韩愈《上贾滑州书》:"读书学文十五年,言行不敢戾于古人。"《新唐书·历志三上》:"先后相戾,不可叶也,皆日行盈缩使然。"《宋史·职官志五》:"凡诸生之戾规矩者,待以五等之罚。"清谭嗣同《仁学》:"保其身以不戾于时。"

可见,"调和"与"急戾",在"和顺"与"乖戾"的义位上构成反义关系。

38. 稙——稺

《释言》卷五上:"稙,早也。"疏证:"《说文》:稙,早种也。《鲁颂·閟宫篇》:稙稺菽麦。毛传云:先种曰稙,后种曰稺。"(第141页下)

稙,(粮食作物)早种。《说文·禾部》:"稙,早种也。"《玉篇·禾部》:"稙,早种也。"《广雅·释言五》:"稙,早也。"疏证:"《释名》云:'青徐人谓长妇曰稙,禾苗先生者曰稙,取名于此也。'"《诗经·鲁颂·閟宫》:"黍稷重穋,稙稺菽麦。"毛传:"先种曰稙。"高亨注:"稙,早种的谷类。"孔颖达疏:"重穋稙稺,生熟早晚之异称耳,非谷名先种曰稙,后种曰稺……后熟曰重,先熟曰穋。"北魏贾思勰《齐民要术·种谷》:"二月、三月种者为稙禾。"又《种瓜》:"种稙谷时种之。"唐元稹《出门行》:"善贾识贪廉,良田无稙稺。"

稺,字也作"稚"。(粮食作物)晚种。《广雅·释诂三》:"稺,晚也。"疏证:"稺,亦迟也。《说文》:'稺,幼禾也。'晚种后孰者。"《诗·鲁颂·閟宫》:"黍稷重穋,稙稺菽麦。"毛传:"后种曰稺。"《淮南子·俶真》:"故河鱼不得明目,稺稼不得育时,其所生者然也。"高诱注:"河水浊,故不得明目;稺稼为霜所凋,故不得待其自熟时。故曰其所生者然也。"郭澄晴《大刀记》第十七章:"稚庄稼全都熟了,散发着醉人的香味。"

可见,"稙"与"稺",在"早种"与"晚种"的义位上构成反义关系。

39.广、宽——狭、窄

《释诂》卷三上:"寛、宽,宽也。"(第91页下)

《释诂》卷四下:"广,博也。"(第132页下)

《释诂》卷一下:"窄,陿也。"疏证:"狭与陿通。"(第31页下~32页上)

广,宽阔;面积大。《玉篇·广部》:"广,大也。"《广雅·释诂一》:"博、广,大也。"《字汇·广部》:"广,阔也。"《诗·周南·汉广》:"汉之广矣,不可泳思。"三国魏曹植《赠白马王彪》:"伊洛广且深,欲济川无梁。"晋干宝《晋纪总论》:"基广则难倾,根深则难拔。"鲁迅《集外集·无题》:"心事浩茫连广宇,于无声处听惊雷。"

宽,宽阔;广阔。《说文·宀部》:"宽,屋宽大也。"《玉篇·宀部》:"宽,大也。"《字汇·宀部》:"宽,广也。"《后汉书·刘般传》:"府寺宽敞。"三国魏嵇康《幽愤诗》:"恢恢六合间,四海一何宽。"唐宋之问《奉和九日幸临渭亭登高应制得欢字》:"御气云霄近,乘高宇宙宽。"明徐弘祖《徐霞客游记·游庐山日记》:"阳则山从绝顶平剖,列为五枝,凭空下坠者万仞,外无重冈叠嶂之蔽,际目甚宽。"沙汀《航线》:"现在,是没有急流、阴影和'神匪'了;河岸展开着,仿佛天都宽了好多。"

狭,窄。与"宽"、"广"相对。《广韵·洽韵》:"狭,陿狭。"《集韵·洽韵》:"陕,《说文》:'陿也。'或作狭。"《墨子·备突》:"维置突门内,使度门广狭令之入门中四五尺。"《史记·萧相国世家》:"长安地狭,上林中多空地,弃,愿令民得入田。"唐韩愈《袁州刺史谢上表》:"伏以州小地狭,税赋及时,人安吏循,闾里无事。"宋洪皓《松漠记闻》卷上:"其江甚深,狭处可六七十步,阔处至百步。"茅盾《当铺前》:"河道是很狭的,小火轮经过时卷起了两股巨浪,豁剌剌地冲击着那些沿河的'田横埂'。"

窄,狭陿;狭小。《字汇·穴部》:"窄,狭也。"《尉缭子·兵教下》:"城大而地窄者,必先攻其城。"三国魏卫觊《西岳华山亭碑》:"处所逼窄,屑窣有声。"唐白居易《题新昌所居》诗:"院窄难栽竹,墙高不见山。"宋孙光宪《酒泉子》词:"香貂旧制戎衣窄,胡霜千里白。"《水浒全传》第七十九回:"骑一匹恨天低、嫌地窄,千里乌骓马。"杨朔《征尘》:"这个人心眼儿太窄,遇事想不开。"

可见,"广"、"宽"与"狭"、"窄",在"宽广"与"狭窄"的义位上构成反义关系。

40.锐、利——钝

《释诂》卷二下:"锐,利也。"(第63页上)

《释诂》卷四上:"钝,迟也。"(第119页上)

锐,锋利。《庄子·天下》:"坚则毁矣,锐则挫矣。"《淮南子·时则》:"柔而不刚,锐而不挫。"高诱注:"锐,利也。"唐杜甫《承闻河北诸道节度入朝欢喜口号绝句十二首》之四:"拥兵相学干戈锐,使者徒劳万里回。"

利,锋利。《说文·刀部》:"利,铦也。"《玉篇·刀部》:"利,剡也。"《易·系辞上》:"二人同心,其利断金。"孔颖达疏:"二人若同齐其心,其纤利能断截于金。"《荀子·劝学》:"金就砺则利。"唐韩愈《送区册序》:"江流悍急,横波之石,廉利倅剑戟。"鲁迅《坟·摩罗诗力说》:"利剑轻舟,无间人神,所向无不抗战。"

钝,(刀剑)不锋利。《说文·金部》:"钝,錭也。"《广韵·慁韵》:"钝,不利也。"《正字通·金部》:"钝,刀剑不利也。"《韩非子·显学》:"水击鹄雁,陆断驹马,则臧获不疑钝利。"《潜夫论·考绩》:"夫剑不试则利钝闇,弓不试则劲挠诬。"《汉书·贾谊传》:"莫邪为钝,铅刀为铦。"《百喻经·就楼磨刀喻》:"嫌刀钝故,求石欲磨。"宋王迈《观猎行》:"或言器械钝,驰逐无所挟。"

可见,"锐"、"利"与"钝",在"锋利"与"不锋利"的义位上构成反义关系。

41. 勤——惰、怠、懒

《释诂》卷二下:"惰、怠,懒也。"(第63页下)

《释诂》卷四上:"仂,勤也。"(第121页下)

勤,尽力多做;不断地做。唐玄应《一切经音义》卷七:"《字书》:'仂,勤也。'今皆为力字。"《左传·僖公二十八年》:"非神败令尹,令尹其不勤民,实自败也。"杜预注:"尽心尽力无所爱惜为勤。"《书·周官》:"尔卿士,功崇惟志,业广惟勤。"唐韩愈《进学解》:"业精于勤荒于嬉,行成于思毁于随。"宋陆游《大雨踰旬既止复作江遂大涨》:"以勤赎懒护其短,水浸城门渠不管。"清钱泳《履园丛话·考索·动》:"凡事勤则成,懒则败。"周立波《暴风骤雨》第一部"四":"人勤地不懒,这话真不假。"

惰,懒惰;懈怠。《书·益稷》:"元首丛脞哉,股肱惰哉,万事堕哉。"孔传:"君如此则臣懈惰。"《论语·子罕》:"语之而不惰者,其回也与!"《史记·项羽本纪》:"战胜而将骄卒惰者败。"唐韩愈《袁州刺史谢上表》:"微臣惟当布陛下惟新之泽,守国家承平之规,劝以耕桑,使无怠惰而已。"

怠,不勤快;怠惰。《玉篇·心部》:"怠,懈怠也。"《书·大禹谟》:"汝惟不怠,总朕师。"孔传:"汝不懈怠于位。"《吕氏春秋·达郁》:"壮而怠则失时,老而解则无名。"高诱注:"怠,懈也。"汉扬雄《羽猎赋》:"丞民乎农桑,劝之以弗怠。"南朝梁刘勰《文心雕龙·养气》:"夫学业在勤,功庸弗怠,故有锥股自厉,和熊以苦之人。"唐柳宗元《送薛存义序》:"今受其直怠其事者,天下皆然。"

懒,不勤快;怠惰。《说文·女部》:"嬾,懈也,怠也。一曰卧也。"段玉裁注:"俗作懒。"《玉篇·心部》:"懒,俗嬾字。"《南史·范晔传》:"吾少懒学问。"唐司空图《上陌梯寺怀旧僧》:"纵有人相问,林间懒拆书。"《宋书·范晔传》:"吾少懒学问,晚成人。"曹禺《日出》第二幕:"其实我也知道他懒,死不长进。"

可见,"勤"与"惰"、"怠"、"懒",在"勤快"与"懒惰"的义位上构成反义关系。

42. 清——浊

《释诂》卷一下:"冽、澂、泞,清也。"疏证:"冽者,《说文》:冽,水清也。"(第 30 页上)

《释诂》卷三上:"溷,浊也。"(第 89 页上)

清,水纯净透明。与"浊"相对。《说文·水部》:"清,朖也,澄水之皃。"段玉裁注:"朖者,明也。澄而后明,故云澄水之皃。"《玉篇·水部》:"清,澄也,洁也。"《诗·魏风·伐檀》:"河水清且涟漪。"《楚辞·渔父》:"沧浪之水清兮,可以濯我缨;沧浪之水浊兮,可以濯我足。"三国魏曹植《公宴》:"潜鱼跃清波,好鸟鸣高枝。"唐孟浩然《宿建德江》:"野旷天低树,江清月近人。"周立波《山乡巨变·入乡》:"平静的河水清得发绿,清得可爱。"

浊,水浑浊;不清亮。《释名·释言语》:"浊,渎也。"《篇海内编·地理类·水部》:"浊,不清也。"《诗·小雅·四月》:"相彼泉水,载清载浊。"北魏郦道元《水经注·河水一》:"河水浊,清澄一石水,六斗泥。"唐徐夤《醉题邑宰南塘屋壁》:"万古清淮碧绕环,黄河浊浪不相关。"

可见,"清"与"浊",在"水清亮"与"水浑浊"的义位上构成反义关系。

43. 强——弱

《释诂》卷一下:"劣,弱也。"(第 43 页上)

《释诂》卷一下:"坚、刚,强也。"(第 29 页下)

强,强大。"弱"的反面。《孙子·势》:"乱生于治,怯生于勇,弱生于强。"《银雀山汉墓竹简·孙膑兵法·客主人分》:"甲坚兵利不得以为强。"《史记·张耳陈余列传》:"楚虽强,后必属汉。"晋孙楚《为石仲容与孙皓书》:"虎臣武将,折冲万里,国富兵强,六军精练。"唐柳宗元《愈膏肓疾赋》:"外强中干,精气内伤。"宋苏轼《策别八》:"苻坚以戎狄之种,至为霸王,兵强国富。"

弱,弱小。"强"的反面。《玉篇·弓部》:"弱,尫劣也。"《书·洪范》:"六曰弱。"孔传:"尫劣。"孔颖达疏:"尫劣并是弱事,为筋力弱,亦为志气弱。"《左传·襄公十一年》:"楚弱于晋。"《礼记·祭义》:"强不犯弱,众不暴寡。"《荀子·君道》:"为人主者,莫不欲强而恶弱,欲安而恶危。"《后汉书·耿纯传》:"抑强扶弱。"

可见,"强"与"弱",在"强大"与"弱小"的义位上构成反义关系。

44. 刚——柔

《释诂》卷四下:"巛,柔也。"疏证:"巛者,《杂卦传》云:乾刚坤柔。坤,与巛同。"(第130页上)

刚,坚硬;强劲。与"柔"相对。《说文·刀部》:"刚,强也。"朱骏声通训定声:"刚,本训芒刃之坚利。"又"刚,断也。"桂馥义证:"刚至强,强主断。"王筠句读:"刚,字在刀部,主刀而言,而人之刚为借。"《字汇·刀部》:"刚,坚也。"《易·说卦》:"兑,其于地也,为刚卤。"《诗·小雅·采薇》:"采薇采薇,薇亦刚止。"郑玄笺:"刚谓少坚忍时。"《论语·公冶长》:"吾未见刚者。"刘宝楠正义引郑玄注:"刚,谓强志不屈挠。"汉扬雄《法言·先知》:"甄陶天下者,其在和乎?刚则甈,柔则坏。"唐李筌《太白阴经·阵图·教弩图》:"穿刚洞坚,自近及远。"宋司马光《上体要疏》:"奸不能惑,佞不能移,故谓之刚。"

柔,软和;柔软。与"刚"相对。《说文·木部》:"柔,木曲直也。"段玉裁注:"凡木曲者可直,直者可曲曰柔。"《易·坤》:"坤至柔,而动也刚。"孔颖达疏:"柔,弱。"《庄子·天运》:"其声能短能长,能柔能刚。"《后汉书·臧宫传》:"柔能制刚,弱能制强。柔者,德也。刚者,贼也。"清魏源《吴农备荒议上》:"又谓晚稻粒柔以肥,良于早收粒刚之籼稻,故兑白粮之漕,必须晚稻。"

可见,"刚"与"柔",在"强劲"与"柔软"的义位上构成反义关系。

45. 曲——直

《释诂》卷一上:"直,正也。"(第11页下)

《释诂》卷一下:"枉,曲也。"(第33页下)

《释诂》卷三上:"揉,直也。"疏证:"揉者,正曲而使之直也。"(第82页上)

曲,弯曲;不直。《玉篇·曲部》:"曲,不直也。"《诗经·小雅·采绿》:"予发曲局,薄言归沐。"郑玄笺:"今曲卷其发,忧思之甚也。"《荀子·劝学》:"其曲中规。"《晏子春秋·内篇杂上三》:"曲刃钩之,直兵推之,婴不革矣。"唐韩愈《独钓》诗之一:"曲树行藤角,平池散芡盘。"何其芳《画梦录·墓》:"曲的清溪流泻着幽冷。"

直,不弯曲。《玉篇·乚部》:"直,不曲也。"《诗·小雅·大东》:"周道如砥,其直如矢。"《书·洪范》:"木曰曲直。"《庄子·山木》:"直木先伐,甘井先竭。"南朝宋谢灵运《平原侯植》:"平衢修且直,白杨信袅袅。"唐王维《使至塞上》:"大漠孤烟直,长河落日圆。"宋林逋《杂兴》之三:"梯斜晚树收红柿,筒直寒流得白鱼。"陈毅《冬夜杂咏》:"大雪压青松,青松挺且直。"

可见,"曲"与"直",在"弯曲"与"不弯曲"的义位上构成反义关系。

46.始——终

《释诂》卷一上:"古、昔,始也。"(第5页上)

《释诂》卷四下:"结,终也。"(第129页上)

始,开始;开端。与"终"相对。《说文·女部》:"始,女之初也。"段玉裁注:"《释名》曰:初,始也。此与为互训。"《诗·豳风·七月》:"亟其乘屋,其始播百谷。"《易·乾》:"大哉乾元,万物资始。"《晋书·谢安传》:"安虽受朝寄,然东山之志始末不渝,每形于颜色。"唐韩愈《曹成王碑》:"王始政于温,终政于襄。"《镜花缘》第九十三回:"此刻轮到妹子收令,必须也用一个佳句才有始有终。"《红楼梦》第七十回:"明日为始,一天写一百字才好。"

终,结局;终止。与"始"相对。《广雅·释诂三》:"终、竟也。"《诗·大雅·荡》:"靡不有初,鲜克有终。"《易·系辞下》:"《易》之为书也,原始要终,以为质也。"《国语·鲁语上》:"终则讲于会,以正班爵之义。"韦昭注:"终,毕也。"南朝梁刘勰《文心雕龙·章句》:"原始要终,体必鳞次。"唐元稹《莺莺传》:"始乱之,终弃之,固其宜矣。"宋高观国《忆秦娥·舟中书事》:"曲终人去,愁寄湖山。"

可见,"始"与"终",在"开始"与"结局"的义位上构成反义关系。

47.誉、称——詆、诋、诽

《释诂》卷四下:"称,誉也。"(第128页下)

《释诂》卷二下:"诽、诋,詆也。"(第66页下)

誉,称赞;赞美。《说文·言部》:"誉,偁也。"《论语·卫灵公》:"吾之于人也,谁毁谁誉? 如有所誉者,其有所试矣。"邢昺疏:"誉,谓称扬也。"《韩非子·难势》:"人有鬻矛与楯者,誉其楯之坚:'物莫能陷也。'俄而又誉其矛曰:'吾矛之利,物无不陷也。'"《资治通鉴·晋成帝咸和三年》:"诸君怯懦,乃更誉贼!"胡三省注:"誉,称扬之也。"宋王安石《半山即事》诗之五:"曾侍玉阶知帝力,曲中时有誉尧心。"沙汀《困兽记》一:"他常被誉为老青年,在座的人,几乎大半都是他的学生。"

称,称道;称扬。清段玉裁《说文解字注·禾部》:"偁,扬也。今皆用称。"《管子·大匡》:"凡于父兄无过,州里称之,吏进之,君用之。"《史记·曹相国世家论》:"百姓离秦之酷后,参与休息无为,故天下俱称其美矣。"宋苏轼《东坡志林·道士张易简》:"吾八岁入小学,以道士张易简为师,童子几百人,师独称吾与陈太初者。"清顾炎武《菰中随笔》:"后之言政治者,皆称元嘉焉。"

詆,同"毁"。诋毁;毁谤。《集韵·纸韵》:"毁,谤也。或作詆,通作毁。"《论语·卫灵公》:"吾之于人也,谁毁谁誉?"朱熹集注:"毁者,称人之恶而毁其真。"明归有光《与沈敬甫十八首》:"见书詈骂,大加诋毁。"《史记·孟尝君列传》：“齐王惑于秦楚之毁，以为孟尝君名高其主而擅齐国之权，遂废孟尝君。”《汉书·邹阳传》：“夫以孔、墨之辩，不能自免于谗谀，而二国以危，何则？ 众口铄金，积毁销骨也。”唐皮日休《原谤》：“故尧有不慈之毁，舜有不慈之谤。”《清平山堂话本·快嘴李翠莲记》：“两亲家相见毕，婆婆耐不过，从头将打先生、骂媒人、触夫主、毁公婆，一一告诉一遍。”茅盾《虹》六：“只有平凡的人才是无毁无誉的呵！”

诋，毁谤；诬蔑。《玉篇·言部》：“诋，訾也。”《正字通·言部》：“诋，讦也。”《墨子·修身》：“虽有诋讦之民，无所依矣。”《汉书·刘向传》：“缘饰文字，巧言丑诋。”颜师古注：“诋，毁也，辱也。”北齐颜之推《颜氏家训·勉学》：“吟啸谈谑，讽咏辞赋，事既优闲，材增迂诞，军国经纶，略无施用，故为武人俗吏所共嗤诋。”宋王安石《读墨》：“咏言以自誉，吾诗非好诋。”明叶盛《水东日记·南都人物之盛》：“惜乎，二公尝请老而不得，近为南京十三道官诋其贪恋，时论为之不平。”鲁迅《花边文学·北人与南人》：“羊衒之的《洛阳伽蓝记》中，就常诋南人。”

诽，毁谤。《广雅·释诂三》：“诽，恶也。”清段玉裁《说文解字注·言部》：“诽，诽之言非也，言非其实。”《荀子·大略》：“惟惟而亡者，诽也；博而穷者，訾也。”杨倞注：“常听从人而不免亡者，由于退后即诽谤也。”《淮南子·缪称》：“圣人不求誉，不辟诽，正身直行，众邪自息。”《云笈七签》卷八七：“议深为骂，骂深为訾，訾深为谤，谤深为诽，诽深为讟。”宋王安石《答司马谏议书》：“至于怨诽之多，则固前知其如此也。”

可见，“誉”、“称”与“毁”、“诋”、“诽”，在“称赞”与“诋毁”的义位上构成反义关系。

48. 文——质

《释诂》卷二上：“文，饰也。”（第52页下）

《释诂》卷三下：“性，质也。”（第100页上）

《释诂》卷三下：“质，主也。”（第100页上）

文，华丽。与“质”或“野”相对。《论语·颜渊》：“君子质而已矣，何以文为？”《盐铁论·本议》：“夫文繁则质衰，末盛则本亏。”唐姚合《寄旧山隐者》诗：“我性本朴直，词理安得文。”明徐光启《农政全书》卷四五：“其仓务要宏敞坚固，可垂百年。盖藏之计宁广毋狭，宁质毋文。”

质，朴实；纯朴。《玉篇·贝部》：“质，朴也。”《论语·雍也》：“质胜文则野，文胜质则史。”《韩非子·解老》：“夫君子取情而去貌，好质而恶饰。”《文选·陆云〈大将军宴会被命作诗〉》：“神道见素，遗华反质。”李善注：“华谓采章，质谓淳朴也。”《新五代史·刘岳传》：“宰相冯道世本田家，状貌质野，朝士多笑其陋。"明方孝孺《宁野轩铭》:"皇始尚质,贵乎自然。"朱自清《诗言志辨·诗言志》:"近人苏舆《义证》曰:'诗言志,志不可伪,故曰质。'质就是自然。"

可见,"文"与"质",在"华丽"与"纯朴"的义位上构成反义关系。

49.虚、空——实

《释诂》卷三下:"窾、廓、虚,空也。"疏证:"窾者,《庄子·养生主篇》:道大窾。崔撰注云:窾,空也。《汉书·司马迁传》:实不中其声者谓之款。服虔注云:款,空也。款,与窾通。《尔雅》:鼎款足者谓之鬲。……案:款足,犹空足也。《汉书·郊祀志》:鼎空足曰鬲。苏林注云:足中空不实者名曰鬲。是其证矣。"(第99页上~99页下)

《释诂》卷四下:"日、室、经,实也。"(第129页下)

虗,同"虚"。空无所有。与"实"相对。《字汇·虍部》:"虗,俗虚字。"《易·归妹》:"上六无实,承虚筐也。"《荀子·宥坐》:"中而正,满而覆,虚而敧。"《老子》第三章:"虚其心,实其腹。"《史记·老子韩非列传》:"良贾深藏若虚,君子盛德容貌若愚。"司马贞索隐:"深藏谓隐其宝货,不令人见,故云'若虚'。"唐段成式《酉阳杂俎·医》:"魏时有句骊客善用针,取寸发斩为十余段,以针贯取之,言发中虚也,其妙如此。"叶圣陶《未厌集·遗腹子》:"已届中年,后顾尚虚。"

空,空虚;中无所有。《广雅·东韵》:"空,空虚。"《管子·五辅》:"公法行而私曲止,仓廪实而囹圄空。"《后汉书·孔融传》:"座中客恒满,尊中酒不空,吾无忧矣。"唐韩愈《送温处士赴河阳军序》:"伯乐一过冀北之野,而马群遂空。"宋苏轼《石钟山记》:"有大石当中流,可坐百人,空中而多窍。"

实,充实;充满。《小尔雅·广诂》:"实,满也。"《楚辞·招魂》:"瑶浆蜜勺,实羽觞些。"王逸注:"实,满也。"又《九歌·湘夫人》:"合百草兮实庭。"洪兴祖补注引五臣云:"实,满也。"《国语·越语下》:"田野开阔,府仓实,民众殷。"《礼记·玉藻》:"盛气颠实扬休。"孔颖达疏:"实,满也。"

可见,"虚"、"空"与"实",在"空虚"与"充实"的义位上构成反义关系。

50.疾、急、快——迟、缓、慢

《释诂》卷一下:"疾,急也。"(第35页下)

《释诂》卷二下:"苦,快也。"(第68页上)

《释诂》卷二上:"慢……迟,缓也。"(第51页下)

疾,快速;急速。《尔雅·释言》:"疾,壮也。"郭璞注:"壮,壮事,谓速也。"邢昺疏:"急疾、齐整,皆于事敏速强壮也。"《广韵·质韵》:"疾,急也。"清段玉裁《说文解字注·广部》:"疾,经传多训为急也,速也。"《易·系辞上》:"唯神也,故不疾而速,不行而至。"孔颖达疏:"不须急疾,而事速成。"

《管子·度地》："夫水之性，以高走下则疾。"《汉书·冯奉世传》："故少发师而旷日，与一举而疾决，利害相万也。"唐韩愈《送王秀才序》："夫沿河而下，苟不止，虽有迟疾，必至于海。"宋王安石《怀元度》诗之一："秋水才深四五尺，扁舟斗转疾于飞。"

急，疾速。《广韵·缉韵》："急，急疾。"《诗·小雅·六月》："玁狁孔炽，我是用急。"毛传："北狄来侵甚炽，故王以是急遣我。"《史记·秦始皇本纪》："项羽急击秦军，虏王离，邯等遂以兵降诸侯。"唐白居易《宣州试射中正鹄赋》："雕弧乍满，当昼而明月弯弯；银镝急飞，不夜而流星熠熠。"明袁宏道《徐州道中》："马急知缰促，人疲觉路长。"康有为《大同书》乙部第三章："以为非常之学思，创非常之器艺，其文明进化之急，岂可量哉！"

快，迅速。《正字通·心部》："快，俗谓急捷曰快。"《史记·项羽本纪》："今日固决死，愿为诸君快战。"《世说新语·汰侈》："彭城有快牛，至爱惜之。"《晋书·王湛传》："此马虽快，然力薄不堪苦行。"宋苏轼《凤翔八观》诗之三："当其下手风雨快，笔所未到气已吞。"

迟，徐行；缓慢。《说文·辵部》："迟，徐行也。从辵，犀声。《诗》曰：'行道迟迟。'"《释名·释言语》："迟，颓也，不进之言也。"《玉篇·辵部》："迟，舒行皃。"《广韵·脂韵》："迟，徐也。"《荀子·修身》："则千里虽远，亦或迟或速，或先或后，胡为乎其不可以相及也！"《古诗为焦仲卿妻作》："非为织作迟，君家妇难为。"南朝梁丘迟《侍宴乐游苑送张徐州应诏》诗："风迟山尚响，雨息云犹积。"唐李峤《军师凯旋自邕州顺流舟中》诗："岸回帆影疾，风逆鼓声迟。"《警世通言·王安石三难苏学士》："上水时，舟行甚迟；下水时却甚快。"清魏源《出峡词》之二："上水惟苦迟，下水惟苦疾。"

缓，慢。与"急"相对。《韩诗外传》卷七："天有燥湿，弦有缓急，柱有推移，不可记也。"南朝梁刘峻《辩命论》："短则不可缓之于寸阴，长则不可急之于箭漏。"唐韩愈《岳阳楼别窦司直》诗："于嗟苦弩缓，但惧失宜当。"前蜀李珣《渔歌子》词："棹轻舟，出深浦，缓唱渔歌归去。"鲁迅《彷徨·在酒楼上》："我想，这回定是酒客了，因为听得那脚步声比堂倌的要缓得多。"

慢，缓行；缓慢。《诗·郑风·大叔于田》："叔马慢忌，叔发罕忌。"毛传："慢，迟。"郑玄笺："田事且毕，则其马行迟。"陈奂传疏："古侮嫚作嫚，惰慢作慢，其义皆不训迟。嫚、慢皆趱之假借字。《说文》：'趱，行迟也。'"唐李洞《送包处士》诗："性急却于棋上慢，身闲未免药中忙。"《儿女英雄传》第五回："一路紧赶紧走，慢赶慢行，一直的赶至一座大庙跟前。"茅盾《子夜》一："车子也走得慢了。"

可见，"疾"、"急"、"快"与"迟"、"缓"、"慢"，在"迅速"与"缓慢"的义位上构成反义关系。

51.结——解

《释诂》卷四上:"缔,结也。"疏证:"缔者,《说文》:'缔,结不解也。'"(第115页下)

结,系;缚。《释名·释姿容》:"结,束也。"《广雅·释诂二》:"结,续也。"《楚辞·九歌·山鬼》:"乘赤豹兮从文狸,辛夷车兮结桂旗。"洪兴祖补注:"以辛夷香木为车,结桂枝以为旌旗也。"《史记·扁鹊仓公列传》:"乃割皮解肌,决脉结筋。"《文选·张衡〈西京赋〉》:"罝罗之所羃结,竿殳之所撎毕。"李善注引薛综曰:"结,缚也。"唐杜甫《舟中》诗:"结缆排鱼网,连樯并米船。"刘半农《拟儿歌》:"羊肉店!羊肉香!羊肉店里结着一只大绵羊。"原注:"结,方言谓系。"

解,解开。《孟子·公孙丑上》:"当今之时,万乘之国行仁政,民之悦之,犹解倒悬也。"《墨子·公输》:"子墨子解带为城。"《韩非子·难一》:"桓公解管仲之束缚而相之。"三国魏曹植《洛神赋》:"愿诚素之先达兮,解玉佩以要之。"《水浒传》第十五回:"两个来到泊岸边,枯桩上缆的小船解了一只,便扶着吴用下船去了。"

可见,"结"与"解",在"系缚"与"解开"的义位上构成反义关系。

52.聋、聩——聪

《释诂》卷三上:"聩,聋也。"疏证:"《说文》:聩,生聋也。《晋语》:聋聩不可使听。《众经音义》卷一引贾逵注云:生聋曰聩。《法言·问明篇》云:吾不见震风之能动聋聩也。《说文》:聩,痴聩不聪明也。此即郭璞所云眊聩无所闻知。聩、聩,并音五怪反,其义同也。(第86页下)

聋,听觉失灵或迟钝。《说文·耳部》:"聋,无闻也。"《释名·释疾病》:"聋,笼也。如在蒙笼之内,听不察也。"《广雅·释训六》:"规觊、篷篢……聋聩、矇瞍,八疾也。"疏证:"聋聩,皆不能听之疾。《左传·僖公二十四年》:"耳不听五声之和为聋,目不别五色之章为昧。"《韩非子·解老》:"耳不能别清浊之声则谓之聋。"《国语·晋语四》:"嚚瘖不可使言,聋聩不可使听。"韦昭注:"耳不别无声之和曰聋。"南朝梁刘勰《文心雕龙·夸饰》:"信可发蕴而飞滞,披瞽而骇聋矣。"唐杜甫《独坐二首》诗之二:"亦知行不逮,苦恨耳多聋。"《儿女英雄传》第十六回:"原来他只得母女二人,他那母亲又是个既聋且病的。"

聩,生而耳聋者;也泛指耳聋。《说文·耳部》:"聩,聋也。"徐锴系传:"谓从生即聋也。"《国语·晋语四》:"嚚瘖不可使言,聋聩不可使听。"韦昭注:"生而聋曰聩。"晋葛洪《抱朴子·安塈》:"夫聩者不可督之以分雅郑,瞽者不可责之以别丹漆。"《新唐书·司空图传》:"名亭曰休休,作文以见志曰:'休,美也,既休而美具。故量才,一宜休;揣分,二宜休;耄而聩,三宜休。'"宋苏轼《东坡志林》卷一:"蕲州庞君安常,善医而聩,与人语,须书始能晓。"叶圣陶《穷愁》:"阿松有衰母,聩且謦。"

聪,听觉灵敏。《荀子·劝学》:"目不两视而明,耳不两听而聪。"《淮南子·本经》:"则目明而不以视,耳聪而不以听。"《礼记·杂记下》:"视不明,听不聪,行不正,不知哀,君子病之。"唐韩愈《元和圣德诗》:"皇帝神圣,通达古今,听聪视明,一似尧禹。"清钱泳《履园丛话·梦幻·自矜埋葬》:"秀才因于灶神前具疏,自道其平生虽无大阴德,然掩骼一事,当亦可挽回造化,何神听之不聪也。"

可见,"聋"、"聩"与"聪",在"听力失灵"与"听力灵敏"的义位上构成反义关系。

53. 瞽、盲——明

《释诂》卷四上:"视,明也。"(第112页上)

《释诂》卷三下:"瞽,盲也。"(第103页上)

瞽,失明;眼瞎。《说文·目部》:"瞽:目但有朕也。"徐锴系传:"说《尚书》者,言目漫若鼓皮也。朕但有黑子外微有黑影而已。"朱骏声通训定声:"谓目盲不开,惟有缝者。"《书·尧典》:"瞽子,父顽,母嚚。"孔传:"无目曰瞽。"宋无名氏《朝野遗记·显仁后》:"后不能却,为之誓曰:'吾先归,苟不迎若,有瞽吾目。'"《元史·刑法志》:"诸瞽者殴人,因伤致死,杖一百七。"清青城子《志异续编·堪舆》:"此地不发,罚我双瞽。"叶圣陶《穷愁》:"阿松有衰母,聩且瞽。"

盲,眼睛失明。《说文·目部》:"盲,目无牟子。"《释名·释疾病》:"盲,茫也,茫茫无所见也。"《庄子·逍遥游》:"岂唯形骸有聋盲哉?夫知亦有之。"《汉书·杜钦传》:"钦字子夏,少好经书,家富而目偏盲。"颜师古注:"盲,目无见也。"唐柳宗元《答韩愈论史官书》:"左邱明以疾盲,出于不幸。"

明,视觉灵敏。《孟子·离娄上》:"离娄之明,公输子之巧,不以规矩,不能成方圆。"《荀子·赋》:"以盲为明,以聋为聪,以危为安,以吉为凶。"《史记·淮南衡山列传》:"臣闻聪者听于无声,明者见于未形。"三国蜀诸葛亮《视听》:"观日月之形,不足以为明,闻雷霆之声,不足以为听。"宋沈辽《花药山法堂碑》:"求我道能达此事者,若瞽而明,若聩而聪。"

可见,"瞽"、"盲"与"明",在"眼睛失明"与"视觉灵敏"的义位上构成反义关系。

54. 慧——惷、愚

《释诂》卷一下:"惠,慧也。"(第39页上)

《释诂》卷一下:"惷,愚也。"(第32页上)

慧,聪明;智慧。《说文·心部》:"慧,儇也。"徐锴系传:"儇,敏也。"《左传·成公十八年》:"周子有兄而无慧,不能辨菽麦。"杜预注:"不慧,盖世所谓白痴。"《论语·卫灵公》:"群居终日,言不及义,好行小慧,难矣哉!"汉祢衡《鹦鹉赋》:"性辩慧而能言兮,才聪明以识机。"《世说新语·假谲》:"唯有一女,甚有姿慧。"宋苏轼《和陶〈桃花源〉》:"从来一生死,近又等痴慧。"清蒲松龄《聊斋志异·青凤》:"此青凤,鄙人之犹女也,颇慧,所闻见,辄记不忘。"

惷,愚蠢。《说文·心部》:"惷,愚也。"唐玄应《一切经音义》卷十七:"惷,愚也,憨也。"《周礼·秋官·司刺》:"三赦曰惷愚。"郑玄注:"惷愚,生而痴骇童昏者。"《淮南子·汜论》:"存亡之迹若此其易知也,愚夫惷妇皆能论之。"高诱注:"惷亦愚,无知之貌也。"宋苏轼《牡丹记叙》:"而余又方惷迂阔,举世莫与为比。"

愚,愚昧;愚笨。《说文·心部》:"愚也,憨也。"唐玄应《一切经音义》卷二十二:"愚,无所知也,亦钝也。"《论语·为政》:"吾与回言终日,不违如愚。"《诗·大雅·抑》:"人亦有言,靡哲不愚。"汉贾谊《新书·道术》:"深知祸福谓之知,反知为愚。"唐韩愈《调张籍》诗:"李杜文章在,光芒万丈长。不知群儿愚,那用故毁伤。"明袁宏道《与华中翰书》:"夫乡者,爱憎是非之孔,愁惨之狱,父兄师友责望之薮也。有何趣味而贪恋之?浪仙(贾岛)亦愚矣哉!"太平天国洪仁玕《军次实录》:"抑何愚乎,固可笑也。"

可见,"慧"与"惷"、"愚",在"聪明"与"愚蠢"的义位上构成反义关系。

55. 得——失

《释诂》卷二下:"逸,失也。"(第67页上)

《释诂》卷三下:"获,得也。"(第97页上)

得,获得;得到。与"失"相对。《说文·彳部》:"得,行有所得也。"《玉篇·彳部》:"得,获也。"《易·乾》:"知得而不知丧。"《诗·周南·关雎》:"求之不得,寤寐思服。"《后汉书·班超传》:"不入虎穴,安得虎子?"唐温庭筠《遐方怨》词:"未得君书,断肠潇湘春雁飞。"宋范成大《后崔租行》:"卖衣得钱都纳却。"明陈玉阳《义犬》第一出:"我见世上的事,事事眼热,事事要做,做了便得,得了便厌,厌了便丢。"清蒲松龄《聊斋志异·促织》:"死何益?不如自行搜觅,冀有万一之得。"

失,丧失;丢失。《说文·手部》:"失,纵也。"段玉裁注:"失,一曰舍也。在手而逸去为失。"《增修互注礼部韵略·质部》:"失,逸也。"《易·比》:"王用三驱,失前禽。"《论语·阳货》:"既得之,患失之。"南朝梁任昉《奏弹刘整》:"范今年二月九日夜,失车栏子夹杖龙牵等。"唐韩愈《顺宗实录四》:"亲治细事,失君人大体。"宋魏泰《东轩笔录》:"塞翁失马,今未足悲;楚相断蛇,后必有福。"《儿女英雄传》第三十一回:"失些东西,倒是小事。"

可见,"得"与"失",在"获得"与"失去"的义位上构成反义关系。

56.愉愉、喻喻、欣欣——戚戚、慅慅、愁愁、忡忡、怛怛

《释训》卷六上:"愉愉,和也。"(第178页上)

《释训》卷六上:"喻喻、欣欣,喜也。"(第177页下)

《释训》卷六上:"戚戚、慅慅、怮怮、愁愁、忡忡……怛怛,忧也。"(第178页上)

愉愉,和悦貌。愉,《广雅·释诂一》:"愉,喜也。"又《释诂三》:"愉,说也。"疏证:"悦,与说同。"《淮南子·本经》:"其心愉而不伪,其事素而不饰。"高诱注:"愉,和也。"《礼记·祭义》:"其立之也,敬以诎;其进之也,敬以愉。"郑玄注:"愉,颜色和貌也。"重言之为"愉愉"。《论语·乡党》:"私觌,愉愉如也。"何晏集解引郑玄曰:"愉愉,颜色和。"《礼记·祭义》:"齐齐乎其敬也,愉愉乎其忠也。"孙希旦集解:"'愉愉乎其忠'者,言其和顺之发于诚也。"唐韩愈《复志赋》:"时乘闲以获进兮,颜垂欢而愉愉。"宋司马光《答周同年书》:"今陛下慈爱宽仁,与群臣言,愉愉和颜色,如接宾友。"清戴名世《抚盗论》:"而一二腐儒懦夫亲见其祸如此其大,而以招抚为名,呴呴愉愉奉之。"

喻喻,欢愉貌。喻,欢愉。《庄子·齐物论》:"昔者庄周梦为胡蝶,栩栩然胡蝶也,自喻适志与。"陆德明释文引李颐云:"喻,快也。"《广雅·释训六》:"喻喻,喜也。"疏证:"《文选·圣主得贤臣颂》:是以呕喻受之。李善引应劭注云:呕喻,和悦貌。重言之则曰呕呕喻喻。《庄子·天道篇》:俞俞者,忧患不能处。《释文》引《广雅》:俞俞,喜也。张衡《东京赋》:其乐愉愉。并字异而义同。"

欣欣,喜乐貌。《尔雅·释诂上》:"欣,乐也。"《说文·欠部》:"欣,笑也喜也。"《玉篇·欠部》:"欣,喜也。"《广雅·释诂一》:"欣,喜也。"重言之为"欣欣"。《诗·大雅·凫鹥》:"旨酒欣欣,燔炙芬芬。"毛传:"欣欣然,乐也。"《楚辞·九歌·东皇太一》:"五音纷兮繁会,君欣欣兮乐康。"王逸注:"欣欣,喜皃。"宋刘子翚《渡淮》诗:"儿童相棹歌,余心亦欣欣。"

慼慼,同"戚戚"。忧伤貌。《广雅·释训六》:"戚戚,忧也。"疏证:"《论语·述而篇》云:小人常戚戚。戚,与'慼'同。"《诗·小雅·小明》:"心之忧矣,自诒伊戚。"毛传:"戚,忧也。"《论语·述而》:"君子坦荡荡,小人长戚戚。"何晏集解引郑玄曰:"长戚戚,多忧惧。"《汉书·韦玄成传》:"今我度兹,戚戚其惧。"晋陶潜《五柳先生传》:"不戚戚于贫贱,不汲汲于富贵。"宋李清

照《声声慢》词："寻寻觅觅,冷冷清清,凄凄惨惨戚戚。"鲁迅《三闲集·通信》："虽然明知道这是浅薄的人道主义,不时髦已经有两三年了,但因为小资产阶级根性未除,于心总是戚戚。"

慅慅,忧愁貌。《诗·陈风·月出》："舒忧受兮,劳心慅兮。"陆德明释文："慅,七老反,忧也。"《广雅·释训六》："慅慅,忧也。"疏证:"卷四下:慅,愁也。重言之则曰慅慅。《尔雅》:慅慅,劳也。劳亦忧也。《小雅·巷伯篇》:劳人草草。草,与慅同。《楚辞·九叹》:寨骚骚而不释。骚与慅,亦声近义同。"南朝梁武帝《代苏属国妇诗》:"怆怆独凉枕,慅慅孤月帷。"元虞集《出塞图》诗:"今日不乐心慅慅,什什伍伍呼其曹。"

愁愁,忧思重重貌。《说文·心部》:"愁,忧也。"《广雅·释诂一》:"愁,忧也。"《增韵·尤韵》:"愁,虑也。"重言之则为"愁愁"。汉刘向《九叹·逢纷》:"声哀哀而怀高丘兮,心愁愁而思旧邦。"

忡忡,忧愁貌。《说文·心部》:"忡,忧貌。"徐锴系传:"忧而心动也。"重言之为"忡忡"。《诗·邶风·击鼓》:"不我以归,忧心有忡。"毛传:"忧心忡忡然。"孔颖达疏:"传重言忡忡者,以忡为忧之意。"《诗·召南·草虫》:"未见君子,忧心忡忡。"元张可久《小桃红·春思》曲:"恨忡忡,一春愁压眉山重。"清谭莹《闻试炮声感赋》:"侧听心忡忡,苍茫立残照。"

怛怛,忧伤貌。《说文·心部》:"怛,憯也。"《方言》卷一:"怛,痛也。"《玉篇·心部》:"怛,悲也。"《广雅·释诂一》:"怛,忧也。"又《释诂二》:"怛,痛也。"重言之为"怛怛"。《诗·齐风·甫田》:"无思远人,劳心怛怛。"陈奂传疏:"怛怛,亦忧劳之意。"唐杜甫《秋日夔府咏怀奉寄郑监李宾客一百韵》:"别离忧怛怛,伏腊涕涟涟。"

可见,"愉愉"、"喻喻"、"欣欣"与"戚戚"、"慅慅"、"愁愁"、"忡忡"、"怛怛",在"喜"与"忧"的义位上构成反义关系。

57. 诞、信——猜、疑

《释诂》卷一下:"诞,信也。"(第25页下)

《释言》卷五上:"猜,疑也。"(第139页上)

诞,信。《广雅·释诂一》:"诞,信也。"疏证:"诞者,《文选·陆云〈大将军宴会诗〉》:诞隆骏命。李善注引薛君《韩诗章句》云:诞,信也。《尔雅》:亶,信也。亶与诞,声近义同。"

信,信任;相信。《广韵·震韵》:"信,重也。"《字汇·人部》:"信,不疑也。"《书·汤誓》:"尔尚辅予一人,致天之罚,予其大赍汝。尔无不信,朕不食言。"《论语·公冶长》:"始吾于人也,听其言而信其行。"《史记·扁鹊仓公列传》:"信巫不信医,六不治也。"唐韩愈《答胡生书》:"至于是而不悔,非信

153

道笃者,其谁能之?"《资治通鉴·周赧王三十一年》:"刑赏已诺信于天下矣。"胡三省注:"信,人不疑而心孚也。"巴金《关于〈长生塔〉》:"他信神,必然也信鬼。"

猜,猜疑;怀疑。《左传·昭公七年》:"夫子从君,而守臣丧邑,虽吾子亦有猜焉。"杜预注:"言季孙亦将疑我不忠。"杨伯峻注:"猜,猜疑。"晋葛洪《抱朴子·清鉴》:"尔则知人果未易也……然而世人甚以为易,经耳过目,谓可精尽,余甚猜焉,未敢许也。"宋欧阳修《清平乐》词:"别来音信全乖,旧期前事堪猜。"

疑,怀疑;不相信。《易·乾》:"或之者,疑之也。"《谷梁传·桓公五年》:"《春秋》之义,信以传信,疑以传疑。"《史记·刺客列传》:"夫为行而使人疑之,非节侠也。"《礼记·檀弓下》:"殷人作誓而民始畔,周人作会而民始疑。"《后汉书·范升传》:"愿陛下疑先帝之所疑,信先帝之所信,以示反本,明不专己。"宋王安石《即事》诗之三:"蜉蝣蔽朝夕,蟪蛄疑春秋。"元王实甫《西厢记》第三本第二折:"隔墙花影动,疑是玉人来。"

可见,"诞"、"信"与"猜"、"疑",在"相信"与"怀疑"的义位上构成反义关系。

58.行——止

《释诂》卷一上:"进,行也。"(第15页上)

《释诂》卷二下:"止,逗也。"(第65页上)

行,行走;前往。《诗·秦风·无衣》:"王于兴师,修我甲兵,与子偕行。"毛传:"行,往也。"唐韩愈《原道》:"不塞不流,不止不行。"宋苏轼《菩萨泉铭叙》:"初送武昌寒溪寺,及偏迁荆州,欲以像行,人力不能动,益以牛车三十乘,乃能至舣。舣复没,遂以还寺。"清毛先舒《八月十六夜纪游》:"夜已渐深,行三四里,寂无一人。"

止,停止。《广韵·止韵》:"止,停也。"《易·艮》:"时止则止,时行则行,动静不失其时,其道光明。"《韩诗外传》卷九:"树欲静而风不止。"《国语·吴语》:"吾见子,于此止矣!"

可见,"行"与"止",在"前进"与"停止"的义位上构成反义关系。

59.乱——治、理

《释诂》卷三下:"理,治也。"(第96页上)

《释诂》卷三上:"逆,乱也。"(第80页上)

乱,无秩序;无条理。《集韵·换韵》:"乱,紊也。"《左传·庄公十年》:"吾视其辙乱,望其旗靡,故逐之。"《逸周书·武称》:"岠嶮伐夷,并小夺乱。"朱右曾校释:"百事失纪曰乱。"《汉书·项籍传》:"〔羽〕乃自刭。王翳取其头,乱相轹蹈争羽相杀者数十人。"南朝梁刘勰《文心雕龙·附会》:"群言虽多,而无棼丝之乱。"隋王通《中说·王道》:"制理者参而不一乎,陈事者乱而无绪乎?"唐韩愈《南山诗》:"或乱若抽笋,或嵥若注灸。"宋张君房《云笈七籤》卷十三:"一脉塞而百经乱。"老舍《神拳》第四幕:"咱们打得勇,可也打得乱。"也指社会动荡,不安定。《集韵·换韵》:"乱,不理也。"《孙子·势》:"乱生于治,怯生于勇,弱生于强。"《吕氏春秋·察今》:"故治国无法则乱。"唐韩愈《送李愿归盘谷序》:"刀锯不加,理乱不知。"《新唐书·魏征传》:"大乱之易治,譬饥人之易食也。"清魏源《默觚下·治篇二》:"治久习安,安生乐,乐生乱。"

治,有秩序;严整。《释名·释言语》:"治,值也,物皆值其所也。"王先谦疏证补:"凡事治则条理秩然,物皆得所矣。"《庄子·人间世》:"以礼饮酒者,始乎治,常卒乎乱。"郭象注:"尊卑有别,旅酬有次。"《孙子·军争》:"以治待乱,以静待哗。"也指社会安定,太平。与"乱"相对。《易·系辞下》:"君子安而不忘危,存而不忘亡,治而不忘乱。"《潜夫论·潜叹》:"凡有国之君,未尝不欲治也,而治不世见者,所任不贤故也。"宋王安石《上仁宗皇帝万言书》:"夫文王惟能如此,故以征则服,以守则治。"明冯梦龙《智囊补·语智·杨廷和》:"陛下垂衣裳而天下治,圣情甚悦。"

理,顺。《广雅·释诂一》:"理,顺也。"《周礼·考工记·匠人》:"凡沟逆地防谓之不行,水属不理孙,谓之不行。"孙诒让正义引王引之云:"理、孙,皆顺也。"《孟子·尽心下》:"稽(貉稽)大不理于口。"杨伯峻注:"理,顺也。"汉贾谊《胎教》:"《易》曰:'正其本而万物理,失之毫厘,差以千里。'"也指(政局)太平,秩序安定。与"乱"相对。《管子·霸言》:"尧舜之人,非生而理也;桀纣之人,非生而乱也。故理乱在上也。"《孝经·广扬名》:"事兄悌,故顺可移于长;居家理,故治可移于宫。"《吕氏春秋·劝学》:"圣人之所在,则天下理焉。"《后汉书·刘平传》:"其后每属县有剧贼,辄令平守之,所至皆理。"唐白居易《法曲歌》:"法曲法曲舞《霓裳》,政和世理音洋洋。"宋王谠《唐语林·政事上》:"数年之间,渔商阗凑,州境大理。"章炳麟《秦政记》:"唐、宋虽理,法度不如汉、明平也。"

可见,"乱"与"治"、"理",在"无秩序"与"有秩序"的义位上构成反义关系。

60.勇——怯

《释诂》卷二下:"悍、猓、敢,勇也。"(第73页上)

《释诂》卷四上:"憻、愊,怯也。"(第116页下)

勇,有胆量;勇敢。《说文·力部》:"勇,气也。"段玉裁注:"勇者,气也,气之所至,力亦至焉。"《书·仲虺之诰》:"天乃锡王勇智,表正万邦。"《论语·

宪问》：“仁者不忧，知者不惑，勇者不惧。”《三国志·魏书·庞德传》：“每战，常陷陈却敌，勇冠腾军。”宋王安石《示蔡天启》诗：“蔡子勇成癖，能骑生马驹。”毛泽东《七律·人民解放军占领南京》：“宜将剩勇追穷寇，不可沽名学霸王。”

怯，胆小；懦弱。《玉篇·心部》：“怯，畏也。”《荀子·宥坐》：“勇力抚世，守之以怯；富有四海，守之以谦。”《商君书·战法》：“故王者之政，使民怯于邑斗，而勇于寇战。”汉贾谊《道术》：“持节不恐谓之勇，反勇为怯。”《三国志·魏书·夏侯渊传》：“为将当有怯弱时，不可但恃勇也。”唐韩愈《许国公神道碑铭》：“将兵数百人，悉识其材鄙怯勇。”老舍《小铃儿》：“你简直的不用去啦？这么怯，将来还打日本呢？”

可见，“勇”与“怯”，在“勇敢”与“怯懦”的义位上构成反义关系。

61. 亲——疏

《释诂》卷三上：“远，疏也。”（第85页上）

《释诂》卷三下：“亲，近也。”（第92页上）

亲，亲近；关系密切。与“疏”相对。《说文·见部》：“亲，至也。”段玉裁注：“《至部》曰：‘到者，至也。’到其地曰至，情意恳到曰至。”唐慧琳《一切经音义》卷二十引《仓颉篇》：“亲，爱也。”《易·乾》：“本乎天者亲上，本乎地者亲下，则各从其类也。”孔颖达疏：“《大司徒》云：‘动物植物本受气于天者……是亲附于上也。’”《韩非子·爱臣》：“爱臣太亲，必危其身。”《吕氏春秋·贵信》：“交友不信，则离散郁怨，不能相亲。”《淮南子·览冥》：“是故君臣乖而不亲，骨肉疏而不附。”唐杜甫《奉简高三十五使君》诗：“交情老更亲，天涯喜相见。”明刘基《送别灯和尚还乡序》：“今之人，同里巷以居而有不相接者，及其遇于他方，不啻如见骨肉。所适愈远，则其情愈亲。”

疏，疏远；不亲近。《玉篇·疋部》：“疏，非亲也。”《正字通·疋部》：“疏，亲属之远者曰疏。”《荀子·修身》：“谄谀者亲，谏争者疏。”《吕氏春秋·慎行》：“（荆平）王为（太子）建取妻于秦而美，（费）无忌劝王夺。王已夺之，而疏太子。”高诱注：“疏，远也。”《韩诗外传》卷九：“与人以实，虽疏必密；与人以虚，虽戚必疏。”《旧唐书·李密传》：“魏武将求九锡，荀彧止而见疏。”《新唐书·魏元忠传》：“中古以来，大道乖丧，疏贤哲，亲近习，乃委之以事，授之以权。”《镜花缘》第三十八回：“当日禹疏仪狄，绝脂酒。”

可见，“亲”与“疏”，在“亲近”与“疏远”的义位上构成反义关系。

62. 粗——细、纤、微

《释诂》卷一上：“粗，大也。”（第5页下）

《释诂》卷二上：“细、纤、微，小也。”（第54页上）

粗,粗大,指物体径围大或体积大。《玉篇·米部》:"粗,麤大也。"《礼记·月令》:"食麻与鸡,其器高以粗。"郑玄注:"粗,犹大也。"前蜀贯休《送僧入石霜》诗:"撩舍新罗瘦,炉烟栝柮粗。"唐皮日休《新秋即事三首》之二:"秋期净扫云根瘦,山信回增乳管粗。"元王实甫《西厢记》第三本第二折:"老夫人手执着棍儿摩娑看,粗麻线怎透得针关。"《红楼梦》第六回:"凭他怎样,你老拔根寒毛比我们的腰还粗呢!"豫剧《卷席筒》第十一场:"俺哥是从京里来的,官可粗啦!"

细,微小。与"大"、"粗"相对。《书·旅獒》:"不矜细行,终累大德。"孔传:"轻忽小物,积害毁大,故君子慎其微。"《左传·襄公四年》:"吾子舍其大而重拜其细,敢问何礼也?"《国语·周语下》:"大不逾宫,细不过羽。"《淮南子·地形》:"垆土人大,沙土人细。"高诱注:"细,小也。"唐张祜《塞上曲》:"莫道功勋细,将军昔戍师。"宋徐宝之《莺啼序》:"坐听蓬壶,漏声细咽。"

纤,细小;细微。《方言》卷二:"纤,小也。"《说文·糸部》:"纤,细也。"《书·禹贡》:"厥篚玄纤缟。"孔传:"纤,细也。"汉司马相如《子虚赋》:"杂纤罗,垂雾縠。"《三国志·蜀书·诸葛亮传》:"善无微而不赏,恶无纤而不贬。"唐韩愈《苦寒》诗:"啾啾窗间雀,不知已微纤。"

微,细;小。《易·系辞下》:"几者动之微。"孔颖达疏:"初动之时,其理未着,唯纤微而已。"《孟子·公孙丑上》:"子夏、子游、子张皆有圣人之一体,冉牛、闵子、颜渊则具体而微。"赵岐注:"微,小也。"《荀子·非相》:"叶公子高,微小短瘠。"杨倞注:"微,细也。"《礼记·乐记》:"是故志微噍杀之音作,而民思忧。"郑玄注:"志微,意细也。"宋王安石《易泛论》:"豚,豕之微者也。"清严有禧《漱华随笔·贺相国》:"天下事皆起于微,成于慎。微之不慎,星火燎原,蚁穴溃堤。"

"粗"与"细"、"纤"、"微",在"大"与"小"、"粗"与"细"的义位上构成反义关系。

63.晞、干——润、湿

《释诂》卷二上:"晞,干也。"(第46页上)

《释诂》卷一下:"润,湿也。"(第38页上)

晞,干;干燥。《说文·日部》:"晞,干也。"《诗·秦风·蒹葭》:"蒹葭萋萋,白露未晞。"毛传:"晞,干也。"《礼记·玉藻》:"发晞用象栉。"郑玄注:"晞,干也。"孔颖达疏:"晞,干燥也。"唐韩愈《送区弘南归》诗:"母附书至妻寄衣,开书拆衣泪痕晞。"宋王安石《忆昨诗示诸外弟》:"精神流离肝肺绝,眦血被面无时晞。"明唐寅《七夕赋赠织女》诗:"灵津驾鹊将言就,咸池沐发会令晞。"

干,没有水分或水分很少;干燥。《集韵·寒韵》:"干,燥也。"《诗·王风·中谷有蓷》:"中谷有蓷,暵其干矣。"孔颖达疏:"暵然其干燥矣。"《吕氏春秋·爱类》:"禹于是疏河决江,为彭蠡之障,干东土,所活者千八百国。"高诱注:"干,燥也。"晋干宝《晋纪总论》:"武皇既崩,山陵未干。"唐韩愈《龊龊》诗:"秋阴欺白日,泥潦不少干。"宋苏轼《格物粗谈》卷上:"松喜干。"高凤阁《垫道》:"正翻浆的道,叫春风一吹,很快就干出道眼来。"

润,潮湿;湿润。《墨子·辞过》:"室高足以辟润湿,边足以圉风寒,上足以待雪霜雨露。"《淮南子·说林》:"山云蒸,柱础润。"汉王褒《洞箫赋》:"吸至精之滋熙兮,禀苍色之润坚。"宋梅尧臣《夏侯彦济武陟主簿》诗:"寒先太行近,润接大河卑。"《清史稿·河渠志四》:"伊犁土田肥润,可耕之地甚多。"

湿,潮湿。与"干"相对。《易·乾》:"水流湿,火就燥。"孔颖达疏:"水流于地,先就湿处。"《韩诗外传》卷五:"德也者……敛乎太阴而不湿,散乎太阳而不枯。"汉贾谊《鵩鸟赋》序:"长沙卑湿,谊自伤悼,以为寿不得长,乃为赋以自广。"唐许浑《神女祠》诗:"龙气石床湿,鸟声山庙空。"清孙枝蔚《溉堂六客诗·禅客》:"要看手中杨枝湿,赖有门前锡杖从。"陈毅《孟良崮战役》:"刀丛扑去争山顶,血雨飘来湿战袍。"

可见,"晞"、"干"与"润"、"湿",在"干燥"与"潮湿"的义位上构成反义关系。

64.暂、乍——旷、久

《释言》卷五下:"乍,暂也。"(第161页下)

《释诂》卷三下:"旷,久也。"(第106页上)

暂,须臾;短时间。《说文·日部》:"暂,不久也。"段玉裁注:"今俗云霎时间即此字也。"《集韵·谈韵》:"暂,须臾也。"《书·盘庚中》:"乃有不吉不迪,颠越不恭,暂遇奸宄。"唐白居易《秦中吟·重赋》:"里胥迫我纳,不许暂逡巡。"清魏源《圣武记》卷一:"昼长夜暂,北极出地五十一度。"鲁迅《且介亭杂文末编·死》:"不过设想中的做鬼的久暂,却因其人的生前的贫富而不同。"

乍,暂;暂时。《文选·张衡〈西京赋〉》:"将乍往而未半,怵悼栗而怂兢。"李善注引《广雅》:"乍,暂也。"南朝齐孔稚圭《北山移文》:"乍回迹以心染,或先贞而后黩。"清王夫之《读通鉴论·二世三》:"申商者,乍劳长逸之术也。"

旷,长久;久远。《文选·陆机〈为顾彦先赠妇〉诗之二》:"形影参商乖,音息旷不达。"李善注引《广雅》:"旷,久也。"唐韩愈《平淮西碑》:"外多失朝,旷不岳狩,百隶怠官,事亡其旧。"

久,时间长。《广韵·有韵》:"久,长久也。"《诗·邶风·旄丘》:"何其久也,必有以也。"《墨子·经上》:"久,弥异时也。"张纯一集解:"久,义与宙同。

《淮南子·齐俗训》云：'往古来今谓之宙。'"唐韩愈《闵己赋》："久拳拳其何故兮，亦天命之本宜。"《三国演义》第二十一回："玄德久历四方，必知当世英雄，请试指言之。"《中国谚语资料·农谚》："久旱之后，必有大雨。"

可见，"暂"、"乍"与"旷"、"久"，在"时间短"与"时间长"的义位上构成反义关系。

65. 贱、卑——贵、尊

《释言》卷五下："贱，卑也。"（第160页下）

《释言》卷五下："贵，尊也。"（第160页下）

贱，地位低下。《玉篇·贝部》："贱，卑下也，不贵也。"《仪礼·士虞礼》："不使贱者。"郑玄注："贱者，谓庶孙之妾也。"《论语·里仁》："贫与贱，是人之所恶也。"邢昺疏："无位曰贱。"唐韩愈《与汝州卢郎中论荐侯喜状》："尝欲荐之于主司，言之于上位，名卑官贱，其路无由。"明陈继儒《珍珠船》卷三："唐王洪义贱时，求傍舍瓜，不与。"

卑，身份、地位低微。《说文·丿部》："卑，贱也。"《字汇·十部》："卑，下也。"《易·系辞上》："卑高以陈，贵贱位矣。"《公羊传·隐公元年》："桓幼而贵，隐长而卑。"《孟子·梁惠王下》："国君进贤，如不得已，将使卑踰尊，疏踰戚，可不慎与？"《礼记·丧服小记》："养尊者必易服，养卑者否。"郑玄注："尊谓父兄，卑谓子弟之属。"三国魏曹丕《芙蓉池作》诗："卑枝拂羽盖，修修摩苍天。"唐韩愈《师说》："位卑则足羞，官盛则近谀。"明谢谠《四喜记·风月青楼》："养就烟花心性，况青楼望卑，况青楼望卑，良家难聘。"

贵，同"贵"。地位高。《说文·贝部》："贵，物不贱也。"《玉篇·贝部》："贵，《说文》贵。"《玉篇·贝部》："贵，高也，尊也。"《类篇·贝部》："贵，隶作贵。"《易·系辞上》："卑高以陈，贵贱位矣。"《论语·里仁》："子曰：富与贵，是人之所欲也。不以其道得之，不处也。"《汉书·食货志》："钱益多而轻，物益少而贵。"又《金日磾传》："日磾两子贵，及孙则衰矣。"宋苏辙《刘昌祚加恩制》："贵当益恭，老当益壮。"清史震林《记陈散樗》："富莫乐于济贫乏，贵莫乐于拔孤寒。"

尊，地位高。《广韵·魂韵》："尊，高也。"又"尊，贵也。"《易·系辞上》："天尊地卑，乾坤定矣。"虞翻注："天贵，故尊；地贱，故卑。"《周礼·考工记·轮人》："十分寸之一谓之枚，部尊一枚。"贾公彦疏："高者必尊，故尊为高也。"《孟子·万章下》："曰：却之却之为不恭，何哉？曰：尊者赐之。"《礼记·丧服小记》："养尊者必易服，养卑者否。"唐柳宗元《封建论》："然而降于夷王，害礼伤尊。"

可见，"贱"、"卑"与"贵"、"尊"，在"地位低"与"地位高"的义位上构成反义关系。

66.横——纵

《释诂》卷二上："纵,长也。"疏证:"纵者,东西曰横,南北曰纵。横为广,纵为长也。"(第56页上)

横,地理上的东西向。与"纵"相对。《广韵·庚韵》:"横,纵横也。"《礼记·坊记》引《诗》:"艺麻如之何,横纵其亩。"今本《诗·齐风·南山》作"衡从其亩",陆德明释文:"衡,即训为横,《韩诗》云:'东西耕曰横。'"北周庾信《小园赋》:"犹得欹侧八九丈,纵横数十步。"汉扬雄《太玄·应》:"一从一横,天网罿罿。"范望注:"南北为经,东西为纬,故从横也。"

纵,地理上的南北向。与"横"相对。《集韵·锺韵》:"从,东西曰衡,南北曰纵。或从糸。"《楚辞·东方朔〈七谏·沉江〉》:"不开寤而难道兮,不别横之与纵。"王逸注:"纬曰横,经曰纵。"汉王充《论衡·祀义》:"其制衣也,广纵不过一尺若五六寸。"宋陈亮《中兴论》:"一纵一横,或长或短。"清阮元《小沧浪笔谈》卷三:"曲阜人掘地得铜器,高寸九分。八觚,觚各阔三分,顶纵七分,横五分。"

可见,"横"与"纵",在"横向"与"纵向"的义位上构成反义关系。

67.繁——约

《释诂》卷三下:"繁,众也。"(第100页上)

《释诂》卷三下:"繁,多也。"(第94页上)

《释诂》卷三下:"约,少也。"(第101页下)

繁,众多。《小尔雅·广诂》:"繁,多也。"《书·仲虺之诰》:"简贤附势,寔繁有徒。"《诗·小雅·正月》:"正月繁霜,我心忧伤。"毛传:"繁,多也。"《左传·成公十七年》:"今众繁而从余三年矣,无伤也。"杜预注:"繁,犹多也。"南朝梁刘勰《文心雕龙·乐府》:"声来被辞,辞繁难节。"唐李商隐《石榴》:"榴枝婀娜榴实繁,榴膜轻明榴子鲜。"朱德《喜读主席词二首》:"春风化红雨,新枝壮且繁。"

约,少;不多。《广雅·释诂三》:"约,少也。"《孙子·虚实》:"能以众击寡者,则吾之所与战者约矣。"杜牧注:"约,犹少也。"《汉书·朱博传》:"古者民朴事约。"颜师古注:"约,少也。"南朝梁刘勰《文心雕龙·宗经》:"辞约而旨丰,事近而喻远。"宋苏轼《奏浙西灾伤第一状》:"若灾伤之民,救之于未饥,则用物约而所及广。"夏衍《〈学人谈治学〉代序》:"有了这种精神,才能从博到约,从浅入深。"

可见,"繁"与"约",在"多"与"少"的义位上构成反义关系。

68.介、特——耦

《释诂》卷三上:"介……特,独也。"疏证:"介、特者,《方言》:……物无耦曰特,兽无耦曰介。……昭十四年《左传》:收介特。杜预注云:介、特,单身民也。哀十四年《传》云:逢泽有介麇焉。《集韵》、《类篇》引《广雅》并作夰。"(第80页上)

《释诂》卷四上:"耦,二也。"(第115页下)

介,单独;单个。《广雅·释诂三》:"介,独也。"《集韵·黠韵》:"介,特也。"《左传·昭公十四年》:"养老疾,收介特。"孔颖达疏:"介亦特之义也。介、特谓单身特立无兄弟妻子者。"《水经注·庐江水》:"又有孤石,介于大江中。"《史记·张耳陈余列传》:"将军今以三千人下赵数十城,独介居河北,不王无以填之。"宋洪迈《夷坚丁志·海门盐场》:"或与乳妪介处,则怪复至。"特指兽无偶。《方言》卷六:"介,特也,兽无偶曰介。"《庄子·庚桑楚》:"夫函车之兽,介而离山,则不免于罔罟之患。"

特,单个;单独。《尔雅·释水》:"大夫方舟,士特舟。"郭璞注:"单船。"《方言》卷六:"物无耦曰特,兽无耦曰介。"《广雅·释诂三》:"特,独也。"《周礼·夏官·司士》:"孤卿特揖大夫。"郑玄注:"特揖,一一揖之。"《左传·昭公十四年》:"长孤幼,养老疾,收介特。"杜预注:"介特,单身民也,收聚不使流散。"《礼记·内则》:"君已食,彻矣,使之特餕。"郑玄注:"使独餕也。"唐柳宗元《送表弟吕让将仕进序》:"道不可特出,功不可徒成,必由仕以登,假辞以通,然后及乎物也。"清唐甄《潜书·格定》:"世尚朋从,我仍特。"

耦,两者;双数。《左传·僖公九年》:"送往事居,耦俱无猜。"杜预注:"耦,两也。送死事生,两无疑恨。"《易·系辞下》:"阳卦奇,阴卦耦。"《左传·襄公二十九年》:"射者三耦。"杜预注:"二人为耦。"《三国志·吴书·吴主传》:"车中八牛以为四耦。"《朱子语类》卷九五:"今人说《易》都无著摸,圣人便于六十四卦,只以阴阳奇耦写出来。"

可见,"介"、"特"与"耦",在"单"与"双"的义位上构成反义关系。

69.赢——缩

《释诂》卷三下:"赢,过也。"疏证:"晓、赢者,《方言》:晓,过也;晓,赢也。《开元占经·顺逆略例篇》引《七曜》云:超舍而前,过其所当舍之宿以上一舍二舍三舍,谓之赢,退舍以下一舍二舍三舍谓之缩。项岱注《幽通赋》亦云:赢,过也;缩,不及也。《考工记·弓人》:挢干欲孰于火而无赢。郑玄注:赢,过孰也。《逸周书·常训解》云:六极不赢,八政和平。赢与嬴通。"(第105页下)

赢,多余;超过。《广雅·释诂三》:"赢,过也。"《周礼·考工记·弓人》:"挢干欲孰于火而无赢。"郑玄注:"赢,过孰也。"孙诒让正义:"为揉干过孰则伤其力。"《新唐书·杜如晦传》:"所荐赢四十人,后皆知名。"宋王安石《寓言》诗之四:"物赢我收之,物窘出使营。"章炳麟《定版籍》:"或一日所成而直赢于万金。"

缩,亏欠;不足。《正字通·糸部》:"缩,不及也,又歉也,赢之反也。"《文选·班固〈幽通赋〉》:"斡流迁其不济兮,故遭罹而赢缩。"李善注引项岱:"赢,过也;缩,不及也。"《宋史·律历志七》:"今以日行之所盈缩,月行之所迟疾,皆损益之。"清林则徐《奏稿·覆陈部议陕甘捐输经费再行详核摺》:"如此一转移间,于帑项并无出入盈缩,而运费节省实多。"

可见,"赢"与"缩",在"超过"与"不及"的义位上构成反义关系。

70. 浑浑——区区

《释训》卷六上:"浑浑,大也。"疏证:"班固《幽通赋》:浑元运物。曹大家注云:浑,大也。重言之则曰浑浑。《淮南子·俶真训》:浑浑苍苍,淳朴未散。高诱注云:浑浑苍苍,混沌大貌。《史记·太史公自序》云:乃合大道,混混冥冥。混与浑同。"(第179页上)

《释训》卷六上:"区区,小也。"疏证:"卷二云:区,小也。重言之则曰区区。襄十七年《左传》云:宋国区区。"(第179页下)

浑浑,广大貌。《淮南子·俶真》:"浑浑苍苍,淳朴未散。"唐韩愈《进学解》:"上规姚姒,浑浑无涯。"明王世贞《与徐子与书》:"自楚蜀以至中原,山川莽苍浑浑。"清恽敬《都昌元将军庙碑铭》:"万物之动,一道所蕃,沄沄浑浑,根支万千。"

区区,形容小、少。《左传·襄公十七年》:"宋国区区,而有诅有祝,祸之本也。"三国魏曹植《与司马仲达书》:"今贼徒欲保江表之城,守区区之吴尔,无有争雄于宇内,角胜于中原之志也。"《旧唐书·张镐传》:"臣闻天子修福,要在安养含生,靖一风化,未闻区区僧教,以致太平。"张天翼《春风》:"区区六毛钱,就值得这样天天来讨!"

可见,"浑浑"与"区区",在"广大"与"细小"的义位上构成反义关系。

71. 特——牸

《释兽》卷十下:"特,雄也。"疏证:"《说文》又云:朴特,牛父也。《急就篇》云:……特,为牛父之名,马父亦得称之。《周官·校人》:凡马,特居四之一。郑众注云:三牝一牡也。"(第385页下~386页上)

《释兽》卷十下:"牸,雌也。"疏证:"《玉篇》:牸,母牛也。《易林·讼之井》云:大牡肥牸,惠我诸舅。《说苑·政理篇》:臣故畜牸牛,生子而大,卖之而买驹。或通作字。《史记·平准书》:众庶街巷有马,阡陌之间成群,而乘字牝者,傧而不得聚会,是母马亦谓之牸也。牸之言字,生子之名。《释诂》

云：字，生也。牛母谓之牸，犹麻母谓之荸矣。今高邮人谓牝牛为牸牛。《说文》：牝，畜母也。"（第 386 页上）

特，指公牛。《说文·牛部》："特，朴特，牛父也。"《玉篇·牛部》："特，牡牛也。"《诗·小雅·正月》："瞻彼阪田，有菀其特。"高亨注："特，公牛。"《史记·秦本纪》："（秦文公）二十七年，伐南山大梓，丰大特。"裴骃集解引徐广曰："今武都故道有怒特祠，图大牛，上生树本，有牛从木中出，后见于丰水之中。"又泛指牲畜中的雄性。元戴侗《六书故·动物一》："特，畜父也。"《周礼·夏官·校人》："凡马，特居四之一。"郑众引郑司农云："四之一者，三牝一牡也。"孙诒让正义："特，本为牡牛，引申之，牡马亦得称特也。"《史记·封禅书》："祭日以牛，祭月以羊、彘特。"司马贞索隐引乐产曰："特，不用牝也。"

牸，指母牛。《玉篇·牛部》："牸，母牛也。"《广韵·志韵》："牸，牝牛。"汉焦赣《易林·讼之井》："大壮（牡）肥牸，惠我诸舅，内外和穆，不忧饥渴。"宋洪迈《夷坚丁志·师逸来生债》："拂旦，田仆来报，昨夜三更，白牸生犊。"清李塨《真定黄氏家谱序》："牸之舐犊，乌之哺雏，以我之所生，故不自知不自解而惟恐伤之。"又泛指畜类的雌性。《盐铁论·未通》："师旅数发，戎马不足，牸牝入阵，故驹犊生于战地。"北魏贾思勰《齐民要术·养牛马驴骡》："子欲速富，当畜五牸。"原注："牛、马、猪、羊、驴五畜之牸。"宋洪皓《松漠纪闻》卷上："牛马十数群，每群九牸一牡。"清王士祯《冬日偶然作八首》之二："旧买捲角牸，近买千金犊，毛角虽不同，颇复能俊快。"

可见，"特"与"牸"，在"公牛"与"母牛"的义位上构成反义关系。

72. 攻——守

《释诂》卷三下："戍、门，守也。"（第 96 页上）

《释诂》卷三下："攻，治也。"疏证："攻者，郑注《周官·疡医》云：攻，治也。《甘誓》云：左不攻于左。"（第 96 页上～96 页下）

攻，攻打；进击。《说文·攴部》："攻，击也。"《广韵·东韵》："攻，攻击。"《集韵·送韵》："攻，战伐也。"《左传·宣公十二年》："兼弱攻昧，武之善经也。"《孙子·计篇》："攻其无备，出其不意。"三国蜀诸葛亮《便宜十六策·治军》："夫善攻者敌不知其所守，善守者敌不知其所攻。"

守，保护；防卫。《玉篇·宀部》："守，护也。"《易·坎》："王公设险以守其国。"王弼注："国之为卫，恃于险也。"《史记·萧相国世家》："何守关中。"《宋史·李纲传上》："祖宗疆土，当以死守，不可以尺寸与人。"明刘基《赠周宗道六十四韵》："鸣锣撼严谷，聚众守村乡。"

可见，"攻"与"守"，在"进攻"与"防守"的义位上构成反义关系。

73. 兄——弟

《释亲》卷六下："娣,后也。"疏证："男子先生为兄,后生为弟。故妇从其夫而亦有先后之称也。"(第200页下～201页上)

兄,指哥哥,同父母先出生的男子。《书·康诰》:"兄亦不念鞠子哀,大不友于弟。"《尔雅·释亲》:"男子先生为兄,后生为弟。"《释名·释亲属》:"兄,荒也。荒,大也。故青徐人谓兄为荒也。"《诗·小雅·常棣》:"凡今之人,莫如兄弟。"《南史·梁武陵王传》:"兄肥弟瘦,无复相代之期;让枣推犁,长罢欢愉之日。"清吴苑《到家》:"树下共嬉游,兄先弟随后。"

弟,指弟弟,同父母后出生的男子。《诗·邶风·谷风》:"燕尔新婚,如兄如弟。"《左传·隐公十一年》:"寡人有弟不能和协。"《淮南子·原道》:"父无丧子之哀,兄无哭弟之丧。"

可见,"兄"与"弟",在"同父母先出生的男子"与"同父母后出生的男子"的义位上构成反义关系。

74.实——亏

《释诂》卷四下:"日,实也。"疏证:"《月令》正义引《春秋元命包》云:日之为言实也。《说文》:日,实也。大阳之精不亏。从口、一,象形。"(第129页下)

实,满。《小尔雅·广诂》:"实,满也。"《楚辞·九歌·湘夫人》:"合百草兮实庭。"洪兴祖补注引五臣云:"实,满也。"《淮南子·氾论》:"田野芜,仓廪虚,囹圄实。"《礼记·玉藻》:"盛气颠实扬休。"孔颖达疏:"实,满也。"

亏,欠缺;不足。《书·旅獒》:"为山九仞,功亏一篑。"《楚辞·天问》:"八柱何当?东南何亏?"王逸注:"东南不足,谁亏缺之也?"《史记·范睢蔡泽列传》:"日中则移,月满则亏。"唐韩愈《祭李氏二十九娘子文》:"汝之警敏和静,人莫及之。姿相丰端,不见阙亏。"金元好问《鹧鸪天》:"云聚散,月亏盈,海枯石烂古今情。"

可见,"实"与"亏",在"满"与"缺"的义位上构成反义关系。

75.去——就

《释诂》卷二上:"离,去也。"(第53页上)

《释诂》卷二下:"就,归也。"(第61页下)

去,离开。《说文·去部》:"去,人相违也。"段玉裁注:"违,离也。"《诗·大雅·生民》:"鸟乃去矣,后稷呱矣。"唐杜甫《石壕吏》:"有孙母未去,出入无完裙。"陈毅《咏三峡》:"弱冠去国日,如今四十年。"

就,到……去;返回。《国语·齐语》:"处工就官府,处商就市井,处农就田野。"《史记·项羽本纪》:"汉之元年四月,诸侯罢戏下,各就国。"唐封演《封氏闻见记·解纷》:"太原守宋浑被人告,经采访使论,使司差官领告事人就郡按之。"元揭傒斯《题芦雁》诗之四:"寒就江南暖,饥就江南饱,莫道江南恶,须道江南好。"

可见,"去"与"就",在"离开(目标)"与"接近(目标)"的义位上构成反义关系。

76.盛——衰

《释诂》卷二上:"昌,盛也。"(第53页下)

《释言》卷五下:"末,衰也。"(第162页下)

盛,兴旺;兴盛。《礼记·月令》:"(季春之月)生气方盛,阳气发泄。"《国语·越语下》:"天道盈而不溢,盛而不骄。"《齐民要术·杂说》:"故无道之君及无道之民,不能积其盛有余之时,以待其衰不足也。"《聊斋志异·鸦头》:"王自女归,家益盛。"

衰,事物发展由强盛转向微弱;衰落。《广韵·脂韵》:"衰,微也。"《易·杂卦》:"《损》《益》,盛衰之始也。"《论语·微子》:"凤兮凤兮,何德之衰。"《礼记·王制》:"五十始衰,六十非肉不饱。"唐杜甫《垂老别》:"人生有离合,岂择衰盛端。"宋曾巩《文馆策》:"三馆之设,盛于开元之世,而衰于唐室之坏。"

可见,"盛"与"衰",在"兴盛"与"衰落"的义位上构成反义关系。

77.焰焰、皎皎、皓皓——冥冥、昧昧、晻晻

《释训》卷六上:"焰焰、晰晰、皎皎、皓皓,明也。"(第179页下)

《释训》卷六上:"冥冥、昧昧、晻晻,暗也。"(第182页上)

焰焰,光明;明亮。《广雅·释训六》:"焰焰,明也。"疏证:"焰焰,犹昭昭也。《荀子·儒效篇》云:焰焰兮其用,知之明也。"《淮南子·俶真》:"弊其元光而求知之于耳目,是释其焰焰,而道其冥冥也,是之谓失道。"汉贾谊《旱云赋》:"廓荡荡其若涤兮,日焰焰而无秒。"《南史·范晔传》:"去白日之焰焰,袭长夜之悠然。"

皎皎,明亮貌。《楚辞·远游》:"时仿佛以遥见兮,精皎皎以往来。"《古诗十九首·迢迢牵牛星》:"迢迢牵牛星,皎皎河汉女。"《敦煌曲子词·菩萨蛮》:"盈盈江上女,两两溪边舞。皎皎绮罗光,轻轻云粉妆。"明许潮《南楼月》曲:"皎皎银蟾如昼,看扶疏丹桂,影落金瓯。"闻一多《晴朝》诗:"皎皎的白日啊!将照遍了朱楼底四面。"

皓皓,光明貌。《广雅·释训六》:"皓皓,明也。"疏证:"《尔雅》:皓,光也。重言之则曰皓皓。《法言·渊骞篇》云:明星皓皓。"汉扬雄《法言·渊骞》:"明星皓皓,华藻之力欤?"清龚自珍《春日有怀山中桃花因有寄》诗:"山中花开,白日皓皓。明妆子谁?温馨清妙。"郭沫若《在鸭绿江中弄舟》诗:"百丈高堤联祖国,秋阳皓皓暴当头。"

冥冥,昏暗貌。《小雅·无将大车》:"无将大车,维尘冥冥。"朱熹集传:

"冥冥,昏晦也。"汉蔡琰《悲愤诗》之二:"沙漠雍兮尘冥冥,有草木兮春不荣。"唐欧阳詹《暗室箴》:"孜孜硕人,冥冥暗室。罔纵尔神,罔轻尔质。"元乔吉《两姻缘》第二折:"门半掩,悄悄冥冥,断肠人和泪梦初醒。"戴望舒《二月》诗:"在暮色冥冥里,我将听了最后一个游女的惋叹。"

昧昧,昏暗貌。《楚辞·九章·怀沙》:"进路北次兮,日昧昧其将暮。"《晋书·皇甫谧传》:"去显显之明路,入昧昧之埃尘。"康有为《〈日本书目志〉序》:"黑夜无火,昧昧然操舵于烟雾中。"

晻晻,昏暗貌;黑暗貌。《广雅·释训六》:"晻晻,暗也。"疏证:"卷四云:晻,冥也。重言之则曰晻晻。《楚辞·九叹》云:日晻晻而下颓。班彪《北征赋》云:日晻晻其将莫兮。"汉蔡邕《愁霖赋》:"瞻玄云之晻晻兮,听长空之淋淋。"南朝梁陶弘景《冥通记》卷一:"其夕三更中,复闻一人扣户云:'范帅来!'未应已进……从者唯三人,衣色黑晻晻不可别。"唐储光羲《晚次东亭献郑州宋使君文》诗:"霏霏渠门色,晻晻制巖光。"

可见,"焃焃"、"皎皎"、"皓皓"与"冥冥"、"昧昧"、"晻晻",在"明亮貌"与"昏暗貌"的义位上构成反义关系。

78. 家——野

《释鸟》卷十下:"鹅,雁也。"疏证:"《尔雅》:舒雁,鹅。郭璞注云:今江东呼鸣。引《聘礼记》云:出如舒雁。李巡注云:野曰雁,家曰鹅。……《艺文类聚》引《广志》云:驾鹅,野鹅也。《本草》陶注云:野鹅大于雁,犹似家苍鹅,谓之驾鹅。《中山经》:青要之山,北望河曲,是多驾鸟。郭璞注云:驾宜为驾,驾鹅也。《史记·司马相如传》云:弋白鹄,连驾鹅。皆谓野鹅也。"(第376页上～376页下)

家,家生,指驯化培育或家养。与"野生"相对。《尸子》卷下:"野鸭为凫,家鸭为鹜。"《梁书·处士传·何点附何胤》:"又有异鸟如鹤,红色,集讲堂,驯狎如家禽焉。"

野,野生,非经人工养殖或培植。与"家养"相对。《逸周书·王会》"大夏,兹白牛"汉孔晁注:"兹白牛,野兽也,似白牛形也。"《史记·酷吏列传》:"野彘卒入厕。"《辽史·太祖记》:"时大军久出,辎重不相属,士卒煮马驹,采野菜以为食。"

可见,"家"与"野",在"家养"与"野生"的义位上构成反义关系。

79. 与——受

《释诂》卷三下:"稟,与也。"疏证:"稟为受又为与,义有相反而实相因者,皆此类也。……稟者,《说文》:稟,赐谷也。《汉书·文帝纪》:吏稟当受鬻者。颜师古注云:稟,给也。"(第98页下～99页上)

与,给予。《老子》第六十三章:"将欲夺之,必固与之。"《左传·僖公二十三年》:"(重耳)乞食于野人,野人与之块。"《孟子·万章上》:"天子不能以天下与人。"《韩非子·忠孝》:"此明君且常与,而贤臣且常取也。"三国魏曹植《黄初五年令》:"功之宜赏,于疏必与;罪之宜戮,在亲不赦。"

受,接受。《说文·受部》:"受,相付也。"《广雅·释诂三》:"受,得也。"《诗·小雅·天保》:"天保定尔,俾尔戬穀。罄无不宜,受天百禄。"《书·大禹谟》:"满招损,谦受益。"唐李白《留别金陵崔侍御》:"三军受号令,千里肃雷霆。"清洪仁玕《资政新篇》:"受赃者,准民控诉,革职罚罪。"

可见,"与"和"受",在"给予"与"接受"的义位上构成反义关系。

80.同——异

《释诂》卷四上:"稽,同也。"(第116页下)

《释言》卷五上:"奇、尤,异也。"(第137页上)

同,相同。《易·睽》:"天地睽而其事同也。"宋司马光《功名论》:"然则人主有贤不能知,与无贤同;知而不能用,与不知同;用而不能信,与不用同。"《红楼梦》第六十七回:"只有黛玉的比别人不同,且又加厚一倍。"

异,不相同。《论语·子张》:"异乎吾所闻。"汉贾谊《过秦论》上:"仁义不施,攻守之势异也。"唐韩愈《复志赋》:"固余异于牛马兮,宁止乎饮水而求刍。"吴樾《复妻书》:"彼岂有异于人哉?无异也。"

可见,"同"与"异",在"相合、相同"与"独特、不同"的义位上构成反义关系。

81.经——纬

《释言》卷五上:"经,径也。"疏证:"《释名》:经,径也,常典也。如径路无所不通,可常用也。"(第145页下~146页上)

《释言》卷五上:"纬、衡,横也。"疏证:"《说文》:纬,织横丝也。《大戴礼·易本命篇》云:凡地,东西为纬,南北为经。"(第143页下)

经,指南北向。《广韵·青韵》:"经,径也。"《周礼·考功记·匠人》:"国中九经九纬。"郑玄注:"经纬谓涂也。"贾公彦疏:"南北之道为经,东西之道为纬。"

纬,指东西向。《广雅·释言五》:"纬,横也。"《周礼·考功记·匠人》:"国中九经九纬,经涂九轨。"郑玄注:"经纬,谓涂也。"贾公彦疏:"南北之道为经,东西之道为纬。"《晋书·地理志上》:"凡周天积百七万九百一十三里,径三十五万六千九百七十里。所谓南北为经,东西为纬。"

可见,"经"与"纬",在"南北向"与"东西向"的义位上构成反义关系。

82.昼——暮、夜

《释诂》卷四下:"昼,明也。"疏证:"昼者,《晋·象传》云:明出地上。《晋·

杂卦传》云：晋，昼也。是昼为明也。……昱之言耀耀也。《释训》云：昱昱，明也。《说文》：昱，日明也。《太元·元告篇》云：日以昱乎昼，月以昱乎夜。"（第112页上～113页下）

《释诂》卷四下："暮，夜也。"疏证："凡日入以后，日出以前，通谓之夜。故夕时亦谓之夜。《尧典》云：夙夜出入朕命是也。……暮之言冥漠也。字本作莫。《说文》：莫，日且冥也。从日在茻中。夕，莫也，从月半见。夜，舍也。天下休舍也。从夕，亦省声。《召南·行露》笺云：夜，莫也。是夕、夜、莫三字同义。"（第119页下）

昼，指白天，即从日出到日落的时段。《说文·昼部》："昼，日之出入，与夜为界。"徐灏注笺："自日出至日入，通谓之昼，故云日之出入，与夜为界也。"《广雅·释诂四》："昼，明也。"《易·系辞上》："刚柔者，昼夜之象也。"《诗·豳风·七月》："昼尔于茅，宵尔索绹。"郑玄笺："女（汝）当昼日往取茅归，夜作绞索以待时用。"《宋史·苏颂传》："夜囚昼系，虽死无以偿。"

暮，有"夜晚"义。《广雅·释诂四》："暮，夜也。"王念孙疏证："凡日入以后，日出以前，通谓之夜……夕、夜、莫三字同义。"《楚辞·刘向〈九叹·离世〉》："断镳衔以驰骛兮，暮去次而敢止。"王逸注："暮，夜也。"《汉书·郊祀志上》："帝太戊有桑谷生于廷，一暮大拱。"

夜，指从天黑到天亮的时段。与"白天"相对。《诗·大雅·荡》："式号式呼，俾昼作夜。"《春秋·庄公七年》："夏四月辛卯夜，恒星不见。"孔颖达疏："夜者，自昏至旦之总名。"艾青《透明的夜》："夜，透明的夜。"又特指夜深。《诗·卫风·氓》："夙兴夜寐，靡有朝矣。"

可见，"昼"与"暮"、"夜"，在"日升到日落时段"与"日落到日升时段"的义位上构成反义关系。

83. 皙、白——涅、黑

《释器》卷八上："皙，白也。"疏证："《说文》：皙，人色白也。《鄘风·君子偕老篇》：扬且之皙也。毛传云：皙，白皙也。郑公孙黑，字子皙；楚公子黑肱，字子皙；孔子弟子狄黑，字子皙；曾点，字皙。皆取相反之意也。"（第273页上～273页下）

《释器》卷八上："涅，黑也。"疏证："《说文》：黑，火所熏之色也。《释名》云：黑，晦也，如晦冥时色也。《尔雅》：黑谓之黝。《说文》：黝，微青黑色也。……《周礼·牧人》：阴祀，用黝牲。郑众注云：黝读为幽，幽，黑也。……《说文》：涅，黑土在水中也。《论语·阳货篇》：不曰白乎，涅而不缁。孔传云：涅可以染皂，字通作泥。《史记·屈原列传》：皭然泥而不滓者也。索引：泥音涅，滓音缁。《洪范正义》引《荀子》:白沙在涅,与之俱黑。《大戴礼·曾子制言篇》:涅作泥。《淮南子·说山训》:譬犹以涅拭素也。高注云:涅,黑也。"(第273页下~275页上)

皙,本指肤色白,引申有白色之义。《说文·白部》:"皙,人色白也。"《诗·鄘风·君子偕老篇》:"玉之瑱也,象之揥也,扬且之皙也。"毛传:"皙,白皙。"《周礼·地官·大司徒》:"其民皙而瘠。"阮元校勘记引《释文》:"皙而音锡,白色也。"《左传·定公九年》:"齐侯赏犁弥,犁弥辞,曰:'有先登者,臣从之,皙帻而衣狸制。'"杜预注:"皙,白也。"《汉书·霍光传》:"光为人沈静详审,长财七尺三寸,白皙。"颜师古注:"皙,洁白也。"

白,像霜雪一样的颜色。《说文·白部》:"白,西方色也。阴用事,物色白。"《论语·阳货》:"不曰白乎,涅而不缁。"何晏注:"孔曰:'至白者,染之于涅而不黑。'"唐李白《嘲王历阳不肯饮酒》:"地白风色寒,雪花大如手。"毛泽东《减字木兰花·广昌路上》:"漫天皆白,雪里行军情更迫。"

涅,黑色。《广雅·释器八》:"涅,黑也。"《周礼·考工记·钟氏》:"三入为纁"唐孔颖达疏:"涅,即黑色也。"《淮南子·说山》:"流言雪汗,譬犹以涅拭素也。"高诱注:"涅,黑也。"

黑,黑色。《说文·黑部》:"黑,火所熏之色也。"《诗·邶风·北风》:"莫赤匪狐,莫黑匪乌。"《书·禹贡》:"厥土黑坟。"《吕氏春秋·应同》:"水气盛,故其色尚黑。"

可见,"皙"、"白"与"涅"、"黑",在"色白"与"色黑"的义位上构成反义关系。

84. 偃——仆

《释诂》卷四上:"偃、仆,僵也。"疏证:"《说文》:偃,僵也。仆,顿也。……定八年《左传》:颜高夺人弱弓,籍邱子鉏击之,与一人俱毙,偃,且射子鉏,中颊,殪。杜预注云:毙,仆也。正义云:《吴越春秋》云:迎风则偃,背风则仆。仆是前覆,偃是却倒。此颜高被击而仆,转而仰,且射子鉏死,言其善射也。"(第118页上)

偃,为向后倒地之义。《说文·人部》:"偃,僵也。"段玉裁注:"凡仰仆曰偃,引申为凡仰之称。"《集韵·铣韵》:"偃,仰也。"《篇海类编·人物类·人部》:"偃,卧也。"《诗·小雅·北山》:"或息偃在床。"《墨子·备穴》:"令陶者为月明,长二尺五寸,六围,中判之,合而施之穴中,偃一覆一。"孙诒让《间诂》引毕沅曰:"偃,仰也。"《水经注·济水》:"(徐偃王)生时偃,故以为名。"元关汉卿《窦娥冤》第三折:"这枷纽的我左侧右偏,人拥的我前合后偃。"

仆,为向前倒地之义。《广韵·宥韵》:"仆,前倒。"清朱骏声《说文通训定声・需部》："仆，前覆为仆，后仰曰偃。"《素问・经脉别论》："度水跌仆。"
王冰注："仆谓身倒也。"宋佚名《王树传》："举舟之人，兴而复颠，颠而又仆。"

可见，"偃"与"仆"，在"向后倒"与"向前倒"的义位上构成反义关系。

85. 古——今

《释乐》卷八下："鸣廉、修营、蓝胁、号钟、宫中、自鸣、焦尾。"疏证："《淮南子・修务训》云：琴或拨剌、枉桡、阔解、漏越，而称以楚庄之琴，则侧室争鼓之。山桐之琴，涧梓之腹，虽鸣廉、修营、唐牙，莫之鼓也。高诱注云：鸣廉，言其鸣音声有廉隅。修营，音清凉，声和调也。案：此谓世俗之人皆贵古而贱今，故琴之恶者而称为古琴，则人争鼓之。否则虽善而莫之鼓也。"（第277页下）

古，指过去已久的年代。与"今"相对。《尔雅・释诂下》："古，故也。"《字汇・口部》："古，远代也。"《易・系辞下》："古者包牺氏之王天下也，仰则观象于天，俯则观法于地。"《吕氏春秋・长见》："故审知今则知古。"高诱注："古，昔也。"唐李贺《古悠悠行》："今古何处尽，千岁随风飘。"郭沫若《郑成功光复台湾三百周年纪念》："台湾自古属中华，汉族高山是一家。"引申指古代的事物。《论语・述而》："述而不作，信而好古。"《汉书・董仲舒传》："犯法而罪多，一岁之狱以万千数。以此见古之不可不用也。"颜师古注："古，谓古法也。"《宋史・刘几传》："儒者泥古，致详于形名度数间，而不知清浊轻重之用。"清陈撰《玉几上房画外录》卷下引恽向《题自作画册》："定欲为古人而食古不化，画虎不成、刻舟求剑之类也。"

今，指现在或现代。与"古"相对。《说文・人部》："今，是时也。"《诗・鲁颂・有駜》："自今以始，岁其有。"《史记・项羽本纪》："沛公今事有急。"晋陶潜《归去来兮辞》："觉今是而昨非。"《广韵・侵韵》："今，对古之称。"《孟子・梁惠王下》："今之乐，犹古之乐也。"《史记・秦始皇本纪》："以古非今者族。"唐韩愈《原道》："古之为民者四，今之为民者六。"

可见，"古"与"今"，在"古代"与"现代"的义位上构成反义关系。

86. 伸——瘢、缩

《释诂》卷三下："瘢……缛，缩也。"疏证："瘢者，《众经音义》卷十五引《通俗文》云：缩小曰瘢。《淮南子・天文训》：月死而嬴蛖膲。高诱注云：膲，肉不满也。《太平御览》引此，膲作瘢，又引许慎注云：瘢，减蹴也。今俗语犹谓物不伸曰瘢矣。瘝，亦瘢也。"（第96页下～97页上）

伸，伸直；伸展。《说文・人部》："伸，屈伸。"《广雅・释诂三》："伸，展也。"《仪礼・士相见礼》："君子欠伸。"《荀子・乐论》："执其干戚，习其俯仰屈伸，而容貌得庄焉。"《淮南子・主术》："桀之力，制觡伸钩，索铁歠金。"又

《氾论》:"夫绳之为度也,可卷而伸也。"汉枚乘《七发》:"犹将伸伛起躄,发瞽披聋而观望之也。"又指直。《广雅·释诂三》:"伸,直也。"《列子·汤问》:"钩不伸,竿不挠。"

痳,收缩;缩短。《广雅·释诂三》:"痳,缩也。"王念孙疏证:"今俗语犹谓物不伸曰痳矣。"《广韵·宥韵》:"痳,缩小。"唐段成式《酉阳杂俎·鳞介篇》:"蚌当雷声则痳。"

缩,收缩;卷缩。清段玉裁《说文解字注·系部》:"《通俗文》云:物不申曰缩。"《吕氏春秋·古乐》:"筋骨瑟缩不达,故作为舞以宣导之。"唐韩愈《送穷文》:"毛发尽竖,竦肩缩颈,疑有痳而无,久乃可明。"《北史·崔悛传》:"(悛)素与魏收不协,收后专典国史,悛恐被恶言,乃悦之曰:'昔有班固,今则魏子。'收缩鼻笑之,憾不释。"

可见,"伸"与"痳"、"缩",在"伸展"与"收缩"的义位上构成反义关系。

87. 聚——散

《释诂》卷三下:"都、薄、蕴,聚也。"(第 94 页下)

《释诂》卷三下:"离、解、斯、披,散也。"(第 108 页下)

聚,会合;聚集。《说文·伙部》:"聚,会也。"《易·系辞上》:"方以类聚,物以群分。"孔颖达疏:"方谓法术性行以类共聚,固方者则同聚也。"《左传·襄公二十八年》:"吴句余予之朱方,聚其族焉而居之,富于其旧。"《庄子·知北游》:"人之生,气之聚也,聚则为生,散则为死。"《新唐书·张九龄传》:"京师衣冠所聚,身名所出。"唐韩愈《送湖南李正字序》:"及今又不忍其三族之寒,聚而馆之,疏远毕至。"

散,分离;分散。与"聚"相对。《说文·林部》:"橵,分离也。"《广韵·翰韵》:"橵,今通作散。"《易·说卦》:"雷以动之,风以散之。"《论语·子张》:"上失其道,民散久矣。"《史记·淮阴侯列传》:"至彭城,汉兵败散而还。"唐韩翃《寒食》:"日暮汉宫传蜡烛,轻烟散入五侯家。"《周书》:"武成散鹿台之财,发巨桥之粟。"唐韩愈《元和圣德诗》:"分散逐捕,搜原剔薮。"

可见,"聚"与"散",在"聚集"与"分散"的义位上构成反义关系。

88. 美——恶

《释诂》卷三下:"畏,恶也。"疏证:"此条恶字有二义,一为美恶之恶,一为爱恶之恶。"(第 106 页下)

美,善;好。与"恶"相对。《广韵·脂韵》:"美,与善同意。"《国语·晋语一》:"彼将恶始而美终。"韦昭注:"美,善也。"《史记·管晏列传》:"语曰:'将顺其美,匡救其恶,故上下能相亲也。'岂管仲之谓乎?"张守节正义:"言管仲相齐,顺百姓之美,匡救国家之恶。"

恶,丑;恶劣。《广韵·铎韵》:"恶,不善也。"《书·洪范》:"五曰恶,六曰弱。"孔传:"恶,丑陋。"《左传·昭公二十八年》:"昔贾大夫恶,取妻而美。"杜预注:"恶,亦丑也。"唐杜甫《病后遇王倚饮赠歌》:"王生怪我颜色恶,答云伏枕艰难遍。"

可见,"美"与"恶",在"善、好"与"丑恶"的义位上构成反义关系。

89. 爱——憎、恶

《释诂》卷三下:"憎,恶也。"疏证:"此条恶字有二义,一为美恶之恶,一为爱恶之恶。昭七年《左传》:鲁卫恶之。杜预注云:受其凶恶。《尔雅》:居居究究,恶也。郭璞注云:皆相憎恶。是美恶之恶与爱恶之恶,义本相通也。"(第 106 页下)

爱,喜欢。与"恶"、"憎"相对。《诗·小雅·隰桑》:"心乎爱矣,遐不谓矣。"《论语·颜渊》:"爱之欲其生,恶之欲其死。"唐白居易《对火玩雪》:"平生所心爱,爱火兼怜雪。"宋王安石《题舫子》:"爱此江边好,留连至日斜。"唐杜甫《戏为六绝句》之五:"不薄今人爱古人,清词丽句必为邻。"元耶律楚材《过金山和人韵》之三:"我爱长天汉家月,照人依旧一轮明。"

憎,憎恨;嫌恶。《方言》卷七:"憎,所疾也。宋鲁凡相恶谓之憎,若秦晋言可恶矣。"《说文·心部》:"憎,恶也。"《诗·齐风·鸡鸣》:"会且归矣,无庶予子憎。"郑玄笺:"无使众臣以我故憎恶于子。"《左传·昭公十九年》:"子产憎其为人也,且以为不顺,弗许,亦弗止。"汉王充《论衡·谴告》:"憎酸而沃之以咸,恶淡而灌之以水。"唐李中《落花》:"酷恨西园雨,生憎南陌风。"元佚名《盆儿鬼》第一折:"先见赐些房钱,免得憎多道少。"

恶,讨厌;憎恨。《广韵·暮韵》:"恶,憎恶也。"《易·谦》:"人道恶盈而好谦。"《论语·里仁》:"唯仁者,能好人,能恶人。"《睡虎地秦墓竹简·为吏之道》:"毋喜富,毋恶贫。"《史记·韩世家》:"公之所恶者张仪也。"唐杜甫《佳人》:"世情恶衰歇,万事随转烛。"明陈继儒《珍珠船》卷二:"燕恶艾,雀欲夺其巢,即衔艾置其巢中,燕见艾避去。"

可见,"爱"与"憎"、"恶",在"喜欢"与"憎恨"的义位上构成反义关系。

90. 入——出

《释诂》卷三下:"选、纳,入也。"(第 105 页上)

《释诂》卷一下:"挺,出也。"(第 41 页上)

入,由外至内。与"出"相对。《玉篇·入部》:"入,进也。"《春秋·隐公二年》:"夏五月,莒人入向。"《孟子·滕文公上》:"当是时也,禹八年于外,三过其门而不入,虽欲耕,得乎?"《三国志·吴书·吴主传》:"秦始皇帝遣方士徐福将童男童女数千人入海,求蓬莱神山及仙药。"唐韩愈《驽骥》诗:"牵驱入市门,行者不为留。"周恩来《送蓬仙兄返里有感》:"群鸦恋晚树,孤雁人寥天。"

出,由内而外。与"人"相对。《集韵·至韵》:"出,自内而外也。"《诗·郑风·出其东门》:"出其东门,有女如云。"《吕氏春秋·孟夏》:"蝼蝈鸣,丘蚓出。"唐韩愈《感二鸟赋》:"出国门而东骛,触白日之隆景。"晋陶潜《归去来兮辞》:"云无心以出岫,鸟倦飞而知还。"宋叶绍翁《游园不值》:"春色满园关不住,一枝红杏出墙来。"清王士祯《〈芝廛集〉序》:"凡为画者,始贵能入,继贵能出,要以沈着痛快为极致。"

可见,"入"与"出",在"由外而内"与"自内而外"的义位上构成反义关系。

91.姒——娣

《释亲》卷六下:"妯娌、娣姒,先后也。"疏证:"《释亲》又云:女子同出,谓先生为姒,后生为娣。孙炎云:同出,谓俱嫁事一夫也。事一夫者,以己生先后为娣姒,则知娣姒以己之年,非夫之年也。故贾逵、郑元及此注皆云:兄弟之妻相谓为姒,言两人相谓,谓长者为姒。知娣姒之名,不计夫之长幼也。"(第 200 页下~201 页上)

姒,同嫁一夫的女子中年长的。《尔雅·释亲》:"女子同出,谓先生为姒,后生为娣。"郭璞注:"同出谓俱嫁事一夫。"郝懿行义疏:"娣姒,即众妾相谓之词。"

娣,同嫁一夫的女子中年幼的。《尔雅·释亲》:"女子同出,谓先生为姒,后生为娣。"郭璞注:"同出,谓俱嫁事一夫。"《说文·女部》:"娣,女弟也。"《易·归妹》:"归妹以娣。"《国语·晋语一》:"(献公)获骊姬以归,立以为夫人,生奚齐。其娣生卓子。"韦昭注:"女子同生,谓后生为娣。"《红楼梦》第七十八回:"姊娣悉慕媖娴。"

可见,"姒"与"娣",在"同嫁一夫的女子中年长的"与"同嫁一夫的女子中年幼的"的义位上构成反义关系。

92.先——后

《释诂》卷一上:"先,始也。"(第 5 页上)

《释诂》卷三上:"后,晚也。"(第 88 页上)

先,时间次序在前。与"后"相对。《论语·先进》:"先进于礼乐,野人也;后进于礼乐,君子也。"唐韩愈《师说》:"闻道有先后,术业有专攻。"

后,时间次序在后。与"先"、"前"相对。《说文·彳部》:"后,迟也。"《易·坤》:"君子有攸往,先迷后得主。"《韩非子·饰邪》:"防风之君后至而禹斩之。"《仪礼·有司彻》:"兄弟之后生者,举觯于其长。"郑玄注:"后生,年少也。"宋陆游《小舟游近村舍舟步归》:"死后是非谁管得,满村听说蔡中郎。"

可见，"先"与"后"，在"时间次序在前"与"时间次序在后"的义位上构成反义关系。

93. 重——轻

《释诂》卷三下："珍，重也。"（第 108 页下）

《释诂》卷三上："懱、忽，轻也。"疏证："懱者，《说文》：懱，轻易也。《大雅·桑柔篇》：国步蔑资。郑笺云：蔑，犹轻也。《周语》云：郑未失周典，王而蔑之，是不明贤也。蔑与懱同。今人犹谓轻视人为蔑视矣。"（第 77 页上）

重，重视；看重。《墨子·亲士》："臣下重其爵位而不言，近臣则喑，远臣则唫，怨结于民心，谄谀在侧，善议障塞，则国危矣。"《史记·酷吏列传》："太后闻之，赐都金百斤，由此重郅都。"三国魏曹丕《典论·论文》："古人贱尺璧而重寸阴，惧乎时之过矣。"

轻，轻视；不看重。《书·太甲》："无轻民事惟难。"《鹖冠子·天权》："人之轻死，生之故也；人之轻安，危之故也。"《三国志·蜀书·先主传》："郡民刘平素轻先主，耻为之下，使客刺之。"唐李白《上李邕》："宣父犹能畏后生，丈夫未可轻年少。"

可见，"重"与"轻"，在"重视"与"轻视"的义位上构成反义关系。

94. 早——晚

《释诂》卷五上："稙、豫，早也。"（第 141 页下）

《释诂》卷三上："迟、晏、后，晚也。"（第 88 页上）

早，在一定时间以前。《左传·宣公二年》："（赵盾）盛服将朝，尚早，坐而假寐。"南朝宋颜延之《秋胡诗》："春来无时豫，秋至恒早寒。"《二十年目睹之怪现状》第七回："去早了，说没有起来；去迟了，不是说上衙门去了，便说拜客去了。"

晚，时间较迟或较晚。《易·坤》："君子有攸往，先迷后得主。"《汉书·佞幸传·石显》："恐后漏尽宫门闭，请使诏吏开门。"

可见，"早"与"晚"，在"在一定时间之前"与"在一定时间之后"的义位上构成反义关系。

95. 非、否、不——是

《释诂》卷四上："匪、勿，非也。"（第 114 页上）

《释诂》卷四上："否、弗，不也。"（第 118 页下）

《释言》卷五下："谌，是也。"（第 158 页上）

非，表否定。相当于"不"、"不是"、"不对"。《易·系辞下》："杂物撰德，辨是与非。"《汉书·陈余传》："陈王非必立六国后。"颜师古注："非，不也。"晋陶潜《归去来兮辞》："实迷途其未远，觉今是而昨非。"唐韩愈《师说》："人非生而知之者,孰能无惑。”

否,表否定。相当于“不”、“非”、“不是”。《说文·不部》:“否,不也。”《墨子·尚同中》:“夫建国设都,乃作后王君公,否用泰也;轻大夫师长,否用佚也;维辩使治天均。”王焕镳校释:“否,非。”《孟子·滕文公上》:“许子必织布而后衣乎?曰:否,许子衣褐。”《战国策·魏策四》:“否,非若是也。”

不,表否定。非;不是。清王引之《经传释词》卷十:“不,非也。”《墨子·非命上》:“上之所赏,命固且赏,非贤故赏也;上之所罚,命固且罚,不暴故罚也。”孙诒让闲诂引王引之云:“不,与非同义,故互用。”《礼记·中庸》:“苟不至德,至道不凝焉。”孔颖达疏:“苟,诚也;不,非也。”《后汉书·孔融传》:“观君所言,将不早惠乎?”《金瓶梅词话》第三十五回:“恨小非君子,无毒不丈夫。”

是,表肯定。与“非”、“不”、“否”相对。《诗·魏风·园有桃》:“彼人是哉?子曰何其。”朱熹集传:“彼之所为已是矣,而子之言独何为哉?”《吕氏春秋·察传》:“辞多类非而是,多类是而非,是非之经,不可不分。”《淮南子·修务》:“立是废非,明示后人。”宋叶适《陈秀伯墓志铭》:“君既不以求和为是,而书语侵中书,执政固不喜。”清俞樾《茶香室丛钞·伯夷之弟》:“惟太守之姓异,未详孰是。”

可见,“非”、“否”、“不”与“是”,在“表否定”与“表肯定”的义位上构成反义关系。

96. 背——面

《释诂》卷二下:“偭,俏也。”疏证:“偭者,《楚辞·离骚》:偭规矩而改错。《汉书·贾谊传》:偭蟂獭以隐处兮。王逸、应劭注并云:偭,背也。《汉书·项籍传》:马童面之。颜师古注云:面,谓背之不面向也。面缚,亦谓反背而缚之。杜元凯以为但见其面,非也。面,与偭通。”(第61页下)

《释诂》卷四上:“面,嚮也。”(第121页上)

背,用背对着。《周礼·秋官·司仪》:“不正其主面,亦不背客。”《国语·吴语》:“王背屏而立,夫人向屏。”北魏郦道元《水经注·汾水》:“水南有长阜,背汾带河。”唐杜甫《涪城县香积寺官阁》:“含风翠壁孤云细,背日丹枫万木稠。”宋王安石《次御河寄城北会上诸友》诗:“背城野色云边尽,隔屋春声树外深。”鲁迅《彷徨·肥皂》:“四铭太太正在斜日光中背着北窗和她八岁的女儿秀儿糊纸锭。”

面,向;面对着。《广雅·释诂四》:“面,向也。”钱大昭疏义:“《夏官·撢人》:‘使万民和说而正王面。’注云:‘面,犹向也。’”《书·召诰》:“面稽天若,今时既坠厥命。”孔颖达疏:“郑云:‘面尤迴向也’则面为向义。”《易·说卦》:“圣人南面而听天下,向明而治。”《列子·汤问》:“北山愚公者,年且九十,面山而居。"唐杜甫《渼陂西南台》："高台面苍陂,六月风日冷。"《儒林外史》第十一回："当下请在一间草屋内,是杨执中修葺的一个小小的书屋,面着一方小天井。"

可见,"背"与"面",在"反向相对"与"正向相对"的义位上构成反义关系。

97. 开——闭

《释诂》卷三下："捭、发、张,开也。"疏证："捭之言擘也。《鬼谷子·捭阖篇》云:捭之者,开也;阖之者,闭也。张衡《西京赋》:置互摆牲。薛综注云:摆,谓破磔悬之。《后汉书·马融传》注引《字书》云:摆,亦捭字也。《周官·大宗伯》:以疈辜祭四方百物,故书疈为罢。郑众注云:罢辜,披磔牲以祭。捭、摆、罢,声义并同。"(第107页下)

开,打开;开启。《诗·周颂·良耜》："以开百室,百室盈止,妇子宁止。"汉东方朔《非有先生论》："开内藏,振贫穷,存耆老,恤孤独。"南朝宋谢惠连《捣衣》诗："盈箧自余手,幽缄候君开。"唐杜甫《村雨》："絷带看朱绂,开箱睹黑裘。"

闭,闭合。《左传·成公十七年》："闭门而索客。"汉刘向《九叹·思古》："心婵媛而无告兮,口噤闭而不言。"前蜀魏承班《木兰花》词："闭宝匣,掩金铺,倚屏拖袖愁如醉。"唐杜甫《论壮年乐事戏呈元二十一曹长》："闭目逾十旬,大江不止渴。"《农政全书·诸家杂论下》："稻花必在日光中始放,雨久则闭其窍而不花。"

可见,"开"与"闭",在"打开"与"闭合"的义位上构成反义关系。

98. 主——辅

《释诂》卷三下："司、典、尚、质,主也。"(第100页上)

《释诂》卷四下："拔、拂、榜、挟、押、翼,辅也。"(第126页下)

主,根本;主要。《易·系辞上》："言行,君子之枢机;枢机之发,荣辱之主也。"《周礼·地官·司市》："大市,日昃而市,百族为主;朝市,朝时而市,商贾为主;夕市,夕时而市,贩夫贩妇为主。"郑玄注:"言主者,谓其多也。"《晏子春秋·杂下十四》："禁者,政之本也;让者,德之主也。"三国魏曹丕《典论·论文》："文以气为主。"

辅,从属;次要。宋陈师道《后山诗话》："魏文帝曰:'文以意为主,以气为辅,以词为卫',子桓不足以及此,其能有所传乎?"《医宗金鉴·正骨心法要旨·臂骨》："臂骨者,自肘至腕有正辅二根。"姚雪垠《李自成》第一卷第二章:"今日必须以战为主,守为辅,方能制敌而不制于敌。"

可见,"主"与"辅",在"主要"与"次要"的义位上构成反义关系。

99. 坐——立

《释诂》卷三下："坐,止也。"(第93页下)

《释诂》卷四上:"起,立也。"(第 120 页上)

坐,古人铺席于地,两膝着席,臀部压在脚后跟上,谓之"坐"。椅、凳出现后,把臀部平放在椅子、凳子或其他物体上以支持身体称为"坐"。《左传·昭公二十七年》:"执羞者坐行而入,执钺者夹承之。"杜预注:"坐行,膝行。"《礼记·曲礼上》:"先生书策,琴瑟在前,坐而迁之,戒勿越。"孔颖达疏:"坐亦跪也。"晋皇甫谧《高士传·管宁》:"管宁自越海及归,常坐一木榻,积五十余年,未尝箕股,其榻上当膝处皆穿。"唐李朝威《柳毅传》:"密席贯坐,纵酒极娱。"柳青《创业史》第一部第十七章:"你老人家坐正,咱叔侄俩说话。"

立,站立。《说文·立部》:"立,住也。从大,立一之上。"徐铉校录:"大,人也;一,地也。会意。"林义光《文源》:"象人正立地上形。"《书·顾命》:"一人冕,执刘,立于东堂。"《左传·成公二年》:"綦毋张丧车,从韩厥曰:'请寓乘!'从左右,皆肘之,使立于后。"《礼记·曲礼上》:"立必正方,不倾听。"《史记·项羽本纪》:"哙遂入,披帷西向立,瞋目视项王。"宋晏几道《临江仙》词:"落花人独立,微雨燕双飞。"赵朴初《春早湖山·读〈雷锋日记〉》词:"多少英雄山岳立,向雷锋学习。"

可见,"坐"与"立",在"坐下"与"站立"的义位上构成反义关系。

100. 文——武

《释诂》卷三上:"纯,文也。"(第 74 页下)

《释诂》卷二下:"武,勇也。"(第 73 页上)

文,柔和;不猛烈。《国语·楚语下》:"天事武,地事文。"韦昭注:"地质柔顺,故文。"晋葛洪《抱朴子·金丹》:"又九转之丹者,封涂之以土,金中糠火,先文后武。"又"文火",指煮东西时所用的小而缓的火。唐吕岩《敲爻歌》:"玉炉中,文火烁,十二时中惟守一。"宋高似孙《纬略》卷十一:"顾况《茶论》曰:'煎以文火细烟,小鼎长泉。'"

武,勇猛;猛烈。《诗·郑风·羔裘》:"羔裘豹饰,孔武有力。"孔颖达疏:"其人甚勇,且有力。"汉王粲《从军》诗之一:"所从神且武,焉得久劳师。"《新唐书·儒学传中·柳冲》:"代北之人武,故尚贵戚,其泰可与也。"清金和《双拜冈纪战》诗:"从来攻城时,未见今日武。"又"武火",指煮东西时所用的猛烈的火。与"文火"相对而言。宋沈与求《钱塘赋水母》诗:"绛矾收涎体纤紫,飞刀镂切武火烹。"周立波《湘江一夜》:"〔董千〕亲自往灶口添了一块干柴,说道:'烧鱼要武火。'"

可见,"文"与"武",在"柔和"与"猛烈"的义位上构成反义关系。

第二节 《广雅疏证》研究反义词的理论和方法

一、《广雅疏证》研究反义词的理论

(一)《广雅疏证》对词义系统的认识

形、音、义是汉语字词的三大要素。在这三大要素中,"义"处于主要的核心地位,义的变化推动字形的发展、字音的流转变化①。"圣人之制字,有义而后有音,有音而后有形。学者之考字,因形以得其音,因音以得其义。"②可见"义"既是古之先贤造制字词的出发点,也是今之学者考释字词的落脚点③。陆宗达、王宁两位先生通过对古代汉语单个字词的形、音、义关系与多个字词的语义联系的深入考察指出:"就每一个字、词产生、发展、消亡的具体历史来看,形、音、义三者是互相推动、互为因果的。但是就那一系列变化的根本原因来说,最主要的还是由于社会生活的丰富和人类思想的周密而需要语言产生新的表义单位。不论是同时发展旧词的音与义而派生的新词,还是以音、义的偶然约定完全另造新词,首先是意义发展的结果。而从文字看,不承担新义的字形只能对书面表达产生干扰,只有在新义促成的新词产生的基础上另造新形而成新字,文字才得以丰富而不是无谓的重复和烦琐。至于整个民族语音系统的变化发展和字形系统的改革演进,就其根本原因来说,也是与词义的丰富分不开的。"④可见,无论是在汉语字词形成过程中,还是在我们使用和认知汉语字词的过程中,形、音、义三者都是互相制约的,并以"义"为核心要素而统一在一起,词义在汉语字词三要素中居于主要的核心地位。

"治经莫重于得义",解词释义始终是训诂学的核心工作。王念孙著《广雅疏证》,其主要任务之一就是释词解语,证明《广雅》之义训。语义系统论理论认为:任何一个语义单位都不是孤立存在,而是彼此休戚相关的。不同的语义单位之间存在着各种各样的关系:或同义,或反义,或引申,或假借,或同源等;每一个语义单位又都通过这些不同的关系和众多的其他语义单位发生错综复杂的联系,从而形成一个庞大的语义网,即语义系统。处在语义系统内的成员是互相联系、互相制约又互相影响的,其中一部分的发展变

---

① 刘兴均:《训诂学原理方法与实践》,中国文史出版社 2007 年版,第 112 页。
② (清)段玉裁:《广雅疏证·序》,中华书局 2004 年版,第 2 页。
③ 刘兴均:《训诂学原理方法与实践》,中国文史出版社 2007 年版,第 112 页。
④ 陆宗达、王宁:《训诂方法论》,中国社会科学出版社 1983 年版,第 132 页。

化会引起其他部分的发展变化。王念孙在《广雅疏证·自序》中说:"虽或类聚群分,实亦同条共贯。"在训诂方法上,他反对"字别为义"、"音别为义"的割裂烦琐,提倡系统贯通。可见他已经初步认识到了词义的系统性和语言的规律性。在疏证《广雅》的训诂实践中,王念孙博考群籍,触类旁通,不仅整体上融会贯通《广雅》全书,而且还结合相关的古文献语言文字材料,较同辨异,彼此证发,取得了卓越的成就。《疏证》为《广雅》条目做义证时,很少孤立地就个别字词本身进行单独说解,常常是以声音、意义,或以字形为线索,从该字词引出一组字词来,在比较互证中进行训释。这正是充分重视词义的系统性,从语言的内在规律观照词义训释。《广雅疏证》"不是孤立地对某一个词进行说解,而是通过声音的线索,尽力把该词置于它所从属的系统中加以通盘研究,这是《广雅疏证》的一大特点,也是它取得巨大成功的根本经验。"①殷孟伦先生在《王念孙父子〈广雅疏证〉在汉语研究史上的地位》一文中不仅实事求是地评价了《广雅疏证》在中国语言学史上的地位,也客观公允地肯定了王念孙在《广雅疏证》中对语言内部规律的自觉运用和探索。他说:"大体说来,王氏的这部《广雅疏证》,在中国语言学研究史上,原是有了以上的发展过程,然后由以前的单位深入进而成为综合运用,由散见的个别资料进而为集中整理、分析,由时代不同的语言演变进而为古今的条贯的对比,由理念的正确指导进而为具体语言的证实,由繁复的语言现象进而为语言内部规律的探索,因而获得了一些很不平凡的业绩。"②

(二)《广雅疏证》对反义关系的认识与运用

1.《广雅疏证》中"义"的含义

用现代语义学的眼光来看,《广雅疏证》中"义"的概念常常指的是"义素"。作为语言中最小的语义单位,义素也是词义的最小组成单位,是词义内部微观层次中的结构项。事实上,我国古代的语文学家早就开始了对语义内部结构的探索,义素思想的萌芽和义素分析法的运用在前人的注疏中随处可见。例如:"澹,水摇也。""滴,水注也。""消,水尽也。"等等,诸如此类的义素分析方式在《说文解字》中比比皆是。在《尔雅》、《广雅》等"同训纂集"的"雅书"中,义素的观念更是贯穿于始终。王宁先生指出:"在注释材料的分析、同义词意义的认识与别异、同源词的意义关系等问题上,汉语的义

---

① 崔枢华:《〈广雅·释诂〉疏证以声音通训诂发覆》,《北京师范大学学报》1991 年第 6 期。
② 殷孟伦:《王念孙父子〈广雅疏证〉在汉语研究史上的地位》,《东岳论丛》1980 年第 2 期。

素分析法早就从训释材料中体现出来了，而中国古代重视分类及习惯一分为二的思维特点，给汉语的义素分析法奠定了哲学基础。"①作为我国传统小学的集大成者，王念孙继承前人又加以变通，在疏证《广雅》的过程中他不仅向我们展示了他对《广雅》"同训义场"的深刻认识，而且广泛采用"主训词＋义值差"的语义界定方式来训释词义，分析词义之间的联系和差异。例如："瘍者，谓狂病也。"(《释诂》卷一上"病也"条疏证，第16页下)"拏者，对举也。故所以举棺者谓之輁轴，《士丧礼》下篇：迁于祖，用轴。郑注云：轴，輁轴也。輁，状如长床，穿程，前后著金而关轴焉。是也。扛者，横关对举也。故床前横木谓之杠。《说文》：杠，床前横木也。徐锴传云：今人谓之床桯。是也。舁者，亦对举也。故舆床谓之榻。舆者，共举也。故车所以举物者谓之舆。"(《释诂》卷一下"举也"条疏证，第36页下～37页上)"刿者，锐伤也。……创者，刃伤也。"(《释诂》卷四上"伤也"条疏证，第110页上～110页下)②。由此可见，《广雅疏证》中虽然还没有形成科学的语义分析理论，但已经不是像传统语义学那样把词义看成一个囫囵的整体③，而是借助于辩证的、一分为二的思维方式开始探索词义内部的微观结构。

关于《广雅疏证》中"义"这个概念的所指问题，许多学者都有论及，尽管角度各不一样，表述也不尽相同，但核心观点都认为这个"义"往往不是指一般的词汇意义或义项，而是现代语义学所说的"义素"。

盛林在谈到《广雅疏证》对《广雅》立目设项原则的理解和阐释时说："《广雅》和《尔雅》体例上的这种特点(即是具有'相同的东西'的词语汇集)，用现代语义学的观点可以这样来理解：一个条目实际上就是一个语义场，而条目中的被训释词就是语义场中的一个成员，训释词就是语义场的名称，也是语义场中各成员之间共有的东西，即相同义素，是一个语义场区别于另一个语义场的标志特征。对于《广雅》的这样一个立目设项原则，《广雅疏证》是透彻地领悟了，并在疏证中处处体现着的。具体说来就是《广雅疏证》的主要目的就是要找出被训释词可能具有的由训释词所展示的共同义素，也就是找出被释词属于这个语义场的根据。实际上，《广雅疏证》所做的工作主要就是解释和说明同一组被训释词为何具有共同义素以及具有怎样的共同义素和区别性义素。"④鉴于此，她进一步指出《广雅疏证》中所体现出来的同义观跟现代的同义观是不一样的：现代所谓的同义是指词语之间的指

① 王宁：《训诂学原理》，中国国际广播出版社1996年版，第208页。

② 彭慧：《试论〈广雅疏证〉在汉语语义研究中的重要价值》，《社会科学家》2006年第5期。

③ 贾彦德：《汉语语义学》(第二版)，北京大学出版社1996年版，第51页。

④ 盛林：《〈广雅疏证〉中的语义学研究》，上海人民出版社2008年版，第29页。

称意义大致相同,而《广雅疏证》中的同义只是说词语之间的意义在某一点上相同而已,如"特征相同"、"指称对象相同"、"某一义素相同"、"指征相同"等,准确地说,《广雅疏证》中的同义指的是词语之间具有某一个或几个相同义素,所谓同义就是指相同义素①。

张其昀在《〈广雅疏证〉导读》一书中将训释类的语义辞书分为两大类:"一类是以词领义,即被训者是一个词,训者是该词所具有的多项意义(称为'义项')——现代辞书多属于此类,如《辞源》、《辞海》、《现代汉语词典》等皆然,是为'语言义'辞书;一类是以义贯词,即被训者是多个词,训者是该多个词所共同具有的一项意义——古代辞书多属此类,如《尔雅》《广雅》,以及《方言》等皆然,是'言语义'辞书。所谓'言语义'就是一个词在运动状态或在具体语境状态下的意义。"因此他认为如果用现代语言科学的眼光去审视《广雅疏证》训词与被训词之间"同义"之"义"的话,"这个'义'一般不是指的'义项',而是'义素'(借字为用的情况除外),包括作为同源词形成根据的'源义素'。王氏书中用来证明训义的一大批'同'、'近'、'通'类术语中的'同'、'近'、'通',则大多是指的义素的相同、相近、相通。"②

同样,在论及"同义"、"义相近"、"义相通"、"义相因"、"其义一也"、"义并同"、"同声同义"、"声近义同"等之类《广雅疏证》常用术语中的"义"这个概念时,崔枢华先生认为"是指包含在个别词的词义范畴之中而为一组词所共有的意义,一种高度概括的意义"③;我们认为是指一组有声义关系(声近义通)的同源词具有某一共同的意义核心,即相同的语源意义。所谓"高度概括的意义"、"意义核心"、"语源意义"就是现代语义学所说的"义素"。

2.《广雅疏证》中的反义观

反义与同义是语言中两个相反相成、关系密切的语义聚合,它们之间有很多一致的特点,比如都是以意义的相同或相反作为判定的根本标准。正如《广雅疏证》所体现的同义观不同于现代的同义观,《广雅疏证》所体现的反义观也与现代的反义观不一样。

尽管现代词义学对"反义"的概念有宽严不同的界定,但判断两个或一组词是否具有反义关系都必须坚持理性意义相对、相反的标准和同一性的标准,即要求具有反义关系的两个词或一组词理性意义相对或相反,而且双方必须是属于特定的概念范畴,不属于同一概念范畴的词不能构成反义词。

① 盛林:《〈广雅疏证〉中的语义学研究》,上海人民出版社 2008 年版,第 30～35 页。
② 张其昀:《〈广雅疏证〉导读》,社会科学文献出版社 2009 年版,第 14 页。
③ 崔枢华:《〈广雅·释诂〉疏证以声音通训诂发覆》,《北京师范大学学报》1991 年第 6 期。

如"高"和"低"是一对反义词；"高"和"浅"就不能构成反义词。也即判断两个词或一组词是否反义在于义项：具有相反或相对的义项的词才能算是反义词，而不是义素，"如果两个词其他义素完全相同，只是一个义素不同，而这个义素又是反义的，这两个词未必就是反义词。"[①]而《广雅疏证》中所体现出来的反义是指词语之间具有某一个或某几个相反的义素，即只要两个词之间的意义在某一点上相反就可以看作是具有反义关系。

利用"系联法"，我们不仅可以从《广雅》原有条目中系联出很多的反义聚合，也可以从《广雅疏证》的训释文字系联出很多的反义聚合。在《广雅疏证》的训释文字中，我们常可以看到诸如"其义相反"、"义相反"、"反某为某"、"某与某正相反"、"取其相反之义"之类的术语，这实际上就是明确地告诉我们这些相关的词语之间具有反义关系。例如：

《释诂》卷二下："谩，欺也。"疏证云："慢，与谩同。《说文》：谩，欺也。《韩子·守道篇》云：所以使众人不相谩也。《贾子·道术篇》云：反信为慢。"（第72页上）

"反信为慢"是指"信"与"慢"构成反义关系。"信"指诚实；不欺。《说文·言部》："信，诚也。"《论语·学而》："为人谋而不忠乎？与朋友交而不信乎？""慢"同"谩"，指欺骗；蒙蔽。《墨子·非儒下》："且夫繁饰礼乐以淫人，久丧伪哀以谩亲。"毕沅校注引《说文》："谩，欺也。"故"信"与"慢"意义相反。

《释诂》卷一下："矜、苦……纠，急也。"疏证："矜者，《荀子·议兵篇》：矜纠缭之属，为之化而调。矜纠、收缭皆急戾之意，故与调和相反。杨倞注以矜为夸汰，失之。"（第36页上）

"矜纠、收缭皆急戾之意，故与调和相反"是指："矜纠"、"收缭"均与"调和"构成反义关系。

《释器》卷八上："皙，白也。"疏证："《说文》：皙，人色白也。《鄘风·君子偕老篇》：扬且之皙也。毛传云：皙，白皙也。郑公孙黑字子皙；楚公子黑肱字子皙；孔子弟子狄黑字皙、曾点字皙，皆取其相反之义也。"（第273页下）

在这段训释语中，"皙"、"白"均与"黑"构成反义关系。

《释言》卷五下"毓，长也"条，王念孙指出："此下八条（案，"此下八条"指："毓，长也"、"毓，稚也"、"曩，久也"、"曩，乡也"、"陶，喜也"、"陶，忧也"、"泞，清也"、"泞，泥也"），皆一字两训，而其义相反。"（第173页上）

在这段训释语中，"长"与"稚"、"久"与"乡（曏）"、"喜"与"忧"、"清"与"泞"构成反义关系。

---

① 蒋绍愚：《古汉语词汇纲要》，商务印书馆 2005 年版，第 133 页。

《释诂》卷四下:"輕,㩵也。"疏证:"輕者,《说文》:輕,车戾也。字通作匡。……枉谓之匡,故正枉亦谓之匡。《孟子·滕文公篇》云:匡之直之。义有相反而实相因者,皆此类也。"(第124页上～124页下)

在这段训释语中,"枉"与"直"构成反义关系。

《释诂》卷三下:"敛,与也。"疏证:"敛为欲而又为与,乞、匄为求而又为与,贷为借而又为与,禀为受而又为与。义有相反而实相因者,皆此类也。"(第99页上)

在这段训释语中,"与"与"求"、"借"、"受"均构成反义关系。

不管上述例子中的词语从现代反义观来看是不是反义词,无可否认地是"其义相反"、"义相反"、"反某为某"、"某与某正相反"、"取其相反之义"等这些术语是王念孙用来说明词语在语义上存在某些相反之处的。我们可以把这些术语看成是《广雅疏证》中广义的反义词存在的标志。

《广雅疏证》中所体现出来的反义观与现代反义观的不同之处,可以从以下几个方面来得以反映。

(1)意义相反而不属于同一意义范畴可以构成反义关系

《广雅疏证》中所谓的"反义"有时指两个或一组词含有相反、相对的意义但并不属于同一个意义范畴的情况。例如:

肖——傀

《释诂》卷二上:"肖,小也。"《疏证》:"肖者,《方言》:肖,小也。《庄子·列御寇篇》:达生之情者傀,达于知者肖。傀者,大也;肖者,小也。肖与傀正相反。"(第55页下)

肖,指细微;衰微。《史记·太史公自序》:"申、吕肖矣,尚父侧微,卒归西伯,文、武是师。"司马贞索隐:"肖谓微弱而省少,所谓'申吕虽衰'也。"裴骃集解引徐广曰:"肖音痟。痟犹衰弱。"张守节正义:"吕尚之祖封于申,申、吕后痟微,故尚父微贱也。"

傀,指魁伟;高大。《说文·人部》:"傀,伟也。"《聊斋志异·司文郎》:"有少年游寺中,白服裙帽,望之傀然。"何垠注:"傀,大貌。"比较而言,"肖"指人的身份地位微小;"傀"指人的身材高大。二词可义素分析为:

肖＝/地位、身份/＋/低微/

傀＝/身材/＋/高大/

可见"肖与傀正相反"是指"肖"与"傀"构成反义关系。王念孙在《读书杂志》也说:"肖与傀正相反,言任天则大,任智则小也。""肖"与"傀"不属于同一意义范畴,按照现代的反义观看不算是反义词。王念孙说它们正相反,是因为它们所包含的义素中有一个正好相反:一个指"大",一个指"小"。同样的例子还有：

晳——黑

《释器》卷八上："晳，白也。"疏证："《说文》：晳，人色白也。《鄘风·君子偕老篇》：扬且之晳也。毛传云：晳，白晳也。郑公孙黑字子晳；楚公子黑肱字子晳；孔子弟子狄黑字晳、曾点字晳，皆取其相反之义也。"（第 273 页下）

这段训释中，"晳"和"黑"构成反义关系。"晳"专指人的肤色白净。《诗·鄘风·君子偕老》："扬且之晳也。"毛传："晳，白晳。"孔颖达疏："其眉上扬广，且其面之色又白晳。""黑"泛指像墨或煤一样的颜色。二词可义素分析为：

晳＝/人的皮肤/＋/白/

黑＝/所有物类/＋/黑/

"晳"为属概念，"黑"为种概念。在今天看来不能算作反义词，但二者具有相反的义素，一为"黑"，一为"白"，所以王念孙说它们具有"相反之义"。

长——稚

《释言》卷五下："毓，长也。"疏证："此下八条，皆一字两训，而其义相反。郭璞注《尔雅》云：以徂为存，犹以乱为治，以曩为曏，以故为今，此皆诂训义有反覆旁通，美恶不嫌同名，是也。"（第 173 页上）

"长"与"稚"构成反义关系。"长"指年长，即相比之下年纪大，是就事物发展的阶段而言；"稚"指幼稚，即相比之下不成熟，是就事物发展的完善程度而言的。二者不属于同一概念范畴。但二者的中心义素相反，"长"含有"时间长"之义，"稚"含有"时间短"之义，故构成反义关系。

遥——掇

《释诂》卷二下："勧，短也。"疏证：勧者，《方言》：勧，短也。注云：蹶、勧，短小貌也。《玉篇》音知劣切，云：吴人呼短物也；又云：勧，短也。《庄子·秋水篇》：遥而不闷，掇而不跂。郭象注云：遥，长也。掇，犹短也。"（第 69 页下）

在这段训释中，"遥"与"掇"构成反义关系。"遥"指地理距离远；"掇"指人或物体的高度矮或长度短。《广韵·薛韵》："勧，短兒。或作掇。"二词可义素分析为：

遥＝/地理距离/＋/长/

掇＝/人或物体/＋/短/

如果按现代反义观来判断，"遥"与"掇"是不能构成反义关系的，正如"长"与"矮"不能构成反义关系一样，因为它们不属于同一概念范畴。现代反义理论认为"同一性"是反义词形成的前提和基础，两个词语具有相反或相对的意义不一定就是反义关系，它们必须是在某一个统一体下的对立，即处于共同的意义领域。比如："男人"和"女人"是一对反义词，它们同属于

"成年人"这个意义领域;"男人"和"男孩"也是一对反义词,它们同属于"男性的人"这个意义领域;但"男人"和"女孩"一般不看作是一对反义词,因为它们不在同一意义领域。而在《广雅疏证》中两个词语只要具有相反的意义,即使它们跨越不同的意义领域也可以构成反义关系。可见《广雅疏证》所体现的反义观是一种不同于现代的有特色的反义观。

(2)次要义素相反可以构成反义关系

两个词或一组词指称的是同类事物,但这些事物在某一方面的特征相反或相对,这种情况在《广雅疏证》中也当作反义关系,即两个词或一组词的中心义素相同但次要义素相反也可以构成反义关系。例如:

① 同类事物方位特征相反

偃——仆

《释诂》卷四上:"偃、仆,僵也。"疏证:"《说文》:偃,僵也。仆,顿也。……定八年《左传》:颜高夺人弱弓,籍邱子鉏击之,与一人俱毙,偃,且射子鉏,中颊,殪。杜预注云:毙,仆也。正义云:《吴越春秋》云:迎风则偃,背风则仆。仆是前覆,偃是却倒。此颜高被击而仆,转而仰,且射子鉏死。言其善射也。"(第118页上)

"偃"与"仆"都是人倒在地上的状态,属于同一类行为,从现代语义理论看,它们当是近义或同义关系,《广雅疏证》把它们看作反义关系,只是因为两个动作的状态特征是相反相对的,"偃"指仰面倒在地上,是向后倒;"仆"指面部朝下倒在地上,是向前倒。在《广雅疏证》中,两个词具有相同的中心义素,但次要义素相反或相对也是可以构成反义关系的。同样的例子还有:

广——袤

《释诂》卷二上:"袤,长也。"疏证:"《小尔雅》:袤,长也。《说文》:南北曰袤,东西曰广。案:对文则横长谓之广,纵长谓之袤。《墨子·备城门篇》:广九尺,袤十二尺,是也。"(第56页下)

"广"和"袤"都用来指称地理上两点之间的距离长度。"广"表横长,即东西之间的距离;"袤"表纵长,即南北之间的距离。因二词指称方向正好相反,故《广雅疏证》当作反义关系。

② 同类事物性质特征相反

曦和——望舒

《释天》卷九上:"日御谓之曦和,月御谓之望舒。"疏证:"《楚辞·离骚》:吾令义和弭节兮。王注云:义和,日御也。《初学记》引《淮南子·天文训》:爰止义和,爰息六螭。许慎注云:日乘车,驾以六龙,义和御之。《离骚》:前望舒使先驱兮。王注云:望舒,月御也。"(第285页上~285页下)

"曦和"和"望舒"都指传说中驾车的天神,但它们的服务对象正好是相对的:"曦和"是为日驾车的神,"望舒"是为月驾车的神。如明何景明《告咎文》:"饬望舒以驰范兮,戒羲和以正御。"景耀月《长歌行》:"望舒御月控骅骝,羲和兄弟驰八骀。"二词可义素分析为:

曦和＝/为日/＋/驾车神/

望月＝/为月/＋/驾车神/

"曦和"和"望舒"都是指称驾车的天神,从现代语义理论看当为类义词,《广雅疏证》把它们当作反义关系,只是更注重的是二词指称对象所具有的对立关系。同样的例子又如:

君——臣

《释诂》卷一上:"乾,君也。"(第5页上)

《释诂》卷一下:"有,臣也。"(第26页上)

"君"与"臣"构成反义关系。"君"指国君。"臣"指国君所统属的民众。二词可义素分析为:

君＝/统治/＋/人/

臣＝/被统治/＋/人/

"君"与"臣"的中心义素都指"人",但次要义素相反,即"君"与"臣"的性质特征不同,一个是统治者,是上级;一个是被统治者,是下级,所以构成反义关系。

③ 同类事物外形特征相反

筐——筥

《释器》卷八上:"筲,筐也。"疏证:"《说文》:匚,饭器也,筥也。或作筐。《召南·采蘋》传云:方曰筐,圆曰筥。"(第257页下)

"筐"与"筥"这两个词都表示古代盛饭食的竹器,在现代看无论如何也不是相反相对的概念,《广雅疏证》把它们对立起来,只是因为它们的外形特征是相反的,"筐"是方的,"筥"是圆的。又如:

橐——囊

《释器》卷七下:"橐,囊也。"疏证:"《大雅·公刘篇》:于橐于囊。毛传云:小曰橐,大曰囊。《史记·陆贾传》索隐引《埤仓》云:有底曰囊,无底曰橐。"(第237页下)

"橐"和"囊"都指盛物的口袋,但二者的外形特征正好相反:"橐"小而"囊"大;"橐"无底而"囊"有底,故"橐"和"囊"构成反义关系。同样的例子《广雅疏证》中还有很多,此不赘举。

类似上述这种两个词语中心义素相同而次要义素相反的情况,现代反义理论常常是当作类义词甚至是近义词来看待,一般不会看作是反义关系。比如上述"偓"与"仆"、"橐"与"囊"两例,蒋绍愚先生就认为不应该看作反义词。他说:"判断两个词是不是反义词,要把词义的义素构成情况和词的实际使用情况结合起来考察。如果两个词其他义素完全相同,只是一个义素不同,而这个义素又是反义的,这两个词未必就是反义词,也可能是近义词(或称广义的同义词)。如粗曰薪,细曰蒸,大曰鼐,小曰鼒,厚曰腠,薄曰牒,无底曰囊,有底曰橐,有墙曰苑,无墙曰囿。这些词依其实际使用情况看,都不是用做反义,所以其不同的义素〔粗〕、〔细〕,〔大〕、〔小〕,〔厚〕、〔薄〕等等,都应看做分类而不是反义。"①《广雅疏证》却往往把这样的情况看作反义关系,这说明《广雅疏证》中的反义观是不同于现代通行的反义观的。现代反义观更着重于中心义素的相反或相对,而《广雅疏证》也强调次要义素的相反或相对,即比较在意事物所具有的特征的对立性,反映了古人在语义认识上的精确性。

语言的形成、发展和演变,跟语言使用者本身的认知思维方式和社会生活习惯等有着千丝万缕的联系,研究一种语言现象必须对该民族的认知思维、社会历史、文化习俗等各种因素进行综合考察。古人更敏感于对事物显著特征的直观感觉,而现代人更注重对事物科学类属关系的理性认识,所以诸如〔粗〕、〔细〕,〔大〕、〔小〕,〔厚〕、〔薄〕等表现事物特征的义素,现代人只当着分类的依据,而古代人却既用以系联相同事物之间的"同",又用以区别相对事物之间的"反",这是古人充满思辨精神的观察和感悟世界的特殊方式,也是古人重感性轻理性的思维习惯在语言中的真实反映。在古人的眼里,事物之间的"同"与"反"是密切联系、相反相成的,因此在《广雅疏证》中,事物特征即现代语义学所谓的"次要因素"既是古人确定同义关系的依据:"事物特征相同即谓同义"②;也是古人确定反义关系的依据,即事物特征相反也可谓词义相反。这也是为什么《广雅疏证》所体现的同义观和反义观都不同于现代的根本原因。

(3)词性不同但词义相反可以构成反义关系

汉语的语法研究一直是比较薄弱的环节,直到《马氏文通》的出现我们才建立起了独立的语法体系。古人虽然已经有了词类概念的萌芽(如对于实词、虚词的区别已有所认识),但古人在训诂时往往缺乏语法观念,词类概念模糊,对词语的训释都注重词义而忽略词性,因此不同词性而语义相反的

---

① 蒋绍愚:《古汉语词汇纲要》,商务印书馆 2005 年版,第 133 页。

② 盛林:《〈广雅疏证〉中的语义学研究》,上海人民出版社 2008 年版,第 58 页。

词在《广雅疏证》中也是可以构成反义关系的。例如：

泞——泥

《释言》卷五下：“泞，清也。”“泞，泥也。”（第 173 页下）

《释言》卷五下：“毓，长也。”疏证：“此下八条，皆一字两训，而其义相反。”（第 173 页上）

“泞”与“泥”构成反义关系。“泥”指含水的半固体状的土。《广韵·齐韵》：“泥，水和土也。”《易·震》：“震遂泥。”李鼎祚集解引虞翻曰：“坤土得雨为泥。”“清”指水纯净清澈。“泥”为名词，“清”为形容词。同样的例子又如：

《释诂》卷一上：“时，善也。”疏证：“时者，《小雅·頍弁篇》：尔肴既时。毛传云：时，善也。……《杂卦传》：《大畜》，时也；《无妄》，灾也。时与灾相对，亦谓善也。”（第 9 页上）

在这段训释中，“时”与“灾”构成反义关系。“时”义位为“善”，为形容词；“灾”指灾祸，意即不善，为名词。二者词性不同，但构成反义关系。

按现代反义观来看，上述两例都算不上反义。因为现代反义观一般认为判断反义词应该坚持语法标准，词性或语法功能不一致的词语不能构成反义关系。

（4）音节不同但词义相反可以构成反义关系

在反义词之间音节是否对称的问题上，现代汉语词汇学界基本认同“词和词组不能构成反义词，词和他的否定形式也不能够构成反义词”的观点①。在《广雅疏证》中音节不同但意义相反的两个词是可以构成反义关系的。例如：

《释诂》卷一上：“赖，善也。”疏证：“赖者，《孟子·告子篇》：富岁子弟多赖。赵岐注云：赖，善也。《卫策》云：为魏则善，为秦则不赖矣。”（第 9 页上）

在《疏证》所举《战国策·卫策》“为魏则善，为秦则不赖矣”句中，“善”与“不赖”形成反义对文，可见“善”与“不赖”构成反义关系。《广雅疏证》对“反义”的界定是非常宽泛的，互为反义关系的词语只要意义相反或相对就行，并不受语音和结构形式的限制。

综上所述，《广雅疏证》中所体现的反义观是不同于现代语义学的反义观的，这是一种建立在“具有相反义素”之上的注重意义、轻视形式，强调局部和细节特征的反义观。正如盛林所说：“《广雅疏证》中所体现出来的同义

---

① 许威汉：《汉语词汇学引论》，商务印书馆 1992 年版，第 135 页。

观不仅代表王氏父子本人对同义的认识,也代表了《尔雅》以来古代辞书对同义的认识,还代表了王氏父子所引各家学说对同义的认识,所以《广雅疏证》中所体现的同义观是我国古代同义观的典型代表。"①《广雅疏证》中所体现的反义观也在某种程度上可以代表我国古代的反义观。也即是说:我国古代的反义观跟现代的反义观是不一样的。蒋绍愚先生在《古汉语词汇纲要》一书中指出:"考察反义词,也要有历史观念。因为随着词义的发展变化,反义词的构成关系也是古今不同的。如古代'穷'的反义词是'达',现代'穷'的反义词是'富'。古代'慢'的反义词是'敬',现代'慢'的反义词是'快'。古代'细'的反义词是'大',现代'细'的反义词是'粗'。古代'粗'的反义词是'精',现代'粗'的反义词是'细'。古代表示形体用'大'、'小'这对反义词,表示年龄用'少'、'长'这对反义词,现代无论表示形体还是年龄,都用'大'、'小'这对反义词。"②反义词的构成关系之所以古今不同,固然与词义本身的发展变化有着密切的关系,但古今反义观的差异也不能说不是造成反义词的构成关系古今不同的重要原因之一。

3.《广雅疏证》对反义关系的运用

具有反义关系的两个词或一组词,它们之间的意义是相反或相对的。反义词的这一特征常被人们运用到训诂实践活动中,为各种各样的训诂目的服务。利用反义词来证明词义的方法叫作反证法。③ 早在东汉时期,我国的训诂学家们就开始在经传注释中利用反义词来训释词义。如《礼记·表记》:"口惠而实不至,怨菑及其身。是故君子与其有诺责也,宁有已怨。"郑玄注云:"已,谓不许也。言诺而不与,其怨大于不许。"在这里,郑玄就是用"许"与"已"之间的反义关系来解释"许"的词义的。借助反义词研究词义,不仅可以避免同义词训释词义含混、不确切的弊病,从而更透彻、更深刻地揭示词语的准确含义;还可以辨析同义词之间的细微差异,或在具体语境中帮助确定某些多义词的词义。因此,反证法不仅常用于古代典籍的注释,也广泛地用在字典辞书的编纂中。

王念孙虽然没有在《广雅疏证》中明确指出反义词的任何训诂作用,但在《广雅疏证》中,无论是为《广雅》条目做义证,还是进行衍脱讹谬的校勘;无论是对同义词进行辨析,还是就某种具体体例进行说明,王念孙都不会忘记充分利用反义关系为之服务。王念孙对反义词的重要训诂作用,毫无疑

---

① 盛林:《〈广雅疏证〉中的语义学研究》,上海人民出版社 2008 年版,第 57 页。

② 蒋绍愚:《古汉语词汇纲要》,商务印书馆 2005 年版,第 127 页。

③ 赵克勤:《古代汉语词汇学》,商务印书馆 2005 年版,第 192 页。

问已经有了比较深刻的认识。

（1）利用反义关系训释词义

在《广雅疏证》中，王念孙为了证明《广雅》之义训，不仅"远绍旁搜，以期再现故训产生的语境，使人知其然且知其所以然"①；而且"殚精竭虑，旁征博引，尽可能地把在语音、语义上与所释词语有关联的其他词语罗列出来，使所释词与其他词语发生语音语义上的各种联系，使之处于一个有机的语言系统中，因此《广雅疏证》中形成了众多的语义聚合。"②在《广雅疏证》众多的语义聚合中，反义聚合的存在就是为词义的求证服务的。通过把被训释词置于相关的反义聚合之中，利用该聚合中词语之间的意义对立关系来推求、证明被训释词的词义，这是《广雅疏证》训释词义常用的手段之一。例如：

《释诂》卷一上："作，始也。"疏证："作者，《鲁颂·駉篇》：思马斯作。毛传云：作，始也。作之言乍也。乍，亦始也。《皋陶谟》：烝民乃粒，万邦作乂。作与乃相对成文。言烝民乃粒，万邦始乂也。《禹贡》：莱夷作牧。言莱夷水退始放牧也。沱潜既道，云梦土作乂。作与既相对成文。言沱潜之水既道，云梦之土始乂也。"（第5页上）

在这段训释中，《疏证》首引《鲁颂·駉篇》及《毛传》，以证《广雅》训义之出处；复引《书·皋陶谟》"烝民乃粒，万邦作乂"句，指出"作"与"乃"相对成文。利用"作"与"乃"的同义关系，证明"作"有"始"义。继举《书·禹贡》"沱潜既道，云梦土作乂"句，指出"作"与"既"相对成文，"既"含有表已然之义，可推知"作"含有表将然倾向之义。《疏证》这是利用"作"与"既"之间反义关系证明"作"之"始"义，从而证明了《广雅》"作"有"始"之义训。

《释诂》卷一上："时，善也。"疏证："时者，《小雅·頍弁篇》：尔殽既时。毛传云：时，善也。尔殽既时，犹言尔殽既嘉也。维其时矣，犹言维其嘉矣也。威仪孔时，犹言饮酒孔嘉，维其令仪也……《杂卦传》：《大畜》，时也；《无妄》，灾也。时与灾相对，亦谓善也。"（第9页上）

《疏证》在通过引证《诗·小雅·頍弁》和《易·既济·象传》等书证证明"时"之"善"义后，引《易·杂卦传》："《大畜》，时也；《无妄》，灾也"，指出"时"与"灾"相对，亦谓善也。这是根据"时"与"灾"之间的反义关系得出的结论："灾"指恶事，有"不善"义，"时"与"灾"意义相反，可推知"时"当含有"善"义。

《释诂》卷二下："谩，欺也。"疏证："慢，与谩同。《说文》：谩，欺也。《韩子·守道篇》云：所以使众人不相谩也。《贾子·道术篇》云：反信为慢。"（第

---

① 彭慧：《试论〈广雅疏证〉在汉语语义研究中的重要理论价值》，《社会科学家》2006年第3期。

② 盛林：《〈广雅疏证〉中的语义学研究》，上海人民出版社2008年版，第122页。

72 页上)

《疏证》引《贾子·道术篇》:"反信为慢。"意即"信"与"慢"是一对反义词。"信"有"诚实不欺"之义;"慢"义当为"欺骗"、"蒙蔽"。又"慢"同"谩",故"谩"也有"欺骗"、"蒙蔽"之义,从而证成《广雅》之义训。

《释诂》卷五上:"恑、覆,反也。"疏证:"班固《幽通赋》:变化故而相诡兮。曹大家注云:诡,反也。《大戴礼·保傅篇》:左右之习反其师。《贾子·傅职篇》反作诡。《汉书·武五子传》云:诡祸为福。《史记·李斯传》云:今高有邪佚之志,危反之行。诡、危并与恑通。《说文》:恑,变也。变亦反也。"(第139 页下)

《疏证》先引班固《幽通赋》曹大家注"诡,反也",证明"诡"之含有"反"义;然后举《汉书·武五子传》"诡祸为福",再证"诡"之有"反"义;最后交代"诡"、"危"并与"恑"通,从而证成《广雅》之训义。在《疏证》所举《汉书·武五子传》"诡祸为福"句中,"祸"与"福"为一对反义词,反"祸"即为"福",这是利用"祸"与"福"的反义关系证明"诡"之"反"义。

《广雅疏证》中利用反义关系证明词义的例子还有很多,此不赘述。

(2)利用反义关系说明体例

在《尔雅》、《广雅》等"雅书"中,有的条目只包含一个语义,即"一条一义";也有的条目包含不止一个语义,而是包含了两个或三个语义,称作"二义同条"或"三义同条"。"二义同条"、"三义同条"的现象实质上是古人"字"、"词"区分的概念不够明晰的反映。王念孙在疏证《广雅》时若遇到这种情况,往往会采用正反义连用的方式予以说明。例如:

《释诂》卷一上:"仁,有也。"疏证:"鑢、或、员、方、云为有无之有;仁、虞、抚为相亲有之有,而其义又相通。古者谓相亲曰有。"(第7 页下)

此例中,《疏证》用反义词"有"和"无"连文,说明"或、员、方、云"是"有"的意思,"仁、虞、抚"是"友"的意思,从而指出此条目中含有两个不同意义。这是利用反义关系说明《广雅》"二义同条"之体例。

《释诂》卷三下:"畏,恶也。"疏证:"此条恶字有二义,一为美恶之恶,一为爱恶之恶。"(第106 页下)

在这段训释中,《疏证》首先指出此条目的训释词"恶"包含两个意义,属于"二义同条"之体例。然后用"美"和"恶"反义连文,指出"恶"有"丑恶"、"恶劣"之义;又用"爱"与"恶"反义连文,指出"恶"也有"憎恶"、"讨厌"之义,从而说明了本条目"恶"之具体含义。

《释诂》卷四下:"元、良、悖、餭、朓、朕、坚,长也。"疏证:"元、良为长幼之长;悖、餭为消长之长;朓、朕、坚为长短之长。"(第131 页下)

此处《疏证》分别用"长"与"幼"、"消"与"长"、"长"与"短"三组反义词连文,指出此条目中含有"年长"、"滋长"、"长度"三个不同的意义,说明此处为"三义同条"之体例。

(3)利用反义关系校勘纠误

《广雅》由于流传日久,衍脱讹误之处较多,因此校勘《广雅》成为《疏证》的重要内容之一。王念孙校勘《广雅》的手段很多,其中也不乏利用反义关系的例子:

《释诂》卷一上:"粗、兄……麤,大也。"疏证:"粗,曹宪音在户反,《管子·水地篇》云:非特知于麤粗也,察于微妙。《春秋繁露·俞序篇》云:始于麤粗,终于精微。《论衡·正说篇》云:略正题目麤粗之说,以照篇中微妙之文……麤,仓胡反;粗,在户反,二字义同而音异,故《广雅》以麤粗并列。《管子》《晏子》《淮南子》《春秋繁露》《汉书》《论衡》诸书皆以麤粗连文,后人乱之久矣。"(第5页下~6页上)

《疏证》所引《管子·水地》、《春秋繁露·俞序》和《论衡·正说》诸篇的例句中,"麤"与"粗"均连文,都与"微妙(精微)"形成对文关系,意义相反。王念孙在此训中引用《管子·水地》、《春秋繁露·俞序》和《论衡·正说》诸篇中"麤粗"与"微妙(精微)"反义对文的文例,旨在证明"诸书皆以麤粗连文",今本《广雅》"麤"、"粗"二字分离实因"后人乱之矣"之误。

除了对《广雅》本身进行校勘之外,王念孙在《广雅疏证》中也利用反义关系随文匡正先儒古书旧注之误说。例如:

《释诂》卷一下:"矜,急也。"疏证:"矜者,《荀子·议兵篇》:矜纠缭之属,为之化而调。矜纠、收缭皆急庚之意,故与调和相反。杨倞注以矜为夸汰,失之。"(第36页上)

《荀子·议兵》:"矜纠收缭之属为之化而调。"杨倞注:"矜,谓夸汰;纠,谓好发摘人过者也;收,谓掠美者也;缭,谓缭绕,言委曲也。四者皆鄙陋之人,今被化则调和也。"在此条目中,王念孙也举《荀子·议兵篇》"矜纠缭之属,为之化而调"句,指出:"矜纠"、"收缭"皆"急庚"之意,故与"调和"相反。用"矜纠"、"收缭"与"调和"之间的反义关系,证明"矜"、"纠"、"收"、"缭"诸词均含有"急"义,从而指出并纠正了杨倞释"矜"义为"夸汰"之误。

(4)利用反义关系辨同中之"异"

《广雅》为增广《尔雅》而作,其训诂体例大致与《尔雅》相同,往往多个被训释词只由一个训释词来训释,训释词的意义为多个为训释词所共有。这种以义贯词的方式用现代语义学的眼光看就是一个条目相当于一个具有共同义素的语义场,每一个被训释词都是语义场中的一个成员,训释词就是语义场的名称,也是语义场中各成员之间共有的东西,即共同义素。《广雅疏证》要做的主要工作就是解释和说明同一组被训释词为何具有共同义素、具有怎样的共同义素和区别性义素①。解释和说明一组被释词之间的区别性义素的工作就是通常所说的辨析同中之"异",尤其是要辨析那些意义比较接近但又不完全相同的词语之间的细微差别,这样的词语在《广雅疏证》中主要表现为"对文异、散文通"。"同义词并非完全是'同',在大'同'之中还含有小'异',而这小异就往往包含了相对或相反的因素。"②王念孙在《广雅疏证》中如果遇到类似于赵克勤先生所说的这种情况,往往会充分利用反义关系来辨别它们之间的同中之"异"。例如:

《释鸟》卷十下:"䴚鹅,鴚也。"疏证:"鴚,与鴈同,或作雁。《尔雅》:舒鴈,鹅。郭璞注云:今江东呼�。引《聘礼记》云:出如舒鴈。李巡注云:野曰鴈,家曰鹅。案:鴈之于鹅,对文则异,散文则通。《庄子·山木篇》:命竖子杀鴈而烹之。是家畜者亦称鴈也。"(第 376 页下)

"鴈"和"鹅"都指称鹅类禽鸟。《疏证》据郭注所引《仪礼·聘礼》云:"出如舒鴈",李巡注云:"野曰鴈,家曰鹅",以示二者之异义:"鴈"是野生的,即鸿雁;"鹅"是家养的,即家鹅。《疏证》利用"家"与"野"这对反义词之间的对立关系清晰揭示了"鴈"和"鹅"之间的同中之异。

《释草》卷十上:"菡萏,芙蓉也。"疏证:"《说文》云:菡萏,芙蓉华。未发为菡萏,已发为芙蓉。《御览》引《毛诗义疏》云:芙蕖华未发为菡萏,已发为芙蕖。是菡萏与芙蓉有别,故《易林·讼之困》云:菡萏未华。《楚辞·招魂》:芙蓉始发。明未发为菡萏,已发为芙蓉也……但菡萏、芙蓉散文则通。"(第 340 页上)

此例中"菡萏"和"芙蓉"都是荷花的称名,同指一物,二者的差异是:花未发时称作"菡萏",花已发则称作"芙蓉"。《疏证》正是着眼于"未发"与"已发"之意义对立揭示"菡萏"、"芙蓉"的差异的。

《释器》卷七下:"匲,笥也。"疏证:"《说文》:笥,饭及衣之器也。《曲礼》:凡以弓剑、苞苴、箪笥问人者。郑注云:箪笥,盛饭食者。圆曰箪,方曰笥。《缁衣》引《兑命》云:惟衣裳在笥……箪与笥对文则异,散文则通。"(第 223 页下)

"箪"和"笥"这两个词都表示古代盛饭食和衣物的竹器。《疏证》引郑玄《礼记·曲礼》注说明"箪"是圆的,"笥"是方的。这是利用"圆"与"方"之间词义的对立揭示"箪"和"笥"在外形特征上的差异。

---

① 盛林:《〈广雅疏证〉中的语义学研究》,上海人民出版社 2008 年版,第 30 页。
② 赵克勤:《古代汉语词汇学》,商务印书馆 2005 年版,第 190 页。

《释器》卷八上:"镦,镈也。"疏证:"镦,或作錞。《曲礼》:进戈者前其镈,后其刃;进矛戟者前其镦。郑注云:锐底曰镈,取其镈地;平底曰镦,取其镦地。镦与镈对文则异,散文则通。"(第 266 页下)

"镦"和"镈"都表示古代戈、矛、戟等兵器长柄末端的铜套。《疏证》引郑玄《礼记·曲礼》注说明"镈"是锐底,"镦"是平底。这是利用"平"与"锐"之间的词义对立揭示"镦"和"镈"底端的外形特征差异,从而清楚地辨析了"镦"和"镈"的同中之异。

《释器》卷七下:"簦谓之笠。"疏证:"《说文》:笠,簦无柄也。簦,笠盖也。《急就篇》注云:大而有把、手执以行,谓之簦;小而无把、首戴以行,谓之笠。"(第 236 页下)

"簦"和"笠"都是古代用以避雨的器具,《疏证》引《急就篇》注指出"簦"是大而有把、手执以行的,犹今之雨伞;"笠"则是小而无把、首戴以行的,犹今之斗笠,从而利用反义词"大"与"小"、"有把"与"无把"之间意义的对立,清楚地说明了它们在外形特征上的差异。

《广雅疏证》中利用反义关系辨别同中之"异"的例子还有:

"南北曰袤,东西曰广。"(《释诂》卷二上"长也"条疏证,第 56 页下)

"膝以上为股,膝以下为胫。"(《释亲》卷六下"胫也"条疏证,第 206 页下)

"小曰橐,大曰囊。"(《释器》卷七下"囊也"条疏证,第 237 页下)

"方曰筐,圆曰筥。"(《释器》卷八上"筐也"条疏证,第 257 页下)

"总为有茎有穗,铚为有穗无茎,秸为有茎无穗。"(《释草》卷十上"稿也"条疏证,第 330 页上)

"来麰对文,麰为大,则来为小矣。"(《释草》卷十上"麰也"条疏证,第 334 页下)

反义词之间的意义是相反、相对的,正是这一特点使之在文句中具有超强的表现力,能够凸显出同类事物或现象之间的细微差异并形成强烈而鲜明的对比,从而达到简明、清晰、一针见血地辨别同中之"异"的目的。

二、《广雅疏证》研究反义词的方法

《广雅疏证》的训诂手段可谓是面面俱到。"在《广雅疏证》中,无论是为《广雅》条目做义证,还是进行讹谬衍脱的校勘;无论是对错误见解进行辩证,还是就一个问题发隐探微,往往不是只运用一种手段,而是交错或综合运用两种或多种手段。以训诂论之,声训、义训、形训俱见运用;以校勘论之,他校、自校、理校无一偏废。书中的训释,有的是就其字词本身做出训释;更有的是以该字词为根由而引出一组字词来,从而在其比较互证中进行训释。书中就某词某语立一说,有的是据其词语所在句的语境而立;也有的是据其词语所在句之所在篇章的章法文例而立;书中发明一义,有的是以相关的文献记载为基础;还有的是在文献记载的依据之外,参酌方言俗事以成之。"①在众多的手段中,以不同方式充分利用反义关系为训诂服务的方法不能不说是《广雅疏证》的重要特色之一。研究《广雅疏证》中与反义相关的训诂方法,不仅可以进一步认识反义词在训诂学和训诂实践中的重要作用和价值,还可以由此反观王念孙对反义关系的理论认识和分析经验。

（一）《广雅疏证》研究反义词的训诂方法

1.反义类比训诂法

类比,是选择具备某种共性的同类事物进行比较研究。通过比较,能够深入了解研究对象之间的共同特征及微小差异;通过在此基础上所进行的分析与归纳,得以发现研究对象之间的关系及发展运动规律。类比是许多学科通用的基本研究方法,自然也运用在训诂学研究及训诂实践中。作为训诂方法的"类比",就是把需要解说的某一语言文字现象,同其他类型相同、一般来说已为人们所知的另一种语言文字现象进行比较,从而使人们由已知明未知的训诂方法。周复刚先生对训诂类比方法的理论依据、意义和价值、运用条例等有详尽的论述,现扼要介绍如下②:

训诂类比法的理论依据是语言的社会性及语言符号的系统性。任何一种语言现象在实际语言生活中的出现都不可能是一次性的,而必然会在不同社会成员的实际语言生活中反复多次地呈现。这些相同相类的语言事实,是我们对语言进行比较研究的基础,也为训诂类比法提供了丰富的素材。语言系统中的任何具体成分,都不是孤立的存在。它总是处在某一特定的子系统当中,并与周围其他语言成分形成种种复杂的关系。它们相互联系、相互制约又相互区别,只有在相互的比较当中,才能真正精确地认识每一个语言成分自身的独特价值。

作为训诂法之一的类比,是指通过同类语言材料或语言现象之间的相互比较,以求得对训诂对象的正确认识。所以,这种类比实质上就是同类语言事实的比较研究与价值判定法。可以用于训诂类比的语言材料很多,其中主要的运用条例有连文类比、对文类比、互见类比和同例类比等。

训诂类比法属于外向型的训诂方法,它并非仅仅着眼于训释对象本身,

---

① 张其昀:《〈广雅疏证〉导读》,社会科学文献出版社 2009 年版,第 77 页。
② 周复刚:《论训诂类比法》,《贵州教育学院学报》(社会科学版)2000 年第 5 期。

而是更多地关注训释对象与其所处的周边语言环境之间的关系，特别是可能存在的某种"类属"关系。这种"类属"关系是广义的，它既包含了"相同"及"相类"，也包含着"相反"与"相对"。如词义的类同中既包含了同义词、类义词，也包含着反义词、对义词。

反义类比就是利用训释对象所处的周边语言环境中的"反义"类属关系来比较互证、推求释义的训诂方法。王念孙在《广雅疏证》中经常运用反义类比方法中的反义对文和反义连文来联系、比较被训释词与相关词语之间的意义关系，证明《广雅》之训义。

（1）反义对文相证

《广雅疏证》常常利用"反义对文"来考求字词义。反义对文是对文的一种重要运用条例。对文，也就是相对成文，是指古人写文章时有意识地在对称的结构形式相对应的位置上使用词性相同，意义相同、相近、相涉或相反的词（或词组），从而形成一种形式均匀、表义鲜明的修辞效果。例如《左传·隐公元年》："公出而赋：'大隧之中，其乐也融融。'姜出而赋：'大隧之外，其乐也洩洩。'"句中"融融"与"洩洩"对文。"对文"是个集合概念，"对"指对句，几个句子的语法结构应该相同或相近，一般是对偶句，或非完全对偶句、排比句以及某些并列结构；"文"是指对句中对应位置上的词语。汉语自古以来喜欢成双成对，讲究平衡对称，对文就是汉民族这种独特审美心理在语言中的反映。

根据对文在意义上具有相同、相近、相关涉或相反关系这一特点和规律，传统训诂学往往用之作为求证词义的方法，这就是对文类比法，即可以通过互为对文的两个词语之中的一个词语的词性和意义，来推求、证明另一个词语的词性和意义。"对文"这一术语是由唐代经学大师孔颖达最先提出并运用于训诂实践的。训诂释义的原则，就是以已知释未知，以易知释难知，对文类比证义法是符合这一原则的。学者们经常在训诂实践中利用对文类比考求词义。例如清代赵翼《陔馀丛考》卷二四《古诗别解》考辨"对酒当歌"之"当"的意义："曹孟德乐府：'对酒当歌，人生几何？''当'字今人作宜字解，然'当'与'对'字并言，则其意义相类。《世说新语》王长史'不大对当'，言其非敌手也。元微之《寄白香山书》有'当花对酒'之语，《学斋呫哔》（按：'呫哔'当作'占毕'）载《古镜铭》有云：'当眉写翠，对脸傅红'，是当字皆作对字解，曹诗正同此例。今俗尚有'门当户对'之语。"赵翼就是用对文类比的方法辨明了"对酒当歌"之"当"是"面对"的意思，而不是人们所理解的"应当"。又如《庄子·秋水》："故夫知效一官，行比一乡，德合一君，而征一国者，其自视也亦若是矣。"此句中的"而"字一直是个训诂难点,不少人认为是承接连词,王力先生依郭庆藩说释为"能",意谓"能力"①,这才是正确的。句中"知"、"行"、"德"、"而"相对,"效"、"比"、"合"、"征"相对,"官"、"乡"、"君"、"国"相对,"而"之意义当与"知"、"行"、"德"三者相类,如果把"而"字当作承接连词那就不对了。又如《庄子·秋水》:"遥而不闷,掇而不跂。"郭象注云:"遥,长也。掇,犹短也。""掇"与"遥"相对,意义相反。

王念孙深谙古人作文时遣词造句的特点和"对文"这种重要的语言规律,在《广雅疏证》中常常根据被训释词与训释词、训释词与训释词或其他相关词语之间相同、相近、相涉或相反的意义关系,广泛运用对文类比的方法析文释义,证明《广雅》之训义。例如:

《释训》卷六上:"从容,举动也。"疏证:"王褒《四子讲德论》云:动作有应,从容得度。此皆以从容、动作相对成文。《中庸》正义云:从容闲暇而自中乎道。失之。《缁衣》云:长民者,衣服不贰,从容有常。引《都人士》之诗云:彼都人士,狐裘黄黄,其容不改,出言有章。从容与衣服相对成文。狐裘黄黄,衣服不贰也;其容不改,从容有常也。正义以从容为举动,得之。《大戴礼·文王官人篇》:言行亟变,从容谬易,好恶无常,行身不类。从容与言行相对成文,从容谬易,谓举动反覆也。"(第193页上~193页下)

在这段训语中,"从容"与"动作"相对成文,意义相同,可推知"从容"含有"举动"之义;"从容"与"衣服"、"从容"与"言行"相对成文,意义相关涉。

根据对当位置上的词(或词组)的意义相同或相近、相关、相反关系,对文分为同义对文、类义对文、反义对文三种基本类型,上述条目中讨论的是《广雅疏证》中利用同义对文和类义对文证义的例证,下面我们着重分析《疏证》利用"反义对文"证义的情况。

反义对文是在相同或相近的语法结构中对举使用意义相反相成的词或词组,也称作反义对举。一方面,反义对文首先是古人作文时作为遣词造句的重要手段或修辞方式使用的。刘勰在《文心雕龙·辞采》中把对偶从表达方式上分为言对和事对,从内容上分为正对和反对。反对有两种情况,一种是对偶的两项从相反或相对的角度来表达一个共同的旨趣,两相补充,相反相成,把思想内容表达得鲜明而丰富。反对大部分都是利用具有相反相对意义的词语相对,即反义对文。另一方面,根据文句中相应位置上构成反义对文的词语在意义上具相反或相对关系这一特点和规律,传统训诂学也往往在训诂实践中用之作为求证词义的一种方法。张相在《诗词曲语词汇释·叙

---

① 王力:《古代汉语》(校订重排本),中华书局1999年版,第383页。

言》中说："有异义相对者,取其相对之字以定其义。"张相此处所说的就是用反义对文类比考求词义的方法。反义对文既是一种修辞手法,也是一种训诂方法,古人留意反义词现象之初,就是从修辞和训诂两个方面进行关注的。正是基于此,王念孙在《广雅疏证》中把反义对文作为一种很重要的证义手段。

据我们初步统计,"相对成文"、"对言"、"相对"、"对文"等这样的训诂术语在《广雅疏证》中共出现 13 次,用于表述反义对文的共有 4 次;其中"相对成文"出现 6 次,1 次用于表述反义对文;"相对"只出现了 1 次,表述反义对文;"对言"出现 3 次,1 次用于表述反义对文。"对文"出现 1 次,表述反义对文。例如:

《释诂》卷一上:"作,始也。"疏证:"作者,《鲁颂·駉篇》:思马斯作。毛传云:作,始也。作之言乍也。乍,亦始也。《皋陶谟》:烝民乃粒,万邦作乂,作与乃相对成文。言烝民乃粒,万邦始乂也。《禹贡》:莱夷作牧,言莱夷水退始放牧也。沱潜既道,云梦土作乂,作与既相对成文。言沱潜之水既道,云梦之土始乂也。"(第 5 页上)

在这段训释中,《疏证》首引《鲁颂·駉篇》及《毛传》,以证《广雅》训义之出处;复引《书·皋陶谟》"烝民乃粒,万邦作乂"句,指出"作"与"乃"相对成文。"作"与"乃"同义,"乃"有"始"义,故"作"亦有"始"义。这是利用同义对文证明"作"之"始"义;继举《书·禹贡》"沱潜既道,云梦土作乂"句,指出"作"与"既"相对成文,"既"含有表已然之义,"作"则含有表将然倾向之义,故《疏证》这是以反义对文再次证明"作"之"始"义,从而完成《广雅》训义的证明。

《释诂》卷四下:"奺,贫也。"疏证:"奺者,《说文》:奺,贫病也。引《周颂·闵予小子篇》茕茕在奺,今本作疚。《释文》:疚,本又作奺。《大雅·召旻篇》:维昔之富,不如时;维今之疚,不如兹。《释文》:疚,字或作奺。奺与富对言,是奺为贫也。"(第 133 页上)

在此条考证中,《疏证》首引《说文》"奺,贫病也"以明《广雅》训义之出处;复引《诗·大雅·召旻》"维昔之富,不如时;维今之疚,不如兹"句及陆德明《释文》"疚,字或作奺",指出"富"与"疚(奺)"对言。在疏证所引《诗经》例句中"昔之富"与"今之疚(奺)"意义正、反比照,故可推知"奺"与"富"义相反,当为"贫"义,从而证成《广雅》之为训。

《释诂》卷一上:"时,善也。"疏证:"时者,《小雅·頍弁篇》:尔肴既时。毛传云:时,善也。尔肴既时,犹言尔肴既嘉也。维其时矣,犹言维其嘉矣也。威仪孔时,犹言饮酒孔嘉,维其令仪也……《杂卦传》:《大畜》,时也;《无

妄》,灾也。时与灾相对,亦谓善也。"(第 9 页上)

《疏证》首举《诗·小雅·頍弁》"尔肴既时"句及毛传"时,善也",以证《广雅》之训义;复举《易·既济·象传》"东邻杀牛,不如西邻之时也",言其不如西邻之善也,再证《广雅》之训义。接着引《易·杂卦传》:"《大畜》,时也;《无妄》,灾也",指出:"时"与"灾"相对,亦谓善也。在《易·杂卦传》例句中"时"与"灾"形成反义对文,"灾"指恶事,有"不善"义,可推知"时"当含有"善"义,从而三证《广雅》之训义。

《广雅疏证》中另有大量用例,虽然没有使用"相对成文"、"对言"、"相对"等这样的训诂术语,但探求词义的方法仍是对文类比,其中有不少是运用反义对文相证的例子。例如:

《释器》卷八上:"腐、朽,臭也。"疏证:"《吕氏春秋·尽数篇》云:流水不腐。是腐为臭也。《列子·周穆王篇》云:飨香以为朽,尝甘以为苦,是朽为臭也。朽与朽同。"(第 251 页上)

《疏证》所举《列子·周穆王》篇"飨香以为朽,尝甘以为苦"例句,是两个语法结构完全相同的句子的排比,都是"动词+形容词+以为+形容词"。"朽"、"香"、"甘"、"苦"四个词既在本句中形成反义对文:"朽"与"香"、"甘"与"苦"对文,意义相反;又在对句中形成类义对文:"香"与"甘"、"朽"与"苦"对文,意义相类。"甘"与"苦"意义相反,"朽"与"香"也当意义相反,故"朽"有"臭"之义。最后《疏证》交代"朽"与"朽"同,从而证得《广雅》之训义。

《释诂》卷二上:"肖,小也。"《疏证》:"肖者,《方言》:肖,小也。《庄子·列御寇篇》:达生之情者傀,达于知者肖。傀者,大也;肖者,小也。肖与傀正相反。"(第 55 页下)

在这段训释中,《疏证》首先引证《方言》"肖,小也",交代《广雅》训义之出处,接着举《庄子·列御寇》"达生之情者傀,达于知者肖"句,并指出"傀者,大也;肖者,小也。肖与傀正相反"。在《疏证》所引例句中,"傀"与"肖"对文,意义相反。傀,《广韵·灰韵》:"傀,大皃。"《庄子·列御寇》:"达生之情者傀,达于知者肖。"郭象注:"傀然,大恬解之貌也。""傀"有"大"义,则可推知"肖"有"小"义,从而证得《广雅》之训义。

《释诂》卷二下:"黜,短也。"疏证:"黜者,《方言》:黜,短也。注云:蹶黜,短小貌也。《玉篇》音知劣切。云:吴人呼短物也。又云:黜,短也。《庄子·秋水篇》:遥而不闷,掇而不跂。郭象注云:遥,长也。掇,犹短也。"(第 69 页下)。

在《疏证》所引《庄子·秋水》"遥而不闷,掇而不跂"书证中,句法结构相同,都是"某而不某"。"掇"与"遥"对文,意义相反。"遥"有"长"义,则可知

"掇"有"短"义。

《释诂》卷一上:"赖,善也。"疏证:"赖者,《孟子·告子篇》:富岁子弟多赖。赵岐注云:赖,善也。《卫策》云:为魏则善,为秦则不赖矣。"(第9页上)

《疏证》首先引《孟子·告子》"富岁子弟多赖"赵岐注"赖,善也",证明《广雅》训义之出处。接着举《战国策·卫策》"为魏则善,为秦则不赖矣",两句结构相似,都是:为某则某,"善"与对句中的"不赖"对文。为魏与为秦在文中形成正、反比照,意谓一为"善"而一为"不善"也,故"善"与"不赖"也当意义相反,可推知"赖"义为"善",从而证得《广雅》之训义。

《释诂》卷一上:"殷,大也。"疏证:"殷者,《丧大记》:主人具殷奠之礼。郑注云:殷,犹大也。《庄子·秋水篇》云:夫精,小之微也;垺,大之殷也。微亦小也,殷亦大也。《庄子·山木篇》云:翼殷不逝,目大不覩。《楚辞·九叹》:带隐虹之逶蛇。王逸注云:隐,大也。隐与殷,声近而义同。"(第5页下)

《疏证》首先引《丧大记》"主人具殷奠之礼"句郑注"殷,犹大也",以明《广雅》训义之出处。接着举《庄子·秋水》"夫精,小之微也;垺,大之殷也",在《疏证》所举例句中,"精"与"垺"、"小"与"大"、"微"与"殷"构成对文关系,"小"与"大"意义相反,可推知"精"与"垺"、"微"与"殷"也当意义相反,"精"、"微"含有"小"义,则"垺"、"殷"则含有"大"义,从而证得《广雅》之训义。

《释诂》卷一上:"粗、麤,大也。"疏证:"粗,在户反。《管子·水地篇》云:非特知于麤粗也,察于微妙。《春秋繁露·俞序篇》云:始于麤粗,终于精微。《论衡·正说篇》云:略正题目麤粗之说以照篇中微妙之文。……二字义同而音异。"(第5页下)

王念孙在此训中将"麤"在《管子·水地》、《春秋繁露·俞序》和《论衡·正说》各篇中的例句连排而下,意在证明"诸书皆以麤粗连文",今本《广雅》"麤"、"粗"二字分离实因"后人乱之矣"之误。但这并不妨碍我们知晓王念孙在此是运用"反义对文"的手段来证明"麤"、"粗"的意义的。《疏证》所引《管子·水地》、《春秋繁露·俞序》和《论衡·正说》诸篇的例句中,"麤粗"与"微妙(精微)"均形成对文关系,意义相对。"微"、"妙"("精"、"微")同义连用,皆含有"小"之义,可推知"麤"、"粗"当含有"大"之义,从而证得《广雅》之训义。由此条考证可见,反义对文类比法在《广雅疏证》中不仅用于释义,也用于校勘纠误。

《释诂》卷四上:"瀄、冷、泂、清,寒也。"疏证:"瀄与下清字通。《说文》:瀄,冷寒也。又云:清,寒也。《曲礼》云:冬温而夏清。《庄子·人间世篇》云:爨无欲清之人。瀄、清、清并通。"(第113页下)

在这段训释中,《疏证》先引《说文》"清,寒也"证明《广雅》训义之出处,再举《曲礼》"冬温而夏清",在这一例句中,"冬"与"夏"、"温"与"清"形成本句对文。根据"冬"与"夏"之意义相对,可推知"温"与"清"当意义相反,从而再次证成《广雅》"清"之训义。

《释诂》卷一下:"矜、苦,急也。"疏证:"苦者,《文选·广绝交论》注引《说文》云:苦,急也。《庄子·天道篇》云:斲轮,徐则甘而不固,疾则苦而不入。《淮南子·道应训》与《庄子》同。高诱注云:苦,急意也;甘,缓意也。《方言》:苦,快也。"(第36页上)

在这段训释中,《疏证》先举书证《文选·广绝交论》注引《说文》"苦,急也",以明《广雅》训义之出处,然后举《庄子·天道篇》"斲轮,徐则甘而不固,疾则苦而不入",在此引例中,"徐则甘而不固"与"疾则苦而不入"结构相同,"徐"与"疾"、"苦"与"甘"相对为文,根据"徐"与"疾"之相反义,可推知"苦"与"甘"亦当相反。"甘"此处义为"缓"。《庄子·天道》:"斲轮,徐则甘而不固,疾则苦而不入。"成玄英疏:"甘,缓也。"故可证明"苦"义为"急",从而证成《广雅》"苦"之训义。

《释诂》卷六上:"切切,敬也。"疏证:"《大戴礼·曾子立事篇》云:宫中雍雍,外焉肃肃。兄弟憘憘,朋友切切。远者以貌,近者以情。近者以情,谓雍雍憘憘也,和也。远者以貌,谓肃肃切切也,敬也。"(第176页下)

《疏证》所引《大戴礼·曾子立事》"近者以情,谓雍雍憘憘也,和也。远者以貌,谓肃肃切切也,敬也"例句中,"近"与"远"、"情"与"貌"、"雍雍憘憘"与"肃肃切切"形成对文,根据"近"与"远"、"情"与"貌"之间相反、相对的关系,可推知"雍雍憘憘"与"肃肃切切"之义亦相反或相对,从而证成《广雅》"切切"之"敬"义。

在《广雅疏证》中,还有许多宝贵的反义对文材料零星散见于全书中,这里就不一一列举。纵观全文,反义对文不仅是《广雅疏证》推求词义的重要方法,也是《广雅疏证》校勘文句、说明条例的重要方式。但我们需要注意的是,王念孙利用传统的训诂术语及方法解释词义,并不是有意识地系统地研究词语的反义关系,出现在对文结构中的词语可能是反义关系,也可能是同义、近义或义相关,因此我们不能仅凭《广雅疏证》的对文、连文结构来判定其反义关系。在两个结构相同的语句中,或多个结构相同的语句中,处在对当位置的词语,若表述的是相对立的人、事、物、性质、变化、动作、行为等,则这两个词构成反义关系。在对举的语境中,只能从语义上判断是同义还是反义。

(2)反义连文相证

所谓连文,即相连成文,是指在文句中连缀使用两个意义相同、相近、相关涉或相反的词语的情况。连文与对文的区别在于：构成连文关系的词语是连续出现的，中间没有间隙；而形成对文关系的词语则不连续，只是相互邻近；连文的词语必定同句，而对文的词语不一定同句；连文关系有可能始终表现为一个合成词，而形成对文关系的各方则一定是各自独立的词①。但是同对文一样，连文也有同义连文、反义连文和类义连文的区分；连文也既是古人遣词造句的一种行文方式或修辞手法，还是一种考求词义的训诂方法。我们可以通过两个连用词之间的同义、类义或反义关系，根据其中一个词语的意义推知另一个词语的意义。王念孙在《广雅疏证》中也把"连文"作为一种很重要的证义手段。例如：

《释诂》卷一上："养，乐也。"疏证："养者，《韩诗外传》云：闻其叫声，使人恻隐而爱仁；闻其征声，使人乐养而好施。《白虎通义》乐养作喜养。嵇康《琴赋》云：怡养悦念。是养为乐也。养之言阳阳也。《王风·君子阳阳篇》云：君子阳阳，其乐只且。阳与养，古同声。故孙阳字伯乐矣。"（第9页下）

《疏证》引《韩诗外传》"乐"、"养"连文，且引《白虎通义》"乐养"之异文是"喜"、"养"连文，又引嵇康《琴赋》"怡"、"养"、"悦"、"念"四字连文，以知"养"与"乐"、"喜"、"怡"、"悦"、"愉"皆同义，而"乐"、"喜"、"怡"、"悦"、"愉"义皆为"乐"，故知"养"义亦为"乐"。

《释诂》卷三上："暍，烦也。"疏证："《说文》：暍，伤热暑也。《大戴礼·千乘篇》云：夏服君事不及暍。暍之言暍暍然也。《素问·刺疟篇》云：熇熇暍暍然。是也。"（第82页上）

《疏证》先引《说文》"暍，伤热暑也"，证明《广雅》训义之出处。（案："伤热暑"与"烦"意义相通）。复谓"暍之言暍暍然也"，且证之以《素问·刺疟》云"熇熇暍暍然"。"熇熇"形容"火热"之貌。"暍暍"与"熇熇"连文，故"暍暍"也含有"火热"之义，从而证成《广雅》"暍"之训义。

《释诂》卷一下："沾，薄也。"疏证："沾者，《汉书·魏其传》：沾沾自喜。颜师古注云：沾沾，轻薄也，今俗言薄沾沾也。案：《楚辞·大招》：吴酸蒿蒌，不沾薄只。言羹味之厚也。王逸注以沾为多汁，失之。"（第35页下）

《疏证》首先引证《汉书·魏其传》"沾沾自喜"颜师古注"沾沾，轻薄也"，证明"沾"含有"薄"义。然后举《楚辞·大招》"吴酸蒿蒌，不沾薄只"，指出此意谓羹汁之厚也，根据"沾"与"薄"之同义连文，再证《广雅》"沾"之训义。

两个意义相对、相反的词语并用或连用的现象，即是反义连文。一方面，反义连文在文句中使用可以通过词义的正反对比，起到表现鲜明的作

---

① 周复刚：《论训诂类比法》，《贵州教育学院学报》（社会科学版）2000年第5期。

用;也可以通过词义的两极对立,起到概括全局的作用。在析文释义时,我们可以根据相连的两个词语之间意义相反的关系,通过一个词语的意义来推求、证明另一个词语的意义。《广雅疏证》中的连文证义多以同义互证出现,反义连文则多用来说明《广雅》"二义同条"或"三义同条"之体例。所谓"二义同条"或"三义同条"是指一条之中不止一个意义,而是包含了两个或三个意义。《广雅》训诂多采用"某、某,某也"这种定义式的表述方式,有时许多个被训词只由一个训词来解释,虽然这些被训词各自都与训词同训,但它们之间并不一定同义,有的取的是训词的本义,有的取的是引申义,或者有的取的是假借义等,关系比较复杂。这样一来就造成了所谓"二义同条"或"三义同条"的体例。王念孙疏证《广雅》时,若遇到这种情况,往往会通过辨析词义之间的关系而对此做出详细的说明。从这个意义上说,利用反义连文揭示"二义同条"或"三义同条"之体例也就是在析文释义,故这并不妨碍我们把反义连文也看作是训诂释义的方法和手段。例如:

《释诂》卷四下:"元、良、馋、馈、脁、朕、坚,长也。"疏证:"元、良为长幼之长;馋、馈为消长之长;脁、朕、坚为长短之长。"(第131页下)

在这段训释中,《疏证》用"长"与"幼"反义连文,指出"元"、"良"为"年长"之义;用"消"与"长"反义连文,指出"馋"、"馈"为"滋长"之义;用"长"与"短"反义连文,指出"脁"、"朕"、"坚"为"长度"之义,从而说明此处的体例为"三义同条"。"元、良、馋、馈、脁、朕、坚"用的都是"长"的引申义。《说文·长部》:"长,久远也。"段玉裁注:"久者,不暂也。远者,不近也。引申之为滋长、长幼之长,今音知丈切。又为多余之长,度长之长,皆今音直亮切。'兄'下曰'长也',是滋长、长幼之长也。"长幼之长、消长之长、长短之长都是"长"的引申义。

《释诂》卷一上:"仁、儡、或、员、虞、方、云、抚,有也。"疏证:"儡、或、员、方、云,为有无之有;仁、虞、抚,为相亲有之有,而其义又相通。"(第7页下)

在这段训释中,《疏证》用"有"和"无"反义连文,说明"或、员、方、云"用的是"有"的本义;而"仁、虞、抚"用的是"有"的假借义。"相亲有"之"有"是"友"的假借字,"友"在此是辅助的意思,从而指明此处"二义同条"之体例。

《释诂》卷三下:"畏,恶也。"疏证:"此条恶字有二义:一为美恶之恶,一为爱恶之恶。昭七年《左传》:鲁卫恶之。杜预注云:受其凶恶。《尔雅》:居居究究,恶也。郭璞注云:皆相憎恶。是美恶之恶与爱恶之恶,义本相通也。"(第106页下)

在这段训释中,《疏证》首先用"美"和"恶"反义连文,说明恶有"丑恶"、"恶劣"之义,又用"爱"与"恶"反义连文,说明恶有"憎恶"、"讨厌"之义,从而说明此处"二义同条"之体例。接着引用书证指出恶之"丑恶"、"憎恶"二义是相通的。段玉裁《说文解字注》云:"人有过曰恶,有过而人憎之亦曰恶。本无去入之别,后人强分之。"

《广雅疏证》中也有用反义连文类比证义的。例如:

《释诂》卷一下:"休,喜也。"疏证:"休者,《周语》:为晋休戚。韦昭注云:休,喜也。《小雅·菁菁者莪篇》云:我心则喜,我心则休。休亦喜也。释文、正义并训休为美,失之。"(第35页上)

《疏证》所举《国语·周语》"为晋休戚"句中,"休"与"戚"形成连文,且意义相反。"戚"义为忧愁、悲伤。《诗·小雅·小明》:"心之忧矣,自诒伊戚。"毛传:"戚,忧也。"可推知"休"当含有"喜"义。

多义词的多个义项只有在一定的语言环境中,在具体的上下文中方能显现其意义。反义类比通过词语之间的正反意义比较、对照,为多义词设定了具体的使用语境,从而对多义词的词义起到明确与限定作用,这就是反义类比方法可以在训诂实践中析文证义的内在理据。

需要注意的是,反义类比只是给我们考求词义提供一种可能的途径,并不具有必然性。为了求义的可靠性,考求词义要联系具体的上下文文意进行,否则就会犯错误。例如《汉书·公孙弘传》:"天德无私亲,顺之和起,逆之害生。"王念孙《读书杂志·汉书第十·和起》:"和当作利,草书之误也。顺逆、利害皆对文,若作和,则与害不相对矣。《汉纪》作和,亦后人误本《汉书》改之。《文选·永明十一年策秀才文》注引此正作利。"这是利用"顺"与"逆"、"利"与"害"的反义对文关系校勘《汉书》之误。杨树达认为此处王念孙的校勘有误:"王校大误。上文'气同则从'以下一节专论和,'和'字凡十余见,大意谓人主有和德则天地之和应之。此节承彼为言,意谓水旱为主德不和所致,顺天则和起,逆天则害生。害谓灾害,非利害之害也。但求文字对文,不顾立言之主旨,王氏之疏,斯为甚矣。"无疑,杨树达的意见是正确的。

2.反义否定证义

反义性否定释义,简单地说就是利用词义的矛盾和对立关系,通过否定一方来说明另一方,或指出一方是另一方的相反来训释词义的方法。"否定+反义"是反义性否定释义法的核心要素。例如:

拒绝:不接受。/肮脏:不干净。/潦草:(字)不工整。洒脱:(言谈、举止、风格)自然;不拘束。/大:小之对。/浓厚:谓单薄之反。

反义否定释义是训诂学上一种很重要的训诂条例,也是字词典学上一种很重要的释义方式。早在东汉时期,训诂学家们就开始在经传注释中使用"否定词+反义词"来训释词义,如《礼记·表记》:"口惠而实不至,怨菑及其身。是故君子与其有诸责也,宁有已怨。"郑玄注云:"已,谓不许也。言诸而不与,其怨大于不许。"这里,郑玄用"不+许"解释"已","许"和"已"具有反义关系。比较系统地采用这种方式释义的是许慎的《说文解字》。如:浅,不深也。/痴,不慧也。/贵,物不贱也。王力先生把这种释义方式称之为"由反知正"释义法。王力先生在《理想的字典》一文中将我国古代辞书中的合理的注释方法归纳为五种:天然定义、属中求别、由反知正、描写、譬况等。他指出:由反知正就是用否定语作注解。此类以形容词最多。有些形容词,若用转注法,往往苦无适当的同义词;若用描写法,又很难于措辞,恰巧有意义相反的一个字,就拿来加一个否定语作注解,既省事,又明白。① "据此可知'由反知正'释义法属于词语对释的一种,是一种'用否定语作注解'的释义方法,具体形式上是给'意义相反的一个字''加上一个否定语作注解',可简化为'否定词+反义词'这一基本形式。王力先生所举例证便是很好的明证:假,非真也;拙,不巧也;暂,不久也;旱,不雨也;少,不多也。……笔者就《说文》中用'由反知正'进行释义的词语进行过统计,共有 44 词用到这种释义方法,其中被释词是形容词的有 39 条,占到所有条目的 88.6%,与王力先生的论述大体吻合。""'由反知正'释义法作为字(词)典中一种重要的释义方法,自古至今一直在辞书中发挥着重要作用。"②

"由反知正"释义法就是用"否定词+反义词"的形式说解词义,被释词与训释语中否定词后的词具有反义关系,如王力先生所举例证中的"真与假"、"巧与拙"、"暂与久"、"旱与雨"、"少与多"。胡明扬先生在《词典学概论》"词义的注释"一节中把释义方式分为对释释义方式和定义释义方式两大类。"对释释义方式"是用词释词,一般是用同义词或有关的词对释,个别情况也可以用反义词的否定式对释。将反义词加否定形式的注释称之为"反义对释"③。由此观之,"由反知正"释义法是属于词语对释的释义范畴,"否定词+反义词"的释义形式可以看作是反义性否定释义方法的雏形。之后,随着人们对释义的精确性的无限追求,经过历代字典辞书的不断扩大运用,这一形式最终向两个不同方向展开不同程度的扩展④:

其中一个方向是在严格遵守"否定词+反义词"基本原理的基础上,在保持反义词这一主要元素存在的基础上,不断地加注内容:单纯反义词否定式——连用反义词否定式(如:自然:不勉强,不局促、不呆板)——对译性说

---

① 王力:《理想的字典》,见《王力文集》第 19 卷,山东教育出版社 1980 版,第 39~43 页。
② 关俊红:《由反知正释义法探析》,《辞书研究》2008 年第 4 期。
③ 胡明扬:《词典学概论》,中国人民大学出版社 1982 版,第 134 页。
④ 关俊红:《由反知正释义法探析》,《辞书研究》2008 年第 4 期。

明语＋反义词否定式（如：沉着：镇静，不慌不忙）。

另外一个发展方向则从扩展之初就已经不再遵守"否定词＋反义词"这一基本原理，将其中的主要元素"反义词"不断扩大，从"反义词的否定式"扩展到"有关词语的否定式（如：碍眼：不顺眼。／温和：（物体）不冷不热）"，再到"反义性否定释义"。"反义性否定释义"是指实际上是通过对一个具有反义性的上下关系释义或迂回释义的否定达到解释被释词义的目的，其释义形式不再严格限制在"否定词＋反义词"的范围内。如：直言：毫无顾忌地说出来。／轻身：不爱惜自己的生命（多指自杀）。这一发展支脉在一开始就以突破词语对释为主要目标，最终进入了描写说明释义的范畴，即这种释义是一种迂回曲折的释义，不正面告诉读者"这是什么"，而只是从反面说"这不是什么"。

在严格意义上讲，"由反知正"释义法这一概念只适合最为单纯的"否定词＋反义词"的释义类型。随着这种释义法在辞书释义中被无限扩大运用，以致跨越到另外一个释义范畴当中，"否定词＋反义词"释义形式也发展出了更多的变体，"由反知正"释义法这一命名已经不太适合现代辞书释义的要求。本文不妨以"反义否定释义"来代替"由反知正"释义法这一命名。

杨荣祥先生在《〈说文〉中的"否定训释法"》一文中准确地论述了这种训释法在词义学尤其是在历史词汇学方面的重要价值①：

首先，它在一定程度上反映了词义的系统性。语言中的词，并不是孤立的，它们总是处于一定的组合关系和聚合关系之中，"否定训释"正是反映了被释词和训释词处于一种聚合关系。同时"否定训释法"也充分体现了许书解说字（词）义互为发明的原则。此处训"此"为"不彼也"，彼处则对"彼"做出适当的解说，我们不仅可以据此得到"此"的准确释义，确认"此"与"彼"的反义关系，还可以通过"否定训释"串联更多的词，来分析词与词的聚合关系。

其次，提供了一个历史时期汉语中反义词聚合的材料。词是客观事物的概括，而客观事物之间本身存在着相反相成的对立统一规律。语言中的反义词聚合，正是这种客观规律的反映。由于人们对客观世界的认识不断变化，加之语言自身内部的发展运动，语言中的反义词聚合也会发生历史的变化。也就是说，词在不同的历史时期，可能形成不同的聚合关系。反义词聚合的历史变化对研究词汇发展史显然具有重要价值。《说文》中的"否定训释"数据，正好为我们提供了汉语反义词聚合发展变化的断面历史资料。

《广雅疏证》中广泛使用了反义否定释义方法来说解词语，证明《广雅》

---

① 杨荣祥：《〈说文〉中的"否定训释法"》，《古汉语研究》1994 年第 3 期。

之训义。例如：

（1）否定词＋反义词

《释诂》卷一下："搦，动也。"疏证："《说文》：搦，动搦也。《楚辞·九章》
云：悲秋风之动容兮。《韩子·扬摧篇》云：动之溶之。溶、搦、㑌并通。《说
文》：㑌，不安也。义与搦亦相近。"（第 38 页上）

在此段训释中，《疏证》分三步证成《广雅》"搦"之训义。《疏证》首先引
《说文》"搦，动搦也"，以明《广雅》训义之出处；接着举《楚辞·九章》"悲秋风
之动容兮"句及《韩子·扬摧》"动之溶之"句，并交代"溶"、"搦"并通，再证
《广雅》之训义；最后复引《说文》"㑌，不安也"，称："㑌"义与"搦"亦相近，从
而三证《广雅》训义。王念孙在对所引《说文》"㑌，不安也"的疏证中，证明被
训词"㑌"与训词"安"之间具有反义关系，这是用"否定词＋反义词"的方式
解释词义。

《释诂》卷一下："沾，薄也。"疏证："沾者，《汉书·魏其传》：沾沾自喜。
颜师古注云：沾沾，轻薄也。今俗言薄沾沾也。案：《楚辞·大招》：吴酸蒿
蒌，不沾薄只。言羹味之厚也，王逸注以沾为多汁，失之。"（第 35 页下）

在这段训释中，《疏证》先引《汉书·魏其传》"沾沾自喜"句颜师古注"沾
沾，轻薄也"，证明"沾"含有"薄"义；继参酌俗语"薄沾沾"，再证"沾"之有
"薄"义（案：今重庆万州、忠县、云阳等方言中仍谓不厚为"薄沾沾"）；复引
《楚辞·大招》"吴酸蒿蒌，不沾薄只"句，指出"不沾薄"之意谓羹味之厚，纠
正王逸注之误。根据词义的矛盾对立关系，如果一个词与另一个词的否定
形式具有同义关系，则可推知这两个词意义相反。王念孙指出"不沾薄"之
意谓羹味之厚，意即"厚"与"不沾薄"同义，由此可推知"沾"之义当与"厚"相
反，从而证明"沾"之有"薄"义。

《释诂》卷一下："衝、㑌，动也。"疏证云："衝、㑌者，《方言》：衝、㑌，动也。
衝、㑌与衕、㑌同，衝亦动也，方俗语有轻重耳。《释训》云：衕衕，行也。《说
文》：憧，意不定也。《咸九四》：憧憧往来，皆动之貌也。声转为㑌。"（第 38
页下）

在此段训释中，《疏证》先引《方言》"衝、㑌，动也"证明"衝"、"㑌"均含有
"动"义；复举《释训》"衕衕，行也"，再证"衝"之有"动"义；继举《说文》"憧，不
定也"，用"不＋定（"定"与"憧"具有反义关系）"证明"憧"也有"动"之义。最
后交代"憧"声转为"㑌"，二者同源，从而再次证明"衝"、"㑌"之含有"动"义。

《释诂》卷二上："踊、膂，力也。"疏证："踊、膂者，《方言》：踊、膂，力也。
东齐曰踊，宋鲁曰膂。膂，田力也。郭璞注云：律踊，多力貌。田力，谓耕垦
也。《汉书·陆贾传》：屈强于此。颜师古注云：屈强，谓不柔服也。屈与踊

通。"(第 44 页下)

在此段训释中,《疏证》先引《方言》"蹃、膂,力也"及郭璞注"律蹃,多力貌",以证《广雅》训义之出处;然后举《汉书·陆贾传》"屈强于此"句颜师古注"屈强,谓不柔服也",证明"屈"亦含有"力"义;最后交代"屈"与"蹃"通,从而证成《广雅》之训义。在颜师古注中,"柔服"与"屈强"为一对反义词,这是用"否定词+反义词"的方式解释词义。

《释诂》卷二下:"晻、篗,障也。"疏证:"晻、篗者,《说文》:晻,不明也。《楚辞·离骚》:扬云霓之晻蔼兮。王逸注云:晻蔼,犹蓊郁荫貌也。《说文》:篗,蔽不见也。"(第 64 页上)

《疏证》所引书证《说文》"晻,不明也"及"篗,蔽不见也"中,"晻"与"明"、"篗"与"见"为一对反义词。

《释诂》卷二下:"眙,逗也。"疏证:"《说文》:佁,痴皃。《汉书·司马相如传》:沛艾赳螑仡以佁儗兮。张注云:佁儗,不前也。《玉篇》、《广韵》眙、佁并音丑吏切,义亦相近也。《庄子·山木篇》云:侗乎其无识,傥乎其怠疑。怠疑与佁儗义亦相近。佁之言待也,止也。故不前谓之佁,不动亦谓之佁。《吕氏春秋·本生篇》云:出则以车,入则以辇,务以自佚,命之曰佁蹶之机。高诱注云:佁,至也。蹶机,门内之位也。乘辇于宫中游翔,至于蹶机,故曰务以自佚也。案:佁蹶,谓痿蹶不能行也。凡人过佚,则血脉凝滞,骨干痿弱,故有佁蹶不能行之病,是出车入辇,即佁蹶之病所由来,故谓之佁蹶之机。"(第 65 页上)

在这段训释语中,《疏证》分四步证成《广雅》之训义。首先《疏证》引《说文》"佁,痴皃",证明"佁"有"不动"之义(案:痴貌,即发呆不动的样子);继举《汉书·司马相如传》张注云"佁儗,不前也",再证"佁"有"不动"之义;然后交代"眙"、"佁"音同义亦相近,从而证得"眙"也有"不动"之义;复举《庄子·山木》"侗乎其无识,傥乎其怠疑"句,指出"怠疑"与"佁儗"义亦相近,"佁之言待也,止也。故不前谓之佁,不动亦谓之佁",三证"佁"有"不动"之义;最后举《吕氏春秋·本生》"出则以车,入则以辇,务以自佚,命之曰佁蹶之机"句高诱注"佁,至也。蹶机,门内之位也,乘辇于宫中游翔,至于蹶机,故曰务以自佚也。案:佁蹶,谓痿蹶不能行也",四证"佁"有"不动"之义,从而完成《广雅》之训义。在这条考证中,"佁儗,不前也","故不前谓之佁","不动亦谓之佁"诸句用的都是"否定词+反义词"的释义形式。

《广雅疏证》中同样的例子还有:

《释诂》卷三上:"遌、綦、骚、聚、尵,塞也。"疏证:"遌、骚、尵者,《方言》:遌、骚、尵,塞也。吴楚偏塞曰骚,齐晋曰遌。……《文选·文赋》:故踸踔于短垣。李善注云:《广雅》曰:蹉跎,无常也。今人以不定为蹉跎。不定,亦无常也。《海赋》:跣踔湛濙。注云:波前却之貌。案:前却,即不定之意。"(第81页上)

《释诂》卷三下:"歉,少也。"疏证:"襄二十四年《谷梁传》:一谷不升谓之嗛。范甯注云:嗛,不足貌。《广雅·释天》作歉。"(第101页下)

《释诂》卷四上:"僷、叠、襲、褔,诎也。"疏证:"《玉篇》引《楚辞·哀时命》:衣摄僷以储与兮。今本僷作葉。王逸注云:摄葉储与,不舒展貌。摄音之涉反,与褔通。"(第111页下)

《释诂》卷二下:"谩,欺也。"疏证云:"慢,与谩同。《说文》:谩,欺也。《韩子·守道篇》云:所以使众人不相谩也。《贾子·道术篇》云:反信为慢。"(第72页上)

《疏证》所引《贾子·道术》"反信为慢"句中,"信"与"慢"是一对反义词。"信"有"诚实不欺"之义;"慢"同"谩",意即欺骗、蒙蔽。"反"在此充当否定词,故这是用"否定词＋反义词"的方式释义。《广雅疏证》用反义否定释义方法训释词义时,否定词多用"不",有时也用"反"、"相反"等术语,意即某义与某义相反,从而通过指出一方是另一方的相反来训释词义。再如:

《释诂》卷二上:"肖,小也。"《疏证》:"肖者,《方言》:肖,小也。《庄子·列御寇篇》:达生之情者傀,达于知者肖。傀者,大也;肖者,小也。肖与傀正相反。"(第55页下)

在这段训释中,《疏证》先引证《方言》"肖,小也",以明《广雅》训义之出处;再举《庄子·列御寇》"达生之情者傀,达于知者肖"句,谓"傀者,大也;肖者,小也",以反义对文类比的方法再次证明《广雅》之训义;最后明确指出"肖与傀正相反",以反义词的否定形式训释"肖"之"小"义,从而又一次证明了《广雅》之训义。

有时也用"无"做否定词。例如:

《释诂》卷四下:"宋,静也。"疏证:"宋者,《方言》:宋,静也。江湘九疑之间谓之宋。《说文》:宋,无人声也。……《文选·西征赋》注引薛君《韩诗章句》云:寂,无声之貌也。寞,静也。《庄子·天道篇》云:寂漠无为。《楚辞·九辩》云:蝉宋漠而无声。《淮南子·俶真训》云:虚无寂寞。并字异而义同。"(第125页下～126页上)

(2)同义词＋反义词的否定式

有时为了释义更准确、更可靠,《疏证》也会在采用反义否定式之前,先对词义做对译性的解释,然后再以反义词的否定式做补充。用来做对译性解释的词或词组往往跟被训词之间具有同义或近义关系。例如:

《释诂》卷一下："矜、纠,急也。"疏证："矜者,《荀子·议兵篇》:矜纠缭之属,为之化而调。矜纠、收缭皆急庚之意,故与调和相反。杨倞注以矜为夸汰,失之。"(第 36 页上)

在这段训释中,《疏证》举《荀子·议兵篇》"矜纠、收缭之属,为之化而调"句,指出"矜纠、收缭皆急庚之意,故与调和相反",以证明《广雅》之训义。王念孙在此条考释中是先用同义词"急庚"证明"矜"、"纠"均含有"急"义,再用反义词"调和"的否定式进行补充说明。此条考证王念孙采用同义对释与反义否定双管齐下的方法,从而更准确地解释了"矜"、"纠"之"急"义,完成对《广雅》之训义证明。

《释诂》卷四上："缔、缙,结也。"疏证："缔者,《说文》:缔,结不解也。《楚辞·九章》云:气缭转而自缔。缙者,《说文》:缙,结也。《释训》云:结缙,不解也。"(第 115 页下)

《疏证》所举书证《说文》"缔,结不解也",证明"结"与"缔"义相同;"解"与"缔"义相反。《疏证》先正面肯定"结"与"缔"之间的同义关系之后,再从反面否定"解"与"缔"之间的反义关系,目的是为了更突出和强调"结"与"缔"之间的同义关系,从而更鲜明地证明"缔"之"结"义。同样的例子又如:

《释诂》卷三上："庚,很也。"疏证云:"《燕策》云:赵王狼庚无亲。《汉书·严助传》云:今闽越王狼庚不仁。……愎、鸷者,宣十二年《左传》:刚愎不仁。杜预注云:愎,很也。"(第 91 页下)

同义词与反义词否定式之间有时用"而"连接,通过突出和强调对反义关系的否定来加强释义。例如:

《释诂》卷三下："祛,开也。"疏证:"《庄子·胠箧篇》:胠箧探囊发匮之盗。司马彪注云:从旁开为胠。《秋水篇》:公孙龙口呿而不合。《吕氏春秋·重言篇》:君呿而不唫。高诱、司马彪注并云:呿,开也。祛、胠、呿,古通用。"(第 107 页下)

在《疏证》所引书证《庄子·秋水》"公孙龙口呿而不合"句中,"呿"与"不合"之间用连词"而"连接,从而进一步突出"呿"与"合"之间的反义关系,以明"呿"之为"开"义。《疏证》最后又交代"祛、胠、呿,古通用",从而证成《广雅》"祛"之训义。又如:

《释诂》卷二下："晻、篾,障也。"疏证:"晻、篾者,《说文》:晻,不明也。《楚辞·离骚》:扬云霓之晻蔼兮。王逸注云:晻蔼,犹翁郁荫貌也。《说文》:篾,蔽不见也。《尔雅》:蔑,隐也。郭璞注云:谓隐蔽。《方言》:掩、翳,蔑也。郭璞注云:谓蔑蔽也。引《邶风·静女篇》:蔑而不见。《说文》:㑌,仿佛也。引《诗》:㑌而不见。今《诗》作爱。《方言疏证》云:蔑而,犹隐然。而、如、若、然,一声之转也。《楚辞·离骚》云:众薆然而蔽之。张衡《南都赋》云:晻暧蓊蔚。《思元赋》云:缤连翩兮纷暗暧。晻、暗,古通用。篬、薆、僾、暧、爱,古通用。《月令》:处必掩。郑注云:掩,犹隐翳也。掩与晻,古亦同声。"(第64页上)

(3)限定语＋反义词的否定式

《疏证》有时会采取加限定语的方式来使释义更明白无误。限定语可以在反义词否定式之前做修饰或限制,也可以加在反义词否定式之后做补充和说明。例如:

《释诂》卷三下:"歉,少也。"疏证云:"歉者,《说文》:歉,食不满也。"(第101页下)

在这段训释语中,《疏证》所引书证《说文》"歉,食不满也"中,反义词的否定形式"不满"前有"食"作为限定语,限定"歉"用于指粮食少。

有时也综合使用(1)(2)两种训释形式。例如:

《释诂》卷四上:"躄,诎也。"疏证:"躄字亦作辟……《庄子·田子方篇》:口辟焉而不能言。司马彪注云:辟,卷不开也。皆诘屈之意也。屈与诎通。跛者,足屈而不伸,故亦谓之躄。《吴志·孙峻传》注引《吴书》云:留赞与吴桓战,一足被创,遂屈不伸。曰:我屈躄在闾巷之间,存亡无以异。是也。"(第111页下)

在这条训释中,《疏证》先引证《庄子·田子方》"口辟焉而不能言",证明"辟(躄)"可以用于指口不能言;然后称"跛者,足屈而不伸,故亦谓之躄",即指出"辟(躄)"也可以用于指足不能伸,并举书证《吴志·孙峻传》注引《吴书》"留赞与吴桓战,一足被创,遂屈不伸。曰:我屈躄在闾巷之间,存亡无以异",对"跛者,足屈而不伸,故亦谓之躄"予以证明。《疏证》是通过在"屈"的后面加反义词的否定形式,并在其前加不同的限定语,两种方式配合进行限定说明,从而来实现对"辟(躄)"多个意义的训释的。

3.名与字反义相证

古人有名还有字。古人取字一般都遵循着"名字相应"的原则:即先取名后取字,字往往由名滋生而来,故古人的名与字之间的意义往往有一定的联系。惠栋《九经古义》卷十六:"古人名字相配。"班固《白虎通义·姓名》:"闻其名即知其字,闻其字即知其名,若名赐字子贡,名鲤字伯鱼。"古人名与字的联系,多指意义相同或相通。屈原,名平字原。《楚辞·离骚》:"皇揽揆余初度兮,肇赐余以嘉名,名余曰正则兮,字余曰灵均。"朱熹《集注》:"正则"就是平,"灵均"就是原,"高平曰原,故名平而字原也"。抑或指意义相反或相对。唐代大文学家韩愈,字退之。《玉篇·心部》:"愈,胜也。""愈"有超过的意思,与"退"相反。

根据古人的名与字有相同相近或相对相反的意义联系这一规律,用名与字互证其义也是训诂的一个常用手段。如《说文解字·石部》:"碬,厉石也。《春秋传》曰:'郑公孙碬字子石。'"这是以郑公孙名"碬"而字"石"来证"碬"之义为"石"。《说文》之后,这种方法广见于经传训诂文献之中。王念孙在《广雅疏证》也采用了这种手段来训释词义。例如:

《释诂》卷一上:"养,乐也。"疏证:"养者,《韩诗外传》云:闻其叫声,使人恻隐而爱仁;闻其征声,使人乐养而好施。《白虎通义》乐养作喜养。嵇康《琴赋》云:怡养悦念。是养为乐也。养之言阳阳也。《王风·君子阳阳篇》云:君子阳阳,其乐只且。阳与养,古同声。故孙阳字伯乐矣。"(第9页下)

《疏证》首先用"乐"、"养","喜"、"养"同义连文证明"养"有"乐"义,接着举孙阳之以"伯乐"字,取其名与字相同之义证明"阳"义为"乐",最后交代"阳"与"养"古同声从而再证明"养"有"乐"义。

据张其昀统计,《广雅疏证》中引用古人名与字进行词义考辨的共涉及三十六个条目[1],其中利用名与字反义相证如:

《释诂》卷四下:"輈,低也。"疏证:"輈、蛰者,《说文》:輈,重也。蛰,抵也。抵与低通……輈即蛰之转也。字通作周。春秋宋公孙周字子高,取相反之义也。"(第134页上~134页下)

在这段训释中,《疏证》引《说文》"輈,重也","蛰,抵也",指出"抵"与"低"通,先证明"蛰"含有"低"义;接着交代"輈"即"蛰"之转,字通作"周",证明"輈(周)"也含有"低"义,证成《广雅》之训;最后举春秋宋公孙周以"高"为字,取其名与字相反之义相证,从而再证明"周"含有"低"义。

《释器》卷八上:"皙,白也。"疏证:"《说文》:皙,人色白也。《鄘风·君子偕老篇》:扬且之皙也。毛传云:皙,白皙也。郑公孙黑字子皙;楚公子黑肱字子皙;孔子弟子狄黑字皙、曾点字皙,皆取其相反之意也。"(第273页下)

《疏证》先引《说文》"皙,人色白也",证明"皙"义为"白";接着指出郑公孙黑字子皙,楚公子黑肱字子皙,孔子弟子狄黑字皙、曾点(《说文·黑部》:"点,小黑也。")字皙,取其名与字相反之义再证"皙"义为"白"。

(二)《广雅疏证》对"正反同词"现象的研究

《广雅疏证》辨析词义,很注重分析一个词所承担的不同义项,揭示这些不同义项之间的关系,并对其形成原因进行论证。这里着重探讨《广雅疏

---

① 张其昀:《〈广雅疏证〉导读》,社会科学文献出版社2009年版,第358页。

证》对"正反同词"现象的研究。

1.语言中的"正反同词"现象

"正反同词"又叫"反义同词",指的是语言中的某一个词,由于种种原因,在共时的语言背景下,具有两个互相对立的义项。这种"对立",表现为正反、分合、取与、长短、终始、缓急、治乱、留弃、主动与被动等种种具体的关系①。

"一个词有正义与反义,犹如一个词可以有具体义与抽象义、两面义与一面义、中性义与贬义、褒义与贬义,是客观存在。"②"正反同词"现象是宇宙世界对立统一矛盾关系以及人类对立统一辩证思想在词义中的反映。语言是思维进行的工具,又是思维表达的工具,因此哲学家们认为语言中的"正反同词"表现了人类的睿智幽默与哲理,是一个民族的语言是否发达的标志。黑格尔在《逻辑学》序言中说:"德国有些字非常奇特,不仅有不同的意义,而且有相反的意义,以至于使人在那里不能不看到语言的思辨精神。碰到这样的字,遇到对立物的统一(但这种思辨的结构对未知性来说却是荒谬的)已经以朴素的方式,作为有相反意义的字出现于字典里,这对于思维是一种乐趣。"并据此认为德语是一种高度发达的语言,"比其他近代语言有许多优点",而"中国语言的成就,据说还简直没有,或很少达到这种地步"。黑格尔的这个"据说"是缺乏依据的,是不符合中国语言的实际的。"正反同词"是古代汉语中普遍存在的语言现象,在我国古代经传训诂文献中记录了大量这样的例证。例如:

《汉书·项籍传》:"马童面之。"颜师古注云:"面谓背之不面向也。面缚亦谓反背而缚之。杜元凯以为但见其面,非也。"

《尚书·周官》:"司徒掌邦教,敷五典,扰兆民。"郑玄注:"司徒主国教化,布五常之教,以安和天下众民。"孔颖达疏:"郑玄云扰亦安也。"

《说文·广部》:"废,屋顿也。"段玉裁注:"古谓存之为置,弃之为废。亦为存之为废,弃之为置。……废之为置,如徂之为存,苦之为快,乱之为治,去之为藏。"

最早关注到"正反同词"这一语言现象的是晋人郭璞。《尔雅·释诂》:"治、肆、古,故也;肆、故,今也。"郭璞注:"肆既为故,又为今。今亦为故,故

---

① 马景仑:《〈广雅疏证〉所涉"正反同词"现象成因探析》,《扬州大学学报》(人文社会科学版)2006年第5期。

② 刘忠华:《"反训"质疑——兼论正反同词现象》,《汉中师范学院学报》(社科版)2002年第4期。

亦为今。此义相反而兼通者。"①又"之、嫁、徂、逝、往也。""徂、在，存也。"注："以徂为存，犹以乱为治，以曩为曏，以故为今。此诂训义有反覆旁通，美恶不嫌同名。"②《方言》卷二："逞、苦、了，快也。自山而东曰逞，楚曰苦。"郭璞注："苦而为快者，犹以臭为香，乱为治，徂为存。此训义之反复用之是也。"③郭璞所谓"义相反而兼通"、"义有反覆旁通"，意思即是指两个相反的意义贯通于一词，即"正反同词"。"美恶不嫌同名"指正反之义、美恶之名是否用一个词来表示，关键在于创造和使用语言的人在文化心理上的"嫌"与"不嫌"，揭示了正反同词现象之所以发生和存在的深层文化心理原因。郭璞是在随文注释中提出此观点的，简明扼要地揭示了正反同词现象的实质和成因，为后代训诂学家做系统而深入的研究打下了基础④。郭璞之后，唐代的孔颖达，清代的钱大昕、段玉裁、王念孙、郝懿行等都对此有过研究。

正反同词，简单地说就是指两个相反或相对的意义共存于一词（字）的现象。古人是不区别字和词的，《广雅疏证》中的"正反同词（字）"现象应该区分作两种情况：

一是同一个字记录了两个相反或相对的意义，这是词语与词语之间的意义关系。这种情况的"正反同词"现象，许多学者并不认为是真正的"正反同词"或"反训"。赵克勤先生说："从理论上说，反训词是由词义演变而造成的一种正反词义共存的现象，因此，首先必须限制在'词'的范围内，某些因字义通假而产生的正反意义，不应包括在内；其次，由于反训词的正反意义是共存的，这就决定了反训词的'共时性'，某些词先后产生而未能同时存在下来的正反意义，不应包括在内。训诂学家提出的'相反为训'的例证之所以有不少不能成立，主要就是违背了上述的原则。"⑤蒋绍愚先生将历来所说的"反训"分为七大类：（一）有的实际上并非一个词具有两种意义，把它们看作"反训"，是没有区分字和词而产生的错觉；（二）有的是一字兼相反两义，而不是一词兼相反两义；（三）有的是一个词在不同时期中褒贬意义的变化；（四）有的是一个词具有两个相对立的下位义，在不同的语境中分别显示出来；（五）有的是修辞上的反用；（六）有的是一个词两种"反向"意义；（七）有的是词义的引申而形成反义，并认为这七类中第（一）、（二）、（三）类并不是"反训"。实际上，一字兼有正反两义的"正反同字"现象，可以看成是一对

①　孔颖达：《十三经注疏·毛诗正义》，中华书局 1980 年版，第 2575 页。

②　同上书，第 2577 页。

③　钱绎：《方言笺疏》，中华书局 1991 年版，第 73 页。

④　刘忠华：《"反训"质疑——兼论正反同词现象》，《汉中师范学院学报》（社科版）2002 年第 4 期。

⑤　赵克勤：《古代汉语词汇学》，商务印书馆 2005 年版，第 198 页。

同形同音词具有相反或相对的意义关系，我们称之为"同形反义词"。①

二是同一个词具有两个相反或相对的义位，这是一个词语内部的意义关系。赵克勤先生在《古代汉语词汇学》一书中称"正反同词"现象为"反训词"。他说"反训词与反义词有一定的联系，不同的是：反义词是指两个词相互之间具有相反或相对的意义；反训词则是指一个词具有两个相反的意义。"赵克勤先生所说的"反训词"指的是这种情况下的"正反同词"，本文也主要讨论的是这种"正反同词"现象。

2.《广雅疏证》对"正反同词"现象的研究

无论是从训释对象的范围、数量，还是从其原因探讨的广度、深度上看，王念孙在《广雅疏证》中对"正反同词"现象的研究都是功不可没的。具体体现在以下两个方面：

（1）揭示了大量的"正反同词"现象

王念孙称"正反同词"现象为"一词两训而其义相反"。在《释言》卷五下"毓，长也"条疏证，王念孙指出："此下八条（案：王念孙所说"此下八条"是指《广雅·释言》卷五下连排的"毓，长也"、"毓，稚也"、"曩，久也"、"曩，乡也"、"陶，喜也"、"陶，忧也"、"泞，清也"、"泞，泥也"八个条目，这八个条目即为四对"正反同词"）皆一字两训而其义相反。郭璞《尔雅注》云：以徂为存，犹以乱为治，以曩为曏，以故为今，此皆诂训义有反复旁通，'美恶不嫌同名'是也。《尔雅》：育，长也。《邶风·谷风篇》：既生既育。郑笺云：育，谓长老也。《说文》引《尧典》：教育子。今本作胄子。马融注云：胄，长也。胄、育、毓，古同声。"（第173页上）

王念孙在《广雅疏证》中揭示了大量的"正反同词"现象。例如：

"哭声谓之噭咷，歌声亦谓之噭咷。"（《释诂》卷二上"噭，鸣也"条疏证，第45页上）

"乱者，《尔雅》：乱，治也。《皋陶谟》云：乱而敬。"（《释诂》卷三下"乱，治也"条疏证，第96页下）

"喜意未畅谓之郁陶……忧思愤盈亦谓之郁陶……暑气蕴隆亦谓之郁陶。"（《释诂》卷二下"郁悠，思也"条疏证，第66页下）

"敛为欲而又为与，乞、匃为求而又为与，贷为借而又为与，禀为受而又为与。意有相反而实相因者，皆此类也。"（《释诂》卷三下"敛，与也"条疏证，第99页上）

"凡见欺于人谓之误，欺人亦谓之误。（《释诂》卷三下"诖，误也"条疏

---

① 蒋绍愚：《古汉语词汇纲要》，商务印书馆2005年版，第139～152页。

证,第 107 页上)

"自动谓之从容,动人谓之怂恿,声义并相近,故怂恿或作从容。"(《释训》卷六上"从容,举动也"条疏证,第 193 页下)

"自上覆物谓之韬,自下盛物亦谓之韬。"(《释器》卷八上"篓,篆也"条疏证,第 258 页上)

(2)论证了"正反同词"现象形成的原因

在《广雅疏证》中,王念孙不仅敏锐地揭示了大量"正反同词"现象,而且还反复论证了"正反同词"现象形成的内部原因。

《释诂》卷四下:"軽,戾也。"疏证:"軽者,《说文》:軽,车戾也。字通作匡。《考工记·轮人》:则轮虽敝不匡。郑众注云:匡,枉也。枉亦戾也。《说文》云:兽皮之韦,可以束枉戾,相违背。是也。《管子·轻重甲篇》云:弓弩多匡轼者。枉谓之匡,故正枉亦谓之匡。《孟子·滕文公篇》云:匡之直之。义有相反而实相因者,皆此类也。"(第 124 页上~124 页下)

《释诂》卷三下:"敛,与也。"疏证:"敛为欲而又为与,乞、匄为求而又为与,贷为借而又为与,禀为受而又为与。义有相反而实相因者,皆此类也。"(第 99 页上)

"义有相反而实相因",这是王念孙对"正反同词"现象内在理据的深刻揭示。"义相反"是指一个词同时具有互相对立、互相排斥的正反两个义项,这是人们看到的一种外部现象;"实",实际上,实质上,这是揭示本质的用语;"相因"指词的正反两个义项,即其所表示的事物、行为或概念之间,有实质性的关联,或具有紧密的内在逻辑联系。所谓"实质性的关联",是指存在于表示动作行为、对象等事物之间的关系;所谓"紧密的内在逻辑联系",是指存在于表示原因、条件、结果、目的或相互对立的事物之间的联系。"①而这种"实质性的关联"和"紧密的内在逻辑联系"都是围绕这个词的基本意义通过联想而建立起来的。

第一,以词的基本义为中心,向相反、相对方向引申形成"正反同词"。

引申是词义历史发展过程中的一种纵向运动,是指从词的意义内容(包括词义的特征、范围、程度、性质等理性意义、概念意义,以及词义的感情色彩、语体风格、社会文化意义等附加意义)的某一点或某几点派生出新的义项的过程。随着社会的发展,新事物新概念不断涌现,这就要求语言能够想办法把这些新事物新概念表达出来。语言有很多办法来满足这种要求,比

---

① 马景仑:《〈广雅疏证〉所涉"正反同词"现象成因探析》,《扬州大学学报》(人文社会科学版) 2006 年第 5 期。

如造出新的字、新的词或引进外来词等。相比而言,通过引申给原有的词增加新义是语言满足这种要求的更重要的方法。这不仅是因为引申不会产生新的字出来增加学习的负担,又符合事物本来就有千丝万缕联系的客观实际,符合人们对事物认识的规律性①。词义引申的方式主要有三种:一是从本义引申出引申义,由引申义再递向引申的连锁式引申;二是以词的某一个意义为中心,呈辐射状派生出多个义项的辐射式引申;三是连锁式引申和辐射式引申交错在一起的综合式引申②。一般情况下,语义的引申都是同向的,引申义和原有义是相近的,引申也就是在原有语义的同一义位或邻近相关义位上拓展出新的空间③,但因为事物固有的向对立面转化的规律,或因为人们思维活动的相反联想,语义常常也会向其相反方向引申,从而产生出与原有义相反的意义。《广雅疏证》中的很多"正反同词"现象都是以词的基本义为中心向相反、相对方向引申的结果。例如:

郁陶,《释诂》卷二下:"郁悠,思也。"疏证:"郁悠者,《方言》:郁悠,思也。……《方言》注云:郁悠,犹郁陶也。凡经传言郁陶者,皆当读如皋陶之陶,郁陶、郁悠古同声。……又案:《尔雅》:悠、伤、忧,思也。悠、忧、思三字同义,故郁悠既训为思,又训为忧。……《九辩》:郁陶而思君。王逸注云:愤念蓄积,盈胸臆也。魏文帝《燕歌行》云:忧来思君不敢忘。又云:郁陶思君未敢言。皆以郁陶为忧。凡一字两训而反复旁通者,若乱之为治,故之为今,扰之为安,臭之为香,不可悉数。《尔雅》云:郁陶、繇,喜也。又云:繇,忧也。则繇字即有忧、喜二义,郁陶亦犹是也。是故喜意未畅谓之郁陶。《檀弓》正义引何氏隐义云:郁陶,怀喜未畅意。是也。忧思愤盈亦谓之郁陶,《孟子》、《楚辞》、《史记》所云是也;暑气蕴隆亦谓之郁陶。挚虞《思游赋》云:戚溽暑之陶郁兮,余安能乎留斯。夏侯湛《大暑赋》云:何太阳之嚇曦,乃郁陶以兴热。是也。事虽不同,而同为郁积之义,故命名亦同。"(第65页下～66页上)

《疏证》首先引证《方言》及《方言》注,发明《广雅》此条训义之出处;再举《礼记·檀弓》孔颖达之正义说明"喜意未畅"是"郁陶"的固定义项;接着指出在《孟子》、《楚辞》、《史记》的特定上下文中,"郁陶"亦表示"忧思愤盈"之义;最后论证了"喜气未畅谓之郁陶,忧思愤盈亦谓之郁陶"形成的原因是:"事虽不同,而同为郁积之义,故命名亦同"。在这段训释中,王念孙明确指出"郁陶"的基本意义是"郁积","郁积"是词语的上位义,"喜气未畅"、"忧思愤盈"二义是下位义,它们都是以"郁积"这个基本义为中心,向"喜"和"忧"

①　徐兴海:《〈广雅疏证〉研究》,江苏古籍出版社2001年版,第91页。
②　荆贵生主编:《古代汉语》(第二次修订本),武汉大学出版社2005年版,第249～251页。
③　盛林:《〈广雅疏证〉中的语义学研究》,上海人民出版社2008年版,第93页。

217

两个相反方向辐射引申的结果，"喜"、"忧"二义共存一词，从而形成正反同词现象。

振，《释诂》卷一上："振，弃也。"疏证："振者，昭十八年《左传》：振除火灾。杜预注云：振，弃也。"（第14页下）

《释言》卷五上："收，振也。"疏证："《中庸》：振河海而不泄。郑注云：振，犹收也。《孟子·万章篇》云：金声而玉振之也。《周官·职币》：掌式法以敛官府都鄙与凡用邦财者之币，振掌事者之余财。敛、振皆收也。故郑注云：振，犹捃也、检也。《广雅》卷三云：捃，收也。"（第147页下）

在上述两个条目中，王念孙证明了"振"兼有"弃"、"收"两个相反意义，属于"正反同词"现象。"弃"是施，"收"是受，一个词为什么可以表示施受两个截然相反的行为动作呢？段玉裁在《说文解字》注中解释"贷"、"貣"二字时说得很好：

《说文·贝部》："贷，施也。从贝，代声。"又"貣，从人求物也。从贝，弋声。"段注："按：代弋同声，古无去入之别。求人施人，古无貣贷之分。由貣之或作贷，因分其义，又分其声。如求人曰乞，给人之求亦曰乞，今分去讫、去既二音。又如假借二字，皆为求者予者之通名。唐人亦有求读上入、予读两去之说，古皆未必有是。貣别为贷，又以改窜许书，尤为异耳。经史内貣贷错出，恐皆俗增人旁。'蟘'字，《经典释文》、《五经文字》皆作'蟘'，俗作蟘，亦其证也。《周礼·泉府》：'凡民之贷者。'注云：'贷者谓从官借本贾也。'《广韵》廿五德云'貣谓从官借本贾也。'其所据《周礼》正作'貣'。而《周礼》注中贷者予者同用一字，《释文》别其音，亦可知本无二字矣。"

"振"的本义是"赈济"，即发放钱财、衣物、粮食等救济灾民。《说文解字·手部》："振，举救也。"段玉裁注："诸史籍所云振给，振貣是其义也。凡振济当作此字，俗作'赈'，非也。"

"赈济"之义从发放者一方来看就是放弃钱财、衣物、粮食，而从灾民一方来看就是收敛钱财、衣物、粮食，故"弃"、"收"二义是以"赈济"这个本义为中心向"发放"和"接收"两个相反方向辐射引申而来的。"弃"与"收"是一个动作的两个方面，它们之间又存在相互因袭承接之关系，因为"收敛"是"丢弃"的物质条件，是先决条件，后者不能离开前者而存在。故王念孙将这种施受同词形成的原因归结为"义相反而实相因"。《释诂》卷一下："敛，欲也。"《释诂》卷三下："敛，与也。"疏证："敛为欲而又为与，乞、匄为求而又为与，贷为借而又为与，禀为受而又为与。义有相反而实相因者，皆此类也。"王念孙在《广雅疏证》中揭示了大量的施受同词现象。又如：

令，《释诂》卷一上："聆，从也。"疏证："聆，古通作令。《吕氏春秋·为欲

篇》：古之圣王，审顺其天而以行欲，则民无不令矣，功无不立矣。令，谓听从也。"(第9页下)

"令"由"发令"引申出"听从"，由施事义引申出受施义，这是施受之间的引申。我们之所以把施受之间的引申也归入反向引申，是因为施受动词的语义都是关于同一个动作过程，不过各自描述的是相反的动作方向，因而给人以矛盾、相反的感觉。"发令"和"听令"(听从)也可以构成一对反义词语。

匡，《释诂》卷四下："輯，整也。"疏证："輯者，《说文》：輯，车戾也。字通作匡。《考工记·轮人》：则轮虽敝不匡。郑众注云：匡，枉也。枉亦戾也。《说文》云：兽皮之韦，可以束枉戾，相违背。是也。《管子·轻重甲篇》云：弓弩多匡蓻者。枉谓之匡，故正枉亦谓之匡。《孟子·滕文公篇》云：匡之直之。义有相反而实相因者，皆此类也。"(第124页上～124页下)

在这段训释中，王念孙证明了"匡"的正反同词现象："枉谓之匡，故正枉亦谓之匡"。也就是说"匡"既有"弯曲(枉)"之义，又有"矫曲为直(正枉)"之义。王念孙指出"匡"之"枉"与"正枉"二义"相反实相因"。《说文解字·匚部》："匡，饭器，筥也。""盛饭的竹筐"是"匡"的本义，基于本义，从其形状上联想，"盛饭的竹筐"可引申出"弯曲"、"不平"、"不正"义；再从"弯曲"、"不平"、"不正"这一引申义上联想，可以引申出"矫曲为直"、"匡其不平"、"匡其不正"义。段玉裁注："匡之引申段借为匡正，《小雅》：'王子出征，以匡王国。'传曰：'匡，正也。'盖正其不正为匡。凡小不平曰匡剌，革其匡剌亦曰匡也。"这样，"匡"就由"盛饭的竹筐"这个本义连锁引申出了"枉"和"正枉"两个意义，二义相反，但又有着实质性的关联："枉"是行为的对象，而"正枉"则是行为本身[①]，从而形成"正反同词"现象。

韬，《释器》卷八上："篓，篚也。"疏证云："《说文》：篚，饮牛筐也。方曰筐，圜曰篚……篚之言韬也。自上覆物谓之韬，自下盛物亦谓之韬。《方言》注云：篚，音弓弢。盖得其义矣。"(第258页上)

《说文解字·韦部》："韬，剑衣也。""韬"的本义指装剑用的套子，以这个意义为中心，向两个相反方向做辐射引申，向上可以引申出"自上覆物"，即"遮盖"之义；向下可以引申出"自下盛物"，即"盛放"之义，自上、自下动作方向相反，并共存于一词，形成"正反同词"现象。

泞，《释言》卷五下："泞，清也。"又"泞，泥也。"疏证："此二条已见《释诂》。复著之，亦以别异义也。"(第105页上)

---

① 马景仑：《〈广雅疏证〉所涉"正反同词"现象成因探析》，《扬州大学学报》(人文社会科学版) 2006年第5期。

《释言》卷三下:"泞,泥也。"疏证:"泞者,僖十五年《左传》:晋戎马还泞而止。杜预注云:泞,泥也。"(第105页上)

上述两段训释证明:"泞"既有"清"义,又有"泥"义,"泥"即烂泥、泥浆。如《国语·晋语三》:"晋师溃,戎马泞而止。"韦昭注:"泞,深泥也。止,戎马陷焉。"此处相当于"浊","清"与"浊"二义相反。《说文·水部》:"泞,荥泞也。""荥,荥泞,绝小水也。"段玉裁注:"中断曰绝。绝者,穷也,引申为极至之用。绝小水者,极小水也。""泞"的本义是很小很小的水流;又《说文·水部》:"清,朖也,澄水之皃。"段玉裁注:"朖者,明也。澄而后明,故云'澂水之皃'。""澂"即"澄"字,段玉裁注的意思是水里的杂质沉淀之后,水便清澈明净了。可见"泞"之"清"义,是由其本义"绝小水"引申而来的;"泞"之"泥"义,也由其本义"绝小水"引申而来,水小则更容易被污染,变得秽浊。清人王士濂在《广雅疏证拾遗》中云:"《广雅·释言》:'泞,清也,泥也。'《释诂》三:'泞,泥也。'案:水小则易浊,故又训泥。""泞"之"清"、"泥"正反二义,是本义"绝小水"沿着相反的事理逻辑方向引申而形成的。

嗷咷,《释诂》卷二上:"号、咷……嗷,鸣也。"疏证:"号咷者,《同人·九五》:先号咷而后笑。《释文》云:号咷,啼呼也。《说文》:楚谓儿泣不止曰嗷咷。嗷咷与号咷亦同义。哭声谓之嗷咷,歌声亦谓之嗷咷。《汉书·韩延寿传》云:嗷咷楚歌。是也。"(第45页上)

根据这段训释,"嗷咷"当为楚地方言词,既有"高声哭叫"之义,又有"高声歌唱"义。此二义《疏证》以同于"自上复物谓之韬,自下盛物亦谓之韬"、"喜气未畅谓之郁陶,忧思愤盈亦谓之郁陶"的格式表述,说明王念孙认为"嗷咷"之"哭声"和"歌声"二义是相反关系的。《广雅·释诂二》:"号、咷……嗷,鸣也。""高声哭叫"与"高声歌唱"二义都由"嗷咷"之"鸣"这个基本意义引申而来,人之情感往往喜而高歌,喜极而泣,这应当是这两个相反意义之间推演流变的纽带。

误、谬、诖,《释诂》卷三下:"谬……诖,误也。"疏证:"诖者,《说文》:诖,误也。《韩策》云:诖误人主。《史记·吴王濞传》云:诖乱天下。凡见欺丁人谓之误,欺人亦谓之误。故自误谓之诖,亦谓之谬;误人谓之谬,亦谓之诖矣。"(第107页上)

在这段训释中,《疏证》证明:"凡见欺于人谓之误,欺人亦谓之误;自误谓之诖、谬;误人亦谓之诖、谬。""见欺于人"、"自误"表被动,"欺人"、"误人"表主动,二义正相反。《说文·言部》:"误,谬也。""谬,误也。""诖,误也。""误"、"谬"、"诖"本义相同,都表"谬误"、"错误"之义,引申出"耽误"、"妨害"、"欺诳"之义;"见欺于人"与"欺人"、"误人"与"自误"正反二义是被动和主动的关系，都由引申义"耽误"、"妨害"、"欺诳"分别向主动和被动两个抽象意义上的相反方向辐射引申而来并共存于一词，从而形成"正反同词"现象。

"正反同词"现象是发生在词语内部的反向语义运动的真实反映。无论是词义的内部运动还是词义之间的外部运动，无论词义发生扩大、缩小还是转移的变化，新义和原有义之间运动的轨迹都是可以探寻的，因为"凡事理之相近者，其名即相同"（《释训》卷六上"八疾也"条下疏证），引申始终是词义运动发展的一个重要的途径和方式。

第二，一个词所表示的两个同一方向上的意义，由于参照的标准和观察的视角不同而形成正反同词。

一是时间断限不同形成正反同词。例如：

曩，《释言》卷五下："曩，久也。"疏证："《尔雅》文也。久，犹旧也，《楚辞·九章》云：犹有曩之态也。"（第173页上）

《释言》卷五下："曩，乡也。"疏证："亦《尔雅》文也。并著于此，所以别异也。襄二十四年《左传》云：曩者志入而已。《说文》：曏，不久也。曏与乡同。"（第173页上）

上述两段训释证明："曩"既有"不久"之义，又有"久"之义，二义相反。"曩"的"不久"义，相当于说"不久以前"、"刚刚"。如《庄子·齐物论》："曩子行，今子止；曩子坐，今子起。"其实"曩"的这两个意义的方向是一致的，"久"和"不久"都指已经过去的时间，都以说话人的"现在"为立足点，因衡量时间的尺度、断限不同，"久"和"不久"的含义就随之发生变化[①]。清人郝懿行在《尔雅义疏·释诂下》"曩，久也"条下云："曩者，《释言》云：'曏也。《说文》云：曏，不久也。'今按：对远日而言则曏为不久，对今日言则曏又为久，故《广雅》云：曩，久也，乡也。乡与曏同。《列子·黄帝篇》云：'曩吾以汝为达。'张湛注：'曩，昔也。'昔亦久也。"郝懿行清楚地说明了"曩"的正反同词现象形成的根本原因是因为衡量时间的尺度不同，断限不同。

二是参照标准不同形成正反同词。例如：

毓，《释言》卷五下："毓，长也。"疏证："《尔雅》：育，长也。《邶风·谷风篇》：既生既育。郑笺云：育，谓长老也。"（第173页上）

《释言》卷五下："毓，稚也。"疏证："《豳风·鸱鸮篇》：鬻子之闵斯。毛传云：鬻，稚也。正义云：《释言》：鞠，稚也。郭璞曰：鞠，一作毓。毓、育、鞠，古亦同声。"（第173页上）

上述两段训释证明："毓"既有"长"义，又有"稚"义，二义相反。"毓"之

---

① 徐兴海：《〈广雅疏证〉研究》，江苏古籍出版社2001年版，第107页。

"长"义指年长，"毓"之"稚"义指幼稚。如《诗·邶风·谷风》："昔育恐育鞠，及尔颠覆。"毛传："育，长；鞠，穷也。"郑玄笺："昔育，育，稚也。及，与也。昔幼稚之时，恐至长老穷匮，故与汝颠覆尽力于众事，难易无所辟。"据《毛传》、《郑笺》，诗句中前一个"育"是"稚"义，后一个"育"是"长"义。"毓"是"育"的异体字，毓、育、鞠，古同声通，"毓"通"鬻"，又通"鞠"。二义又是有联系的，"年长"与"幼稚"都是"年龄"这个方向上的意义，"年长"或"幼稚"与否都只能相对而言。一个词所表达的两个意义有大小程度的不同，既有绝对的一面，也有相对的一面，在一定条件下，向自己的对立面转化。这是矛盾双方互相对立、互相依存又互相转换的原则在语言中的反映。

三是观察视角不同形成正反同词。例如：

窊、㝢，《释诂》卷三上："窊、㝢，宽也。"疏证："窊、㝢者，或作㝢。昭二十一年《左传》：钟小者不窊，大者不㝢。窊则不咸，㝢则不容。杜预注云：窊，细不满也；㝢，横大不入也。不咸，不充满人心也；不容，心不堪容也。窊与㝢，义正相反。而此俱训为宽者，窊为不满之宽，㝢为横大之宽。《大戴礼·王言篇》云：布诸天下而不窊，内诸寻常之室而不塞。《管子·宙合篇》云：其处大也不窊，其入小也不塞。《墨子·尚贤篇》云：大用之天下则不窊，小用之则不困。《荀子·赋篇》云：充盈大宇而不窊，入郄穴而不偪。《吕氏春秋·适音篇》云：音太钜则志荡，以荡听钜，则耳不容，不容则横塞，横塞则振。太小则志嫌，以嫌听小，则耳不充，不充则不詹，不詹则窊。高诱注云：窊，不满密也。是窊为不满之宽也。《庄子·逍遥游篇》：瓠落无所容。梁简文帝注云：瓠落，犹廓落也。瓠、㝢声相近，是㝢为横大之宽也。"（第91页下）

在这段训释中，《疏证》首先引《左传》杜预注证明"窊"有"细不满"之义，"㝢"有"横大不容"之义，"窊"与"㝢"义正相反。关于"窊"表"细小"义、"㝢"表"横大"义，孔颖达在王念孙所引用的《左传》昭公二十一年"小者不窊，大者不㝢"后也有疏证："言小不至窊，则窊是细之意也；大不至㝢，则㝢是大之义也。《说文》云：'窊，深肆极也。'由细，故能极于深，是窊为细不满，谓不能充满心也。㝢声近横，故为横大，心所不容，故不入心也。"接着，《疏证》再举《大戴礼记》、《管子》等书证明"窊"也可训为"宽也"，以证成《广雅》之训义，并指出"㝢"为横大之宽，"窊"为不满之宽。即在人的心理感觉上，"细不满"、"不能充满心"，心的内部就显得"宽"，故"窊"有"宽"义；而㝢表"横大不入"、"心不堪容"，相对心的内部而言，外物则显得"宽"了，故"㝢"也有"宽"之义。可见"横大"之宽、"不满"之宽，只是因人的视角不同而造成的心理感觉的宽窄，而并非实际空间数量上的宽窄。"细小"与"宽大"正反二义共存于"窊"中，形成正反同词。

3.《广雅疏证》"正反同词"现象与词的反义关系研究

(1)《广雅疏证》中的"正反同词"现象为我们提供了丰富的反义聚合材料

语言中的词并不是孤立的,它们总是处于一定的组合关系和聚合关系之中,"正反同词"现象集中反映了词语的反义聚合关系。具有正反两个意义的词在具体运用中,和一般多义词的运用特点一样,每次只能以其中的一个意义出现在具体句子之中。例如《礼记·檀弓下》:"人喜则斯陶,陶斯咏。"郑玄注:"陶,郁陶也。"孔颖达疏:"陶者,心初悦而未畅之意。"《文选·谢灵运〈酬从弟惠连〉》:"傥若果归言,共陶暮春时。"李善注:"陶,喜也。"两例中"陶"用的是喜悦之意,故注者用"喜"(悦)注出。又如《尚书·誓》:"非台小子敢行称乱。"《君牙》:"民之治乱在滋。"两例中"乱"用的是"作乱"的意思[①]。因此根据"正反同词"现象中两个相反或相对的意义共存于一词(字)的特点,我们不仅可以确认一个词(字)内部的反义关系,还可以据此串联其他相关的词,从而系联出更多的反义聚合关系。《广雅疏证》中的一个"正反同词"现象至少包含一个上位概念词和两个下位概念词,在这三个词语中,理论上我们至少可以系联出三组反义关系:两个下位概念词之间构成反义关系;上位概念词分别与两个下位概念词构成反义关系。例如:

"乞,求也。"/"乞,与也。"(《释诂》卷三下,第 98 页上/下)

"求"与"与"、"乞"与"求"、"乞"与"与"构成反义关系。

"泞,清也。"/"泞,泥也。"(《释言》卷五下,第 173 页下)

"清"与"泥"、"泞"与"清"、"泞"与"泥"构成反义关系。

"曩,久也。"/"曩,乡也。"(《释言》卷五下,第 173 页上)

"久"与"乡"、"曩"与"乡"、"曩"与"久"构成反义关系。

"毓,长也。"/"毓,稚也。"(《释言》卷五下,第 173 页上)

"长"与"稚"、"毓"与"长"、"毓"与"稚"构成反义关系。

"陶,喜也。"/"陶,忧也。"(《释言》卷五下,第 173 页上/下)

"喜"与"忧"、"陶"与"喜"、"陶"与"忧"构成反义关系。

从这个意义上说,《广雅疏证》中的"正反同词"现象就是一个个的反义聚合群,通过系联《广雅疏证》"正反同词"现象中的反义关系,可以为我们提供众多的反义词聚合材料。

(2)《广雅疏证》对"正反同词"的研究体现了王念孙对反义关系的理论认识和分析经验

---

① 刘忠华:《"反训"质疑——兼论正反同词现象》,《汉中师范学院学报》(社科版)2002 年第 4 期。

王念孙在《广雅疏证》随文注释中提出了"一字两训而其义相反"、"义相反而实相因"等观点。"义相反"是王念孙表述反义关系最直接最明晰的术语。"义相反"即意义相对相反,现代词义理论普遍认为意义相反或相对是判断词语是否具有反义关系的基本标准。王念孙准确地揭示了反义关系的实质和核心;"实相因"即意义之间相互因袭承接的实质。"义相因"一词脱胎于"声义相因"和"音义相因"。"声义相因"和"音义相因"初见于明方以智《通雅》,大致用以指同源词之间的音近义通的关系,如"敲、考、敂,声义相因"(卷一),"汉之言婗,正如唐之守捉,其音义相因"(卷二十五),即是也。单称"义相因",仅用以指双方意义上的因承通融而不管其声音是否接近。王氏将"义相因"用来证义,简言之,就是分析双方何以是在意义上因承通融的。此语在《广雅疏证》中共使用 6 次。

词义是客观事物的概括,而客观事物之间本身存在着相反相成的对立统一规律,语言中的反义聚合,正是这种客观规律的反映。"一字两训而其义相反"、"义相反而实相因",王念孙如此简明扼要,却如此深刻地揭示了词语的正反义相互对立、相互依存、相互转移的重要特点,这既是"正反同词"现象的实质和成因,也是词义运动发展的重要内部规律。毫无疑问,王念孙在《广雅疏证》中对"正反同词"现象的研究也体现了他对反义关系的理论认识和分析经验。汉语的词义现象纷繁复杂,难于把握。王念孙用他渊博的学识和卓越的才能,对古代文献语言中的词语意义进行了深入系统的研究,创立了前人皆未所及的"音近义同"说,把难以明了的词义现象抽绎出条理,归纳出系统,揭示出规律,使人们在汉语词义的认识和理解上能纲举目张。不仅如此,"一字两训而其义相反"、"义相反而实相因"也是王念孙认识到的重要语义现象和揭示出的重要语义规律,对现代词义学研究做出了重要的贡献。

第三节　《广雅疏证》研究反义词的成就和不足

一、《广雅疏证》研究反义词的成就

（一）理论研究上的成就

1. 对词义系统有较为深刻的认识

"义"既是古之先贤造制字词的出发点,也是今之学者考释字词的落脚点。无论是在汉语字词形成过程中,还是在我们使用和认知汉语字词的过

程中，形、音、义三者都是互相制约，并以"义"为核心要素而统一在一起的，词义在汉语字词三要素中居于主要的核心地位。"治经莫重于得义"，解词释义始终是训诂学的核心工作。王念孙撰《广雅疏证》，其主要任务之一就是释词解语，证明《广雅》之义训。语义系统论理论认为：任何一个语义单位都不是孤立存在，而是彼此休戚相关的。不同的语义单位之间存在着各种各样的关系：或同义，或反义，或引申，或假借，或同源等；每一个语义单位又都通过这些不同的关系和众多的其他语义单位发生错综复杂的联系，从而形成一个庞大的语义网，即语义系统。处在语义系统内的成员是互相联系、互相制约，又是互相影响的，其中一部分的发展变化会引起其他部分的发展变化。王念孙在《广雅疏证·自序》中说："虽或类聚群分，实亦同条共贯。"在训诂方法上，他反对"字别为义"、"音别为义"的割裂烦琐，提倡系统贯通。可见他已经初步认识到了词义的系统性和语言的规律性。王念孙在疏证《广雅》的训诂实践中，很少孤立地就个别字词本身进行单独说解，常常是以声音、意义或字形为线索，从该字词引出一组字词来，在比较互证中进行训释。这正是充分重视词义的系统性，从语言的内在规律观照词义训释。《广雅疏证》"不是孤立地对某一个词进行说解，而是通过声音的线索，尽力把该词置于它所从属的系统中加以通盘研究，这是《广雅疏证》的一大特点，也是它取得巨大成功的根本经验。"①

2.具有"义素"观念

用现代语义学的眼光来看，《广雅疏证》中"义"的概念常常指的是"义素"。《广雅疏证》虽然还没有形成科学的语义分析理论，但已经不是像传统语义学那样把词义看成一个囫囵的整体②，而是借助于辩证的、一分为二的思维方式开始探索词义内部的微观结构。关于《广雅疏证》中"义"这个概念的所指问题，许多学者都论及过，尽管角度各不一样，表述也不尽相同，但核心观点都认为这个"义"往往不是指一般的词汇意义或义项，而是现代语义学所说的"义素"。有些专家在分析《广雅疏证》语义关系时所说的"高度概括的意义"、"意义核心"和"语源意义"就是现代语义学所说的"义素"。

3.提出了较为系统的反义观

在《广雅疏证》的训释文字中，我们常可以看到诸如"其义相反"、"义相反"、"反某为某"、"某与某正相反"、"取其相反之义"之类的术语，这实际上

---

① 崔枢华：《〈广雅·释诂〉疏证以声音通训诂发覆》，《北京师范大学学报》（社会科学版）1991年第 6 期。

② 贾彦德：《汉语语义学》（第二版），北京大学出版社 1996 年版，第 51 页。

就是明确地告诉我们这些相关的词语之间具有反义关系。我们可以把这些术语看成是《广雅疏证》中广义的反义词存在的标志。《广雅疏证》中所体现出来的反义观主要表现在：意义相反而不属于同一意义范畴可以构成反义关系；次要义素相反可以构成反义关系；音节不同但词义相反可以构成反义关系。《广雅疏证》中所体现的反义观是不同于现代语义学的反义观的，这是一种建立在"具有相反义素"之上的注重意义、轻视形式，强调局部和细节特征的反义观。《广雅疏证》中所体现的反义观也在某种程度上可以代表我国古代的反义观。也即是说：我国古代的反义观跟现代的反义观是不一样的。蒋绍愚先生在《古汉语词汇纲要》一书中指出："考察反义词，也要有历史观念。因为随着词义的发展变化，反义词的构成关系也是古今不同的。如古代'穷'的反义词是'达'，现代'穷'的反义词是'富'。古代'慢'的反义词是'敬'，现代'慢'的反义词是'快'。古代'细'的反义词是'大'，现代'细'的反义词是粗。古代'粗'的反义词是'精'，现代'粗'的反义词是'细'。古代表示形体用'大'、'小'这对反义词，表示年龄用'少'、'长'这对反义词，现代无论表示形体还是年龄，都用'大'、'小'这对反义词。"①反义词的构成关系之所以古今不同，固然与词义本身的发展变化有着密切的关系，但古今反义观的差异也不能说不是造成反义词的构成关系古今不同的重要原因之一。

4. 对"正反同词"现象进行了理论探讨

在《广雅疏证》中，王念孙用"一字两训而其义相反"、"一字两训而反复旁通"等术语来描述语言中的"正反同词"现象。在《广雅疏证》中，王念孙不仅敏锐地揭示了大量"正反同词"现象，而且还反复论证了"正反同词"现象形成的内部原因：即"义有相反而实相因"。"义有相反而实相因"，这是王念孙为传统的反训说增添的一个新证②，反映了他对"正反同词"语言现象内在理据的深刻揭示。《广雅疏证》中所涉的"正反同词"现象大多由人们感受对象的角度不同而产生，概括起来主要有以下几类情况：以词的基本义为中心，分别向正、反两端引申，形成"正反同词"现象；由于参照点的不同而形成"正反同词"现象：时间断限不同形成"正反同词"，参照标准不同形成"正反同词"，由于着眼点的不同而形成"正反同词"。《广雅疏证》中的"正反同词"现象为我们提供了丰富的反义聚合材料，《广雅疏证》对"正反同词"现象的研究，证明王念孙对反义关系的认识已经达到了一定的高度和理论水平。

---

① 蒋绍愚：《古汉语词汇纲要》，商务印书馆 2005 年版，第 127 页。

② 张其昀：《〈广雅疏证〉导读》，社会科学文献出版社 2009 年版，第 518 页。

(二)训诂方法上的成就

《广雅疏证》的训诂手段可谓是面面俱到,以不同方式充分利用反义关系为训诂服务的方法不能不说是《广雅疏证》的重要特色之一。研究《广雅疏证》中与反义相关的训诂方法,不仅可以重新认识反义词在训诂学和训诂实践中的重要作用和价值,还可以由此反观王念孙对反义关系的理论认识和分析经验。

1.反义类比证义

类比是许多学科通用的基本研究方法,自然也用在训诂学研究及训诂实践中。作为训诂方法的"类比"就是把需要解说的某一语言文字现象,同其他类型相同、一般来说已为人们所知的另一种语言文字现象做比较,从而使人们由已知明未知的训诂方法。反义类比就是利用训释对象所处的周边语言环境中的"反义"类属关系来比较互证、推求释义的训诂方法。王念孙在《广雅疏证》中经常运用反义类比方法中的反义对文和反义连文来联系、比较被训释词与相关词语之间的意义关系,证明《广雅》之训义。

(1)反义对文相证

《广雅疏证》常常利用"反义对文"来考求字词义。反义对文是对文的一种重要运用条例。根据对文在意义上具有相同、相近、相关涉或相反关系这一特点和规律,传统训诂学往往用之作为求证词义的方法,这就是对文类比法,即可以通过互为对文的两个词语之中的一个词语的词性和意义,来推求、证明另一个词语的词性和意义。王念孙深谙古人作文时遣词造句的特点和"对文"这种重要的语言规律,在《广雅疏证》中常常根据被训释词与训释词、训释词与训释词或其他相关词语之间相同、相近、相关涉或相反的意义关系,广泛运用对文类比的方法析文释义,证明《广雅》之训义。在《广雅疏证》中,还有许多宝贵的反义对文材料似零星碎玉散见于全文,这里未能一一列举。纵观全文,反义对文不仅是《广雅疏证》推求词义的重要方法,也是《广雅疏证》校勘文句、说明条例的重要方式。

(2)反义连文相证

连文,既是古人遣词造句的一种行文方式或修辞手法,也是一种考求词义的训诂方法。我们可以通过两个连用词之间的同义、类义或反义关系,根据其中一个词语的意义推知另一个词语的意义。《广雅疏证》中把"连文"作为一种很重要的证义手段。《广雅疏证》中连文证义多以同义互证,反义连文多用来说明《广雅》"二义同条"或"三义同条"之体例。王念孙疏证《广雅》若遇到这种情况,往往会通过辨析词义之间的关系做出详细的说明。从这个意义上说,利用反义连文揭示"二义同条"或"三义同条"之体例也就是在析文释义,这并不妨碍我们把反义连文也看作是训诂释义的方法和手段。

2. 反义否定证义

反义否定释义是训诂学上一种很重要的训诂条例,也是字(词)典学上一种很重要的释义方式。早在东汉时期,训诂学家们就开始在经传注释中使用"否定词+反义词"来训释词义。《广雅疏证》中广泛使用了反义否定释义方法来说解词语,证明《广雅》之训义:否定词+反义词;同义词+反义词的否定式;限定语+反义词的否定式。

3. 名与字反义相证

古人取字一般都遵循着"名字相应"的原则:即先取名后取字,字往往由名滋生而来,故古人的名与字之间往往有一定的联系。《广雅疏证》中引用古人名与字进行词义考辨的共涉及 36 个条目①。

(三)训诂实践上的成就

王念孙虽然没有在《广雅疏证》中明确指出反义词的任何训诂作用,但在《广雅疏证》中,无论是为《广雅》条目做义证,还是进行衍脱讹谬的校勘;无论是对同义词进行辨析,还是就某种体例进行说明,王念孙都充分利用反义关系为之服务,从而解决了不少训诂、校勘等方面的问题,成就颇为可观。可见,王念孙对于反义词的重要训诂作用,毫无疑问已经有了比较深刻的认识。

1. 利用反义关系训释词义

在《广雅疏证》中,王念孙为了证明《广雅》之义训,不仅"远绍旁搜,以期再现故训产生的语境,使人知其然且知其所以然"②;而且"殚精竭虑,旁征博引,尽可能地把在语音、语义上与所释词语有关联的其他词语罗列出来,使所释词与其他词语发生语音语义上的各种联系,使之处于一个有机的语言系统中,因此《广雅疏证》中形成了众多的语义聚合。"③在《广雅疏证》众多的语义聚合中,反义聚合的存在就是为词义的求证服务的。通过把被训释词置于相关的反义聚合之中,利用该聚合中词语之间的意义对立关系来推求、证明被训释词的词义,这是《广雅疏证》训释词义常用的手段之一。

2. 利用反义关系说明体例

在《尔雅》、《广雅》等"雅书"中,有的条目只包含一个语义,即"一条一义";也有的条目包含不止一个语义,而是包含了两个或三个语义,称作"二义同条"或"三义同条"。"二义同条"、"三义同条"的现象实质上是古人

---

① 张其昀:《〈广雅疏证〉导读》,社会科学文献出版社 2009 年版,第 358 页。
② 彭慧:《试论〈广雅疏证〉在汉语语义研究中的重要理论价值》,《社会科学家》2006 年第 3 期。
③ 盛林:《〈广雅疏证〉中的语义学研究》,上海人民出版社 2008 年版,第 122 页。

"字"、"词"区分的概念不够明晰的反映。王念孙在疏证《广雅》时若遇到这种情况,往往会采用正反义连用的方式予以说明。

3. 利用反义关系校勘纠误

《广雅》由于流传日久,衍脱讹误之处较多,因此校勘《广雅》成为《疏证》的重要内容之一。除了对《广雅》本身进行校勘之外,王念孙在《广雅疏证》中也利用反义关系随文匡正先儒古书旧注之误说。

4. 利用反义关系辨析同中之"异"

《广雅疏证》解释和说明一组被释词之间的区别性义素的工作就是通常所说的辨析同中之"异",尤其是要辨析那些意义比较接近但又不完全相同的词语之间的细微差别,这样的词语在《广雅疏证》中主要表现为"对文异、散文通"。同义词并非完全是同,在大"同"之中还含有小"异",而这小异就往往包含了相对或相反的因素。因此一些同义词的细微差别往往可以通过反义词看出来,这样我们就可以充分利用反义关系来辨析同义词大"同"之中的小"异"①。

二、《广雅疏证》研究反义词的不足

王念孙《广雅疏证》在反义词的研究上虽然取得了很大的成绩,但是由于历史的局限,仍然存在着一些不足。主要表现在:

(一)对反义词词义理论的认识还不够全面

王念孙在《广雅疏证》中对反义词的词义理论进行了较为深入的探讨,首先他认识到词汇是成系统的,所以他在疏证《广雅》时,从词与词之间的意义关系出发,不仅研究同义词、同源词,而且还研究反义词。但在具体的研究中,由于《广雅疏证》主要是通过声音的线索去研究词与词之间的关系,所以同源词研究得最为充分,其次是同义词,再次才是反义词。因此,在对反义词进行探讨时,着力不够,理论成就也就稍有逊色。在《广雅疏证》中,王念孙大量运用了"义"的概念,由于王念孙《广雅疏证》没有形成科学的语义分析理论,虽然不是像传统语义学那样把词义看成一个囫囵的整体,虽有义素的观念但所指往往模糊,常常给后世学者造成理解上的困难,所以不少专家将其概括为"高度概括的意义"、"意义核心"和"语源意义"。

我们虽然可以把"其义相反"、"义相反"、"反某为某"、"某与某正相反"、"取其相反之义"之类的术语看成是《广雅疏证》中广义的反义词存在的标志,但与现代语义学的反义观还有较大差别。《广雅疏证》中所体现的反义

---

① 赵克勤:《古代汉语词汇学》,商务印书馆 1994 年版,第 165 页。

观是不同于现代语义学的反义观的,这是一种建立在"具有相反义素"之上的注重意义、轻视形式,强调局部和细节特征的反义观。《广雅疏证》对"正反同词"现象的研究虽然为我们提供了丰富的反义聚合材料,证明王念孙对反义关系的认识已经达到了一定的高度和理论水平,但由于时代的局限,王念孙对这一现象的研究还缺乏系统、科学的论证。

(二)判断方法较为简单

王念孙《广雅疏证》运用大量的训诂方法和术语分析论证了大量反义词,取得了一定的成绩,但我们需要注意的是王念孙利用传统的训诂术语及方法解释词义,并不是有意识地系统地研究词语的反义关系,出现在对文结构中的词语可能是反义关系,也可能是同义、近义或义相关,因此我们不能仅凭《广雅疏证》的对文、连文结构来判定其反义关系。在两个结构相同的语句中,或多个结构相同的语句中,处在对当位置的词语,若表述的是相反对立的人、事、物、性质、变化、动作、行为等,则这两个词构成反义关系。在对举的语境中,只能从语义上判断是同义还是反义。

(三)研究成果不是太丰硕

王念孙在《广雅疏证》中运用他对反义词理论和训诂方法的理解,对反义词进行了大量研究,虽然王念孙利用反义关系解决了不少训诂、校勘等方面的问题,但其成就与同源词、同义词相比,就逊色多了。这或许是他的着力点不在反义词的缘故。

尽管如此,王念孙对汉语反义词研究所做出的贡献是不能抹杀的,我们应该充分地从王氏《广雅疏证》的反义词研究中吸取营养,剔除其糟粕,古为今用,为建设科学的汉语词汇史做出我们应有的贡献。

第三章 《广雅疏证》同源词研究(上)

汉语同源词历来是汉语词源学研究的一个重要课题。本章对同源词的性质进行了界定,提出了《广雅疏证》同源词的判定标准,论证了《广雅疏证》同源词的判定方法以及研究《广雅疏证》同源词的意义和依据。以现代词源学理论为指导,运用比较互证法、义素分析法、文史哲训系统贯通法、数理统计法等方法,以《广雅疏证》的文献语言材料为依据,参考先秦两汉文献及汉唐人的注疏、清人集解,借鉴前辈学者和当代学者的研究成果,研究《广雅疏证》的同源词,共整理、归纳出同源词413组。采用义素分析法举例归纳、分析了其中的100组。在对它们进行音义分析、追根溯源的基础上,揭示了它们得名的理据和语源意义。

第一节 同源词概说

一、同源词的性质

关于"同源词"的性质,前人做了很好的论述,现摘录诸家有代表性的观点如下:

张世禄:"所谓'同源词',是指音近义通或音同义近,可以认为同一词源,即表示相关意义的音素派生出来的词。"[①]

严廷德:"同源词指的是词汇在发生过程中由同一语源孳生出来音义相关的一个个词族。"[②]

王蕴智:"凡语音相同相近,具有同一语义来源的词叫同源词。"[③]

---

① 张世禄:《张世禄语言学论文集》,学林出版社1984年版,第529页。
② 严廷德:《同源词管窥》,《四川大学学报》(哲学社会科学版)1989年第1期。
③ 王蕴智:《同源字、同源词说辨》,《古汉语研究》1993年第2期。

白兆麟:"由同一根词派生出来,因而音义皆近、音近义同或义近音同的词,叫做同源词。"①

王力先生把同源词称作"同源字"。他说:"凡音义皆近,音近义同,或音同义近的字,叫做同源字。这些字都有同一来源。"②

可见,同源词是由同一语源孳乳派生出来的一组词,它们在语音上具有相同、相近、相转等特征,在语义上具有相同、相关等特征。

本章的研究对象是王念孙《广雅疏证》的单音节同源词,属于汉语内部由某一根词及其滋生词,或滋生词与滋生词构成的一组词。根据前人的研究成果和我们的认识,我们把同源词的性质定义为:

汉语同源词是指由同一词源派生出来在音义两方面都有相互联系的一组词。

这里所说的"在音义两方面都有相互联系",是指它们在语音上相同、相近或相转,意义上相同或相关,音义双方缺一不可。

二、同源词的判定标准

关于同源词的判定标准,黄侃先生曾有一段比较著名的论述:

声音、训诂相通,古人未尝不知。王子韶右文之说,本于王荆公《字说》,如言"'波'是水之皮",恐仓颉造字时已如此解。东坡以"'滑'岂水骨乎"拒之,此则有相当之理由。凡繁变之物不可以一理解,此因执形以求,故有是误。荆公但知文字、训诂之合而为一而遗其声,若以声音通假之说补之,则疑难不烦而解矣。以声音贯穿训诂,而不拘执于形体,可以补二王之说。然此至清儒始得明之。黄承吉为"取""直""通"之说,少病粗略。若王念孙则不谓之哲人不可也。然则凡同音者必同义乎?按,同音者虽有同义,而不可以言"凡"。《淮南》"虱"与"瑟"同音,周人谓玉为"璞",郑人谓鼠为"璞"(按,当为周人谓玉之未理者为"璞",郑人谓鼠之未腊者为"璞"),此音同而不必义同也。物有同音而异语者,亦有同语而异音者。同音异语,如"虱"与"瑟";同语异音,如《尔雅》"初""哉""首""基",俱训"首"是也(按,"俱训'首'"之"首"字,当为"始"字之误)。同音者不必有一定之义,同语者不必一音,而往往同音(按"往往同音"之"音"字,疑为"声"字之误)。如"江""河""淮""海"

---

① 白兆麟:《简明训诂学》,浙江教育出版社1984年版,第83页。
② 王力:《王力语言学论文集》,商务印书馆2000年版,第533页。

"汉""湖""洪""沆"皆"大"也,"洪"与"红"亦同,"鸿"(大鸿小雁)、"讧"(大声)亦有关。若言凡匣母字皆有"大"义,则非也。①

黄侃先生认为,研究汉语的声义同源,不能拘执于汉字的形体;同音者有同义,但不能就此断定"凡同音者必同义","同声必同义",因为汉语中既有同音而不同义的情况存在,也有同义而不同音的情况存在。黄侃先生的论述,对我们如何判断同源词很有参考价值。

王力、王宁、向熹、蒋绍愚等先生对汉语同源词的判定标准都有很好的论述,他们指出同源词必须兼顾音和义。王力先生第一次明确提出了同源词的判断标准:读音相同或相近②;同源字必然是同义词,或意义相关的词③;这些字都有同一来源④;因为它们在原始的时候本来是一个词,完全同音,后来产生了细微分别的意义,才分化为两个以上的读音。⑤ 王宁先生《训诂学原理》:"派生词的音与义是以根词和源词的已经结合了的音与义为依据的,因此,根词、源词与派生词之间,以及同源派生词彼此之间,都存在着音近义通的关系。一组待定为同源词的语料,在已知它们的音同或音近关系后,判定它们之间的义通关系,便成为确立它们同源的关键。"向熹先生主编的《古代汉语知识词典》也指出:"同源词的构成有三个必不可少的条件:(1)上古读音相同或相通;(2)有一个或几个意义相同或相关;(3)在词义发展上出于同一个语源。这三个条件缺一不可。"蒋绍愚先生也说:"判定同源词必须严格按照(a)读音相同或相近;(b)意义相同或相关;(c)有同一来源这样三个条件。这三个条件是缺一不可的。读音相同,而意义相差甚远,就只是同音词。意义相同或相关,而读音相差甚远,就只是同义词。读音相同或相近,意义相同或相近,那也只是音义的偶然相同,而不是同源词。"⑥王力、王宁、向熹、蒋绍愚等先生判定同源词的理论与方法,对于我们今天的同源词研究都具有十分重要的指导意义。

"音近义通"是我们分析确定同源词的总原则。王力先生说:"同源字,常常是以某一概念为中心,而以语音的细微差别(或同音),表示相近或相关的几个概念。"⑦"仔细体会王氏的意思,所说的'以某一概念为中心',并不

---

① 黄侃:《文字声韵训诂笔记》,上海古籍出版社 1983 年版,第 49～50 页。
② 王力:《王力语言学论文集》,商务印书馆 2000 年版,第 536 页。
③ 同上书,第 534 页。
④ 同上书,第 533 页。
⑤ 同上书,第 534 页。
⑥ 蒋绍愚:《古汉语词汇纲要》,北京大学出版社 1989 年版,第 185 页。
⑦ 王力:《王力语言学论文集》,商务印书馆 2000 年版,第 533 页。

是指词的概念本身,而是指同源字的'所指'内容含有某一共同的意义成分。"①可见,同源词的意义标准是"义通",主要包括相同和相关两种。

关于同源词的语音标准问题,王力先生指出:"同源字有一个最重要的条件,就是读音相同或相近,而且必须以先秦古音为依据,因为同源字的形成,绝大多数是上古时代的事了。"又说:"值得反复强调的是:同源字必须是同音和音近的字。这就是说,必须韵部、声母都相同或相近。如果只有韵部相同,而声母相差很远,如'共'giong、'同'dong;或者只有声母相同,而韵部相差很远,如'当'tang、'对'tui,就只能认为是同义词(有些连同义词都不是),不能认为是同源字。至于凭今音来定双声叠韵,因而定出同源字,例如以'偃''赢'为同源,不知'偃'字古属喉音影母,'赢'古属舌音喻母,'偃'字古属收-n的元部,'赢'字古属收-ng 的耕部,无论声母、韵部都不相近,那就更错了。"②

王力先生把"必须韵部、声母都相同或相近"作为判定同源词的语音标准,可见他对同源词语音的要求是十分严格的,这就避免了"音近义通"的随意性和"无所不转"的弊端。有的学者认为判定同源词的语音关系只要是"双声"或"叠韵"即可,未免太过于宽泛。在同源词的研究中,大家所强调的"音同、音近或音通",是一个较为宽泛且模糊的概念,很少有人对它们进行具体的界定。王力先生在《同源字论》里,对同源词的语音关系类型进行了具体分析③。我们从他在《同源字论》里对声纽、韵部分析出来的各种类型、关系以及他在《同源字典》里对一组组同源词语音的具体分析,可知同源词的语音关系有:音同(声母韵母均同)、音近(双声兼叠韵;各种类型的音转)。

我们通过对《广雅疏证》同源词语音关系进行考察,发现音同的同源词数量最多,其次是音转,而音近的同源词数量较少。为了研究的方便,我们把同源词的语音关系类型归纳为音同(声母韵母相同④)、音近(双声兼叠韵)、音转(声母相同,韵部发生了转化;韵部相同,声母发生了转化;声母和韵部同时发生了转化等)三种。

"同源词是同源而又有所分化,分化或体现在语音上,或体现在意义上,或音义两方面都有所体现,所以便有了'音近义同'、'音同义近'、'音义皆近'等情况。一般地说,如果义同义近而声音远隔,或者音同音近而意义毫不相涉,这样的两个或两个以上的词,便不具备共同的语源,便不是同源词。

---

① 孙雍长:《训诂原理》,语文出版社 1997 年版,第 157 页。
② 王力:《王力语言学论文集》,商务印书馆 2000 年版,第 536、539 页。
③ 同上书,第 536~539 页。
④ 音同本来不仅指声母韵母相同,而且声调也应该相同。由于今天对上古音声调的研究分歧很大,未取得一致意见,故本文的音同除入声字外不含声调。

所以,对于同源词的判定,语音和意义两方面的标准不能割裂开来,而应当结合起来进行考察。"①因此,我们对王念孙《广雅疏证》同源词的研究采取"音义兼顾"的原则,对王氏已经系联起来的单音节同源词进行了全面考察。

三、同源词的判定方法

孟蓬生先生认为:判定同源词最有效的方法是平行互证法。它是乾嘉以来学者们广泛应用后经陆宗达、王宁两先生加以科学总结,既适用于训诂学又适用于词源学的研究方法。它的基本公式是:

a1∶a2＝b1∶b2＝c1∶c2＝d1∶d2……

a1 和 a2 等代表两个可以发生关系的音和义,也可以代表两个同源词。a1 和 a2 相当于 b1 和 b2、c1 和 c2、d1 和 d2 的关系,换言之,它们之间构成一种平行关系。由于多组这种平行关系的存在,它们之间可以构成一种互证关系。②

孟蓬生先生还将平行互证法的作用归纳为三个方面:1. 利用平行互证法证明同源词之间的音转关系;2. 利用平行互证法证明同源词之间的义转关系;3. 利用平行互证法兼证音义关系。③

由于我们的研究对象是王念孙在《广雅疏证》里已经系联起来了的单音节同源词,所以我们在判定同源词时采用平行互证法兼证音义关系法。具体操作办法是:从语音和词义关系出发,考察每组同源词词与词之间在音和义两方面构成的互证关系,从而探讨同源词词与词之间在语音和词义方面的平行关系。这种判定方法对于研究、考察已经系联起来的同源词是非常可行、可信和有效的。

第二节 《广雅疏证》同源词分析

一、研究《广雅疏证》同源词的意义

汉语词源的研究萌芽于先秦的声训。"所谓'声训',是指用音同或音近之字来解释词的命名立意之义的一种训诂方式或训诂条例。"④汉末刘熙的

---

① 孙雍长:《训诂原理》,语文出版社 1997 年版,第 159 页。
② 孟蓬生:《上古汉语同源词语音关系研究》,北京师范大学出版社 2001 年版,第 48 页。
③ 同上书,第 48 页、50 页、51 页。
④ 孙雍长:《训诂原理》,语文出版社 1997 年版,第 211～212 页。

《释名》是先秦两汉声训集大成的著作,开了"右文说"的先河。"论述形声字的声符与意义之关系的学说就是右文说"。① 南唐徐锴的《说文解字系传》对"右文说"的形成起到了推动作用。北宋王圣美正式提出"右文说",他的《字解》表明"右文说"到此已正式形成。南宋王观国《学林》提出的"字母"说,是对"右文"现象形成原因的初步探索。宋末元初戴侗的《六书故》,标志着"右文说"发展到了一个新的阶段。明代吴元满、黄生等人倡导"以声为纲"说,实质也是对"右文说"的继承。段玉裁著《说文解字注》,力倡"以声为义"之说,提出"义存乎声",取得了"右文说"的最高成就。"'谐声之字,其右旁之声,必兼有义,而义皆起于声'几乎是清代学者的一种共识。"② 对"右文"现象形成原因阐述得最为清楚的是近代学者刘师培,对"右文说"的研究与评价最为全面的是沈兼士和刘又辛。"'右文'说到清代发展为'音近义通'说。'音近义通'说是训诂学家对语言与文字二者关系的认识的一次大飞跃,它突破了'右文'说拘泥于文字形体的局限。我们不能简单地把'音近义通'说与'右文'说混为一谈。"③ 汉代扬雄的《方言》对因地域时代不同而意义不变却音有变易的词语进行研究,他是"语转说"语言学流派的开山祖师。晋代郭璞的《方言注》使用了"语之转"、"声之转"、"语转"等术语,对"语转说"流派的形成和发展起到了光大作用。明方以智《通雅》、黄生《字诂》、《义府》都对语转这一语言现象进行了研究。他们提出的语转学理论及其训诂实践都具有一定的价值。清代戴震的《转语二十章》,是研究语转的专著。"戴震在语源学上的杰出贡献是,以其精湛的音韵学研究为依托,首次将传统的'语转说'纳入科学化的轨道。"④ 清代王念孙在语转学研究方面取得了很大的成绩。方以智《通雅》、程瑶田《果赢转语记》、王念孙《广雅疏证》,为语源学做出了特殊的贡献。殷寄明认为王念孙在语源学上做出的努力和贡献主要表现在致力于以古音求古义,使两大语源学派完全合流;致力于联绵词的考释,创立新说,拓宽了后人的思路;运用音转理论揭示语源分化、词语增殖的规律。⑤ 章太炎的《文始》从语源学的角度考察词汇古今发展的历史轨迹,"章氏这种做法,在原则上是词源的研究或词族的研究。"⑥ 王力《同源字典·同源字论》:"对汉语同源字作全面的研究,是章炳麟的创举。"自章太

---

① 孙雍长:《训诂原理》,语文出版社 1997 年版,第 257 页。
② 同上书,第 265 页。
③ 同上书,第 273 页。
④ 殷寄明:《语源学概论》,上海教育出版社 2000 年版,第 71 页。
⑤ 同上书,第 73~74 页。
⑥ 同上书,第 81 页。

炎的《文始》开始,我国的语源学研究开始逐步走上健康的道路,主要表现为研究方法日益科学化。无论是宏观的理论建树还是微观的词源考释都取得了巨大的成就。在"右文说"的研究上,学者们批判地继承了"右文说"的合理成分,逐步认清了声符的本质与功能以及音义关系的多样性。在"语转说"的研究上,批判了"语转"、"无所不转"的随意性,使之更加严密、科学、规范,并引进了现代语言学的语音描写方法和音转规律分析方法。"王力先生的《同源字典》标志着传统的音转学说基本上臻于完善,并在现代语言学思想指导下探讨同源词的本质、产生、系联等问题。任继昉先生的《汉语语源学》则为填补空白的语源学通论著作。"①

可见,从先秦时代的声训到今天科学的汉语词源学的逐步建立,汉语词源学的研究大约经历了 2500 年的历史。清代的王念孙和段玉裁都取得了很大的成就。段王之学,虽然代表了乾嘉时代的最高水平,解决了许多前人未能解决的问题,但是,由于时代的局限,他们毕竟不能用 200 多年后的学术眼光、洞察力、理论体系来解决当时所有的问题。因此,其不足之处就在所难免了。他们的研究,由于当时科学的上古汉语语音系统和古汉语词汇学理论尚未建立,特别是缺乏科学的汉语词源学理论的指导,所以他们在研究同源词的语音关系和词义关系时,往往缺乏明确的界限,术语众多,概念模糊。因此,全面考察、研究王念孙《广雅疏证》已经系联起来的单音节同源词就显得十分必要。王念孙的《广雅疏证》系联了大量的同源词,"王念孙的同源词研究成果,主要体现于他的《广雅疏证》中。"②"王念孙疏证《广雅》,颇类同时代其它典籍的'集注'、'集解',以声音为纲兼收并蓄其音义相同、相近的词语,王力先生在《同源字论》中曾说王念孙可以写出一部同源字典来,当即指此。"③"汉语史上历代语言学家的'因声求义'更多的是以同源字相证。清代王念孙《广雅疏证》是典型的因声求义之作,纵观此书,以同源词语相训释者有之,但数量并不多;更多的是以同源字相证、相训以及用'声近义通'的文字、词语相证、相训。"④我们通过对王念孙《广雅疏证》已经系联起来的单音节同源词的考察、分析和研究,就可以总结已有的关于同源词的研究成果,从纷繁复杂的语音现象和词义现象中归纳、整理出同源词的语音关系类型和词义关系类型,并在此基础上探讨同源词在语音和词义方面共时和历时的规律以及音义结合的规律,为今后同源词的判定提供更为可靠的实践依据和

---

① 殷寄明:《语源学概论》,上海教育出版社 2000 年版,第 80 页。
② 杨光荣:《词源观念史》,巴蜀书社 2008 年版,第 82 页。
③ 殷寄明:《语源学概论》,上海教育出版社 2000 年版,第 74 页。
④ 同上书,第 132 页。

研究方法,为词源研究的理论建设和科学的汉语词源学的完善提供经过论证的术语和语料。

二、研究《广雅疏证》同源词的依据

由于汉语同源词在音义两方面都有密切的联系,所以在分析同源词时,我们将采取音义兼顾的原则,运用平行互证法兼证音义关系法,全面考察王念孙《广雅疏证》已经系联起来的单音节同源词。因此,我们必须首先确定研究《广雅疏证》同源词的语音关系和意义关系的依据。

(一)研究《广雅疏证》同源词语音关系的依据

我们把同源词的语音关系归纳为音同、音近和音转三个类型。音同指声母韵母相同(入声字声调也要相同);音近指双声兼叠韵;音转指声母相同韵部发生了转化,或韵部相同声母发生了转化,或声母和韵部都同时发生了转化等。这种转化的性质、范围和名称我们都以王力先生的《同源字论》为依据来进行确定。王力先生在《同源字论》里把韵转分为对转、旁转、旁对转、通转,把声转分为准双声、旁纽、准旁纽和邻纽,并指出:"同类邻韵,称为'旁转'。同类韵部元音相同,称为'对转'。不同类韵部元音相同,称为'通转'。旁转而后对转,称为'旁对转'(少见)。韵尾同属鼻音,或同属塞音,也称为'通转'。""舌头与舌上同位置者(如端与照,泥与日)、舌上与齿头同位置者(如照与精,审与心)、正齿与齿头同位置者(如庄与精,山与心),称为'准双声'。同类不同母,称为'旁纽'。喉与牙,舌与齿,称为'邻纽'。鼻音与鼻音(如 ng-与 nj-),鼻音与边音(如 m-与 l-),也称为'邻纽'(少见)。"①

王宁先生认为:汉语词汇的积累大约经历过三个阶段,即原生阶段、派生阶段与合成阶段②。这三个阶段是一个十分漫长的历史过程。所以,汉语语音系统的演变也经历了一个从远古、上古、中古到近现代的过程。因为汉语的语音系统十分复杂,自然同源词的语音关系也就比较复杂了。由于同源词的派生高峰是在周秦时期,这就要求我们在判定同源词时必须以上古语音系统为标准来判断同源词并分析其语音关系。所以王力先生说:"同源字……必须以先秦古音为依据,因为同源字的形成,绝大多数是上古时代的事了。"③

---

① 王力:《同源字典》,商务印书馆 1982 年版,第 79 页、80 页。
② 王宁:《训诂学原理》,中国国际广播出版社 1996 年版,第 144 页。
③ 王力:《王力语言学论文集》,商务印书馆 2000 年版,第 536 页。

　　关于上古语音系统的构拟,目前学术界比较公认王力先生的上古音韵系统。当然,我们并不是说王力先生所构拟的上古语音系统已经非常完善了,虽然目前学术界在古韵部和声母系统的研究方面仍然存在着这样或那样的分歧,但是从整体上讲,至今仍然没有一个能够取代他的语音系统。其实,王力先生在确立上古语音系统时采取的是比较审慎的态度,他吸取了前人或同时代人的研究成果,而这些成果又是被大家普遍认可的。可见,他的这个系统至今仍然还是比较可靠的。这也是我们决定采用王力先生的上古语音系统作为研究王念孙《广雅疏证》同源词语音的依据的主要原因。此外,王力先生用他的上古语音系统写过一篇非常精湛的论文《同源字论》和一部影响很大的专著《同源字典》,在继承前人研究成果的基础上确定了系联同源词的音同、音近和音转的条例,在今天看来,这些条例基本上是正确的,它既是我们研究同源词语音关系的参照系,也是我们进一步研究同源词语音关系的基点。

　　上古音系及其拟音,目前学术界意见分歧较大,我们在具体研究王念孙《广雅疏证》单音节同源词的语音关系时,基本上依照王力先生《汉语史稿》修订本①所确立的上古汉语语音系统,只是依郭锡良先生《汉字古音手册》②将冬部从侵部分出,作为跟幽部和觉部相配合的阳声韵。韵部的名称依《汉字古音手册》,另根据《汉字古音手册》把“馀母”改为“余母”。具体字的归组依据大徐本《说文》所载唐孙愐《唐韵》的反切上字。具体字的归部依据郭锡良《汉字古音手册》,《汉字古音手册》未收的字,则依据向熹先生《简明汉语史》③,或依据谐声偏旁类推。也参考了陈复华、何九盈的《古韵通晓》④等论著。

　　现将王力先生所拟定的上古声母表和韵部表转录如下:

32 声母表

喉		见	溪	群	疑	晓	匣	影
舌	舌头	端	透	余	定	泥	来	
	舌上	章	昌		船	日	书	禅
齿	齿头	精	清	从			心	邪
	正齿	庄	初	崇			山	
唇	音	帮	滂	并		明		

① 王力:《汉语史稿》合订本,中华书局1996年版,第60~69页。
② 郭锡良:《汉字古音手册》,北京大学出版社1986年版。
③ 向熹编著:《简明汉语史》上,高等教育出版社1993年版。
④ 陈复华、何九盈:《古韵通晓》,中国社会科学出版社1987年版。

30 韵部表

	之	支	鱼	侯	宵	幽
甲类	职	锡	铎	屋	药	觉
	蒸	耕	阳	东		冬
乙类	微	脂	歌			
	物	质	月			
	文	真	元			
丙类	缉		叶			
	侵		谈			

同时,我们也采用了王力先生在《汉语史稿》里对韵部分析时所提出的等呼观念。他的拟音是:

开口一等:无韵头　　　　　合口一等:-u-

开口二等:-e-　　　　　　合口二等:-o-

开口三等:-i-　　　　　　合口三等:-iw-

开口四等:-i-　　　　　　合口四等:-iw-

入声分为长入和短入,拟音时长入在主要元音上加"‐",短入在主要元音上加"⌣"。

(二)研究《广雅疏证》同源词意义关系的依据

我们把同源词之间的意义关系类型归纳为相同和相关两种。王力先生把同源词的意义关系概括为三种情况:(一)实同一词。(二)同义词,包括等义词和有细微差别的近义词。(三)各种关系。共有 15 种。① 我们通过对同源词意义关系的考察,把同源词的意义关系类型分为相同和相关两种。

所谓相同是指源词与派生词以及派生词与派生词的基本意义或部分意义相同。意义完全相同的只是少数,绝大多数是同中有异,即存在着细微差别。

所谓相关,我们可以从词义的构成和词义所反映的对象两个方面进行分析。从词义构成的要素来看,源词与派生词有共同的限定义素;从词义所反映的对象来看,源词与其派生词所反映的事物或现象不一定同类,只是在内在性质或外部特征上有某种相同或相似,即有某一共同的意义成分。王力先生指出:"同源字中,有许多字并不是同义词,但是它们的词义之间有种种关系,使我们看得出它们是同出一源的。分析起来,大约可以分十五种关系。"②

---

① 王力:《王力语言学论文集》,商务印书馆 2000 年版,第 539～544 页。

② 同上书,第 541 页。

我们在具体研究王念孙《广雅疏证》单音节同源词的意义关系时,基本上是按照相同和相关两个类型来进行分析的。

"'名之于实,各有义类'的'名·实'结合律,由表象联想而产生的'立意'之义的存在,是语言中存在声义同源现象的认识根源,是语言中存在大量同源词的直接基础。"①汉语同源词词与词的联系,在词义上表现为扩大了词义与词义之间的联系。多义引申是同源词形成的基础和条件,同源词的聚集是词的多义独立发展的结果。我们在研究王念孙《广雅疏证》单音节同源词的意义关系时,主要参考《尔雅》、扬雄的《方言》、刘熙的《释名》、许慎的《说文解字》、段玉裁的《说文解字注》、朱骏声的《说文通训定声》、桂馥的《说文解字义证》、王筠的《说文句读》、徐锴的《说文解字系传》以及先秦两汉的典籍和注疏,同时,也参考了章太炎、黄侃、杨树达、沈兼士、王力、王宁以及众多当代学者研究同源词的成果。

三、研究《广雅疏证》同源词意义关系的方法

现在许多研究同源词的著作和文章,大多是在材料汇集的基础上,对一组组同源词词与词之间的语音关系和意义关系进行简单的罗列、排比,更着重于语料的整理,缺乏最为重要的一环,即对词源(核义素)的研究,也就是缺乏对造词理据的深入探讨。王宁先生说:"一组待定为同源词的语料,在已知它们的音同或音近关系后,判定它们之间的义通关系,便成为确立它们同源的关键;而把握义通的规律,从中探求派生词的造词理据,词源探求的任务才算全面完成。"②何九盈先生在评价王力先生的《同源字典》时说:"《同源字典》缺点有三:一是各同源字组所收之字基本上是一种平行关系,没有归纳出共同的核心义。……但确定同一组字的核心义还是很有必要的。"③可见,对同源词核义素的分析和归纳是非常重要的,不对同源词的造词理据即核义素进行探讨,对同源词的研究就是不完整的,更是不深入的,仍然是在重复着清代学者的工作。

在词源意义关系的分析上,我们采用王宁先生提出的义素分析法。这是王宁先生将西方词义学的义素概念引入汉语词源研究领域而形成的一种全新的同源词词义关系的分析方法。王宁先生从词义结构的角度,把汉语词义的内部因素区分为表层使用意义和深层隐含意义。④ 把词的深层隐含

---

① 孙雍长:《训诂原理》,语文出版社 1997 年版,第 151 页。

② 王宁:《训诂学原理》,中国国际广播出版社 1996 年版,第 149 页。

③ 何九盈:《二十世纪的汉语训诂学》,见刘坚主编:《二十世纪的中国语言学》,北京大学出版社 1998 年版,第 72 页。

④ 王宁:《训诂学原理》,中国国际广播出版社 1996 年版,第 105 页。

意义称作"核义素"或"源义素",它是词义中体现词义特点的部分,是小于义位(义项)的单位;把词的表层使用意义称作"类义素",它是体现词的事物类别的部分,它也是小于义位(义项)的单位。并指出:"同源词的类义素是各不相同的;而核义素是完全相同或相关的。"[①]王宁先生还把这一原理概括为公式并举例予以说明。[②]

其公式为:$Y[X]=N[X]+H$

Y 表示同源词的意义关系,N 表示同源词的类义素,H 表示同源词的核义素,X 表示该组同源词的数目。

① 稍:艄:霄:鞘:梢

艄＝/船类/＋/尾端渐小处/[③]

霄＝/云霞类/＋/最高(顶端)视之渐觉小处/

鞘＝/鞭类/＋/(系于)顶端而细小处/

稍＝/禾类/＋/叶末端渐小处/

梢＝/树木类/＋/末端渐小处/

这组同源词的意义关系用公式可以表示为:

$Y[5]$＝/船类、云霞类、鞭类、禾类、树木类/＋/尖端—渐小/

② 消:销:削

消＝/施于水/＋/使之少/

销＝/施于金/＋/使之少/

削＝/以刀施之/＋/使之少/

这组同源词的意义关系用公式可以表示为:

$Y[3]$＝/水类、金类、刀类/＋/使之小/

当分析对象是由名词、形容词、动词等不同词性构成的一组同源词时,孟蓬生先生主张用范畴义素代替类义素,并用 F 代表范畴义素。[④] 他把不同词性同源词意义关系用公式表示为:

$Y[X]=F[X]+H$

并举同源词"梢:小:削"对这个公式进行了说解:

梢＝/名物范畴/＋/小/

小＝/性状范畴/＋/小/

削＝/动作范畴/＋/小/

---

①　王宁:《训诂学原理》,中国国际广播出版社 1996 年版,第 150 页。

②　同上书,第 149～152 页。

③　"//"双斜线为表示义素的符号。

④　孟蓬生:《上古汉语同源词语音关系研究》,北京师范大学出版社 2001 年版,第 37 页。

王宁先生说:"同词性的同源词的意义关系是建立在核义素相同的基础上,它们因类义素的对立互补而区别为不同的词,不同词性的同源词一般不具有类义素的对立互补,而它们的核义素却是直接相关的。就源词与派生词而言,源词的意义直接被吸收作派生词的核义素。这时,派生词的造词理据也就直接含在源词的意义中了。"①

同源词研究最主要的内容之一就是要通过核义素的分析追寻源词,从而探求源词和派生词的造词理据。所以,我们在分析同源词的意义关系时,将采用王宁先生的这一理论和方法,同时也采用孟蓬生先生的范畴义素分析法。毕竟汉语的词义关系是十分复杂的,具体涉及同源词的词义关系时就更复杂了。王宁先生和孟蓬生先生在使用义素分析法分析同源词时,采用的是举例性质,而不是穷尽性的。当我们在研究王念孙《广雅疏证》的单音节同源词的词义关系时,发现这一方法并不具有周遍性,并不适用于研究《广雅疏证》所有同源词的词义关系。科学研究必须采取实事求是和审慎的态度,我们对于一些难于进行义素分析的同源词,不强套公式,而是采取语言表述的方式分析它们的核义素。

根据语音关系和词义关系的类型,我们采用平行互证法兼证音义关系的方法,对王念孙《广雅疏证》已经系联起来的单音节同源词进行具体研究和整理。由于篇幅的限制,我们仅对413组同源词中的100组进行了举例分析。

四、《广雅疏证》同源词分析举例

1.才:材

《释诂》卷四上:"嬧、赳,材也。"疏证:"嬧者,《说文》:嬧,竦身也。又云:婧,竦立也。一曰有才。嬧、婧二字相承。训亦相近。是嬧得为才也。才与材通。《说文》:嬧,读若《诗》曰纠纠葛屦。嬧与赳,声义并同。赳者,《说文》:赳,轻劲有才力也。"(第115页下)

才,《说文·才部》:"才,草木之初也。"本义为草木之初,引申为才能;才智。清徐灏《说文解字·才部》:"才、材古今字。因才为才能所专,故又加木作材也。"《诗·鲁颂·骄》:"思无期,思马斯才。"毛传:"才,多材也。"《淮南子·主术》:"任人之才,难以至治。"高诱注:"才,智也。"《论衡·实知》:"人才有高下,知物由学,学之乃知,不问不识。"上古音为从母之部开口一等。

---

① 王宁:《训诂学原理》,中国国际广播出版社1996年版,第151~152页。

材,《说文·木部》:"材,木梃也。"徐锴系传:"木之劲直堪入于用者。"本义为木干、木料,引申为才能。《书·咸有一德》:"任官惟贤才,左右惟其人。"又引申为有才能的人。《论衡·自纪》:"好杰友雅徒,不泛结俗材。"上古音为从母之部开口一等。

语音上,"才"与"材"上古音有音同关系:从母双声,韵母相同(之部开口一等)。

词义上,"才"为才能,才智;"材"为才能。它们都有共同的意义核心"才能"。

可知,"才:材"为一组同源词,共同的意义核心"才能"即是这组同源词的核义素。

2.龟:久

《释草》卷十上:"蓍,耆也。"疏证:"《曲礼》正义引刘向云:蓍之言耆,龟之言久。龟千岁而灵,蓍百年而神。以其长久,故能辨吉凶也。《御览》引《洪范·五行传》云:龟之言久也,千岁而灵,此禽兽而知吉凶者也。蓍之为言耆,百年,一本生百茎,此草木之寿,知吉凶者也。圣人以问鬼神焉。《白虎通义》云:干草枯骨,众多非一,独以蓍龟何? 此天地之间寿考之物,故问之也。龟之为言久也,蓍之为言耆也,久长意也。"(第338页下)

龟,《说文·龟部》:"龟,旧也。外骨内肉者也。"《礼记·礼运》:"麟、凤、龟、龙,谓之四灵。"唐杜甫《屏迹三首》之三:"鸟下竹根行,龟开萍叶过。"乌龟。此种动物生命力极强,耐饥渴,寿可至百岁以上。上古音为见母之部合口三等。

久,《广韵·有韵》:"久,长久也。"《论语·述而》:"久矣吾不复梦见周公。"唐杜甫《不见》:"不见李生久,佯狂真可哀。"久,义为时间长。上古音为见母之部合口三等。

语音上,"龟"与"久"上古音有音同关系:见母双声,韵母相同(之部合口三等)。

词义上,"龟",乌龟。此种动物生命力极强,耐饥渴,寿可至百岁以上。"久",为时间长久。它们都有共同的意义核心"长久"。

可知,"龟:久"为一组同源词。其义素分析为:

龟=/龟类/+/长久/

久=/时间类/+/长久/

这组同源词的意义关系可以用公式表示为:

Y[2]=/龟类、时间类/+/长久/

同源词"龟:久"共同的意义核心"长久"即是这组同源词的核义素。

3. 负：背

《释诂》卷四下："背、尾、负，后也。"疏证："负与背古声相近，故皆训为后。《明堂位》：天子负斧依。郑注云：负之言背也。《尔雅》：丘背有丘为负丘。"（第 134 页上）

负，《释名·释姿容》："负，背也，置项背也。"《玉篇·贝部》："负，担也，置之于背也。"《诗·大雅·生民》："恒之糜芑，是任是负，以归肇祀。"孔颖达疏："以任、负异文，负在背，故任为抱。"《诗·小雅·无羊》："尔牧来思，何蓑何笠，或负其糇。"《庄子·逍遥游》："背负青天而莫之夭阏者，而后乃今将图南。"《乐府诗集·相和歌辞十四·艳歌何尝行》："吾欲负汝去，毛羽何摧颓。""负"义为用背驮东西。上古音为並母之部合口三等。

背，《说文·肉部》："背，脊也。"《孟子·尽心上》："其生色也，睟然见于面，盎于背，施于四体。"汉王充《论衡·状留》："且夫含血气物之生也，行则背在上而腹在下。"《盐铁论·利议》："议论无所依，如膝痒而搔背。"唐李咸用《富贵曲》："珍珠索得龙宫贫，膏腴刮下苍生背。"唐李白《天马歌》："天马来出月支窟，背为虎文龙翼骨。""背"义为脊背。上古音为帮母职部合口一等长入。

语音上，"负"与"背"上古音具有音转关系：並帮旁纽，之职对转。

词义上，"负"为用背驮物；"背"为背脊。它们都有共同的意义核心"背部"。

可知，"负：背"为一组同源词。其义素分析为：

负＝/动作范畴/＋/背部/

背＝/名物范畴/＋/背部/

这组同源词的意义关系可以用公式表示为：

Y[2]＝/动作范畴、名物范畴/＋/背部/

同源词"负：背"共同的意义核心"背部"即是这组同源词的核义素。

4. 培：陪

《释诂》卷一下："陪，益也。"疏证："陪者，郑注《曲礼》云：陪，重也。又注《中庸》云：培，益也。培与陪通。"（第 37 页下）

培，《说文·土部》："培，培墩，土田山川也。从土，音声。"段玉裁注："封建所加厚曰培墩。……引申为凡禆补之称。"《广韵·灰韵》："培，益也。""培"本指土田山川加厚，引申为增益，增添。上古音为並母之部合口一等。

陪，《说文·阜部》："陪，重土也。从土，音声。"段玉裁注："《左传》曰：分之土田陪敦。注曰：陪，增也。敦，厚也。诸侯之臣于天子曰陪臣。取重土之义之引申也。"徐灏注笺："重土为陪，引申为凡重之称。""陪"本指土之增多。引申为事物之增益。《玉篇·阜部》:"陪,加也,助也,益也。"《左传·僖公三十年》:"焉用亡郑以陪邻。"杜预注:"陪,益也。"唐韩愈《寄崔二十六立之》:"观名计之利,讵足相陪裨。"钱仲联集释:"陪,益也。"清顾炎武《天下郡国利病书·四川二》:"开宝中,知州李佩率意陪饮。"上古音为並母之部合口一等。

语音上,"培"与"陪"上古音有音同关系:並母双声,韵母相同(之部合口一等)。

词义上,"培"为土田山川之增益;"陪"为土地之增益。它们都有共同的意义核心"增益"。

可知,"培:陪"为一组同源词。其义素分析为:

培＝/土田山川类/＋/增益/

陪＝/土地类/＋/增益/

这组同源词的意义关系可以用公式表示为:

Y[2]＝/土田山川类、土地类/＋/增益/

同源词"培:陪"共同的意义核心"增益"即是这组同源词的核义素。

5. 福:富:備

《释诂》卷二下:"福,備也。"疏证:"福者,《说文》:福,備也。《祭统》云:福者,備也。備者,百顺之名也。《郊特牲》云:富也者,福也。《释名》云:福,富也。其中多品如富者也。《曲礼注》云:富之言備也。福、富、備,古声义并同。"(第 72 页下)

福,《说文·示部》:"福,祐也。从示,畐声。"段玉裁改为:"福,備也。"并注云:"《祭统》曰:贤者之祭也,必受其福。非世所谓福也。福者,備也。備者,百顺之名也。无所不顺者之谓備。按福、備古音皆在第一部。叠韵也。"《书·洪范》:"五福:一曰寿,二曰富,三曰康宁,四曰修好德,五曰考终命。"《诗·小雅·瞻彼洛矣》:"君子至止,福禄如茨。"郑玄笺:"爵命为福,赏赐为禄。"孔颖达疏:"凡言福者,大庆之辞;禄者,吉祉之谓。""福"义为齐备,即人事之百顺。上古音为帮母职部合口三等短入。

富,《说文·宀部》:"富,備也。一曰厚也。从宀,畐声。"段玉裁注:"富与福音义皆同。《释名》曰:福,富也。"《易·系辞上》:"富有之谓大业。"韩康伯注:"广大悉備,故曰富有。"《庄子·天地》:"有万不同之谓富。"《礼记·曲礼下》:"大飨不问卜,不饶富。""富"义为物质齐备。上古音为帮母职部合口三等长入。

備,《说文·人部》:"備,慎也。"段玉裁注:"或疑備训慎未尽其义。不知《用部》曰:㓡,具也。此今之備字。備行而㓡废矣。㓡废而備训具。……

《方言》曰:備,咸也。此具之义也。"按此字甲骨文、金文为"箙"的象形字,盛矢器。《说文·竹部》:"箙,弓矢箙也。""備"义为用器齐备。上古为並母职部开口三等长入。

语音上,"福"与"富"上古音相近:帮母双声,韵母相同:职部合口三等,声调有短入和长入之别;"福"与"備"上古音相转:帮並旁纽,职部叠韵;"富"与"備"上古音相转:帮並旁纽,职部叠韵。"福:富:備",上古音既有音近关系,也有音转关系。

词义上,古人以"富"为"福","富"、"福"都得名于"備",所以它们同训为"備",因为"齐备"才"富有","富有"即是"福"。它们都有共同的意义核心"齐备"。

可知,"福:富:備"为一组同源词。其义素分析为:

福＝/人事类/＋/齐备/

富＝/物质类/＋/齐备/

備＝/用具类/＋/齐备/

这组同源词的意义关系可以用公式表示为:

Y[3]＝/人事类、物质类、用具类/＋/齐备/

同源词"福:富:備"共同的意义核心"齐备"即是这组同源词的核义素。

6.韭:久

《释草》卷十上:"韭、薤、荞,其华谓之菁。"疏证曰:"《说文》云:韭,菜名。一种而久者,故谓之韭。象形,在一之上。一,地也。"(第340页下)

韭,《说文·韭部》:"韭,菜名。一种而久生者,故谓之韭。"韭菜。多年生草本植物。《诗·豳风·七月》:"四之日其蚤,献羔祭韭。"清顾贞观《灌园》:"早韭和露苗,晚菘凌霜翻。"上古音为见母幽部开口三等。

久,《广韵·有韵》:"久,长久也。"《论语·述而》:"久矣吾不复梦见周公。"唐杜甫《不见》:"不见李生久,佯狂真可哀。"久,义为时间长。上古音为见母之部开口三等。

语音上,"韭"与"久"上古音有音转关系:见母双声,幽之旁转。

词义上,"韭",韭菜。多年生草本植物。"久",为时间长久。它们都有共同的意义核心"长久"。

可知,"韭:久"为一组同源词。其义素分析为:

韭＝/韭菜类/＋/长久/

久＝/时间类/＋/长久/

这组同源词的意义关系可以用公式表示为:

Y[2]＝/韭菜类、时间类/＋/长久/

同源词"韭：久"共同的意义核心"长久"即是这组同源词的核义素。

7. 秋：愁

《释诂》卷二上："揫，小也。"疏证："《乡饮酒义》：秋之为言愁也。郑注云：愁读为揫。揫，敛也。《汉书·律历志》云：秋，䎚也。物䎚敛乃成孰。《说文》云：䎚，收束也。从韦，糗声。或从手，秋声，作揫。又云：糗，小也。糗训为小。䎚、揫训为敛，物敛则小，故《方言》云：敛物而细谓之揫。揫、䎚、糗，并声近义同。"（第54页下）

秋，《说文·禾部》："秋，褐谷孰也。"本义指庄稼成熟，引申为秋天，再引申为悲愁。《广雅·释诂四》："秋，愁也。"宋吴文英《唐多令》："何处合成愁，离人心上秋。"章炳麟《狱中赠邹容》："英雄一入狱，天地亦悲秋。"上古音为清母幽部开口三等。

愁，《说文·心部》："愁，忧也。"本义为忧愁；忧郁。《增韵·尤韵》："愁，虑也。"《左传·襄公二十九年》："哀而不愁，乐而不荒。"《后汉书·章帝纪》："令失农作，愁扰百姓。"唐杜甫《闻官军收河南河北》："却看妻子愁何在，漫卷诗书喜欲狂。"上古音为从母幽部开口三等。

语音上，"秋"与"愁"上古音有音转关系：清从旁纽，韵母相同（幽部开口三等）。

词义上，"秋"，本义指庄稼成熟；引申为悲愁。"愁"本义为忧愁；忧郁。

可知，"秋：愁"为一组同源词，共同的意义核心"忧愁"即是这组同源词的核义素。

8. 旭：晧

《释诂》卷四上："旭，明也。"疏证："旭之言晧晧也。《说文》：旭，日旦出皃。读若好。一曰明也。《邶风·匏有苦叶篇》：旭日始旦。毛传云：旭，日始出，谓大昕之时。《周颂·载见篇》：休有烈光。郑笺云：休者，休然盛壮。休与旭，亦声近义同。"（第113页上）

旭，《说文·日部》："旭，日旦出皃。从日，九声。……一曰明也。"桂馥义证："《集韵》引《字林》：旭，日始出也。《诗》：旭日始旦。传云：旭，日始出，谓大昕之时。"本义为太阳初升的样子。上古音为晓母觉部开口三等短入。

晧，《说文·日部》："晧，日出皃。从日，告声。"段玉裁注："谓光明之皃也。天下惟洁白者最光明，故引申为凡白之称。"徐锴系传："初见其光白也。"《古本考》："《一切经音义》引：晧，广大也，光明也。"丁福保《说文解字诂林》："案：《慧琳音义》引：日初出皃。"本义为日出明亮的样子。上古音为匣母幽部开口一等。

语音上，"旭"与"晧"上古音有音转关系:晓匣旁纽,觉幽对转。

词义上，"旭",为太阳初升的样子,故明亮;"晧",为日出明亮的样子。

可知，"旭:晧"为一组同源词。其义素分析为:

旭＝/日初升类/＋/明亮/

晧＝/日出类/＋/明亮/

这组同源词的意义关系可以用公式表示为:

Y[2]＝/日初升类、日出类/＋/明亮/

同源词"旭:晧"共同的意义核心"明亮"即是这组同源词的核义素。

9. 菽:茂

《释言》卷五下:"菽,葆也。"疏证:"菽之言茂,葆之言苞也。《尔雅》云:苞、茂,丰也。又云:苞,积也。孙炎注云:物丛生曰苞。《汉书·武五子传》:头如蓬葆。颜师古注云:草丛生曰葆。《吕氏春秋·审时篇》云:得时之稻,大本而茎葆。《说文》:葆,草盛皃。又云:菽,细草丛生也。"(第164页上)

菽,《说文·艸部》:"菽,细草丛生也。"本义为细草丛生。《广雅·释言五》:"菽,葆也。"王念孙疏证:"菽之言茂,葆之言苞也。《尔雅》云:苞、茂,丰也。又云:苞,积也。孙炎注云:物丛生曰苞。"《说文·艸部》:"葆,艸盛皃。"上古音为明母幽部开口一等。

茂,《说文·艸部》:"茂,艸丰盛。"本义为草木茂盛。《玉篇·艸部》:"茂,草木盛也。"《诗·小雅·天保》:"如松柏之茂,无不尔或承。"《盐铁论·轻重》:"茂林之下无疯草,大块之间无美苗。"上古音为明母幽部开口一等。

语音上，"菽"与"茂"上古音有音同关系:明母双声,韵母相同(幽部开口一等)。

词义上，"菽"为细草丛生;"茂"为草木茂盛。它们都有共同的意义核心"茂盛"。

可知，"菽:茂"为一组同源词。其义素分析为:

菽＝/细草类/＋/茂盛/

茂＝/草木类/＋/茂盛/

这组同源词的意义关系可以用公式表示为:

Y[2]＝/细草类、草木类/＋/茂盛/

同源词"菽:茂"共同的意义核心"茂盛"即是这组同源词的核义素。

10. 酉:酒:就

《释诂》卷三上:"酉,就也。"疏证:"酉者,《说文》:酉,就也。八月黍成可为酎酒。又云:酒,就也。所以就人性之善恶。酉、酒、就,声并相近。"(第75页下)

酉，《说文·酉部》："酉，就也。八月黍成可为酎酒。象古文酉之形也。"段玉裁注："此举一物以言就。黍以大暑而种，至八月而成。犹禾之八月而孰也。不言禾者，为酒多用黍也。酎者，三重酒也。必言酒者，古酒可用酉为之。故其义同曰就也。"徐锴《说文解字系传》："就，成熟也。"《释名·释天》："酉，秀也。秀者，物皆成也。"《淮南子·天文》："酉者，饱也。"《史记·律书》："酉者，万物之老也。""酉"义为黍之成熟。上古音为余母幽部开口三等。

酒，《说文·酉部》："酒，就也，所以就人性之善恶。从水，从酉，酉亦声。"《释名·释饮食》："酒，酉也。酿之米曲酉泽，久而味美也。"《易·困》："困于酒食，朱绂方来。"《书·五子之歌》："甘酒嗜音，峻宇雕墙，有一于此，未或不亡。"宋陆游《假中闭户终日偶得绝句》之三："官身常欠读书债，禄米不供沽酒资。"宋孙奕《履斋示儿编·杂记·人物异名》："酒曰欢伯、曲生、般若汤、青州从事。"明李时珍《本草纲目·谷四·酒》〔释名〕引《饮膳标题》："酒之清者曰酿，浊者曰盎；厚曰醇，薄曰醨；重酿曰酎，宿曰醴；美曰醑，未榨曰醅；红曰醍，绿曰醽，白曰醝。""酒"义为用粮食或水果等发酵制成的含乙醇的饮料。上古音为精母幽部开口三等。

就，《尔雅·释诂下》："就，成也。"《诗·周颂·敬之》："日就月将，学有缉熙于光明。"孔颖达疏："日就，谓学之使每日有成就。"唐魏征《述怀》："纵横计不就，慷慨志犹存。""就"义为事物之完成。上古音为从母幽部开口三等。

语音上，"酉"与"酒"上古音相转，余精邻组，韵母相同：幽部开口三等；"酉"与"就"上古音相转，余从邻组，韵母相同：幽部开口三等；"酒"与"就"上古音相转，精从旁组，韵母相同：幽部开口三等。三者有音转关系。

词义上，"酉"为黍之成熟；"酒"为用粮食或水果等发酵制成的含乙醇的饮料；"就"为事物完成。它们都有共同的意义核心"成"。

可知，"酉∶酒∶就"为一组同源词。其义素分析为：

酉＝/黍类/＋/成/

酒＝/饮品类/＋/成/

就＝/事物类/＋/成/

这组同源词的意义关系可以用公式表示为：

Y[3]＝/黍类、饮品类、事物类/＋/成/

同源词"酉∶酒∶就"共同的意义核心"成"即是这组同源词的核义素。

11. 翏∶廫

《释诂》卷三下："翏，空也。"疏证："翏者，《说文》：廫，空虚也。翏，空谷也。《老子》：寂兮寥兮。河上公注云：寥，空无形也。《楚辞·远游篇》云：上寥廓而无天。《汉书·司马相如传》寥作嵺。《九辩》云：沆寥兮天高而气清，

宋廖兮收潦而水清。义并相近也。"(第99页上)

髎,《说文·谷部》:"髎,空谷也。"段玉裁注:"虚髎之谷也。《大雅》曰:大风有隧,有空大谷。"《广雅·释诂三》:"髎,空也。"清厉鹗《正月四日雪霁游天竺寺》:"此中雪逾深,午景停虚髎。""髎"义为山谷空。上古音为来母幽部开口四等。

廖,《说文·广部》:"廖,空虚也。"段玉裁注:"廖,此今之寥字。"《篇海内编·宫室类·广部》:"廖,廓也。"《集韵·爻韵》:"廖,室中虚皃。""廖"义为室内空虚貌。上古音为来母幽部开口四等。

语音上,"髎"与"廖"上古音有音同关系:来母双声,韵母相同(幽部开口四等)。

词义上,"髎"为山谷空;"廖"为室内空虚貌。它们都有共同的意义核心"空虚"。

可知,"髎:廖"为一组同源词。其义素分析为:

髎＝/山谷类/＋/空虚/

廖＝/室内类/＋/空虚/

这组同源词的意义关系可以用公式表示为:

Y[2]＝/山谷类、室内类/＋/空虚/

同源词"髎:廖"共同的意义核心"空虚"即是这组同源词的核义素。

12. 秋:酋

《释诂》卷三上:"酋,熟也。"疏证:"《周官·酒正》:二曰昔酒。郑注云:昔酒,今之酋久白酒。《月令》:乃命大酋。郑注云:酒孰曰酋。大酋者,酒官之长也。高诱注《吕氏春秋·仲冬纪》云:酝酿米曲,使之化熟,故谓之酋。《郑语》:毒之酋腊者,其杀也滋速。韦昭注云:精熟为酋。腊,极也。腊与昔酒之昔同义。《说文》:酋,绎酒也。《释名》云:酒,酋也,酿之米曲酋泽,久而味美也。酋泽与酋绎通。《月令》:麦秋至。《太平御览》引蔡邕《章句》云:百谷各以其初生为春,熟为秋,故麦以孟夏为秋。《说文》:秋,谷孰也。秋与酋,亦声近义同。"(第79页上～79页下)

秋,《说文·禾部》:"秋,禾谷孰也。"《书·盘庚上》:"若农服田力穑,乃亦有秋。"《礼记·月令》:"(孟夏之月)麦秋熟。"汉蔡邕《月令章句》:"百谷各以其初生为春,熟为秋。故麦以孟夏为秋。"宋范成大《颜桥道中》:"村村篱落总新修,处处田畴尽有秋。""秋"义为禾谷成熟。上古音为清母幽部合口三等。

酋,《说文·酉部》:"酋,绎酒也。"段玉裁注:"绎酒,谓日久之酒,对畜为疾孰酒。""酋"本为酒熟,引申为物久熟,精熟。《方言》卷七:"酋,熟也。自河以北,赵魏之间火熟为烂,气熟曰糦,久熟曰酋。"《国语·郑语》:"毒之酋腊者,其杀也滋速。"韦昭注:"精熟为酋。"《六书故·工事四》:"酋,酒酿而久者。"上古音为从母幽部开口三等。

语音上,"秋"与"酋"上古音有音转关系:清从旁纽,幽部叠韵。

词义上,"秋"为禾谷成熟;"酋"为酒熟。它们都有共同的意义核心"成熟"。

可知,"秋:酋"为一组同源词。其义素分析为:

秋=/谷类/+/成熟/

酋=/酒类/+/成熟/

这组同源词的意义关系可以用公式表示为:

Y[2]=/谷类、酒类/+/成熟/

同源词"秋:酋"共同的意义核心"成熟"即是这组同源词的核义素。

13.蜦:曲

《释虫》卷十下:"蚯蜦、蜿蟺,引无也。"疏证:"《古今注》云:蚯蜦,一名蜿蟺,一名曲蟺,善长吟于地中。江东谓之歌女,或谓之鸣砌,一作蛐蟮。郭璞注《方言》'螾场谓之坥'云:螾,蛐蟮也。又转而为蠢蝡,为胸朒。高诱注《淮南·时则训》云:邱螾,蠢蝡也。《后汉书·吴汉传》注:胸朒县属巴郡。《十三州志》:胸音蠢,朒音闰。其地下湿,多胸朒虫,因以名焉。……蔡邕《章句》云:结,犹屈也。邱蜦屈首下向阳气,气动则宛而上首,故其结而屈也。邱蜦之形屈曲,故谓之蜿蟺,又谓之蜦。蜿蟺之言宛转也。蜦之言曲也。"(第364页上~364页下)

蜦,《集韵·屋韵》:"蜦,虫名。"《广雅·释虫十》:"蚯蜦、蜿蟺,引无也。"疏证:"邱蜦之形屈曲,故谓之蜿蟺,又谓之蜦。"蜦,义为蚯蜦。其特征是形体弯曲。上古音为溪母觉部开口三等短入。

曲,《说文·曲部》:"曲,像器曲受物之形。"本义为像器物中间圆曲能够盛受物体的样子,引申为弯曲。《玉篇·曲部》:"曲,不直也。"《荀子·劝学》:"其曲中规。"《晏子春秋·内篇杂上三》:"曲刃钩之,直兵推之,婴不革矣。"唐韩愈《独钓》诗之一:"曲树行藤角,平池散芡盘。"上古音为溪母屋部合口三等短入。

语音上,"蜦"与"曲"上古音有音转关系:溪母双声,觉屋旁转。

词义上,"蜦"义为蚯蜦,其形体特征为弯曲。"曲"本义为像器物中间圆曲能够盛受物体的样子;引申为弯曲。它们都有共同的意义核心"弯曲"。

可知,"蜦:曲"为一组同源词。其义素分析为:

蜦=/名物范畴/+/弯曲/

曲＝/性状范畴/＋/弯曲/

这组同源词的意义关系可以用公式表示为：

Y[2]＝/名物范畴、性状范畴/＋/弯曲/

同源词"蜲∶曲"共同的意义核心"弯曲"即是这组同源词的核义素。

14. 学∶觉

《释诂》卷四上："学、憋、寤，觉也。"疏证："学者，《说文》：敩，觉悟也。篆文作学。《白虎通义》云：学之为言觉也，以觉悟所不知也。《淮南子·说山训》：人不小学，不大迷。《文子·上德篇》学作觉。憋，寤，声义并同。《说文》：寤，卧惊也。《广韵》云：睡一觉。宝与寤同，亦通作悟。"（第120页上）

学，《说文·教部》："敩，觉悟也。学，篆文敩省。"本义为知觉；觉悟。《玉篇·子部》："学，觉也。"《白虎通·辟雍》："学之为言觉也，以觉悟所不知也。"上古音为匣母觉部开口二等短入。

觉，《说文·见部》："觉，悟也。"本义为醒悟；明白。唐慧琳《一切经音义》卷二十四引《广雅》："觉，知也。"又引顾野王云："觉，谓知晓也。"《书·说命下》："念终始典于学，厥德修罔觉。"孔颖达疏："日有所益，不能自知也。"《公羊传·昭公三十一年》："叔术觉焉。"何休注："觉，悟也。"晋陶渊明《归去来辞》："实迷途其未远，觉今是而昨非。"上古音为见母觉部开口二等短入。

语音上，"学"与"觉"上古音具有音转关系：匣见旁纽，韵母相同（觉部开口二等短入）。

词义上，"学"为觉悟；"觉"为醒悟。它们都有共同的意义核心"觉悟"。

可知，"学∶觉"为一组同源词。其义素分析为：

学＝/学习类/＋/觉悟/

觉＝/思想类/＋/觉悟/

这组同源词的意义关系可以用公式表示为：

Y[2]＝/学习类、思想类/＋/觉悟/

同源词"学∶觉"共同的意义核心"觉悟"即是这组同源词的核义素。

15. 鱐∶脩

《释器》卷八上："鱐，脯也。"疏证："鱐与脩，声近而义同。《说文》：鱐，干鱼尾鱐鱐也。引《周官·庖人》：腒鱐。今本作腒鱐。郑众注云：腒，干雉。鱐，干鱼。康成注《内则》与此同。……郑众注《周官·膳夫》云：脩，脯也。《释名》云：脩，缩也。干燥而缩也。《王风·中谷有蓷篇》：暵其脩矣。毛传云：脩，且干也。义与脯脩同。"（第246页下）

鱐，《说文·肉部》："鱐，干鱼尾鱐鱐也。"段玉裁改为："干鱼尾肃肃也。"并注云："《庖人》、《内则》注曰：鱐，干鱼。"《广韵·屋韵》："鱐，鱼腊。"《周礼·

天官·庖人》:"夏行腒鱐,膳膏臊。"郑玄注引郑司农曰:"腒,干雉;鱐,干鱼。"唐刘禹锡《奏记丞相府论学事》:"用酒鳢腵脩腒鱐,榛栗,示敬其事。"宋欧阳修《夷陵县至喜堂记》:"贩夫所售,不过鱐鱼腐鲍,民所嗜而已。"《金史·礼志一》:"以右为上,形盐在前,鱼鱐饵次之。"明李时珍《本草纲目·鳞三·鲦鱼》:"煎、炙或作鲊、鱐,食皆美,烹煮不如。""鱐"义为干鱼。上古音为心母觉部开口三等短入。

脩,《说文·肉部》:"脩,脯也。"《正字通·肉部》:"脩,肉条割而干之也。"《论语·述而》:"自行束脩以上,吾未尝无诲也。"《周礼·天官·膳夫》:"凡肉脩之颁赐,皆掌之。"郑玄注引郑司农曰:"脩,脯也。"《左传·庄公二十四年》:"女贽不过榛栗枣脩。"三国魏应璩《与从弟君苗君胄书》:"接武茅茨,凉过大夏;扶寸肴脩,味踰方丈。""脩"义为干肉。上古音为心母幽部开口三等。

语音上,"鱐"与"脩"上古音有音转关系:心母双声,觉幽对转。

词义上,"鱐"为干鱼;"脩"为干肉。它们都有共同的意义核心"干"。

可知,"鱐:脩"为一组同源词。其义素分析为:

鱐=/鱼类/+/干/

脩=/肉类/+/干/

这组同源词的意义关系可以用公式表示为:

Y[2]=/鱼类、肉类/+/干/

同源词"鱐:脩"共同的意义核心"干"即是这组同源词的核义素。

16.鬷:濃

《释诂》卷三下:"鬷、鬷,多也。"疏证:"鬷之言擁,鬷之言濃。皆盛多之意也。《方言》:鬷、鬷、晟,多也。南楚凡大而多谓之鬷,或谓之鬷。凡人语言过度及妄施行,亦谓之鬷。《后汉书·崔骃传》:纷纵塞路。李贤注引《方言》:纵,盛多也。纵与鬷通。"(第94页下)

鬷,《方言》卷十:"鬷、鬷、晟,多也。南楚凡大而多谓之鬷,或谓之鬷。"《广雅·释诂三》:"鬷、鬷,多也。"《广韵·钟韵》:"鬷,鬷,盛多貌。""鬷"义为事物盛多。又指人语言过度及妄施行。《方言》卷十:"凡人语言过度及妄施行,亦谓之鬷。"上古音为泥母冬部合口三等。

濃,《说文·水部》:"濃,露多也。从水,農声。"段玉裁注:"按《酉部》曰:醲,厚酒也。《衣部》曰:襛,衣厚皃。凡農声字皆训厚。"《诗·小雅·蓼萧》:"蓼彼萧斯,零露濃濃。"毛传:"濃濃,厚貌。"《广雅·释训》:"濃濃,露也。""濃"为露水多。又泛指多而厚密。《抱朴子·外篇·安贫》:"贽币濃者,瓦石成珪璋。"上古音为泥母冬部合口三等。

语音上,"𪆵"与"濃"上古音有音同关系:泥母双声,韵母相同(冬部合口三等)。

词义上,"𪆵"为事物多;"濃"为露水多。它们都有共同的意义核心"多"。

可知,"𪆵:濃"为一组同源词。其义素分析为:

𪆵＝/事物类/＋/多/

濃＝/露水类/＋/多/

这组同源词的意义关系可以用公式表示为:

Y[2]＝/事物类、露水类/＋/多/

同源词"𪆵:濃"共同的意义核心"多"即是这组同源词的核义素。

17. 皎:皦

《释器》卷八上:"皎,白也。"疏证:"皎,或作皦。《说文》:皎,月之白也。引《陈风》:月出皎兮。又云:皦,玉石之白也。《王风·大车篇》:有如皦日。毛传云:皦,白也。释文:皦,本又作皎。"(第273页下)

皎,《说文·白部》:"皎,月之白也。"《诗·陈风·月出》:"月出皎兮,佼人僚兮。"毛传:"皎,月光也。"宋周邦彦《蝶恋花·早行》:"月皎惊乌栖不定,更漏将阑,轆轤牵金井。"《徐霞客游记·黔游日记一》:"是日,晴霁竟日,夜月复皎。""皎"义为月光洁白而明亮。上古音为见母宵部开口四等。

皦,《说文·白部》:"皦,玉石之白也。"《玉篇·白部》:"皦,珠玉白皃。"《北史·高间传》:"佞者饰知以行事,忠者发心以附道,譬如玉石,皦然可知。""皦"义为玉石洁白貌。上古音为见母宵部开口四等。

语音上,"皎"与"皦"上古音有音同关系:见母双声,韵母相同(宵部开口四等)。

词义上,"皎"为月光皎洁明亮;"皦"为玉石洁白貌。它们都有共同的意义核心"洁白"。

可知,"皎:皦"为一组同源词。其义素分析为:

皎＝/月光类/＋/洁白/

皦＝/玉石类/＋/洁白/

这组同源词的意义关系可以用公式表示为:

Y[2]＝/月光类、玉石类/＋/洁白/

同源词"皎:皦"共同的意义核心"洁白"即是这组同源词的核义素。

18. 鹞:摇

《释鸟》卷十下:"鹞鸇、鸀子、笼脱,鹞也。"疏证:"《说文》:鹞,鸷鸟也。《急就篇》云:鹰鹞鸨鸹鶪雕尾,鹞之言摇,急疾之名。《方言》云:摇,疾也,或名为鹞。……《尔雅》:鹰隼丑,其飞也翬。舍人注云:谓隼鹞之属也。翬翬

其飞疾羽声也。"(第 377 页下)

鹞，雀鹰的俗称。今通称"鹞鹰"、"鹞子"。形体像鹰而比鹰小，背灰褐色，腹白带赤，捕小鸟、小鸡为食，捕食时飞行速度极快。宋玉《高唐赋》："雕鹗鹰鹞，飞扬伏窜。"上古音为余母宵部开口三等。

摇，《方言》卷二："摇、扇，疾也。"钱绎疏："合言之则曰摇扇矣。"《楚辞·九章·抽思》："愿摇起而横奔兮，览民尤以自镇。"王念孙杂志："摇起，疾起也。疾与横奔，文正相对。《方言》曰：'摇，疾也。'《广雅》同。"摇，义为疾速。上古音为余母宵部开口三等。

语音上，"鹞"与"摇"上古音有音同关系：余母双声，韵母相同（宵部开口三等）。

词义上，"鹞"，雀鹰的俗称。今通称"鹞鹰"、"鹞子"。形体像鹰而比鹰小，背灰褐色，腹白带赤，捕小鸟、小鸡为食，捕食时飞行速度极快。"摇"，疾速。它们都有共同的意义核心"疾速"。

可知，"鹞：摇"为一组同源词。其义素分析为：

鹞＝/名物范畴/＋/疾速/

摇＝/动作范畴/＋/疾速/

这组同源词的意义关系可以用公式表示为：

Y[2]＝/名物范畴、动作范畴/＋/疾速/

同源词"鹞：摇"共同的意义核心"疾速"即是这组同源词的核义素。

19. 皛：晓

《释器》卷八上："皛、皜，白也。"疏证："皛之言晓也。《说文》：晓，日之白也。《广韵》引《埤仓》云：皛，白色也。《史记·屈原传》云：皛然泥而不滓者也。重言之则曰皛皛。义见《释训》。皜，与下翯字同。翯之言皜皜也。《说文》：皜，鸟之白也。又云：翯，鸟白肥泽皃。《史记·司马相如传·上林赋》：翯乎滈滈。索隐引郭璞注云：水白光貌。又《大人赋》：吾乃今目睹西王母皜然白首。《汉书》作暠然。并字异而义同。重言之则曰皜皜，义见《释训》。《说文》：犞，白牛也。义亦与皜同。"(第 273 页下)

皛，《说文·白部》："皛，日之白也。从白，尧声。"太阳发出的白光。俞樾《儿笘录》："樾谓晓皛一字，皛即晓之俗体也。凡从日之字，俗或从白。"上古音为晓母宵部开口四等。

晓，《说文·日部》："晓，明也。"段玉裁注："此亦谓旦也，俗云'天晓'是也。"晓，义为明亮，特指天亮。《庄子·天地》："冥冥之中，独见晓焉；无声之中，独闻和焉。"《玉篇·日部》："晓，曙也。"《正字通·日部》："晓，今谓曙曰晓。"《后汉书·马援传》："晓夕号泣，婉转尘中。"宋陆游《晓坐》："瓶花力尽无风堕,炉火灰深到晓温。"上古音为晓母宵部开口四等。

语音上,"皢"与"晓"上古音有音同关系:晓母双声,韵母相同(宵部开口四等)。

词义上,"皢"为太阳发出的白光;"晓"为明亮。它们都有共同的意义核心"光亮"。

可知,"皢:晓"为一组同源词。其义素分析为:

皢＝/名物范畴/＋/光亮/

晓＝/性状范畴/＋/光亮/

这组同源词的意义关系可以用公式表示为:

Y[2]＝/名物范畴、性状范畴/＋/光亮/

同源词"皢:晓"共同的意义核心"光亮"即是这组同源词的核义素。

20.驍(驁):獒:嗸:鰲:颙

《释诂》卷一上:"驍,大也。"疏证:"驍者,《庄子·德充符篇》云:嗸乎大哉。嗸与驍通。《说文》:驍,骏马也。《尔雅》:狗四尺为獒。《楚辞·天问》:鰲戴山抃。王逸注云:鰲,大龟。义并同也。"(第7页上)

《释诂》卷四下:"颙,高也。"疏证:"《玉篇》:颙,高大也。《卫风·硕人篇》:硕人敖敖。毛传云:敖敖,长貌。《庄子·大宗师篇》:嗸乎其未可制也。郭象注云:高放而自得。《尔雅》:狗四尺为獒。《说文》:颙,骏马也。并与颙同义。"(第127页下)

《释畜》卷十下:"晋獒。"疏证:"《尔雅》:狗四尺为獒。宣二年《左传》说晋灵公将攻赵盾云:公嗾夫獒焉。杜预注云:獒,猛犬也。宣六年《公羊传》:灵公有周狗谓之獒。何休注云:周狗,可以比周之狗,所指如意。案:獒者,大犬之名。《释诂》云:驍,大也。声义与獒同。"(第391页下)

驍(驁),《说文·马部》:"驍,骏马也。……从马,敖声。"《广雅·释诂一》:"驍,大也。"钮树玉校录:"驍,《玉篇》作'驁'。"《正字通·马部》:"驍,同驁。见《石鼓文》。"《吕氏春秋·察今》:"良马期乎千里,不期乎骥驁。""驍"义为高大之马。上古音为疑母宵部开口一等。

獒,《说文·犬部》:"獒,犬如人心可使者。从犬,敖声。"段玉裁注:"《释畜》曰:犬高四尺曰獒。"《尔雅·释畜》:"狗四尺为獒。"《广韵·豪韵》:"獒,犬高四尺。"《尚书·旅獒》:"西旅厎贡厥獒。"伪孔传:"犬高四尺曰獒。"《左传·宣公二年》:"(晋灵)公嗾夫獒焉,(提弥)明搏而杀之。"杜预注:"獒,猛犬也。"《公羊传·宣公六年》:"灵公有周狗谓之獒。"郑玄注:"犬四尺曰獒。"明詹同《出猎图》:"苍鹰歘起若飞电,四尺神獒作人立。"唐舒元舆《坊州按狱》诗:"攫搏如猛虎,吞噬若狂獒。""獒"为一种凶猛的狗,身高四尺,体大善斗。上古音为疑母宵部开口一等。

嶅，《庄子·德充符》："嶅乎大哉，独成其天。"成玄英疏："嶅，高大貌也。"又《大宗师》："厉乎其似世乎！嶅乎其未可制也。""嶅"义为人物高大。上古音为疑母宵部开口一等。

鳌，《说文新附·黾部》："鳌，海大鳖也。从黾，敖声。"《玉篇·黾部》："鳌，传曰：有神灵之鳌，背负蓬莱之山在海中。"唐玄应《一切经音义》卷十九引《字林》："鳌，海中大龟也，力负蓬、瀛、壶三山是也。"《楚辞·天问》："鳌戴山抃，何以安之？"《淮南子·览冥》："炼五色石以补苍天，断鳌足以立四极。"唐白居易《题海图屏风》诗："突兀海底鳌，首冠三神丘。""鳌"为海中大鳖，传说能负山。宋陈允平《宝鼎见·云岩师书灯夕命赋》词："六鳌初驾，缥渺蓬阆，移来洲岛。"上古音为疑母宵部开口一等。

颡，《玉篇·页部》："颡，高大也。"《广雅·释诂一》："颡，高也。"《广韵·豪韵》："颡，高头也。"《集韵·号韵》："赘，《说文》：'赘颡，高也。'或书作颡。""颡"与"赘"同。《说文·页部》："赘，赘颡也。从页，敖声。"按：徐锴《说文解字系传》："赘，颡高也。"段玉裁注："当云头高也。""颡"为头高大。上古音为疑母宵部开口一等。

语音上，"骜（骜）：獒：嶅：鳌：颡"上古音有音同关系：疑母双声，韵母相同（宵部开口一等）。

词义上，"骜（骜）"为马高大；"獒"为犬高大；"嶅"为人物高大；"鳌"为海中大鳖；"颡"为头高大。它们都有共同的意义核心"大"。

可知，"骜（骜）：獒：嶅：鳌：颡"为一组同源词。其义素分析为：

骜（骜）＝／马类／＋／大／

獒＝／犬类／＋／大／

嶅＝／人物类／＋／大／

鳌＝／海鳖类／＋／大／

颡＝／头类／＋／大／

这组同源词的意义关系可以用公式表示为：

Y[5]＝／马类、犬类、人物类、海鳖类、头类／＋／大／

同源词"骜（骜）：獒：嶅：鳌：颡"共同的意义核心"大"即是这组同源词的核义素。

21. 纱：秒：眇：杪：筱

《释诂》卷四下："緦、纱、糸、紗、细，微也。"疏证："緦、纱、糸、紗、细，皆丝之微也。緦之言恍惚。纱之言眇小也。《孙子算经》云：蚕所吐丝为忽。十忽为秒，紗、忽、纱、秒并通。《说文》：秒，禾芒也。……忽，蜘蛛网细者也。

皆微之义也。《顾命》云：眇眇予末小子。僖九年《左传》云：以是藐诸孤。《方言》：眇，小也。又云：秒，小也。凡木细枝谓之秒。郭璞注云：言秒梢也。《尔雅》：管小者谓之篎。《说文》：眇，一目小也。又云：鹪鹩，桃虫也。《尔雅·释鸟》注作鹪䴔。《周颂·小毖篇》：肇允彼桃虫，拚飞维鸟。毛传云：桃虫，鹪也。鸟之始小终大者。陆机疏云：今鹪鹩是也。鹪之叠韵为鹪鹩，又为鹪䴔。皆小貌也。《文选·长笛赋》：噍眇睢维。李善注以噍眇为合目，睢维为开目。是凡言眇者，皆微之义也。"（第123页下）

纱，《广雅·释诂四》："纱，微也。"《玉篇·糸部》："纱，纱縠也。"《集韵·小韵》："纱，微也。"《论衡·率性》："白沙入缁，不染自黑。"《汉书·江充传》："充衣纱縠禅衣，曲裾后垂交输。"颜师古注："纱縠，纺丝而织之也。轻者为纱。""纱"本指轻细的丝织物。南唐张泌《柳枝》词："腻粉琼妆透碧纱。"引申为物之细微。唐白居易《晚霞闲居》："鱼笋朝餐饱，蕉纱暑服轻。"宋陆游《老学庵笔记》卷六："亳州出轻纱，举之若无，裁以为衣，真若烟雾。"上古音为明母宵部开口三等。

秒，《说文·禾部》："秒，禾芒也。从禾，少声。"段玉裁注："禾芒曰秒，犹木末曰杪。"《字林·艸部》："芒，禾秒也。"《汉书·叙传下》："产气黄钟，早计秒忽。"颜师古注引刘德曰："秒，禾芒也。""秒"本指禾芒，即禾的尖端细小者，引申为细微。徐锴《说文解字系传·禾部》："秒，秒之言妙也，微妙也。"唐白居易《试进士策问》："日月代明而昼夜分，刻漏者准之，无秒忽之失焉。"《新唐书·蒋钦绪传》："钦绪精治道，驭吏整严，虽铢秒罪不贷。"上古音为明母宵部开口三等。

眇，《说文·目部》："眇，一目小也。从目，从少，少亦声。"段玉裁本改为"小目也"。《释名·释疾病》："目匡陷急曰眇。眇，小也。"《正字通·目部》："眇，目偏小不盲亦曰眇。"《易·履》："眇能视，跛能履。"《资治通鉴·唐僖宗中和三年》："克用一目微眇，时人谓之'独眼龙'。"虞翻注："离目不正，兑为小，故眇而视。""眇"义为小目。上古音为明母宵部开口三等。

杪，《说文·木部》："杪，木標末也。从木，少声。"段玉裁注："《方言》曰：杪，小也。木细枝谓之杪。郭注：言杪梢也。按引申之凡末皆曰杪。"朱骏声通训定声："高远之木枝曰标，曰杪。"《方言》卷三："木细枝谓之杪。"郭璞注："谓杪梢也。"《史记·司马相如列传》："天蟜枝格，偃蹇杪颠。"元陶宗仪《辍耕录》卷二十："至正辛卯，中原大水，舟行木杪间。"朱德《游南泥湾》："散步咏晚凉，明月挂树杪。""杪"本指树梢，树木之高远细小者，引申为微小。《方言》卷二："杪，小也。"汉冯衍《自论》："常务道德之实，而不求当世之名。阔略杪小之礼，荡佚人间之事。"《后汉书·律历志中》："夫数出于杪曶，以成毫牦,毫牦积累,以成分寸。"宋欧阳修《憎苍蝇赋》:"尔欲易盈,杯盂残沥,砧几余腥,所希秒忽,过则难胜。"清江藩《毛乾乾传》:"辨析几微,穷极秒忽,古人无此仪器也。"上古音为明母宵部开口三等。

篎,《说文·竹部》:"篎,小管谓之篎。"《尔雅·释乐》:"大管谓之簥……小者谓之篎。"《太平御览》卷五百八十引舍人注:"小者声音轻妙也。""篎"为一种小的管乐器。上古音为明母宵部开口三等。

语音上,"纱:秒:眇:杪:篎"上古音有相同关系:明母双声,韵母相同(宵部开口三等)。

词义上,"纱"为轻细的丝织品,引申为物之细微;"秒"为禾芒,即禾的尖端细小者,引申为细微;"眇"为小目;"杪"本指树梢,树木之高远细小者,引申为微小;"篎"为一种小的管乐器。它们都有共同的意义核心"细小"。

可知,"纱:秒:眇:杪:篎"为一组同源词。其义素分析为:

纱＝/丝类/＋/细小/

秒＝/禾尖类/＋/细小/

眇＝/目类/＋/细小/

杪＝/木尖类/＋/细小/

篎＝/管乐类/＋/细小/

这组同源词的意义关系可以用公式表示为:

$Y[5]＝/丝类、禾尖类、目类、木尖类、管乐类/＋/细小/$

同源词"纱:秒:眇:杪:篎"共同的意义核心"细小"即是这组同源词的核义素。

22.暴:襮

《释诂》卷四上:"襮,表也。"疏证:"襮者,《吕氏春秋·忠廉篇》:臣请为襮。班固《幽通赋》:张修襮而内逼。曹大家及高诱注并云:襮,表也。襄三十一年《左传》:不敢暴露。暴与襮,声近而义同。"(第114页上)

暴,《说文·日部》:"暴,晞也。"段玉裁注:"《考工记》:昼暴诸日。《孟子》:一日暴之。引伸为暴露。"《说文·日部》:"晞,干也。"段玉裁注:"玄应《书》引作日干曰晞。""暴"本义为暴晒,引申为暴露,表露。《孟子·万章上》:"昔者尧荐舜于天,而天受之;暴之于民,而民受之。"《吕氏春秋·禁塞》:"故暴骸骨无量数,为京丘若山陵。"《史记·淮阴侯列传》:"暴起所长于燕,燕必不敢不听从。"《文选·司马迁〈报任少卿书〉》:"事已无可奈何,其所摧败,功亦足以暴于天下。"李善注:"谓摧败匈奴之兵,其功足暴露见于天下。"南朝梁刘勰《文心雕龙·檄移》:"及春秋征伐,自诸侯出,惧敌弗服,故兵出须名,振此威风,暴彼昏乱。"宋辛弃疾《美芹十论·审势》:"如问伪许王以庶长出于汴,私收民心,而嫡少尝暴之于父,此岂能终以无事者哉。"上古音为並母药部开口一等长入。

襮,《吕氏春秋·忠廉》:"(弘演)曰:'臣请为襮。'因自杀,先出其腹实,内懿公之肝。"高诱注:"襮,表也。"陈其猷《校释》引黄生曰:"'襮'即古'表'字。表,外衣也。""襮"本指外衣,引申为外表,表面上。《文选·班固〈幽通赋〉》:"单(豹)治里而外凋兮,张(毅)修襮而内逼。"李善注:"曹大家曰:治里,谓导气也。襮,表也。"《新唐书·李晟传》:"将务持重,岂宜自表襮,为敌饵哉!"清黄宗羲《与陈介眉庶常书》:"夫切菴之留心人物如此。向若得道弸艺襮之士与之,则可以为天下贺矣。"上古音为帮母铎部开口一等短入。

语音上,"暴"与"襮"上古音有音转关系:並帮旁纽,药铎旁转。

词义上,"暴"为暴晒;"襮"为外衣。它们都有共同的意义核心"表露"。

可知,"暴:襮"为一组同源词。其义素分析为:

暴=/动作范畴/+/表露/

襮=/名物范畴/+/表露/

这组同源词的意义关系可以用公式表示为:

Y[2]=/动作范畴、名物范畴/+/表露/

同源词"暴:襮"共同的意义核心"表露"即是这组同源词的核义素。"襮"从"暴"声,"暴"含"表露"义,可把"暴"看作这组同源词的源词。

23. 狗:听

《释诂》卷二上:"狗,鸣也。"疏证:"狗者,李善注《江赋》引《声类》云:狗,嘷也。《尔雅·释畜》释文引《字林》云:狗,牛鸣也。《燕策》云:呴籍叱咄。《后汉书·童恢传》云:其一虎视恢鸣吼。狗、呴、吼并同。《吴语》:三军皆哗扣以振旅。《众经音义》卷十九引作哗呴。又引贾逵注云:呴,譁也。《说文》:听,厚怒声也。义并与狗通。"(第45页下)

狗,《广雅·释诂二》:"狗,鸣也。"《玉篇·牛部》:"狗,牛鸣也。""狗"义为牛鸣。上古音为晓母侯部合口二等。

听,《说文·口部》:"听,厚怒声也。"朱骏声通训定声:"听,亦作呴,俗作吼。"《广韵·集韵》:"听,或作呴、吼。"章炳麟《新方言·释言》:"今通谓蓄怒为听,或言听气。""听"与"呴"、"吼"同。义为盛怒声。上古音为晓母侯部合口二等。

语音上,"狗"与"听"上古音有音同关系:晓母双声,韵母相同(侯部合口二等)。

词义上,"狗"为牛鸣;"听"为盛怒声。它们都有共同的意义核心"鸣呼"。

可知,"狗:听"为一组同源词。其义素分析为:

呴＝/动作范畴/＋/鸣呼/

呴＝/名物范畴/＋/鸣呼/

这组同源词的意义关系可以用公式表示为：

Y[2]＝/动作范畴、名物范畴/＋/鸣呼/

同源词"呴:呴"共同的意义核心"鸣呼"即是这组同源词的核义素。

24.睩:逯

《释诂》卷一上："睩,善也。"疏证："睩者,《说文》：睩,目睐谨也。《楚辞·招魂》云:蛾眉曼睩。《说文》:逯,行谨逯逯也。《盐铁论·未通篇》云:录民数创于恶吏。义并与睩通。睩与禄,义亦通也。"(第9页下)

睩,《说文·目部》："睩,目睐谨也。从目,录声。"段玉裁注："婗婗,谨皃也。故睩为目睩之谨。言注视而又谨畏也。"《玉篇·目部》："睩,视皃。"《集韵·烛韵》："睩,谨视皃。"《楚辞·宋玉〈招魂〉》："蛾眉曼睩,目胜光兮。"又《王逸〈九思·悯上〉》："哀世兮睩睩,诙诙兮嗌喔。"洪兴祖补注："睩,目来谨也。"明汤显祖《紫钗记·冻卖珠钗》："愁凝睩,秦云黯待成飞絮,谁说与玉肌生粟?""睩"义为视看谨慎。上古音为来母屋部合口二等短入。

逯,《说文·辵部》："逯,行谨逯逯也。从辵,录声。"《广韵·烛韵》："逯,谨也。""逯"义为行走谨慎。清吴恒炜《〈知新报〉缘起》："守者逯焉、闵焉,相顾痎痎,相望槑槑,病莫能捄也。"上古音为来母屋部合口三等短入。

语音上,"睩"与"逯"上古音有音近关系:来母双声,屋部叠韵。

词义上,"睩"为视看谨慎;"逯"为行走谨慎。它们都有共同的意义核心"谨慎"。

可知,"睩:逯"为一组同源词。其义素分析为:

睩＝/视看类/＋/谨慎/

逯＝/行走类/＋/谨慎/

这组同源词的意义关系可以用公式表示为:

Y[2]＝/视看类、行走类/＋/谨慎/

同源词"睩:逯"共同的意义核心"谨慎"即是这组同源词的核义素。

25.朴:膚

《释诂》卷三下："膚、朴、皮,离也。"疏证："《释言》云:皮、膚,剥也。《说文》云:剥取兽革者谓之皮。《韩策》云:因自皮面抉眼,自屠出肠。郑注《内则》云:膚,切肉也。是皮、膚皆离之义也。朴与皮、膚一声之转。《说文》:朴,木皮也。"(第106页上)

朴,《说文·木部》："朴,木皮也。"本义为木皮。汉崔骃《博徒论》："膚如桑朴,足如熊蹄。"《汉书·司马相如传》："亭奈厚朴。"颜师古注："张揖曰:

'厚朴,药名。'朴,木皮也。此药以皮为用,而皮厚,故呼'厚朴'云。"上古音为滂母屋部开口二等短入。

膚,《说文·肉部》:"臚,皮也。从肉,膚声。"段玉裁注:"今字皮膚从籀文作膚,膚行而臚废矣。"本义为人体的表皮;皮肤。《玉篇·肉部》:"膚,皮也。"《广韵·虞韵》:"膚,皮膚。"《诗·卫风·硕人》:"手如柔荑,膚如凝脂。"《礼记·礼运》:"四体既正,膚革充盈,人之肥也。"孔颖达疏:"膚是革外之薄皮。"引申为指树木、果实的表皮或表皮下的组织。《后汉书·蔡伦传》:"伦乃造意,用树膚、麻头及蔽布、鱼网以为纸。"上古音为帮母鱼部合口三等。

语音上,"朴"与"膚"上古音有音转关系:滂帮旁纽,屋鱼旁对转。

词义上,"朴"为木皮;"膚"为人体的表皮,皮肤,引申为指树木、果实的表皮或表皮下的组织。它们都有共同的意义核心"皮"。

可知,"朴:膚"为一组同源词。其义素分析为:

朴＝/树木类/＋/皮/

膚＝/人体类/＋/皮/

这组同源词的意义关系可以用公式表示为:

$Y[2]＝$/树木类、人体类/＋/皮/

同源词"朴:膚"共同的意义核心"皮"即是这组同源词的核义素。

26.剥:朴:卜

《释诂》卷三下:"剥,离也。"疏证:"《说文》云:剥取兽革者谓之皮。《韩策》云:因自皮面抉眼,自屠出肠。郑注《内则》云:肤,切肉也。是皮、肤皆离之义也。朴与皮、肤,一声之转。《说文》:朴,木皮也。又云:柿,削木札朴也。亦离之义也。《说文》:卜,灼剥龟也。剥、朴、卜,声近而义同。"(第106页上)

剥,《说文·刀部》:"剥,裂也。从刀,从录。录亦声。一曰:剥,割也。刂,剥或从卜。"段玉裁注:"此别一义,与上义相通。""剥"本义为物之割裂,引申为剥离。《广雅·释诂三》:"剥,离也。"《诗·小雅·楚茨》:"絜而牛羊,以往烝尝,或剥或亨(烹),或肆或将。"朱熹集传:"剥,解剥其皮也。"《周礼·秋官·柞氏》:"冬日至,令剥阴木而水之。"郑玄注:"谓斫去次地之皮。"北魏贾思勰《齐民要术·种梅杏》:"取梅极大者,剥皮阴干,勿令得风。"宋洪迈《容斋四笔·鄂州南楼磨崖》:"庆元元年,鄂州修南楼,剥土有大石露于外,奇崛可观。"上古音为帮母屋部开口二等。

朴,《说文·木部》:"朴,木皮也。从木,皮声。"朱骏声通训定声:"按木皮即柿,未削则为柿附,既削则为披离。义相因也。"《广雅·释诂三》:"朴,离也。""朴"义为剥离树皮。上古音为滂母屋部开口二等。

卜,《说文·卜部》:"卜,灼剥龟也。"段玉裁注:"《火部》:灼,灸也。《刀部》:剥,裂也。灼剥者,谓灸而裂之。"《诗·大雅·文王有声》:"考卜维王,宅是镐京,惟龟正之,武王成之。"郑玄笺:"稽疑之法,必契灼龟而卜之。"《书·洛诰》:"予惟乙卯,朝至于洛师。我卜河朔黎水。"孔传:"卜,必先墨画龟,然后灼之,兆顺食墨。"《吕氏春秋·制乐》:"其吏请卜其故。"高诱注:"灼龟曰卜。"《史记·龟策列传》:"蛮夷氐羌,虽无君臣之序,亦有决疑之卜。或以金石,或以草木,国不同俗。""卜"为剥离龟以取兆,预测吉凶。上古音为帮母屋部合口二等。

语音上,"剥"与"卜"上古音相近:帮母双声,屋部叠韵;"剥"与"朴"上古音相转:帮滂旁纽,韵母相同(屋部开口二等);"朴"与"卜"上古音相转:滂帮旁纽,屋部叠韵。"剥:朴:卜",上古音既有音近关系,也有音转关系。

词义上,"剥"为物之割裂、剥离;"朴"为剥离树皮;"卜"为剥离龟以取兆。它们都有共同的意义核心"剥离"。

可知,"剥:朴:卜"为一组同源词。其义素分析为:

剥＝/物类/＋/剥离/

朴＝/木类/＋/剥离/

卜＝/龟类/＋/剥离/

这组同源词的意义关系可以用公式表示为:

$Y[3]$＝/物类、木类、龟类/＋/剥离/

同源词"剥:朴:卜"共同的意义核心"剥离"即是这组同源词的核义素。"剥"的或体为"刞",与"朴"并从"卜"声。"卜"含"剥离"义,可把"卜"看作这组同源词的源词。

27. 箭:侗:涌:桶

《释诂》卷二上:"箭,长也。"疏证:"箭者,狭长也。《说文》:箭,断竹也。《史记·三王世家》:广陵王策云:毋侗好佚。褚少孙释之云:毋长好佚乐也。《论衡·齐世篇》云:上世之人,侗长佼好。义并与箭同。《释名》云:山旁陇间曰涌。涌,犹桶。桶狭而长也。亦与箭声近义同。"(第56页上)

箭,《说文·竹部》:"箭,断竹也。"《广雅·释诂二》:"箭,长也。""箭"义为竹狭长。上古音为定母东部合口二等。

侗,《说文·人部》:"侗,大皃。"《字汇·人部》:"侗,长大也。"《论衡·气寿》:"太平之时,人民侗长。""侗"义为人长而大。上古音为定母东部合口二等。

涌,《释名·释山》:"山旁陇间曰涌。涌犹桶,桶狭而长也。""涌"义为狭而长的山旁陇间地。上古音为定母东部合口二等。

桶,《广雅·释器七》:"桶,筩也。"《正字通·木部》:"桶,今圜器曰桶,合板为围,束之以篾,设当于下。""桶"为一种盛水或其他东西的容器,狭长形。《急就篇》卷三:"椭杅盘案桮閜盌。"唐颜师古注:"椭,小桶也,所以盛盐豉。"上古音为定母东部合口二等。

语音上,"筩:侗:涌:桶"上古音有音同关系:定母双声,韵母相同(东部合口二等)。

词义上,"筩"为竹狭长;"侗"为人长而大;"涌"为狭而长的山旁陇间地;"桶"为一种盛水或其他东西的容器,狭长形。它们都有共同的意义核心"长"。

可知,"筩:侗:涌:桶"为一组同源词。其义素分析为:

筩＝/竹类/＋/长/

侗＝/人类/＋/长/

涌＝/地类/＋/长/

桶＝/器类/＋/长/

这组同源词的意义关系可以用公式表示为:

Y[4]＝/竹类、人类、地类、器类/＋/长/

同源词"筩:侗:涌:桶"共同的意义核心"长"即是这组同源词的核义素。

28. 棪:總:稯

《释木》卷十上:"栟榈,棪也。"疏证:"栟榈与并闾同。《西山经》云:石脆之山,其木多棪。郭注云:棪树高三丈许,无枝条,叶大而员,枝生梢头,实皮相裹,上行一皮者为一节,可以为绳。……棪之言總也,皮如丝缕,總總然聚生也。《说文》云:總,聚束也。又云:布之八十缕为稯。"(第352页上)

棪,《说文·木部》:"棪,栟榈也。"木名。即棕榈。茎圆柱形,不分枝,叶如扇形,簇生于茎端。皮如丝缕,实皮相裹,總總然聚生。《山海经·西山经》:"又西六十里,曰石脆之山,其木多棪柟。"郭璞注:"棪树高三丈许,无枝条,叶大而员,枝生梢头,实皮相裹,上行一皮者为一节,可以为绳,一名栟榈。"汉张衡《西京赋》:"木则枞栝棪柟。"上古音为精母东部合口二等。

總,《说文·糸部》:"總,聚束也。"段玉裁注:"谓聚而缚之也,恩有散意,系以束之。"聚束:系扎。《释名·释首饰》:"總,束发也,總而束之也。"《礼记·内则》:"鸡初鸣,咸盥漱,櫛、縰、笄、總。"孔颖达疏:"總者裂练缯为之,束发之本,垂余于髻后,故以为饰也。"《新唐书·元载传》:"有晋州男子郇谟以麻總发。"上古音为精母东部合口二等。

稯,《玉篇·禾部》:"稯,禾束也。"朱骏声《说文通训定声·豐部》:"稯,稯者,禾四十把也。"古代称禾四十把为一稯,也指布八十缕为稯。也作"緵"。《说文·禾部》:"稯,布之四十缕为稯。"上古音为精母东部合口二等。

语音上，"椶∶總∶稯"上古语音相同：精母东部合口二等。

词义上，"椶"，即棕榈，皮如丝缕，实皮相裹，總總然聚生。"總"义为聚束。"稯"，古代称禾四十把为一稯；也指布八十缕为稯。它们都有共同的意义核心"聚集"。

可知，"椶∶總∶稯"为一组同源词。其义素分析为：

椶＝/棕榈类/＋/聚集/

總＝/物质类/＋/聚集/

稯＝/禾类/＋/聚集/

这组同源词的意义关系可以用公式表示为：

Y[3]＝/棕榈类、物质类、禾类/＋/聚集/

同源词"椶∶總∶稯"共同的意义核心"聚集"即是这组同源词的核义素。

29. 貯∶𥥻

《释器》卷七下："𥥻，畜也。"疏证："𥥻，之庶反。《广韵》：𥥻，筐𥥻也。𥥻之言貯也，所以貯米也。《说文》：𥥻，帾也。所以盛米。𥥻与𥥻，声近义同。"（第223页上）

貯，《说文·贝部》："貯，积也。从贝，宁声。"徐锴系转："当言宁亦声，少亦字也。会意。"特指积貯，貯藏。《玉篇·贝部》："貯，藏也。"《广韵·语韵》："貯，居也，积也。"《公羊传·僖公三年》："无貯粟。"宋陆游《冬夜读书》："茆屋三四间，充栋貯经史。"上古音为章母鱼部开口三等。

𥥻，《说文·宁部》："𥥻，帾也。所以载盛米。"段玉裁改为："所以盛米也。"貯米容器。《玉篇·宁部》："𥥻，所以盛米。"《说文·畄部》："畄，东楚名缶曰畄。""𥥻"义为古代貯米的器皿。上古音为端母鱼部开口三等。

语音上，"貯"与"𥥻"上古音有音转关系：章端准双声，韵母相同（鱼部开口三等）。

词义上，"貯"为貯藏，囤积；"𥥻"为古代貯米的器皿。它们都有共同的意义核心"貯藏"。

可知，"貯∶𥥻"为一组同源词。其义素分析为：

貯＝/动作范畴/＋/貯藏/

𥥻＝/名物范畴/＋/貯藏/

这组同源词的意义关系可以用公式表示为：

Y[2]＝/动作范畴、名物范畴/＋/貯藏/

同源词"貯∶𥥻"共同的意义核心"貯藏"即是这组同源词的核义素。"貯"与"𥥻"都从"宁"得声，"宁"为貯积财物，《说文》："宁，辨积物也。"可把"宁"看作它们的源词。

30.擁:麹

《释诂》卷三下:"麹、穠,多也。"疏证:"麹之言擁,穠之言濃。皆盛多之意也。《方言》:麹、穠、晟,多也。南楚凡大而多谓之麹,或谓之穠。凡人语言过度及妄施行,亦谓之穠。《后汉书·崔骃传》:纷穠塞路。李贤注引《方言》:穠,盛多也。穠与穠通。"(第94页下)

擁,《广韵·肿韵》:"擁,《说文》作擁。"《说文·手部》:"擁,抱也。"邵瑛群经正字:"今经典作'擁'。"本义为拥抱,引申为聚,聚集。《字汇·手部》:"擁,群从也。"《三国志·蜀书·诸葛亮传》:"今操已擁百万之众,挟天子以令诸侯,此诚不可与争锋。"《太平寰宇记·关西道五·华州》:"飞土掩谷,擁水为池。"上古音为影母东部合口三等。

麹,《方言》卷十:"麹,多也。南楚凡大而多谓之麹。"《玉篇·多部》:"麹,大多也。"麹,义为多;大而多。上古音为影母东部合口三等。

语音上,"擁"与"麹"上古音有音同关系:影母双声,韵母相同(东部合口三等)。

词义上,"擁"为聚集;"麹"为大而多。它们都有共同的意义核心"多"。

可知,"擁:麹"为一组同源词。其义素分析为:

擁＝/动作范畴/＋/多/

麹＝/性状范畴/＋/多/

这组同源词的意义关系可以用公式表示为:

Y[2]＝/动作范畴、性状范畴/＋/多/

同源词"擁:麹"共同的意义核心"多"即是这组同源词的核义素。

31.封:豐

《释诂》卷一上:"封,大也。"疏证:"封之言豐也。《商颂·殷武》传云:封,大也。《尧典》云:封十有二山。封、坟语之转。故大谓之封,亦谓之坟,冢谓之坟,亦谓之封。冢亦大也。"(第6页下)

封,《广雅·释诂一》:"封,大也。"《小尔雅·广诂》:"封,大也。"《诗·周颂·烈文》:"无封靡于尔邦。"毛传:"封,大也。"《楚辞·离骚》:"羿淫游以佚畋,又好射夫封狐。"《左传·昭公二十八年》:"生伯封,实有豕心,贪惏无厌,忿颣无期,谓之封豕。"杜预注:"封,大也。"孔颖达疏:"时人谓之大猪。"《逸周书·瘐儆》:"赦有罪,怀庶有,兹封福。"孔晁注:"庶,众;封,大也。"唐李商隐《韩碑》:"封狼生貙貙生罴。""封"义为事物大。上古音为帮母东部合口三等。

豐,《说文·豆部》:"豐,豆之豐满者也。"段玉裁注:"谓豆之大者也。引伸之凡大皆曰豐。《方言》曰:豐,大也。凡物之大皃曰豐。""豐"本义为豆器大,引申为凡大之称。《方言》卷一:"豐,大也,凡物之大貌为豐。"又卷二:

"朦、厖、豐也。自关而西,秦晋之间,凡大貌谓之朦,或谓之厖,豐,其通语也。赵魏之郊,燕之北鄙,凡大人谓之豐人。赵燕之间,言围大谓之豐。"郭璞注:"谓度围物也。"钱绎笺疏:"大人谓之豐人者,犹大碑谓之豐碑也。"《诗·周颂·豐年》:"豐年多黍多稌。"毛传:"豐,大也。"《周礼·考工记·弓人》:"角欲青白而豐末。"《易·序卦》:"豐者,大也。"《庄子·山木》:"豐狐文豹。"唐李翰《苏州嘉兴屯田纪绩颂》序:"有白雀集于高豐屯廪,盖大穰之征也。"上古音为滂母冬部合口三等。

语音上,"封"与"豐"上古音有音转关系:帮滂旁纽,东冬旁转。

词义上,"封"为事物大;"豐"为豆器大,引申为凡大之称。它们都有共同的意义核心"大"。

可知,"封:豐"为一组同源词。其义素分析为:

封＝/事物类/＋/大/

豐＝/豆器类/＋/大/

这组同源词的意义关系可以用公式表示为:

Y[2]＝/事物类、豆器类/＋/大/

同源词"封:豐"共同的意义核心"大"即是这组同源词的核义素。

32. 桻:锋:峰

《释诂》卷一下:"桻,末也。"疏证:"桻者,《玉篇》:桻,木上也。兵耑谓之锋,山耑谓之峰。义并同也。"(第28页上)

桻,《广雅·释诂一》:"桻,末也。"《玉篇·木部》:"桻,木上也。"《广韵·钟韵》:"桻,木上。""桻"义为树木之尖端。上古音为滂母东部合口三等。

锋,《说文·金部》:"鏠,兵耑也。"段玉裁注:"兵,械也。耑,物初生之题。引申为凡物之颠与末。凡金器之尖曰鏠。俗作锋。"《释名·释兵器》:"刀,其末曰锋。"又:"剑,其末曰锋。锋,末之言也。"《书·费誓》:"锻乃戈矛,砺乃锋刃。"《左传·定公十年》:"吾伪固而授之末,则可杀也。"杜预注:"以剑锋末授之。"《汉书·萧望之传》:"底厉锋锷,奉万分之一。"颜师古注:"锋,刃端也。"唐卢照邻《西使兼送孟学士南游》:"唯余剑锋在,耿耿气成虹。"《南史·柳元景传》:"猛气咆勃,所向无前,当其锋者无不应刃而倒。"宋陆游《夏夜不寐有赋》:"丈夫无成忽老大,箭羽凋零剑锋涩。""锋"义为刀剑的尖端。上古音为滂母东部合口三等。

峰,《说文新附·山部》:"峯,山耑也。从山,夆声。"《六书故·地理二·山部》:"峯,山锋也。"《一切经音义》卷十二:"山高而锐曰峰。从山,夆声。"《集韵·钟韵》:"峯,或书作峰。"李白《蜀道难》:"连峰去天不盈尺,枯松倒挂倚绝壁。"明吴文泰《送人之巴蜀》:"云开巫峡千峰出,路转巴江一字流。"

"峰"义为山的尖端。上古音为滂母东部合口三等。

语音上,"桻:锋:峰"上古音有音同关系:滂母双声,韵母相同(东部合口三等)。

词义上,"桻"为树木之尖端;"锋"为刀剑之尖端;"峰"为山之尖端。它们都有共同的意义核心"尖端"。

可知,"桻:锋:峰"为一组同源词。其义素分析为:

桻＝/树木类/＋/尖端/

锋＝/刀剑类/＋/尖端/

峰＝/山类/＋/尖端/

这组同源词的意义关系可以用公式表示为:

Y[3]＝/树木类、刀剑类、山类/＋/尖端/

同源词"桻:锋:峰"共同的意义核心"尖端"即是这组同源词的核义素。

33.胡:湖:壶:祜

《释诂》卷一上:"胡,大也。"疏证:"胡者,《逸周书·谥法解》云:胡,大也。僖二十二年《左传》:虽及胡耇。杜预注云:胡耇,元老之称。《说文》:湖,大陂也。《尔雅》:壶枣。郭璞注云:今江东呼枣大而锐上者为壶。《方言》:蠡大而蜜者,燕赵之间谓之壶蠡。义并与胡同。《贾子·容经篇》云:祜,大福也。祜与胡,亦声近义同。"(第 6 页下)

胡,《广雅·释诂一》:"胡,大也。"《尔雅·释草》:"戎菽谓之荏菽。"注:"即胡豆也。"孔颖达疏引孙炎云:"大豆也。"《周书·谥法解》:"胡,大也。"又:"弥年寿考曰胡。""胡"义为凡物之大。上古音为匣母鱼部开口一等。

湖,《说文·水部》:"湖,大陂也。从水,胡声。扬州浸有五湖。浸,川泽所仰以灌溉者也。"《书·禹贡》:"震泽底定。"伪孔传:"震泽,吴南大湖名。"孔颖达疏:"大泽畜水,南方名之曰湖。"《周礼·夏官·职方氏》:"其川三江,其浸武湖。"《楚辞·刘向〈远游〉》:"就申胥于五湖。"王逸注:"湖,大池也。"汉枚乘《七发》:"左江右湖,其乐无有。"唐韩愈《黄陵庙碑》:"今之渡湖江者,莫敢不进礼庙下。""湖"为大泽。上古音为匣母鱼部开口一等。

壶,《尔雅·释木》:"枣,胡枣。"郭璞注:"今江东呼枣大而锐上者为壶。"《方言》卷十一:"蠡大而蜜者,燕赵之间谓之壶蠡。"《广韵·模韵》:"楜,枣名也,大而锐上者。本作壶。""壶"为大枣。上古音为匣母鱼部开口一等。

祜,《诗·商颂·烈祖》:"嗟嗟烈祖,有秩斯祜。"《贾子·容经篇》:"祜,大福也。"《礼记·礼运》:"以正君臣,以笃父子,以睦兄弟,以齐上下,夫妇有所,是谓承天之祜。"汉贾谊《新书·礼》:"《诗》曰:'君子乐胥,受天之祜。'胥者,相也。祜,大福也。"唐皮日休《九讽·正俗》:"乃指天而郁悠兮,将天夺乎国之祜。""祜"为大福。上古音为匣母鱼部开口一等。

语音上,"胡:湖:壶:祜"上古音有音同关系:匣母双声,韵母相同(鱼部开口一等)。

词义上,"胡"为凡物之大;"湖"为大泽;"壶"为大枣;"祜"为大福。它们都有共同的意义核心"大"。

可知,"胡:湖:壶:祜"为一组同源词,其义素分析为:

胡＝/物类/＋/大/

湖＝/泽类/＋/大/

壶＝/枣类/＋/大/

祜＝/福类/＋/大/

这组同源词的意义关系可以用公式表示为:

Y[4]＝/物类、泽类、枣类、福类/＋/大/

同源词"胡:湖:壶:祜"共同的意义核心"大"即是这组同源词的核义素。

34.捨:舍

《释诂》卷四上:"荡、逸、放、恣,置也。"疏证:"废者,《尔雅》:废,舍也。郭注云:舍,放置也。……《说文》云:赦,置也。捨与赦,声义亦同。故《尔雅》云:赦,舍也。舍与捨通。荡、逸、放、恣并同义。"(第109页下)

舍,《说文・亼部》:"舍,市居曰舍。"本义为客舍。引申为放下;舍弃。《广韵・马韵》:"舍,同捨。"《易・贲》:"舍车而徒。"《荀子・劝学》:"锲而不舍,金石可镂。"杨倞注:"舍与捨同。"《后汉书・李固附李燮》:"所交皆舍短取长,好成人之美。"上古音为书母鱼部开口四等。

捨,《说文・手部》:"捨,释也。从手,舍声。"段玉裁注:"释者,解也。经传多叚舍为之。"本义为放下;舍弃。《广雅・释诂四》:"捨,置也。"王念孙疏证:"捨与赦声义亦同。"《洪武正韵・者韵》:"捨,弃也。"《后汉书・郭躬传论》:"若乃推己以议物,捨状以贪情,法家之能庆延于世,盖由此也。"《三国志・魏书・明帝纪》注引《魏略》:"马不捨鞍,士不释甲。"《左传・哀公十二年》:"乃舍卫侯。"释文:"舍,释也。""捨"义为舍弃。上古音为书母鱼部开口四等。

语音上,"舍"与"捨"上古音有音同关系:书母双声,韵母相同(鱼部开口四等)。

词义上,"舍"为舍弃;"捨"为舍弃。

可知,"舍:捨"为一组同源词,共同的意义核心"舍弃"即是这组同源词的核义素。

35.瑕:霞:騢

《释地》卷九下:"赤瑕。"疏证:"《说文》:瑕,玉小赤也。司马相如《上林赋》:赤瑕驳荦。张注云:赤瑕,赤玉也。张衡《七辩》云:玩赤瑕之璘豳。瑕者,赤色之名。赤云气谓之霞,赤玉谓之瑕,马赤白杂毛谓之騢,其义一也。"(第296页上)

瑕,《说文·玉部》:"瑕,玉小赤也。从玉,叚声。"《文选·司马相如〈上林赋〉》:"赤瑕驳荦,杂臿其间。"郭璞注引张揖云:"赤瑕,赤玉也。"张衡《七辩》:"玩赤瑕之璘豳。"晋木华《海赋》:"瑕石诡晖,鳞甲异质。""瑕"义为赤色的玉。上古音为匣母鱼部开口二等。

霞,《说文新附·雨部》:"霞,赤云气也。从雨,叚声。"《楚辞·远游》:"餐六气而饮沆瀣兮,漱正阳而含朝霞。"王逸注引《陵阳子明经》:"朝霞者,日始欲出赤黄气也。"《文选·左思〈蜀都赋〉》:"干青霄而秀出,舒丹气而为霞。"刘逵注:"霞,赤云也。"后蜀毛熙震《浣溪沙》词:"绮霞低映晚晴天。"唐王勃《滕王阁诗序》:"落霞与孤鹜齐飞,秋水共长天一色。""霞"义为赤云气。上古音为匣母鱼部开口二等。

騢,《说文·马部》:"騢,马赤白杂毛。从马,叚声。谓色似鰕鱼也。"《尔雅·释畜》:"彤白杂毛,騢。"郭璞注:"即今之赭白马。彤,赤。"《诗·鲁颂·駉》:"有驈有騜,有驒有鱼。"毛传:"彤白杂毛曰騢。"唐张说《陇右监牧颂德碑》:"差其毛物,则有……骓、駓、驒、骊、騢、骝、雒。""騢"义为赤白色相间的杂毛马。上古音为匣母鱼部开口二等。

语音上,"瑕:霞:騢"上古音有音同关系:匣母双声,韵母相同(鱼部开口二等)。

词义上,"瑕"为赤色的玉;"霞"为赤色的云气;"騢"为赤白色相间的杂毛马。它们都有共同的意义核心"赤色"。

可知,"瑕:霞:騢"为一组同源词。其义素分析为:

瑕＝/玉类/＋/赤色/

霞＝/云气类/＋/赤色/

騢＝/马类/＋/赤色/

这组同源词的意义关系可以用公式表示为:

Y[3]＝/玉类、云气类、马类/＋/赤色/

同源词"瑕:霞:騢"共同的意义核心"赤色"即是这组同源词的核义素。

36.胳:袼

《释器》卷七下:"袂,袖也。"疏证:"《释亲》云:胳谓之腋。人腋谓之胳,故衣被亦谓之袼也。"(第233页下)

胳,《说文·肉部》:"胳,亦下也。从肉,各声。"段玉裁注:"亦、腋,古今字。"《广雅·释亲》:"胳谓之腋。"王筠《说文句读》:"《广雅》:'胳谓之腋',浑言之;许析言之。""胳"义为腋下。上古音为见母铎部开口一等短入。

袼,《广韵·铎韵》:"袼,被也。"《礼记·深衣》:"袼之高下,可以运肘。"郑玄注:"袼,衣袂当掖之缝也。"陈澔集说:"刘氏曰:袼,袖与衣接,当腋下缝合处也。""袼"义为衣袖当腋下缝合部分,俗称挂肩。上古音为见母铎部开口一等短入。

语音上,"胳"与"袼"上古音有音同关系:见母双声,韵母相同(铎部开口一等短入)。

词义上,"胳"为人之腋下;"袼"为衣之腋下。它们都有共同的意义核心"腋下"。

可知,"胳:袼"为一组同源词。其义素分析为:

胳＝/人体类/＋/腋下/

袼＝/衣服类/＋/腋下/

这组同源词的意义关系可以用公式表示为:

Y[2]＝/人体类、衣服类/＋/腋下/

同源词"胳:袼"共同的意义核心"腋下"即是这组同源词的核义素。

37. 白:蛃

《释虫》卷十下:"白鱼,蛃鱼也。"疏证:"《尔雅》:蟫,白鱼。郭璞注云:衣书中虫,一名蛃鱼。……《尔雅翼》云:衣书中虫,始则黄色,既老而身有粉,视之如银,故名曰白鱼。白与蛃声之转。蛃之为言犹白也。《淮南·原道训》:冯夷大丙之御。高诱注云:丙或作白,是其例也。"(第365页下)

白,《说文·白部》:"白,西方色也。阴用事,物色白。"本义为白色。《论语·阳货》:"不曰白乎,涅而不缁。"何晏注:"孔曰:'至白者,染之于涅而不黑。'"唐李白《嘲王历阳不肯饮酒》:"地白风色寒,雪花大如手。"上古音为並母铎部开口二等短入。

蛃,《释虫》卷十下:"白鱼,蛃鱼也。"疏证:"《尔雅》:蟫,白鱼。郭璞注云:衣书中虫,一名蛃鱼。……《尔雅翼》云:衣书中虫,始则黄色,既老而身有粉,视之如银,故名曰白鱼。"蛃,衣鱼,又名蠹鱼,老而颜色变白,故名白鱼。上古音为帮母阳部开口四等。

语音上,"白"与"蛃"上古音有音转关系:並帮旁纽,铎阳对转。

词义上,"白",白色。"蛃",衣鱼,又名蠹鱼,老而颜色变白,故名白鱼。

可知,"白:蛃"为一组同源词。其义素分析为:

白＝/事物类/＋/白色/

蛃＝/虫类/＋/白色/

这组同源词的意义关系可以用公式表示为:

Y[2]＝/事物类、虫类/＋/白色/

同源词"白∶蜗"共同的意义核心"白色"即是这组同源词的核义素。

38.袥∶硕∶拓∶斥∶舃

《释诂》卷一上∶"袥,大也。"疏证∶"袥之言硕大也。……《说文系传》引《字书》云∶袥,张衣令大也。《玉篇》∶袥,广大也。《太元元莹》云∶天地开辟,宇宙袥坦。《汉白石神君碑》云∶开袥旧兆。《文选·魏都赋注》引《仓颉篇》云∶斥,大也。《庄子·田子方篇》∶挥斥八极。李轨音託。《汉书·扬雄传》云∶拓迹开统。拓、斥并与袥通。《鲁颂·閟宫篇》∶松桷有舃。毛传云∶舃,大貌。徐邈音託。义亦与袥同。"(第6页上)

袥,《说文·衣部》∶"袥,衣衸也。从衣,石声。"徐锴《说文解字系传》引《字书》∶"袥,张衣令大也。"《玉篇·衣部》∶"袥,广大也。"《广韵·铎韵》∶"袥,开衣领也。"《韵会》∶"袥,开衣令大也。"汉扬雄《太玄·莹》∶"天地开辟,宇宙袥祖。"《白石神君碑》∶"于是遂开拓旧兆,改立殿堂,其余首尾尚皆完好可读,文多不备载,其曰居九山之数,叁三条之一,莫晓为何语也。"《隶释·汉桐柏淮源庙碑》∶"开袥神门,立阙四达。""袥"有张衣令大之义,也有广大、使大义。上古音为透母铎部开口一等短入。

硕,《说文·页部》∶"硕,头大也。从页,石声。"段玉裁注∶"引申为凡大之称。"《方言》卷一∶"硕,大也。齐宋之间曰硕。"《玉篇·页部》∶"硕,大也。"《诗·鲁颂·閟宫》∶"松桷有舃,路寝孔硕。"郑玄笺∶"硕,大也。"《易·剥》∶"上九∶硕果不食,君子得舆。"孔颖达疏∶"硕果不食者,处卦之终,独得完全,不被剥落,犹如硕大之果不为人食也。"《荀子·王制》∶"草木荣华滋硕之时,则斧斤不入山林。"《礼记·大学》∶"人莫知其子之恶,莫知其苗之硕。"汉王符《潜夫论·赞学》∶"其智乃博,其德乃硕。"唐柳宗元《憎王孙文》∶"嘉华美木兮硕而繁。"唐韩愈《祭董相公文》∶"肫肫元臣,其德孔硕。"清平云《孤儿记》第九章∶"故善饭之因至此常饿,而狱吏之腹则硕也。""硕"本义为大头,引申为凡大之称。上古音为禅母铎部开口四等短入。

拓,《说文·手部》∶"拓,拾也。从手,石声。"邵瑛《群经正字》∶"拓字经典不见。子、史多以'拓'为'开拓'之'拓'。"《小尔雅·广诂》∶"拓,开也。"《文选·扬雄〈甘泉赋〉》∶"恤胤锡羡,拓迹开统。"李善注引应劭曰∶"拓,广也。"《后汉书·文苑传上·杜笃》∶"(孝武)拓地万里,威震八荒。"晋左思《吴都赋》∶"拓土尽疆,卓荦兼并。"南朝梁刘勰《文心雕龙·通变》∶"然后拓衢路,置关键,长辔远驭,从容按节。"南唐张绍《冲佑关》∶"拓土开疆,经天纬地。"《新唐书·吐蕃传赞》∶"玄宗有逸德而拓地太大,务远功,忽近虞。"清杨秀清《果然坚耐》∶"沐雨栉风匡骏业,开疆拓土辟江山。"《东周列国志》第三十九回:"我曲沃武公,始以一军受命,献公始作二军,以灭霍、魏、虞、虢诸国,拓地千里。""拓"义为开拓。上古音为透母铎部开口一等短入。

斥,《小尔雅·广诂》:"斥,开也。"《正字通·斤部》:"斥,开拓也。"《史记·司马相如列传》:"除边关,关益斥。"司马贞索隐引张揖云:"斥,广也。"《资治通鉴·唐昭宗景福元年》:"寨不能容,斥而广之。"清王夫之《宋论·高宗》:"不然,则建武之初,斥土未广,何所得粟以饲此众者?""斥"义为开拓使大。上古音为昌母铎部开口四等短入。

舃,《诗·鲁颂·閟宫》:"松桷有舃,路寝孔硕。"毛传:"舃,大貌。"释文引徐邈云:"舃音托。""舃"义为大貌。上古音为昌母铎部开口四等短入。

语音上,"祏"与"拓"上古音相同:透母铎部开口一等短入;"斥"与"舃"上古音相同:昌母铎部开口四等短入;"硕"与"祏"、"拓"上古音相转:禅透准旁纽,铎部叠韵;"硕"与"斥"、"舃"上古音相转:禅昌旁纽,韵母相同,为铎部开口四等短入;"祏"、"拓"与"斥"、"舃"上古音相转:透昌准双声,铎部叠韵。"祏:硕:拓:斥:舃",上古音既有音同关系,也有音转关系。

词义上,"祏"为张衣令大;"硕"本义为大头,引申为凡大之称;"拓"义为开拓;"斥"义为开拓使大;"舃"义为大貌。它们都有共同的意义核心"大"。

可知,"祏:硕:拓:斥:舃"为一组同源词。其义素分析为:

祏＝/动作范畴/＋/大/

硕＝/名物范畴/＋/大/

拓＝/动作范畴/＋/大/

斥＝/动作范畴/＋/大/

舃＝/性状范畴/＋/大/

这组同源词的意义关系可以用公式表示为:

Y[5]＝/动作范畴、名物范畴、性状范畴/＋/大/

同源词"祏:硕:拓:斥:舃"共同的意义核心"大"即是这组同源词的核义素。

39. 露:落

《释诂》卷三上:"露,败也。"疏证:"露之言落也。《方言》:露,败也。昭元年《左传》云:勿使有所壅闭,湫底以露其体。《逸周书·皇门解》云:自露厥家。《管子·四时篇》云:国家乃路。《吕氏春秋·不屈篇》云:士民罢潞。露、潞、路,并通。今俗语犹云败露矣。《庄子·天地篇》:夫子阖行邪,无落吾事。谓无败吾事也。落与露,亦声近义同。"(第90页下~91页上)

露,《方言》卷三:"露,败也。"《庄子·渔父》:"故田荒室露,衣食不足,征赋不属,妻妾不和。"郭庆藩集释:"荒室谓荒芜败露。"《荀子·富国》:"入其境,其田畴秽,都邑露。"王念孙杂志:"露者,败也。谓都邑败坏也。"《逸周书·皇门》:"譬若匹夫之有婚,妻曰:'子独服在寝,以自露厥家。'"朱右曾集训校释:"露,败也。以妒妇喻昏臣也。""露"义为事物之败坏。上古音为来母铎部开口一等长入。

落,《说文·艸部》:"落,凡艸曰零,木曰落。""落"本指草木之零落。引申为败坏;荒废。《庄子·天地》:"夫子阖行邪? 无落吾事!"成玄英疏:"落,废也。"《管子·宙合》:"盛而不落者,未之有也。"唐白居易《西川大将贺若岑等授御史中丞殿中监察及诸州司马同制》:"尔宜恭承主帅,慎守封疆,戮力一心,无落戎事。"唐路荡《拔茅赋》:"荣落惟运,穷通曷情。"清顾炎武《先妣王硕人行状》:"其冬,合葬先王父先王母于尚书浦之赐茔如礼,而家事日益落。"清纪昀《阅微草堂笔记·滦阳消夏录五》:"自是怪不复作,家亦渐落。"上古音为来母铎部开口一等短入。

语音上,"露"与"落"上古音有音近关系:来母双声,韵母相同(铎部开口一等),只是声调有长入和短入之别。

词义上,"露"为事物败坏;"落"为草木坏落。它们都有共同的意义核心"败落"。

可知,"露:落"为一组同源词。其义素分析为:

露＝/事物类/＋/败落/

落＝/草木类/＋/败落/

这组同源词的意义关系可以用公式表示为:

Y[2]＝/事物类、草木类/＋/败落/

同源词"露:落"共同的意义核心"败落"即是这组同源词的核义素。

40.晃:煌

《释诂》卷四上:"晃,明也。"疏证:"晃之言煌煌也。《释言》云:晃,晖也。《说文》:晄,明也。《释名》云:光,晃也。晃晃然也。晃与晄同。《小雅·皇皇者华》传云:皇皇,犹煌煌也。释文:煌,又音晃。《秦策》云:炫熿于道。《汉书·扬雄传》云:北爌幽都。并字异而义同。"(第112页下)

晃,《说文·日部》:"晄,明也。"段玉裁注:"晃,各本篆作晄。"晃,义为明亮;光亮。《广韵·荡韵》:"晃,亦作晄。"《广韵·荡韵》:"晃,明也,辉也,光也。"《抱朴子·外篇·喻蔽》:"守灯烛之宵曜,不识三光之晃朗。"晋郭璞《盐池赋》:"灿然汉明,晃尔霞赤。"上古音为匣母阳部合口一等。

煌,《说文·火部》:"煌,辉也。从火,皇声。"徐锴系转:"煌煌,辉也。"煌,义为火光;明亮。《玉篇·火部》:"煌,光明也。"《广韵·唐韵》:"煌,火状。"《文选·张衡〈东京赋〉》:"煌火驰而星流,逐赤疫于四裔。"李善注引薛综曰:"煌,火光也。"上古音为匣母阳部合口一等。

语音上,"晃"与"煌"上古音有音同关系:匣母双声,韵母相同(阳部合口一等)。

词义上,"晃"为日光明亮;"煌"为火光明亮。它们都有共同的意义核心"明亮"。

可知,"晃:煌"为一组同源词。其义素分析为:

晃=/日光类/+/明亮/

煌=/火光类/+/明亮/

这组同源词的意义关系可以用公式表示为:

Y[2]=/日光类、火光类/+/明亮/

同源词"晃:煌"共同的意义核心"明亮"即是这组同源词的核义素。

41.胻:梗

《释亲》卷六下:"股、脚,胫也。"疏证:"《释名》云:胫,茎也,直而长似物茎也。《说文》:胫,胻也。……胻之言梗也。《尔雅》:梗,直也。《说文》:胻,胫耑也。《众经音义》卷十八云:今江南呼胫为胻,山东曰胻敝。"(第206页下)

胻,《说文·肉部》:"胻,胫耑也。"段玉裁注:"耑,犹头也。胫近膝者胻。"桂馥义证:"谓股上胫下也。"本义为胫骨上部,引申为脚胫。《广雅·释亲》:"胻,胫也。"《素问·刺热》:"胃热病者,先腰痛,胻痠。"《史记·龟策列传》:"圣人剖其心,壮士斩其胻。"裴骃集解:"胻,脚胫也。"上古音为匣母阳部开口一等。

梗,《说文·木部》:"梗,山枌榆。"本义为木名,刺榆,榆科,落叶小乔木或灌木状。引申指植物的枝、根或茎。《字汇·木部》:"梗,枝梗。"《战国策·齐策三》:"有土偶人与桃梗相与语。"吴师道补注:"梗,枝梗也。……是枝、梗皆可言梗也。"唐杜甫《舟出江陵南浦奉寄郑少尹审》:"鸣螀随汛梗,别燕起秋菰。"上古音为见母阳部开口一等。

语音上,"胻"与"梗"上古音有音转关系:匣见旁纽,韵母相同(阳部开口一等)。

词义上,"胻"为脚胫;"梗"为植物的枝、根或茎。它们都有共同的意义核心"直长"。

可知,"胻:梗"为一组同源词。其义素分析为:

胻=/脚类/+/直长/

梗=/植物类/+/直长/

这组同源词的意义关系可以用公式表示为:

Y[2]=/脚类、植物类/+/直长/

同源词"胻:梗"共同的意义核心"直长"即是这组同源词的核义素。

42.亢:伉:梗

《释诂》卷四上:"亢,强也。"疏证:"亢者,《说文》:健,伉也。《汉书·宣帝纪》:伉健习骑射。颜师古注云:伉,强也。《史记·秦始皇本纪》:適戍之众,非抗于九国之师。《汉书·陈胜传》作亢。亢、伉、抗并通。亢与梗,声亦相近也。"(第121页上)

亢,《广雅·释诂四》:"亢,强也。"《管子·轻重戊》:"天子幼弱,诸侯亢强。"《三国志·魏书·崔琰传》:"孙疏亮亢烈,刚简能断。"《明史·章纶传》:"纶既以大节为帝所重,而性亢直,不能谐俗。"清方文《送王玉门从军大梁》:"平生怀亢烈,勿忘主人恩。""亢"义为事物刚强。上古音为溪母阳部开口一等。

伉,《说文·人部》:"健,伉也。"《集韵·梗韵》:"伉,健力也。"《汉书·朱博传》:"伉侠好交,随从士大夫,不避风雨。"颜师古注:"伉,健也。"《新唐书·回鹘传》:"俗遹伉。"宋程大昌《演繁露·程大昌本传》:"言今日诸军西北旧人日少,其子孙伉健者当教之战阵,不宜轻听离军。"《韩非子·亡征》:"君不肖而侧室贤,太子轻而庶子伉,官吏弱而人民桀,如此则国躁。""伉"义为身体强健。上古音为溪母阳部开口一等。

梗,《方言》卷二:"梗,猛也。韩、赵之间曰梗。"《广雅·释诂四》:"梗,强也。"《楚辞·九章·橘颂》:"淑离不淫,梗其有理兮。"王逸注:"梗,强也……梗然坚强。"宋王谠《唐语林·言语》:"高丽虽平,余寇尚梗,西道经略,兵犹未停。"《隋书·西域传·吐谷浑》:"高祖以弘州地旷人梗,因而废之。""梗"义为性情强硬;勇猛。上古音为见母阳部开口二等。

语音上,"亢"与"伉"上古音相同:溪母阳部开口一等;"梗"与"亢"、"伉"上古音相转:见溪旁纽,阳部叠韵。"亢:伉:梗",上古音既有音同关系,也有音转关系。

词义上,"亢"为事物刚强;"伉"为身体强健;"梗"为性情强硬。它们都有共同的意义核心"强"。

可知,"亢:伉:梗"为一组同源词。其义素分析为:

亢＝/事物类/＋/强/

伉＝/身体类/＋/强/

梗＝/性情类/＋/强/

这组同源词的意义关系可以用公式表示为:

Y[3]＝/事物类、身体类、性情类/＋/强/

同源词"亢:伉:梗"共同的意义核心"强"即是这组同源词的核义素。

43. 锽：瑝：喤：諻

《释诂》卷四下："锽，声也。"疏证："锽者，《玉篇》胡觥切。《集韵》又胡光切。《说文》：锽，钟声也。瑝，玉声也。喤，小儿声也。《尔雅》：諻諻，乐也。《方言》：諻，音也。《周颂·执竞篇》云：钟鼓喤喤。《小雅·斯干篇》云：其泣喤喤。《吕氏春秋·自知篇》云：钟况然有音。马融《广成颂》云：锽锽鎗鎗。《长笛赋》云：铮锽謍嘈。并字异而义同。"（第122页上～122页下）

锽，《说文·金部》："锽，钟声也。从金，皇声。"段玉裁注："按：皇，大也。故声之大，字多从皇。《诗》曰：其泣喤喤。喤喤厥声。《玉部》曰：瑝，玉声也。"《广雅·释诂四》："锽，声也。"南朝梁刘勰《文心雕龙·原道》："泉石激韵，和若球锽。"唐韩愈等《城南联句》："铁钟孤春锽，瘿颈闹鸠鸽。""锽"义为宏大的钟声。上古音为匣母阳部合口二等。

瑝，《说文·玉部》："瑝，玉声也。"段玉裁注："谓玉之大声也。""瑝"义为玉之大声。上古音为匣母阳部合口二等。

喤，《说文·口部》："喤，小儿声。从口，皇声。"段玉裁注："啾谓小儿小声也，喤谓小儿大声也。"《广韵·庚韵》："喤，泣声。"《诗·小雅·斯干》："乃生男子，载寝之床，载衣之裳，载弄之璋，其泣喤喤。"高亨注："喤喤，形容婴儿哭声洪亮。"唐韩愈等《城南聊句》："乳下秀巉巉，椒蕃泣喤喤。""喤"为小儿哭声大。上古音为匣母阳部合口二等。

諻，《方言》卷十二："諻，音也。"《广韵·庚韵》："諻，语声。"《集韵·庚韵》："諻，大声。""諻"为语之大声。上古音为匣母阳部合口二等。

语音上，"锽：瑝：喤：諻"上古音有音同关系：匣母双声，韵母相同（阳部合口二等）。

词义上，"锽"为宏大的钟声；"瑝"为玉之大声；"喤"为小儿大哭声；"諻"为语之大声。它们都有共同的意义核心"声大"。

可知，"锽：瑝：喤：諻"为一组同源词。其义素分析为：

锽＝/钟类/＋/声大/

瑝＝/玉类/＋/声大/

喤＝/哭类/＋/声大/

諻＝/语类/＋/声大/

这组同源词的意义关系可以用公式表示为：

Y[4]＝/钟类、玉类、哭类、语类/＋/声大/

同源词"锽：瑝：喤：諻"共同的意义核心"声大"即是这组同源词的核义素。

44. 死：澌

《释诂》卷一下："澌，尽也。"疏证："澌者，《说文》：澌，水索也。曹宪音

斯。《玉篇》《广韵》并音赐。《方言》:澌,尽也。郑注《曲礼》云:死之言澌也,
精神澌尽也。正义云:今俗呼尽为澌。即旧语有存者也。《金縢》:大木斯
拔。《史记·鲁世家》作尽拔。《乡饮酒礼》:尊两壶于房户间,斯禁。郑注
云:斯禁,禁切地无足者。疏云:斯,澌也。澌尽之名也。《文选·西征赋》:
若循环之无赐。李善注引《方言》:赐,尽也。《史记·李斯传》云:吾顾赐志
广欲。澌、斯、赐并通。《系辞传》:故君子之道鲜矣。释文:《师说》云:鲜,尽
矣。鲜与斯,亦声近义同。故《小雅·瓠叶》笺云:今俗语斯白之字作鲜,齐
鲁之间声近斯矣。"(第41页下)

死,《说文·歺部》:"死,澌也,人所离也。"段玉裁注:"《方言》:'澌,索
也,尽也。'是澌为凡尽之称,人尽曰死。"本指人气绝,即生命终结。与"生"
相对。《释名·释丧制》:"人始气绝曰死。死,澌也,就消澌也。汉以来谓死
为物故,言其诸物皆就朽故也。"《书·康诰》:"瞽不畏死,罔弗憝。"《礼记·
月令》:"靡草死,麦秋至。"上古音为心母脂部开口三等。

澌,《说文·水部》:"澌,水索也。"徐锴系传:"索,尽也。"本指水尽,引申
为凡物竭尽之称。《方言》卷三:"澌,尽也。"宋欧阳修《送徐无党南归序》:
"草木鸟兽之为物,众人之为人,其为生虽异,而为死则同,一归于腐坏澌尽
泯灭而已。"《明纪·太祖纪二》:"元运衰矣,行自澌灭,不烦穷兵,出塞之后,
固守封疆,防其侵轶可也。"上古音为心母支部开口三等。

语音上,"死"与"澌"上古音有音转关系:心母双声,支脂通转。

词义上,"死"为生命终结,即人气竭尽;"澌"为水尽,引申为凡物竭尽之
称。它们都有共同的意义核心"竭尽"。

可知,"死:澌"为一组同源词。其义素分析为:

死＝/人气类/＋/竭尽/

澌＝/水类/＋/竭尽/

这组同源词的意义关系可以用公式表示为:

Y[2]＝/人气类、水类/＋/竭尽/

同源词"死:澌"共同的意义核心"竭尽"即是这组同源词的核义素。

45.涯:厓

《释诂》卷一下:"陳,方也。"疏证:"陳之言廉也。《乡饮酒礼》:设席于堂
廉。郑注云:侧边曰廉。《说文》:厓,山边也。《秦风·蒹葭篇》云:在水一
方。又云:在水之湄,在水之涘。《毛传》云:湄,水陳也。涘,厓也。即《经》
所云水一方也。故苏武《诗》云:各在天一方。《古诗》云:各在天一涯。李善
注引《广雅》:涯,方也。涯与厓通。厉,亦廉也。语之转耳。《卫风·有狐
篇》:在彼淇厉。《毛传》云:厉,深可厉之旁。案:厉谓水厓也。"(第11页下)

涯,《说文新附·水部》:"涯,水边也。从水,从厓,厓亦声。"《玉篇·水部》:"涯,水际也。"《书·微子》:"今殷其沦丧,若涉大水,其无津涯。"《论衡·验符》:"庐江皖侯国,民际有湖。皖民小男,曰陈爵、陈挺,年皆十岁以上,相与钓于湖涯。"《后汉书·马融传》:"乃安斯寝,戢翮其涯。"李贤注:"涯,水滨也。"唐孟郊《病客吟》:"大海亦有涯,高山亦有岑。"元虞集《题商学士画》:"驾舟载男女,筑宫东海涯。"元无名氏《冯玉兰》第二折:"我家这个老头儿,这早晚还不到,我是往涯上看一看去咱。"《醒世恒言·蔡瑞虹忍辱报仇》:"〔陈小四〕又想道:'我如今独自个又行不得这船,住在此,又非长策,到是进退两难。欲待上涯,便中觅个人儿帮行,到有人烟之处,恐怕这小姐喊叫出来,这性命便休了。'""涯"义为水边。上古音为疑母支部开口二等。

厓,《说文·厂部》:"厓,山边也。"段玉裁注:"高边侧曰厓。"《集韵·佳韵》:"厓,或作崖。"《字汇·厂部》:"厓,今山边字加'山'。"南朝齐谢朓《游山》:"凌厓必千仞,寻溪将万转。"宋文天祥《听罗道士琴》:"断厓千仞碧,下有寒泉落。"清姚燮《谁家七岁儿》:"爷死弃厓谷,有娘非我娘,昨从丐人去,流落知何方!"宋周密《一萼红·登蓬莱阁有感》词:"磴古松斜,厓阴苔老,一片清愁。"元贾仲名《金安寿》第三折:"连天峻岭,万丈悬厓。"清顾炎武《采芝》诗:"昔日幽人住,攀厓此结茅。""厓"义为山边。上古音为疑母支部开口二等。

语音上,"涯"与"厓"上古音有音同关系:疑母双声,韵母相同(支部开口二等)。

词义上,"涯"为水边;"厓"为山边。它们都有共同的意义核心"边缘"。

可知,"涯:厓"为一组同源词。其义素分析为:

涯=/水类/+/边缘/

厓=/山类/+/边缘/

这组同源词的意义关系可以用公式表示为:

Y[2]=/水类、山类/+/边缘/

同源词"涯:厓"共同的意义核心"边缘"即是这组同源词的核义素。"涯"从"厓"声,"厓"有"边缘"义,可把"厓"看作这组同源词的源词。

46.捭:擘

《释诂》卷三下:"捭,开也。"疏证:"捭之言擘也。《鬼谷子·捭阖篇》云:捭之者,开也;阖之者,闭也。张衡《西京赋》:置互擘牲。薛综注云:擘,谓破磔悬之。《后汉书·马融传》注引《字书》云:擘,亦捭字也。《周官·大宗伯》:以疈辜祭四方百物。故书疈为罷。郑众注云:罷辜,披磔牲以祭。捭、擘、罷,声义并同。"(第107页下)

捭,《说文·手部》:"捭,两手击也。"段玉裁注:"谓左右两手横开旁击也。"本义为两手横向对外旁击。引申为分开;撕裂。《礼记·礼运》:"其燔黍捭豚。"孔颖达疏:"捭析豚肉加于烧石之上而孰之,故曰捭豚。"陆德明释文:"捭,卜麦反。或作擘,又作擗,皆同。"上古音为帮母支部开口二等。

擘,《说文·手部》:"擘,扐也。"段玉裁注:"今俗语谓裂之曰擘开。"本义为分开;剖裂。《广雅·释诂一》:"擘,分也。"又《释言》:"擘,剖也。"《玉篇·手部》:"擘,裂也。"《史记·刺客列传》:"既至于前,惠诸擘鱼,因以匕首刺于僚。"《文选·张衡〈西京赋〉》:"剖析毫氂,擘肌分理。"李周翰注:"虽毫氂肌理之间亦能分擘。"唐李白《西岳云台歌送丹丘子》:"巨灵咆哮擘两山,洪波喷流射东海。"上古音为帮母锡部开口二等。

语音上,"捭"与"擘"上古音有音转关系:帮母双声,支锡对转。

词义上,"捭"为分开,撕裂;"擘"为分开,剖裂。它们都有共同的意义核心"分开"。

可知,"捭:擘"为一组同源词,共同的意义核心"分开"即是这组同源词的核义素。

47. 碛:積

《释水》卷九下:"湍,濑也;矶,碛也。"疏证:"《说文》:濑,水流沙上也。《楚辞·九歌》:石濑兮浅浅。王逸注云:濑,湍也。《汉书·武帝纪》:遣归义越侯申为下濑将军。《史记·南越传》:濑作厉。濑之言厉也。厉,疾也。《月令》云:征鸟厉疾。是也。石上疾流谓之濑。故无石而流疾者,亦谓之濑。《孟子》:性犹湍水。是也。合言之则曰湍濑。《淮南子·原道训》:鱼者争处湍濑。高诱注云:湍濑,水浅流急之处也。《说文》:碛,水陼有石者。《众经音义》卷二十二引《三仓》云:碛,水中沙滩也。碛之言积也。塞北沙漠谓之碛。义亦同也。《众经音义》卷十五引《埤仓》云:矶,水中碛石也。案:薛瓒注《武帝纪》云:濑,湍也。吴越谓之濑,中国谓之碛。则湍、濑与碛,异名而同实。"(第303页下～304页上)

碛,《说文·石部》:"碛,水陼有石者。从石,责声。"段玉裁注:"陼丘,水中高者也。《三苍》曰:'碛,水中沙堆也。'"本义为沙石积成的浅滩。《史记·司马相如列传》:"下碛历之坻。"张守节正义:"碛历,浅水中沙石也。"《晋书·王濬传》:"濬发自成都……吴人于江险碛要害之处,并以铁锁横截之。"上古音为精母锡部开口三等短入。

積,《说文·禾部》:"積,聚也。从禾,责声。"段玉裁注:"禾与粟皆得偁積。"朱骏声通训定声:"禾谷之聚曰積。"本义为禾谷之聚集。《诗·大雅·公刘》:"乃積乃仓,乃裹糇粮。"引申为积聚之物。《左传·僖公三十三年》:

"居则具一日之积,行则备一夕之卫。"杜预注:"刍米菜薪。"《汉书·刑法志》:"完者使守积。"颜师古注:"积,积聚之物也。"上古音为精母锡部开口三等短入。

语音上,"碛"与"积"上古音有音同关系:精母双声,韵母相同(锡部开口三等短入)。

词义上,"碛"本义为沙石积成的浅滩。"积"本义为禾谷之聚集;引申为凡物之聚集。它们都有共同的意义核心"聚集"。

可知,"碛:积"为一组同源词。其义素分析为:

碛＝/沙石类/＋/聚集/

积＝/禾谷类/＋/聚集/

这组同源词的意义关系可以用公式表示为:

Y[2]＝/沙石类、禾谷类/＋/聚集/

同源词"碛:积"共同的意义核心"聚集"即是这组同源词的核义素。

48.冖:幎:鼏:幭

《释诂》卷二下:"幎,覆也。"疏证:"幎者,《说文》:冖,覆也。幎,幔也。《周官·幂人》郑注云:以巾覆物曰幂。《乡饮酒礼记》:尊绤幂。郑注云:幂,覆尊巾也。《礼器》云:牺尊疏布鼏。幎、幂、鼏、冖并通。鼎覆谓之鼏,车覆轼谓之幭。义亦与幎同。"(第61页下)

"冖",《说文·冖部》:"冖,覆也。"徐玄等注:"今俗作幂。"段玉裁注:"覆者,盖也。"徐灏注笺:"冖,又作幂。《说文》无幂字,幂即幎也。……与覆义同。""冖"义为覆盖。又作"幂"。《洪武正韵·陌韵》:"幂,《周礼》注:'以巾覆物曰幂'。古作'冖'。"《仪礼·公食大夫礼》:"簠有盖幂。"郑玄注:"幂,巾也。""幂"与"冖"为一对异体字。上古音为明母锡部开口三等短入。

幎,《说文·巾部》:"幎,幔也。"朱骏声通训定声:"有覆尊之幎,有覆篚之幎,有覆帽之幎,有覆面之幎,有覆笭之幎,有覆鼎之幎。"《吕氏春秋·知化》:"夫差将死曰:'死者如有知也,吾何面以见子胥于地下!'乃为幎以冒面而死。"《仪礼·士丧礼》:"幎目用缁,方尺二寸。"郑玄注:"幎目,覆面者也。""幎"义为覆盖物体的巾,引申为覆盖。《玉篇·巾部》:"幎,覆也。"《淮南子·原道》:"舒之幎于六合,卷之不盈于一握。"高诱注:"幎,覆也。"上古音为明母锡部开口三等短入。

鼏,《玉篇·鼎部》:"鼏,覆樽巾也。"《礼记·礼器》:"牺尊疏布鼏。"孔颖达疏:"疏布鼏者,疏,粗也。鼏,覆也。谓郊天时以粗布为巾以覆鼏也。"马衡《中国金石学概要上》:"凡礼器之无盖者,则覆之以巾,是谓之鼏。""鼏"为古时盖酒樽的布巾。上古音为明母锡部开口三等短入。

幭,《广雅·释器七》:"幭,覆笭谓之幭。"《广韵·锡韵》:"幭,车覆軨也。"《公羊传·昭公二十五年》:"以幭为席。"何休注:"幭,车覆笭。"《仪礼·既夕礼》:"主人乘恶车,白狗幭。"郑玄注:"幭,覆笭也,以狗皮为之,取其臑也。"《礼记·玉藻》:"君羔幭虎犆,大夫齐车豹幭豹犆,朝车,士齐车鹿幭豹犆。""幭"义为古代车前横木上的覆盖物。上古音为明母锡部开口三等短入。

语音上,"冖:幎:𥀱:幭"上古音有音同关系:明母双声,韵母相同(锡部开口三等短入)。

词义上,"冖"为覆盖;"幎"为覆盖物体的巾;"𥀱"为古时盖酒樽的布巾;"幭"为古代车前横木上的覆盖物。它们都有共同的意义核心"覆盖"。

可知,"冖:幎:𥀱:幭"为一组同源词。其义素分析为:

冖=/动作范畴/＋/覆盖/

幎=/名物范畴/＋/覆盖/

𥀱=/名物范畴/＋/覆盖/

幭=/名物范畴/＋/覆盖/

这组同源词的意义关系可以用公式表示为:

Y[4]=/动作范畴、名物范畴/＋/覆盖/

同源词"冖:幎:𥀱:幭"共同的意义核心"覆盖"即是这组同源词的核义素。

49. 糸:覛

《释诂》卷四下:"糸,微也。"疏证:"《说文》:糸,细丝也。又云:覛,小见也。《玉篇》糸、覛,并音亡狄切,其义同也。"(第123页下)

糸,《说文·糸部》:"糸,细丝也。"段玉裁注:"丝者,蚕所吐也。细者,微也。细丝曰糸。"《管子·轻重丁》:"君以织籍籍于糸,束为糸,籍糸抚织再十倍其贾。""糸"为细丝。上古音为明母锡部开口四等短入。

覛,《说文·见部》:"覛,小见也。"王筠《说文句读》:"见之不瞭,故曰小也。"《正字通·见部》:"覛,暗处密窥曰覛,覛有细微难见义,故从冥。"章炳麟《国故论衡·原学》:"有所自得,古先正之所覛莫,圣贤所以发愤忘食,员舆之上诸老先生所不能理,往释其惑,若端拜而识,是之谓学。""覛"为小见,即看不真切。上古音为明母耕部开口四等。

语音上,"糸"与"覛"上古音有音转关系:明母双声,锡耕对转。

词义上,"糸"为细丝;"覛"为小见。它们都有共同的意义核心"微小"。

可知,"糸:覛"为一组同源词。其义素分析为:

糸=/名物范畴/＋/微小/

覛=/动作范畴/＋/微小/

这组同源词的意义关系可以用公式表示为:

Y[2]＝/名物范畴、动作范畴/＋/微小/

同源词"糸:覸"共同的意义核心"微小"即是这组同源词的核义素。

50.敬:警:憼

《释诂》卷一上:"憼,敬也。"疏证:"憼者,《说文》:憼,敬也。《大雅·常武》笺云:敬之言警也。敬、警、憼,声近而义同。"(第14页下)

敬,《说文·苟部》:"敬,肃也。"《玉篇·苟部》:"敬,恭也。"《易·坤》:"君子敬以直内,义以方外。"孔颖达疏:"内谓心也,用此恭敬以直内。"汉贾谊《新书·道术》:"接遇肃正谓之敬。"《史记·魏公子列传》:"公子使客斩其仇头,敬进如姬。"南朝梁刘勰《文心雕龙·祝盟》:"祈祷之式,必诚以敬;祭奠之楷,宜恭且哀。"清王夫之《张子〈正蒙〉注·至当》:"敬者,礼之神也,神运乎仪文之中,然后安以敏而天下孚之。""敬"义为恭敬。上古音为见母耕部开口三等。

警,《说文·言部》:"警,戒也。从言,从敬,敬亦声。"《释名·释言语》:"敬,警也,恒自肃警也。"《大雅·常武》:"既敬既戒,命程伯休父。"郑笺:"敬之言警也。"《左传·庄公三十一年》:"凡诸侯有四夷之功,则献于王,王以警于夷。"唐韩愈《圬者王承福传》:"又其言有可以警余者,故余为之传而自鉴焉。""警"义为敬诫。上古音为见母耕部开口三等。

憼,《说文·心部》:"憼,敬也。从心,从敬,敬亦声。"段玉裁注:"敬之在心者也。"席世昌《读说文记》:"憼、敬二字,其义虽同,而在心之敬,自当从心。""憼"为尊敬。上古音为见母耕部开口三等。

语音上,"敬:警:憼"上古音有音同关系:见母双声,韵母相同(耕部开口三等)。

词义上,"敬"为恭敬;"警"为敬诫;"憼"为尊敬。它们都有共同的意义核心"恭敬"。

可知,"敬:警:憼"为一组同源词。其义素分析为:

敬＝/性状范畴/＋/恭敬/

警＝/动作范畴/＋/恭敬/

憼＝/动作范畴/＋/恭敬/

这组同源词的意义关系可以用公式表示为:

Y[3]＝/性状范畴、动作范畴/＋/恭敬/

同源词"敬:警:憼"共同的意义核心"恭敬"即是这组同源词的核义素。"警:憼"并从"敬"声,可把"敬"看作这组同源词的源词。

51.柽:柽

《释木》卷十上:"雨师、柽,檉也。"疏证:"《尔雅》云:柽,河柳。《大雅·

皇矣篇》:其柽其椐。《正义》引某氏《尔雅注》云:河柳,谓河傍赤茎小杨也。陆机《诗疏》云:河柳,皮正赤如绛,一名雨师。枝叶似松,是雨师即柽也。……柽之言赪也。《周南·汝坟篇》传云:赪,赤也。河柳茎亦赤。因名为柽,故江淹《柽颂》云:碧叶菴蔼,赪柯翕赩也。一名朱杨。《汉书·司马相如传》云:檗离朱杨。《史记》索隐引郭璞注云:朱杨,赤茎柳,生水边。《尔雅》云:柽,河柳。是也,又名柽柳。《汉书·西域传》云:鄯善国多柽柳。颜师古注云:柽柳,河柳也,今谓之赤柳。《开宝本草》云:赤柽木中脂,一名柽乳,生河西沙地,皮赤色,叶细。《本草衍义》云:赤柽木又谓之三春柳,以其一年三秀也。花内红色,成细穗,人取滑枝为鞭。案:今人庭院中多植之,叶形似柏,而长丝下垂则如柳。"(第355页下)

柽,《尔雅·释木》:"柽,河柳。"郭璞注:"今河旁赤茎小杨。"宋罗愿《尔雅翼·木部》:"柽,叶细如丝,婀娜可爱,天之将雨,柽先起气以应之,故一名雨师。"《汉书·西域传》:"鄯善国多柽柳。"颜师古注:"柽柳,河柳也,今谓之赤柳。"《诗·大雅·皇矣》:"启之辟之,其柽其椐。"毛传:"柽,河柳也。"柽,木名,河柳。又名赤柳、赤柽、赤杨,因其茎皮赤色而得名。上古音为透母耕部开口三等。

赪,《说文·赤部》:"䞓,赤色也。从赤,巠声。赪,䞓或从贞。"本义为浅红色。《尔雅·释器》:"再染谓之赪。"郭璞注:"赪,浅赤。"《诗·周南·汝坟》:"鲂鱼赪尾,王室如燬。"毛传:"赪,赤也。"上古音为透母耕部开口三等。

语音上,"柽"与"赪"上古音有音同关系:透母双声,韵母相同(耕部开口三等)。

词义上,"柽",木名,河柳,又名赤柳、赤柽、赤杨,因其茎皮赤色而得名。"赪",浅红色。它们都有共同的意义核心"红色"。

可知,"柽:赪"为一组同源词。其义素分析为:

柽=/柳树类/+/红色/

赪=/物质类/+/红色/

这组同源词的意义关系可以用公式表示为:

Y[2]=/柳树类、物质类/+/红色/

同源词"柽:赪"共同的意义核心"红色"即是这组同源词的核义素。

52.摼:鏗:鴶

《释诂》卷三上:"掔,击也。"疏证:"《招魂》:鏗钟摇簴。王逸注云:鏗,撞也。摇,动也。是其证矣。掔,读如鏗钟摇簴之鏗。《说文》:摼,擣头也。摼、掔、鏗,声义并同。"(第89页上)

《释言》卷五上:"鴶,撞也。"疏证:"《说文》:摼,擣头也。《楚辞·招魂》:

鏗钟摇簴。王逸注云:鏗,撞也。班固《东都赋》云:发鲸鱼,鏗华钟。摼、鏗、鏧并通。"(第141页下)

摼,《说文·手部》:"摼,捣头也。从手,坚声。"桂馥义证:"捣头也者,《玉篇》:摼,撞也。""摼"义为撞头。上古音为溪母耕部开口一等。

鏗,《篇海内编·珍宝类·金部》:"鏗,撞也。"《楚辞·招魂》:"鏗钟摇簴。"王逸注:"鏗,撞也。"《文选·班〈东都赋〉》:"发鲸鱼,鏗华钟。"吕向注:"鏗,击也。"宋宋祁《和叶道卿连日阴坐曹无绪见寄》:"积润未防鏗画瑟,薄寒仍欲定流霞。"唐李白《夷则格上白鸠拂舞辞》:"鏗鸣钟,考朗鼓。""鏗"义为撞击金器。上古音为溪母耕部开口一等。

鏧,《广雅·释言五》:"鏧,撞也。""鏧"义为凡物之撞击。上古音为溪母耕部开口一等。

语音上,"摼:鏗:鏧"上古音有音同关系:溪母双声,韵母相同(耕部开口一等)。

词义上,"摼"为撞头;"鏗"为撞击金器;"鏧"为撞物。它们都有共同的意义核心"撞击"。

可知,"摼:鏗:鏧"为一组同源词。其义素分析为:

摼＝/头类/＋/撞击/

鏗＝/金器类/＋/撞击/

鏧＝/物类/＋/撞击/

这组同源词的意义关系可以用公式表示为:

$Y[3]$＝/头类、金器类、物类/＋/撞击/

同源词"摼:鏗:鏧"共同的意义核心"撞击"即是这组同源词的核义素。

53. 胫:茎

《释亲》卷六下:"股、脚,胫也。"疏证:"《释名》云:胫,茎也,直而长似物茎也。《说文》:胫,胻也。……胻之言梗也。《尔雅》:梗,直也。《说文》:胻,胫耑也。《众经音义》卷十八云:今江南呼胫为胻,山东曰胻骹。"(第206页下)

胫,《说文·肉部》:"胫,胻也。从肉,坙声。"段玉裁注:"膝下踝上曰胫。胫之言茎也,如茎之载物。"《释名·释形体》:"胫,茎也,直而长似物茎也。"《玉篇·肉部》:"胫,腓肠前骨也。"《书·泰誓》:"斮朝涉之胫,剖贤人之心。"《韩非子·五蠹》:"禹之王天下也,身执耒臿,以为民先,股无胈,胫不生毛。"《庄子·骈拇》:"是故凫胫虽短,续之则忧;鹤胫虽长,断之则悲。"《论语·宪问》:"以杖叩其胫。"何晏集解引孔安国曰:"胫,脚胫也。"汉孔融《论盛孝章书》:"珠玉无胫而自至者,以人好之也,况贤者之有足乎?"宋陆游《游昭牛图》诗:"客居京口老益困,衣不掩胫须眉苍。"清梁章钜《归田琐记·讷亲》:

"昔伊祖冒险登埤,流矢贯胫,着于女墙之上,犹能负伤血战,不以为苦,为国家建立大功。""胫"指从膝盖到脚跟的部分,即今之小腿,直而长,为人体之主干。上古音为匣母耕部开口四等。

茎,《说文·艸部》:"茎,枝柱也。从艸,巠声。"《广雅·释诂三》:"茎,本也。"王念孙疏证:"茎、干,皆枝之本也。"《荀子·劝学》:"西方有木焉,名曰射干,茎长四寸。"《楚辞·九歌·少司命》:"秋兰兮青青,绿叶兮紫茎。"晋潘岳《射雉赋》:"初茎谓其曜新,陈柯槭以改旧。"唐温庭筠《荷叶杯》词:"绿茎红艳两相乱。肠断,水风凉。"晋左思《吴都赋》:"琼枝抗茎而敷蕊,珊瑚幽茂而玲珑。"南朝宋鲍照《拟行路难十八首》之十一:"君不见枯箨走阶庭,何时复青着故茎。""茎"义为草木的主干,直而长。上古音为匣母耕部开口二等。

语音上,"胫"与"茎"上古音有相近关系:匣母双声,耕部叠韵。

词义上,"胫"指从膝盖到脚跟的部分,即今之小腿,为人体之主干;"茎"为草木之主干。从语源上看,它们都包含"直而长"之义,可以认为它们共同的意义核心是"直而长"。

可知,"胫:茎"为一组同源词。其义素分析为:

胫＝/人体主干类/＋/直而长/

茎＝/草木主干类/＋/直而长/

这组同源词的意义关系可以用公式表示为:

Y[2]＝/人体主干类、草木主干类/＋/直而长/

同源词"胫:茎"共同的意义核心"直而长"即是这组同源词的核义素。

54. 霝:櫺:軨:舲

《释诂》卷三下:"霝,空也。"疏证:"霝之言珑玲也。《说文》:櫺,楯间子也。徐锴传云:即今人阑楯下为横櫺也。《说文》:軨,车轖间横木也。《楚辞·九辩》:倚结軨兮长太息。字亦作笭。《释名》:笭,横在车前,织竹作之,孔笭笭也。定九年《左传》:载葱灵。贾逵注云:葱灵,衣车也。有葱有灵。……灵与櫺同。《楚辞·九章》:乘舲船余上沅兮。王逸注云:舲船,船有窗牖者。《说文》:笼,笭也。是凡言霝者,皆中空之义也。"(第99页上)

霝,《广雅·释诂三》:"霝,空也。""霝"为物之中空。上古音为来母耕部开口四等。

櫺,《说文·木部》:"櫺,楯间子也。从木,霝声。"段玉裁注:"阑楯为方格,又于其横直交处为圆子,如绮文玲珑,故曰櫺。"沈涛《说文古本考》:"《一切经音义》卷十四、卷十八皆引作'窗楯闲子也',盖古本如是,窗与楯皆有櫺也。今本夺窗字。"徐锴《说文解字系传》:"即今人阑楯下为横櫺。"汉班固《西都赋》:"舍櫺槛而却倚,若颠坠而复稽。"《文选·何晏〈景福殿赋〉》:"櫺槛邪张,钩错矩成。"李善注引薛综曰:"櫺槛,台上栏也。"《文选·江淹〈杂体诗·效许询自序〉》:"曲櫺激鲜飙,石室有幽响。"宋叶适《柯君振相别三十余年为言亲丧不能举请赋此诗庶几有哀之者》:"无人为买南山麓,月户风櫺作好邻。"金董解元《西厢记诸宫调》卷三:"早是梦魂成不得,湿风吹雨入疏櫺。"清李昌垣《南乡子·秋窗独宿》词:"风急透疏櫺,翠帐香消梦乍惊。"汉张衡《西京赋》:"伏櫺槛而俯听,闻雷霆之相激。"《太平广记》卷三百九十四引段成式《酉阳杂俎》:"夜半,觉门外喧闹,潜于窗櫺中窥之。""櫺"为窗子上雕花的格子,其特征是中空。上古音为来母耕部开口四等。

　　軨,《说文·车部》:"軨,车辖间横木。"段玉裁注:"车辖间横木,谓车辖之直者、衡者也。軨与车辖皆以木一横一直为方格成之,如今之大方格然。"《玉篇·车部》:"軨,车阑也。"《楚辞·九辩》:"倚结軨兮长太息,涕潺湲兮下沾轼。"洪兴祖补注:"軨,车辖间横木。"《汉书·扬雄传上》:"据軨轩而周流兮。"颜师古注:"軨,轩间小木也。"三国魏阮侃《答嵇康诗》之二:"抚軨增叹息,念子安能忘。"《说文·竹部》:"笭,车笭也。从竹,令声。"王筠《说文句读》:"笭与《车部》'軨'同。"《释名·释车》:"笭,横在车前,织竹作之,孔笭笭也。""笭"与"軨"同。指车阑,其特征是中空。上古音为来母耕部开口四等。

　　舲,《玉篇·舟部》:"舲,小船屋也。"《广韵·青韵》:"舲,舟上有窗也。"《淮南子·俶真》:"越舲蜀艇,不能无水而浮。"《楚辞·九章·涉江》:"乘舲船余上沅兮。"王逸注:"舲船,船有牕牖者。"宋王安石《寄吴氏女子》:"诸孙肯来游,谁谓船无舲?""舲"为有窗的小船。上古音为来母耕部开口四等。

　　语音上,"霝:櫺:軨:舲"上古音有音同关系:来母双声,韵母相同(耕部开口四等)。

　　词义上,"霝"为物之中空;"櫺"为窗子上雕花的格子,其特征是中空;"軨"为车阑,其特征是中空;"舲"为有窗的小船。它们都有共同的意义核心"中空"。

　　可知,"霝:櫺:軨:舲"为一组同源词。其义素分析为:

霝＝/物类/＋/中空/

櫺＝/窗格类/＋/中空/

軨＝/车阑类/＋/中空/

舲＝/船窗类/＋/中空/

这组同源词的意义关系可以用公式表示为:

$Y[4]=$/物类、窗格类、车阑类、船窗类/＋/中空/

　　同源词"霝:櫺:軨:笭:舲"共同的意义核心"中空"即是这组同源词的核义素。

55.翳:隐

《释诂》卷一上:"翳,爱也。"疏证:"翳者,《尔雅·释木》:蔽者翳。郭璞注云:树荫翳覆地者。《方言》:掩、翳,薆也。郭注云:谓薆蔽也。引《邶风·静女篇》:薆而不见。今本作爱。《尔雅》:薆,隐也。注云:谓隐蔽。《大雅·烝民篇》:爱莫助之。毛传云:爱,隐也。掩、翳、爱、隐一声之转。爱与薆通。"(第18页下)

翳,《说文·羽部》:"翳,华盖也。"朱骏声通训定声:"以羽覆车盖,所谓羽葆幢也。""翳"本义为用羽毛制成的车盖。引申为遮蔽;掩盖。《方言》卷十三:"翳,掩也。郭璞注:"谓掩覆也。"《楚辞·离骚》:"百神翳其备降兮,九疑缤其并迎。"王逸注:"翳,蔽也。"汉刘向《九叹·远逝》:"阜隘狭而幽险兮,石嵾嵯以翳日。"《礼记·月令·季春》:"罗网毕翳。"高诱注:"翳,射者所以自隐也。"《汉书·扬雄传上》:"于是乘舆乃登夫凤凰兮翳华芝。"颜师古注:"翳,蔽也。以华芝为蔽也。"晋陶潜《杂诗》之九:"日没星与昴,势翳西山巅。"宋陆游《黄鸦吟》:"嗟哉黄鸦一何陋,性喜隐翳藏荒圃。"清纪昀《阅微草堂笔记·滦阳消夏录二》:"明镜空空,故物无遁影。然一为妖气所翳,尚失真形。"上古音为影母脂部开口三等。

隐,《说文·阜部》:"隐,蔽也。"徐灏注笺:"隐之本义盖谓隔阜不相见,引申为凡隐蔽之称。"《玉篇·阜部》:"隐,不见也,匿也。"《广韵·隐韵》:"隐,藏也。"《易·坤》:"(文言曰)天地变化,草木蕃;天地闭,贤人隐。"孔颖达疏:"天地否闭,贤人潜隐。"晋潘岳《射雉赋》:"捆降丘以驰敌,虽形隐而草动。"唐李白《安陵白兆山桃花岩寄刘侍御绾》:"树杂日易隐,崖倾月难圆。"明宋濂《潜溪录》卷一:"隐则如虎豹之在山。""隐"本义为隔阜不相见,引申为遮蔽,隐藏。上古音为影母文部开口四等。

语音上,"翳"与"隐"上古音有音转关系:影母双声,脂文旁对转。

词义上,"翳"本义为用羽毛制成的车盖,引申为遮蔽,掩盖;"隐"本义为隔阜不相见,引申为遮蔽。它们都有共同的意义核心"遮蔽"。

可知,"翳:隐"为一组同源词。其义素分析为:

翳=/名物范畴/+遮蔽/

隐=/动作范畴/+遮蔽/

这组同源词的意义关系可以用公式表示为:

Y[2]=/名物范畴、动作范畴/+遮蔽/

同源词"翳:隐"共同的意义核心"遮蔽"即是这组同源词的核义素。

56.靳:堇:墐

《释诂》卷四上:"靳,黏也。"疏证:"靳者,《说文》:堇,黏土也。徐锴传云:今人谓水中泥黏者为堇。靳、堇,并音居隐反。其义同也。《内则》:涂之以谨涂。郑注云:谨当为墐。墐涂,涂有穰草也。正义云:用之炮豚,须相黏着,故知涂有穰草也。墐与靳,亦声近义同。"(第 111 页上)

靳,《广雅·释诂四》:"靳,黏也。""靳"义为黏。上古音为见母文部开口三等。

堇,《说文·土部》:"堇,黏土也。从土,黄省声。"段玉裁注:"从黄者,黄土多黏也。会意。"《新唐书·藩镇卢龙传·刘仁恭》:"以堇土为钱,敛真钱。"《集韵·谆韵》:"堇,黏土也。或从土。""墐"与"堇"同。《新五代史·刘守光传》:"或丸墐土而食,死者十六七。""堇"义为黏土。上古音为见母文部开口三等。

墐,《说文·土部》:"墐,涂也。"本义为用土涂塞。《诗·豳风·七月》:"穹窒熏鼠,塞向墐户。"毛传:"墐,塗也。"同"堇",黏土。《集韵·谆韵》:"堇,黏土也。或从土。"《新五代史·刘守光传》:"或丸墐土而死,死者十六七。"清吴广成《西夏书事》卷二十四:"仿古拔轴法去其沙,以木炭墐土包泉筑之。"上古音为群母文部开口三等。

语音上,"靳"与"堇"上古语音相同:见母文部开口三等;"墐"与"靳:堇"上古语音相转:群见旁纽,韵母相同(文部开口三等)。"靳:堇:墐"上古音既有音同关系,也有音转关系。

词义上,"靳"为黏;"堇"为黏土;"墐"为用土涂塞。它们都有共同的意义核心"黏"。

可知,"靳:堇"为一组同源词。其义素分析为:

靳＝/动作范畴/＋/黏/

堇＝/名物范畴/＋/黏/

墐＝/动作范畴/＋/黏/

这组同源词的意义关系可以用公式表示为:

Y[3]＝/动作范畴、名物范畴/＋/黏/

同源词"靳:堇:墐"共同的意义核心"黏"即是这组同源词的核义素。

57.茨:薋:坁:餈

《释诂》卷一上:"茨,积也。"疏证:"茨者,《小雅·甫田篇》:曾孙之稼,如茨如梁。毛传云:茨,积也。郑笺云:茨,屋盖也。《释名》:屋以草盖曰茨。茨,次也。次比草为之也。是积之义也。《瞻彼洛矣篇》云:福禄如茨。其义同也。《说文》:薋,草多兒。坁,以土增大道上也。义并与茨同。《周官·笾人》:糗饵粉餈。郑注云:此二物皆粉稻米、黍米为之。合蒸曰饵,饼之曰餈。《释名》:餈,渍也。烝糁屑使相润渍饼之也。餈与茨,渍与积,义亦相近。"

(第 18 页上)

茨,《说文·艸部》:"茨,以茅苇盖屋。从艸,次声。"段玉裁改为"茅盖屋"。《释名·释宫室》:"屋以草盖曰茨。茨,次也,次比草为之也。"《广雅·释诂二》:"茨,覆也。"《书·梓材》:"若作室家,既勤垣墉,惟其涂塈茨。"《诗·小雅·甫田》:"曾孙之稼,如茨如梁。"毛传:"茨,积也。"郑笺:"茨,屋盖也。"《周礼·夏官·圉师》:"茨墙则剪阖。"《谷梁传·成公二年》:"壹战绵地五百里,焚雍门之茨。"范宁注:"茨,盖也。"《韩非子·五蠹》:"尧之王天下也。茅茨不剪,采椽不斫。"《庄子·让王》:"原宪居鲁,环堵之室茨以生草,蓬户不完。"成玄英疏:"以草盖屋谓之茨。"汉王褒《圣主得贤臣颂》:"生于穷巷之中,长于蓬茨之下。"《史记·太史公自序》:"堂高三尺,土阶三等,茅茨不剪。"正义:"屋盖曰茨,以茅覆屋。"《新唐书·高丽传》:"居依山谷,以草茨屋。"《新唐书·宋璟传》:"广人以竹茅茨屋,多火,璟教之陶瓦筑堵。""茨"义为聚积茅草以盖屋顶。上古音为从母脂部开口三等。

薋,《说文·艸部》:"薋,草多皃。"段玉裁注:"《离骚》曰:'薋菉葹以盈室兮'。王注:'薋,蒺藜也;菉,王刍也;葹,枲耳也。'《诗》:'楚楚者茨。'三者皆恶草也。据许君说,正谓多积菉葹盈室,薋非草名。""薋"义为堆积杂草。上古音为从母脂部开口三等。

垐,《说文·土部》:"垐,以土增大道上。从土,次声。"段玉裁注:"增,益也。此与茨同意。以草次于屋上曰茨,以土次于道上曰垐。""垐"义为聚集土以铺道。上古音为从母脂部开口三等。

餈,《说文·食部》:"餈,稻饼也。"《释名·释饮食》:"餈,渍也。炊糁屑使相润渍饼之也。"《周礼·天官·笾人》:"羞笾之实,糗饵粉餈。"郑玄注:"谓此二物皆粉稻米、黍米为之。合蒸曰饵,饼之曰餈。"贾公彦疏:"今之餈糕皆解之名出于此。"《明史·礼志下》:"笾实以形盐……黑饼、糗饵、粉餈。"《搜神记》卷十九:"先将数十米餈用蜜粆灌之,以置穴口,蛇便出。""餈"义为积累稻米、黍米粉做成之糕饼。上古音为从母脂部开口三等。

语音上,"茨:薋:垐:餈"上古音有音同关系:从母双声,韵母相同(脂部开口三等)。

词义上,"茨"义为聚积茅草以盖屋顶;"薋"义为堆积杂草;"垐"义为用土铺垫道路;"餈"义为积累稻米、黍米粉做成之糕饼。它们都有共同的意义核心"聚集"。

可知,"茨:薋:垐:餈"为一组同源词。其义素分析为:

茨＝/茅草类/＋/聚集/

薋＝/杂草类/＋/聚集/

垄＝/泥土类/＋/聚集/

䅌＝/稻黍粉类/＋/聚集/

这组同源词的意义关系可以用公式表示为：

Y[4]＝/茅草类、杂草类、泥土类、稻黍粉类/＋/聚集/

同源词"茨:薋:垄:䅌"共同的意义核心"聚集"即是这组同源词的核义素。

58. 楣:湄:眉

《释宫》卷七上："楣、櫋，梠也。"疏证："《说文》:楣，秦名屋墙联也。齐谓之櫋，楚谓之梠。《释名》云:楣，眉也。近前若面之有眉也。又云:水草交曰湄。湄，眉也，临水如眉临目也。湄与楣，义相近。楣、宇，皆下垂之名。故在人，亦有眉宇之称。"(第 209 页上)

楣，《说文·木部》："楣，秦名屋墙联也。齐谓之櫋，楚谓之梠。从木，眉声。"徐锴《说文解字系传》："谓门上横梁也。"《释名·释宫室》："楣，眉也，近前各两若面之有眉也。"唐李贺《五台山清凉寺碑》："寒暑隔阂于櫋楣，雷风击薄于轩牖。"《宋书·谢灵运传》："因丹霞以赪楣，附碧云以翠椽。"明袁道宏《十景园小集》："苍藤蔽櫋楣，楚楚干云势。""楣"义为屋檐椽端的横板，在屋檐与椽端的交接处。上古音为明母脂部开口三等。

湄，《说文·水部》："湄，水艸交为湄。从水，眉声。"《尔雅·释水》："水草交为湄。"《释名·释水》："水草交曰湄。湄，眉也，临水如眉临目也。"《字汇·水部》："湄，水草之交也。岸有草，水与草交则水之际也。"《诗·秦风·蒹葭》："所谓伊人，在水之湄。"毛传："湄，水隒也。"孔颖达疏："《释水》云:'水草交为湄。'谓水草交接之处，水之岸也。"南朝梁江淹《别赋》："怨复怨兮远山曲，去复去兮长河湄。"宋王安石《集句示德逢》："有菀者柳，在河之湄。"明陈汝元《金莲记·重贬》："我东征湘水湄，你西归蜀道隈。""湄"义为水草交接处。上古音为明母脂部开口三等。

眉，《说文·眉部》："眉，目上毛也。从目，象眉之形，上象额理也。"《庄子·渔父》："有渔父者，下船而来，须眉交白。"《谷梁传·文公十一年》："叔孙得臣，最善射者也。射其目，身横九亩，断其首而载之，眉见于轼。"汉傅毅《舞赋》："眉连娟以增绕兮，目流睇而横波。"唐秦韬玉《贫女》："敢将十指夸织巧，不把双眉斗画长。"清蒲松龄《聊斋志异·画皮》："共视人皮，眉目手足无不具备。""眉"义为眉毛，位于目与额之交接处。上古音为明母脂部开口三等。

语音上，"楣:湄:眉"上古音有音同关系:明母双声，韵母相同(脂部开口三等)。

词义上，"楣"为屋檐椽端的横板，在屋檐与椽端的交接处;"湄"为水草交接处;"眉"为眉毛，位于目与额之交接处。它们都有共同的意义核心"交接处"。

可知,"楣:湄:眉"为一组同源词。其义素分析为:

楣＝/檐椽类/＋/交接处/

湄＝/水草类/＋/交接处/

眉＝/目额类/＋/交接处/

这组同源词的意义关系可以用公式表示为:

Y[3]＝/檐椽类、水草类、目额类/＋/交接处/

同源词"楣:湄:眉"共同的意义核心"交接处"即是这组同源词的核义素。"楣:湄"并从"眉"声,可把"眉"看作这组同源词的源词。

59. 蚨:蛭

《释诂》卷三下:"疢、痤,恶也。"疏证:"《玉篇》:痤,恶也。恎,恶性也。恎与痤同。又音大结反。《说文》:蚨,蛇恶毒长也。《尔雅》:蚨,虺。注云:蝮属,大眼,最有毒,今淮南人呼虺子。释文:蚨,大结反。字亦作蛭。杨孟文《石门颂》云:恶虫弊狩,蚳蛭毒蟃。毒蟃谓毒长也。蚨与蛭、虺与恶,声义亦同。"(第106页下)

蚨,《说文·长部》:"蚨,蛇恶毒长也。"段玉裁改为:"虺也,蛇毒长。"《尔雅·释鱼》:"蚨,虺。"郭璞注:"蝮属,大眼(按:一本作"火眼"),最有毒,今淮南人呼虺子。"《玉篇·长部》:"蚨,虺也,蛇毒长也。"明刘基《郁离子·玄豹》:"客喜,佑主人以文蚨之修,主人吐舌而走。""蚨"为毒蛇名,蝮蛇的一种,又名虺。上古音为定母质部开口四等短入。

蛭,《说文·虫部》:"蛭,蚑也。从虫,至声。"段玉裁注:"水蛭者,今之马黄。"《尔雅·释鱼》:"蛭,蚑。"郭璞注:"今江东呼水中蛭虫入人肉者为蚑。"《史记·屈原贾生列传》:"弥融爚以隐处兮,夫岂从蚁与蛭螾。"《文选·贾谊〈吊屈原赋〉》:"伣蝼獭以隐处兮,夫岂从虾与蛭螾。"李善注引韦昭曰:"蛭,水虫,食人者也。"汉王充《论衡·福虚》:"蛭之性食血,惠王心腹之积,殆积血也。"汉贾谊《新书·春秋》:"楚惠王食寒菹而得蛭。"唐柳宗元《晋问》:"弥六合,泽万物,而虾与蛭不离水。"唐韩愈《赠侯喜》:"暂动还休未可期,虾行蛭渡似皆疑。""蛭",水虫名,即水蛭,俗称蚂蟥,能吸人畜的血。也是一种毒虫。上古音为章母质部开口三等短入。

语音上,"蚨"与"蛭"上古音有音转关系:定章准旁纽,质部叠韵。

词义上,"蚨"为毒蛇;"蛭"为毒虫。它们都有共同的意义核心"毒"。

可知,"蚨:蛭"为一组同源词。其义素分析为:

蚨＝/蛇类/＋/毒/

蛭＝/虫类/＋/毒/

这组同源词的意义关系可以用公式表示为:

Y[2]＝/蛇类、虫类/＋/毒/

同源词"蛈:蛭"共同的意义核心"毒"即是这组同源词的核义素。

60. 粜:屑:糏

《释器》卷八上:"糜,糏也。"疏证:"糏,通作屑。糏之言屑屑也。《玉篇》:糏,碎米也。《广韵》云:米麦破也。《说文》:穖,粜也。粜,穖粜,散之也。粜与糏,古声义并同。"(第248页上)

粜,《说文·米部》:"粜,穖粜,散之也。"段玉裁注:"粜者复举字,穖者衍字。粜本谓散米,引申之凡放散皆曰粜。"本义为散米,引申为碎米。《康熙字典·米部》引《海篇》:"糤,与粜同。"《改并四声篇海·米部》引《龙龛手鉴》:"糤,碎米也。"上古音为心母月部开口一等短入。

屑,《玉篇·尸部》:"屑,碎也。"《文选·张衡〈思玄赋〉》:"屑瑶蕊以为糇兮。"李善注:"屑,碎也。"《礼记·内则》:"屑桂与姜。"《文选·木华〈海赋〉》:"或屑没于鼋鼍之穴。"李善注:"屑,犹碎也。"《聊斋志异·荷花三娘子》:"不知何人饶舌,遂教风狂儿屑碎死。""屑"为粉碎;研成碎末。也指碎末。《世说新语·赏誉》:"胡毋彦国吐佳言如屑,后进领袖。"刘孝标注:"言谈之流,靡靡如解木出屑也。"上古音为心母质部开口四等短入。

糏,《玉篇·米部》:"糏,碎米也。"《广韵·屑韵》:"糏,米麦破也。"《广雅·释器八》:"糜,糏也。"《集韵·屑韵》:"糏,舂余也。"清杨凤苞《南疆逸史跋一·附录凡例一则》:"乘黑冲毒雾,夜饭裹麦糏。""糏"为米麦被碾压成的碎屑。上古音为心母质部开口四等短入。

语音上,"屑"与"糏"上古语音相同:心母质部开口四等短入。"粜"与"屑:糏"上古语音相转:心母双声,月质对转。"粜:屑:糏"上古音既有音同关系,也有音转关系。

词义上,"粜"本义为散米,引申为碎米。"屑"为粉碎;研成碎末。"糏"为米麦被碾压成的碎屑。"糏"得名于"屑"。它们都有共同的意义核心"碎屑"。

可知,"粜:屑:糏"为一组同源词。其义素分析为:

粜＝/名物范畴/＋/碎屑/

屑＝/动作范畴/＋/碎屑/

糏＝/名物范畴/＋/碎屑/

这组同源词的意义关系可以用公式表示为:

Y[3]＝/动作范畴、名物范畴/＋/碎屑/

同源词"粜:屑:糏"共同的意义核心"碎屑"即是这组同源词的核义素。

61. 苾:馝

《释器》卷八上:"馝,香也。"疏证:"司马相如《上林赋》云:晻薆咇茀。此释其义也。……《说文》:苾,馨香也。馤,食之香也。《玉篇》:咇,芳香也。秘,大香也。《小雅·楚茨篇》云:苾芬孝祀。《周颂·载芟篇》云:有馤其香。秘、咇、馤、苾,并通。"(第 251 页上~251 页下)

苾,《说文·艸部》:"苾,馨香也。从艸,必声。"唐慧琳《一切经音义》卷二十九引《埤苍》:"秘,大香也。"《广韵·质韵》:"秘,香也。"《集韵·质韵》:"苾,《说文》:'馨香也。'或从香。"《诗·小雅·信南山》:"是烝是享,苾苾芬芬。"《大戴礼记·曾子疾病》:"与君子游,苾乎如入兰芷之室。"南朝梁刘孝绰《谢晋安王饷米等启》:"垂赐米、酒、瓜、笋、菹、脯、酢、茗八种,气苾新城,味芳云松。"《宋史·乐志九》:"有缗其仪,有苾其香。""苾"与"秘"为一对异体字,本指草之香,引申为凡物之香。上古音为并母质部开口三等短入。

馤,《说文·食部》:"馤,食之香也。从食,必声。"朱骏声通训定声:"草香曰苾,食香曰馤。"《集韵·屑韵》:"馤,食气之香。"《诗·周颂·载芟》:"有馤其香,邦家之光。"毛传:"馤,芬香也。"唐李纾《迎俎》诗:"有馤嘉豆,既和大羹。"明刘球《甘氏祠堂侑享虾福诗序》:"醴齐牲肴,厥香孔馤。""馤"义为食之香。上古音为并母质部开口三等短入。

语音上,"苾:馤"上古音有音同关系:并母双声,韵母相同(质部开口三等短入)。

词义上,"苾"为草香;"馤"为食香。它们都有共同的意义核心"香"。

可知,"苾:馤"为一组同源词。其义素分析为:

苾=/草类/+/香/

馤=/食类/+/香/

这组同源词的意义关系可以用公式表示为:

Y[2]=/草类、食类/+/香/

同源词"苾:馤"共同的意义核心"香"即是这组同源词的核义素。

62.攒:蒪

《释诂》卷三下:"蒪,聚也。"疏证:"蒪之言攒聚也。《说文》:蒪,丛草也。《玉篇》作绲切,云:苯蒪,草丛生也。张衡《西京赋》云:苯蒪蓬茸。《南都赋》云:森蒪蒪而刺天。《楚辞·离骚》:纷总总其离合兮。王逸注云:总总,犹傅傅,聚貌也。扬雄《甘泉赋》云:齐总总撙撙其相胶轕兮。《说文》:傅,聚也。噂,聚语也。《小雅·十月之交篇》:噂沓背憎。毛传云:噂,犹噂噂。沓,犹沓沓。是凡言蒪者,皆聚之义也。成十六年《左传》:蹲甲而射之。杜预注云:蹲,聚也。蹲与蒪,亦声近义同。"(第 94 页下~95 页上)

攒,《集韵·换韵》:"攒,聚也。"攒,义为聚集。《字汇·手部》:"攒,族聚也。"《墨子·备城门》:"城上为攒火。"《文选·张衡〈西京赋〉》:"攒珍宝之玩好。"李善注引薛综曰:"攒,聚也。"上古音为精母元部合口一等。

蕁,《说文·艸部》:"蕁,丛草也。从艸,尊声。"《玉篇·艸部》:"蕁,苯蕁,草丛生。"《广雅·释诂三》:"蕁,聚也。"《文选·张衡〈西京赋〉》:"苯蕁蓬茸,弥皋被冈。"李善注引薛综曰:"言草木炽盛,覆被于高泽及山冈之上。""蕁"义为草之聚集。上古音为精母文部合口一等。

语音上,"攒"与"蕁"上古音有音转关系:精母双声,元文旁转。

词义上,"攒"为凡物之聚集;"蕁"为草之聚集。它们都有共同的意义核心"聚集"。

可知,"攒:蕁"为一组同源词。其义素分析为:

攒=/物类/+/聚集/

蕁=/草类/+/聚集/

这组同源词的意义关系可以用公式表示为:

Y[2]=/物类、草类/+/聚集/

同源词"攒:蕁"共同的意义核心"聚集"即是这组同源词的核义素。

63. 幾:噄:璣:鐖

《释诂》卷四下:"幾,微也。"疏证:"幾之言幾希也。《系辞传》云:幾者,动之微。《皋陶谟》云:惟幾惟康。《说文》:璣,精详也。噄,小食也。司马相如《大人赋》云:咀噍芝英兮,噄琼华。《众经音义》卷九引《字林》云:璣,小珠也。《玉篇》:鐖,钩逆铓也。《淮南子·说林训》云:无鐖之钩,不可以得鱼。《方言》云:钩,自关而西,或谓之鐖。郭璞音微。是凡言幾者,皆微之义也。"(第123页上~123页下)

幾,《说文·丝部》:"幾,微也,殆也。"《易·系辞下》:"幾者,动之微,吉之先见者也。"韩康伯注:"吉凶之彰,始于征兆。"《荀子·解蔽》:"危微之幾,惟明君之而后能知之。"《史记·李斯列传》:"胥人者,去其幾也。"司马贞索隐:"幾者,动之微也。以言君子见幾而作,不俟终日;小人不识动微之会,故每失时也。"汉袁康《越绝书·外传计倪》:"由此而言,进有退之义,存有亡之幾,得有丧之理。"清王夫之《周易外传·屯》:"阳方来而交阴,为天地之初幾,万物之始兆。""幾"义为细微的迹象。上古音为见母微部开口三等。

噄,《说文·口部》:"噄,小食也。从口,幾声。"《正字通·口部》:"噄,《说文》:'小食也。'即少食,古小少字通。"《史记·司马相如列传》:"噍咀芝英兮噄琼华。"裴骃集解引徐广曰:"噄,小食也。"三国魏阮籍《咏怀》:"乘云御飞龙,嘘噏噄琼华。"唐段成式《酉阳杂俎·酒食》:"茹,噄,食也。""噄"义为小食,即稍稍吃一点。上古音为见母微部开口三等。

璣,唐玄应《一切经音义》卷九引《字林》:"璣,小珠也。"《书·禹贡》:"厥筐玄繡璣组。"陆德明释文引《字书》:"璣,小珠也。"《逸周书·王会解》:"请令以珠璣、玳瑁、象齿、文犀、翠羽、菌鹤、短狗为献。"孔晁注:"璣,似珠而小。"唐罗虬《比红儿》:"虢国夫人照夜璣,若为求得与红儿。"清姚燮《双鸠篇》:"摘妾胸前璣,为郎换棉衣。""璣"义为小珠。上古音为见母微部开口三等。

鐖,《玉篇·金部》:"鐖,钩逆鋩也。"《方言》卷五:"钩,自关而西谓之钩,或谓之鐖。"钱绎笺疏:"微之言幾微也。钩谓之鐖,犹钩逆鋩谓之鐖,皆以纤锐立名也。"明赵南星《梁道生未第卷序》:"譬之钓者,香其饵,餂其鐖,专其志,正其容,宴以待之,而鱼已出于重渊矣。""鐖"为钩上的倒刺,也是细微之物。上古音为见母微部开口三等。

语音上,"幾:嘰:璣:鐖"上古音有音同关系:见母双声,韵母相同(微部开口三等)。

词义上,"幾"为细微的迹象;"嘰"为小食;"璣"为小珠;"鐖"为钩上的倒刺,也是细微之物。它们都有共同的意义核心"细小"。

可知,"幾:嘰:璣:鐖"为一组同源词。其义素分析为:

幾=/名物范畴/+/细小/

嘰=/动作范畴/+/细小/

璣=/名物范畴/+/细小/

鐖=/名物范畴/+/细小/

这组同源词的意义关系可以用公式表示为:

$Y[4]$=/名物范畴、动作范畴/+/细小/

同源词"幾:嘰:璣:鐖"共同的意义核心"细小"即是这组同源词的核义素。"嘰:璣:鐖"并从"幾"声,"幾"含"细小"义,可把"幾"看作这组同源词的源词。

64. 移:扡

《释诂》卷二上:"扡,加也。"疏证:"扡之言移也。移加之也。《赵策》云:知伯来请地不与,必加兵于韩矣。韩子《十过篇》加作移。是移与扡同义。……《小雅·小弁篇》:舍彼有罪,予之佗矣。毛传云:佗,加也。佗与扡,亦声近义同。"(第47页下)

移,《国语·齐语》:"相地而衰征,则民不移。"韦昭注:"视土地之美恶及所生出,以差征赋之轻重也。移,徙也。"移,本义为迁徙;调动。《史记·仲尼弟子列传》:"故移其兵欲以伐鲁。"引申为施予;给予。《汉书·扬雄传上》:"是以旄裘之王,胡貉之长,移珍来享,抗手称臣。"颜师古注引如淳曰:"移,以物与人曰移。"上古音为以母歌部开口三等。

扡,《广雅·释诂二》:"扡,加也。"疏证:"扡之言移也。移加之也。"扡,义为加;施加。上古音为以母歌部开口三等。

语音上,"移"与"扬"上古音有音同关系:以母双声,韵母相同(歌部开口三等)。

词义上,"移"为施予;给予。"扬"为施加。

可知,"移:扬"为一组同源词,共同的意义核心"施加"即是这组同源词的核义素。

65.蕊:萎

《释草》卷十上:"蕊,华也。"疏证:"《离骚》云:贯薜荔之落蕊。王注云:蕊,实貌也。贯累香草之实。吕延济注云:蕊,花心也。案上文言餐秋菊之落英,此言贯薜荔之落蕊,英、蕊盖俱是华,积累香草之华,文义亦通耳。蕊之言萎也。《说文》云:萎,草木华垂皃。狋,草木实狋狋也。刘逵《蜀都赋注》云:蕊者,或谓之华,或谓之实。一曰花须头点也。《广韵》云:花外曰萼,花内曰蕊。实谓之狋,亦谓之蕊。华谓之萎,亦谓之蕊。皆垂之貌也。《说文》云:縈,垂也。縈与蕊,声义正同。"(第 336 页下～337 页上)

蕊,《广韵·纸韵》:"蕊,花外曰萼,花内曰蕊。"《正字通·艸部》:"蕊,俗蕊字。从草,不必复加木。"花蕊。后作"蕊"。《文选·左思〈蜀都赋〉》:"红葩紫饰,柯叶渐苞,敷蕊葳蕤,落英飘飘。"李善注引刘逵曰:"蕊者,或谓之华,或谓之实。"又指花。《广雅·释草》:"蕊,华也。"《楚辞·离骚》:"揽木根以结茝兮,贯薜荔之落蕊。"上古音为日母歌部合口三等。

萎,《说文·艸部》:"萎,草木花垂貌。"本义为草木花下垂貌。《广韵·脂韵》:"萎,葳蕤,草木华垂貌。"引申为花。汉王粲《初征赋》:"春风穆其和畅兮,庶卉焕以敷萎。"《文选·陆机〈文赋〉》:"播芳萎之馥馥,发青条之森森。"李善注引《纂要》曰:"草木花曰萎。"又指花蕊。《红楼梦》第五回:"此酒乃以百花之萎,万木之汁,加以麟髓凤乳酿成。"上古音为日母微部合口三等。

语音上,"蕊"与"萎"上古音有音转关系:日母双声,歌微旁转。

词义上,"蕊"为花蕊,花;"萎"为花,花蕊。它们都有共同的意义核心"花"。

可知,同源词"蕊:萎"共同的意义核心"花"即是这组同源词的核义素。

66.皮:肤

《释诂》卷三下:"肤、朴、皮,离也。"疏证:"《释言》云:皮、肤,剥也。《说文》云:剥取兽革者谓之皮。《韩策》云:因自皮面抉眼,自屠出肠。郑注《内则》云:肤,切肉也。是皮、肤皆离之义也。朴与皮、肤一声之转。《说文》:朴,木皮也。"(第 106 页上)

皮,《说文·又部》:"皮,剥取兽革者谓之曰皮。"谢彦华闻载:"据字形从又,说曰剥取,是本当曰剥,所剥之革曰皮。"本义为剥(皮),引申为兽皮。带毛的叫皮,去毛的叫革。《周礼·天官·掌皮》:"掌皮,掌秋敛皮,冬敛革,春献之。"孙诒让正义:"宋绵初云:'凡连毛者曰皮,裘材也。'"《诗·鄘风·相鼠》:"相鼠有皮,人而无仪。"又引申指人的皮肤或动植物体表面的一层组织。《篇海内编·身体类·皮部》:"皮,肤肌表也。"《汉书·高帝纪上》:"高祖为亭长,乃以竹皮为冠。"清蒲松龄《聊斋志异·画皮》:"铺人皮于榻上,执彩笔而绘之。"上古音为並母歌部开口三等。

膚,《说文·肉部》:"臚,皮也。从肉,盧声。"段玉裁注:"今字皮膚从籀文作膚,膚行而臚废矣。"本义为人体的表皮;皮肤。《玉篇·肉部》:"膚,皮也。"《广韵·虞韵》:"膚,皮膚。"《诗·卫风·硕人》:"手如柔荑,膚如凝脂。"《礼记·礼运》:"四体既正,膚革充盈,人之肥也。"孔颖达疏:"膚是革外之薄皮。"引申为指树木、果实的表皮或表皮下的组织。《后汉书·蔡伦传》:"伦乃造意,用树膚、麻头及蔽布、鱼网以为纸。"上古音为帮母鱼部合口三等。

语音上,"皮"与"膚"上古音有音转关系:並帮旁纽,歌鱼通转。

词义上,"皮"本义为剥(皮),引申为兽皮;又引申指人的皮肤或动植物体表面的一层组织。"膚"为人体的表皮,皮肤;引申为指树木、果实的表皮或表皮下的组织。它们都有共同的意义核心"皮"。

可知,"皮:膚"为一组同源词。其义素分析为:

皮＝/动作范畴/＋/皮/

膚＝/名物范畴/＋/皮/

这组同源词的意义关系可以用公式表示为:

Y[2]＝/动作范畴、名物范畴/＋/皮/

同源词"皮:膚"共同的意义核心"皮"即是这组同源词的核义素。

67. 弛:施

《释诂》卷三下:"施,弛也。"疏证:"易与弛通。施,读当如施于中谷之施。《周南·葛覃》传云:施,移也。《大雅·皇矣篇》:施于孙子。郑笺云:施,犹易也,延也。《丧服传》:绝族无施服。郑注云:在旁而及曰施。义并相同。《尔雅》:弛,易也。郭璞注云:相延易。弛与施,亦声近义同。"(第99页下)

弛,《尔雅·释诂上》:"弛,易也。"郭璞注:"相延易。"《荀子·君道》:"天下之变,境内之事,有弛易齟齬者,而人主无由知之,则是拘胁蔽塞之端也。"《战国策·魏策二》:"请弛期更日。""弛"义为时事延缓。上古音为书母歌部开口三等。

施,《集韵·寘韵》:"施,及也。"《书·君奭》:"非克有正,迪惟前人光,施于我冲子。"孙星衍疏:"施者,《诗》笺云:延也,言弗能常久继前王懋显明之德。"《诗·小雅·頍弁》:"茑与女萝,施于松柏。"秦李斯《谏逐客书》:"使西事秦,功施到今。"《淮南子·修务》:"隐处穷巷,声施千里。"高诱注:"施,行也。"宋王安石《祭沈中舍人》:"施于不肖,遂为世友。"《后汉书·窦融传》:"昔魏其一言,继统以正,长君、少君尊奉师傅,修成淑德,施及子孙。"李贤注:"施,延也,音羊豉反。"宋曾巩《祖母丘氏追封魏国太夫人诰》:"故宠禄在其子孙,则褒荣施其祖祢。""施"义为人事延续。上古音为书母歌部开口三等。

语音上,"弛"与"施"上古音有音同关系:书母双声,韵母相同(歌部开口三等)。

词义上,"弛"为时事延缓;"施"为人事延续。它们都有共同的意义核心"延续"。

可知,"弛:施"为一组同源词。其义素分析为:

弛=/时事类/+/延续/

施=/人事类/+/延续/

这组同源词的意义关系可以用公式表示为:

Y[2]=/时事类、人事类/+/延续/

同源词"弛:施"共同的意义核心"延续"即是这组同源词的核义素。

68. 顺:伦

《释诂》卷一上:"伦,顺也。"疏证:"伦、顺声相近。《考工记·弓人》:析干必伦。郑注云:顺其理也。《礼器》:天地之祭,宗庙之事,父子之道,君臣之义,伦也。郑注云:伦之言顺也。《魏风·伐檀》释文引《韩诗》云:顺流而风曰沦。义与伦相近。"(第10页上)

顺,《说文·页部》:"顺,理也。"本义为道理。引申为顺应;依循。《释名·释言语》:"顺,循也。循其理也。"《广韵·稕韵》:"顺,从也。"《诗·大雅·皇矣》:"不识不知,顺帝之则。"唐柳宗元《种树郭橐驼传》:"能顺木之天,以致其性焉尔。"《诗·鲁颂·泮水》:"顺彼长道,屈此群丑。"上古音为船母文部合口四等。

伦,《说文·人部》:"伦,辈也。"本义为辈;同类。引申为条理;顺序。《逸周书·宝典》:"悌乃知序,序乃伦;伦不腾上,上乃不崩。"也指顺其理,使其条理化。《周礼·考工记·弓人》:"析干必伦。"郑玄注:"循其理也。"明何景明《古乐府叙例》:"今姑伦其辞,其辞伦而音声亦各自见矣。"上古音为来母文部合口四等。

语音上,"顺"与"伦"上古音有音转关系:船来准旁纽,韵母相同(文部合口四等)。

词义上,"顺"本义为道理。引申为顺应;依循。"伦"本义为辈;同类。

引申为顺其理,使其条理化。

可知,"顺:伦"为一组同源词,共同的意义核心"依循"即是这组同源词的核义素。

69. 硊:艮:铠:垲

《释诂》卷一下:"硊,坚也。"疏证:"硊者,《方言》:艮、硊,坚也。《说卦传》云:艮为山,为小石。皆坚之义也。今俗语犹谓物坚不可拔曰艮。艮各本讹作良,惟影宋本不讹。《文选·高唐赋》:振陈硊硊。《思元赋》:行积水之硊硊兮。李善注并引《方言》:硊,坚也。《释名》:铠,犹垲也。垲,坚重之言也。并与硊声近义同。"(第41页上)

硊,《方言》卷十二:"硊,坚也。"《玉篇·石部》:"硊,坚石也。"《文选·张衡〈思玄赋〉》:"行积冰之硊硊兮,清泉沍而不流。"李善注引《方言》曰:"硊硊,坚也。"清王又旦《自千尺嶂缘猱狖愁行》:"万状石硊硊,纷垂繘纚纚。""硊"义为坚石。上古音为疑母微部合口一等。

艮,《方言》卷十二:"艮,坚也。"郭璞注:"艮、硊,皆名石物也。"《广雅·释诂一》:"艮,坚也。""艮"义为石物坚硬。上古音为见母文部开口一等。

铠,《释名·释兵》:"或谓之甲,似物孚甲以自御也。"《韩非子·五蠹》:"铠甲不坚者伤乎体。"《管子·地数》:"葛卢之山发而出水,金从之,蚩尤受而制之以为剑铠矛戟。"《初学记》卷二十二引汉李尤《铠铭》:"甲铠之施,扞御锋矢。"唐柳宗元《祷牙文》:"镞刃锋锷,毕集于凶躬;铠甲干盾,咸完于义躯。"明宋濂《平江汉颂》:"矛戈洸洸,铠胄明明。""铠"本指古代军用护身符,以金属薄片缀成,故有坚硬义。上古音为溪母微部开口一等。

垲,《说文·土部》:"垲,高燥也。"《左传·昭公三年》:"子(晏子)之宅近市,湫隘嚣尘,不可以居,请更诸爽垲者。"杜预注:"垲,燥。"孔颖达疏:"垲,高地,故为燥也。"汉张衡《西京赋》:"处甘泉之爽垲,乃隆崇而弘敷。"《新唐书·陈子昂传》:"子昂盛言东都胜垲,可营山林。"《新唐书·郭子仪传附郭鏦》:"别墅在都南,尤胜垲,穆宗尝幸之,置酒极欢。"宋沈括《岸老堂记》:"垲予以涧岸之冷风也。"明袁宏道《园亭纪略》:"祇园轩豁爽垲,一花一石,俱有林下风味。""垲"义为地势高而干燥,故有坚硬义。上古音为溪母微部开口一等。

语音上,"硊"与"艮"上古语音相转:疑见旁纽,微文对转;"铠"与"垲"上古语音相同:溪母微部开口一等;"硊"与"铠"、"垲"上古语音相转:疑溪旁纽,微部叠韵;"艮"与"铠"、"垲"上古语音相转:见溪旁纽,文微对转。"硊:艮:铠:垲",上古音既有音同关系,也有音转关系。

词义上,"硊"为坚石;"艮"为石物坚硬;"铠"为金器坚硬;"垲"为土地坚硬。它们都有共同的意义核心"坚硬"。

可知,"砠:艮:铠:垲"为一组同源词。其义素分析为:

砠＝/石类/＋/坚硬/

艮＝/石物类/＋/坚硬/

铠＝/金器类/＋/坚硬/

垲＝/土地类/＋/坚硬/

这组同源词的意义关系可以用公式表示为:

Y[4]＝/石类、石物类、金器类、土地类/＋/坚硬/

同源词"砠:艮:铠:垲"共同的意义核心"坚硬"即是这组同源词的核义素。

70. 朏:诎

《释亲》卷六下:"朏,曲脚也。"疏证:"朏之言诎也。其体诎曲也。"(第206页下)

朏,《广雅·释亲》:"朏,曲脚也。"《玉篇·肉部》:"朏,肤朏也。"《集韵·没韵》:"朏,一曰胴朏,曲脚也。""朏"义为脚弯曲。上古音为溪母物部合口一等短入。

诎,《说文·言部》:"诎,诘诎也。"段玉裁注:"二字双声,屈曲之意。"邵瑛群经正字:"诎,今经典多用屈字。"《马王堆汉墓帛书·老子甲本·德经》:"大直如诎,大巧如拙。"《荀子·劝学》:"若挈裘领,诎五指而顿之,顺者不可胜数也。"杨倞注:"诎与曲同。"《礼记·丧大记》:"凡陈衣不诎,非列采不入,缔绤纻不入。"《礼记·乐记》:"执其干戚,习其俯仰诎伸,容貌得庄焉。""诎"义为事物之弯曲。上古音为溪母物部合口三等短入。

语音上,"朏"与"诎"上古音有音近关系:溪母双声,物部叠韵。

词义上,"朏"为脚弯曲;"诎"为事物之弯曲。它们都有共同的意义核心"弯曲"。

可知,"朏:诎"为一组同源词。其义素分析为:

朏＝/脚类/＋/弯曲/

诎＝/事物类/＋/弯曲/

这组同源词的意义关系可以用公式表示为:

Y[2]＝/脚类、事物类/＋/弯曲/

同源词"朏:诎"共同的意义核心"弯曲"即是这组同源词的核义素。

71. 愾:鎎:鎎

《释诂》卷一上:"愾,满也。"疏证:"愾,音口代、许气二反。谓气满也。《玉篇》音《广雅》作嘅。《说文》:鎎,怒战也。引文四年《左传》:诸侯敌王所鎎。今本作愾。杜预注云:愾,恨怒也。《说文》:忼慨壮士不得志于心也。

徐锴传云:内自高亢愤激也。义并与愾同。《方言》:鎎、餴,饱也。鎎与愾亦同义。故《广雅》愾、餴、饱三字同训为满矣。"(第 12 页上~12 页下)

愾,《说文·心部》:"愾,大息也。从心,从氣,氣亦声。"《广雅·释诂一》:"愾,满也。"王念孙疏证:"愾,谓气满也。"《集韵·代韵》:"愾,满也。"《礼记·祭义》:"出户而听,愾然必有闻乎其叹息声。"孙希旦集解引马希孟曰:"愾然,言其气。""愾"义为气满胸膛。上古音为晓母物部开口三等长入。

鎎,《说文·金部》:"鎎,怒战也。从金,氣声。《春秋传》曰:'诸侯敌王所鎎。'"段玉裁注:"怒则有氣,战则用兵,故其字从金、从氣。氣者,气之叚借字也。"按今本《左传·文公四年》作"愾"。章炳麟《书前录·客帝匡谬》:"由是言之,满洲弗逐,欲士之爱国,民之敌愾,不可得也。""鎎"义为因怒气满而战。上古音为晓母物部开口三等长入。

餴,《方言》卷十二:"餴,饱也。"钱绎笺疏:"食饱谓之餴。""餴"义为吃饱。上古音为晓母物部开口三等长入。

语音上,"愾:鎎:餴"上古音有音同关系:晓母双声,韵母相同(物部开口三等长入)。

词义上,"愾"为气满胸膛;"鎎"为怒战;"餴"为吃饱。它们都有共同的意义核心"满"。

可知,"愾:鎎:餴"为一组同源词。其义素分析为:

愾＝/气胸类/＋/满/

鎎＝/怒气类/＋/满/

餴＝/肚子类/＋/满/

这组同源词的意义关系可以用公式表示为:

Y[3]＝/气胸类、怒气类、肚子类/＋/满/

同源词"愾:鎎:餴"共同的意义核心"满"即是这组同源词的核义素。

72.汔:讫

《释诂》卷一下:"汔,尽也。"疏证:"汔之言讫也。《说文》:汔,水涸也。《井象辞》:汔至。荀爽注云:阴来居初,下至汔竟也。竟,亦尽也。《吕氏春秋·听言篇》云:壮狡汔尽穷屈。汔与既,声亦相近也。"(第 41 页下)

汔,《集韵·迄韵》:"汔,《说文》:'汔,水涸也。'"按:《说文·水部》作"汔"。晋葛洪《抱朴子·诘鲍》:"汔渊剖珠,倾岩刊玉。""汔"义为水干涸。上古音为晓母物部开口三等短入。

讫,《说文·言部》:"讫,止也。"段玉裁注:"见《释诂》。"《礼记·祭统》:"防其邪物,讫其嗜欲。"郑玄注:"讫,止也。""讫"由"停止"义引申为事物完毕,终尽。《字汇·言部》:"讫,尽也。"《新唐书·高适传》:"官中比饥,士流入蜀者道路相系,地入有讫,而科敛无涯,为蜀计者,不亦难哉!"上古音为见母物部开口三等短入。

语音上,"汔"与"讫"上古音有音转关系:晓见旁纽,韵母声调相同(物部开口三等短入)。

词义上,"汔"为水尽;"讫"为事物尽。它们都有共同的意义核心"完尽"。

可知,"汔:讫"为一组同源词。其义素分析为:

汔＝/水类/＋/完尽/

讫＝/事物类/＋/完尽/

这组同源词的意义关系可以用公式表示为:

Y[2]＝/水类、事物类/＋/完尽/

同源词"汔:讫"共同的意义核心"完尽"即是这组同源词的核义素。

73. 菫:僅:厪:饉

《释诂》卷三下:"菫,少也。"疏证:"菫读为僅。《说文》:僅,才能也。徐锴传云:僅能如此,是才能如此也。又《说文》:厪,少劣之居也。《周语》:余一人僅亦守府。韦昭注云:僅,犹劣也。定八年《公羊传》云:僅然后得免。《射义》云:盖廑有存者。《吕氏春秋·长见篇》:鲁公以削,至于觐存。高诱注云:觐,裁也。《盐铁论·通有篇》云:多者不独衍,少者不独僅。《汉书·董仲舒传》:厪能勿失耳。颜师古注云:厪,少也。《地理志》:菫菫物之所有。应劭注云:菫菫,少也。并字异而义同。《谷梁传》:三谷不升谓之饉。亦是少劣之意。犹一谷不升谓之歉也。"(第 101 页下~102 页上)

菫,《集韵·稕韵》:"僅,亦省(作)菫。"《史记·货殖列传》:"豫章出黄金,长沙出连锡,菫菫物之所有。"裴骃集解引应劭曰:"菫,少也。"《汉书·地理志下》:"豫章出黄金,然菫菫物之所有。"颜师古注:"菫,读曰僅。""菫"义为财物之少。上古音为见母文部开口四等。

僅,《说文·人部》:"僅,材能也。从人,菫声。"徐锴《说文解字系传》:"僅能如此。""僅"本为才能稍不足,引申为少。《广韵·震韵》:"僅,劣也,少也。"《公羊传·桓公三年》:"此其曰有年何? 僅有年也。彼其曰大有年何? 大丰年也。"何休注:"僅,犹劣也,谓五谷多少皆有,不能大成熟。"《公羊传·僖公十六年》:"是月者何? 僅逮是月也。"何休注:"在月之几尽,故曰劣及是月。"上古音为群母文部开口三等。

厪,《说文·广部》:"厪,少劣之居。从广,菫声。"朱骏声通训定声:"厪,字亦作廑。"《广韵·震韵》:"厪,小屋。"宋李诫《营造法式·总释上·宫》:"小屋谓之厪。""廑"与"厪"为一对异体字。《集韵·欣韵》:"厪,《说文》:'少劣之名。'或从勤。"义为小屋。上古音为群母文部开口三等。

馑,《说文·食部》:"馑,蔬不孰为馑。"《尔雅·释天》:"谷不熟为饥,蔬不熟为馑。"邢昺疏引李巡曰:"可食之菜皆不熟为馑。"《诗·小雅·雨无正》:"降丧饥馑,斩伐四国。""馑"本指蔬菜歉收,也指谷物歉收。《盐铁论·通有》:"多者不独衍,少者不独馑。"明刘球《说圃》:"然倍得美茹,以分之家,以惠其邻之馑者,未尝病其不足为也。"上古音为群母文部开口三等。

语音上,"僅:廑:馑"上古音相同,为群母文部开口三等;"堇"与"僅:廑:馑"上古音相转:见群旁纽,文部叠韵。"堇:僅:廑:馑",上古音既有音同关系,也有音转关系。

词义上,"堇"为财物少,"僅"为才能稍不足,引申为凡物之少劣;"廑"为小屋;"馑"为蔬菜歉收,又指谷物歉收。它们都有共同的意义核心"少劣"。

可知,"堇:僅:廑:馑"为一组同源词。其义素分析为:

堇=/财物类/+/少劣/

僅=/才能类/+/少劣/

廑=/房屋类/+/少劣/

馑=/蔬菜类/+/少劣/

这组同源词的意义关系可以用公式表示为:

Y[4]=/财物类、才能类、房屋类、蔬菜类/+/少劣/

同源词"堇:僅:廑:馑"共同的意义核心"少劣"即是这组同源词的核义素。"僅:廑:馑"从"堇"声,"堇"含"少劣"义,可把"堇"看作这组同源词的源词。

74.军:晕:运:围

《释言》卷五下:"军,围也。"疏证:"《说文》:军,圜围也。《吕氏春秋·明理篇》:其日有晕珥。高诱注云:晕,读如君国子民之君。气围绕日周帀,有似军营相围守,故曰晕也。《淮南子·览冥训》:画随灰而月运阙。高注云:运,读连围之围。运者,军也。将有军事相围守,则月运出也。军、运、围,古声并相近。"(第167页下~168页上)

军,《说文·车部》:"军,圜围也。四千人为军。从车,从包省。军,兵车也。"段玉裁注:"于字形得圜义,于字音得围义。凡浑、輨、辉等军声之字,皆兼取其义。"《广雅·释言》:"军,围也。"《周礼·秋官·朝士》:"凡盗贼军乡邑及家人杀之无罪。"《左传·桓公十三年》:"及罗,罗与卢戎两军之,大败之,莫敖缢于荒谷,群帅囚于冶父以听刑。""军"义为包围。上古音为见母文部合口三等。

晕,《说文新附·日部》:"晕,日月气也。从日,军声。"《广韵·问韵》:"晕,日月旁气。"《韩非子·备内》:"故日月晕围于外,其贼在内。"《史记·天文志》:"二十九年正月乙卯巳初,日有晕,左右有珥,上有背气两重,其色青赤而厚。""晕"义为日月周围的光圈。上古音为匣母文部合口三等。

运,《广雅·释诂四》:"运,转也。"《公羊传·定公十五年》:"三卜之运也。"何休注:"运,转也。"《庄子·逍遥游》:"海运则将徙于南冥。"成玄英疏:"运,转也。"《楚辞·哀郢》:"将运舟而下兮。"王逸注:"运,回也。"《淮南子·天文》:"运之以斗。"高诱注:"运,旋也。"《文选·马融〈长笛赋〉》:"运裛穿洔。"李善注:"运裛,回旋相缠也。"《周髀算经下》:"凡日月运行四极之道。"注:"运,周也。""运"义为旋转。上古音为匣母文部合口三等。

围,《说文·口部》:"围,守也。"《左传·襄公十二年》:"莒人伐我东鄙,围台。"《左传·僖公五年》:"八月甲午,晋侯围上阳。"《史记·高祖本纪》:"(汉王)东至咸阳,引兵围雍王废丘。""围"本指包围,又引申为周围。《易·系辞上》:"范围天地之化而不过。"孔颖达疏:"范,谓模范;围,谓周围。"上古音为匣母微部合口三等。

语音上,"晕"与"运"上古音相同:匣母文部合口三等;"军"与"晕"、"运"上古音相转:见匣旁纽,韵母相同(文部合口三等);"军"与"围"上古音相转:见匣旁纽,文微对转;"围"与"晕"、"运"上古音相转:匣母双声,微文对转。"军:晕:运:围",上古音既有音同关系,也有音转关系。

词义上,"军"为包围;"晕"为日月周围的光圈;"运"为旋转;"围"为包围。它们都有共同的意义核心"环绕"。

可知,"军:晕:运:围"为一组同源词。其义素分析为:

军=/动作范畴/+/环绕/

晕=/名物范畴/+/环绕/

运=/动作范畴/+/环绕/

围=/动作范畴/+/环绕/

这组同源词的意义关系可以用公式表示为:

$Y[4]$=/动作范畴、名物范畴/+/环绕/

同源词"军:晕:运:围"共同的意义核心"环绕"即是这组同源词的核义素。

75. 贲:被

《释诂》卷一下:"贲,益也。"疏证:"贲之言被也。以物相被及也。故卷二云:益、被,加也。《尧典》:光被四表。传训被为溢。义相近也。贲与弽,叠韵也。《说文》:贲,移与也。《玉篇》:弽,贲也。《邶风·君子偕老篇》:不屑髢也。郑笺云:髢,髲也。正义引《说文》云:髲,益发也。《释名》云:髲,被也。发少者得以被助其发也。髲、髢与贲、弽声相近,皆附益之意也。"(第37页下)

赇,《说文·贝部》:"赇,迻予也。"段玉裁注:"迻,迁徙也。辗转写之曰迻书,辗转予人曰迻予。"王筠句读:"今言赒封赒赠,即迻予之意。"明孙锦标《南通方言疏证·释财》:"今凡以物与人者,淮西、淮南、吴、越皆言赇。"本义为以物辗转给人,引申为增加。《广雅·释诂一》:"赇,益也。"明焦竑《俗书刊物·俗用杂字》:"移己所有以益人曰赇。一作赔。"杨树达《积微居小学金石论丛·释赠》:"皮有加义,赇从皮声,亦有加义,故《广雅·释诂》训赇为益也。"上古音为帮母歌部开口三等。

被,《说文·衣部》:"被,寝衣也,长一身有半。从衣,皮声。"本义为被子,睡觉时用以覆体。引申为施加;增加。《广雅·释诂二》:"被,加也。"《诗·大雅·既醉》:"天被尔禄。"郑玄笺:"天覆被女以禄位,使禄临天下。"《荀子·不苟》:"国乱而治之者,非案乱而治之之谓也,去乱而被之以治。"梁启雄释引《广雅·释诂》:"被,加也。"《史记·南越列传》:"即被(赵)佗书,行南海尉事。"《汉书·佞幸传·石显》:"忤恨睚眦,辄被以危法。"颜师古注:"被,加也。"上古音为并母歌部开口三等。

语音上,"赇"与"被"上古音有音转关系:帮并旁纽,韵母相同(歌部开口三等)。

词义上,"赇"本义为以物辗转给人;引申为增加。"被"本义为被子,睡觉时用以覆体;引申为施加,增加。它们都有共同的意义核心"增加"。

可知,"赇:被"为一组同源词。其义素分析为:

赇＝/物类/＋/增加/

被＝/衣类/＋/增加/

这组同源词的意义关系可以用公式表示为:

Y[2]＝/物类、衣类/＋/增加/

同源词"赇:被"共同的意义核心"增加"即是这组同源词的核义素。"赇"与"被"都从"皮"声,"皮"含"增加"义,可把"皮"看作这组同源词的源词。

76.科:窠:窾

《释诂》卷三下:"科,空也。"疏证:"科者,《说卦传》:其于木也,为科上槁。释文云:科,空也。《史记·张仪传》:虎贲之士,跿跔科头。集解云:科头,谓不著兜鍪入敌也。亦空之义也。《说文》:窠,空也。一曰:鸟巢也。穴中曰窠,树上曰巢。《孟子·离娄篇》:盈科而后进。赵岐注云:科,坎也。义并相近。科与窾,声亦相近。高诱注《淮南子·原道训》云:窾,空也。"(第99页上～99页下)

科,《广雅·释诂三》:"科,空也。"《正字通·禾部》:"科,禾中空。""科"为禾谷中空,也指物体中空。《易·说卦》:"(离)于其木也,为科,上槁。"孔颖达疏:"科,空也。木既中空者,上必枯槁也。"上古音为溪母歌部合口一等。

窠,《说文·穴部》:"窠,空也。穴中曰窠,树上曰巢。"汉王充《论衡·辨祟》:"能行之物,死伤病困,小大相害,或人捕取以给口腹,非作窠穿穴有所触,东西行徙有所犯也。"唐长孙佐辅《山行书事》诗:"茅中狐兔窠,四面鸟鸢巢。"宋王安石《光宅寺》诗:"蜂分蚁争今不见,故窠遗垒尚依然。"上古音为溪母歌部合口一等。

窾,《广雅·释诂三》:"窾,空也。"《庄子·养生主》:"批大郤,导大窾,因其固然。"成玄英疏:"窾,空也,骨节空处。"明徐渭《河豚》诗:"寒江晴后雪,烂柳窾中鲉。""窾"指孔穴,空穴。也指使物中空。《汉书·杨王孙传》:"昔帝尧之葬也,窾木为匵,葛藟为缄。"颜师古注引服虔曰:"窾,音款。款,空也。空母为匵。"上古音为溪母元部合口一等。

语音上,"科"与"窠"上古音相同:溪母歌部合口一等;"窾"与"科"、"窠"上古音相转:溪母双声,元歌对转。"科:窠:窾",上古音既有音同关系,也有音转关系。

词义上,"科"为禾谷之中空;"窠"为鸟穴,其穴中空;"窾"为物中空。它们都有共同的意义核心"中空"。

可知,"科:窠:窾"为一组同源词。其义素分析为:

科＝/禾谷类/＋/中空/

窠＝/鸟穴类/＋/中空/

窾＝/物类/＋/中空/

这组同源词的意义关系可以用公式表示为:

Y[3]＝/禾谷类、鸟穴类、物类/＋/中空/

同源词"科:窠:窾"共同的意义核心"中空"即是这组同源词的核义素。

77.髢:堕

《释诂》卷三上:"髢,落也。"疏证:"髢之言堕落也。《说文》:髢,发堕也。"(第90页下)

髢,《说文·髟部》:"髢,发隋也。从髟,隋省。"徐锴《说文解字系传》:"髢,发隋。从髟,堕省声。"王筠《说文句读》:"堕者,落也。"《广韵·支韵》:"髢,发落。"唐颜师古《匡谬正俗》卷六:"关中俗谓发落头秃为椎。……《说文解字》云:'髢,发堕也。'吕氏《字林》、《玉篇》、《唐韵》并直垂反,今俗呼为髢。音讹,故为椎耳。""髢"为毛发脱落。又引申为尽,光。《方言》卷十二:"髢,尽也。"郭璞注:"髢,毛物渐落去之名。"上古音为定母歌部合口三等。

堕,《说文·𨸏部》:"隓,落也。"徐铉曰:"今俗作堕。"《广韵·果韵》:"堕,落也。"《史记·留侯世家》:"有一老父,衣褐,至良所,直堕其履圯下。"

《后汉书·董卓传》:"卓朝服升车,既而马惊堕泥,还入更衣。"唐韩愈《次同冠峡》诗:"落英千尺堕,游丝百丈飘。""堕"义为物之落下。上古音为定母歌部合口一等。

语音上,"髯"与"堕"上古音有音近关系:定母双声,歌部叠韵。

词义上,"髯"为毛发脱落;"堕"为物之落下。它们都有共同的意义核心"落下"。

可知,"髯:堕"为一组同源词。其义素分析为:

髯=/毛发类/+/落下/

堕=/物类/+/落下/

这组同源词的意义关系可以用公式表示为:

Y[2]=/毛发类、物类/+/落下/

同源词"髯:堕"共同的意义核心"落下"即是这组同源词的核义素。

78.蹶:駃:趫:趹:决

《释诂》卷一上:"趫,疾也。"疏证:"趫者,《说文》:趫,趥也。高诱注《淮南子·修务训》云:趥,趫走也。《说文》:趹,马行貌。《史记·张仪列传》:揳前趹后。索隐云:言马之走势疾也。趹与趫同义。《庄子·逍遥游篇》:我决起而飞。李颐注云:决,疾貌。决与趫,亦声近义同。"(第23页下)

《释言》卷五上:"蹶,趥也。"疏证:"《越语》:蹶而趋之。韦昭注云:蹶,走也。《吕氏春秋·贵直篇》云:狐援闻而蹶往过之。《说文》:趫,趥也。駃,马行儿。《史记·张仪列传》:揳前趹后。索隐云:言马之走势疾也。义并与蹶同。"(第149页上)

《释宫》卷七上:"駃,犇也。"疏证:"駃,《史记·张仪列传》:揳前趹后,蹄间三寻。索隐云:言马之走势疾也。《庄子·齐物论篇》:麋鹿见之决骤。崔撰注云:疾走不顾为决。卷一云:趫,疾也。《说文》:趹,马行儿。又云:趫,趥也。高诱注《淮南子·修务训》云:趥,趫走也。趫、趹、决并与駃通。"(第215页下)

《释兽》卷十下:"駃騠。"疏证:"駃之言趫,騠之言趥。疾走之名也。《释诂》云:趫,疾也。《释宫》云:駃,奔也。《说文》:趫,马行貌。趫,趥也。高诱注《淮南·修务训》云:趥,趫走也。"(第389页下)

蹶,《广韵·月韵》:"蹶,走也。"《国语·越语下》:"臣闻从时者,犹救火追亡人也,蹶而趣之,唯恐弗及。"韦昭注:"蹶,走也。"《文选·潘岳〈射雉赋〉》:"或蹶或啄,时行时止。"李善注引贾逵曰:"蹶,走也。""蹶"义为疾速行走。上古音为见母月部合口三等短入。

駃,《集韵·夬韵》:"駃,马行疾。"晋崔豹《古今注·杂注》:"曹真有駃马，名为惊帆，言其驰骤如烈风之举帆疾也。"趹"为马行走疾速。上古音为溪母月部合口二等短入。

趫，《广韵·屑韵》："趫，马疾行也。"又指急速。《广雅·释诂一》："趫，疾也。""趫"义为马疾行。上古音为见母月部合口四等长入。

跌，《说文·足部》："跌，马行皃。从马，决省声。"段玉裁注改作"夬声"。《广韵·屑韵》："跌，足疾。"《史记·张仪列传》："秦马之良，戎兵之众，探前跌后，蹄间三寻，腾者不可胜数。"司马贞索隐："谓马前足探向前，后足跌于后。跌谓后足抉地，言马之走势疾也。"清李宗昉《除盗贼》诗："甚则昼掠金，通途逞蹄跌。"李贤注："《广雅》曰：'跌，奔也。'""跌"义为马行疾貌。上古音为见母月部合口四等短入。

决，《集韵·屑韵》："决，疾皃。"《庄子·逍遥游》："我决起而飞，抢榆枋。"唐马戴《赠别北客》诗："决去如征鸟，离心空自劳。"宋苏轼《书鄢陵王主簿所画折枝》诗："双翎决将起，众叶纷自举。""决"义为迅疾貌。上古音为晓母月部合口四等短入。

语音上，"趫：趹：跌"上古音相近：见母双声，月部叠韵；"趹"与"趫：趫：跌"上古音相转：溪见旁纽，月部叠韵；"趹"与"决"上古音相转：溪晓旁纽，月部叠韵；"决"与"趫、趫：跌"上古音相转：晓见旁纽，月部叠韵。"趫：趹：趫：跌：决"，上古音既有音近关系，也有音转关系。

词义上，"趫"为疾速行走；"趹"为马行走疾速；"趫"为马疾行；"跌"为马疾行貌；"决"为迅疾貌。它们都有共同的意义核心"疾速"。

可知，"趫：趹：趫：跌：决"为一组同源词。其义素分析为：

趫＝/动作范畴/＋/疾速/

趹＝/动作范畴/＋/疾速/

趫＝/动作范畴/＋/疾速/

跌＝/性状范畴/＋/疾速/

决＝/性状范畴/＋/疾速/

这组同源词的意义关系可以用公式表示为：

Y[5]＝/动作范畴、性状范畴/＋/疾速/

同源词"趫：趹：趫：跌：决"共同的意义核心"疾速"即是这组同源词的核义素。

79. 太：大

《释言》卷五上："族，湊也。"疏证："说见卷三：湊，族聚也下。《白虎通义》云：正月律谓之太蔟何？太者，大也。蔟者，湊也。言万物始大，湊地而

出也。蔟、族,声近义同。"(第 150 页上)

太,《广雅·释诂一》:"太,大也。"王念孙疏证:"太者,《白虎通义》云:十二月律谓之大吕何? 太者,亦大也。"段玉裁《说文解字注·水部》:"夳,后世凡言大而以为形容未尽,则作太。"太,义为最大。《书·禹贡》:"既修太原,至于岳阳。"孔颖达疏:"太原,原之大者。"《庄子·天下》:"建之以常无有,主之以太一。"成玄英疏:"太者广大之名。"《礼记·礼运》:"是故夫礼,必本于太一,分而为天地,转而为阴阳,变而为四时。"宋苏轼《喜雨亭记》:"归之太空,太空冥冥,不可得名。"上古音为透母月部开口一等长入。

大,与"小"相对。《说文·人部》:"大,天大、地大、人亦大。故大象人形。"王筠释例:"此谓天地之大,无由象之以作字,故象人之形以作大字,非谓大字即是人也。"《诗·小雅·行苇》:"酌以大斗,以祈黄耇。"《史记·高祖本纪》:"大风起兮云飞扬,威加海内兮归故乡。"唐王维《使至塞上》:"大漠孤烟直,长河落日圆。"上古音为定母月部开口一等长入。

语音上,"太"与"大"上古音有音转关系:透定旁纽,韵母相同(月部开口一等长入)。

词义上,"太"为广大之名;"大"为天大、地大、人大。

可知,"太:大"为一组同源词,共同的意义核心"大"即是这组同源词的核义素。

80.傑:楬:碣

《释诂》卷二上:"偈,健也。"疏证:"偈者,《玉篇》音近烈切。武皃。引《卫风·伯兮篇》:伯兮偈兮。今《诗》作朅。毛传云:朅,武貌。又《硕人篇》:庶士有朅。毛传云:朅,武壮貌。释文:朅,《韩诗》作桀。云:健也。《太元闙次八》:其人晖且偈。释文云:偈,武也。偈、朅、桀并通。《诗·伯兮》传云:桀,特立也。特立即健之义。故人之特立者谓之傑,木之特立者谓之楬,石之特立者谓之碣。义并同也。"(第 57 页上)

傑,《说文·人部》:"傑,傲也。"段玉裁改为:"傑……材过万人也。"徐锴《说文解字系传》:"傑,谓傑出也。"《玉篇·人部》:"傑,特立也。""傑"本指才能杰出的人,引申为人物特异。《荀子·非相》:"古者桀纣长巨姣美,天下之杰也。"宋陆游《老学庵笔记》卷六:"王伯照长于礼乐,历代及国朝议礼之书,悉能成诵,亦可谓一时之杰。"上古音为群母月部开口三等短入。

楬,《说文·木部》:"楬,楬桀也。"《广雅·释宫》:"楬,杙也。"《周礼·秋官·蜡氏》:"若有死于道路者,则令埋而置楬焉。"《清朝野史大观·清朝史科·书麻城狱》:"尸朽不可辨,瘗而置楬焉。""楬"义为作标志用的小木桩。

311

上古音为群母月部开口三等短入。

碣，《说文·石部》："碣，特立之石。东海有碣石山。""碣"本指孤立特出的石头，引申为特出的样子。《文选·扬雄〈羽猎赋〉》作"揭以崇山"。三国魏何晏《景福殿赋》："于是碣以高昌崇观，表以建城峻庐。"颜师古注："碣，山特立貌。"上古音为群母月部开口三等短入。

语音上，"傑：楬：碣"上古音有音同关系：群母双声，韵母相同（月部开口三等短入）。

词义上，"傑"为才能杰出的人；"楬"为作标志用的小木桩；"碣"为孤立特出的石头。它们都有共同的意义核心"特立"。

可知，"傑：楬：碣"为一组同源词。其义素分析为：

傑＝/人类/＋/特立/

楬＝/木类/＋/特立/

碣＝/石类/＋/特立/

这组同源词的意义关系可以用公式表示为：

Y[3]＝/人类、木类、石类/＋/特立/

同源词"傑：楬：碣"共同的意义核心"特立"即是这组同源词的核义素。

81.卷：紾

《释器》卷七下："紾谓之缳。"疏证："《说文》：缳，援臂也。《玉篇》云：收衣袖紾也。《说文》：紾，攘臂绳也。《淮南子·原道训》：短袂攘卷以便刺舟。卷与紾、攘与缳，并声近义同。"（第238页上）

卷，《说文·卩部》："卷，卻（膝）曲也。"王筠句读："卻与卷盖内外相对。"本义为膝曲，引申为弯曲。段玉裁《说文解字·卩部》："卷，卻曲也，卷之本义也。引申为凡曲之称。"《诗·大雅·卷阿》："有卷者阿，飘风自南。"毛传："卷，曲也。"清姚燮《瘦马引》："骨瘦毛卷沫流赭，力荼无为意亦舍。"上古音为见母元部合口三等。

紾，《说文·糸部》："紾，攘臂绳也。"本义为用来束腰袖的绳索，引申为弯曲。《正字通·糸部》："紾，曲也。"上古音为见母元部合口三等。

语音上，"卷"与"紾"上古音有音同关系：见母双声，韵母相同（元部合口三等）。

词义上，"卷"本义为膝曲，引申为弯曲；"紾"本义为用来束腰袖的绳索，引申为弯曲。它们都有共同的意义核心"弯曲"。

可知，"卷：紾"为一组同源词。其义素分析为：

卷＝/膝盖类/＋/弯曲/

紾＝/绳索类/＋/弯曲/

这组同源词的意义关系可以用公式表示为：

Y[2]＝/膝盖类、绳索类/＋/弯曲/

同源词"卷:綣"共同的意义核心"弯曲"即是这组同源词的核义素。

82.婘:鬈

《释诂》卷一下："婘，好也。"疏证："《玉篇》：婘，好皃。……《泽陂》二章云：有美一人，硕大且卷。毛传：卷，好貌。《释文》云：卷，本又作婘。是其证也。《说文》：鬈，发好也。引《卢令篇》：其人美且鬈。《檀弓》：执女手之卷然。正义云：卷卷然柔弱。义并相近也。"（第 26 页上）

婘，《广雅·释诂一》："婘，好也。"《玉篇·女部》："婘，好皃。"《广韵·仙韵》："婘，美皃。"《诗·齐风·还》："揖我谓我儇兮。""婘"义为人美。上古音为群母元部合口三等。

鬈，《说文·髟部》："鬈，发好也。从髟，卷声。"段玉裁注："本义谓发好，引申为凡好之称。"《广韵·仙韵》："鬈，发好皃。"元许有孚《瑞莲歌次可行叔韵》："就中一茄发挺特，艳妆双出云髻鬈。"上古音为群母元部合口三等。

语音上，"婘"与"鬈"上古音有音同关系：群母双声，韵母相同（元部合口三等）。

词义上，"婘"为人美；"鬈"为发美。它们都有共同的意义核心"美"。

可知，"婘:鬈"为一组同源词。其义素分析为：

婘＝/人类/＋/美/

鬈＝/发类/＋/美/

这组同源词的意义关系可以用公式表示为：

Y[2]＝/人类、发类/＋/美/

同源词"婘:鬈"共同的意义核心"美"即是这组同源词的核义素。

83.片:胖:半:辨:判

《释诂》卷四下："剖、辟、片、胖，半也。"疏证："皆一声之转也。剖者，襄十四年《左传》：与女剖分而食之。杜预注云：中分为剖。片、胖、半，声并相近。《说文》：片，判本也。从半木。《尔雅》：革中绝谓之辨。孙炎注云：辨，半分也。又桑辨有葚、栀。舍人注云：桑树半有葚，半无葚，名栀。释文：辨、辩并普遍反，与片同。《说文》：胖，半体肉也。《士丧礼》云：腊左胖。《丧服传》云：夫妻，胖合也。《周官·媒氏》：掌万民之判。郑注云：判，半也。主合其半，成夫妇也。《庄子·则阳篇》：雌雄片合。释文：片，音判。义并与胖同。"（第 124 页下～125 页上）

片，《说文·片部》："片，判木也。"段玉裁注："谓一分为二之木。片、判以叠韵为训，判者，分也。"桂馥义证："判木也者，《广韵》：片，半也，判也，析木也。"《广雅·释诂四》:"片、辟、胖,半也。""片"义为剖开树木。剖开即分为两半,故有半边之义。《玉篇·片部》:"片,半也。"清陈鼎《滇游记》:"瓠匏可盛粟二十斛,片之,可为舟航。"上古音为滂母元部开口四等。

胖,《说文·肉部》:"胖,半体肉也。"段玉裁改为"半体也"。《玉篇·肉部》:"胖,牲之半体也。"《仪礼·少牢馈食礼》:"司马升羊右胖,髀不升。"《新唐书·礼乐志二》:"肉载以俎,皆升右胖体十一。""胖"本指古代祭祀用的半体牲,引申为凡物之半。《广雅·释诂四》:"胖,半也。"清黄宗义《答万季野丧礼杂问》:"尸俎用有胖,主人俎用左胖。"上古音为滂母元部合口一等。

半,《说文·半部》:"半,物中分也。从八,从牛。牛为物大,可以分也。"《韩非子·内储说上》:"疑也者,诚疑,以为可者半,以为不可者半。"唐韩愈《哭杨兵部陆歙州》诗:"人皆期七十,才半岂蹉跎。""半"义为将物整体中分,各为一半。上古音为帮母元部合口一等。

辨,《说文·刀部》:"辧,判也。"段玉裁注:"辧从刀,俗作辨。"桂馥义证:"辧,隶作辨。"《尔雅·释器》:"革中绝谓之辨。革中断谓之𩎟。"郭璞注:"中短皮也,复半分也。"陆德明释文:"辨,半分也。"郝懿行义疏:"革中分之谓之辨,又中分之谓之𩎟。""辨"义为革中分。"中分"即为两半。上古音为并母元部开口三等。

判,《说文·刀部》:"判,分也。"《淮南子·俶真》:"天地未剖,阴阳未判。"宋赵彦卫《云麓漫钞》卷八:"以谓天地未判,有元始天尊为祖气。"何休注:"判,半也。"上古音为滂母元部合口一等。

语音上,"胖"与"判"上古音相同:滂母元部合口一等;"片"与"胖"、"判"上古音相近:滂母双声,元部叠韵;"半"与"胖"、"判"上古音相转:帮滂旁纽,韵母相同(元部合口一等);"辨"与"胖"、"判"上古音相转:并滂旁纽,元部叠韵;"片"与"半"上古音相转:滂帮旁纽,元部叠韵;"片"与"辨"上古音相转:滂并旁纽,元部叠韵;"半"与"辨"上古音相转:帮并旁纽,元部叠韵。"片:胖:半:辨:判",上古音既有音同音近关系,也有音转关系。

词义上,"片"为半边木;"胖"为古代祭祀用的半体牲,引申为凡物之半;"半"为物整体中分,各为一半;"辨"为把革分为两半;"判"为一分为二。它们都有共同的意义核心"半"。

可知,"片:胖:半:辨:判"为一组同源词。其义素分析为:

片=/名物范畴/+/半/

胖=/名物范畴/+/半/

半=/动作范畴/+/半/

辨=/动作范畴/+/半/

判＝/动作范畴/＋/半/

这组同源词的意义关系可以用公式表示为：

Y[5]＝/名物范畴、动作范畴/＋/半/

同源词"片：胖：半：辨：判"共同的意义核心"半"即是这组同源词的核义素。

84. 般：槃：幋：鞶：磐

《释诂》卷一上："般，大也。"疏证："般者，《方言》：般，大也。郭璞音盘桓之盘。《大学》：心广体胖。郑注云：胖，犹大也。《士冠礼》注云：弁名出于槃。槃，大也。言所以自光大也。槃、胖并与般通。《说文》：幋，覆衣大巾也。鞶，大带也。《讼上九》：或锡之鞶带。马融注云：鞶，大也。《文选·啸赋》注引《声类》云：磐，大石也。义并与般同。《说文》：伴，大貌。伴与般，亦声近义同。"（第 6 页上）

《释器》卷七下："幋，巾也。"疏证："幋之言般也。《方言》云：般，大也。《说文》：幋，覆衣大巾也。或以为首幋。"（第 230 页下）

般，《方言》卷一："般，大也。"《广雅·释诂一》："般，大也。"《孟子·公孙丑上》："般乐怠敖，是自求祸也。"赵岐注："般，大也。"又《尽心下》："般乐饮酒。"赵岐注："般，大也。""般"义为凡物之大。上古音为並母元部合口一等。

槃，《周礼·士冠礼》："弁名出于槃。"郑玄注："槃，大也。"《说文·木部》："槃，承槃也。从木，般声。……盘，籀文，从皿。"《周礼·天官·玉府》："若合诸侯，则共珠槃、玉敦。"《仪礼·士虞礼》："淳尸盥执槃，西面执匜，东面执巾。"宋陆游《除夜》："守岁全家夜不眠，杯槃狼藉向灯前。""槃"为承盘，盘之大者。上古音为並母元部合口一等。

幋，《说文·巾部》："幋，覆衣大巾也。从巾，般声。"《广韵·寒韵》："幋，大巾。""幋"为大巾。上古音为並母元部合口一等。

鞶，《说文·革部》："鞶，大带也。《易》曰：'或锡之鞶带。'男子带鞶，妇人带丝。从革，般声。"虞注："鞶带，大带也。"《仪礼·士婚礼》："夙夜无愆，视诸衿鞶。"孔颖达疏引服虔注："鞶，大带。""鞶"为大带。上古音为並母元部合口一等。

磐，《玉篇·石部》："磐，大石也。"《集韵·桓韵》："磐，大石。"《韩非子·显学》："磐不生粟，象人不可使距敌也。"《史记·孝文本纪》："高帝封王子弟，地犬牙相制，此所谓磐石之宗也。""磐"为大石。上古音为並母元部合口一等。

语音上，"般：槃：幋：鞶：磐"上古音有音同关系：並母双声，韵母相同（元部合口一等）。

词义上,"般"为凡物之大;"槃"为盘之大;"幋"为巾之大;"鞶"为带之大;"磐"为石之大。它们都有共同的意义核心"大"。

可知,"般:槃:幋:鞶:磐"为一组同源词。其义素分析为:

般＝/物类/＋/大/

槃＝/盘类/＋/大/

幋＝/巾类/＋/大/

鞶＝/带类/＋/大/

磐＝/石类/＋/大/

这组同源词的意义关系可以用公式表示为:

Y[5]＝/物类、盘类、巾类、带类、石类/＋/大/

同源词"般:槃:幋:鞶:磐"共同的意义核心"大"即是这组同源词的核义素。"槃:幋:鞶:磐"并从"般"声,"般"含"大"义,可把"般"看作这组同源词的源词。

85. 吸:歙

《释诂》卷一下:"翕,引也。"疏证:"翕者,《说文》:吸,内息也。歙,缩鼻也。《小雅·大东篇》:载翕其舌。郑笺云:翕,犹引也。《楚辞·九章》:吸湛露之浮凉。扬雄《甘泉赋》:噏青云之流瑕。并字异而义同。"(第43页上)

吸,《说文·口部》:"吸,内息也。"段玉裁注:"内吸,纳其吸也。"《正字通·口部》:"气入为吸。"《庄子·逍遥游》:"吸风饮露。"《淮南子·兵略》:"眹不给抚,呼不给吸。"唐白居易《题海图屏风》诗:"白涛与黑浪,呼吸绕咽喉。"《广韵·集韵》:"噏,同吸。"《汉书·扬雄传上》:"噏青云之流瑕兮,饮若木之露英。""吸"义为用口吸气入内。上古音为晓母缉部开口三等。

歙,《说文·欠部》:"歙,缩鼻也。从欠,翕声。"王筠《说文句读》:"歙与吸同音,其引气入内亦同,惟吸气自口入,歙气自鼻入为不同耳。吸者口无形,故内吸也。歙者作意如此,则鼻微有形,故曰缩鼻。缩者蹴也。"南朝宋鲍照《石帆铭》:"吐湘引汉,歙蠡吞沱。"《汉书·扬雄传上》:"噏清云之流瑕兮,饮若木之露英。""歙"义为用鼻吸气入内。上古音为晓母缉部开口三等。

语音上,"吸:歙"上古音有音同关系:晓母双声,韵母相同(缉部开口三等)。

词义上,"吸"为用口吸气入内;"歙"为用鼻吸气入内。它们都有共同的意义核心"吸入"。

可知,"吸:歙"为一组同源词。其义素分析为:

吸＝/口类/＋/吸入/

歙＝/鼻类/＋/吸入/

这组同源词的意义关系可以用公式表示为：

Y[2]＝/口类、鼻类/＋/吸入/

同源词"吸∶歙"共同的意义核心"吸入"即是这组同源词的核义素。

86.感∶撼

《释诂》卷一下："撼，动也。"疏证："撼者，《说文》：摵，摇也。摵与撼同。司马相如《长门赋》云：挤玉户以撼金铺兮。撼之言感也。《召南·野有死麕篇》：无感我帨兮。毛传云：感，动也。释文：感，如字，又胡坎反。是感、撼同声同义。"（第38页上～38页下）

感，《说文·心部》："感，动人心也。从心，咸声。"《书·大禹谟》："至诚感神，矧兹有苗。"《晋书·谢玄传》："木石犹感，而况臣乎！"明方孝孺《蒋伯孚字说》："以诚感民则有不言而信者矣。""感"义为动人心。上古音为见母侵部开口一等。

撼，《说文·手部》："摵，摇也。从手，咸声。"朱骏声通训定声："字亦作撼。《广雅·释诂一》：'撼，动也。'""撼"本作"摵"，义为摇动事物。汉司马相如《长门赋》："挤玉户以撼金铺兮，声噌吰而似钟音。"上古音为匣母侵部开口一等。

语音上，"感"与"撼"上古音有音转关系：见匣旁纽，韵母相同（侵部开口一等）。

词义上，"感"的对象为人心；"撼"的对象为事物。它们都有共同的意义核心"动"。

可知，"感∶撼"为一组同源词。其义素分析为：

感＝/人心类/＋/动/

撼＝/事物类/＋/动/

这组同源词的意义关系可以用公式表示为：

Y[2]＝/人心类、事物类/＋/动/

同源词"感∶撼"共同的意义核心"动"即是这组同源词的核义素。"撼"从"感"声，"感"含"动"义，可把"感"看作这组同源词的源词。

87.黯∶黡

《释器》卷八上："黡，黑也。"疏证："黡之言黯也。《说文》：黯，深黑也。《史记·孔子世家》云：黯然而黑。春秋晋蔡黯字墨。是其义也。《说文》：黡，中黑也。《玉篇》云：黑子也。《汉书·高祖纪》：左股有七十二黑子。颜师古注云：今中国通呼为黡子。《五行志》注云：黡，山桑之有点文者也。义亦与黡同。"（第274页上）

闇,《说文·门部》:"闇,闭门也。"本义为闭门;引申为蒙蔽,遮盖。《荀子·不苟》:"不下比以闇上,不上同以疾下。"王先谦集解:"闇上,掩上之明也。"引申为幽暗的地方。《玉篇·门部》:"闇,幽也。"《正字通·门部》:"闇,凡幽隐处曰闇。"《管子·水地》:"伏闇能存而能亡者,菁龟与龙是也。"上古音为影母侵部开口一等。

黯,《说文·黑部》:"黯,深黑也。从黑,音声。"本义为深黑色;引申为昏暗,没有光泽。《论衡·无形》:"人少则肤白,老则肤黑,黑则久黯,若有垢矣。"南朝梁江淹《齐太祖高皇帝诔》:"日月郁华,风云黯色。"上古音为影母侵部开口一等。

语音上,"闇"与"黯"上古语音有音同关系:影母双声,韵母相同(侵部开口一等)。

词义上,"闇"本义为闭门;引申为幽暗的地方。"黯"本义为深黑色;引申为昏暗,没有光泽。它们都有共同的意义核心"昏暗"。

可知,"闇:黯"为一组同源词。其义素分析为:

闇＝/名物范畴/＋/昏暗/

黯＝/性状范畴/＋/昏暗/

这组同源词的意义关系可以用公式表示为:

Y[2]＝/名物范畴、性状范畴/＋/昏暗/

同源词"闇:黯"共同的意义核心"昏暗"即是这组同源词的核义素。

88. 曆:惨

《释诂》卷一上:"曆、济、惄、湿,忧也。"疏证:"曆、济、惄、淫者,《方言》:济、曆、惄、淫,忧也。宋卫曰曆,陈楚或曰淫,或曰济,自关而西,秦晋之间或曰惄,或曰淫,自关而西,秦晋之间,凡志而不得,欲而不获,高而有坠,得而中亡谓之淫,或谓之惄。郭璞注云:曆者,忧而不动也。淫者,失意潜沮之名。《玉篇》曆音潜。曆之言潜也,即郭所云失意曆沮也。《尔雅》:惨,忧也。惨与曆,声近义同。卷四云:憯,愁也。憯与济,声近义同。"(第20页下~21页上)

曆,《方言》卷一:"曆,忧也。宋、卫之间或谓之慎,或曰曆。"郭璞注:"曆者,忧而不动也。"周祖谟校笺:"刘台拱云:注'不动'上当脱'目'字。"曆,义为忧愁。上古音为清母侵部开口一等。

惨,《说文·心部》:"惨,毒也。"本义为狠毒;凶恶。引申为忧愁;凄惨。《尔雅·释诂下》:"惨,忧也。"《玉篇·心部》:"惨,愁也。"《诗·陈风·月出》:"月出照兮,佼人僚兮,舒夭绍兮,劳心惨兮。"陆德明释文:"惨,忧也。"唐白居易《琵琶行》:"醉不成欢惨将别。"上古音为清母侵部开口一等。

语音上，"瞫"与"慘"上古语音有音同关系：清母双声，韵母相同（侵部开口一等）。

词义上，"瞫"为目因忧愁而不动；"慘"为心里忧愁，凄惨。它们都有共同的意义核心"忧愁"。

可知，"瞫：慘"为一组同源词。其义素分析为：

瞫＝/目类/＋/忧愁/

慘＝/心类/＋/忧愁/

这组同源词的意义关系可以用公式表示为：

Y[2]＝/目类、心类/＋/忧愁/

同源词"瞫：慘"共同的意义核心"忧愁"即是这组同源词的核义素。

89. 恁：棯：荏

《释诂》卷一下："恁，弱也。"疏证："恁与下棯字同。《说文》：恁，下齎也。齎与资同。谓下劣之资也。又云：棯，弱皃。《小雅·巧言篇》：荏染柔木。毛传云：荏染，柔意也。《论语·阳货篇》：色厉而内荏。恁、棯、荏并通。"（第43页上）

恁，《广雅·释诂一》："恁，弱也。"王念孙疏证："《说文》：恁，下齎也。齎与资同。谓下劣之资也。""恁"义为资财之劣弱。上古音为日母侵部开口三等。

棯，《说文·木部》："棯，弱皃。从木，任声。"段玉裁注："《小雅》、《大雅》皆言'荏染柔木'……孔曰'恁，柔也。'按：此恁当作棯……经典多假恁而棯废矣。"《广雅·释诂一》："棯，弱也。"又《释训》："棯棯，弱也。"《广韵·寝韵》："棯，木弱皃。""棯"义为木柔弱貌。上古音为日母侵部开口三等。

荏，《说文·艸部》："荏，桂荏，苏。从艸，任声。"王筠《说文句读》："'桂荏苏'三字当作'苏也'二字。……《名医别录》陶注曰：荏状如苏，高大，白色，不甚香。""荏"本指白苏，一年生芳香草本植物。此物柔弱，故引申为人之软弱。《论语·阳货》："色厉而内荏，譬诸小人，其犹穿窬之盗也与？"何晏集解引孔安国注："荏，柔也。"《汉书·翟方进传》："邪谄无常，色厉内荏。"颜师古注："应劭曰：'荏，屈桡也。'师古曰：'……言外色庄厉而内怀荏弱。"《说苑·杂言》："阙而不荏者，君子比勇焉。"清方以智《东西均·神迹》："儒之弊也，迂而拘，华而荏。"上古音为日母侵部开口三等。

语音上，"恁：棯：荏"上古音有音同关系：日母双声，韵母相同（侵部开口三等）。

词义上，"恁"为资财之劣弱；"棯"为木之柔弱；"荏"为人之软弱。它们都有共同的意义核心"弱"。

可知，"恁∶桀∶荏"为一组同源词。其义素分析为：

恁＝/财类/＋/弱/

桀＝/木类/＋/弱/

荏＝/人类/＋/弱/

这组同源词的意义关系可以用公式表示为：

Y[3]＝/财类、木类、人类/＋/弱/

同源词"恁∶桀∶荏"共同的意义核心"弱"即是这组同源词的核义素。

90. 擪∶壓∶厭

《释诂》卷三下："擪，按也。"疏证："擪之言壓也。《说文》：擪，一指按也。《庄子·外物篇》：壓其顪。释文：壓，本亦作擪。《楚辞·九辩》：自壓按而学诵。壓，一作厭。《韩子·外储说右篇》云：田连、成窍，天下善鼓琴者也，然而田连鼓上，成窍擪下，而不能成曲，共故也。《淮南子·说林训》云：使但吹竽，使氏厭窍，虽中节而不可听。《泰族训》云：所以贵扁鹊者，贵其擪息脉血，知病之从生也。擪、擪、壓、厭，并通。"（第101页上）

擪，《说文·手部》："擪，一指按也。"朱骏声通训定声："按：一指当作以指。"《玉篇·手部》："擪，指按也。亦作擪。"《淮南子·泰族》："所以贵扁鹊者，非贵其随病而调药，贵其擪息脉血，知病之所从生也。"宋许月卿《压压》："僮仆触屏成蝶梦，姬姜擪笛作蝉声。""擪"与"擪"为一对异体字。义为用手指按压。上古音为影母叶部开口三等。

壓，《广韵·狎韵》："壓，笮也。"汉班固《西都赋》："禽相镇壓，兽相枕藉。"明诸圣邻《大唐秦王词话》第九回："草压长堤树壓亭，云边翠巘水边城。""壓"义为从上往下加重力。上古音为影母叶部开口二等。

厭，《说文·厂部》："厭，笮也。"段玉裁注："《竹部》曰：笮者，迫也。此义今人字作壓，乃古今字之殊。"《荀子·强国》："黔然而雷击之，如墙厭之。"杨倞注："厭，音为壓。"《荀子·解蔽》："厭目而视者，视一以为两。"杨倞注："厭，指按也。"《续资治通鉴·宋太祖乾德元年》："今伐文表，如以山厭卵尔。""厭"义为凡物之压。上古音为影母叶部开口三等。

语音上，"擪"与"厭"上古音相同：影母双声，韵母相同（叶部开口三等）；"壓"与"擪"、"厭"上古音相近：影母双声，叶部叠韵。"擪∶壓∶厭"，上古音既有音同关系，也有音近关系。

词义上，"擪"为用手指按压；"壓"为从上往下加重力；"厭"为凡物之压。它们都有共同的意义核心"压"。

可知，"擪∶壓∶厭"为一组同源词。其义素分析为：

擪＝/手指类/＋/压/

壓＝/重力类/＋/压/

厭＝/物类/＋/压/

这组同源词的意义关系可以用公式表示为：

Y[3]＝/手指类、重力类、物类/＋/压/

同源词"擫:壓:厭"共同的意义核心"压"即是这组同源词的核义素。"擫"与"壓"并从"厭"声，"厭"含"压"义，可把"厭"看作这组同源词的源词。

91. 荚:夹

《释草》卷十上："豆角谓之荚，其叶谓之藿。"疏证："荚之言夹也。两旁相夹，豆在其中也。豆荚长而尖锐如角然，故又名豆角。豆角，今通语耳。"（第339页下）

荚,《说文·草部》："荚，草实。从艸，夹声。"本义为豆科植物的果实，其显著特征是"两旁相夹，豆在其中"。《广雅·释草十》："豆角谓之荚。"王念孙疏证："荚之言夹也。两旁相夹，豆在其中也。豆荚长而尚锐，如角然，故又名豆角。"《吕氏春秋·审时》："得时之菽，长茎而短足，其荚二七以为族。"上古音为见母叶部开口四等长入。

夹,《说文·大部》："夹，持也。从大，侠二人。"王筠句读："大，受持者也；二人，持之者也。"段玉裁注："捉物必两手，故凡持曰夹。"林义光《文源》："象二人相向夹一人。"本义为二人从左右夹住一人。《礼记·檀弓下》："使我二婢子夹我。"上古音为见母叶部开口二等长入。

语音上，"荚"与"夹"上古语音为音近关系：见母双声，叶部叠韵。

词义上，"荚"本义为豆科植物的果实，其显著特征是"两旁相夹，豆在其中"。"夹"本义为二人从左右夹住一人。它们都有共同的意义核心"夹住"。

可知，"荚:夹"为一组同源词。其义素分析为：

荚＝/名物范畴/＋/夹住/

夹＝/动作范畴/＋/夹住/

这组同源词的意义关系可以用公式表示为：

Y[2]＝/名物范畴、动作范畴/＋/夹住/

同源词"荚:夹"共同的意义核心"夹住"即是这组同源词的核义素。

92. 儦:鬣:犣

《释诂》卷二上："儦，长也。"疏证："儦者，《说文》：儦，长壮儦儦也。引昭七年《左传》：长儦者相之。今传作鬣。所见本异也。《说文》：鬣，发鬣鬣也。《尔雅》：犣牛。郭璞注云：旄牛也。髀膝尾皆有长毛。义并与儦同。"（第56页上）

儦,《说文·人部》："儦，长壮儦儦也。从人，鬣声。《春秋传》曰：长儦儦者相之。"段玉裁注:"《左传·昭七年》、《十七年》、《国语·楚语》皆云长鬣。鬣者,儠之假借字也。韦昭、杜预释为美须髯,误。"朱骏声通训定声:"儠,谓人高大丰伟。"《广雅·释诂二》:"儠,长也。""儠"义为人长壮、高大。上古音为来母叶部开口三等。

鬣,《尔雅·释畜》:"青骊繁鬣騥。"《左传·定公十年》:"公取而朱其尾,鬣以与之。"宋杨万里《题刘景明百马图扇面》诗:"雾鬣如无笔,霜蹄不带埃。""鬣"义为马颈上的长毛。上古音为来母叶部开口三等。

犣,《尔雅·释畜》:"犣牛。"郭璞注:"旄牛也,髀膝尾皆有长毛。"《广韵·叶韵》:"犣,旄牛名。""犣"义为旄牛,髀膝尾皆有长毛。上古音为来母叶部开口三等。

语音上,"儠:鬣:犣"上古音有音同关系:来母双声,韵母相同(叶部开口三等)。

词义上,"儠"为人体长壮、高大;"鬣"为马颈上的长毛;"犣"为旄牛,髀膝尾皆有长毛。它们都有共同的意义核心"长"。

可知,"儠:鬣:犣"为一组同源词。其义素分析为:

儠=/人体类/+/长/

鬣=/马颈毛类/+/长/

犣=/旄牛毛类/+/长/

这组同源词的意义关系可以用公式表示为:

Y[3]=/人体类、马颈毛类、旄牛毛类/+/长/

同源词"儠:鬣:犣"共同的意义核心"长"即是这组同源词的核义素。

93. 歉:嗛:慊:谦

《释诂》卷三下:"歉,少也。"疏证:"歉者,《说文》:歉,食不满也。襄二十四年《谷梁传》:一谷不升谓之嗛。范宁注云:嗛,不足貌。《韩诗外传》作慊。《广雅·释天》作歉。《孟子·公孙丑篇》:吾何慊乎哉?赵岐注云:慊,少也。《逸周书·武称解》云:爵位不谦,田宅不亏。并字异而义同。"(第101页下)

歉,《说文·欠部》:"歉,歉食不满。从欠,兼声。"段玉裁注:"歉,疑当作嗛。谓口衔食不满也。引申为凡未满之称。"《玉篇·欠部》:"歉,食不饱也。""歉"本指吃不饱。又指谷物收成不好。《广雅·释诂四》:"歉,贫也。"又《释天》:"一谷不升曰歉。"又指缺少,不足。《释诂三》:"歉,少也。"《集韵·忝韵》:"歉,不足貌。""歉"或作"慊"。《集韵·忝韵》:"歉,食不饱也。一曰不足貌。或作慊。"《韩诗外传》卷八引《谷梁传·襄公二十四年》:"一谷不升谓之嗛,二谷不升谓之饥。"按:今本《谷梁传》作"嗛"。《宋史·黄廉传》:"久饥初稔,累给并偿,是使民遇丰年而思歉岁也。"明尹耕《秋兴四首》之一:"冬残战士衣仍薄,岁歉孤城廪欲空。"上古音为溪母谈部开口四等。

嗛,《谷梁传·襄公二十四年》:"一谷不升谓之嗛。"范甯注:"嗛,不足貌。"《荀子·仲尼》:"满则虑嗛,平则虑险。"杨倞注:"嗛,不足也。"《汉书·郊祀志下》:"今谷嗛未报。"颜师古注:"嗛,少意也。""嗛"义为谷物歉收,不足。上古音为溪母谈部开口四等。

慊,《广雅·释诂四》:"慊,贫也。"《孟子·公孙丑下》:"吾何慊乎哉?"赵岐注:"慊,少也。"《礼记·坊记》:"贫不至于约,贵不慊于上,故乱益亡。"郑玄注:"慊,恨不满之貌也。"宋姜夔《越九歌》词之五:"我无君尤,君胡我慊。"《明史·毛澄传》:"顾帝虽勉从廷议,意犹慊之。""慊"指恨不足。又泛指不足,缺少。《文选·陆机〈辩亡论〉》:"宫室舆服,盖慊如也。"李善注引刘兆《谷梁传》注:"慊,不足也。"元明善《集贤直学士文君神道碑》:"君生也无慊,而死也又无憾。"上古音为溪母谈部开口四等。

谦,《说文·言部》:"谦,敬也。从言,兼声。"《玉篇·言部》:"谦,轻也,让也。"《字汇·言部》:"谦,不自满也。"《书·大禹谟》:"满招损,谦受益。"《后汉书·陶器传》:"器不欲东,连遣使深持谦辞,言无功德,须四方平定,退伏闾里。"杨树达《积微居小学述林》:"愚以兼声声类求之,谦盖谓言之不自足者也。""谦"为言语不足;不自满。上古音为溪母谈部开口四等。

语音上,"歉:嗛:慊:谦"上古音有音同关系:溪母双声,韵母相同(谈部开口四等)。

词义上,"歉"为食不足;"嗛"为谷物歉收,不足;"慊"为恨不足;"谦"为言语不足。它们都有共同的意义核心"不足"。

可知,"歉:嗛:慊:谦"为一组同源词。其义素分析为:

歉=/食物类/+/不足/

嗛=/谷物类/+/不足/

慊=/怨恨类/+/不足/

谦=/言语类/+/不足/

这组同源词的意义关系可以用公式表示为:

$Y[4]$=/食物类、谷物类、怨恨类、言语类/+/不足/

同源词"歉:嗛:慊:谦"共同的意义核心"不足"即是这组同源词的核义素。"歉:嗛:慊:谦"并从"兼"声。杨树达《积微居小学述林》:"愚以兼声声类求之,谦盖谓言之不自足者也。知者,兼声之字多含薄小不足之义。""兼"含"不足"义,可把"兼"看作这组同源词的源词。

94.晻:暗

《释诂》卷二下:"晻、篓,障也。"疏证:"晻、篓者,《说文》:晻,不明也。

《楚辞·离骚》:扬云霓之晻蔼兮。王逸注云:晻蔼,犹蓊郁荫貌也。《说文》:箆,蔽不见也。《尔雅》:蔓,隐也。郭璞注云:谓隐蔽。《方言》:掩、翳,蔓也。郭璞注云:谓蔓蔽也。引《邶风·静女篇》:蔓而不见。《说文》:僾,仿佛也。引《诗》:僾而不见。今《诗》作爱。《方言疏证》云:蔓而,犹隐然。而、如、若、然,一声之转也。《楚辞·离骚》云:众蔓然而蔽之。张衡《南都赋》云:晻暧蓊蔚。《思元赋》云:缤连翩兮纷暗暧。晻、暗,古通用。箆、蔓、僾、暧、爱,古通用。《月令》:处必掩。郑注云:掩,犹隐翳也。掩与晻,古亦同声。"(第64页上)

晻,《说文·日部》:"晻,不明也。从日,奄声。"本义为日不明。《荀子·君道》:"孤独而晻谓之危。"《汉书·五行志下之下》:"大风起,天无云,日光晻。"《汉书·元帝纪》:"三光晻昧。"《资治通鉴·汉元帝永光二年》:"阴变则静者动,阳蔽则明者晻。"胡三省注:"明者晻,谓日食也。"上古音为影母谈部开口一等。

暗,《说文·日部》:"暗,日无光也。从日,音声。"段玉裁注:"《集韵》、《类篇》皆以晻、暗为一字。依许则义各殊。明之反当用晻,暗主谓日无光。"朱骏声通训定声:"暗,经传皆以闇为之。"本义为日无光。《玉篇·日部》:"暗,不明也。"《韩非子·解老》:"以为暗乎,其光昭昭;以为明乎,其物冥冥。"《论衡·说日》:"日中光明,故小;其出入时光暗,故大。"《世说新语·言语》:"简文在暗室中坐,召宣帝。"上古音为影母侵部开口一等。

语音上,"晻"与"暗"上古音为音转关系:影母双声,谈侵旁转。

词义上,"晻"为日不明;"暗"为日无光。它们都有共同的意义核心"暗淡"。

可知,"晻:暗"为一组同源词,共同的意义核心"暗淡"即是这组同源词的核义素。

95.黡:𪒴

《释器》卷八上:"黯,黑也。"疏证:"黯之言闇也。《说文》:黯,深黑也。《史记·孔子世家》云:黯然而黑。春秋晋蔡黯字墨。是其义也。《说文》:黡,中黑也。《玉篇》云:黑子也。《汉书·高祖纪》:左股有七十二黑子。颜师古注云:今中国通呼为黡子。《五行志》注云:𪒴,山桑之有点文者也。义亦与黡同。"(第274页上)

黡,《说文·黑部》:"黡,中黑也。从黑,厌声。"沈涛古本考:"《一切经音义》卷九、卷十二引:'黡,面中黑痣也。'盖古本如是。今本脱'面子'二字耳。"按:今大徐本误作"申黑也"。《广韵·琰韵》:"黡,面有黑子。"《史记·高祖本纪》:"高祖为人,隆准而龙颜,美须髯,左股有七十二黑子。"《太平御览》卷四百四十引李隐《潇湘录·朱仁》:"其母言:'我子背上有一黡记。'逡巡验得实是亲子。""黡"义为黑痣。上古音为影母谈部开口三等。

檿,《尔雅·释木》:"檿桑,山桑。"郭璞注:"似桑,材中作弓及车辕。"《说文·木部》:"檿,山桑也。"朱骏声通训定声:"檿,按:叶小于桑而多缺刻,性劲出。"《诗·大雅·皇矣》:"攘之剔之,其檿其柘。"《山海经·中山经》:"阳帝之山,多美铜,其木多櫄杻檿楮。"明徐光启《农政全书》卷一:"五粟之土……其榆其柳,其檿其桑,其柘其栎,其槐其杨,群木蕃滋,数大条直以长。"颜师古注:"檿,山桑之有点文者也。""檿"义为有山桑,此物有黑点。上古音为影母谈部开口三等。

语音上,"黡"与"檿"上古音有音同关系:影母双声,韵母相同(谈部开口三等)。

词义上,"黡"为面部有黑痣;"檿"为山桑,此物有黑点。它们都有共同的意义核心"黑点"。

可知,"黡:檿"为一组同源词。其义素分析为:

黡=/面部类/+/黑点/

檿=/山桑类/+/黑点/

这组同源词的意义关系可以用公式表示为:

Y[2]=/面部类、山桑类/+/黑点/

同源词"黡:檿"共同的意义核心"黑点"即是这组同源词的核义素。

96.拈:钻

《释言》卷五下:"钳,钻也。"疏证:"《说文》:钻,铁钳也。钳,钻也。徐锴传云:钳,犹箝也。《说文》:箝,箝也。《释名》云:镊,摄也。摄取发也。钳、箝、镊,并同义。箝与钻,亦同义。字又作针。《周官典同》注:籈读为飞钻涅暗之暗。《鬼谷子》作飞箝。陶宏景注云:箝,谓牵持缄束,令不得脱也。射鸟氏注:并夹,针箭具。《释文》引沈重云:针,或作钻。《后汉书·陈宠传》:绝钻钻诸惨酷之科。李贤注引《仓颉篇》云:钻,持也。又引《说文》:钻,铁钳也。卷三云:拈,抐,持也。拈与钻,抐与钳,亦声近而义同。"(第167页下)

拈,《说文·手部》:"拈,抐也。从手,占声。"段玉裁注:"《篇》、《韵》皆云:指取也。"《释名·释姿容》:"拈,黏也,两指翕之,黏著不放也。"《广韵·添韵》:"拈,指取物也。"宋刘过《贺新郎·春思》词:"佳人无意拈针线,绕朱阁,六曲徘徊,为他留恋。"元贯云石《凭阑人·题情》曲:"红叶传情着意拈,书遍相思若未饮。"元高明《琵琶记·牛小姐规劝侍婢》:"我谨随侍,娘行拈针挑绣。""拈"义为用手指取物。上古音为泥母谈部开口四等。

钻,《说文·金部》:"钻,铁钳也。"徐灏注笺:"《一切经音义》十一引《通俗文》：'锻具曰钻。'灏谓钻与钳同类异物，钳盖治器所用铁夹。钻训为鉔，即今所用镊子，今世俗二器犹分别釐然也。"唐玄应《一切经音义》卷四十三："《仓颉篇》：'钻，持也。'谓取物者也。""钻"义为取物的工具。上古音为透母谈部开口三等。

语音上，"拈"与"钻"上古音为泥透旁纽，谈部叠韵。二者有音转关系。

词义上，"拈"为用手指取物；"钻"为取物的工具。它们都有共同的意义核心"取物"。

可知，"拈：钻"为一组同源词。其义素分析为：

拈＝/动作范畴/＋/取物/

钻＝/名物范畴/＋/取物/

这组同源词的意义关系可以用公式表示为：

$$Y[2]＝/动作范畴、名物范畴/＋/取物/$$

同源词"拈：钻"共同的意义核心"取物"即是这组同源词的核义素。

97. 隒：廉：厉

《释诂》卷一上："隒，方也。"疏证："隒之言廉也。《乡饮酒礼》：设席于堂廉。郑注云：侧边曰廉。《说文》：厓，山边也。《秦风·蒹葭篇》云：在水一方。又云：在水之湄，在水之涘。《毛传》云：湄，水隒也。涘，厓也。即《经》所云水一方也。故苏武《诗》云：各在天一方。《古诗》云：各在天一涯。李善注引《广雅》：涯，方也。涯与厓通。厉，亦廉也。语之转耳。《卫风·有狐篇》：在彼淇厉。《毛传》云：厉，深可厉之旁。案厉谓水厓也。"（第11页下）

隒，《广雅·释诂一》："隒，方也。"王念孙疏证："方，犹旁也。"《诗·王风·葛藟》："绵绵葛藟，在河之漘。"毛传："漘，水隒也。"孔颖达疏："隒是山厓，漘是水岸，故云水隒。"宋宋祁《宋景文公笔记·杂说》："宰嚭掩夫差之目，勾践噀笑于会稽之隒。""隒"义为山边。上古音为来母谈部开口四等。

廉，《说文·广部》："廉，仄也。"段玉裁注："此与广为对文。谓偏仄也。廉之言敛也。堂之边曰廉。天子之堂九尺，大夫七尺，士三尺。堂边皆如其高。"《仪礼·乡饮酒礼》："设席于堂廉东上。"郑玄笺："侧边曰廉。"《汉书·贾谊传》："故陛九级上，廉远地，则堂高。"宋苏轼《五月十日与吕仲甫等泛湖游北山》："世人骛朝市，独向溪山廉。""廉"义为堂屋之侧边。上古音为来母谈部开口三等。

厉，《广雅·释诂一》："厉，方也。"王念孙疏证："厉，谓水厓也。"《诗·魏风·有狐》："有狐绥绥，在彼淇厉。"毛传："厉，深可厉之旁。""厉"义为水边。上古音为来母月部开口三等长入。

语音上，"隒"与"廉"上古音相近：来母双声，谈部叠韵；"厉"与"隒"、

"陕"上古音相转:来母双声,月谈通转。"陕:廉:厉",上古音既有音近关系,也有音转关系。

词义上,"陕"为山边;"廉"为堂屋侧边;"厉"为水边。它们都有共同的意义核心"边缘"。

可知,"陕:廉:厉"为一组同源词。其义素分析为:

陕=/山类/+/边缘/

廉=/堂屋类/+/边缘/

厉=/水类/+/边缘/

这组同源词的意义关系可以用公式表示为:

Y[3]=/山类、堂屋类、水类/+/边缘/

同源词"陕:廉:厉"共同的意义核心"边缘"即是这组同源词的核义素。

98.籖:鑯

《释诂》卷二下:"籖,利也。"疏证:"籖之言鑯也。卷四云:鑯,锐也。《说文》:籖,锐也,贯也。《释器篇》云:籖谓之铲。皆利之义也。"(第63页上)

籖,《说文·竹部》:"籖,锐也。"《广雅·释诂二》:"籖,利也。"玄应《一切经音义》卷十二引晋葛洪《字苑》:"以籖贯肉炙之者也。"唐韩愈《苦寒》诗:"将持匕箸食,触指如排籖。"宋范成大《丙午新正书怀》诗之六:"温饱闭门吾事办,异时书判指如籖。""籖"义为竹之锐利。上古音为清母谈部开口三等。

鑯,《说文·金部》:"鑯,铁器也。"段玉裁注:"盖锐利之器。郭注《尔雅》用为今之尖字。"《广雅·释诂四》:"鑯,锐也。"《尔雅·释山》:"(山)锐而高峤。"郭璞注:"言鑯峻。"《正字通·金部》:"鑯,尖本字。锋芒锐也。"《新五代史·杂传·李崧》:"为浮屠者必合其鑯。""鑯"义为金器之锐利。上古音为精母谈部开口三等。

语音上,"籖"与"鑯"上古音有音转关系:清精旁纽,韵母相同(谈部开口三等)。

词义上,"籖"为竹之锐利;"鑯"为金器之锐利。它们都有共同的意义核心"锐利"。

可知,"籖:鑯"为一组同源词。其义素分析为:

籖=/竹类/+/锐利/

鑯=/金器类/+/锐利/

这组同源词的意义关系可以用公式表示为:

Y[2]=/竹类、金器类/+/锐利/

同源词"籖:鑯"共同的意义核心"锐利"即是这组同源词的核义素。

99. 纤：掺

《释诂》卷二上："掺，小也。"疏证："《郑风·遵大路篇》：掺执子之袪兮。正义引《说文》云：掺，敛也。故敛物而细，或谓之掺。掺之言纤也。《魏风·葛屦篇》：掺掺女手。毛传云：掺掺，犹纤纤也。《古诗》云：纤纤出素手。纤与掺，声近义同。"（第 54 页下）

纤，《说文·糸部》："纤，细也。"段玉裁注："《尚书》：厥篚玄纤缟。郑注：纤，细也。《汉文纪》：遗诏纤七日，释服。服虔注：纤，细布。凡细谓之纤。"《方言》卷二："纤，细也。"又："缯帛之细者谓之纤。"《三国志·蜀书·诸葛亮传》："善无微而不赏，恶无纤而不贬。"晋张华《励志》诗："高以下基，洪由纤起。""纤"义为细布。上古音为心母谈部开口三等。

掺，《方言》卷二："掺，细也。自关而西，秦晋之间，凡细而有容谓之嫇……凡细儿谓之笙，敛物而细谓之揫，或曰掺。"《广雅·释诂二》："掺，小也。"戴震疏证："掺，细小也。""掺"义为细小。上古音为山母侵部开口二等。

语音上，"纤"与"掺"上古音有音转关系：心山准双声，谈侵旁转。

词义上，"纤"为细布；"掺"为细小。它们都有共同的意义核心"细小"。

可知，"纤：掺"为一组同源词。其义素分析为：

纤＝/名物范畴/＋/细小/

掺＝/性状范畴/＋/细小/

这组同源词的意义关系可以用公式表示为：

Y[2]＝/名物范畴、性状范畴/＋/细小/

同源词"纤：掺"共同的意义核心"细小"即是这组同源词的核义素。

100. 攙：鑱：劖：嚵：巉

《释诂》卷四下："攙，锐也。"疏证："攙者，《说文》：鑱，锐也。《太元元错》云：锐镵镵。并与攙通。又《说文》：劖，剽也。剽，砭刺也。《史记·扁鹊传》：鑱石撟引。索隐云：鑱，谓石针也。《广韵》：鑱，吴人云：犁铁也。《说文》：嚵，喙也。《史记·天官书》云：天巉长四丈，末兑。《汉书·司马相如传》：崭岩参差。颜师古注云：崭岩，尖锐貌。是凡言攙者，皆锐之义也。"（第126 页上～126 页下）

攙，《说文·手部》："攙，刺也。从手，毚声。""攙"本义为刺，引申为兵器锐利。《广雅·释诂四》："攙，锐也。"张衡《西京赋》："叉簇之所攙捔，徒搏之所撞秘。"上古音为崇母谈部开口二等。

鑱，《说文·金部》："鑱，锐也。"王老九《大声歌唱王德生》诗："太阳如火六月天，红胶泥，石子比刀鑱。""鑱"义为金器锐利。上古音为崇母谈部开口二等。

剿,《说文·刀部》:"剿,断也。从刀,巢声。"段玉裁注:"与《金部》镵义略近。"徐锴《说文解字系传》:"剿,凿也。"王筠《说文句读》:"盖谓以镵剿之也。"宋辛弃疾《洞仙歌》:"剿叠嶂,卷飞泉,洞府凄凉。"元萨都剌《换骨岩》诗:"千丈丹梯万丈岩,天开地辟鬼神剿。"《徐霞客游记·滇游日记六》:"忽一日,白云从龛后龙脊中垂间,剿石得泉。""剿"义为用锐利的器具铲或凿。上古音为崇母谈部开口二等。

噱,《说文·口部》:"噱,喙也。"徐灏注笺:"上文'唅,咽也。一曰噱也。'此噱'一曰喙也',是喙、唅字异而义同。"《说文·口部》:"唅,噱唅也。""噱"义为动物的嘴。动物嘴的特征是锐利。上古音为崇母谈部开口二等。

櫼,《玉篇·木部》:"櫼,锐也。""櫼"义为锐利。上古音为崇母谈部开口二等。

语音上,"攙:镵:剿:噱:櫼"上古音有相同关系:崇母双声,韵母相同(谈部开口二等)。

词义上,"攙"为兵器锐利;"镵"为金器锐利;"剿"为用锐利的器具铲或凿;"噱"为动物的嘴;"櫼"为锐利。它们都有共同的意义核心"锐利"。

可知,"攙:镵:剿:噱:櫼"为一组同源词。其义素分析为:

攙＝/性状范畴/＋/锐利/

镵＝/性状范畴/＋/锐利/

剿＝/动作范畴/＋/锐利/

噱＝/名物范畴/＋/锐利/

櫼＝/性状范畴/＋/锐利/

这组同源词的意义关系可以用公式表示为:

Y[5]＝/性状范畴、动作范畴、名物范畴/＋/锐利/

同源词"攙:镵:剿:噱:櫼"共同的意义核心"锐利"即是这组同源词的核义素。

第四章 《广雅疏证》同源词研究(中)

本章运用数理统计法等方法对系联出来的《广雅疏证》413 组同源词的语音关系类型、音转规律、词义关系类型、同源词的音义结合规律进行了归纳、总结。通过分析,汉语同源词的音转规律可以归结为:音转是上古汉语中一种重要而特殊的语言现象,它是汉语同源词音变轨迹的真实写照。音转必须声韵相互制衡而转,二者相互依存,相互制约。声转必须以韵母的相同、韵部的相同或相近为前提;韵转必须以声母的相同或相近为前提。二者处在一个既对立又互补的共存的统一体中。声转或韵转自身地位的不同,要求对方存在的条件也不相同。声母之间的关系越近,韵转可以相对宽泛一些;韵部之间的关系越近,声转的相对自由度也可以大一些。音转包括声转和韵转。声转以旁纽为主,其他种类流转的数量有限;韵转以对转和旁转为主,其他种类的流转数量不多。同源词的词义关系以相关为主,其次是相同,相同相关数量较少。汉语同源词的音义结合规律达 17 种之多,体现了汉语同源词音义结合的严整性和复杂性。

第一节 《广雅疏证》同源词的语音关系类型及音转规律

一、《广雅疏证》同源词的语音关系类型

关于同源词的语音关系类型,传统的分类方法将其分为两类:音同(双声兼叠韵)和音近(各种音转关系)。这种分类虽然把握起来比较容易,也易于操作,但太过于笼统,不能全面反映同源词语音关系的全貌。"关于同源词的语音亲属关系类型,向有'音同'、'音近'说。'音同',指双声兼叠韵;'音近',包含各种通转关系。我们认为,'音近'作为一个术语有两方面的缺陷。其一,过于笼统、含混。其二,不能确切地指称同源词组或词族中各个

个体之间的语音关系类型。"①我们将《广雅疏证》同源词的语音关系类型分为音同、音近、音转三类。

(一)音同

按照现代语音学的解释,所谓音同是指两个或两个以上的汉字声母、韵母和声调都完全相同。由于时代的变迁,汉语的古今语音是不完全相同的,特别是上古汉语。从宋代开始,有学者开始研究汉语的语音系统,到清代达到鼎盛,近现代学者不断完善,形成了今天的上古汉语声母、韵部系统。但是,关于声调问题,除入声字之外,至今学者们对平声、上声、去声的声调仍然还没有取得比较一致的意见。所以,我们这里所说的音同,是指一组同源词之间的语音在上古时代声母韵母都相同,也就是说,不仅声母、韵部相同,而且开合口等呼也要相同,入声字不仅声母韵母相同,而且声调(长入、短入)也要相同。在《广雅疏证》的同源词里,这类共有 165 组。例如:

1. 孍:驼　　　　　　　　定母之部开口一等
2. 坏:肧:醅　　　　　　　滂母之部合口一等
3. 培:陪　　　　　　　　并母之部合口一等
4. 揈:緪　　　　　　　　见母蒸部开口一等
5. 皎:皦　　　　　　　　见母宵部开口四等
6. 佻:朓:跳　　　　　　　透母宵部开口四等
7. 鷂:摇　　　　　　　　余母宵部开口三等
8. 慓:嘌:勡:僄:漂　　　　滂母宵部开口三等
9. 箽:侗:涌:桶　　　　　　定母东部合口二等
10. 桻:锋:峰　　　　　　　滂母东部合口三等
11. 胡:湖:壶:祜　　　　　　匣母鱼部开口一等
12. 瑕:霞:騢　　　　　　　匣母鱼部开口二等
13. 梠:绺:吕:旅　　　　　　来母鱼部开口三等
14. 胳:袼　　　　　　　　见母铎部开口一等短入
15. 晹:奕:焲　　　　　　　余母铎部开口四等短入
16. 鍠:瑝:喤:諻　　　　　　匣母阳部合口二等
17. 妆:装:莊　　　　　　　庄母阳部开口三等
18. 涯:厓　　　　　　　　疑母支部开口二等
19. 婗:倪:麑:蜺:齯:兒　　　疑母支部开口四等

---

① 殷寄明:《语源学概论》,上海教育出版社 2000 年版,第 141 页。

20.坢:髀:裨　　　　　　　并母支部开口三等

21.汀:町　　　　　　　　透母耕部开口四等

22.埩:静:靖　　　　　　　从母耕部开口三等

23.砰:軯　　　　　　　　滂母耕部开口二等

24.黳:翳:鷖:瑿:瑿　　　影母脂部开口四等

25.柅:尼　　　　　　　　泥母脂部开口三等

26.潏:矞　　　　　　　　余母质部合口三等

27.俦:宾　　　　　　　　帮母真部开口三等

28.幾:譏:璣:鐖　　　　　见母微部开口三等

29.畏:威　　　　　　　　影母微部合口三等

30.尾:微　　　　　　　　明母微部合口三等

31.昕:炘　　　　　　　　晓母文部开口四等

32.浑:混　　　　　　　　匣母文部合口一等

33.伦:沦　　　　　　　　来母文部合口四等

34.悛:悛　　　　　　　　清母文部合口三等

35.畸:奇　　　　　　　　见母歌部开口三等

36.麻:縻　　　　　　　　明母歌部开口三等

37.擎:潏　　　　　　　　滂母月部开口三等短入

38.嫙:鬠　　　　　　　　群母元部合口三等

39.忨:翫:玩　　　　　　疑母元部合口一等

40.钳:拑　　　　　　　　群母谈部开口三等

(二)音近

按照现代语音学的理解,音近应该是指汉字的声母韵母相同,声调不同。而我们这里所说的音近,是指一组同源词在上古时代的语音具有双声兼叠韵的关系。如果是入声字,声母韵母相同,但声调有长入和短入之别的也归入音近。在《广雅疏证》的同源词里,这类共有 24 组。例如:

1.待:跱　　　　　　　　定母双声,之部叠韵

2.糒:餶　　　　　　　　并母双声,职部叠韵

3.斛:挑　　　　　　　　透母双声,宵部叠韵

4.觷:鹄　　　　　　　　匣母双声,觉部叠韵

5.暴:攗　　　　　　　　并母双声,药部叠韵

6.睩:逯　　　　　　　　来母双声,屋部叠韵

7.烔:燡　　　　　　　　定母双声,东部叠韵

8.寡:孤　　　　　　　　见母双声,鱼部叠韵

9.膚:庐	来母双声,鱼部叠韵
10.露:落	来母双声,韵母相同(铎部开口一等,只是声调有长入和短入之别)
11.箅:捭	帮母双声,支部叠韵
12.私:细	心母双声,脂部叠韵
13.髢:堕	定母双声,歌部叠韵
14.挈:絜	见母双声,月部叠韵
15.荚:夹	见母双声,叶部叠韵

(三)音同音近

音同音近是指一组同源词在上古时代的语音既有音同关系,也有音近关系。在《广雅疏证》的同源词里,这类共有 8 组。例如:

1.靡:麽:魔

"麽"与"魔"上古音相同:明母歌部合口一等;

"靡"与"麽"、"魔"上古音相近:明母双声,歌部叠韵。

"靡:麽:魔",上古音既有音同关系,也有音近关系。

2.挈:契:锲

"挈"与"契"上古音相同:溪母月部开口三等长入;

"锲"与"挈"、"契"上古音相近:溪母双声,韵母相同(月部开口三等)。

"挈:契:锲",上古音既有音同关系,也有音近关系。

3.厣:壓:厌

"厣"与"厌"上古音相同:影母叶部开口三等;

"壓"与"厣"、"厌"上古音相近:影母双声,叶部叠韵。

"厣:壓:厌",上古音既有音同关系,也有音近关系。

4.獧:懁:狷

"獧"与"懁"上古音相同:见母元部合口四等;

"狷"与"獧"、"懁"上古音相近:见母双声,元部叠韵。

"獧:懁:狷",上古音既有音同关系,也有音近关系。

5.孈:儽:赢

"儽"与"赢"上古音相同:来母歌部开口三等;

"孈"与"儽"、"赢"上古音相近:来母双声,歌部叠韵。

"孈:儽:赢",上古音既有音同关系,也有音近关系。

(四)音转

音转是指同一词语在不同地域或不同时代所发生的语音变易现象。音转是就整个音节而言的,指词语的意义没有变化,语音发生了流转。"不同地域或不同时代的人们,在使用同一词语来表达某一相同意义时,其语言有可能呈现出具有一定规律的变异。这种意义不变而语音有所变易的现象,我们称之为'音转义存',简称'音转'。……所谓'表达同一意义',就是说音转只是词的语音发生了变化,并不是词语的分化。所以我们所说的'音转',确切而言,或者说其实质,便是'音转义存'。……音转是语言本身的问题,是地域语言和历史语言中普遍而又必然存在的一种语音变易现象。它主要反映在方言之中,这就是黄生所说的'方言不同,故音因之而转'。"①前人将音转也称作"声之转"、"一声之转"与"语之转"等,这是对音转的统称,如果仔细分辨,"声之转"或"一声之转"主要指双声之转,"语之转"主要指叠韵之转。"音转"包括声转和韵转。就王念孙《广雅疏证》所系联的同源词来看,音转共有 140 组。

我们这里所说的声转,是指一组同源词的上古音的韵部或者韵母或者韵母声调相同,但声母发生了流转。古代学者称之为"声之转"或"一声之转"。这类共有 65 组。例如:

1. 㩎:㪏　　　　　　端透旁纽,月部叠韵
2. 胻:梗　　　　　　见匣旁纽,韵母相同:阳部开口一等
3. 擸:摄　　　　　　来书准旁纽,韵母相同:叶部开口三等
4. 醜:州　　　　　　昌章旁纽,韵母相同:幽部开口三等
5. 秋:酋　　　　　　清从旁纽,幽部叠韵
6. 超:迢　　　　　　透定旁纽,宵部叠韵
7. 遥:辽　　　　　　余来旁纽,宵部叠韵
8. 寇:够　　　　　　溪见旁纽,韵母相同:侯部合口二等
9. 剱:窬　　　　　　定余旁纽,侯部叠韵
10. 駙:拊　　　　　　並帮旁纽,韵母相同:侯部合口三等
11. 蔟:族　　　　　　清从旁纽,韵母声调相同:屋部合口二等短入
12. 恫:痛　　　　　　定透旁纽,韵母相同:东部合口二等
13. 祖:诅　　　　　　从精旁纽,鱼部叠韵
14. 曙:著　　　　　　禅端准旁纽,韵母相同:鱼部开口三等
15. 党:昌　　　　　　端昌准旁纽,阳部叠韵
16. 睨:窥　　　　　　见溪旁纽,韵母相同:支部合口三等
17. 擿:掉　　　　　　定透旁纽,韵母相同:锡部开口三等,但声

①　孙雍长:《训诂原理》,语文出版社 1997 年版,第 47 页。

调有短入和长入之别

18. 嫡:颡	清崇准旁纽,韵母声调相同:锡部开口三等短入
19. 逞:挺	透定旁纽,耕部叠韵
20. 憳:济	从精旁纽,韵母相同:脂部开口四等
21. 结:诘	见溪旁纽,韵母声调相同:质部开口三等短入
22. 汔:讫	晓见旁纽,韵母声调相同:物部开口三等短入
23. 黇:纯	透禅准旁纽,文部叠韵
24. 訰:顿	章端准双声,文部叠韵
25. 坌:粪	并帮旁纽,文部叠韵
26. 閜:舸	晓见旁纽,韵母相同:歌部开口一等
27. 佗:扬	定余旁纽,歌部叠韵
28. 裔:瀄	余禅准旁纽,韵母声调相同:月部开口三等长入
29. 亶:诞	定端旁纽,韵母相同:元部开口一等
30. 断:剬	定端旁纽,韵母相同:元部合口一等

我们这里所说的韵转,是指一组同源词的上古音的声母相同,但韵部发生了流转。古代学者称之为"语之转"。这类共有 44 组。例如:

1. 墨:梅	明母双声,职之对转
2. 休:旭	晓母双声,幽觉对转
3. 脓:瓤	日母双声,幽阳旁对转
4. 穷:极	群母双声,冬职旁对转
5. 佻:偷	透母双声,宵侯旁转
6. 族:丛	从母双声,屋东对转
7. 若:而	日母双声,铎之旁对转
8. 提:擿	定母双声,支锡对转
9. 澌:赐	心母双声,支锡对转
10. 灵:禄	来母双声,耕屋旁对转
11. 翳:隐	影母双声,脂文旁对转
12. 晞:咦	晓母双声,微脂旁转
13. 希:罕	晓母双声,微元旁对转
14. 晞:昕	晓母双声,微文对转

15. 蒮:隐　　　　　　　　影母双声,物文对转

16. 蕴:郁　　　　　　　　影母双声,文物对转

17. 揭:襄　　　　　　　　溪母双声,月元对转

18. 倦:飢　　　　　　　　群母双声,元铎通转

19. 悛:竣　　　　　　　　清母双声,元文旁转

20. 捨:赦　　　　　　　　书母双声,鱼铎对转

我们这里所说的声韵皆转,是指一组同源词的上古音声母和韵部都同时发生了流转。这类共有31组。例如:

1. 芮:炳　　　　　　　　日泥准双声,月元对转

2. 负:背　　　　　　　　並帮旁纽,之职对转

3. 杸:打　　　　　　　　定端旁纽,蒸耕旁转

4. 糅:糒　　　　　　　　日泥准双声,幽阳旁对转

5. 绛:红　　　　　　　　见匣旁纽,冬东旁转

6. 耀:燎　　　　　　　　余来旁纽,药宵对转

7. 暴:襮　　　　　　　　並帮旁纽,药铎旁转

8. 摄:昫　　　　　　　　並帮旁纽,药屋旁转

9. 丛:菆　　　　　　　　从庄准旁纽,东侯对转

10. 封:豐　　　　　　　　帮滂旁纽,东冬旁转

11. 弭:髀　　　　　　　　明並旁纽,支锡对转

12. 蠵:娃　　　　　　　　见影旁纽,锡支对转

13. 柢:棕　　　　　　　　端定旁纽,脂歌旁转

14. 焜:辉　　　　　　　　见晓旁纽,文微对转

15. 谆:憝　　　　　　　　章定准旁纽,文物对转

16. 本:茇　　　　　　　　帮並旁纽,文月旁对转

17. 覘:炎　　　　　　　　来余旁纽,谈侵旁转

18. 旭:皓　　　　　　　　晓匣旁纽,幽觉对转

19. 朴:膚　　　　　　　　滂帮旁纽,屋鱼旁对转

20. 白:蜗　　　　　　　　並帮旁纽,铎阳对转

(五)音同音转

我们这里所说的音同音转,是指一组同源词的上古音既有音同关系,也有音转关系。这类共有51组。例如:

1. 捊:衰:抔:俘

"捊:抔:捊"古音相同:並母之部开口一等;

"衰"与"捊:抔:捊"古音相转:並母双声,幽之旁转;

"裒"与"俘"古音相转:並滂旁纽,幽部叠韵;

"俘"与"抙:抔:捊"古音相转:滂並旁纽,幽之旁转;

"抙:裒:抔:捊:俘",古音既有音同关系,也有音转关系。

2. 殖:莳:置:植

"殖"与"植"古音相同:禅母职部开口三等短入;

"莳"与"殖:植"古音相转:禅母双声,之职对转;

"莳"与"置"古音相转:禅端准旁纽,之职对转;

"置"与"殖:植"古音相转:端禅准旁纽,韵母相同(职部开口三等,但声调有长入和短入之别);

"殖:莳:置:植",古音既有音同关系,也有音转关系。

3. 漫:優:渥

"漫"与"優"古音相同:影母幽部开口三等;

"渥"与"漫:優"古音相转:影母双声,屋幽旁对转;

"漫:優:渥",古音既有音同关系,也有音转关系。

4. 摧:敲:殼

"敲"与"殼"古音相同:溪母宵部开口二等;

"摧"与"敲:殼"古音相转:溪母双声,药宵对转;

"摧:敲:殼",古音既有音同关系,也有音转关系。

5. 椒:萩:籔

"萩"与"籔"古音相同:庄母侯部开口三等;

"椒"与"萩"、"籔"古音相转:精庄准双声,侯部叠韵;

"椒:萩:籔",古音既有音同关系,也有音转关系。

6. 覰:狙:胥

"覰"与"狙"古音相同:清母鱼部开口三等;

"胥"与"覰"、"狙"古音相转:心清旁纽,韵母相同(鱼部开口三等);

"覰:狙:胥",古音既有音同关系,也有音转关系。

7. 祏:硕:拓:斥:舄

"祏"与"拓"古音相同:透母铎部开口一等短入;

"斥"与"舄"古音相同:昌母铎部开口四等短入;

"硕"与"祏"、"拓"古音相转:禅透准旁纽,铎部叠韵;

"硕"与"斥"、"舄"古音相转:禅昌旁纽,韵母相同(铎部开口四等短入);

"祏"、"拓"与"斥"、"舄"古音相转:透昌准双声,铎部叠韵;

"祏:硕:拓:斥:舄",古音既有音同关系,也有音转关系。

8. 亢:伉:梗

"宄"与"忼"古音相同:溪母阳部开口一等;

"梗"与"宄"、"忼"古音相转:见溪旁纽,阳部叠韵;

"宄:忼:梗",古音既有音同关系,也有音转关系。

9.晄:煌:爌:光

"晄"与"煌"古音相同:匣母阳部合口一等;

"爌"与"晄"、"煌"古音相转:溪匣旁纽,韵母相同(阳部合口一等);

"爌"与"光"古音相转:溪见旁纽,韵母相同(阳部合口一等);

"光"与"晄"、"煌"古音相转:见匣旁纽,韵母相同(阳部合口一等);

"晄:煌:爌:光",古音既有音同关系,也有音转关系。

10.捭:擺:罷

"捭"与"擺"古音相同:帮母支部开口二等;

"捭"、"擺"与"罷"古音相转:帮滂旁纽,支职旁对转;

"捭:擺:罷",古音既有音同关系,也有音转关系。

11.娃:颎:炯

"颎"与"炯"古音相同:见母耕部合口四等;

"娃"与"颎"、"炯"古音相转:影见旁纽,支耕对转;

"娃:颎:炯",古音既有音同关系,也有音转关系。

12.侹:颋:挺:脡

"侹:颋:脡"古音相同:透母耕部开口四等;

"挺"与"侹:颋:脡"古音相转:定透旁纽,韵母相同(耕部开口四等);

"侹:颋:挺:脡",古音既有音同关系,也有音转关系。

13.演:螾:引

"螾"与"引"古音相同:余母真部开口三等;

"演"与"螾"、"引"古音相转:余母双声,元真旁转;

"演:螾:引",古音既有音同关系,也有音转关系。

14.硙:艮:铠:垲

"硙"与"艮"古音相转:疑见旁纽,微文对转;

"铠"与"垲"古音相同:溪母微部开口一等;

"硙"与"铠"、"垲"古音相转:疑溪旁纽,微部叠韵;

"艮"与"铠"、"垲"古音相转:见溪旁纽,文微对转;

"硙:艮:铠:垲",古音既有音同关系,也有音转关系。

15.絷:蕤:緌

"蕤"与"緌"古音相同:日母微部合口三等;

"絷"与"蕤"、"緌"古音相转:日母双声,歌微旁转;

"鬵:蕵:狨",古音既有音同关系,也有音转关系。

16.辰:娠:振:震

"娠"、"振"与"震"古音相同:章母文部开口三等;

"辰"与"娠"、"振"、"震"古音相转:禅章旁纽,韵母相同(文部开口三等);

"辰:娠:振:震",古音既有音同关系,也有音转关系。

17.碕:陭:猗

"陭"与"猗"古音相同:影母歌部开口三等;

"碕"与"陭"、"猗"古音相转:群影旁纽,韵母相同(歌部开口三等);

"碕:陭:猗",古音既有音同关系,也有音转关系。

18.獂:儇:翾:趭

"儇:翾:趭"古音相同:晓母元部合口三等;

"獂"与"儇:翾:趭"古音相转:见晓旁纽,元部叠韵;

"獂:儇:翾:趭",古音既有音同关系,也有音转关系。

19.圌:辁:湍

"圌"与"辁"古音相同:禅母元部合口三等;

"湍"与"圌"、"辁"古音相转:透禅准旁纽,元部叠韵;

"圌:辁:湍",古音既有音同关系,也有音转关系。

20.欑:攒:儹

"儹"与"攒"古音相同:精母元部合口一等;

"欑"与"儹"、"攒"古音相转:从精旁纽,韵母相同(元部合口一等);

"欑:攒:儹",古音既有音同关系,也有音转关系。

(六)音近音转

我们这里所说的音近音转,是指一组同源词的上古音既有音近关系,也有音转关系。这类共有8组。例如:

1.貂:䂂:鯛

"貂"与"鯛"古音相近:端母双声,宵部叠韵;

"䂂"与"貂"、"鯛"古音相转:端母双声,幽宵旁转;

"貂:䂂:鯛",古音既有音近关系,也有音转关系。

2.害:曷:胡:盍:何

"害"与"曷"古音相近:匣母双声,月部叠韵;

"害"与"胡"古音相转:匣母双声,月鱼通转;

"害"与"盍"古音相转:匣母双声,月叶通转;

"害"与"何"古音相转:匣母双声,月歌对转;

"曷"与"胡"古音相转:匣母双声,月鱼通转;

"曷"与"盍"古音相转:匣母双声,月叶通转;

"曷"与"何"古音相转:匣母双声,月歌对转;

"胡"与"盍"古音相转:匣母双声,鱼叶通转;

"胡"与"何"古音相转:匣母双声,鱼歌通转;

"盍"与"何"古音相转:匣母双声,叶歌通转;

"害:曷:胡:盍:何",古音既有音近关系,也有音转关系。

3. 括:佸:会

"括"与"佸"古音相转:见匣旁纽,韵母声调相同(月部合口一等短入);

"括"与"会"古音相转:见匣旁纽,韵母相同(月部合口一等),声调不同;

"佸"与"会"古音相近:匣母双声,韵母相同(月部合口一等),声调有短入和长入的区别;

"括:佸:会",古音既有音近关系,也有音转关系。

(七)音同音近音转

我们这里所说的音同音近音转,是指一组同源词的上古音既有音同音近关系,也有音转关系。这类共有5组。例如:

1. 轕:嗐:铦:樍:豁

"轕:铦:樍"古音相同:匣母月部合口三等长入;

"嗐"与"轕:铦:豁"古音相转:晓匣旁纽,月部叠韵;

"嗐"与"豁"古音相转:晓匣旁纽,韵母相同(月部合口四等长入);

"豁"与"轕:铦:樍"古音相近:匣母双声,月部叠韵;

"轕:嗐:铦:樍:豁",古音既有音同音近关系,也有音转关系。

2. 片:胖:半:辨:判

"胖"与"判"古音相同:滂母元部合口一等;

"片"与"胖:判"古音相近:滂母双声,元部叠韵;

"半"与"胖:判"古音相转:帮滂旁纽,韵母相同(元部合口一等);

"辨"与"胖:判"古音相转:并滂旁纽,元部叠韵;

"片"与"半"古音相转:滂帮旁纽,元部叠韵;

"片"与"辨"古音相转:滂并旁纽,元部叠韵;

"半"与"辨"古音相转:帮并旁纽,元部叠韵;

"片:胖:半:辨:判",古音既有音同音近关系,也有音转关系。

3. 孔:扛:杠:杲

"扛:杠"古音相同:见母东部开口二等;

"孔"与"杲:扛:杠"古音相近:见母双声,东部叠韵;

"杲"与"孔:扛:杠"古音相转:见母双声,屋东对转;

"挚:扛:杠:槹",古音既有音同音近关系,也有音转关系。

(八)混合音转

我们这里所说的混合音转,是指一组同源词在上古时代的语音具有多种音转关系。这类共有 12 组。例如:

1. 恁:谂:念

"恁"与"谂"古音相转:日书旁纽,韵母相同(侵部开口三等);

"念"与"恁"古音相转:泥日准双声,侵部叠韵;

"念"与"谂"古音相转:泥书准旁纽,侵部叠韵。

2. 酉:酒:就

"酉"与"酒"古音相转:余精邻纽,韵母相同(幽部开口三等);

"酉"与"就"古音相转:余从邻纽,韵母相同(幽部开口三等);

"酒"与"就"古音相转:精从旁纽,韵母相同(幽部开口三等)。

3. 夸:訏:芋

"夸"与"訏"古音相转:溪晓旁纽,鱼部叠韵;

"夸"与"芋"古音相转:溪匣旁纽,鱼部叠韵;

"訏"与"芋"古音相转:晓匣旁纽,韵母相同(鱼部合口三等)。

4. 夜:昔:夕

"夜"与"昔"古音相转:余心邻纽,韵母相同(铎部开口四等);

"夜"与"夕"古音相转:余邪邻纽,韵母相同(铎部开口四等)

"昔"与"夕"古音相转:心邪旁纽,韵母声调相同(铎部开口四等短入)。

5. 纯:暾:焞

"纯"与"暾"古音相转:禅透准旁纽,文部叠韵;

"纯"与"焞"古音相转:禅透准旁纽,文微对转;

"暾"与"焞"古音相转:透母双声,文微对转。

从以上分析得出的《广雅疏证》同源词的语音关系的类型来看,同源词的语音关系以音同音近为主,共 197 组,占 413 组同源词的 47.70％。其次是音转,为 140 组,占 413 组同源词总数的 33.90％。此外,还有音同音转、音近音转、音同音近音转、混合音转型等复杂形式,共 76 组,占 413 组同源词总数的 18.40％。这表明同源词的语音关系既有一定的规律性,也有一定的复杂性。

二、《广雅疏证》同源词的音转规律

音转,又叫语转、转语,指同一个词语由于时间和地域的变化在语音上也随之发生了流转。段玉裁《六书音均表一·古十七部本音说》："凡一字古今异部，以古音为本音，以今音为音转。""语之转"（"转语"）这一术语首先是扬雄在《方言》里提出来的。如《方言》卷十："铤，空也。语之转也。"扬雄在收集和整理方言词语时，已经意识到某词与另外一个词的意义存在相同或相关关系，只是读音稍有不同罢了，读音不同，实际上是那个词语音变化了的结果。扬雄从时间和空间的角度考察词语语音的变化，这是他的独创。晋代郭璞在其《尔雅注》、《方言注》里，也自觉利用音转原理来解释、考察某些古今词语或方俗词语的异同。"到了明代，陈第、方以智等人对音转现象不仅有了比较清楚的认识，而且已能自觉地将音转规律提高到训诂原理上来加以研究。"①清代戴震、程瑶田、王念孙继承发展了扬雄的音转学说。戴震撰《转语二十章》（今已佚），他将古声组分为五大类、二十小类，将古韵部分为九类二十五部，在古声韵的基础上，他将音转分为声转和韵转，然后又各自分为正转、变转、旁转。可以说戴震将传统的"语转说"纳入了科学化的轨道。戴震撰《转语二十章序》："凡同位则同声，同声则可以通乎其义；位同则声变而同，声变而同则其义亦可以比之而通。""同位"指发音部位相同；"位同"则是指发音方法相同。"'凡同位则同声，同声则可以通乎其义；位同则声变而同，声变而同则其义亦可以比之而通'，戴氏对音转所概括的这两条基本规律，应该是可信的。"②程瑶田的《果蠃转语记》，王念孙的《释大》、《广雅疏证》都是音转说研究的重大成果，他们开辟了汉语语源研究的新领域和新方法。所以孙雍长先生说：不过，将音转原理普遍运用到文献训诂并取得前所未有的成绩，主要还是清代尤其是乾嘉学者的事。这主要体现在以下几个方面：第一，对音转的研究。已由个别材料的散见说明，进入全面系统的归纳描述和基本规律的揭示，出现了戴震的《转语二十章》、钱大昕的《声类》等专著。第二，清人的音转研究，已由对古今语、方俗语的一般沟通，进到对文献典籍中疑难字词的特别考释，不仅通其义，而且明其理，开拓了训诂新境界。第三，对音转现象的研究，扩大了视野。由单音节词语的音转描述，扩大到双音节词语的音转描述，并进而注意到了音转规律与联绵词构造的密切关系。第四，乾嘉学者一方面对音转现象试图做出音理上的系统研究，另一方面还大量揭示和论述了音转规律体现在文献语言上的一个耐人寻味的特征，即音转与用字的平行系列性。前一方面的代表人物是戴震，其《转语二十章》

---

① 孙雍长：《训诂原理》，语文出版社 1997 年版，第 64 页。

② 同上书，第 55 页。

的宗旨便是试图将汉语的音转从发音原理上做出一种全面系统的描述。后一方面的代表人物则要首推王念孙。音转反映在文献语言上的这种平行系列性,说明音转不是个别的、孤立的语言现象,也不是偶然的、杂蔓无章的语言现象。音转的轨迹是客观的,是有一定规律的。当一个词语发生某种音转时,与之声音相同(或相近)的其他一些词语也往往发生同样的音转。这就是音转的平行系列性。而音转的这种平行系列性,在文献语言中的用字上又往往得到相应的反映,这便是王念孙所指出的"故有声同字异,声近义同,虽或类聚群分,实亦同条共贯"。亦即钱大昕所说:"声音之变无穷,要自有条不紊。"第五,将音转原理与声义同源的研究紧密结合起来,开拓了训诂新境界。如程瑶田《果蠃转语记》、王念孙《释大》、阮元《释门》等,是这方面的代表之作①。

赵振铎先生在《训诂学史略》一书中指出:"语转的概念是一个语言的概念。它表示一个词时间和空间上发生的变化。扬雄在《方言》里称为转语,郭璞所说的语转正是从扬雄那里继承来的。""根据音韵学已取得的成果来分析这些现象,不难看出,郭璞所说的语转,有的是指声类相同,有的是指辅音声母发音部位相同,有的是指辅音声母发音方法相同,有的是指辅音声母发音部位或发音方法相近,也有的指韵母相同或相近。总之,它们在语音上有一定联系。这就构成了转。"音转是用来解释某一词语由于方俗的不同,古今时代的变化,从而导致其语音发生流转,既有声母的流转,也有韵部的流转,还有声母韵部同时流转的。本节分别对《广雅疏证》同源词中出现的声转现象和韵转现象进行分析,归纳、抽绎出汉语同源词的音转规律。

(一)声转规律

声转规律是指汉语的词语在声母方面发生流转演变的规律。主要表现为:

第一个规律:准双声。

准双声是指邻组声母位置相当的字。具体地说,端、章组声母位置相同的字,如端与章、透与昌、定与船;精、章组声母位置相同的字,如精与章、清与昌、心与书;精、庄组声母位置相同的字,如精与庄、清与初、心与山。都是准双声字。这类共有 17 组。例如:

1.星:笙　　　　　　　　心山准双声,耕部叠韵
2.芮:炳　　　　　　　　日泥准双声,月元对转
3.椒:菽:菽　　　　　　"椒"与"菽"、"菽"古音为精庄准双声,侯

---

① 孙雍长:《训诂原理》,语文出版社 1997 年版,第 67～81 页。

部叠韵

4. 祏:硕:斥:焉   "祏"、"硕"与"斥"、"焉"古音为透昌准双声,铎部叠韵

5. 念:恁   泥日准双声,侵部叠韵

在这 17 组准双声中,韵部为叠韵关系的共有 7 组,占准双声总数的 41.18%;韵母相同共 3 组,占准双声总数的 17.65%;旁对转 3 组,占准双声总数的 17.65%;旁转 2 组,占准双声总数的 11.76%;对转 2 组,占准双声总数的 11.76%。表明准双声主要是以韵母的相同或韵部的相同为前提的。

第二个规律:旁纽。

旁纽是指喉音、舌音、齿音、唇音中同类不同声母的字。这类共有 136 组[1]。例如:

1. 醜:州   昌章旁纽,韵母相同:幽部开口三等

2. 秋:酉   清从旁纽,幽部叠韵

3. 睽:窥   见溪旁纽,韵母相同:支部合口三等

4. 憜:济   从精旁纽,韵母相同:脂部开口四等

5. 髪:眅   并帮旁纽,韵母相同:歌部开口三等

6. 忨:婘   见疑旁纽,韵母相同:元部开口一等

7. 拈:钻   泥透旁纽,谈部叠韵

8. 籖:鑯   清精旁纽,韵母相同:谈部开口三等

9. 肮:梗   见匣旁纽,韵母相同:阳部开口一等

10. 白:蜗   并帮旁纽,铎阳对转

11. 烆:鞏   溪见旁纽,蒸东旁转

12. 舀:挑   余透旁纽,幽宵旁转

13. 遒:娖   从清旁纽,幽觉对转

14. 绛:红   见匣旁纽,冬东旁转

15. 封:豐   帮滂旁纽,东冬旁转

16. 蠲:娃   见影旁纽,锡支对转

17. 柢:榇   端定旁纽,脂歌旁转

18. 焜:辉   见晓旁纽,文微对转

19. 皢:滳   晓匣旁纽,宵部叠韵

20. 覻:狙:胥   "胥"与"覻"、"狙"上古音为心清旁纽,韵

---

①   这里的统计数字是就具有旁纽关系而言的,一组同源词里有多少个旁纽关系,也就统计为多少组。

母相同:鱼部开口三等

21. 晄:煌:爌 "爌"与"晄"、"煌"上古音为溪匣旁纽,韵母相同:阳部合口一等

22. 捭:擺:罷 "罷"与"捭"、"擺"上古音为帮滂旁纽,支职旁对转

23. 侹:頸:挺:脡 "挺"与"侹:頸:脡"上古音为定透旁纽,韵母相同:耕部开口四等

24. 硍:艮 疑见旁纽,微文对转

25. 堇:僅:廑:饉 "堇"与"僅:廑:饉"上古音为见群旁纽,文部叠韵

26. 衮:渾:緄:睔:緷:鯀 "衮"、"緄"、"緷"、"鯀"与"渾"、"睔"上古音为见匣旁纽,韵母相同:文部合口一等

27. 辰:娠:振:震 "辰"与"娠"、"振"、"震"上古音为禅章旁纽,韵母相同:文部开口三等

28. 碕:陭:猗 "碕"与"陭"、"猗"上古音为群影旁纽,韵母相同:歌部开口三等

29. 偈:朅:桀 "偈"、"桀"与"朅"上古音为群溪旁纽,韵母声调相同:月部开口三等短入

30. 獂:儇:矎:趮 "獂"与"儇:矎:趮"上古音为见晓旁纽,元部叠韵

31. 锻:腶:段 "段"与"锻"、"腶"上古音为定端旁纽,韵母相同:元部合口一等

32. 恢:疲:卞 "卞"与"恢"、"疲"上古音为并滂旁纽,元部叠韵

33. 欑:儹:攢 "欑"与"儹"、"攢"上古音为从精旁纽,韵母相同:元部合口一等

34. 憎:脅:怯 "怯"与"憎"、"脅"上古音为溪晓旁纽,韵母相同:叶部开口三等

35. 富:備 帮并旁纽,职部叠韵

36. 布:敷 帮滂旁纽,鱼部叠韵

37. 轓:藩 滂并旁纽,韵母相同:元部合口三等

38. 纠:觓 见群旁纽,韵母相同:幽部开口三等

39. 诩:芋 晓匣旁纽,韵母相同:鱼部合口三等

40. 顋:题 端定旁纽,耕支对转

在这 136 组旁纽中,韵部为叠韵关系的共有 32 组,约占旁纽总数的 23.53%;韵母相同的共 62 组,约占旁纽总数的 45.59%;对转 15 组,约占旁纽总数的 11.03%;旁转 17 组,约占旁纽总数的 12.50%;韵母声调相同的共 6 组,约占旁纽总数的 4.41%;旁对转 2 组,约占旁纽总数的 1.47%;通转 2 组,约占旁纽总数的 1.47%。叠韵、韵母相同、韵母声调相同共有 100 组,约占总数的 72.99%,表明旁纽主要是以韵母的相同和韵部的相同为前提的。

第三个规律:准旁纽。

王力先生确定同类不同横行者为准旁纽。因此,准旁纽只限于舌音(舌头音、舌上音)与齿音(齿头音、正齿音)两类,即舌头音与舌上音之间、齿头音与正齿音之间的字,但它们位置不相当。这类共有 28 组①。例如:

1. 曙:著　　　　　　　禅端准旁纽,韵母相同:鱼部开口三等
2. 党:昌　　　　　　　端昌准旁纽,阳部叠韵
3. 跌:蛭　　　　　　　定章准旁纽,质部叠韵
4. 裔:滐　　　　　　　余禅准旁纽,韵母声调相同:月部开口三
　　　　　　　　　　　　等长入
5. 顺:伦　　　　　　　船来准旁纽,韵母相同:文部合口四等
6. 足:浞　　　　　　　精崇准旁纽,屋部叠韵
7. 丛:藂　　　　　　　从庄准旁纽,东侯对转
8. 谆:憝　　　　　　　章定准旁纽,文物对转
9. 莳:置　　　　　　　禅端准旁纽,之职对转
10. 撰:僎:譔:僝:巽　　"巽"与"撰"、"僎"、"譔"、"僝"上古音为心崇准旁纽,元部叠韵

在这 28 组准旁纽中,韵部为叠韵关系的共有 10 组,约占准旁纽的 35.71%;韵母相同的共 9 组,约占准旁纽总数的 32.15%;韵母声调相同的共有 3 组,约占准旁纽总数的 10.71%;对转 5 组,约占准旁纽总数的 17.86%;旁转 1 组,约占准旁纽的 3.57%。韵部为叠韵关系、韵母相同、韵母声调相同的共计 22 组,占 28 组准旁纽的 78.57%,表明准旁纽主要是以韵母的相同和韵部的相同为前提的。

第四个规律:邻纽。

邻纽是指舌音与齿音、鼻音与鼻音、鼻音与边音的字。这类共有 8 组。

---

① 这里的统计数字是就具有准旁纽关系而言的,一组同源词里有多少个准旁纽关系,也就统计为多少组。

例如:

1. 酉:就   余从邻组,韵母相同:幽部开口三等

2. 夜:夕   余邪邻组,韵母相同:铎部开口四等

3. 淫:涔   余崇邻组,韵母相同:侵部开口三等

在这 8 组邻组中,全部为舌音与齿音的字。韵部为叠韵的 1 组,占邻组总数的 12.50%,7 组为韵母相同,占邻组总数的 87.50%。

《广雅疏证》同源词声转共有 189 组,准双声 17 组,旁纽 136 组,准旁纽 28 组,邻纽 8 组。旁纽属于同系相转,约占总数的 71.96%;准双声 17 组,全部属于同类相转;准旁纽 28 组,也属于同类相转。同类相转共有 45 组,约占总数的 23.81%。邻纽 8 组,为舌音与齿音异类相转,约占总数的 4.23%。可见,声转以同系为主,其次是同类相转,异类相转数量最少,且以发音部位相邻近的为主。

(二)韵转规律

韵转规律是指汉语词语的语音在韵部方面发生流转演变的规律。主要表现为:

第一个规律:对转。

对转指古韵阴阳入三类韵在一定条件下可以相互流转的语音变化现象。发生转变的首要条件是主要元音相同,变化只发生在收韵尾音的增加、失落和改变上。换句话说,在语言的发展演变过程中,常常有这种现象,即某一阳声韵的字,由于失去了鼻音韵尾,而变成了阴声韵的字;入声韵的字,由于失去了塞音韵尾,而变成了阴声韵的字。反之,阴声韵亦可转变为阳声韵、入声韵。这类共有 59 组。例如:

1. 墨:槑   明母双声,职之对转

2. 族:丛   从母双声,屋东对转

3. 捭:擘   帮母双声,支锡对转

4. 旭:晧   晓匣旁纽,幽觉对转

5. 负:背   並帮旁纽,之职对转

6. 逎:媰   从清旁纽,幽觉对转

7. 耀:燎   余来旁纽,药宵对转

8. 蠲:娃   见影旁纽,锡支对转

9. 焜:辉   见晓旁纽,文微对转

10. 谆:憝   章定准旁纽,文物对转

11. 髦:扡   定余旁纽,歌月对转

12. 朴:膚   滂帮旁纽,屋鱼旁对转

13. 军:围　　　　　　　　见匣旁纽,文微对转

14. 科:窠:窾　　　　　　"窾"与"科"、"窠"上古音为溪母双声,元歌对转

15. 殖:蒔:植　　　　　　"蒔"与"殖:植"上古音为禅母双声,之职对转

16. 漫:優:渥　　　　　　"渥"与"漫:優"上古音为影母双声,屋幽旁对转

17. 皢:暉:嚻:滴　　　　"皢"与"暉"、"嚻"上古音为晓匣旁纽,宵药对转

18. 娃:颖:炯　　　　　　"娃"与"颖"、"炯"上古音为影见旁纽,支耕对转

19. 蜕:脱:毻　　　　　　"毻"与"蜕"、"脱"上古音为透母双声,歌月对转

20. 暾:焞　　　　　　　透母双声,文微对转

在这 59 组对转中,声母为双声的 37 组,约占对转总数的 62.71％;旁纽 16 组,约占对转总数的 27.12％;准旁纽 5 组,约占对转总数的 8.48 ％;准双声 1 组,约占对转总数的 1.69％。

第二个规律:旁转。

旁转是指阴阳入三类韵部,每套相近的韵部自相转变。换句话说,就是某一阴声韵转到和它相邻的另一阴声韵,或者某一阳声韵转到和它相邻的另一阳声韵。引起旁转的原因,是一个字的主要元音的发音部位发生了前后高低的变化。这类共有 42 组。例如:

1. 闾:里　　　　　　　来母双声,之鱼旁转

2. 赳:嬢　　　　　　　见母双声,幽宵旁转

3. 佻:偷　　　　　　　透母双声,宵侯旁转

4. 剟:刖　　　　　　　疑母双声,质月旁转

5. 唏:咦　　　　　　　晓母双声,微脂旁转

6. 睧:䐃　　　　　　　日母双声,文元旁转

7. 鈌:鐍　　　　　　　见母双声,月质旁转

8. 悛:竣　　　　　　　清母双声,元文旁转

9. 腌:暗　　　　　　　影母双声,谈侵旁转

10. 韭:久　　　　　　　见母双声,幽之旁转

11. 焪:羋　　　　　　　溪见旁纽,蒸东旁转

12. 朾:打　　　　　　　定端旁纽,蒸耕旁转

13. 舀:挑　　　　　　　余透旁纽,幽宵旁转

14. 覝:㷠　　　　　　　来余旁纽,谈侵旁转

15. 纤:掺　　　　　　　心山准双声,谈侵旁转

16. 蕊:蕤　　　　　　　日母双声,歌微旁转

17. 枂:鮞:貐　　　　　"貐"与"枂"、"鮞"上古音为泥日准旁纽,
　　　　　　　　　　　侯之旁转

18. 抙:裒:抔:捊　　　　"裒"与"抙:抔:捊"上古音为并母双声,幽

348

之旁转

19. 黜:絀:窶:䫉:惄:叕 "黜:絀:惄:叕"与"窶:䫉"上古音为端章
准双声,月物旁转

20. 賢:摼 匣溪旁纽,真元旁转

在这 42 组旁转中,声母为双声的共有 20 组,约占旁转总数的 47.62%;旁纽 18 组,约占旁转总数的 42.86%;准双声 3 组,约占旁转总数的 7.14%;准旁纽 1 组,约占旁转总数的 2.38%。

第三个规律:旁对转。

旁对转是指先旁转而后对转的一种语音现象。这类共 17 组。例如:

1. 若:而 日母双声,铎之旁对转

2. 本:茇 帮并旁纽,文月旁对转

3. 叔:少 书母双声,觉宵旁对转

4. 漫:優:渥 "渥"与"漫:優"上古音为影母双声,屋幽
旁对转

5. 捭:擺:罷 "罷"与"捭"、"擺"上古音为帮滂旁纽,支
职旁对转

在这 17 组旁对转中,声母为双声的 11 组,占旁对转总数的 64.70%;准双声 3 组,约占旁对转总数的 17.65%;旁纽 3 组,约占旁对转总数的 17.65%。

第四个规律:通转。

通转是指在三大类韵部中,不同类韵部主要元音相同而可以相互转化。韵尾同属鼻音或韵尾同属塞音但不相同的也叫"通转"。通转字韵尾发音部位可以不同。这类共有 13 组。例如:

1. 倦:飢 群母双声,元铎通转

2. 死:澌 心母双声,支脂通转

3. 皮:膚 并帮旁纽,歌鱼通转

4. 盇:何 匣母双声,叶歌通转

5. 颠:題 端定旁纽,真支通转

在这 13 组通转中,声母为双声的共有 11 组,约占通转总数的 84.62%;旁纽 2 组,约占通转总数的 15.38%。

《广雅疏证》同源词韵转共有 131 组,其中,对转 59 组,约占韵转总数的 45.04%;旁转 42 组,约占韵转总数的 32.06%;旁对转 17 组,约占韵转总数的 12.98%;通转 13 组,约占韵转总数的 9.92%。对转、旁转两类相加共 101 组,约占韵转总数的 77.10%。可见,韵转以对转和旁转为主。

　　从以上对声转、韵转的分析统计不难看出,音转是一种十分复杂的语言现象。所以戴震在《答段若膺论韵》中说:"音之流变无定方。"章太炎在《文始·略例》里也说:"旁转对转,音理多途;双声驰骤,其流无限。"但是,音转作为一种语言现象,是有规律的,其规律是可以把握的。戴震《转语二十章序》:"人之语言万变,而声气之微,有自然之节限。是故六书依声托事,假借相禅,其用至博,操之至约也,学者茫然莫究。今列为二十章,各从乎其声,以原其义。""疑于义者以声求之,疑于声者以义正之。"戴氏认为,人之语言虽然万变,但它有自然之节限,通过音转规律的把握,可以"从声原义"以及"声义互求"。这种音转的规律体现在声母和韵部的既对立又互补上,二者相互依存,相互补充,相互制约,处在一个共存的统一体中。黄侃先生在《声韵略说》中说:"音学虽繁,声韵两字必以握其錧钥,而二者中纵蕃变万状,必有一不变者以为之根。"黄侃先生这段话正是对音转这一规律的概括。

　　为了更好地说明汉语音转的规律,我们分别将声转时韵的情况和韵转时声的情况列表如下,目的是揭示声转时所要求的韵的条件和韵转时所要求的声的条件。

声转表

声转类别	数量	韵转条件	数量	％
准双声	17	韵母相同	3	17.65
		叠韵	7	41.18
		旁转	2	11.76
		对转	2	11.76
		旁对转	3	17.65
旁　纽	136	韵母相同	62	45.59
		叠韵	32	23.53
		韵母声调相同	6	4.41
		旁转	17	12.50
		对转	15	11.03
		旁对转	2	1.47
		通转	2	1.47
准旁纽	28	韵母相同	9	32.15
		叠韵	10	35.71
		韵母声调相同	3	10.71
		对转	5	17.86
		旁转	1	3.57
邻　纽	8	韵母相同	7	87.50
		叠韵	1	12.50

韵转表

韵转类别	数量	声转条件	数量	％
对转	59	双声	37	62.71
		旁纽	16	27.12
		准双声	1	1.69
		准旁纽	5	8.48
旁转	42	双声	20	47.62
		旁纽	18	42.86
		准双声	3	7.14
		准旁纽	1	2.38
旁对转	17	双声	11	64.70
		旁纽	3	17.65
		准双声	3	17.65
通转	13	双声	11	84.62
		旁纽	2	15.38

从声转表可以看出,声母相转,韵以韵母相同、韵母声调相同和叠韵为主,三者总数为140,约占总数189的74.07％,对转(22组)和旁转(20组)次之,旁对转(5组)和通转(2组)数量最少。在这189组声转中,韵母声调相同、韵母相同、叠韵、对转、旁转四类相加共182组,约占总数的96.30％,旁对转和通转只约占3.70％。这些数字显示,声母关系远近的不同,对韵的要求也不同:声母关系最近的旁纽以及稍次的准双声要求韵母相同和叠韵的比例高,同时也可以有一定数量的旁转、对转、旁对转和通转,而声母关系比较远的邻纽和准旁纽则要求韵母相同和叠韵的数量更高。说明声母关系越近,韵转的概率就越高;声母关系越远,韵转的概率就越低。

从韵转表可以看出,韵部相转,声母以双声为主,共有79组,约占131组韵转的60.31％;旁纽次之,39组,约占131组韵转的29.77％;准双声(7组)和准旁纽(6组)数量最少。在这131组韵转中,双声和旁纽共有118组,约占131组韵转总数的90.08％。如果再加上7组准双声,约占131组韵转总数的95.42％。真正相隔较远的只有准旁纽,仅约占131韵转总数的4.58％。这些数字显示,韵部关系远近的不同,对声母的要求也不同:关系最近的对转、旁转对双声要求的比例较高,对转双声的比例为62.71％,旁转双声的比例为47.62％,同时也可以有一定数量的旁纽、准旁纽、准双声;而韵部关系比较远的旁对转双声的比例则为64.70％,而通转双声的比例则高达84.62％。说明韵部关系越近,声母相转的概率就越高;韵部关系越远,声母相转的概率就越低。

通过对《广雅疏证》同源词音转现象的分析,我们不妨把汉语同源词的音转规律归结为:

(1)音转是上古汉语中一种重要而特殊的语言现象,它是汉语同源词音变轨迹的真实写照。

(2)音转必须声韵相互制衡而转,二者相互依存,相互制约。声转必须以韵母的相同、韵部的相同或相近为前提;韵转必须以声母的相同或相近为前提。二者处在一个既对立又互补的共存的统一体中。

(3)声转或韵转自身地位的不同,要求对方存在的条件也不相同。声母之间的关系越近,韵转可以相对宽泛一些;韵部之间的关系越近,声转的相对自由度也可以大一些。

(4)音转包括声转和韵转。声转以旁纽为主,其他种类流转的数量有限;韵转以对转和旁转为主,其他种类的流转数量不多。

以上结论与吴泽顺先生对王氏四种音转规律的研究结果基本一致。

吴泽顺先生对王氏四种音转规律进行了总结①,现摘录如下:

> 音节是一个统一体,声母与韵部同居于这个共同体之中,二者互相依存,互相制约,在音转上表现出强烈的互动性。这种互动性主要体现在两个方面:
>
> 音转既包括韵转,也包括声转。
>
> 声转必以韵部为条件,韵转必以声母为前提。声母相转,韵部必然相同或相近;韵部相转,声母必须相同或相近。声母和韵部都相隔较远的情况是极少的。这是由音转的制约性原则所决定的。
>
> 声母相转,韵部以叠韵为主。声母之间的远近关系,又决定韵部的条件有所差别。
>
> 声母关系越近,韵转的频率越高,且远距离的韵转比例也越高;声母关系越远,韵转的频率越低,远距离的韵转比例也越低。
>
> 韵部相转,声母以双声为主。韵部之间的远近关系,同样决定声母的条件有所差别。韵部关系越近,声母相转的频率越高,远距离的声转比例也越高;韵部关系越远,声母相转的频率越低,远距离的声转比例也越低。
>
> 以上声韵相挟而转的情况,我们可以表述为:声母之间的关系越近,韵部的流转可以比较宽泛;韵部之间的关系越近,声母的流转亦较自由。声母之间的关系和韵部之间的关系互相成反比。

---

① 吴泽顺:《汉语音转研究》,岳麓书社 2006 年版,第 252～255 页。

第二节 《广雅疏证》同源词的词义关系类型

汉语同源词的词义关系类型,我们将其分为相同、相关、相同相关三种。

一、《广雅疏证》同源词词义的相同关系

所谓相同是指一组同源词中词与词之间的意义表现为相同或相近关系。相同或相近是就词的义位而言的。因为,意义相同或相近是同义词的基本条件。这里所说的"意义相同",是指基本意义相同或部分意义相同,更确切地说,是指在词的理性意义上有一个相同或相近的义位。同义词包含绝对同义词和相对同义词。同义词中绝大多数是相对同义词,或叫近义词。相对同义词是指义位的理性意义和色彩意义不完全相同的一对词,它们的理性意义有交叉或重合,但还是有差别。同义词最主要的特征是"同中有异","同"是指在某一义位上词的理性意义相同,"异"是指同义词在语义、语用、语法等方面存在着细微差别。语义方面,表现在质地、形制、属性、用途、行为、方式、程度、适用对象、侧重点等方面存在着差异。语法方面,表现在语法功能方面存在着差异,主要在句法功能、组合能力等方面。语用方面,表现在感情色彩、语体色彩、方言色彩、时代色彩等方面存在着差异。《广雅疏证》同源词词义有相同关系的共 86 组,主要为相对同义词,它们在语义上的差别主要表现为:

（一）词义的侧重点不同

词义的侧重点不同,是指一组同源词词义强调的重点不同。这类同义词表现为词义相同,但所指事物的侧重点有所不同,词义重心有别。例如:

1. 遥:辽

"遥"与"辽"在"距离远"这一义位上相同,二者为一组同义词。"遥"指距离远。《说文新附·辵部》:"遥,逍遥也。又远也。"《礼记·王制》:"自江至于衡山,千里而遥。"故"遥"含有"距离远"这一义位。"辽"义为遥远。《说文·辵部》:"辽,远也。"《文选·嵇康〈琴赋〉》:"闲辽故音庳,弦长故徽鸣。"李善注:"闲辽,谓弦间辽远也。"故"辽"也含有"距离远"这一义位。另据王念孙《广雅·释诂》卷三下疏证:"摇、疗之同训为治,犹遥、辽之同训为远,耀、燎之同训为照,声相近,故义相同也。"可见,"遥"、"辽"具有同义关系。但这两个词在时代、地域来源、组合能力①、词义侧重点等方面有所不同。其

---

① 王凤阳:《古辞辨》,吉林文史出版社 1993 年版,第 899～900 页。

中词义侧重点的差异主要表现在"遥"侧重于空间距离远,"辽"侧重于空间的广阔空旷。

2. 逞:挺

"逞"与"挺"在"解除"这一义位上相同,它们是一组同义词。"逞"义为解除。《论语·乡党》:"出,降一等,逞颜色,怡怡如也。"邢昺疏:"下阶一级则舒气,故解其颜色。"《左传·隐公九年》:"(戎师)先者见获,必务进;进而遇覆,必速奔;后者不救,则无继矣。乃可以逞。"杜预注:"逞,解也。"《楚辞·严忌〈哀时命〉》:"志憾恨而不逞兮,杼中情而属诗。"王逸注:"逞,解也。"故"逞"有"解除"这一义位。"挺"义为解除,宽缓。枚乘《七发》:"虽有金石之坚,犹将销铄而挺解也。"《后汉书·臧宫传》:"宜小挺缓,令得逃亡。"李贤注:"挺,解也。"故"挺"也有"解除"这一义位。二者有相同义位,故构成同义关系。但这两个词在使用地域、语法功能、词义重心等方面存在差异,其词义重心主要表现在"逞"侧重于心理,即消除怒气、怨恨等;"挺"侧重于动作和状态,即宽缓、松解。

3. 灵:禄

"灵"、"禄"是一组同义词,共同的义位是"福"。"灵",《广雅·释言》:"灵,福也。"《玉篇·玉部》:"灵,祐也。"《左传·隐公三年》:"若以大夫之灵,得保首领以没,先君若问与夷,其将何辞以对?"《汉书·董仲舒传》:"受天之祐,享鬼神之灵。"故"灵"有"福"义。"禄",《说文·示部》:"禄,福也。"段玉裁注:"《诗》言福、禄多不别。《商颂》五篇,两言福,三言禄,大恉不殊。《释诂》、《毛诗》传皆曰:禄,福也。此古义也。"《诗·大雅·既醉》:"天被尔禄。"毛传:"禄,福也。"《晏子春秋·问上十》:"是以神明俱顺,而山川纳禄。"故"禄"有"福"义。由此可见,"灵"、"禄"在"福"这一义位上相同,它们具有同义关系。二者的词义在语法和语用等方面存在着差异,其词义侧重点的差别表现为:"灵"侧重于指神、鬼的威灵及其所起的庇护作用而带来的福;"禄"侧重于指天神所赐的福气。

4. 类:律

"类"、"律"都可以用于表示"法则",有相同的义位,所以它们构成一组表"法则"义的同义词。"类",《说文·犬部》:"类,种类相似,唯犬为甚。""类"的本义为种类,许多相同或相似事物的综合。引申为法式、法则。《方言》卷十三:"类,法也。"《书·泰誓下》:"天有显道,厥类惟彰。"伪孔传:"言天有明道,其义类为明,言王所宜法则。"《荀子·非十二子》:"案往旧造说,谓之五行,甚僻违而无类。"王先谦集解引王念孙曰:"类者,法也。言邪僻而无法也。"故"类"有"法则"这一义位。"律",《说文·彳部》:"律,均布也。从彳,聿声。"段玉裁注:"律者,所以范天下之不一而归于一,故曰均布也。""律"的本义为普遍施行的规律。引申为法律、法则。《尔雅·释诂上》:"律,常也。"邢昺疏:"律者,常法也。"《易·师》:"师出以律。"可见,"类"和"律"在"法则"这一义位上相同,具有同义关系。同时,这两个词在词义侧重点上有细微的区别。"类"侧重日常生活及抽象的法则;而"律"侧重正式行文及具体的法则,带有强制执行性。

(二)词义的轻重程度不同

词义的轻重程度不同,是指一组同源词的词义存在轻重、强弱的差别。即"一组同义词所指称的事物,在词义轻重程度上有所不同。这种不同主要表现在对待事物的态度和感情的程度不同;所指称的性质程度不同;所指称的动作行为的程度不同。"①例如:

1. 谆:憝

"谆"、"憝"为一组同义词,都有"厌恶"的意思。"谆",《玉篇·言部》:"谆,可恶也。"《方言》卷七:"谆憎,所疾也。宋鲁凡相恶谓之谆憎,若秦晋言可恶矣。"故"谆"有"厌恶"之义。"憝",《说文·心部》:"憝,怨也。"《集韵·贿韵》:"憝,恨也。"《书·康诰》:"譬不畏死,罔弗憝。"伪孔传:"人无不恶之者。"故"憝"义为怨恨、厌恶,也有"厌恶"这一义位。可见,"谆"、"憝"在"厌恶"这一义位上相同,但词义的轻重程度不同。"谆"为一般的厌恶;"憝"厌恶的程度比较深,因"厌恶以致怨恨"。因此,这组同义词的词义区别表现为对待事物的态度和感情程度有轻重之别。

2. 慭:哀

"慭"、"哀"为一组同义词,都有"忧伤"的意思。"慭",《玉篇·心部》:"慭,忧也。"《集韵·隐韵》:"慭,忧病也。"故"慭"有"忧伤"这一义位。"哀",《广雅·释诂二》:"哀,痛也。"《玉篇·口部》:"哀,哀伤也。"《诗·小雅·小旻》:"潝潝泚泚,亦孔之哀。"《楚辞·离骚》:"虽萎绝其亦何伤兮,哀众芳之芜秽。"故"哀"也有"忧伤"这一义位。可见,二者在"忧伤"这一义位上相同,构成同义词,但两个词的词义的轻重程度不同:"慭"为一般的忧伤;"哀"为悲痛,程度更高。可见,这组同义词的词义区别表现为对待事物的态度和感情程度有轻重之别。

3. 太:大

"太"与"大"都有"大"的意思,为一组同义词。"太",极大,最大。《广雅·释诂一》:"太,大也。"段玉裁《说文》"泰"字注:"凡言大而以为形容未尽,则作

---

① 胡继明:《〈广雅〉研究》,四川辞书出版社 2008 年版,第 140 页。

太。如大宰俗作太宰,大子俗作太子,周大王俗作周太王是也。"《书·禹贡》:"既修太原,至于岳阳。"孔颖达疏:"太原,原之大者。"《庄子·天下》:"建之以常无有,主之以太一。"成玄英疏:"太者广大之名。"引申为极,最。《荀子·正论》:"太古薄葬。""大",与"小"相对。《说文·人部》:"大,天大、地大、人亦大。故大象人形。"王筠释例:"此谓天地之大,无由象之以作字,故象人之形以作大字,非谓大字即是人也。""大"可指在面积、体积、容量、数量、力量、强度、年龄、重要性等方面超过一般或超过所比对象。《诗·小雅·行苇》:"酌以大斗,以祈黄耇。"《史记·高祖本纪》:"大风起兮云飞扬,威加海内兮归故乡。""大"也指在程度、规模、声势、时间等方面超过一般或超过所比对象。《庄子·知北游》:"天地有大美而不言。"可见,"太"与"大"都有相同的义位"大",构成同义关系,但词义有程度轻重的不同。"太"为极大,最大;"大"为超过"一般或超过所比对象"的大。可见,这组同义词的词义区别表现为所指称的性质程度有轻重之别。

(三)词义的范围大小不同

词义的范围大小不同,是指一组同源词的词义所指称的对象在范围上存在着大小的不同。例如:

1.夜:昔:夕

"夜"、"昔"、"夕"在"夜晚"这一义位上相同,具有同义关系。"夜",《诗·大雅·荡》:"式号式呼,俾昼作夜。"《春秋·庄公七年》:"夏四月辛卯夜,恒星不见。"孔颖达疏:"夜者,自昏至旦之总名。"故"夜"义为夜晚。"昔",《广雅·释诂四》:"昔,夜也。"《庄子·天运》:"蚊虻噆肤,则通昔不寐矣。"陆德明释文:"昔,夜也。"《史记·楚世家》:"其乐非特朝昔之乐也,其或非特凫雁之实也。"司马贞索隐:"昔犹夕也。"《新唐书·李光弼传》:"围解,阅三昔乃归私寝。"故"昔"义为夜晚。"夕",《说文·夕部》:"夕,莫也。从月半见。"《诗·唐风·绸缪》:"今夕何夕? 见此良人!"北周庾信《夜听捣衣》:"湿摺通夕露,吹衣一夜风。"故"夕"义为夜晚。可见,"夜"、"昔"、"夕"有相同的义位"夜晚",构成一组同义词,但三者的词义范围有大小的不同:"夕"侧重指傍晚;"夜"、"昔"指整个夜晚。可见,这组同义词的词义区别体现为所指时间范围有大小之别。

2.厓:浒

"厓"与"浒"在"水旁"这一义位上相同,是一组同义词。"厓",《广雅·释诂一》:"厓,方也。"《诗·卫风·有狐》:"有狐绥绥,在彼淇厓。"毛传:"厓,深可厓之旁。"故"厓"有水旁的意思。"浒",《广雅·释丘》:"隒、浒,厓也。"王念孙疏证:"厓谓之湄,亦谓之浒,其义一也。"故"浒"也有水旁的意思。因此,二词都有相同的义位"水旁",构成同义关系,但词义范围大小不同:"厓"

的词义范围小,指"深可厉之旁";"浒"的词义范围大,泛指一般的水旁。可见,这组同义词的词义区别表现在特指与泛指的指称对象上有范围大小之别。

3.焅:熯

"焅"与"熯"在"以火干物"这一义位上相同,是一组同义词。"焅",《广雅·释诂二》:"焅,干也。"《玉篇·火部》:"焅,干也。"《广韵·送韵》:"焅,火干物也。""焅"义为以火干物。"熯",《方言》卷七:"熯,干也。凡有汁而干谓之煎,东齐谓之熯。""熯"义为以火干有汁之物。"焅"与"熯"都有相同的义位"以火干物",构成同义关系,但词义范围大小有别:"焅"是泛指,"以火干物"的对象不限;"熯"是特指:以火干有汁之物。

4.潦:浏

"潦"与"浏"在"水深而清澈的样子"这一义位上相同,是一组同义词。"潦",水深而清澈的样子。《说文·水部》:"潦,清深也。从水,翏声。"段玉裁注:"谓清而深也。《南都赋》曰:潦泪减汨。按李善引《韩诗内传》:潦,清流也。盖《郑风》毛作浏,韩作潦。许谓二字义别。"《文选·张衡〈南都赋〉》:"长输远逝,潦泪减汨。"李善注:"《韩诗外[内]传》曰:'潦,清貌也。'""浏",流水深而清澈的样子。《说文·水部》:"浏,流清貌也。从水,刘声。"段玉裁注:"《郑风》曰:溱与洧,浏其清矣。毛曰:浏,深貌。谓深而清也。""潦"与"浏"有相同的义位"水深而清澈的样子",构成同义关系,但词义范围大小有别:"潦"义为"水深而清澈的样子",是泛指;"浏"义为"流水深而清澈的样子",特指流水。

(四)词义的适用对象不同

词义的适用对象不同,是指同义词所指称的内容相同,但适用的对象不同。例如:

1.臇:膮

"臇"、"膮"在"香美"这一义位上相同,为同义关系。"臇",本指牛肉羹,引申为香美。《广韵·阳韵》:"臇,牛羹。"《仪礼·聘礼》:"肤鲜鱼鲜腊设扃鼏,臇臐膮盖陪牛羊豕。"陆德明释文:"臇,牛腌也。臐,羊腌也。膮,豕腌也。"《礼记·内则》:"臇,臐,膮。"陆德明释文:"臇,牛腌也。"《广雅·释器八》:"臇,香也。""膮",本指猪肉羹,引申为香美。《说文·肉部》:"膮,豕肉羹也。"《仪礼·聘礼》:"肤鲜鱼鲜腊设扃鼏,臇臐膮盖陪牛羊豕。"陆德明释文:"臇,牛腌也。臐,羊腌也。膮,豕腌也。"《礼记·内则》:"臇,臐,膮。"陆德明释文:"膮,豕腌也。《字林》云:'豕羹也。'"《广雅·释器八》:"膮,香也。""臇"、"膮"有相同的义位"香美",构成同义关系。但二者适用对象不同:"臇"适用于牛肉羹之味香,"膮"适用于猪肉羹之味香。

2.蔓:隐

"蔓"与"隐"都有"遮蔽"之义,是一组同义词。"蔓",《尔雅·释言》:"蔓,隐也。"郭璞注:"谓隐蔽。"《方言》卷六:"掩、翳,蔓也。"郭璞注:"谓蔽蔓也。"《玉篇·艸部》:"蔓,隐也。"《楚辞·离骚》:"何琼佩之偃蹇兮,众蔓然而蔽之。"《史记·司马相如列传》:"观众树之墉蔓。"司马贞索隐:"蔓,谓隐也。"故"蔓"有隐蔽、遮掩之义。"隐",《说文·阜部》:"隐,蔽也。"徐灏注笺:"隐之本义盖谓隔阜不相见,引申为凡隐蔽之称。"《玉篇·阜部》:"隐,不见也,匿也。"《广韵·隐韵》:"隐,藏也。"《易·坤》:"(文言曰)天地变化,草木蕃;天地闭,贤人隐。"孔颖达疏:"天地否闭,贤人潜隐。"《吕氏春秋·重言》:"弗能隐矣。"高诱注:"隐,蔽也。"《荀子·致仕》:"隐忌雍蔽之人。"高诱注:"隐亦蔽也。""隐"本义为隔阜不相见,引申为遮蔽,隐藏。可见,"蔓"与"隐"在"遮蔽"这一义位上相同,但适用对象的范围不同:"蔓"适用于物;"隐"适用于人或物,范围广。

3.提:擿

"提"与"擿"在"投掷"这一义位上相同,为一组同义词。"提",《集韵·霁韵》:"提,掷也。"《战国策·燕策三》:"(荆轲)乃引其匕首提秦王。"《史记·刺客列传》:"侍医夏无且以所奉药囊提荆轲。"故"提"义为投掷。"擿",《说文·手部》:"擿,投也。"段玉裁注:"今字作掷。"《庄子·胠箧》:"擿玉毁珠,小盗不起。"《史记·刺客列传》:"荆轲废,乃引其匕首擿秦王,不中,中铜柱。"司马贞索隐:"擿与掷同,古字耳。"故"擿"与"掷"词义相同,义为投掷。可见,"提"与"擿"都有"投掷"之义,构成同义关系,但二者的适用对象与适用范围有别:"提"一般用于掷人,适用范围小;"擿"掷人掷物皆可,适用范围更大。

4.舀:挑

"舀"与"挑"在"舀取"这一义位上相同,为一组同义词。"舀",从臼中舀取。《说文·臼部》:"舀,抒臼也。从爪、臼。《诗》曰:'或簸或舀。'抗,臼或从手,从宂。"段玉裁注:"抒,挹也。既舂之,乃于臼中挹出之。今人凡酌彼注此皆曰舀,其引申之语也。"《广韵·尤韵》:"揄,同抗。"周祖谟校勘记:"此字《说文》作'抗',为'舀'字重文。"《诗·大雅·生民》:"或舂或揄,或簸或蹂。"郑玄笺:"揄,抒臼也。"宋秦观《沁园春·醉乡春》:"杜瓮酿成微笑,半缺椰瓢共舀。""挑",从器中舀取并注入。《仪礼·有司彻》:"二手执挑〔桃〕匕枋,以挹湆注于疏匕。"郑注:"挑〔桃〕谓之歃,读如或舂或抗之抗。字或作挑〔桃〕者,秦人语也。此二匕者,皆有浅斗,状如饭椮,挑〔桃〕长枋,可以抒物于器中者。"《红楼梦》第三十四回:"一碗水里,只用挑上一茶匙,就香的了不得呢。"可见,"舀"与"挑"都有"舀取"之义,构成同义关系,但二者的适用对象不同:"舀"是"从臼中舀取";"挑"是"从器中舀取并注入"。

5.感:撼

"感"与"撼"在"动"这一义位上相同,为一组同义词。"感"义为动人心。《说文·心部》:"感,动人心也。从心,咸声。"《易·咸》:"圣人感人心而天下和平。"《礼记·乐记》:"乐也者,圣人之所乐也,而可以善民心,其感人深。""撼",本作"摵",义为摇动事物。《说文·手部》:"摵,摇也。从手,咸声。"朱骏声通训定声:"字亦作撼。《广雅·释诂一》:'撼,动也。'"韩愈《调张籍诗》:"蚍蜉撼大树,可笑不知量。"《宋史·岳飞传》:"撼山易,撼岳家军难。"可见,"感"与"撼"都有"动"之义,构成同义关系,但二者的适用对象不同:"感"的对象为人心;"撼"的对象为事物。

(五)词义所表现的动作行为不同

这种同义词在动作行为上的差别,主要表现为动作行为所表示的对象不同,动作行为的施事与受事不同,动作行为所凭借的手段不同,动作行为的情态不同等。例如:

1.断:剬

"断"与"剬"都有"断裂,使物体中分,裂而为二"之义,但动作行为所凭借的手段和方式不同。"断",泛指用各种手段包括各类器械使物体折断、断裂。《说文·斤部》:"断,截也。"《释名·释言语》:"断,段也,分为异段也。"《易·系辞上》:"二人同心,其利断金。"《左传·襄公十八年》:"太子抽剑断鞅。"《荀子·强国》:"拔戟加乎首,则十指不辞断。"杜甫《赴奉先县述怀》:"严寒衣带断。"可见,"断"有"断裂,使物体中分,裂而为二"这一义位。"剬"指用刀具使物体折断、断裂。《说文·刀部》:"剬,断齐也。从刀,耑声。"《广雅·释诂一》:"剬,断也。"可见,"剬"也有"断裂,使物体中分,裂而为二"这一义位。因此,"断"与"剬"都有相同的义位,是一组同义词,但作为"断裂,使物体中分,裂而为二"的动作,二者凭借的手段有差异。

2.畏:威

"畏"和"威"有相同的义位"畏惧",二者构成同义关系,但二者也有相异之处。二者的不同点主要表现在导致动作行为的对象以及动作情态方面。"畏"是对某物或现实中某件事害怕。《说文·甶部》:"畏,恶也。从甶,虎省。鬼头而虎爪,可畏也。"李孝定《甲骨文字集释》按:"契文象鬼执仗之形,可畏之象也。"《广雅·释诂二》:"畏,惧也。"又《释诂四》:"畏,恐也。"《广韵·未韵》:"畏,畏惧。"《易·震》:"虽凶无咎,畏邻戒也。"《老子》第七十四章:"民不畏死,奈何以死惧之?"《宋史·王安石传》:"天变不足畏,祖宗不足法,人言不足恤。"这些是因为心怯而畏惧,还有因敬重、心服而畏惧。《三国志·蜀书·诸葛亮传》："邦域之内，咸畏而爱之。""威"，是因为敬重、心服而畏惧，畏惧之物并非面目可怖之物或令人心怯之事。《说文·女部》："威，姑也。"段玉裁注："引伸为有威可畏。"《释名·释言语》："威，畏也，可畏惧也。"《书·洪范》："飨用五福，威用六极。"孔颖达疏："极者，人之所恶，皆畏惧之。"汉贾谊《新书·容经》："有威而可畏谓之威。"故"畏"与"威"在"畏惧"义位上相同，但二者在导致动作行为的对象以及动作情态上有区别。

3. 睨：窥

"睨"与"窥"有相同的义位"看"，二者构成同义关系，但二者也有相异之处。二者的不同点主要表现在动作情态方面。"睨"为一般的观看，体现的是正常的"看"这一动作和情态。《广雅·释诂一》："睨，视也。"《集韵·至韵》："觊，视也。亦作睨。"清顾景星《李时珍传》："读书十年，不出户庭，博学无所不睨。""窥"为从孔隙或隐僻处看，体现的是一种隐蔽的"看"，行为和情态不正常。《说文·穴部》："窥，小视也。从穴，规声。"徐锴《说文解字系传》："视之于隙穴也。"《庄子·秋水》："是直用管窥天，用锥指地也，不亦小乎?"《广雅·释诂一》："窥，视也。"故"睨"与"窥"在"看"这一义位上相同，但二者动作情态不同。

（六）词语的意义在其词义系列中所处的位置不同

词语的本义和它的引申义组成一个显性词义系列。同源词的义位相同，不一定是本义相同。其意义之间的关系大致可以分为三种。

第一种，本义与本义相同。

所谓本义与本义相同，是指一组词义相同的同源词，其义位表现为本义与本义相同。例如：

1. 僎：僎：巽

僎，《说文·人部》："僎，具也。从人，巽声。"段玉裁注："具者，共置也。"《论语·先进》："异乎三子者之撰。"唐陆德明释文："撰，士免反，具也。郑作僎，读曰诠，诠之言善也。""僎"的本义为具备，完善。

僎，《广韵·线韵》："僎，具也。"《集韵·狝韵》："僎，具也。或省。""僎"本义为具备。

巽，《说文·兀部》："巽，具也。"徐锴《说文解字系传》："具，谓僎具而进之也。""巽"的本义为具备。

"僎"、"僎"、"巽"本义皆为"具备"，此为本义与本义相同。

2. 断：剬

断，《说文·斤部》："断，截也。"《释名·释言语》："断，段也，分为异段也。"《说文·戈部》:"截,断也。"《诗·商颂·长发》:"相士烈烈,海外有截。"郑玄笺:"截,整齐也。"孔颖达疏:"截然整齐谓守其所职,不敢内侵外衅也。"《广雅·释诂四》:"断,齐也。""断"本义为截断。

劗,《说文·刀部》:"劗,断齐也。从刀,毚声。"《广雅·释诂一》:"劗,断也。""劗"本义为截断。

"断"与"劗"的本义都为"截断",此为本义与本义相同。

3.恁:念

恁,《广雅·释诂二》:"恁,思也。"《玉篇·心部》:"恁,念也。"《后汉书·班彪传》:"若然受之,宜亦勤恁旅力,以充厥道。"李贤注引《说文》曰:"恁,念也。"宋王安石《酬王伯虎》:"徂年幸未暮,此意可勤恁。""恁"本义为思念。

念,《说文·心部》:"念,常思也。"朱骏声通训定声:"谓长久思之。"《诗·大雅·文王》:"王之旧臣,无念尔祖。"唐白居易《伤远行赋》:"惟母念子之心,心可测而可量。""念"本义为思念。

"恁"与"念"的本义都为"思念",此为本义与本义相同。

4.餲:餲

餲,《说文·食部》:"餲,饭餲也。"《尔雅·释器》:"食饐谓之餲。"郭璞注:"饭秽臭。见《论语》。"《玉篇·食部》:"餲,饭臭也。"《论语·乡党》:"食饐而餲,鱼馁而肉败,不食。"皇侃义疏:"饐,谓饮食经久而腐臭也;餲,谓经久而味恶也。"《论衡·商虫》:"温湿饐餲,虫生不禁。""餲"本义为食物经久而变味、发臭。

餲,《广韵·泰韵》:"餲,同饐,食臭。"《说文·食部》:"饐,食臭也。"《尔雅·释器》:"饐谓之餯。"郭璞注:"说物臭也。"孙锦标《南通方言疏证·释馔》:"味饐,今俗以味变者为饐。""餲"本义为食物腐败发臭。

"餲"与"餲"的本义皆为"食物腐败发臭",此为本义与本义相同。

5.愖:忦

愖,《说文·心部》:"愖,愖抚也。"段玉裁改为:"愖忦也",并注云:"愖乃复字未删者。忦各本作抚。今正。《方言》:忦,怜也。"徐锴《说文解字系传》:"抚爱之也。"《尔雅·释诂》:"愖,爱也。"郭璞注:"愖,韩、郑语,今江东通呼为怜。"邢昺疏:"爱,谓宠惜也。"郝懿行义疏:"今登州人谓相闵念曰愖。"《方言》卷六:"愖,怜也。""愖"本义为爱抚,怜爱。

忦,《说文·心部》:"忦,爱也。韩、郑曰忦。"《尔雅·释言》:"忦,抚也。"郭璞注:"爱抚也。"《方言》卷一:"忦,爱也。韩、郑曰忦。""忦"本义为爱抚。

"愖"与"忦"本义皆为"爱抚",此为本义与本义相同。

第二种,本义与引申义相同。

本义与引申义相同,是指一组词义相同的同源词,其义位并不是本义与本义相同,由于词义的引申,其中一个词产生了新的意义,从而形成新的义位与另外的词的本义相同。例如:

1. 佻:偷

佻,《说文·人部》:"佻,愉也。从人,兆声。"段玉裁注:"按《释言》:佻,偷也。偷者,愉之俗字。今人曰偷薄曰偷盗,皆从人作偷,他侯切。而愉字训为愉悦,朱羊切。此今义今音今形,非古义古音古形。古无从人之偷。愉训薄,音他侯切。愉愉者和气之薄发于色也,盗者浇薄之至也。偷盗字古只作愉也。"《尔雅·释言》:"佻,偷也。"郭璞注:"谓苟且。"邢昺疏引李巡曰:"佻,偷薄之偷。"《广韵·萧韵》:"佻,轻佻。"《左传·昭公十年》:"《诗》曰:'德音孔昭,视民不佻。'"杜预注:"佻,偷也。"孔颖达疏:"其视下民不偷薄苟且也。"《楚辞·离骚》:"余犹恶其佻巧。"王逸注:"佻,轻也。"《资治通鉴·汉灵帝中平六年》:"帝以辩轻佻无威仪,欲立协。"胡三省注:"佻,轻薄也。""佻"本义为轻薄。

偷,《老子》第四十一章:"建德如偷。"俞樾平议:"建当读为健。……健德如偷,言刚健之德,反若偷惰也。"《礼记·表记》:"安肆曰偷。"郑玄注:"偷,苟且也。""偷"本义为苟且,引申为轻薄。《论语·泰伯》:"故旧不遗,则民不偷。"邢昺疏:"偷,薄也。"《文选·张衡〈东京赋〉》:"敬慎威仪,示民不偷。"薛综注:"《毛诗》曰:'敬慎威仪,示民不佻。'毛苌曰:'佻,偷也。'"宋陈亮《廷对》:"风俗日以偷。"

"佻"的本义为"轻薄";"偷"的本义为"苟且",引申为"轻薄"。此为"佻"的本义与"偷"的引申义相同。

2. 钳:拑

钳,《说文·金部》:"钳,以铁有所劫束也。从金,甘声。"段玉裁注:"劫者,以力胁止也。束者,缚也。""钳"本义为一种古刑具:束颈的铁圈。引申为胁持。朱骏声《说文通训定声·谦部》:"钳,亦强力胁制之谓。"《淮南子·精神》:"钳阴阳之和,而迫性命之情,故终身为悲人。"《易林·剥》:"执囚束系,钳制于吏。"

拑,《说文·手部》:"拑,胁持也。从手,甘声。"段玉裁注:"谓胁制而持之也。"徐灏笺:"从手曰拑,从竹曰箝,从钢铁曰钳,通用则不别也。"《战国策·燕策二》:"蚌方出曝,而鹬啄其肉,蚌合而拑其喙。""拑"本义为胁持。

"钳"本义为一种古刑具,束颈的铁圈,引申为"胁持";"拑"本义为"胁持"。此为"钳"的引申义与"拑"的本义相同。

3.隐:慇

隐,《说文·𨸏部》:"隐,蔽也。"徐灏注笺:"隐之本义盖谓隔𨸏不相见,引申为凡隐蔽之称。"《玉篇·阜部》:"隐,不见也,匿也。"《广韵·隐韵》:"隐,蔽也。""隐"之本义为隔𨸏不相见,引申为隐蔽,又引申为忧痛。《广韵·隐韵》:"隐,痛也。"《诗·邶风·柏舟》:"耿耿不寐,如有隐忧。"毛传:"隐,痛也。"孔颖达疏:"如人有痛疾之忧,言忧之甚也。"《楚辞·九章·悲回风》:"孰能思而不隐兮,照彭咸之所闻。"王逸注:"隐,忧也。"

慇,《集韵·谆韵》:"慇,忧也。亦省。""慇"与"殷"同。《说文·心部》:"慇,痛也。"段玉裁注:"《桑柔》:忧心慇慇。《释训》:慇慇,忧也。谓忧之切者也。"《集韵·谆韵》:"慇,忧也。""慇"本义为忧痛。

"隐"的本义为"隔𨸏不相见",引申为"忧痛";"慇"本义为"忧痛"。此为"隐"的引申义与"慇"的本义相同。

4.炷:颎

炷,《说文·火部》:"炷,行灶也。""炷"本指一种移动的火炉,引申为明亮、光明。《方言》卷十二:"炷,明也。"

颎,《尔雅·释诂下》:"颎,光也。"郝懿行义疏:"又通作炯。"《玉篇·火部》:"颎,火光也。"《诗·小雅·无将大车》:"无思百忧,不出于颎。"毛传:"颎,光也。"郑玄笺:"思众小事以为忧,使人蔽闇不得出于光明之道。"《说文·火部》:"炯,光也。"《广韵·迥韵》:"炯,火明貌。""颎"的本义为光明、明亮。

"炷"的本义为"行灶",引申为"光明";"颎"的本义为"光、光明"。此为"炷"的引申义与"颎"的本义相同。

5.憎:怯

憎,《玉篇·心部》:"憎,以武力相恐憎。"《广韵·业韵》:"憎,以武力相恐也。""憎"本义为威胁,引申为恐惧、胆怯。《广雅·释诂四》:"憎,怯也。"宋陆游《畏虎》:"老马亦甚畏,憎憎不敢嘶。"

怯,《玉篇·心部》:"怯,畏也。"《商君书·战法》:"故王者之政,使民怯于邑斗,而勇于寇战。"汉贾谊《新书·道术》:"持节不恐谓之勇,反勇为怯。""怯"本义为恐惧、胆怯。

"憎"的本义为"威胁",引申为"胆怯";"怯"的本义为"恐惧、胆怯"。此为"憎"的引申义与"怯"的本义相同。

第三种,引申义与引申义相同。

所谓引申义与引申义相同,是指一组词义相同的同源词,其义位表现为引申义与引申义相同。例如:

1. 疞：胕

疞，《说文·疒部》："疞，俛病也。"徐锴系传："《尔雅》注：戚施之疾，俯而不能仰也。"余岩《古代疾病名候疏义》卷四："偻俯，即今之脊椎后弯也，亦名龟背。""疞"本义为脊柱弯曲，不能仰起。引申为浮肿、水肿。《玉篇·疒部》："疞，肿也。"《广韵·虞韵》："疞，病肿。"清桂馥《札朴·乡里旧闻·疾病》："肿曰疞肿。"

胕，同"腑"，本义为胃、肠、膀胱、三焦、大小肠的总称。《玉篇·肉部》："腑，腑脏。"《集韵·遇韵》："腑，人之六腑。"引申为浮肿。《集韵·虞韵》："胕，肿也。"《山海经·西山经》："有草焉，其名曰黄蕚……白花而赤实，其状如赭。浴之已疥，又可以已胕。"郭璞注："治胕肿也。"《素问·五常政大论》："寒热胕肿。"王冰注："胕肿谓肿满，按之不起。"《农政全书·诸家杂论上》："失时之麦，胕肿多病，弱苗而羃穗。"

"疞"本义为俛病，即脊柱弯曲，不能仰起，引申为浮肿；"胕"，同"腑"，本义为胃、肠、膀胱、三焦、大小肠的总称，引申为浮肿。"疞"与"胕"为引申义与引申义相同。

2. 星：笙

星，《说文·晶部》："曐，万物之精，上列为星。""星"本义为宇宙间能发光或反射光的天体。人的肉眼看到的星星都很细小，所以引申为形容细小，犹言一点点。唐卢照邻《晚渡渭桥寄示京邑游好》："长虹掩钓浦，落雁下星洲。"宋杨万里《农家叹》："春工只要花迟著，愁损农家管得星。"

笙，《说文·竹部》："笙，十三簧，像凤之身也。笙，正月之音。物生，故谓之笙。""笙"本义为一种传统的民族簧管乐器，引申为细小之物，今称星。《方言》卷二："笙，细也，自关而西，秦、晋之间……凡细兒谓之笙。"《广雅·释诂二》："笙，小也。"王念孙疏证："笙之言星星。"章炳麟《新方言·释言》："今称至微之物曰笙，音如星，重言曰零星。"《伍子胥变文》："一寸之草，岂合量天；一笙毫毛，拟拒炉炭。"

"星"本义为宇宙间能发光或反射光的天体"星星"，引申为细小；"笙"本义为一种用细长竹管制成的乐器名，引申为细小。"星"与"笙"为引申义与引申义相同。

3. 惨：猻

惨，《说文·心部》："惨，毒也。""惨"本义为狠毒。引申为残害。《方言》卷一："惨，杀也。"

猻，《说文·犬部》："猻，犬容头进也。"徐锴系传："言犬进狭处。"段玉裁注："《汉书》曰：'容头过身。'""猻"的本义为狗从狭窄处钻过去。引申为残害。《说文·犬部》:"猣,一曰贼疾也。"徐灏注笺:"猣,《玉篇》:'犬容头进也;贼也。'则疾字乃后人加。"《广雅·释诂三》:"猣,贼也。"

"惨"的本义为"狠毒",引申为"残害";"猣"的本义为"狗从狭窄处钻过去",引申为"残害"。"惨"与"猣"为引申义与引申义相同。

4. 傧:宾

傧,《说文·人部》:"傧,导也。从人,宾声。"段玉裁注:"导者,导引也。"《玉篇·人部》:"傧,出接宾曰傧。""傧"的本义为"接引宾客"。引申为"接引宾客的人"。《管子·小问》:"少焉,东郭邮至,桓公令傧者延而上。"尹知章注:"傧,谓赞引宾客者也。"由"接引宾客的人"再引申为"陈列"。《诗·小雅·常棣》:"傧尔笾豆,饮酒之饫。"毛传:"傧,陈。"

宾,《说文·贝部》:"宾,所敬业。"王国维《观堂集林》:"古者宾客至,必有物以赠之……故其字从贝。"《玉篇·贝部》:"宾,客也。""宾"的本义为"宾客"。引申为"陈列"。《广雅·释诂》卷一上:"宾,列也。"疏证:"宾者,《楚辞·天问》:启棘宾商。王逸注云:宾,列也。《小雅·常棣篇》:傧尔笾豆。毛传云:傧,陈也。傧与宾,声近义同。"《楚辞·天问》:"启棘宾商,《九辩》《九歌》。"王逸注云:"棘,陈也。宾,列也。"

"傧"的本义为"接引宾客",引申为"陈列";"宾"的本义为"宾客",引申为"陈列"。"傧"与"宾"为引申义与引申义相同。

5. 布:敷:铺

布,《说文·巾部》:"布,枲织也。"段玉裁注:"古者无今之木棉布,但有麻布及葛布而已。"《小尔雅·广服》:"麻、苧、葛,曰布。布,通名也。""布"的本义为棉、麻、苧、葛等织物的统称。引申为铺展。《小尔雅·广言》:"布,展也。"《左传·定公四年》:"句卑布裳,刭而裹之,藏其身,而以其首免。"《大戴礼记·主言》:"布指知寸,布手知尺。"

敷,《书·康王之诰》:"戡定厥功,用敷遗后人休。"孔传:"用布遗后人之美,言施及子孙无穷。""敷"的本义为施与,给予。引申为铺展。《书·顾命》:"牖间南向,敷重篾席。"《楚辞·离骚》:"跪敷衽以陈辞兮,耿吾既得此中正。"

铺,《说文·金部》:"铺,箸门铺首。"清黄生《字诂·铺》:"门户铺首,以铜为兽面,衔环著于门上。""铺"的本义为"铺首"。以铜为兽面,衔环着于门上。引申为"铺展"。唐白居易《与元九书》:"引笔铺纸,悄然灯前,有念则书,言无次第。"宋辛弃疾《粉蝶儿·和赵晋臣敷文赋落梅》:"甚无情,便下得……铺作地衣红绉。"

"布"的本义为棉、麻、苧、葛等织物的统称,引申为"铺展";"敷"的本义为"施与，给予"，引申为铺展；"铺"的本义为"铺首"，以铜为兽面，衔环着于门上，引申为"铺展"。"布"、"敷"、"铺"为引申义与引申义相同。

6. 才:材

才，《说文·才部》："才，草木之初也。"本义为草木之初，引申为才能、才智。清徐灏《说文解字·才部》："才、材古今字。因才为才能所专，故又加木作材也。"《诗·鲁颂·駉》："思无期，思马斯才。"毛传："才，多材也。"《淮南子·主术》："任人之才，难以至治。"高诱注："才，智也。"《论衡·实知》："人才有高下，知物由学，学之乃知，不问不识。"

材，本义为木干、木料。《说文·木部》："材，木梃也。"徐锴系传："木之劲直堪入于用者。"引申为才能。《书·咸有一德》："任官惟贤才，左右惟其人。"又引申为有才能的人。《论衡·自纪》："好杰友雅徒，不泛结俗材。"

"才"的本义为草木之初，引申为才能、才智。"材"的本义为木干、木料，引申为才能。"才"与"材"为引申义与引申义相同。

二、《广雅疏证》同源词词义的相关关系

同源词意义关系一是义同，一是义通即意义相关。义通即意义特征与意义特征之间的相通关系。[①] 所谓相关，是指在一组同源词中词与词之间的意义关系表现为具有某些共同的内在性质、外部特征，或具有泛指与特指、因与果的关系等。我们可以从词义的构成和词义所反映的对象两方面进行分析。从词义构成的角度来看，源词与派生词有共同的限定义素；从词义反映的对象来看，源词与其派生词所反映的事物或现象往往属于同一大类下的不同次类，或者分属不同的大类而内在性质、状态或外部特征上有某种关联。从《广雅疏证》系联出的同源词，在词义上有相关关系的共 311 组，主要表现为：

（一）具有共同的性质

一组意义相关的同源词，在词义上表现为性质相同。在《广雅疏证》里，这类共有 30 组。例如：

1. 蛆:恶

"蛆"为毒蛇，毒蛇性恶，故名蛆；"恶"为人不善。它们都有共同的性质"恶"。

2. 党:昌

"党"为善言；"昌"为美言。它们都有共同的性质"美善"。

---

① 黄易青:《上古汉语同源词意义系统研究》，商务印书馆 2007 年版，第 17 页。

3. 亢:伉:梗

“亢”为事物刚强;“伉”为身体强健;“梗”为性情强硬。它们都有共同的性质“强”。

4. 獧:懁:狷

“獧”为偏激;“懁”为性急;“狷”为偏激,急躁。它们都有共同的性质“急”。

5. 攙:鑱:劖:嚵:欃

“攙”为兵器锐利;“鑱”为金器锐利;“劖”为用锐利的器具铲或凿;“嚵”为动物的嘴;“欃”为锐利。它们都有共同的性质“锐利”。

6. 欿:歁:脂

“欿”为贪财;“歁”为贪食;“脂”为贪肉。它们都有共同的性质“贪婪”。

7. 恁:栠:荏

“恁”为资财之劣弱;“栠”为木之柔弱;“荏”为人之软弱。它们都有共同的性质“弱”。

8. 纠:觓:疝

“纠”为收绳紧急;“觓”为持弦急;“疝”为腹中急痛。它们都有共同的性质“紧急”。

9. 嬯:骀

“嬯”为人迟钝;“骀”为马行迟钝,又引申为疲钝。它们都有共同的性质“迟钝”。

10. 糒:熾

“糒”为干粮;“熾”为以火干肉。它们都有共同的性质“干”。

(二)具有共同的外部特征

一组意义相关的同源词,在词义上表现为事物在状态、形状、形态、动作(行为、动态)、颜色、气味、滋味、声音、数量、处所(位置、部位)、功用等方面具有共同的特征。这类共有 241 组。例如:

1. 屑:糏

“屑”为粉碎,研成碎末;“糏”为米麦被碾压成的碎屑。“糏”得名于“屑”。“粉碎”是包含了明确的结果或目的的动作,“米麦被碾压成的碎屑”是动作的结果,两个词义因共同的状态特征“碎”而相关。

2. 纱:秒:眇:杪:篎

“纱”为轻细的丝织品,引申为物之细微;“秒”为禾芒,即禾的尖端细小者,引申为细微;“眇”为小目;“杪”本指树梢,树木之高远细小者,引申为微小;“篎”为一种小的管乐器。这一组同源词本义都指某物品,这些物品有共同的形状特征“细小”;“纱”、“秒”、“杪”的派生义又都有“细微”的状态特征。

3.茨∶齍∶塗∶餈

"茨"义为聚积茅草以盖屋顶;"齍"义为堆积杂草;"塗"义为用土铺垫道路;"餈"义为积累稻米、黍米粉做成之糕饼。它们词义中都包含了共同的动作特征"聚集"。

4.契∶契∶鍥

"契"为刻;"契"为古代在龟甲兽骨上灼刻文字,引申为刻;"鍥"为用刀刻。它们都有共同的动作特征"刻"。

5.揭∶褰

"揭"为揭起衣裳涉水;"褰"为揭起衣物。它们都有共同的行为特征"揭起"。

6.辰∶娠∶振∶震

"辰"为物震动;"娠"为孕身震动;"振"为人物震动;"震"为雷震动,引申为物体或人本身的颤动。它们都有共同的动态特征"震动"。

7.跋∶狋∶鶰

"跋"为人疾走貌;"狋"为兽疾走貌;"鶰"为鸟疾飞貌。它们都有共同的行为特征"疾行"。

8.蓊∶滃

"蓊"为草茎,茎向上凸起;"滃"为云气涌起。它们都有共同的动态特征"上起"。

9.寮∶藔∶镣

"寮"为小窗;"藔"为草木茎叶稀疏貌;"镣"为有孔的炉子。它们都有共同的形态特征"有孔穴"。

10.霝∶櫺∶輬∶舲

"霝"为物之中空;"櫺"为窗子上雕花的格子,其特征是中空;"輬"为车阑,其特征是中空;"舲"为有窗的小船。它们都有共同的形态特征"中空"。

11.駿∶獒∶瞥∶鼇∶顡

"駿"为马高大;"獒"为犬高大;"瞥"为人物高大;"鼇"为海中大鳖;"顡"为头高大。它们都有共同的形状特征"大"。

12.朏∶诎

"朏"为脚弯曲;"诎"为事物之弯曲。它们都有共同的形状特征"弯曲"。

13.鰑∶錫

"鰑"为赤鲤;"錫"为赤铜。它们都有共同的颜色特征"赤色"。

14.驪∶壚∶獹∶矑∶旅∶櫨∶瀘

"驪"为黑色;"壚"为土之刚黑;"獹"为黑色猎犬;"矑"为瞳仁;"旅"为黑

弓;"櫨"为櫨橘,柑橘的一种,色青黑;"瀘"为黑水。它们都有共同的颜色特征"黑色"。

15.胳:袼

"胳"为人之腋下;"袼"为衣之腋下。它们都有共同的部位特征"腋下"。

16.涯:厓

"涯"为水边;"厓"为山边。它们都有共同的处所特征"边缘"。

17.陳:廉:厉

"陳"为山边;"廉"为堂屋侧边;"厉"为水边。它们都有共同的位置特征"边缘"。

18.铮:玎

"铮"为金声;"玎"为玉声。它们都有共同的声音特征"清脆"。

19.砰:軯

"砰"为重物落地或撞击的声音;"軯"为车马声。它们都有共同的声音特征"闷钝"。

20.覃:醰

"覃"为意味深长;"醰"为酒味长。它们都有共同的滋味特征"味道长"。

21.甒:箈

"甒"为盛米的陶器;"箈"为盛谷物的竹器。它们都有共同的功用特征"盛物之器"。

22.员:貦:雲:覵

"员"为人众多;"覵"为事物多而乱;"雲"本指山川之气,山川之气盛,故后用"雲"比喻人物众多;"覵"为所见众多。它们都有共同的数量特征"众多"。

23.苾:馤

"苾"为草香;"馤"为食香。它们都有共同的气味特征"香"。

24.瞤:惨

"瞤"为目因忧愁而不动;"惨"为心里忧愁,凄惨。它们都有共同的心理特征"忧愁"。

25.黍:暑

"黍",古代专指一种籽实叫黍子的一年生草本植物,因为种植的时间在大暑,故名;"暑",炎热。它们都有共同的气候特征"炎热"。

(三)具有泛指与特指的关系

一组词义相关的同源词,其词义具有泛指与特指的关系。这类共31组。例如:

1.骀:台

"骀:台"都有共同的意义核心"脱落"。"骀"为马嚼子脱落,是特指;"台"为凡物之脱落,是泛指。

2.攻:刉

"攻:刉"都有共同的意义核心"割断"。"攻"为割断马势,是特指;"刉"为物之割断,是泛指。

3.封:豊

"封:豊"都有共同的意义核心"大"。"封"为事物大,是泛指;"豊"为豆器大,引申为凡大之称,是特指。

4.丛:菆

"丛:菆"都有共同的意义核心"聚集"。"丛"为事物之聚集,是泛指;"菆"为树木之聚集,是特指。

5.汔:讫

"汔:讫"都有共同的意义核心"尽"。"汔"为水尽,是特指;"讫"为事物尽,是泛指。

6.澌:赐

"澌:赐"都有共同的意义核心"尽"。"澌"为水尽,是特指;"赐"义为事物之空尽,是泛指。

7.私:细

"私:细"都有共同的意义核心"细小"。"私"为物之细小,是泛指;"细"为丝之细小,是特指。

8.赫:挬

"赫:挬"都有共同的意义核心"裂"。"赫"为凡物之撕裂,是泛指;"挬"为肢体分裂,是特指。

9.遒:婤

"遒:婤"都有共同的意义核心"美好"。"遒"为事物美好,是泛指;"婤"为身材匀称美好,是特指。

10.擎:潎

"擎:潎"都有共同的意义核心"击打"。"擎"为击打,是泛指;"潎"为在水中击打丝絮,是特指。

(四)表示因果

一组词义相关的同源词,其词义具有因果关系。这类共9组。例如:

1.鈌:矚

"鈌"为刺;"矚"为刺伤。"鈌"为因,"矚"为果。

2.柅:尼

"柅"为制止车轮的木块;"尼"为制止。"柅"为因,"尼"为果。

3.仰:卬

"仰"为举头;"卬"为举头望。"仰"为因,"卬"为果。

4.秋:愁

"秋"为秋天;"愁"为忧愁。"秋"为因,"愁"为果。

5.昱:煜

"昱"为日光明亮;"煜"为照耀。它们都有共同的特征"明亮"。"日光明亮"是状态,"照耀"是动作。"动作的结果"与"明亮"这一状态在语义上有因果相关关系。

三、《广雅疏证》同源词词义的相同相关关系

所谓相同相关指一组同源词中词与词之间的意义关系既具有相同关系,也具有相关关系。《广雅疏证》所系联的同源词词义有相同相关关系的共16组。例如:

1.僄:飘:嫖:勡:漂:票

"僄"、"勡"词义相同,义为轻薄;"飘"为轻飘;"嫖"为身体轻便敏捷;轻薄;"漂"为物轻貌;"票"为轻举貌。"僄"、"勡"与"飘"、"嫖"、"漂"、"票"构成具有共同性质的相关关系。

2.婗:倪:麑:蜺:齯:兒

"婗"、"兒"词义相同,义为婴儿;"倪"为小儿;"麑"为幼鹿;"蜺"为寒蝉的别名,一种小蝉;"齯"为幼齿。"婗"、"兒"与"倪"、"麑"、"齯"构成具有共同形状特征的相关关系。

3.幪:冡:蒙

"幪"为覆盖物体的巾;"冡"与"蒙"为覆盖。"冡"与"蒙"词义相同,它们与"幪"构成泛指与特指的相关关系。

4.暉:奕:焜

"暉"、"奕"词义相同,义为光明;"焜"为火光,火光谓火之明亮。"暉"、"奕"与"焜"构成具有共同特征的相关关系。

5.颠:颡:题

"颠"为头顶;"颡"与"题"为额头。"颡"与"题"词义相同,它们与"颠"构成具有共同部位特征的相关关系。

6.坚:絚:贤:賢:鞏:臤

"絚"、"贤"、"賢"、"鞏"、"臤"词义相同,义为坚固;"鞏"为使牢固,"坚"

为坚硬的土。"絸"、"賢"、"贙"、"鞏"、"臤"与"掔"、"堅"构成具有共同性质的相关关系。

7.簺：蔑：傻：曖

"蔑"、"曖"词义相同,义为隐蔽;"簺"义为隐蔽不见;"傻"为所见不分明;"蔑"、"曖"与"簺"、"傻"构成具有共同动作特征的相关关系。

8.衮：浑：绲：瞱：鯤

"绲"、"緷"词义相同,义为大束;"衮"为大衣;"浑"为大水之声;"瞱"为大目;"鯤"为大鱼。"绲"、"緷"与"衮"、"浑"、"瞱"、"鯤"构成具有共同形状特征的相关关系。

9.擶：髻：髻：會

"擶"、"會"词义相同,为会聚;"髻"为古人用来束发的骨器;"髻"为束发。"擶"、"會"与"髻"、"髻"构成具有共同行为特征的相关关系。

10.旋：圓：槇：鏇：匘

"旋"与"圓"为圆规;"槇"为有足的圆形食物托盘;"鏇"为圜炉;"匘"为圆形的竹器筥箕。"旋"与"圓"词义相同,它们与"槇"、"鏇"、"匘"构成具有共同形状特征的相关关系。

《广雅疏证》所系联的同源词的词义关系类型的分布情况是:相同 86 组;相关 311 组;相同相关 16 组。从《广雅疏证》所系联的 413 组同源词来看,汉语同源词的词义关系类型以相关为主,约占 75.30%,占了绝大多数,而相同只占 20.82%,同时也存在少量的相同相关关系。表明同源词的词义关系以相关为主,其次是相同,相同相关数量较少,表明同源词的词义关系具有一定的复杂性。

关于汉语同源词同义关系的形成原因,王力先生说:"音义皆近的同义词,在原始时代本属一词。后来由于各种原因(如方言影响),语音分化了,但词义没有分化,或者只有细微的分别。这种同义词,在同源词中占有很大的数量。"①王力先生的论说是十分正确的。

关于汉语同源词相关关系的形成原因,一般认为是词义引申、分化的结果。我们通过考察发现,除了词义的引申分化外,联想造词是形成同源词词义相关关系的一个重要原因,特别是物名同源词和事名同源词。新词语的产生和确立,并不是纯粹偶然的音义结合,当某种新事物、新现象出现后,人们往往根据其功能、作用、特征、性质等产生一种表象认识,与旧事物、旧现象产生某种联想,当人们对这些新事物、新现象命名时,就自然以这种心理

---

① 王力:《王力语言学论文集》,商务印书馆 2000 年版,第 540 页。

联想为基础,使用旧的语言材料,使之与新词语之间存在某种语音词义联系,特别是在意义上形成相关关系。因为新事物的命名之意往往来源于人们对该事物特性的领悟和认识,来源于人们对该事物与原有事物的相似点或相应关系的联想,它通常就是语源。所以,张博先生说:"语言中的词在产生初始大多是单义的,只概括反映某一类事物或现象。但由于客观事物或现象之间存在着多种多样的联系,人们在认识新事物或现象时,往往会联想到与该事物或现象在内在性质或外部特征上相似相关的其他事物或现象。这种联想作用使人们习惯用与之有关联的那种事物的名称来指称该事物,这样就导致词的初始义不断引申,增加一些新的义位,使单义词变成多义词。当一个多义词的义位过多因而指称不明时,或人们认识水平的发展要求明确地区分不同义位表达的不同事物时,多义词中的某些义位可能从原词中分化出来,成为独立的新词。"①张立仁认为:"同源词的产生有多方面的原因。如果从思维角度来分析,可知同源词的产生与联想这一思维活动有十分密切的关系。联想主要有相似联想、关系联想和对比联想三种。""在同源词产生的过程中,相似联想的思维活动按同一方向进行,从而充分体现了思维的顺向性;那么,在同源词产生的过程中,关系联想的思维则是按多种方向进行,从而充分体现了思维的发散性……对比联想的思维活动是按相对或相反的方向进行的,因此,充分体现了思维的逆向性。"②

可见,词义运动存在着错综复杂的关系。客观事物的多向、多维和多渠道联系,在思维上体现为顺向性、发散性、逆向性,必然反映到词义关系中来。同源词词义关系属于成系统的汉语词义系统的一部分,所以汉语同源词的词义关系也具有多样性。

第三节 《广雅疏证》同源词的音义结合规律

同源词是指音义密切相关,同出于一源的一组词,由同一根词直接或间接派生出来。前面我们说过,在语言产生之初,某一词音与义的结合完全是偶然的,是社会全体成员约定俗成的。汉语同源词的根词就具有这种属性。王宁先生说:"根词指最早派生其他词的总根,它的音与义是按约定俗成的

---

① 张博:《古代汉语词汇研究》,宁夏人民出版社 2000 年版,第 128 页。
② 张立仁:《从思维角度分析同源词的产生》,《山西师范大学学报》(社会科学版)1995 年第 1 期。

规律结合起来的,这种词我们称作原生词。原生词的音与义是它所派生的同源词音义的渊源。"①一旦语言中词的声音与意义关系约定俗成之后,这种偶然性就变成了相对稳定、不可随意更改的必然性,具有了严格的规定性。随着社会的不断发展,新事物的不断出现,人们认识程度的不断提高,原来的词语远远不能满足人们交际交流思想的需要,需要不断创造新词。陆宗达先生指出:"人类语言发展的初期,词的音义之间是没有什么必然联系的。但是在词不断增多的过程中,随着词义的引申,就要在原来词的基础上分化出新词来。新产生的词由于是从旧词派生出来的,语音上必然与旧词相同或相近(双声、叠韵)。"②王力先生在《中国语言学史》里也说:"事物得名之始,固然是任意的;至于在一个词演变成几个词的时候,就不再是任意的,而是在语音上发生关系了。"可见语言中大量存在的声义同源现象是汉语同源词形成的根本原因。洪堡特指出:"概念的相似性制约着所传递的直觉与语音之间的内在联系,这种内在联系便是词汇统一性的基础。"③人们创造新词的最常用的方式是联想造词。大千世界,客观事物和各种纷繁复杂的现象之间总是存在着这样或那样的联系,人们在认识新事物或现象时,往往联想到与它们内在性质或外部特征相似的其他事物或现象,于是在创造新词时,就在原有词语的基础上用相同或相近的语音形式,来表示一组关系密切、特点相似的新概念。也就是说,人们在创造新词时很注意"声义同源"和"命名之意"。这时词的音义结合再也不是偶然的了,而是具有内在联系,有很强的规律性。王念孙在《广雅疏证》里常常使用的"声义并相同"、"声义亦同"、"同声同义"、"并音某某反,其义同(义亦同、其义一)也"、"某与某同声,皆某某之意"、"声近义同"、"并(亦)与某声近义同"、"声义相近"、"并音某某反(切),义相近"等术语,不仅与"声义同源"的含义相同,而且表明他十分注重同源词的音义结合规律。我们通过对《广雅疏证》同源词音义关系的分析,发现汉语同源词的音义结合规律主要表现为:

一、音同义关

这类同源词主要表现为古音相同,意义相关(义关是意义相关的简称,下同)。共 124 组。例如:

---

① 王宁:《训诂学原理》,中国国际广播出版社 1996 年版,第 49 页。
② 陆宗达:《训诂学简论》,北京出版社 1980 年版,第 116 页。
③ [德]威廉·冯·洪堡特:《论人类语言结构的差异及其对人类精神发展的影响》(姚小平译),商务印书馆 1997 年版,第 118 页。

1.孆:骀

语音上,"孆"与"骀"古音相同:定母之部开口一等。

词义上,"孆"与"骀"意义相关:"孆"为人迟钝;"骀"为马行迟钝,又引申为疲钝。

2.纛:翿:㝱

语音上,"纛:翿:㝱"古音相同:定母幽部开口一等。

词义上,"纛:翿:㝱"意义相关:"纛"为起遮盖作用的舞具或帝王车舆上的装饰物;"翿"为羽舞或葬礼所用的起遮盖作用的旌旗;"㝱"为遮盖。

3.竂:蓼:镣

语音上,"竂:蓼:镣"古音相同:来母宵部开口四等。

词义上,"竂"、"蓼"、"镣"意义相关:"竂"为小窗;"蓼"为草木茎叶稀疏貌;"镣"为有孔的炉子。

4.箵:侗:涌:桶

语音上,"箵:侗:涌:桶"古音相同:定母东部合口二等。

词义上,"箵"、"侗"、"涌"、"桶"意义相关:"箵"为竹狭长;"侗"为人长而大;"涌"为狭而长的山旁陇间地;"桶"为一种盛水或其他东西的容器,狭长形。

5.梠:絽:吕:旅

语音上,"梠:絽:吕:旅"古音相同:来母鱼部开口三等。

词义上,"梠"、"絽"、"吕"、"旅"意义相关:"梠"为屋檐,是桷端与榜的连接;"絽"为缝衣,是布与布的连接;"吕"为脊骨,是椎骨与椎骨的连接;"旅"为军队的编制单位,上古以五百人为旅,是众多的基层单位的连接,即人的集结。

6.笮:醡

语音上,"笮"与"醡"古音相同:庄母铎部开口二等长入。

词义上,"笮"与"醡"意义相关:"笮"本为屋笮,引申为逼窄,即压出物体里的汁液;"醡"为榨酒,压槽取酒。

7.梗:鲠:骾

语音上,"梗:鲠:骾"古音相同:见母阳部开口二等。

词义上,"梗"、"鲠"、"骾"意义相关:"梗"为草木刺人;"鲠"为鱼骨刺在喉中;"骾"为骨头刺在咽喉中。

8.妆:装:莊

语音上,"妆:装:莊"古音相同:庄母阳部开口三等。

词义上,"妆"、"装"、"莊"意义相关:"妆"为装饰,打扮;"装"本为衣服方面的装饰;"莊"为盛饰。

9.铮：琤

语音上，"铮"与"琤"古音相同：初母耕部开口二等。

词义上，"铮"与"琤"意义相关："铮"为金声；"琤"为玉声。

10.骶：邸：軧

语音上，"骶：邸：軧"古音相同：端母脂部开口四等。

词义上，"骶"、"邸"、"軧"意义相关："骶"为尾椎骨；"邸"为屏风，又名后版；"軧"为大车后。

11.楣：湄：眉

语音上，"楣：湄：眉"古音相同：明母脂部开口三等。

词义上，"楣"、"湄"、"眉"意义相关："楣"为屋檐椽端的横板，在屋檐与椽端的交接处；"湄"为水草交接处；"眉"为眉毛，位于目与额之交接处。

12.屑：糏

语音上，"屑"与"糏"古音相同：心母质部开口四等短入。

词义上，"屑"与"糏"意义相关："屑"为粉碎，研成碎末；"糏"为米麦被碾压成的碎屑。

13.餧：萎

语音上，"餧"与"萎"古音相同：影母微部合口三等。

词义上，"餧"与"萎"意义相关："餧"为喂养鸟兽；"萎"为喂养牛马。

14.伦：沦

语音上，"伦"与"沦"古音相同：来母文部合口四等。

词义上，"伦"与"沦"意义相关："伦"为伦理，人伦；"沦"为水面上的小波纹，水纹相次有伦理。

15.麼：糜

语音上，"麼"与"糜"古音相同：明母歌部开口三等。

词义上，"麼"与"糜"意义相关："麼"本为食物烂熟，引申为凡物之碎烂；"糜"本为煮米使烂熟，引申为凡物之碎烂。

16.歺：杙

语音上，"歺"与"杙"古音相同：疑母月部开口一等短入。

词义上，"歺"与"杙"意义相关："歺"为列骨之余；"杙"为伐木之余。

17.姥：鬈

语音上，"姥"与"鬈"古音相同：群母元部合口三等。

词义上，"姥"与"鬈"意义相关："姥"为人美；"鬈"为发美。

18.旋：圆：楥：镟：匵

语音上，"旋：圆：楥：镟：匵"古音相同：邪母元部合口三等。

词义上,"旋:圜:槵:鏇:匼"意义相关:"旋"与"圜"为圆规;"槵"为有足的圆形食物托盘;"鏇"为围炉;"匼"为圆形的竹器筥箕。

19. 般:槃:幋:鞶:磐

语音上,"般:槃:幋:鞶:磐"古音相同:並母元部合口一等。

词义上,"般"、"槃"、"幋"、"鞶"、"磐"意义相关:"般"为凡物之大;"槃"为盘之大;"幋"为巾之大;"鞶"为带之大;"磐"为石之大。

20. 覃:醰

语音上,"覃"与"醰"古音相同:定母侵部开口一等。

词义上,"覃"为意味深长;"醰"为酒味长。

21. 歉:嗛:慊:谦

语音上,"歉:嗛:慊:谦"古音相同:溪母谈部开口四等。

词义上,"歉"、"嗛"、"慊"、"谦"意义相关:"歉"为食不足;"嗛"为谷物歉收,不足;"慊"为恨不足;"谦"为言语不足。

22. 培:陪

语音上,"培"与"陪"古音相同:並母之部合口一等。

词义上,"培"与"陪"意义相关:"培"为土田山川之增益;"陪"为土地之增益。

23. 赩:黑戠

语音上,"赩"与"黑戠"古音相同:晓母职部三等开口短入。

词义上,"赩"与"黑戠"意义相关:"赩"为大赤色;"黑戠"为赤黑色。

24. 纱:秒:眇:杪:篍

语音上,"纱:秒:眇:杪:篍"古音相同:明母宵部开口三等。

词义上,"纱"、"秒"、"眇"、"杪"、"篍"意义相关:"纱"为轻细的丝织品,引申为物之细微;"秒"为禾芒,即禾的尖端细小者,引申为细微;"眇"为小目;"杪"本指树梢,树木之高远细小者,引申为微小;"篍"为一种小的管乐器。

25. 嵏:稯:緵:騣:嵕:豵:猣

语音上,"嵏:稯:緵:騣:嵕:豵:猣"古音相同:精母东部合口二等。

词义上,"嵏"、"稯"、"緵"、"騣"、"嵕"、"豵"、"猣"意义相关:"嵏"为鸟飞时聚敛双足;"稯"为禾束,古代称禾四十把为一稯;"緵"为古代计算纺织品经纬密度的单位,八十缕为一緵;"騣"为马头上的长毛,是马长毛之所聚;"嵕"为数峰并峙的山;"豵"为一胎生三子的猪,数子丛聚;"猣"为一胎生三子的犬。

26. 鱸:墟:獹:矑:旅:櫨:瀘

语音上,"鱸:墟:獹:矑:旅:櫨:瀘"古音相同:来母鱼部开口一等。

词义上，"黸"、"墟"、"獹"、"矑"、"旅"、"櫨"、"瀘"意义相关："黸"为黑色；"墟"为土之刚黑；"獹"为黑色猎犬；"矑"为瞳仁；"旅"为黑弓；"櫨"为椉橘，柑橘的一种，色青黑；"瀘"，指黑水。

27. 膿:孃:壤:穰:瀼

语音上，"膿:孃:壤:穰:瀼"古音相同：日母阳部开口三等。

词义上，"膿"、"孃"、"壤"、"穰"、"瀼"意义相关："膿"为肥胖；"孃"为肥大；"壤"为泥土松软肥沃；"穰"为禾谷丰盛；"瀼"为露盛貌。

28. 訇:硡

语音上，"訇"与"硡"古音相同：晓母耕部合口一等。

词义上，"訇"与"硡"意义相关："訇"本义为骇言声，引申为声音大；"硡"为宏大的声音。

29. 砰:輷

语音上，"砰"与"輷"古音相同：滂母耕部开口二等。

词义上，"砰"与"輷"意义相关："砰"为重物落地或撞击的声音；"輷"为车马声。

30. 苾:飶

语音上，"苾"与"飶"古音相同：並母质部开口三等短入。

词义上，"苾"与"飶"意义相关："苾"为草香；"飶"为食香。

二、音转义关

这类同源词是指声音发生了流转，意义相关。共 96 组。例如：

1. 墨:浼

语音上，"墨"与"浼"古音有音转关系：明母双声，职之对转。

词义上，"墨"与"浼"意义相关："墨"为不廉洁；"浼"为贪婪。

2. 赳:嬌

语音上，"赳"与"嬌"古音有音转关系：见母双声，幽宵旁转。

词义上，"赳"与"嬌"意义相关："赳"为轻捷刚劲，有才能有力量；"嬌"为因才而敬重。

3. 遒:婥

语音上，"遒"与"婥"古音有音转关系：从清旁纽，幽觉对转。

词义上，"遒"与"婥"意义相关："遒"为事物美好；"婥"为身材匀称美好。

4. 秋:酋

语音上，"秋"与"酋"古音有音转关系：清从旁纽，幽部叠韵。

词义上，"秋"与"酋"意义相关："秋"为禾谷成熟；"酋"为酒熟。

5.绛:红

语音上,"绛"与"红"古音有音转关系:见匣旁纽,冬东旁转。

词义上,"绛"与"红"意义相关:"绛"为大红色;"红"为浅赤色。

6.麤:穇

语音上,"麤"与"穇"古音有音转关系:庄崇旁纽,侯部叠韵。

词义上,"麤"与"穇"意义相关:"麤"为麻茎;"穇"为稷茎。

7.丛:菆

语音上,"丛"与"菆"古音有音转关系:从庄准旁纽,东侯对转。

词义上,"丛"与"菆"意义相关:"丛"为事物之聚集;"菆"为树木之聚集。

8.夸:訏:芋

语音上,"夸:訏:芋"古音有音转关系:"夸"与"訏"古音为溪晓旁纽,鱼部叠韵;"夸"与"芋"古音为溪匣旁纽,鱼部叠韵;"訏"与"芋"古音为晓匣旁纽,韵母相同(鱼部合口三等)。

词义上,"夸"、"訏"、"芋"意义相关:"夸"为自大;"訏"为大;"芋"为叶大实大。

9.甒:籅

语音上,"甒"与"籅"古音有音转关系:端章准双声,韵母相同(鱼部开口三等)。

词义上,"甒"与"籅"意义相关:"甒"为盛米的陶器;"籅"为盛谷物的竹器。

10.素:索

语音上,"素"与"索"古音有音转关系:心母双声,鱼铎对转。

词义上,"素"与"索"意义相关:"素"为官爵空;"索"为室家之空。

11.婧:齭

语音上,"婧"与"齭"古音有音转关系:清崇准旁纽,韵母声调相同(锡部开口三等短入)。

词义上,"婧"与"齭"意义相关:"婧"为整齐;"齭"为齿上下整齐相对。

12.贤:㹦:睯

语音上,"贤:㹦:睯"古音有音转关系:"贤"与"㹦"为匣溪旁纽,真元旁转;"贤"与"睯"为匣母双声,真文旁转;"㹦"与"睯"为溪匣旁纽,元文旁转。

词义上,"贤"为才能杰出;"㹦"为牛之大;"睯"为目之大。

13.蕴:郁

语音上,"蕴"与"郁"古音有音转关系:影母双声,文物对转。

词义上,"蕴"与"郁"意义相关:"蕴"为茂盛;"郁"为草木茂盛貌。

14.髲:贼

语音上,"髲"与"贼"古音有音转关系:并帮旁纽,韵母相同(歌部开口三等)。

词义上，"髮"与"賧"意义相关："髮"为益发；"賧"为物之增益。

15. 揭∶褰

语音上，"揭"与"褰"古音有音转关系∶溪母双声，月元对转。

词义上，"揭"与"褰"意义相关："揭"为揭起衣裳涉水；"褰"为揭起衣物。

16. 剣∶ 㢓

语音上，"剣"与"㢓"古音有音转关系∶定余旁纽，侯部叠韵。

词义上，"剣"与"㢓"意义相关："剣"为挖空物；"㢓"为挖空木料以做舟。

17. 党∶昌

语音上，"党"与"昌"古音有音转关系∶端昌准旁纽，阳部叠韵。

词义上，"党"与"昌"意义相关："党"为善言；"昌"为美言。

18. 嫛∶ 瑮

语音上，"嫛"与"瑮"古音有音转关系∶群见旁纽，韵母相同（支部合口三等）。

词义上，"嫛"与"瑮"意义相关："嫛"为女子腰细而美；"瑮"为小头貌。

19. 澌∶赐

语音上，"澌"与"赐"古音有音转关系∶心母双声，支锡对转。

词义上，"澌"与"赐"意义相关："澌"为水尽；"赐"为事物之空尽。

20. 閜∶舸

语音上，"閜"与"舸"古音有音转关系∶晓见旁纽，韵母相同（歌部开口一等）。

词义上，"閜"与"舸"意义相关："閜"为大杯；"舸"为大船。

三、音转义同

这类同源词是指声音发生了流转，意义相同。共 37 组。例如∶

1. 闾∶里

语音上，"闾"与"里"古音为来母双声，之鱼旁转。二者有音转关系。

词义上，"闾"与"里"都含有"住宅"义。

2. 寇∶够

语音上，"寇"与"够"古音为溪见旁纽，韵母相同∶侯部合口二等。二者有音转关系。

词义上，"寇"与"够"都含有"众多"义。

3. 族∶丛

语音上，"族"与"丛"古音为从母双声，屋东对转。二者有音转关系。

词义上，"族"与"丛"都含有"聚集"义。

4.与:如:若

语音上,"与"与"如"古音为余日准旁纽,韵母相同:鱼部开口三等;"与"与"若"古音为余口准旁纽,鱼铎对转;"如"与"若"古音为日母双声,鱼铎对转。三者有音转关系。

词义上,"与"、"如"与"若"都含有"如同"义。

5.腒:膮

语音上,"腒"与"膮"古音为晓母双声,阳宵旁对转。二者有音转关系。

词义上,"腒"与"膮"都含有"香美"义。

6.提:擿

语音上,"提"与"擿"古音为定母双声,支锡对转。二者有音转关系。

词义上,"提"与"擿"都含有"投掷"义。

7.逞:挺

语音上,"挺"与"逞"古音为透定旁纽,耕部叠韵。二者有音转关系。

词义上,"逞"与"挺"都含有"解除"义。

8.星:笙

语音上,"星"与"笙"古音为心山准双声,耕部叠韵。二者有音转关系。

词义上,"星"与"笙"都含有"细小"义。

9.懠:济

语音上,"懠"与"济"古音为从精旁纽,韵母相同:脂部开口四等。二者有音转关系。

词义上,"懠"与"济"都含有"忧愁"义。

10.结:诘

语音上,"结"与"诘"古音为见溪旁纽,韵母、声调相同:质部开口三等短入。二者有音转关系。

词义上,"结"与"诘"都含有"弯曲"义。

四、音同音转义关

这类同源词语音既有音同关系,也有音转关系,意义相关。共 39 组。例如:

1.抔:裒:抔:俘

语音上,"抔:抔:掊"古音相同,为并母之部开口一等;"裒"与"抔:抔:掊"古音为并母双声,幽之旁转;"裒"与"俘"为并滂旁纽,幽部叠韵;"俘"与"抔:抔:掊"为滂并旁纽,幽之旁转。"抔:裒:抔:俘",古音既有音同关系,也有音转关系。

词义上,"抔"为引聚(物);"裒"为人物之聚集;"抔"为用手捧物;"掊"为引聚,用手扒土或用工具扒土;"俘"为俘获敌人。五者意义相关。

2. 濩:優:渥

语音上,"濩"与"優"古音相同,为影母幽部开口三等;"渥"与"濩、優"古音为影母双声,屋幽旁对转。"濩:優:渥",古音既有音同关系,也有音转关系。

词义上,"濩"为雨水充足;"優"为事物充足;"渥"本指雨水之充足,引申为凡物之丰厚、充足。三者意义相关。

3. 莪:葆:苞

语音上,"葆"与"苞"古音相同,为帮母幽部开口二等;"莪"与"葆"、"苞"古音为明帮旁纽,韵母相同:幽部开口二等。"莪:葆:苞",古音既有音同关系,也有音转关系。

词义上,"莪"为细草丛生而茂盛;"葆"为草丛生而茂盛的样子;"苞"为物丛生。三者意义相关。

4. 殠:薧:槁

语音上,"殠"与"槁"古音相同,为见母宵部开口一等;"薧"与"殠"、"槁"古音为晓见旁纽,韵母相同:宵部开口一等。"殠:薧:槁",古音既有音同关系,也有音转关系。

词义上,"殠"为骨肉干枯;"薧"为食品干枯;"槁"为树木干枯。三者意义相关。

5. 曉:暉:翯:滈

语音上,"暉"与"翯"古音相同,为匣母药部开口一等短入;"曉"与"暉"、"翯"古音为晓匣旁纽,宵药对转;"曉"与"滈"古音为晓匣旁纽,宵部叠韵;"滈"与"暉"、"翯"古音为匣母双声,宵药对转。"曉:暉:翯:滈",古音既有音同关系,也有音转关系。

词义上,"曉"为日光洁白;"暉"为鸟的羽毛光泽洁白;"翯"为鸟白肥泽貌;"滈"为水势浩大而泛白光貌。四者意义相关。

6. 椒:菆:箙

语音上,"菆"与"箙"古音相同,为庄母侯部开口三等;"椒"与"菆"、"箙"古音为精庄准双声,侯部叠韵。"椒:菆:箙",古音既有音同关系,也有音转关系。

词义上,"椒"为木柴;"菆"为麻秆,做柴用;"箙"为竹柴。三者意义相关。

7. 繱:蔥:驄

语音上,"蔥"与"驄"古音相同,为清母东部合口二等;"繱"与"蔥"、"驄"古音为精清旁纽,韵母相同:东部合口二等。"繱:蔥:驄",古音既有音同关系,也有音转关系。

词义上,"緫"为帛浅青色;"蔥"为葱类植物,色青绿,引申为泛指青绿色;"驄"为青白杂毛的马。三者意义相关。

8.覻:狙:胥

语音上,"覻"与"狙"古音相同,为清母鱼部开口三等;"胥"与"覻"、"狙"古音为心清旁纽,韵母相同:鱼部开口三等。"覻:狙:胥",古音既有音同关系,也有音转关系。

词义上,"覻"为窥视;"狙"为犬伺机猝出咬人,引申为窥伺;"胥"为伺捕盗贼。三者意义相关。

9.祐:硕:拓:斥:舄

语音上,"祐"与"拓"古音相同,为透母铎部开口一等短入;"斥"与"舄"古音相同,为昌母铎部开口四等短入;"硕"与"祐"、"拓"古音为禅透准旁纽,铎部叠韵;"硕"与"斥"、"舄"古音为禅昌旁纽,韵母相同,为铎部开口四等短入;"祐"、"拓"与"斥"、"舄"古音为透昌准双声,铎部叠韵。"祐:硕:拓:斥:舄",古音既有音同关系,也有音转关系。

词义上,"祐"为张衣令大;"硕"本义为大头,引申为凡大之称;"拓"义为开拓;"斥"义为开拓使大;"舄"义为大貌。五者意义相关。

10.亢:伉:梗

语音上,"亢"与"伉"古音相同,为溪母阳部开口一等;"梗"与"亢"、"伉"古音为见溪旁纽,阳部叠韵。"亢:伉:梗",古音既有音同关系,也有音转关系。

词义上,"亢"为事物刚强;"伉"为身体强健;"梗"为性情强硬。三者意义相关。

11.穰:釀:𣫏:孃

语音上,"穰"、"釀"与"𣫏"古音相同,为泥母阳部开口三等;"孃"与"穰"、"釀"、"𣫏"为日泥准双声,韵母相同:阳部开口三等。"穰:釀:𣫏:孃",古音既有音同关系,也有音转关系。

词义上,"穰"为杂米;"釀"为切杂和之;"𣫏"为杂乱;"孃"为繁杂。四者意义相关。

12.演:螾:引

语音上,"螾"与"引"古音相同,为余母真部开口三等;"演"与"螾"、"引"古音为余母双声,元真旁转。"演:螾:引",古音既有音同关系,也有音转关系。

词义上,"演"为水长流;"螾"为蚯蚓,其行引而伸之;"引"为引弓。三者意义相关。

13. 硁:㪯:铠:塏

语音上，"硁"与"㪯"古音为疑见旁纽，微文对转；"铠"与"塏"古音相同，为溪母微部开口一等；"硁"与"铠"、"塏"古音为疑溪旁纽，微部叠韵；"㪯"与"铠"、"塏"古音为见溪旁纽，文微对转。"硁:㪯:铠:塏"，古音既有音同关系，也有音转关系。

词义上，"硁"为坚石；"㪯"为石物坚硬；"铠"为金器坚硬；"塏"为土地坚硬。四者意义相关。

14. 繠:蕤:䄋

语音上，"蕤"与"䄋"古音相同，为日母微部合口三等；"繠"与"蕤"、"䄋"古音为日母双声，歌微旁转。"繠:蕤:䄋"，古音既有音同关系，也有音转关系。

词义上，"繠"为佩饰下垂；"蕤"为草木花下垂；"䄋"为草木实下垂。三者意义相关。

15. 扉:棐:騑

语音上，"扉"与"棐"古音相同，为滂母微部合口三等；"騑"与"扉"、"棐"古音为帮滂旁纽，韵母相同：微部合口三等。"扉:棐:騑"，古音既有音同关系，也有音转关系。

词义上，"扉"为门扇；"棐"为夹在弓弩两旁辅正弓弩的器具；"騑"为驾在车辕两旁的马。三者意义相关。

16. 堇:僅:廑:饉

语音上，"僅:廑:饉"古音相同，为群母文部开口三等；"堇"与"僅:廑:饉"古音为见群旁纽，文部叠韵。"堇:僅:廑:饉"，古音既有音同关系，也有音转关系。

词义上，"堇"为财物少；"僅"为才能稍不足，引申为凡物之少劣；"廑"为小屋；"饉"为蔬菜歉收，又指谷物歉收。四者意义相关。

17. 军:晕:运:围

语音上，"晕"与"运"古音相同，为匣母文部合口三等；"军"与"晕"、"运"古音为见匣旁纽，韵母相同：文部合口三等；"军"与"围"古音为见匣旁纽，文微对转；"围"与"晕"、"运"古音为匣母双声，微文对转。"军:晕:运:围"，古音既有音同关系，也有音转关系。

词义上，"军"为包围；"晕"为日月周围的光圈；"运"为旋转；"围"为包围。四者意义相关。

18. 衮:浑:绲:睔:緷:鲧

语音上，"衮"、"绲"、"緷"与"鲧"古音相同，为见母文部合口一等。"浑"与"睔"古音相同，为匣母文部合口一等。"衮"、"绲"、"緷"、"鲧"与"浑"、

"睔"古音为见匣旁纽,韵母相同:文部合口一等。"袞:浑:绲:睔:緷:鲧",古音既有音同关系,也有音转关系。

词义上,"袞"为大衣;"浑"为大水之声;"绲"、"緷"为大束;"睔"为大目;"鲧"为大鱼。六者意义相关。

19.獾:儇:翾:趨

语音上,"儇:翾:趨"古音相同,为晓母元部合口三等;"獾"与"儇:翾:趨"古音为见晓旁纽,元部叠韵。"獾:儇:翾:趨",古音既有音同关系,也有音转关系。

词义上,"獾"为跑得快,行动迅捷。"儇"为人行走疾速;"翾"为鸟飞行疾速;"趨"为疾走貌。四者意义相关。

20.栭:鲕:毚

语音上,"栭"与"鲕"古音相同,为日母之部开口三等;"毚"与"栭"、"鲕"古音为泥日准旁纽,侯之旁转。"栭:鲕:毚",古音既有音同关系,也有音转关系。

词义上,"栭"为栭栗,一种小的栗树;"鲕"为鱼苗,小鱼;"毚"为小兔。三者意义相关。

五、音同义同

这类同源词不但语音相同,意义也相同。共 17 组。例如:

1.傧:宾

语音上,"傧"与"宾"古音相同:帮母真部开口三等。

词义上,"傧"和"宾"都含有"陈列"义。

2.畏:威

语音上,"畏"与"威"古音相同:影母微部合口三等。

词义上,"畏"与"威"都含有"畏惧"义。

3.悚:退

语音上,"悚"与"退"古音相同:透母物部合口一等长入。

词义上,"悚"与"退"都含有"延缓"义。

4.隐:慇

语音上,"隐"与"慇"古音相同:影母文部开口四等。

词义上,"隐"与"慇"都含有"忧痛"义。

5.忨:翫:玩

语音上,"忨:翫:玩"古音相同:疑母元部合口一等。

词义上,"忨"为贪图物质;"翫"为贪图;"玩"为因玩弄而变得爱恋,贪图。

6. 襌:单

语音上,"襌"与"单"古音相同:端母元部开口一等。

词义上,"襌"与"单"都含有"单衣"义。

7. 钳:拑

语音上,"钳"与"拑"古音相同:群母谈部开口三等。

词义上,"钳"与"拑"都含有"挟持"义。

8. 㘝:摄:𦟛

语音上,"㘝:摄:𦟛"古音相同:泥母叶部开口四等。

词义上,"㘝:摄:𦟛"都含有"安静"义。

9. 憎:䜺

语音上,"憎"与"䜺"古音相同:影母月部合口一等长入。

词义上,"憎"与"䜺"都含有"憎恶"义。

10. 熱:爇

语音上,"熱"与"爇"古音相同:日母月部开口三等短入。

词义上,"熱"与"爇"都含有"焚烧"义。

六、音近义关

这类同源词是古音相近,词义相关。共 20 组。例如:

1. 背:北

语音上,"背"与"北"古音为帮母双声,职部叠韵。二者有音近关系。

词义上,"背"为背脊;"北"为相背。二者意义相关。

2. 糒:𤎼

语音上,"糒"与"𤎼"古音为并母双声,职部叠韵。二者有音近关系。

词义上,"糒"为干粮;"𤎼"为以火干肉。二者意义相关。

3. 暴:搏

语音上,"暴"与"搏"古音为并母双声,药部叠韵。二者有音近关系。

词义上,"暴"为空手搏击野兽;"搏"为搏击。二者意义相关。

4. 廇:庐

语音上,"廇"与"庐"古音为来母双声,鱼部叠韵。二者有音近关系。

词义上,"廇"为堂屋周围的屋;"庐"为田中之屋。二者意义相关。

5. 箄:捭

语音上,"箄"与"捭"古音为帮母双声,支部叠韵。二者有音近关系。

词义上,"箄"为析竹;"捭"为析物。二者意义相关。

6.私:细

语音上,"私"与"细"古音为心母双声,脂部叠韵。二者有音近关系。

词义上,"私"为物之细小;"细"为丝之细小。二者意义相关。

7.鬌:堕

语音上,"鬌"与"堕"古音为定母双声,歌部叠韵。二者有音近关系。

词义上,"鬌"为毛发脱落;"堕"为物之落下。二者意义相关。

8.靡:麼

语音上,"靡"与"麼"古音为明母双声,歌部叠韵。二者有音近关系。

词义上,"靡"为布帛之细密;"麼"为人物之细小。二者意义相关。

9.挈:絜

语音上,"挈"与"絜"古音为见母双声,月部叠韵。二者有音近关系。

词义上,"挈"为兽无耦;"絜"为麻一束。二者意义相关。

10.判:片

语音上,"判"与"片"古音为滂母双声,元部叠韵。二者有音近关系。

词义上,"判"为事物之分开;"片"为木之分开。二者意义相关。

七、音同音转义同

这类同源词是古音既有音同关系,也有音转关系,但词义相同。共6组。例如:

1.縢:賸:滕

语音上,"縢"与"滕"古音相同,为余母蒸部开口三等;"賸"与"縢"、"滕"古音为船余准旁纽,韵母相同:蒸部开口三等。"縢:賸:滕",古音既有音同关系,也有音转关系。

词义上,"縢:賸:滕"在"贰"这一意义上相同。

2.烓:颎:炯

语音上,"颎"与"炯"古音相同,为见母耕部合口四等;"烓"与"颎"、"炯"古音为影见旁纽,支耕对转。"烓:颎:炯",古音既有音同关系,也有音转关系。

词义上,"烓:颎:炯"都含有"明亮"义。

3.憎:脅:怯

语音上,"憎"与"脅"古音相同,为晓母叶部开口三等;"怯"与"憎"、"脅"古音为溪晓旁纽,韵母相同:叶部开口三等。"憎:脅:怯"古音既有音同关系,也有音转关系。

词义上,"憎:脅:怯"都含有"恐惧"义。

八、音近义同

这类同源词古音相近,词义相同。共 4 组。例如:

1.待:跱

语音上,"待"与"跱"古音为定母双声,之部叠韵。二者有音近关系。

词义上,"待"与"跱"都含有"停留"义。

2.厉:浖

语音上,"厉"与"浖"古音为来母双声,韵母相同:月部开口三等,只是声调有长入和短入之别。二者有音近关系。

词义上,"厉"与"浖"都含有"水旁"义。

九、音近音转义关

这类同源词古音既有音近关系,也有音转关系,但词义相关。共 5 组。例如:

1.括:佸:会

语音上,"括"与"佸"古音为见匣旁纽,韵母声调相同:月部合口一等短入;"括"与"会"古音为见匣旁纽,韵母相同:月部合口一等,声调不同;"佸"与"会"古音为匣母双声,韵母相同:月部合口一等,声调有短入和长入的区别。"括:佸:会",古音既有音近关系,也有音转关系。

词义上,"括"为人物之汇合;"佸"为人之汇合;"会"为器物之汇合。三者意义相关。

2.蜕:脱:毻

语音上,"蜕"与"脱"古音为透母双声,月部叠韵,但声调有长入和短入之别;"毻"与"蜕"、"脱"古音为透母双声,歌月对转。"蜕:脱:毻",古音既有音近关系,也有音转关系。

词义上,"蜕"为蝉、蛇等所脱皮;"脱"为肉剥皮去骨;"毻"为鸟兽换毛。三者意义相关。

3.福:富:備

语音上,"福"与"富"古音相近,为帮母双声,韵母相同:职部合口三等,声调有短入和长入之别;"福"与"備"古音为帮并旁纽,职部叠韵;"富"与"備"为帮并旁纽,职部叠韵。"福:富:備",古音既有音近关系,也有音转关系。

词义上,"福"义为"齐备",即人事之百顺;"富"义为物质齐备;"備"义为用器齐备。三者意义相关。

十、音同音近义关

这类同源词古音相同相近,词义相关。共 8 组。例如:

1. 猱:浮:烰:哀

语音上,"猱"、"浮"与"烰"古音相同,为並母幽部开口三等;"哀"与"猱"、"浮"、"烰"古音为並母双声,幽部叠韵。"猱:浮:烰:哀",古音既有音同关系,也有音近关系。

词义上,"猱"为事物众多;"浮"为雨雪之盛;"烰"为火气上行之盛;"哀"为事物聚集而多。四者意义相关。

2. 靡:麼:麿

语音上,"麼"与"麿"古音相同,为明母歌部合口一等;"靡"与"麼"、"麿"古音为明母双声,歌部叠韵。"靡:麼:麿",古音既有音同关系,也有音近关系。

词义上,"靡"为布帛之细密;"麼"为事物之细小;"麿"为人物之细小。三者意义相关。

3. 挈:契:锲

语音上,"挈"与"契"古音相同,为溪母月部开口三等长入;"锲"与"挈"、"契"古音为溪母双声,韵母相同:月部开口三等。"挈:契:锲",古音既有音同关系,也有音近关系。

词义上,"挈"为刻;"契"为古代在龟甲兽骨上灼刻文字;"锲"为用刀刻。三者意义相关。

十一、音同义同义关

这类同源词古音相同,词义相同相关。共 8 组。例如:

1. 埤:髀:裨

语音上,"埤:髀:裨"古音相同,为並母支部开口三等。

词义上,"埤"为增加;"髀"为增益;"裨"本指衣之接益,引申为增加、补益。

2. 儦:飘:嫖:勡:漂:票

语音上,"儦:飘:嫖:勡:漂:票"古音相同,为滂母宵部开口三等。

词义上,"儦"为轻薄;"飘"为轻飘;"嫖"为身体轻便敏捷;"勡"为轻薄;"漂"为物轻貌;"票"为轻举貌。

3. 簽:薆:僾:曖

语音上,"簽:薆:僾:曖"古音相同:影母物部开口二等长入。

词义上,"簽"义为隐蔽不见;"薆"义为隐蔽;"僾"为所见不分明;"曖"义为隐蔽。

十二、音同音转义同义关

这类同源词古音相同相转,词义相同相关。共3组。

1. 晄:煌:爌:光

语音上,"晄"与"煌"古音相同,为匣母阳部合口一等;"爌"与"晄"、"煌"古音为溪匣旁纽,韵母相同:阳部合口一等;"爌"与"光"古音为溪见旁纽,韵母相同:阳部合口一等;"光"与"晄"、"煌"古音为见匣旁纽,韵母相同:阳部合口一等。"晄:煌:爌:光",古音既有音同关系,也有音转关系。

词义上,"晄"为光明;"煌"为光明;"爌"为光明;"光"为明亮。

2. 堅:緊:賢:贄:掔:掔:叝

语音上,"堅"与"緊"古音相同,为见母真部开口四等;"掔"与"掔"古音相同,为溪母真部开口四等;"賢"与"叝"古音相同,为匣母真部开口四等。"堅"、"緊"与"掔"、"掔"古音为见溪旁纽,韵母相同:真部开口四等;"堅"、"緊"与"賢"、"叝"古音为见匣旁纽,韵母相同:真部开口四等;"掔"、"掔"与"賢"、"叝"古音为溪匣旁纽,韵母相同:真部开口四等;"贄"与"堅"、"緊"为匣见旁纽,元真旁转;"贄"与"掔"、"掔"古音为匣溪旁纽,元真旁转;"贄"与"賢"、"叝"古音为匣母双声,元真旁转。"堅、緊、賢、贄、掔、掔、叝",古音既有音同关系,也有音转关系。

词义上,"堅"为坚硬的土;"緊"为坚固;"賢"为坚固;"贄"为坚固;"掔"为坚固;"掔"为使牢固;"叝"为坚固。

3. 扆:庡:隐

语音上,"扆"与"庡"古音相同,为影母微部开口三等;"隐"与"扆"、"庡"古音为影母双声,文微对转。"扆:庡:隐",古音既有音同关系,也有音转关系。

词义上,"扆"本指古代宫殿窗和门户之间的地方,又特指置于门窗之间的屏风,后又引申为隐蔽;"庡"为隐蔽;"隐"本义为隔阜不相见,引申为遮蔽、隐藏。

十三、音同音近音转义关

这类同源词古音不但相同相近,而且相转,词义相关。共4组。例如:

1. 挈:扛:杠:槔

语音上,"扛:杠"古音相同,为见母东部开口二等;"挈"与"扛:杠"古音为见母双声,东部叠韵;"槔"与"挈:扛:杠"古音为见母双声,屋东对转。"挈:扛:杠:槔",古音既有音同音近关系,也有音转关系。

词义相关上,"挈"为对举茵褥;"扛"为用两手对举重物;"杠"为床前横木,其功能为对举床;"槀"为抬举食物的用具,与案相似。它们都有共同的意义核心"对举"。

2.蹶:趹:趏:跌:决

语音上,"趏"与"跌"古音相同,为见母月部合口四等短入;"蹶"与"趏"、"跌"古音为见母双声,月部叠韵;"蹶"与"趹"古音为见溪旁纽,月部叠韵;"蹶"与"决"古音为见晓旁纽,月部叠韵;"趹"与"趏"、"跌"为溪见旁纽,月部叠韵;"趹"与"决"古音为溪晓旁纽,月部叠韵;"决"与"趏"、"跌"古音为晓见旁纽,韵母相同:月部合口四等短入。"蹶:趹:趏:跌:决",古音既有音同音近关系,也有音转关系。

词义上,"蹶"为疾速行走;"趹"为马行走疾速;"趏"为马疾行;"跌"为马疾行貌;"决"为迅疾貌。五者意义相关。

十四、音近音转义同义关

这类同源词古音相近相转,意义相同相关。共1组。

貂:紹:鯛

语音上,"貂"与"鯛"古音相近,为端母双声,宵部叠韵;"紹"与"貂"、"鯛"古音为端母双声,幽宵旁转。"貂:紹:鯛",古音既有音近关系,也有音转关系。

词义上,"貂"与"紹"为短尾犬;"鯛"为小船。三者义同义关。

十五、音近音转义同

这类同源词古音相近相转,词义相同。共2组。

1.布:敷:铺

语音上,"布"与"敷"古音为帮滂旁纽,鱼部叠韵;"布"与"铺"古音为帮滂旁纽,韵母相同:鱼部合口一等;"敷"与"铺"古音相近,为滂母双声,鱼部叠韵。"布:敷:铺",古音既有音转关系,也有音近关系。

词义上,"布:敷:铺"都含有"铺展"义。

2.害:曷:胡:盍:何

语音上,"害"与"曷"古音相近,为匣母双声,月部叠韵;"害"与"胡"古音为匣母双声,月鱼通转;"害"与"盍"古音为匣母双声,月叶通转;"害"与"何"古音为匣母双声,月歌对转;"曷"与"胡"古音为匣母双声,月鱼通转;"曷"与"盍"古音为匣母双声,月叶通转;"曷"与"何"古音为匣母双声,月歌对转;"胡"与"盍"古音为匣母双声,鱼叶通转;"胡"与"何"古音为匣母双声,鱼歌通转;"盍"与"何"古音为匣母双声,叶歌通转。"害:曷:胡:盍:何",古音既有音近关系,也有音转关系。

词义上,"害:曷:胡:盍:何"都表示疑问,相当于"什么"。

十六、音转义同义关

这类同源词语音相转,意义相同相关。共2组。

1.霖:淫:潦

语音上,"霖"与"淫"古音为来余旁纽,韵母相同:侵部开口三等;"霖"与"潦"为来崇邻纽,韵母相同:侵部开口三等;"淫"与"潦"为余崇邻纽,韵母相同:侵部开口三等。三者有音转关系。

词义上,"霖"为三日以上的久雨;"淫"为久雨而雨水过度;"潦"为久雨而水多。

2.颠:颎:题

语音上,"颠"与"颎"古音为端母双声,真耕通转;"颠"与"题"古音为端定旁纽,真支通转;"颎"与"题"古音为端定旁纽,耕支对转。三者有音转关系。

词义上,"颠"为头顶;"颎"与"题"为额头。

十七、音同音近音转义同义关

这类同源词语音相同相近相转,意义相同相关。共1组。

撍:髻:鬠:會

语音上,"撍"与"髻"古音相同,为见母月部合口一等长入;"鬠"与"撍"、"髻"为见母双声,月部叠韵;"鬠"与"會"为见匣旁纽,月部叠韵;"會"与"撍"、"髻"为匣见旁纽,韵母相同:月部合口一等长入。"撍:髻:鬠:會",古音既有音同音近关系,也有音转关系。

词义上,"撍"与"會"词义相同:会聚;"髻"为古人用来束发的骨器;"鬠"为束发。"撍"、"會"与"髻"、"鬠"意义相关。

从以上分析可以看出,汉语同源词的音义结合具有很强的规律性和系统性。同源词音与义的结合是十分密切的,即语音要求词义必须具有相同关系或相关关系或相同相关关系,词义要求语音必须具有相同、相近、相转、相同相近,相同相转、相近相转等关系之一,然后在这种前提下聚合成一个音义系统。在这个聚合系统中,既呈现出严整的规律性,如音同、音转、音近以及音同音转、音同音近、音近音转、音同音近音转等都分别与义同、义关相结合,而且和义关结合的程度最高,与义同结合的程度较低,同时也呈现出发展不平衡的状态,音同义关结合的频率最高,其次是音转义关,再次是音转义同和音同音转义关。此外,汉语同源词音义结合的规律不是单一的,而是复杂、多元的。除了单一的语音关系类型和单一的词义关系类型组合而成的同源词外,还有一定数量的各种语音关系类型与单一的词义关系类型或两种词义关系类型复合而成的同源词,如音同音转义关型、音同音转义同型、音同音转义同义关型、音同音近义关型、音同义同义关型、音近音转义关型、音近音转义同型、音同音近音转义关型等。清代学者将同源词的这种音义结合规律概括为"音近义通",王念孙将其概括为"声近义同"①,这是他们在对同源词音义结合规律总体特征进行揭示和把握后得出的结论。我们通过对《广雅疏证》同源词的分析,归纳出了 17 种同源词音义结合的类型就很好地说明了这一点。同源词音义结合的这种规律是如何产生的呢?王宁先生指出:"同源派生词的音义,由于都是从根词早已结合在一起的音义直接或间接发展而来的,因此带有历史的、可以追溯的必然性,这就是音近义通现象产生的由来。"②同源词音义结合规律的形成原因,是和语言的发展,词汇的繁衍分化、古今音变、方俗语转分不开的,词义引申分化和古今音或方俗音的音转是同源词音义结合规律形成的主要原因。语言和万事万物一样都处在不断的运动中,随着时间和空间的变化,反映客观事物和现象的词汇也在不断发展变化,以满足人们交际和交流思想的需要。新词新义的产生与源词有着十分密切的联系,它们往往是通过源词词义的引申来实现的。"词义从一点出发,沿着本义的特点所决定的方向,按照各民族的习惯,不断产生相关的新义或派生同源的新词。"③这种通过词义的引申分化而产生的同源词,它们的音义直接或间接秉承源词,故其音义结合规律或与源词全同,或较源词稍变。音转同源词是语音演变的结果。语音演变是有规律的,不是杂乱无章的;不是个别的,而是成批的,成系统的。语音的地区差异和古读今读的存在,必然导致一批"方俗转语"和"古今转语"的产生,这类同源词语音发生了流变,而词义则不变或稍变,其音义结合规律表现为音转义同或音转义关。在同源词这个词汇系统中,当某词的音或义发生了变化,系统的平衡就会被打破,新的音义结合的同源词就会产生,同源词词汇系统就是这样不断得到壮大的。同源词是在漫长的历史时期和辽阔的地域内逐渐形成的,其形成不是一次性的,往往词义与语音的演变是多次辗转流变的结果。因此,汉语同源词音义结合的规律既具有系统性、严整性,也具有历史性、复杂性。

---

① 清代学者的"音近义通"和王念孙的"声近义同"两个术语是对同源词音义结合规律的总体概括,并不是实际指汉语同源词的音义结合规律就只有"音近义通"或"声近义同"。

② 王宁:《训诂学原理》,中国国际广播出版社 1996 年版,第 48 页。

③ 同上书,第 54 页。

第五章 《广雅疏证》同源词研究(下)

本章全面探讨、总结、评价了王念孙《广雅疏证》研究同源词的理论、方法、成就和不足。王念孙在"训诂之旨,本于声音"这一总纲领的指导下,创立了"就古音以求古义,引伸触类,不限形体"的训诂方法。王氏运用这一训诂方法,从"声近义同"现象入手,紧紧抓住"命名之意","引伸触类,不限形体","类聚群分,同条共贯",在同源词研究上取得了巨大的成就。无论是局部的平面系源,还是不完全的历史推源,他使汉语同源词的研究进入到了词源学研究的范畴。无论是在理论建树上,还是在研究方法和训诂实践上,都超越了前人和同时代的学者,达到了他那个时代的巅峰。他为近现代汉语词源学体系的构建奠定了坚实的基础。

第一节 《广雅疏证》研究同源词的理论和方法

一、《广雅疏证》研究同源词的理论

(一)训诂之旨,本于声音

文字是形、音、义的统一,有声语言自出现的那一天起,就是音义的结合体,尔后出现的文字不过是记录这个结合体的符号。词义依附于形体,具有相对的灵活性;词义存于声音,具有相对的稳定性。因此,在文字的形、音、义三要素中,音实为枢纽,训诂的要津在于声音,而不在于文字。所以王引之在《经义述闻》卷二十三《春秋名字解诂·叙》里说:"训诂之要,在声音,不在文字。"章太炎先生在《国故论衡·小学略说》中说:"夫治小学者,在于比次声音,推迹故训,以得语言之本。"黄侃先生在《文字声韵训诂笔记》中也指出:"凡以声音相训者,为真正之训诂,反是即非真正之训诂。""回顾训诂学术的发展历史,后世训诂学家从这个看似平常的事理中悟

得'以字音为枢纽'的训诂第一原理,实在不是一件容易的事情。"①"因中国语言所具有的特性,和文字上利用借字表示的方法,演成了一字数义和一义数字的现象;要析理这种字体和意义间复杂的关系,便不得不采用以字音为枢纽的训诂方法。"②

音义关系问题是一个十分复杂的问题,也是汉语研究一个非常重要的课题,从古至今的训诂学家们都一直在关注和进行研究。古代训诂学家们运用声训,倡导右文说,就是力图解决这一问题。声训萌芽于先秦,它是用音同或音近的词来解释另一词义的一种训诂方法。声训的目的是"推因"——探究事物的得名之由。汉代的训诂学家更加注意到声音这个重要因素,自觉或不自觉地运用声音去探求词语的意义,所以声训这种训诂方法在汉代运用得十分广泛。"声训的主要原理是声义同源,它是中国古代训诂家对汉语声义同源规律的一种素朴的、直觉的体认和解释。"③《毛传》等随文释义的注疏以及《尔雅》、《方言》、《说文》这样的小学专书都较多地使用了声训这种训诂方法,董仲舒《春秋繁露》、班固《白虎通》、应劭《风俗通义》等典籍正文里也有不少声训材料。东汉末刘熙的《释名》是一部完全运用声训法研究汉语词汇词义、探寻语源的专著,刘熙的基本思想和具体做法都对后来的词源研究产生了影响。声训最重要的作用在于探求语源,对于研究汉语古代音韵学和汉语同源词都具有重要的价值。沈兼士《声训论》:"窃谓古代声训义类之说,既可借此证明古音之部居,而现代研究汉语字族者,更须从汉语本身之声训义类及右文说着手,因而综合归纳之,以定字族词类之范畴。"但是,毕竟汉语中的所有语词并不都是有"源"可寻的。"正确的声训是用'音近义通'的同根词来训释,这才能达到探索词义来源的目的。……离开了音近义通的同根词这个前提,把一切语词的音义关系都看作有机的联系,就会导致滥用声训的错误。"④声训既有价值,也有缺陷,为了克服它的不足,后来逐渐为右文说和因声求义所代替。"因为声训所解释的只是词语的命名之义,而不是词语的所指义,与字词的使用表达、文献语言的阅读理解没有直接、密切的关系,加上名辨之学的衰微,古今文纷争成为历史,所以,自唐以降,声训渐为'因声求义'及'右文'说所取代,声训作为一种训诂条例、方式便不再在训诂学

---

① 孙雍长:《训诂原理》,语文出版社 1997 年版,第 27 页。
② 张世禄:《中国音韵学史鸟瞰》,《学术》第一集(1940 年)。
③ 孙雍长:《训诂原理》,语文出版社 1997 年版,第 208 页。
④ 宋永培:《〈说文〉汉字体系与中国上古史》,广西教育出版社 1996 年版,第 180 页。

上占有那么重要的地位，而且无论在传注训诂中还是在词书训诂中，一般不再使用这种训解法，只有在考释训诂中，学者们才仍然有所使用。"①北宋王圣美、王观国、张世南等人的右文说比汉代声训有很大进步，为汉语词源学的发展开辟了新的道路，做出了新的贡献。右文说对汉字有了新的认识：汉字的形声字不仅表义，它的声旁也表示义。因为汉字有形声兼会意这一类字，声旁表示的意义往往更接近词源，这体现了右文说具有一定的合理性，比早期声训有明显的进步。所以清代学者黄承吉《梦陔堂文集》卷二《字义起于右旁之声说》："谐声之字，其右旁之声必兼有义，而义皆起于声，凡字之以某为声者，皆原起于右旁之声义以制字，是为诸字所起之纲。"但是右文说也有明显的不足，这主要表现在：汉字的谐声偏旁数量众多，并不是所有共用同一个声符的字所记录的词都是同义或近义的，何况有些词的本义至今还不明确；右文说实质上仍然拘泥于字形，没能完全摆脱汉字字形的束缚。沈兼士《右文说在训诂学上之沿革及其推阐》对右文说的发展演变及功用价值进行了很好的总结和评价，"沈氏的研究向人们表明，'右文'说的最大功绩在于引起了对形声字'声中兼义'现象的关注，可视为同源字研究的开端；而'右文'说的最大局限也恰在对形声字'声中兼义'现象的解释上：一方面它对相同'右文'的声义关系看得过于简单；另一方面它对声音近同但形体不同的'右文'也可能具有同一声义关系则缺乏认识。"②从先秦到清代以前，人们虽然在以声音为线索推求语源方面做了许多工作，也取得了一些成绩，但却未建立起科学的理论和方法。

到了清代，又有了新的进步，学者们把"右文"说发展成为了"声近义同"或"音近义通"说，这无疑是训诂学家在语言和文字二者关系认识上的一次重大飞跃。他们吸取了"右文"说的合理成分，突破了"右文"说对形声字声符这一形体的限制，"不仅认识到不同'右文'只要声音近同即可表示相近相通之义，而且还认识到不必都是形声字，只要声音相同相近，意义亦有可能相近相通。"③所以，清朝特别是乾嘉时代，不少学者能够摆脱字形的束缚，透过字形，通过声音去看词义的联系。他们之所以能够取得如此大的成就，不仅在于他们受到了当时科学思想的影响，而且在于他们都是古音学家，对古音学有很深的造诣。他们对声音与训诂的关系都有比较明确的认识。④

---

① 孙雍长：《训诂原理》，语文出版社 1997 年版，第 230 页。
② 同上书，第 281～282 页。
③ 同上书，第 274 页。
④ 赵振铎：《训诂学纲要》，陕西人民出版社 1987 年版，第 97～98 页。

　　训诂声音相为表里,要明训诂必先知音,这是清代学者的共识。关于这一点,清代的训诂学家都有比较精辟的论述。

　　顾炎武《答李子德书》:"读九经必自考文始,考文自知音始。"

　　钱大昕《潜研堂答问》:"古人因文字而定声音,因声音而得训诂,其理一以贯之。"

　　戴震首倡"因声求义"理论和"音义互求"原则。他在《六书音均表序》里说:"训诂音声,相为表里。训诂明,六经乃可明。"又在《答秦尚书惠田论韵书》里说:"字书主于训诂,韵书主于音声,然二者恒相因,音声有不随故训变者,则一音或数义,音声有随故训而变者,则一字或数音。大致一字既定其本义,则外此音义引申,咸六书之假借。其例或义由声出。……凡故训之失传者,于此亦可因声而知义矣。"他在《转语二十章序》里进一步强调道:"人之语言万变,而声气之微,有自然之节限。是故六书依声托事,假借相禅,其用至博,操之至约也,学者茫然莫究。今列为二十章,各从乎声,以原其义。""疑于义者以声求之,疑于声者以义正之。"

　　段玉裁《广雅疏证·序》:"小学有形、有音、有义。三者互相求,举一可得其二。有古形,有今形;有古音,有今音;有古义,有今义。六者互相求,举一可得其五。古今者,不定之名也。三代为古,则汉为今;汉魏为古,则唐宋以下为今。圣人之制字,有义而后有音,有音而后有形。学者之考字,因形以得其音,因音以得其义。治经莫重于得义,得义莫切于得音。……怀祖氏能以三者互求,以六者互求,尤能以古音得经义,盖天下一人而已矣。"

　　段玉裁认为汉字的形、音、义三者是相互联系的,在研究时必须三者互求,而三者之中字音是关键——"得义莫切于得音"。

　　王念孙首先明确地提出了"训诂之旨,本于声音",这是他对训诂第一要义的揭示。他在《广雅疏证·自序》中说:"窃以训诂之旨,本于声音。故有声同字异、声近义同,虽或类聚群分,实亦同条共贯。譬如振裘必提其领,举网必挈其纲。故曰本立而道生,知天下之至啧而不可乱也。此之不寤,则有字别为音,音别为义,或望文虚造而违古义,或墨守成训而鲜会通。易简之理既失,而大道多岐矣。今则就古音以求古义,引伸触类,不限形体,苟可以发明前训,斯凌杂之讥,亦所不辞。其或张君误采,博考以证其失;先儒误说,参酌而寤其非。"王氏在《自序》中概括了训诂的总理论:"训诂之旨,本于声音"。在这一总的理论原则的指导下,他创立了"就古音以求古义,引伸触类,不限形体"的训诂方法。王氏的这一理论和方法是对他老师戴震的"义由声出"、"训诂音声,相为表里"理论学说的继承和发展。王氏强调"声近义同"、"义本于声,声义相同相关";"义本于声","故有声同字异、声近义同"。

他为什么不说"义本于形"呢？音与义为什么比形与义的关系更为密切呢？

黄侃先生在《声韵略说》中对此问题有一段十分精辟的阐述，他说："三者(按：指形、音、义)之中，又以声为最先，义次之，形为最后。凡声之起，非以表情感，即以写物音，由是而义傅焉。声义具而造形以表之，然后文字萌生。昔结绳之世，无字而有声与义；书契之兴，依声义而构字形。如日、月之字未造时，已有日、月之语。更分析之，声则日、月，义表实、阙；至造字时，乃特制日、月二文以当之。"陆宗达、王宁二先生在《训诂方法论》一书中也强调："这就是说，义与音分别是语言的内容与形式，它们在社会约定俗成的基础上结合起来后，便要产生共同的或相应的运动，这就是'相为表里'。而字形仅仅是记录这个音义结合体的符号。对语言来说，字形是外在的东西，它只是书写符号的形式而不是语言本身的形式。而且它又是语言产生和发展到一定阶段才产生的。所以，词义的发展变化从本质上是依托于声音而不是依托于字形的。文字与语言既然有着既统一又矛盾的关系，那么，形与音、义也必然存在着统一和矛盾这两个方面。因此，离开了声音这个因素，是不可能通过形、音、义的统一来正确解释古代语言的。"①以上论述表明，语言中的声音和意义是同时产生，同时存在的，二者是相互依托，不可分割的，二者共同处于语言这一实体中。

在语言产生之初，用什么声音表示什么意义并没有必然的联系，而是使用这一语言的社会成员约定俗成的，也就是说声音与意义的结合完全是偶然的而不是必然的。正如《荀子·正名篇》所说："名无固宜，约之以命。约定俗成谓之宜，异于约谓之不宜。"荀子的这一理论准确地反映了音义联系的社会约定性：此时某一声音代表某一意义，完全是偶然的，音义之间没有必然联系。由于音义之间的联系是偶然的，是社会约定俗成的，所以导致了大量"异义同音词"和"异音同义词"的产生。王念孙已经认识到了语言的这一社会属性，所以用"声同字异"来概括这一语言现象。

但是，一旦语言中词的声音与意义关系约定俗成之后，这种偶然性就变成了相对稳定、不可随意更改的必然性，具有了严格的规定性、强制性。随着社会的不断发展，新事物的不断产生，人们认识程度的不断提高，原来的词语远远不能满足人们交际交流思想的需要，需要不断丰富。人们在创造新词的时候，是否完全抛弃原有的音义关系，任意取音表义呢？人们不会这样弄巧成拙，社会也不允许这样做。因为语言作为人类最重要的交际工具和思维工具，不能有片刻的中断，因此人们创造新词必须在原有词语的基础

---

① 陆宗达、王宁：《训诂与训诂学》，山西教育出版社 1994 年版，第 63 页。

上进行,也就是说,必须利用原有的声义关系,迅速大量地创造新词。就汉语而言,人们往往是通过联想,在原有词语的基础上用相同或相近的语音形式,来表示一组关系密切、特点相似的新概念。人们通过联想造词,引起词义的引申和发展,旧词在引申到距离本义较远之后,便在一定条件下脱离原词而独立成为新词。新词在语音方面有两种情况,一是语音不变,在一个词内增加新的义项;一是语音稍变,由一个词派生出新词,就成为了派生词。同一语根的派生词——即同根词——往往声音相同相近,意义相同相关。在同一词族中,派生词的声音和意义是从其语根的早已经约定俗成而结合在一起的声音和意义发展而来的,带有历史的可以追溯的必然性。① 因此,词的发展总是以声音为纽带的。不论是词本身的词义系统或一组词组成的词族,都是由语音这一纽带联系着,词与词之间,义项与义项之间不是一盘散沙而是成系统的。抓住声音这一线索,就有可能探求出词的本义、引申义、假借义以及命名之由、所属词族等。就同一词族来说,音同、音近、音转的词意义往往相同、相关。这就是前贤们津津乐道的"音近义通"现象。王念孙在深刻认识了汉语音与义关系的基础上,从语言发展的角度,将汉语这一语言现象概括为"声近义同",可谓真知灼见。同时,王念孙还认识到,词语的"命名之意"相同,声音往往相近。这是对他"声近义同"理论的补充和完善。

《释诂》卷一上:"礐,分也。"疏证:"礐,曹宪音口沃反。《说文》:觳,治角也。《玉篇》音口角反。又音学。《尔雅》:象谓之鹄,角谓之觳。释文:鹄,胡酷、古毒二反。本亦作觳。《广雅》作觡。觳,五角反。沈音学。此虽有治角治象之不同,而同为分析之义,其声亦相近也。马融《广成颂》:散毛族,梏羽群。梏与礐亦同义。"(第 21 页上)

王氏在"训诂之旨,本于声音"这一训诂总原则的指导下,创立的"就古音以求古义,引伸触类,不限形体"的训诂方法,完全突破了字形的限制,从声音和意义的结合出发,追溯词语的语源和同源关系。"王念孙提出了'声近义同'这一学说,这是他的一个纲领性思想。'声近义同'表征的是'声'与'义'之间的关系,只要'声'近,便可以'义'同。这是一个出发点,一个原则,王氏的同源词研究以及其他训诂实践,都是围绕着这一中心而展开的。"② 王力在《中国语言学史》中对王念孙的评价,十分中肯:"重形不重音的观念,控制着一千七百年来的中国文字学(从许慎时代到段玉裁、王念孙的时代)。

---

① 殷寄明:《语源学概论》,上海教育出版社 1992 年版,第 59~60 页。

② 杨光荣:《词源观念史》,巴蜀书社 2008 年版,第 84 页。

直到段玉裁、王念孙，才冲破了这个藩篱。……这是训诂学上的革命，段、王等人把训诂学推进到崭新的一个历史阶段，他们的贡献是很大的。""王氏在训诂学上的贡献是巨大的。如果说段玉裁在文字学上坐第一把交椅的话，王念孙则在训诂学上坐第一把交椅。世称'段王之学'；段、王二氏是乾嘉学派的代表，他们的著作是中国语言学走上科学道路的里程碑。在他们的研究工作中，有许多好东西是值得我们继承下来的。"

（二）名之于实，各有义类

"'名之于实，各有义类'，这是有关词语形成、意义确立的一条重要规律，也是中国古代训诂学家在对汉语词义问题研究的基础上提出来的一条重要理论。"①虽然最早提出这一理论的学者是东汉的刘熙，但是真正使这一理论学说得到较为科学的阐发的是王念孙。

研究同源词和研究事物命名之由是一个问题的两个方面。得名由来弄清楚了，有助于确定同源词；而同源词的研究深入了，也可以更加准确地分析事物的命名之由。②

对于事物命名之由的探讨，早在许慎的《说文解字》中就已初见端倪。如《说文》在第三篇《句部》收录了"拘"、"笱"、"鉤"三字，声符并从"句"声，《说文·句部》："句，曲也。""句"有弯曲的意思，从"句"得声的"拘"、"笱"、"鉤"三字都与弯曲义有关，曲碍为"拘"（《说文·句部》："拘，止也。从手句，句亦声。"），曲竹捕鱼具为"笱"（《说文·句部》："笱，曲竹捕鱼笱也。从竹句，句亦声。"），曲鉤为"鉤"（《说文·金部》："鉤，曲鉤也。从金句，句亦声。"），"句"、"拘"、"笱"、"鉤"为一组同源词，它们都有共同的意义核心"弯曲"，这组同源词的源词为"句"，也就是说"拘"、"笱"、"鉤"是由"句"这个词孳乳发展而来的，其命名之由为"弯曲"。

"名物"一词最早出现在《周礼》一书中。根据刘兴均《〈周礼〉名物词研究》一书统计，《周礼》"名物"连言的有 16 次，"名"、"物"分述的有 3 次。那什么叫"名物"呢？陆宗达、王宁二先生在《训诂与训诂学》中指出："从词义的角度看，名物讲的是一些专名的词义。这种专名的特殊性在于，它所指的对象范围比较特定（就概念来说，就是外延很小），而特征比较具体（就概念来说，就是内涵较大）。"并引用了《荀子·正名篇》"有时而欲遍举之，故谓之鸟兽；鸟兽也者，大别名也，推而别之，别则有别，至于无别然后止"这段话说明"名物"不仅是专名，也是一种别名。陆、王二先生的见解是十分精到的。

---

① 孙雍长：《训诂原理》，语文出版社 1997 年版，第 134 页。
② 赵振铎：《训诂学纲要》，陕西人民出版社 1987 年版，第 106 页。

　　"名物"不管是专名还是别名,都是人们对这种事物具体特征的概括反映,它是从已有的全民语言的生活用语的基础上发展而来的。因此,名物是有来源的,它们的命名之由是可以探究和论证的。关于这一点,陆宗达、王宁先生引用王国维和黄侃的话进一步做了论述,王国维《观堂集林·〈尔雅〉草木虫鱼鸟兽名释例下》云:"凡雅俗古今之名,同类之异名与夫异类之同名,其音与义恒相关;同类之异名,其关系尤显于奇名。……盖其流期于有别而其源不妨相通,为文字变化之通例矣。异类之同名,其关系尤显于偶名。……今虽不能言其同名之故,要其相关自必有说。虽其流期于相别,而其源不妨相同。古人正名百物之意,于此亦略可睹矣。"黄侃《文字声韵训诂笔记》云:"《尔雅》名物,仍当贯以声音,求其条例。"这些训诂学家认为名物的来源从理论上是完全可以推导的,有些暂时推寻不出的,只能叫作'绝缘无佐证',找不出来不等于不能找。"①由于名物是有来源的,它们的命名之由是可以通过声音进行探求的,因此,中国古代的不少训诂学家在这方面都做过一些尝试性探讨,东汉的刘熙就是一个典型的代表。他撰《释名》一书,试图通过声音这个线索去探求事物的命名之由。他在《释名序》里说:"夫名之于实,各有义类。百姓日称而不知其所以之意,故撰天地、阴阳、四时、邦国、都鄙、车服、丧记,下及庶民应用之器,论叙指归,谓之《释名》,凡二十七篇。至于事类,未能究备。凡所不载,亦欲智者以类求之。"从刘熙的《序》可知,一切事物的名称都是有来源的,他著《释名》的目的是为了探索事物命名之所以然。他选录的词语不仅有关于天地、阴阳、四时、邦国、都鄙、车服、丧记方面的,而且还有关于"庶民应用之器"方面的。他还指出,他所论叙的事类虽然不很完备,但是聪明人按照他的办法去推求,也是可以弄明白的。他所说的办法就是通过声音线索去探求语源。但是,由于受到当时科学水平发达程度不够的限制,刘熙虽然比较正确地提出了问题,但没能够真正地解决问题。真正从理论和实践上解决了这个问题的是王念孙。

　　"名之于实,各有义类"包含了"名"、"实"、"义类"三个概念。"名"、"实"问题,是古今中外哲学家和语言学家都十分感兴趣的问题。如古希腊的哲学家赫拉克利特、德谟克利特、苏格拉底、亚里士多德,中国古代的思想家孔子、墨子、庄子、惠施、公孙龙、荀子等。庄子认为:"名者,实之宾也。"(《庄子·逍遥游》)墨子说:"所以谓,名也;所谓,实也。"(《墨子·经说上》)荀子强调:"制名以指实。"(《荀子·正名篇》)刘兴均在研究了古今中外哲学家和语言学家关于名实关系的论争之后,得出了如下结论:

---

① 陆宗达、王宁:《训诂与训诂学》,山西教育出版社1994年版,第70页。

战国末期的荀况融合儒、墨两家关于名实论争中的学术观点和主张,对名实关系问题做了理论总结,他在《正名》篇中指明他的正名宗旨是"上以名贵贱,下以辨异同"(《荀子·正名》)。"名贵贱"即定名分,这是儒家的主张;"辨异同"即正名字,这是墨家的思想。这样,在正名的目的上,儒墨两派的路线得到初步结合。他提出"约定俗成"和"缘天官以辨异同"两个命题,既看到名实关系中的社会因素,也看到制名过程中的主观心理因素,较为圆满地回答了有循于旧名、有作于新名的制名之枢要的问题,对后人研究语言的起源具有理论指导的意义。①

我们认为这个结论是可信的。

刘熙提出的"名之于实,各有义类",探讨的是"名"、"实"、"义类"三者之间的关系,"名"(事物的名称)是以其"义类"表"实"(客观事物)的,因此"义类"和"名"的"所以之意"密切相关。这是刘熙的贡献,他对汉语词义的研究进行了理论分析。刘熙在《释名》一书里试图通过对"名"、"实"关系的剖析,对"命名立意"之"意"的具体阐述,论证"义类"的规律。在《释名》一书中,刘熙虽然找到了一些源词及其造词理据,但是,刘熙只提出了"名之于实,各有义类"论断,没能"论叙"好"义类"的"指归"。他判定源词,既没有音的标准,也没有"义类"的标准。王念孙对这一理论学说进行了较为科学的阐发。他在《广雅疏证》中不但对这一理论学说进行了深刻的阐发,而且在训诂实践中取得了很大的成就,系联了大量同源词,不仅对词的"命名之意"进行了深入的探讨,而且还对其命名取义的法则和规律进行了概括和总结。

王念孙超越了刘熙词源理论研究的历史局限性,吸收了他在探索词源实践中所采用的步骤和方法。他提出了一个具有特殊内涵的"义"的概念,并进行了深层次的分析论证。例如:

《释诂》卷二下:"籤,利也。"疏证:"籤之言鐵也。卷四云:鐵,锐也。《说文》:籤,锐也,贯也。《释器篇》云:籤谓之铲。皆利之义也。"(第 63 页上)"皆利之义也"之"义"是指"鐵"、"籤"都有共同的意义核心"锋利","锋利"是"鐵"、"籤"两个词的原始含义。

《释地》卷九下:"赤瑕。"疏证:"《说文》:瑕,玉小赤也。司马相如《上林赋》:赤瑕驳荦。张注云:赤瑕,赤玉也。张衡《七辩》云:玩赤瑕之璘豳。瑕者,赤色之名。赤云气谓之霞,赤玉谓之瑕,马赤白杂毛谓之騢,其义一也。"(第 296 页上)"其义一也"之"义",是指"瑕"、"霞"、"騢"都有共同的意义核心"赤色","赤色"是"瑕"、"霞"、"騢"三个词的原始含义。

---

① 刘兴均:《〈周礼〉名物词研究》,巴蜀书社 2001 年版,第 479 页。

　　《释言》卷五下:"栔,刻也。"疏证:"《说文》:栔,刻也。《玉篇》:苦结切。《广韵》又苦计切。《尔雅》:栔,绝也。郭璞注云:今江东呼刻断物为栔断。《系辞传》:后世圣人易之以书契。《书序》正义引郑注云:书之于木,刻其侧为契。定九年《左传》:尽借邑人之车,锲其轴。杜预注云:锲,刻也。《荀子·劝学篇》:锲而舍之,朽木不折。《大戴礼》作楔。《淮南子·本经训》:镌山石,锲金玉。并字异而义同。刻谓之锲,故刻薄谓之锲薄。《后汉书·刘陶传》:宽锲薄之禁。李贤注云:锲,刻也。"(第162页上)"并字异而义同"是指"契"、"锲"两字虽然字形不同,但意义相同。这个"义",是指"契"、"锲"都有共同的意义核心"刻","刻"是"契"、"锲"两个词的原始含义。

　　可见,王念孙所提出的"义"的概念,就是刘熙所说的"义类"。它并不是指词语对客观事物的概括反映,即词语的具体含义,而是词语命名取义的规律和法则,探求的是词源意义。从语源学的角度看,王氏建立起了"名——义——实"这样一种新型关系,反映了语言中的词(名)之所以能指称客观事物(实)是因为它能够概括表示客观事物的特征意义(义),也就是说认识到了人们用某一声音指称某一事物时,最初赋予的含义,用什么"名"指称什么"实",用什么声音表达什么概念,是有"理据"可言的。这种词的"理据"就是刘熙所说的"义类",王念孙所说的"义"。王念孙之前的刘熙、王圣美等人虽然利用音义关系对汉语的部分词语的词源意义进行了探讨,但是他们能够真正探求到语源的词数量十分有限,往往为字形所禁锢,并且他们所探讨的绝大部分词仍然是停留在词义的表层分析上,没能对词语的深层含义进行分析,所以往往主观臆断多于客观论证。直到王念孙才第一次对"义"的概念进行了深层次的分析和论证,这是他的重大贡献。王念孙在对"义"的概念进行了深层次的分析和论证的基础上,对刘熙提出的"名之于实,各有义类"进行了深刻的阐发。他在《释诂》卷一下:"抠、掀、抗、扬、擎、舁,举也"条下疏证说:"案舁者,对举也。故所以举棺者谓之轝轴,《士丧礼》下篇:迁于祖,用轴。郑注云:轴,轝轴也。轝,状如长床,穿桯,前后著金而关轴焉。是也。扛者,横关对举也。故床前横木谓之杠。《说文》:杠,床前横木也。徐锴传云:今人谓之床桯。是也。舁者,亦对举也。故轝床谓之桐。轝者,共举也。故车所以举物者谓之轝。《释名》云:自古制器立象,名之于实,各有义类。斯之谓矣。"王氏在这里论证了"舁"、"轝轴"、"扛"、"杠"、"舁(桐)"、"轝"的义(义类)为"举"("对举"或"共举"),揭示了声音与内容的结合存在着一种命名立意、由思想到语言的认识心理过程。王念孙用大量的例证说明在语言发展到一定阶段的时候,新的词语如"舁"、"轝轴"、"扛"、"杠"、"舁(桐)"、"轝"等产生和确立,并不是纯粹偶然的音义结合,当某种新事物、新现象出现后,人们往往根据其功能、行为、作用、特征、性质等产生一种表象认识,与旧事物、旧现象产生某种联想,当对这些新事物、新现象命名时,就自然以这种心理联想为基础,使用旧的语言材料,使与新词语之间存在某种语音词义联系,这是新词语产生之始音义结合的一般规律和基本过程。表明在语言发展过程中,新词语的产生形成,往往要经历一个命名与取义的认知过程,要遵循一定的法则和规律。语音词义的这种联系成了"名"、"实"产生某种必然联系的基础,再也不是偶然的巧合了。"'名''实'结合,这就确立了新的意义,新的词语。可见,根据事理相同相近之认识,由'立意'而命'名',由命'名'而指'实','名''实'结合,取'义'有法,并非适然偶会,盲目而成。这就是中国训诂学家对'意义'形成的规律——'义类'的基本认识。这种认识,尽管其思辨性还不是十分严密细致,却大体符合汉民族语言的事实。"①这种"命名之意"具有自身的法则和规律,"新的词语的形成,往往有其命名立意过程的认识根源,有其一定的法则规律,这就是王氏所强调的'名之于实,各有义类'这一著名论断的精神实质。"②王念孙在"名之于实,各有义类"这一理论基础上,运用"就古音以求古义"的方法,探求事物的"命名之意"的规律和法则,他的目的是通过对源词或根词的追寻,揭示同源词的共性特征和个性特征,揭示词义特点以及词义的联系和系统性,从而探讨词义演变的规律。因为新事物的命名之意往往来源于人们对该事物特性的领悟和认识,来源于人们对该事物与原有事物的相似点或相应关系的联想,它通常就是语源。王念孙在对一组组同源词"命名之意"的探求中,概括出了"命名之意"的法则和规律:"凡事理之相近者,其名即相同";"凡物之异类而同名者,其命名之意皆相近"。

　　凡事理之相近者,其名即相同。籧篨、戚施、侏儒,皆疾也。故人之不肖者,亦曰籧篨、戚施、侏儒。《邶风·新台篇》云:燕婉之求,籧篨不鲜。又云:燕婉之求,得此戚施。《郑语》云:侏儒戚施,寔御在侧,近玩童也。皆谓不肖之人也。《淮南子·修务训》注云:籧偊,戚施偻,皆丑貌也。故物之粗丑者,亦曰籧篨、戚施。《方言》云:籅之粗者,自关而西谓之籧篨。《太平御览》引薛君《韩诗章句》云:籧篨、蟾蜍,喻丑。是也。侏儒,短人也,故梁上短柱亦谓之侏儒。《淮南子·主术训》云:修者以为榈榱,短者以为侏儒枅栌。是也。(《释训》卷六上"八疾也"条疏证,第69页)

---

　　① 孙雍长:《训诂原理》,语文出版社 1997 年版,第 157~158 页。
　　② 孙雍长:《管窥蠡测集》,岳麓书社 1994 年版,第 136 页。

"篷簬"、"戚施"与"侏儒"所指称的内容为不肖之人、疾病;"篷簬"与"戚施"所指称的内容还有粗丑之义;"侏儒"指称短小之人,也指称梁上短柱。由于"篷簬"、"戚施"与"侏儒"三词事理相近,所以命名相同。又如:

《释诂》卷二下:"黜,短也。"疏证:"黜者,《方言》:黜,短也。注云:蹶黜,短小貌也。《玉篇》音知劣切。云:吴人呼短物也。又云:知,短也。《庄子·秋水篇》:遥而不闷,掇而不跂。郭象注云:遥,长也。掇,犹短也。《淮南子·人间训》:圣人之思修,愚人之思叕。高诱注云:叕,短也。并字异而义同。《说文》:夔,短面也。《广韵》:顩,头短也。《众经音义》卷四引《声类》云:惙,短气貌。义亦与黜同。今俗语谓短见为拙见。义亦同也。黜与侏儒,语之转也。故短谓之侏儒,又谓之黜;梁上短柱谓之棳,又谓之侏儒,又谓之棳儒。蜘蛛谓之蝃,又谓之蝃蝥,又谓之侏儒。《尔雅》:梁上楹谓之棳。释文:棳,本或作棁。《杂记》:山节而藻棁。郑注云:棁,侏儒柱也。《释名》云:棳儒,梁上短柱也。棳儒,犹侏儒。短,故以名之也。《方言》云:鼀䶂,鼀蟊也。自关而西,秦晋之间,谓之鼀蟊。自关而东,赵魏之郊,谓之鼀䶂,或谓之蟾蜍。蟾蜍者,侏儒语之转也。注云:今江东呼蝃蝥,音棳。……盖凡物形之短者,其命名即相似,故屡变其物而不易其名也。"(第69页下)。

王氏上面的两条语料,说明了一个共同的语言现象,那就是不同的事物,由于有相似的特征,可以用相同的名称命名。为什么呢?因为事物的性质特征、表象不是单一的,往往是多元的,这在客观上为人们的联想选择提供了多种可能性。因此,人们可以从不同的角度通过表象联想去发现不同事物之间存在的某种共性特征,归纳出它们相同或相近的事理,于是便有了相同或相近的认识,从而给予事物相同或相近的名称。王念孙总结、强调的是凡事物的特征相似,其命名可以相同。

絇谓之拘,犹云絇之言拘。郑注《士冠礼》云:絇之言拘,以为行戒。是也。《尔雅》之絇,本是冐名,而郑以释屦头饰者,絇所以拘持屦头,鞫所以拘持鸟兽,二者不同而同为拘持之义,故其训同也。凡物之异类而同名者,其命名之意皆相近。《尔雅》:斛谓之疀。谓田器也。而郑注《少牢》下篇以此释挑匕,云:挑谓之歃,有浅斗,状如饭操。盖挑匕所以插取食,斛所以插取土。二者不同,而同为插取之义,故其训亦同也。(《释器》卷七下"鞫谓之鞁"条疏证,第226页上)

"凡物之异类而同名者,其命名之意皆相近",揭示的是语言的异物同名现象。"斛"为插取土;"挑"为插取食。二者名称不同,但是它们命名的理据相同:"插取"。王念孙在这里强调的是不同的事物之所以有相同的名称,是因为它们具有相近的"命名之意",有共同的命名取意的规律和法则。

孙雍长在《王念孙"义类说"笺识》①一文中,对王念孙"名之于实,各有义类"这一理论的规律,给予了很好的总结和阐释,现摘录如下:

> 所谓"义类",就是命名立意以指实的法则、规律。"类"者,律也,法也。人们在自己的社会生活中,当出现或接触到一种新事物时,往往根据其性质、情状、功用等特征而产生一种简单化了的表象认识。这种表象认识,一般都具有再经历性之特点,所以,用语言反映出来,经过联想,便很自然地要使用同以往表达那类似表象认识的词语相同或相近的声音来指称名状之,这便是命名立意的过程。所谓"立意"之义便是代表客观事物在人们头脑中所产生的最初意象观念之反映,它与第二信号系统不断发生密切关系,久而久之,在语言交际的"约定俗成"下,便逐渐形成新的内涵,成为新事物的固定称谓内容。于是,对于新事物——"实"来说,它就是有了一个"能指"标帜——"名";对于同原来某一词语形式相同或相近的"能指"符号——声音来说,它就有了新的"所指"内容——"实"。"名"、"实"结合,这就确立了新的意义,形成了新的词语。可见,根据事理相同相近之认识,命名指实,取义有法,并非适然偶会,任意而成。这就是制名之枢要——"名之于实,各有义类"的基本规律。所以,王念孙密切关注的"立意"之义,实在乃是"名""实"之间发生联系的必然枢纽,是词语所指意义确立的重要机制。

从王氏探求命名立意所反映的认识现象来看,"名""实"结合的"义类"规律大致有两类情况:

1.根据事物的功能作用而命以相应之名。

2.根据事物的各种特征而命以相应之名。

客观事物的性质特征并不是单一的,一切认识和感知又总是根据选择原则进行的。所以,尽管是不同种属、类别的事物,人们也往往可以通过表象联想发现其相同相近之事理,产生相同相近的感性认识,从而对它们命以相同之名。这就是王氏所指出的"凡事理之相近者,其名即相同"的现象。

由于新的词语的产生存在着表象联想过程,"所指"义一般都以"立意"义为枢纽而形成和确立;由于在语言初级阶段以单音节词语为主的古汉语其声音形式有限,因而,要适应和满足不断增加、发展的内容表达之需要,不

---

① 孙雍长:《管窥蠡测集》,岳麓书社 1994 年版,第 158~162 页。

得不采取旧瓶装新酒的方式来繁化孳衍新的词语。这样,就必然出现词语的同族共源现象。而同族共源之词,它们的定名所指虽各不相同,但因取象立意相同相近,故而往往存在着概括的、笼统的、最能体现同源语族某一共性的核心意义,用章太炎先生的话来说,这就是"类义"。王念孙在他的著述中便每每把这种类义揭示出来。

有时,王氏以"同义"、"义同"、"义相近"等形式来指出词语同族共源类义相同的实质。

二、《广雅疏证》研究同源词的方法

(一)《广雅疏证》研究同源词的方法

王念孙在"训诂之旨,本于声音"这一训诂总理论的指导下,突破汉字形体的拘泥,明确提出了"就古音以求古义,引伸触类,不限形体"的训诂方法,他在同源词的研究上很好地使用了这一训诂方法。具体包括:

1. 比类声符,探索语源

宋人王圣美等人发明的右文说,由于囿于形声字的声符,所以只是对具有同源关系的少数声符相同的形声字进行系联,其系源具有明显的局部性,它们还不能系联所有声符相同的其他形声字,也不能揭示同一个声符可以记录多个不同的语源的原理。他们只是对"字组"做分析,而不是对同声符的形声字字族做全面穷尽的语源研究,对声符义的推源只能追寻声符的显性词义,只能追寻声符字所表语词的本义与作为声符使用时所承载的词义二者之间的引申关系。这是右文说的局限性。但右文说也有其合理的一面。这主要表现在:右文说认识到,汉字的形声字不仅表义,它的声旁也表义。纠正了长期以来把形声字声符仅作为标音符号的偏见,"右文说"承认汉语词汇中的绝大多数单音词也就是文字形式上表现为形声格局的语词,其本义义项是由形符所承载的义素和声符所承载的义素共同组成的。会意字和形声字都是合体文字,在其本义义项的构成上具有相同之处,声旁表示的意义往往更接近词源,把形声字根据声旁系联起来,便于发现词与词之间的同源关系。因为汉字有形声兼会意这一类字,由于声符相同,而声符又同时表义,自然这组字的音义都相通,它们所记录的词存在同源的可能;此外,在同源的一组词中,虽然用来记录这组词的各个字都不是形声兼会意字,却可能共用同一个声符。从词的发生学的角度看,这类词往往是同根词,它们不但音同音近音转,而且意义密切相关。王念孙吸收了右文说的合理成分,摒弃了右文说以偏概全的局限,认识到形声字"声中有义"的特性,以声音为

纲,利用汉字的谐声字声旁系联同源词,对一系列声旁进行排比归类,破形执声,发掘其语源意义,取得了很大的成绩。例如:

《释亲》卷六下:"婗、兒、姓,子也。"疏证:"婗亦兒也。方俗语有轻重耳。《说文》:婗,嫛婗也。《释名》云:人始生曰婴兒,或曰婴婗。《孟子·梁惠王篇》:反其旄倪。赵岐注云:倪,弱小緊倪者也。緊倪与婴婗同。凡物之小者谓之倪,婴儿谓之婗,鹿子谓之麛,小蝉谓之蜺,老人齿落更生细齿谓之齯齿。义并同也。"(第 201 页下)

《释诂》卷四下:"幾,微也。"疏证:"幾之言幾希也。《系辞传》云:幾者,动之微。《皋陶谟》云:惟幾惟康。《说文》:譏,精详也。嘰,小食也。司马相如《大人赋》云:呬嚼芝英兮,嘰琼华。《众经音义》卷九引《字林》云:璣,小珠也。《玉篇》:鐖,钩逆铓也。《淮南子·说林训》云:无鐖之钩,不可以得鱼。《方言》云:钩,自关而西,或谓之鐖。郭璞音微。是凡言幾者,皆微之义也。"(第 123 页上~123 页下)

《释器》卷七下:"醆,爵也。"疏证:"《明堂位》云:爵用玉瑤仍彫。《周官·量人》释文云:瑤,刘本作湔。字并与醆同。爵谓之醆,杯谓之盏,一也。《方言注》云:盏,最小桮也。《尔雅》:锺小者谓之棧。李巡注云:棧,淺也。棧、盏,并音侧限反,其义同。"(第 221 页上)

《释诂》卷三下:"窦,聚也。"疏证:"窦,《尔雅》作瘛。郭璞注云:竦翅上下也。《陈风·东门之枌篇》:越以鬷迈。郑笺云:鬷,总也。《周官·掌客》注云:《聘礼》曰:四秉曰筥,十筥曰稯。稯,犹束也。《说文》:稯,布之八十缕也。字亦作緵。《史记·孝景纪》云:令徒隶衣七緵布。《西京杂记》云:五丝为䌰,倍䌰为升,倍升为緎,倍緎为纪,倍纪为緵。《尔雅》:緵罟谓之九罭。九罭,鱼网也。郭注云:今之百囊罟是也。《玉篇》:騣,马鬣也。鬉,毛乱也。《汉书·司马相如传》:凌三嵕之危。颜师古注云:三嵕,三峰聚之山也。《尔雅》云:豕生三,豵,犬生三,猣。《说文》:豵,生六月豚也。一曰:一岁曰豵,尚丛聚也。是凡言窦者,皆聚之义也。"(第 95 页上)

《释诂》卷一上:"驁,大也。"疏证:"驁者,《庄子·德充符篇》云:謷乎大哉。謷与驁通。《说文》:驁,骏马也。《尔雅》:狗四尺为獒。《楚辞·天问》:鼇戴山抃。王逸注云:鼇,大龟。义并同也。"(第 7 页上)

《释诂》卷一上:"斯,分也。"疏证:"斯者,《尔雅》:斯,离也。《方言》云:齐陈曰斯。《陈风·墓门篇》:斧以斯之。毛传云:斯,析也。《庄子·则阳篇》云:斯而析之。《史记·河渠书》:乃廝二渠以引其河。集解引《汉书音义》云:廝,分也。廝与斯通。今俗语犹呼手裂物为斯。《楚辞·九歌》:流澌纷兮将来下。王逸注云:渐,解冰也。《方言》:瘤,散也。东齐声散曰瘤,秦晋声变曰瘪,器破而不殊,其音亦谓之瘪。《集韵》引《字林》云:甈,罂破也。义并与斯通。"(第 21 页上)

《释诂》卷一下:"臣,坚也。"疏证:"臣者,《太平御览》引《孝经说》云:臣者,坚也。守节明度,循义奉职也。《白虎通义》云:臣者,繵也。属志自坚固也。掔者,《玉篇》:掔,口闲切,坚也。《说文》:臤,坚也。《尔雅》:掔,固也。郭璞注云:掔然牢固。掔、掔、臤,并通。《公羊氏春秋成四年》:郑伯臤卒。疏云:左氏作坚字,《谷梁》作贤字。《玉篇》:臤,古千切。引《成公四年》:郑伯臤卒。《说文》:坚、贤并从臤声,臤从臣声。《广雅》:贇、贤、臣、掔,坚也。堅、緊、賢、贇、掔、掔、臤、臣八字并声近而义同。"(第 41 页上)

2.因声求义,不限形体

通常,人们把训诂方法分为形训、声训和义训。汉代许慎的《说文解字》是以形索义——形训的典范之作,从此以后,形训一直是训诂的主要方法。声训虽然是训诂方法之一,可是同形训相比,其发达程度远不如形训。语音具有隐蔽性,声训能否成为主要训诂方法,有赖于音韵学的发达程度,尤其是上古音的研究成果,对声训有着直接的影响。刘熙的《释名》以及王圣美等人的右文说,都是试图运用因声求义这一训诂方法,探求词语的语源意义,虽然为汉语词语研究开辟了一条新的道路,也取得了很大的成绩,但是由于古音学的不发达,影响了声训的科学性和可信性。清代特别是乾嘉时代,顾炎武、钱大昕、戴震、段玉裁、王念孙等大师辈出,他们既是古音学家,又是训诂学家,他们在总结声训、右文说基础上提出的"声近义同"或"声近义通"说,已经成为清代学者的共识。古音学研究成果的丰硕,直接爆发了一场训诂学革命——破形执声,从而使因声求义方法日趋成熟、完善和科学化。"段玉裁和王氏的成功,关键在于那时已建立起科学的上古音系统。"[1]王念孙精通音韵,他先将古韵分为二十一部,晚年又改为二十二部。殷孟伦先生说:"王念孙就是在接受戴震的语转说的同时,又接受了段玉裁古音分十七部的学说,加以补充成为他的二十一部说,然后把他的古音学说和语言转变理论运用到语义训诂上,才能做出他的这部《疏证》的成绩来。"[2]王念孙等人不但用这个方法去求义,而且还用这个方法去推因。这是传统训诂学一次质的飞跃,即由粗疏的训诂跃进到真正的训诂,由形体之学跃进到音声之学,由文字之学跃进到语言之学,由求其

---

① 李开:《汉语语言研究史》,江苏教育出版社 1993 年版,第 293 页。
② 殷孟伦:《王念孙父子〈广雅疏证〉在汉语研究史上的地位》,《东岳论丛》1980 年第 2 期。

然之学跃进到求其所以然之学。① 王念孙是这次革命的中坚力量,他深刻认识到以形索义以及传统声训、右文说的局限性,如果仅仅囿于文字的形体以及凡从某声的字均有某义来探求词义和语源,是不能从根本上知其然并进而知其所以然的。王念孙能辩证地认识到在汉字形、音、义三者之中,语音是"本",根据语音去探求词义,其核心问题就是要打破字形的束缚,"不限形体"。所以,王念孙竭力倡导"因声求义,不限形体"。所谓"不限形体",就是探讨词义不能局限于文字形体符号的限制,特别是不能被形声字声符所禁锢,突破早期声训的随意性,冲破右文说的藩篱,抛开文字形体符号这个表象,进入到以声音通训诂的近代语言学革命阶段。王念孙强调,如果不突破文字形体符号的限制,其危害和后果将是:"此之不瘳,则有字别为音,音别为义,或望文虚造而违古义,或墨守成训而鲜会通。易简之理既失,而大道多岐矣。"他在训诂实践中,也不断强调这一方法,并上升到理论总结,从正反两方面进行了阐述:

"夫双声之字,本因声以见义,不求诸声而求诸字,固宜其说之多凿也。"(《释训》"踟躇,犹豫也"条下疏证,第192页下)

"大氏双声叠韵之字,其义即存乎声,求诸其声则得,求诸其文则惑矣。"(《释训》"扬搉,都凡也"条下疏证,第199页上)

他的这一方法,为汉语同源词的研究开辟了更加广阔的道路。同时,他运用这一方法在训诂实践中系联了大量的同源词。例如:

《释诂》卷三下:"命、鸣,名也。"疏证:"命者,《说文》:名,自命也。桓二年《左传》:命之曰仇,命之曰成师。命,即名也。《史记·天官书》:兔七命。索隐云:谓兔星凡有七名也。闵元年《左传》:今名之大,以从盈数。《史记·魏世家》作命。《祭法》:黄帝正名百物。《鲁语》作成命百物。是名、命古同声同义。……鸣者,《夏小正传》云:鸣者,相命也。《春秋繁露·深察名号篇》云:古之圣人,鸣而命施谓之名,名之为言鸣与命也。名、鸣、命,古亦同声同义。"(第104页上)

《释诂》卷三上:"酋,熟也。"疏证:"《周官·酒正》:二曰昔酒。郑注云:昔酒,今之酋久白酒。《月令》:乃命大酋。郑注云:酒孰曰酋。大酋者,酒官之长也。高诱注《吕氏春秋·仲冬纪》云:酝酿米曲,使之化熟,故谓之酋。《郑语》:毒之酋腊者,其杀也滋速。韦昭注云:精熟为酋。腊,极也。腊与昔酒之昔同义。《说文》:酋,绎酒也。《释名》云:酒,酉也,酿之米曲酉泽,久而味美也。酉泽与酋绎通。《月令》:麦秋至。《太平御览》引蔡邕《章句》云:百

<hr />

① 华星白:《训诂释例》,语文出版社1999年版,第51页。

谷各以其初生为春,熟为秋,故麦以孟夏为秋。《说文》:秋,谷孰也。秋与酋,亦声近义同。"(第79页上～79页下)

《释诂》卷一上:"胡,大也。"疏证:"胡者,《逸周书·谥法解》云:胡,大也。僖二十二年《左传》:虽及胡耉。杜预注云:胡耉,元老之称。《说文》:湖,大陂也。《尔雅》:壶枣。郭璞注云:今江东呼枣大而锐上者为壶。《方言》:蠪大而蜜者,燕赵之间谓之壶蠪。义并与胡同。《贾子·容经篇》云:祜,大福也。祜与胡,亦声近义同。"(第6页下)

3.类聚群分,同条共贯

汉语词汇不是一盘散沙,而是成系统的,作为汉语词汇系统中的同源词也是成系统的,它有着自身的形成规律。由于古代汉语中存在着大量的"声同字异"、"声近义同"或"声近义同"、"声义同源"这种语言现象,所以它要求人们不能只注重文字符号本身,而是要从语音出发去揭示词义,揭示这个汉字形体所包含的古音和古义之间的关系,也就是要求人们用声音通训诂,即因声求义,探求语源。王念孙在"训诂之旨,本于声音"和"就古音以求古义,引伸触类,不限形体"这一理论、方法的指导下,把音义密切相关(音同音近音转而义同义关)的词汇聚在一起,把原来零星分散、似不相干的词语"类聚群分,同条共贯"在一起。"类聚群分,同条共贯"是"声同字异"、"声近义同"或"声近义同"、"声义同源"这种语言现象所蕴含的重要规律,王念孙把音义相关的汇聚在一起,通过比类分析,观其会通,揭示其共同的语源。例如:

《释言》卷五上:"毂,培也。"疏证:"《说文》:坏,瓦未烧也。《淮南子·精神训》云:夫造化者既以我为坏矣。《太元干次五》:或锡之坏。范望注云:坏,未成瓦也。坏与培通。坏之言岍胎也。郭璞《尔雅注》云:胚胎,未成物之始也。《说文》:肧,妇孕一月也。岾,凝血也。《玉篇》:醅,未釃之酒也。坏、肧、岾、醅并音片回反,义亦相近也。"(第150页下)

语音上,"坏:肧:醅"古音相同,为滂母之部合口一等。词义上,"坏"为没有烧过的土器;"肧"为初期发育的生物体,即胚胎还未成形;"醅"为未过滤的酒。"坏:肧:醅"为一组同源词,它们都有共同的意义核心"未成"。王念孙通过比类分析,以声音为线索,把具有"未成"这一语源的"坏:肧:醅"三个词类聚在一起。

《释诂》卷四下:"剖、辟、片、胖,半也。"疏证:"皆一声之转也。剖者,襄十四年《左传》:与女剖分而食之。杜预注云:中分为剖。片、胖、半,声并相近。《说文》:片,判本也。从半木。《尔雅》:革中绝谓之辨。孙炎注云:辨,半分也。又桑辩有葚、栀。舍人注云:桑树半有葚,半无葚,名栀。释文:辨、辩并普遍反,与片同。《说文》:胖,半体肉也。《士丧礼》云:腊左胖。《丧服传》云:夫妻,胖合也。《周官·媒氏》:掌万民之判。郑注云:判,半也。主合其半,成夫妇也。《庄子·则阳篇》:雌雄片合。释文:片,音判。义并与胖同。"(第 125 页上)

语音上,"胖"与"判"古音相同,为滂母元部合口一等;"片"与"胖"、"判"古音为滂母双声,元部叠韵;"半"与"胖"、"判"古音为帮滂旁纽,韵母相同(元部合口一等);"辨"与"胖"、"判"古音为並滂旁纽,元部叠韵;"片"与"半"古音为滂帮旁纽,元部叠韵;"片"与"辨"古音为滂並旁纽,元部叠韵;"半"与"辨"古音为帮並旁纽,元部叠韵。"片:胖:半:辨:判",古音既有音同音近关系,也有音转关系。词义上,"片"为半边木;"胖"为古代祭祀用的半体牲,引申为凡物之半;"半"为物整体中分,各为一半;"辨"为把革分为两半;"判"为一分为二。"片:胖:半:辨:判"为一组同源词,它们都有共同的意义核心"半"。王念孙通过比类分析,以声音为线索,突破汉字形体的限制,把具有"半"这一语源的"片:胖:半:辨:判"五个词类聚在一起。

(二)《广雅疏证》系联同源词的方法

将具有共同语源的词语类聚起来,可以有力地证明造词的理据、词语得名的缘由。因此,同源词研究一个非常重要的内容就是将零散的不成系统的同源词类聚起来,然后再形成一个更大的词族,由此可以看出汉语词汇的系统性和形成的规律。王宁先生说:"同源词包括根词和同源派生词,形成一个词族。词族是一个有系统的音义关系群。""寻找派生词的音义来源,分析派生词的词义特点,都需要作推源与系源的工作。从同源词中确定根词与源词,叫作推源。在根词不确定的情况下归纳和系联同源派生词,叫作系源。"[①]王宁先生将系源分为全面系源和局部系源。并将其分别定义为:"在可能的范围内,将可以确定的同源词全部归纳到一起,并且整理出它们的词义发展脉络,叫作全面系源。""仅仅确定两词或数词同源,将它们归纳到一起,叫作局部系源。"[②]王念孙系联的工作基本上属于"局部系源"。他运用"因声求义"这一训诂方法,在系联同源词方面取得了很大的成就。他总的系联方法是:从音近义关现象入手,紧紧抓住"命名之意","引伸触类,不限形体","类聚群分,同条共贯",把一个个具有同源关系的词串联起来。"王氏在疏证《广雅》的过程中,彻底冲破文字形体上的束缚,广泛地系联音义相

---

① 王宁:《训诂学原理》,中国国际广播出版社 1996 年版,第 49 页。
② 同上书,第 49～50 页。

同、相近的词语来互参考证。其具体方法包括狭义的声训,'右文说'方法和'语转说'方法。"①王念孙系联同源词的具体方法有:

第一种方法:音义结合法。

音义结合法,即在系联同源词时兼顾语音和词义两个方面。它是王念孙采用的最主要的系联同源词的方法。可分为明指、偏指、暗指三种。明指,即明确指出他所系联的这组同源词音义关系十分密切的;偏指,即偏指语音或词义,但二者实质上仍然具有音义关系;暗指,即没有明确指出他所系联的这组同源词具有十分密切的音义关系,或以词义为线索隐去声音,或以声音为线索隐去意义。例如:

1.《释诂》卷二下:"福,備也。"疏证:"福者,《说文》:福,備也。《祭统》云:福者,備也。備者,百顺之名也。《郊特牲》云:富也者,福也。《释名》云:福,富也。其中多品如富者也。《曲礼注》云:富之言備也。福、富、備,古声义并同。"(第72页下)

2.《释诂》卷一下:"潡,清也。"疏证:"潡者,《说文》:潡,清深也。《庄子·天地篇》云:潡乎其清也。《楚辞·九辩》云:沉寥兮天高而气清,宋廖兮收潦而水清。是凡言潡者,皆清之貌也。李轨《庄子音》读潡为刘。《郑风·溱洧篇》:浏其清矣。《文选·南都赋》注引《韩诗》作潡。潡、浏,声义亦同。"(第30页上)

3.《释诂》卷三下:"命、鸣,名也。"疏证:"命者,《说文》:名,自命也。桓二年《左传》:命之曰仇,命之曰成师。命,即名也。《史记·天官书》:免七命。索隐云:谓免星凡有七名也。闵元年《左传》:今名之大,以从盈数。《史记·魏世家》作命。《祭法》:黄帝正名百物。《鲁语》作成命百物。是名、命古同声同义。……鸣者,《夏小正传》云:鸣者,相命也。《春秋繁露·深察名号篇》云:古之圣人,鸣而命施谓之名,名之为言鸣与命也。名、鸣、命,古亦同声同义。"(第104页上)

4.《释诂》卷一下:"纠,急也。"疏证:"纠者,《说文》:纠,绳三合也。《王篇》、《广韵》并云:纠,急也。《荀子》云:矜纠收缭之属。《鲁颂·泮水篇》:角弓其觩。郑笺云:觓,持弦急也。《说文》:疛,腹中急痛也。并与纠声近义同。"(第36页上)

5.《释诂》卷一上:"暜、济、愁、湒,忧也。"疏证:"暜、济、愁、湒者,《方言》:济、暜、愁、湒,忧也。宋卫曰暜,陈楚或曰湒,或曰济,自关而西,秦晋之间或曰愁,或曰湒,自关而西,秦晋之间,凡志而不得,欲而不获,高而有坠,

① 殷寄明:《语源学概论》,上海教育出版社2000年版,第73页。

得而中亡谓之溼,或谓之愻。郭璞注云:暜者,忧而不动也。溼者,失意潜沮之名。《玉篇》暜音潜。暜之言潜也,即郭所云失意暜沮也。《尔雅》:慡,忧也。慡与暜,声近义同。卷四云:憻,愁也。憻与济,声近义同。"(第20页下～21页上)

6.《释言》卷五下:"隑,陭也。"疏证:"《广雅》卷二云:隑,长也。曹宪音牛哀反。《汉书·司马相如传》:临曲江之隑州兮。张注云:隑,长也。陭,《玉篇》音于奇切。《说文》:陭,上党陭氏阪也。《小雅·节南山篇》:有实其猗。毛传云:猗,长也。猗与陭通。《淮南子·本经训》:积牒旋石,以纯修碕。《文选·吴都赋》注引许慎注云:碕,长边也。碕与陭,亦声近义同。"(第159页下)

7.《释诂》卷三下:"施,敡也。"疏证:"易与敡通。施,读当如施于中谷之施。《周南·葛覃》传云:施,移也。《大雅·皇矣篇》:施于孙子。郑笺云:施,犹易也,延也。《丧服传》:绝族无施服。郑注云:在旁而及曰施。义并相同。《尔雅》:弛,易也。郭璞注云:相延易。弛与施,亦声近义同。"(第99页下)

8.《释诂》卷三上:"圜,圆也。"疏证:"圜者,《玉篇》:圜,圜也。《论衡·变动篇》云:果蓏之细,员圜易转。《说文》:篅,判竹圜以盛谷也。《众经音义》卷四引《仓颉篇》云:篅,圆仓也。《释名》云:圜,以草作之团团然也。圜与篅同。《说文》:轓,藩车下庳轮也。轮亦器之圆者。圜、轓,并音市缘反,其义一也。《孟子·告子篇》:性,犹湍水也。赵岐注云:湍者,圜也。谓湍湍漱水也。湍与圜亦声近义同。"(第85页下～86页上)

9.《释器》卷七下:"轓,箱也。"疏证:"轓之言藩屏也。《续汉书·舆服志》注引《通俗文》云:车箱为蕃。《周官》:巾车、漆车、藩蔽。郑注云:蔽,车旁御风尘者。藩,今时小车藩,漆席以为之。《汉书·景帝纪》:令长吏二千石车朱两轓,千石至六百石朱左轓。应劭注云:车耳反出,所以为之藩屏,翳尘泥也。以篁为之,或用革。《太元积次四》:君子积善,至于车耳。测曰:君子积善,至于蕃也。轓、蕃、藩并通。《说文》:軬,车耳反出也。軬、轓,声近义同。"(第241页上)

10.《释诂》卷一下:"湫,尽也。"疏证:"湫读为道。《玉篇》《广韵》并云:道,尽也。《广韵》:湫、道并即由切。《尔雅》:酋,终也。《大雅·卷阿篇》:似先公酋矣。毛传云:酋,终也。正义作道。《楚辞·九辩》云:岁忽忽而道尽兮。《淮南子·俶真训》云:精有湫尽而神无穷极。并字异而义同。"(第41页下)

11.《释诂》卷三上:"擎,击也。"疏证:"擎者,《说文》:擎,击也。又云:漱,于水中击絮也。擎、漱并音芳灭反,其义同也。"(第88页上～88页下)

12.《释器》卷七下:"醆,爵也。"疏证:"《明堂位》云:爵用玉琖仍彫。《周官·量人》释文云:琖,刘本作湔。字并与醆同。爵谓之醆,杯谓之盏,一也。《方言注》云:盏,最小桮也。《尔雅》:锺小者谓之栈。李巡注云:栈,浅也。栈、盏,并音侧限反,其义同。"(第221页上)

13.《释诂》卷一上:"觷,分也。"疏证:"觷,曹宪音口沃反。《说文》:觷,治角也。《玉篇》音口角反。又音学。《尔雅》:象谓之鹄,角谓之觷。释文:鹄,胡酷、古毒二反。本亦作鹊。《广雅》作觢。觷,五角反。沈音学。此虽有治角治象之不同,而同为分析之义,其声亦相近也。马融《广成颂》:散毛族,梏羽群。梏与觷亦同义。"(第21页上)

14.《释诂》卷一上:"茨,积也。"疏证:"茨者,《小雅·甫田篇》:曾孙之稼,如茨如梁。毛传云:茨,积也。郑笺云:茨,屋盖也。《释名》:屋以草盖曰茨。茨,次也。次比草为之也。是积之义也。《瞻彼洛矣篇》云:福禄如茨。其义同也。《说文》:薋,草多皃。坴,以土增大道上也。义并与茨同。《周官·籩人》:糗饵粉餈。郑注云:此二物皆粉稻米、黍米为之。合蒸曰饵,饼之曰餈。《释名》:餈,渍也。烝黍屑使相润渍饼之也。餈与茨,渍与积,义亦相近。"(第18页上)

15.《释器》卷八上:"馝,香也。"疏证:"司马相如《上林赋》云:晻薆咇莤。此释其义也。……《说文》:苾,馨香也。馝,食之香也。《玉篇》:咇,芳香也。馝,大香也。《小雅·楚茨篇》云:苾芬孝祀。《周颂·载芟篇》云:有馝其香。馝、咇、馝、苾,并通。"(第251页上~251页下)

16.《释诂》卷一:"靖,善也。"疏证:"靖者,《艺文类聚》引《韩诗》曰:东门之栗,有静家室。静,善也。《史记·秦纪》云:赐谥为靖公。襄十年《左传》云:单靖公为卿士。《逸周书·谥法解》云:柔德考众曰静,恭已鲜言曰静,宽乐令终曰静。靖、静、靖并通。静与善同义。故《尧典》:静言庸违。《史记·五帝纪》作善言。《盘庚》:自作弗靖。亦谓弗善也。"(第9页上)

17.《释诂》卷一下:"揭,举也。"疏证:"揭,音居列、去列、渠列三反。又居谒、渠竭二反。《说文》:揭,高举也。《小雅·大东篇》云:西柄之揭。《庄子·胠箧篇》云:唇竭则齿寒。竭与揭通。凡物之上举者皆谓之揭。《说文》:稭,禾举出苗也。《卫风·硕人篇》:葭菼揭揭。毛传云:揭揭,长也。《说文》:碣,特立之石也。义并与揭通。举物谓之揭,负物亦谓之揭。《说文》:竭,负举也。从立,曷声。《礼运》:五行之动,迭相竭也。郑注云:竭,犹负戴也。成二年《左传》:桀石以投人。杜预注云:桀,担也。《庄子·胠箧篇》云:负匮揭箧担囊而趋。竭、揭、桀并通。揭与担同义,故并训为举也。"

（第 36 页下）

18.《释诂》卷二上："昆,盛也。"疏证："昆读为焜。《方言》:焜,晠也。注云:焜煌,晠貌也。《说文》:焜,煌也。昭三年《左传》:焜燿寡人之望。服虔注云:焜,明也。燿,照也。释文:焜,胡本反,又音昆。郑注《王制》云:昆,明也。司马相如《封禅文》云:焕炳煇煌。《急就篇》云:靳靷鞗靷色焜煌。焜、昆、煇并通。浑与昆声相近。《方言》:浑,盛也。《说文》:混,丰流也。浑,混流声也。《荀子·富国篇》云:财货浑浑如泉源。皆盛之义也。浑与混通。"（第 54 页上）

19.《释诂》卷一下："陪,益也。"疏证："陪者,郑注《曲礼》云:陪,重也。又注《中庸》云:培,益也。培与陪通。"（第 37 页下）

20.《释诂》卷一下："隦,益也。"疏证："《方言》:隦,益也。郭璞注云:谓增益也。《尔雅》:是类是禡,师祭也。《周官·肆师》:凡四时之大甸猎,祭表貉,则为位。郑注云:貉,师祭也。貉,读为十百之百,于所立表之处为师祭。祭造军法者,祷气势之增倍也。释文:貉,莫驾反。《甸祝》:掌四时之田表貉之祝号。杜子春注云:貉,读为百尔所思之百,书亦或为禡。禡,兵祭也。郑注云:禡者,祷气势之十百而多获。貉、禡与隦同声,皆增益之意。"（第 37 页下）

第二种方法:右文法。

所谓右文法,就是根据右文说原理,以形声字的声符为线索系联同源词的方法。这也是王念孙比较常用的方法。例如:

1.《释宫》卷七上："駃,趛也。"疏证："駃,《史记·张仪传》:揬前趹后,蹄间三寻。索隐云:言马之走势疾也。《庄子·齐物论篇》:麋鹿见之决骤。崔撰注云:疾走不顾为决。卷一云:趹,疾也。《说文》:趹,马行皃。又云:趜,蹑也。高诱注《淮南子·修务训》云:蹑,趜走也。趜、趹、决并与駃通。"（第 215 页下）

2.《释诂》卷二上："繟,缓也。"疏证："繟者,《说文》:繟,带缓也。《释训篇》云:繟繟,缓也。《乐记》:其声啴以缓。注云:啴,宽绰貌。又啴谐慢易繁文简节之音作。《史记·乐书》啴谐作嘽缓。王褒《四子讲德论》云:嘽缓舒绎。马融《长笛赋》云:从容阐缓。啴、阐并与繟通。"（第 52 页上）

3.《释诂》卷三下："叜,聚也。"疏证："叜,《尔雅》作㩜。郭璞注云:竦翅上下也。《陈风·东门之枌篇》:越以鬷迈。郑笺云:鬷,总也。《周官·掌客》注云:《聘礼》曰:四秉曰筥,十筥曰稯。稯,犹束也。《说文》:稯,布之八十缕也。字亦作緵。《史记·孝景纪》云:令徒隶衣七緵布。《西京杂记》云:五丝为䌰,倍䌰为升,倍升为緎,倍緎为纪,倍纪为緵。《尔雅》:緵罟谓之九罬。九罭,鱼网也。郭注云:今之百囊罟是也。《玉篇》:駿,马鬣也。鬖,毛乱也。《汉书·司马相如传》:凌三嵕之危。颜师古注云:三嵕,三峰聚之山也。《尔雅》云:豕生三,豵;犬生三,猣。《说文》:豵,生六月豚也。一曰:一岁曰豵,尚丛聚也。是凡言嵏者,皆聚之义也。"(第95页上)

4.《释诂》卷四下:"幾,微也。"疏证:"幾之言幾希也。《系辞传》云:幾者,动之微。《皋陶谟》云:惟幾惟康。《说文》:饑,精详也。嘰,小食也。司马相如《大人赋》云:咀噍芝英兮,嘰琼华。《众经音义》卷九引《字林》云:璣,小珠也。《玉篇》:鐖,钩逆铓也。《淮南子·说林训》云:无鐖之钩,不可以得鱼。《方言》云:钩,自关而西,或谓之鐖。郭璞音微。是凡言幾者,皆微之义也。"(第123页上)

5.《释宫》卷七上:"楣、檐,梠也。"疏证:"《说文》:梠,楣也。……《释名》云:梠,旅也,连旅之也。……凡言吕者,皆相连之意。众谓之旅,紩衣谓之綹,脊骨谓之吕,榱端榜联谓之梠。其义一也。"(第209页上)

6.《释诂》卷四下:"攙,锐也。"疏证:"攙者,《说文》:鑱,锐也。《太元元错》云:锐鑯鑯。并与攙通。又《说文》:劖,剽也。剽,砭刺也。《史记·扁鹊传》:镵石撟引。索隐云:镵,谓石针也。《广韵》:镵,吴人云:犁铁也。《说文》:嚵,喙也。《史记·天官书》云:天欃长四丈,末兑。《汉书·司马相如传》:巉岩参差。颜师古注云:巉岩,尖锐貌。是凡言攙者,皆锐之义也。"(第126页上~126页下)

7.《释诂》卷四下:"緫、纱、糸、紗、细,微也。"疏证:"緫、纱、糸、紗、细,皆丝之微也。緫之言恍惚。纱之言眇小也。《孙子算经》云:蚕所吐丝为忽。十忽为秒,紗、忽、纱、秒并通。《说文》:秒,禾芒也。……忽,蜘蛛网细者也。皆微之义也。《顾命》云:眇眇予末小子。僖九年《左传》云:以是藐诸孤。《方言》:眇,小也。又云:秒,小也。凡木细枝谓之秒。郭璞注云:言秒梢也。《尔雅》:管小者谓之篠。《说文》:眇,一目小也。又云:鷦鴳,桃虫也。《尔雅·释鸟》注作鷦䲭。《周颂·小毖篇》:肇允彼桃虫,拚飞维鸟。毛传云:桃虫,鷦也。鸟之始小终大者。陆机疏云:今鷦鷯是也。鷯之叠韵为鷦鷯,又为鷦䲭。皆小貌也。《文选·长笛赋》:噍眇睢维。李善注以噍眇为合目,睢维为开目。是凡言眇者,皆微之义也。"(第123页下)

8.《释诂》卷二下:"幏,覆也。"疏证:"幏者,《说文》:冡,覆也。《鄘风·君子偕老篇》:蒙彼绉绤。毛传云:蒙,覆也。幏、冡、蒙并通。今俗语犹谓覆物为蒙。《方言》:幏,巾也。陈颍之间,大巾谓之幏。郭璞注云:巾,主覆者,故名幏也。《书大传》:下刑墨幏。郑注云:幏,巾也。《说文》:幏,盖衣也。皆覆之义也。"(第61页下)

9.《释诂》卷三下:"霝,空也。"疏证:"霝之言珑玲也。《说文》:櫺,楯间子也。徐锴传云:即今人阑楯下为横櫺也。《说文》:轹,车辐间横木也。《楚辞·九辩》:倚结轹兮长太息。字亦作笭。《释名》:笭,横在车前,织竹作之,孔笭笭也。定九年《左传》:载葱灵。贾逵注云:葱灵,衣车也。有葱有灵。……灵与櫺同。《楚辞·九章》:乘舲船余上沅兮。王逸注云:舲船,船有牕牖者。《说文》:笼,笭也。是凡言霝者,皆中空之义也。"(第99页上)

10.《释诂》卷三下:"欑,聚也。"疏证:"欑者,《文选·西都赋》注引《仓颉篇》云:欑,聚也。《丧大记》:君殡用辁,欑至于上。郑注云:欑,犹菆也。菆与丛同。《史记·司马相如传》云:欑罗列聚丛以茏茸兮。欑与菆通。《说文》:欑,积竹杖。一曰丛木。皆聚之义也。又云:声僭,聚也。亦与欑近义同。"(第95页上)

11.《释诂》卷三下:"擪,按也。"疏证:"擪之言壓也。《说文》:擪,一指按也。《庄子·外物篇》:壓其顪。释文:壓,本亦作擪。《楚辞·九辩》:自壓按而学诵。壓,一作厭。《韩子·外储说右篇》云:田连、成窍、天下善鼓琴者也,然而田连鼓上,成窍擫下,而不能成曲,共故也。《淮南子·说林训》云:使俍吹竽,使氏厭窍,虽中节而不可听。《泰族训》云:所以贵扁鹊者,贵其擪息脉血,知病之从生也。擪、擫、壓、厭,并通。"(第101页上)

12.《释诂》卷三下:"廐,散也。"疏证:"廐、披者,《方言》:痲、披,散也。东齐声散曰痲,器破曰披。秦晋声变曰痲,器破而不殊,其音亦谓之痲。《集韵》引《字林》云:痲,甕破也。《汉书·王莽传》:莽为人大声而嘶。颜师古注云:嘶,声破也。廐、痲、嘶、甈并通。《尔雅》:斯,离也。《春秋繁露·度制篇》云:是大乱人伦而靡斯财用也。王逸注《九歌》云:澌,解冰也。义并与廐同。"(第109页上)

13.《释诂》卷三上:"歔、欷,悲也。"疏证:"歔者,《说文》:歔,欷也。欷者,《说文》:欷,歔也。《方言》:唏,痛也。凡哀而不泣曰唏。于方则楚言哀曰唏。成十六年《公羊传》:悕矣。何休注云:悕,悲也。《楚辞·九辩》:憯悽增欷。《淮南子·说山训》云:纣为象箸而箕子唏。欷、唏、悕,并通。"(第90页下)

14.《释诂》卷一下:"埤,益也。"疏证:"埤者,《说文》:埤,增也。朇,益也。裨,接益也。埤、朇、裨并通。"(第37页下)

15.《释诂》卷三下:"餧,食也。"疏证:"餧者,《说文》:萎,饮牛也。昭二十五年《公羊传》:且夫牛马维娄,委已者也而柔焉。何休注云:委,食已者。《楚辞·九辩》云:凤不贪餧而妄食。餧、萎、委,并通。"(第102页下)

16.《释诂》卷一上:"獧,疾也。"疏证:"獧、挑,《方言》作儇、佻。云:儇、佻,疾也。郭璞注云:谓轻疾也。《齐风·还》传云:儇,利也。《荀子·非相篇》:乡曲之儇子。杨倞注引《方言》:儇,疾也,慧也。《不苟篇》:小人喜则轻而翾。《韩诗外传》翾作快。《说文》:趨,疾也。儇、趨、翾并通。"(第23页上)

17.《释诂》卷二下:"脧,柹也。"疏证:"脧者,《说文》:䏽,禽兽所食余也。从歺,从肉。又云:歺,列骨之残也。脧、䏽、残,并通。"(卷72页下)

18.《释兽》卷十下:"麛,麚也。"疏证:"麛之言儿也。弱小之称也。麚之言偄也,亦弱小之称。《说文》:麚,鹿麛也,读若偄弱之偄。麚与麛同。《玉篇》音奴乱切。凡字之从而声、耎声、需声者,声皆相近。小栗谓之柹,小鱼谓之鮞,小鸡谓之雓,小兔谓之毚,小鹿谓之麚,其义一也。"(第385页上)

19.《释诂》卷四下:"娠,侅也。"疏证:"娠者,《尔雅》:娠,震,动也。郭璞注云:娠,犹震也。《说文》:娠,女妊身动也。引哀元年《左传》:后缗方娠。《大雅·生民篇》:载震载夙。震与娠通。"(第128页下)

20.《释诂》卷一上:"暴,疾也。"疏证:"暴者,《说文》:暴,疾有所趣也。《大戴礼·保傅篇》:何殷周有道之长而秦无道之暴。卢辩注云:暴,卒疾也。《说文》:瀑,疾雨也。引《邶风》终风且瀑。今本作暴。毛传云:暴,疾也。暴、暴、瀑并通。"(第23页下)

第三种方法:声训法。

所谓声训法就是用声训原理系联同源词的方法。声训有广义和狭义之分。广义的声训指以声音通训诂;狭义的声训指用声音相同或相近的词解释词义。我们这里所说的声训指狭义。王念孙也运用声训法系联同源词。例如:

1.《释诂》卷四上:"昱,明也。"疏证:"昱之言燿燿也。《释训》云:昱昱,明也。《说文》:昱,日明也。《太元·元告篇》云:日以昱乎昼,月以昱乎夜。《淮南子·本经训》云:焜昱错眩,照燿煇煌。《说文》:煜,燿也。义与昱同。"(第113页上)

2.《释言》卷五下:"菽,葆也。"疏证:"菽之言茂菽,葆之言苞也。《尔雅》云:苞,茂,丰也。又云:苞,积也。孙炎注云:物丛生曰苞。《汉书·武五子传》:头如蓬葆。颜师古注云:草丛生曰葆。《吕氏春秋·审时篇》云:得时之稻,大本而茎葆。《说文》:葆,草盛皃。又云:菽,细草丛生也。"(第164页上)

3.《释诂》卷三下:"缰、纗,多也。"疏证:"缰之言拥,纗之言濃。皆盛多之意也。《方言》:缰、纗、晟,多也。南楚凡大而多谓之缰,或谓之纗。凡人语言过度及妄施行,亦谓之纗。《后汉书·崔骃传》:纷纗塞路。李贤注引《方言》:纗,盛多也。纗与纗通。"(第94页下)

4.《释诂》卷一上:"超,远也。"疏证:"超之言迢也。《方言》:超,远也。东齐曰超。《九歌》云:平原忽兮路超远。《祭法》:远庙为祧。郑注云:祧之言超也。超,上去意也。义亦同矣。"(第 13 页上)

5.《释器》卷七下:"幏,巾也。"疏证:"幏之言蒙也。《方言》注云:巾主覆者,故名帗。《说文》:幏,盖衣也。《书大传》:下刑墨幏。郑注云:幏,巾也。使不得冠饰以耻之也。"(第 230 页下)

6.《释亲》卷六下:"背谓之骶。背,北也。"疏证:"骶之言邸也。邸者,后也。《周官·掌次》:设皇邸。郑众注云:邸,后版也。《说文》:軧,大车后也。义并与骶同。"(第 205 页下)

7.《释宫》卷七下:"閍、扇,扉也。"疏证:"《说文》:扉,户扇也。《玉藻》云:闔门左扉。门扇有左右,故谓之扉。扉之言棐也,夹辅之名也。《尔雅》云:棐,俌也。两骖谓之騑。义亦同也。《说文》:閍,门扉也。閍之言介也。亦夹辅之名也。"(第 212 页上)

8.《释亲》卷六下:"胐,曲脚也。"疏证:"胐之言诎也。其体诎曲也。"(第 206 页下)

9.《释诂》卷一上:"类,法也。"疏证:"类者,《方言》:类,法也。齐曰类。《缁衣》:身不正,言不信,则义不壹,行无类也。郑注云:类,谓比式。释文云:比方法式也。《楚辞·九章》:吾将以为类兮。王逸注云:类,法也。《荀子·儒效篇》云:其言有类,其行有礼。类之言律也。律,亦法也。《乐记》:律小大之称。《史记·乐书》作类。是类与律声义同。"(第 11 页上)

10.《释诂》卷四上:"昕,明也。"疏证:"昕者,《说文》:昕,旦明也,日将出也。《士昏礼记》云:必用昏昕。昕之言炘炘也。《汉书·扬雄传》:垂景炎之炘炘。颜师古注云:炘炘,光盛貌也。"(第 112 页上)

11.《释诂》卷二上:"扚,加也。"疏证:"扚之言移也。移加之也。《赵策》云:知伯来请地不与,必加兵于韩矣。韩子《十过篇》加作移。是移与扚同义。……《小雅·小弁篇》:舍彼有罪,予之佗矣。毛传云:佗,加也。佗与扚,亦声近义同也。"(第 47 页下)

12.《释器》卷八上:"糜,饘也。"疏证:"糜之言靡细也。米麦屑谓之糜,犹玉屑谓之糜。《楚辞·离骚》:精琼糜以为粮。王逸注云:糜,屑也。"(第 248 页上)

13.《释诂》卷三下:"擙,收也。"疏证:"擙之言會也。《周官·弁师》:王之皮弁,會五采玉瑱。郑注云:故书會作擙。郑司农云:谓以五采束发也。《士丧礼》曰:擙用组,乃笄。擙读与擙同。说曰:以组束发,乃箸笄,谓之擙。今《士丧礼》作擙用组。郑注云:用组,组束发也。是擙为收束之义也。擙、

髻、鬠、會并通。"(第 102 页下)

14.《释兽》卷十下:"駃骖。"疏证:"駃之言趹,骖之言踂。疾走之名也。《释诂》云:趹,疾也。《释宫》云:駃,奔也。《说文》:趹,马行貌。趹,踂也。高诱注《淮南·修务训》云:踂,趁走也。"(第 389 页下)

15.《释器》卷七下:"轗,轊也。"疏证:"轊之言锐也。昭十六年《左传》注云:锐,细小也。轴两耑出毂外细小也。小声谓之嘒,小鼎谓之锐,小棺谓之槥,小星貌谓之嘒,蜀细布谓之缋,鸟翻末谓之鹲,车轴两耑谓之轊。义并同也。《方言》:车轊,齐谓之轗。"(第 242 页下)

16.《释诂》卷三上:"娍,轻也。"疏证:"娍之言越也。《说文》:娍,轻也。《尔雅》:越,扬也。是娍与越同义。"(第 77 页上)

17.《释器》卷七下:"襌,襌衣也。"疏证:"襌之言单也。《说文》:襌,衣不重也。"(第 231 页上)

18.《释诂》卷二上:"挺,长也。"疏证:"挺之言延也。《说文》:挺,长也。《商颂·殷武篇》:松桷有梃。毛传云:梃,长貌。义与挺同。"(第 56 页上)

19.《释器》卷七下:"幋,巾也。"《疏证》:"幋之言般也。《方言》云:般,大也。《说文》:幋,覆衣大巾也。或以为首幋。"(第 230 页下)

20.《释诂》卷二下:"籤,利也。"疏证:"籤之言鑯也。卷四云:鑯,锐也。《说文》:籤,锐也,贯也。《释器篇》云:籤谓之铲。皆利之义也。"(第 63 页上)

第四种方法:音转法。

所谓音转法就是根据音转说原理系联同源词的方法。音转既有声母之转,也有韵部之转,还有声母韵部同时流转的。王念孙也用这种方法系联同源词。例如:

1.《释诂》卷二上:"闾,居也。"疏证:"《说文》:闾,侣也。二十五家相群侣也。又云:闾,里门也。案闾、里一声之转。乡谓之闾,遂谓之里。其义一也。二十五家谓之闾,故其门亦谓之闾也。"(第 51 页上)

2.《释诂》卷三上:"叔,少也。"疏证:"叔、少一声之转。"(第 85 页上)

3.《释诂》卷三下:"媮,巧也。"疏证:"《说文》:媮,巧黠也。《尔雅》:佻,偷也。《楚辞·离骚》:余犹恶其佻巧。佻、偷一声之转。"(第 108 页上)

4.《释诂》卷三下:"灌,聚也。"疏证:"灌者,《尔雅》云:灌木,丛木。又云:木族生为灌。族、丛一声之转。"(第 95 页上)

5.《释诂》卷二下:"瀀、渥,渍也。"疏证:"瀀、渥者,《说文》:瀀,泽多也。引《诗·小雅·信南山篇》:既瀀既渥。今本作优。《说文》:渥,霑也。《邶风·简兮篇》:赫如渥赭。毛传云:渥,厚渍也。渑者,《说文》:渑,水濡皃也。《信南山篇》云:既霑既足。瀀、渥,语之转。霑、足,亦语之转。足与渑,声相近

也。"(第 64 页下)

6.《释诂》卷三上:"孤、寡,独也。"疏证:"《孟子·梁惠王篇》:老而无妻曰鳏,老而无夫曰寡,老而无子曰独,幼而无父曰孤。襄二十七年《左传》:齐崔杼生成及强而寡。则无妻亦谓之寡。鳏、寡、孤一声之转。皆与独同义,因事而异名耳。"(第 80 页上)

7.《释言》卷五上:"易、与,如也。"疏证:"皆一声之转也。宋定之云:《系辞传》:易者,象也。象也者,像也。像,即如似之意。……《汉书·鼌错传》:今匈奴上下山阪,出入溪涧,中国之马弗与也。弗与,犹弗如也。与、如、若,亦一声之转。"(第 139 页下)

8.《释诂》卷四下:"而,词也。"疏证:"若、而一声之转,皆语词也。"(第 125 页上)

9.《释器》卷八上:"膮……脚、臑,香也。"疏证:"《说文》:膮,豕肉羹也。《公食大夫礼》:脚以东,臑、膮、牛炙。郑注云:脚、臑、膮,今时腤也。牛曰脚,羊曰臑,豕曰膮,皆香美之名也。古文脚作香,臑作薰。案:脚、臑、膮,一声之转。膮,亦腤也。"(第 251 页下)

10.《释亲》卷六下:"颜、题、颡、頟也。"疏证:"《说文》:頟,颡也。《说卦传》云:其于人也,为广颡。又云:其于马也,为的颡。《尔雅》:的颡,白颠。颠、頱、题,一声之转。"(第 203 页上～203 页下)

11.《释言》卷五上:"灵、禔,福也。"疏证:"卷一云:禄、灵,善也。《尔雅》:禄,福也。福与善,义相近。故皆谓之禄,又皆谓之灵。灵与禄一声之转耳。"(第 142 页上)

12.《释器》卷八上:"黸,黑也。"疏证:"《说文》:黸,小黑子也。黡、黸、黸,一声之转。《说文》又云:緊,赤黑色缯也。《周官·巾车》:安车,彫面鷖总。郑众注云:鷖,读为凫鷖之鷖。鷖总者,青黑色以缯为之。疏云:鷖者,取凫鷖之色青黑为义。《玉篇》:磖,黑石也,字或作堅。《唐本草》云:堅,状似元玉而轻,出西戎。义并与黸同。"(第 274 页下～275 页上)

13.《释诂》卷一上:"翳,爱也。"疏证:"翳者,《尔雅·释木》:蔽者翳。郭璞注云:树荫翳覆地者。《方言》:掩、翳,薆也。郭注云:谓蔓蔽也。引《邶风·静女篇》:薆而不见。今本作爱。《尔雅》:薆,隐也。注云:谓隐蔽。《大雅·烝民篇》:爱莫助之。毛传云:爱,隐也。掩、翳、爱、隐一声之转。爱与薆通。"(第 18 页下)

14.《释诂》卷三下:"膚、朴、皮,离也。"疏证:"《释言》云:皮、膚,剥也。《说文》云:剥取兽革者谓之皮。《韩策》云:因自皮面抉眼,自屠出肠。郑注《内则》云:膚,切肉也。是皮、膚皆离之义也。朴与皮、膚一声之转。《说

文》:朴,木皮也。"(第106页上)

15.《释诂》卷一下:"揭,举也。"疏证:"揭,又音去例反。《邶风·匏有苦叶篇》:浅则揭。毛传云:揭,褰衣也。揭、褰、抠一声之转,故亦并训为举也。"(第37页上)

16.《释诂》卷三上:"害、曷、胡、盍,何也。"疏证:"皆一声之转也。"(第84页上)

17.《释诂》卷四上:"猗、馀,盈也。"疏证:"猗者,残馀之数。故残、猗二字并从歺。《说文》:歺,列骨之残也。又云:畸,残田也。《广韵》:畸、猗、奇三字并居宜切。其义同也。盈亦馀也。语之转耳。"(第114页上)

18.《释诂》卷三上:"絓、挈、僆、介,独也。"疏证:"絓、挈、僆、介、特者,《方言》:絓、挈、僆、介,特也。楚曰僆,晋曰絓,秦曰挈。物无耦曰特,兽无耦曰介。挈,亦介也。语之转耳。"(第80页上)

19.《释诂》卷一下:"庝,隐翳也。"疏证:"庝犹隐也。语之转耳。卷四云:宨,藏也。庝与宨通。"(第32页上)

20.《释诂》卷二上:"晞,干也。"疏证:"晞,亦暵也。语之转耳。暵与罕同声,晞与希同声。晞之转为暵,犹希之转为罕矣。"(第46页下)

第五种方法:综合法。

所谓综合法就是同时运用音义结合法、右文法、声训法、音转法中的两种或两种以上的方法系联同源词。王念孙也采用这种方法系联同源词。例如:

1.《释诂》卷一上:"恔,爱也。"疏证:"恆、恔、俺者,恆亦作亟。《方言》:亟、恔、俺,爱也。东齐海岱之间曰亟,自关而西,秦晋之间,凡相敬爱谓之亟。宋卫邠陶之间曰恔,或曰俺。又云:韩郑曰恔。晋卫曰俺。《尔雅》:愖,爱也。恔,抚也。注云:恔,爱抚也。恔与愖通。又矜怜,抚掩之也。注云:抚掩,犹抚拍,谓慰恤也。抚掩与恔俺,声近义同。俺、爱一声之转。"(第18页下)

——音义结合法,音转法。

2.《释诂》卷四上:"晃,明也。"疏证:"晃之言煌煌也。《释言》云:晃,晖也。《说文》:晄,明也。《释名》云:光,晃也。晃晃然也。晃与晄同。《小雅·皇皇者华》传云:皇皇,犹煌煌也。《释文》:煌,又音晃。《秦策》云:炫熿于道。《汉书·扬雄传》云:北爌幽都。并字异而义同。"(第112页下)

——声训法,音义结合法。

3.《释诂》卷三下:"蕞,聚也。"疏证:"蕞之言攒聚也。《说文》:蕞,丛草也。《玉篇》作绥切,云:苯蕞,草丛生也。张衡《西京赋》云:苯蕞蓬茸。《南都赋》云:森蕞蕞而刺天。《楚辞·离骚》:纷总总其离合兮。王逸注云:总总,犹傅傅,聚貌也。扬雄《甘泉赋》云:齐总总撙撙其相胶轕兮。《说文》:傅,聚也。噂,聚语也。《小雅·十月之交篇》:噂沓背憎。毛传云:噂,犹噂噂。沓,犹沓沓。是凡言蓴者,皆聚之义也。成十六年《左传》:蹲甲而射之。杜预注云:蹲,聚也。蹲与蓴,亦声近义同。"(第 94 页下~95 页上)

——右文法,音义结合法。

4.《释诂》卷一上:"跋,疾也。"疏证:"跋之言发越也。《说文》:跋,轻足也。《礼运》:麟以为畜,故兽不狨。郑注云:狨,走貌也。《玉篇》:跋跋,飞貌。跋、狨、跋,声义并同。"(第 23 页下)

——声训法,右文法,音义结合法。

5.《释地》卷九下:"湑,厓也。"疏证:"《说文》:湑,水崖也。《尔雅》:厓,夷上洒下,不湑。孙炎注云:平上陗下,故名湑。郭璞云:不,发声也。《王风·葛藟篇》:在河之湑。传云:湑,水隒也。《魏风·伐檀篇》:寘之河之湑兮。传云:湑,厓也。释文:湑,本亦作屠。屠者,在边之名,口边谓之屠,水厓谓之湑,屋宇谓之宸。声义并相近也。"(第 301 页上)

——右文法,音义结合法。

王念孙主要运用音义结合法、右文法、声训法、音转法、综合法五种方法系联同源词。这些方法的运用是他之前以及与他同时代研究同源词的学者无法企及的,他之前以及与他同时代的学者们研究同源词主要是采用右文法和声训法,王念孙除了批判地继承了这两种方法外,还运用了音义结合法、音转法和综合法,这三种方法特别是音义结合法可以说是他的独创,这些方法的成功运用来源于他对汉语同源词的本质"声近义同"的认识。王氏系联同源词的这些方法,为他之后的学者系联和研究同源词奠定了坚实的基础。

（三）《广雅疏证》表述同源词的方式

由于汉语同源词在音义两方面都有密切的联系,因此,在汉语词汇系统里,同源词因为其特殊性,在音义关系和同一来源这一条件下聚合成了汉语词汇系统的一个子系统。训诂学家对同源词的表述也别具一格,形成了一套独特的表述方式和术语。所使用的术语往往是就一组同源词的音义关系而言的。王念孙《广雅疏证》对同源词的表述方式主要是通过"声义并同"、"声近义同"、"声义相近"、"并音某某反（切）,义相近也"、"一声之转"、"语之转"、"并通"、"并字异而义同""凡言某者,皆某之义"、"其义一也"、"之言"等术语来进行的。

第一,声义并同。

所谓"声义并同",表示的是该组同源词在音义上都具有相同关系①。常用的术语除了"声义并同"外,还有"声义亦同"、"同声同义"、"并音某某反,其义同(义亦同、其义一)也"、"某与某同声,皆某某之意"等。尽管使用的术语不同,但所表述的内容相同。

《广雅疏证》在所系联的同源词里,共使用"声义并同"这一术语 21 次。例如:

1.《释诂》卷四上:"嬔、赳,材也。"疏证:"嬔者,《说文》:嬔,竦身也。又云:婧,竦立也。一曰有才。嬔、婧二字相承。训亦相近。是嬔得为才也。才与材通。《说文》:嬔,读若《诗》曰纠纠葛屦。嬔与赳,声义并同。赳者,《说文》:赳,轻劲有才力也。"(第 115 页下)

2.《释草》卷十上:"翁,薹也。"疏证:"今世通谓草心抽茎作华者为薹矣。翁之言郁翁而起也。凡上起谓之郁,亦谓之翁。《西都赋》云:神明郁其特起。《说文》云:滃,云气起也。《广韵》云:塕埲,尘起也。《风赋》云:塕然起于穷巷之间。声义并同耳。"(第 341 页上)

3.《释言》卷五下:"谍,是也。"疏证:"《大学》引《大甲》:顾谍天之明命。郑注云:谍,犹正也。《说文》:正,是也。是、谍,声义并同。"(第 158 页上)

4.《释诂》卷三下:"捭,开也。"疏证:"捭之言擘也。《鬼谷子·捭阖篇》云:捭之者,开也;阖之者,闭也。张衡《西京赋》:置互摆牲。薛综注云:摆,谓破磔悬之。《后汉书·马融传》注引《字书》云:摆,亦捭字也。《周官·大宗伯》:以疈辜祭四方百物。故书疈为罷。郑众注云:罷辜,披磔牲以祭。捭、摆、罷,声义并同。"(第 107 页下)

5.《释诂》卷三上:"擎,击也。"疏证:"《招魂》:鏗钟摇簴。王逸注云:鏗,撞也。摇,动也。是其证矣。擎,读如鏗钟摇簴之鏗。《说文》:挃,捣头也。挃、擎、鏗,声义并同。"(第 89 页上)

6.《释诂》卷四下:"尾,微也。"疏证:"尾者,《说文》:尾,微也。《释名》与《说文》同。云:承脊之末,稍微杀也。《史记·律书》云:南至于尾,言万物始生如尾也。《尧典》:鸟兽孳尾。《史记·五帝纪》作微。《论语》:微生高。《汉书·古今人表》作尾。尾、微声义并同。故古书以二字通用。"(第 123 页下)

7.《释言》卷五上:"移、脱,遗也。"疏证:"移为遗与之遗,脱为遗失之遗。《汉书·武帝纪》:受爵赏而欲移卖者,无所流貤。应劭注云:貤音移。言无所移与也。移、貤,声义并同。"(第 138 页上)

---

① 王念孙所说的"声同"、"声近"是一个比较模糊的概念,这里只介绍王念孙研究同源词的表述方式,不对"声同"、"声近"问题进行研究,本书将在有关章节对此问题略做探讨。

8.《释诂》卷一上:"括,至也。"疏证:"括者,《王风·君子于役篇》:羊牛下括。毛传云:括,至也。又曷其有佸。《韩诗》云:佸,至也。毛云:佸,会也。会,亦至也。首章言曷至,次章言曷其有佸。其义一也。括、佸、会,古声义并同。"(第 8 页上)

9.《释诂》卷四上:"胐,明也。"疏证:"胐者,《说文》:朏,月未盛之明也。朏与迁同。《召诰》:惟丙午朏。传云:朏,明也。月三日明生之名。《汉书·律历志》引《古文月采篇》云:三日曰朏。《淮南子·天文训》:日登于扶桑,爰始将行,是谓朏明。高诱注云:朏,明,将明也。《楚辞·九思》:时朏朏兮旦旦。注云:日始出光明未盛为朏。声义并同。"(第 112 页上)

10.《释木》卷十上:"校、椒,柴也。"疏证:"《集韵》引《广雅》:校、椒,柴也。则宋时本已然。《说文》云:椒,木薪也。薪,亦柴也。凡薪蒸之属多名椒。《说文》云:菽,麻蒸也。《广韵》云:筱,竹柴别名。声义并同矣。"(第 353 页下)

《广雅疏证》在所系联的同源词里,共使用"声义亦同"这一术语 9 次。例如:

1.《释诂》卷四上:"媵,二也。"疏证:"媵者,《方言》:媵,双也。南楚江淮之间曰媵。郭璞音滕。《月令》:乃合累牛腾马。郑注云:累、腾,皆乘匹之名。腾,与媵通。《玉篇》:媵,又音以证切。《说文》:媵,物相增加也。一曰送也,副也。徐锴传云:古者一国嫁女,二国往媵之。媵之言送也,副贰也。义出于此。媵、媵、媵声义亦同。"(第 116 页上)

2.《释鱼》卷十下:"鲡、鳎,鲖也。"疏证:"《玉篇》、《广韵》并云:鳎,赤鲡也。鳎之言阳,赤色箸明之貌。《豳风·七月篇》:我朱孔阳。传云:阳,明也。《释器》云:赤铜谓之锡。声义亦同。"(第 367 页下)

3.《释诂》卷三下:"憋,恶也。"疏证:"是凡言憋者,皆恶之义也。《周官·司弓矢》:句者谓之樊弓。郑注云:樊,犹恶也。徐邈音扶灭反。樊与憋,声义亦同。故《大司寇》:以邦成樊之。故书樊为憋矣。"(第 106 页下)

4.《释诂》卷四上:"隶,置也。"疏证:"隶者,《尧典》:眚灾隶赦。《春秋庄二十二年》:隶大眚。皆谓放赦罪人。与置同意。故《说文》云:赦,置也。捨与赦,声义亦同。故《尔雅》云:赦,舍也。舍与捨通。"(第 109 页下)

5.《释诂》卷三下:"疢、痊,恶也。"疏证:"《玉篇》:痊,恶也。怪,恶性也。怪与痊同。又音大结反。《说文》:䗁,蛇恶毒长也。《尔雅》:䗁,蛋。注云:蝮属,大眼,最有毒,今淮南人呼蛋子。释文:䗁,大结反。字亦作蛭。杨孟文《石门颂》云:恶虫蔽狩,虵蛭毒蝮。毒蝮谓毒长也。䗁与蛭、蛋与恶,声义亦同。"(第 106 页下)

《广雅疏证》在所系联的同源词里,共使用"同声同义"这一术语4次。例如:

1.《释诂》卷三下:"伪,为也。"疏证:"伪者,《荀子·性恶篇》云:不可学不可事而在人者,谓之性;可学而能可事而成之在人者,谓之伪。伪,即为也。《尧典》:平秩南伪。《史记·五帝纪》作南为。《月令》:作为淫巧。郑注云:今《月令》作为。为,诈伪。是为、伪古同声同义。"(第105页上)

2.《释诂》卷一下:"撼,动也。"疏证:"撼者,《说文》:摵,摇也。摵与撼同。司马相如《长门赋》云:挤玉户以撼金铺兮。撼之言感也。《召南·野有死麕篇》:无感我帨兮。毛传云:感,动也。释文:感,如字,又胡坎反。是感、撼同声同义。"(第38页上～38页下)

《广雅疏证》在所系联的同源词里,共使用"并音某某反(切),其义同(义亦同、其义一)也"术语17次。例如:

1.《释诂》卷四下:"糸,微也。"疏证:"《说文》:糸,细丝也。又云:覤,小见也。《玉篇》糸、覤并音亡狄切,其义同也。"(第123页下)

2.《释器》卷七下:"醆,爵也。"疏证:"《明堂位》云:爵用玉琖仍彫。《周官·量人》释文云:琖,刘本作湔。字并与醆同。爵谓之醆,杯谓之盏,一也。《方言注》云:盏,最小桮也。《尔雅》:锺小者谓之棧。李巡注云:棧,淺也。棧、盏,并音侧限反,其义同。"(第221页上)

3.《释诂》卷三上:"擎,击也。"疏证:"擎者,《说文》:擎,击也。又云:潎,于水中击絮也。擎、潎并音芳灭反,其义同也。"(第88页上～88页下)

4.《释诂》卷二上:"婹、笙、撀、掺,小也。"疏证:"婹、笙、撀、掺者,《方言》:婹、笙、撀、掺,细也。自关而西,秦晋之间,凡细而有容谓之婹,凡细貌谓之笙,敛物而细,谓之撀,或曰掺。郭璞注云:婹婹,小成貌。婹婹,犹规规也。《庄子·秋水篇》云:子乃规规然而求之以察,索之以辩,不亦小乎。《说文》:蘧,小头蘧蘧也。读若规,义并同也。《说文》:秦晋谓细要曰婹。《广韵》:繻,细绳也。婹、繻并音姊宜反。义亦同也。"(第54页上～54页下)

5.《释诂》卷一:"衮,大也。"疏证:"衮之言浑也。曹大家注《幽通赋》云:浑,大也。《后汉书》冯绲字鸿乡。绲与衮通。《说文》:睔,目大也。《尔雅》:百羽谓之緷。《释文》引《埤仓》云:緷,大束也。《玉篇》:鯶,大鱼也。睔、緷、鯶并音古本反,义与衮同也。"(第7页上)

《广雅疏证》在所系联的同源词里,共使用"某与某同声,皆某某之意"这一术语2次。

1.《释诂》卷一下:"禡,益也。"疏证:"《方言》:禡,益也。郭璞注云:谓增益也。《尔雅》:是类是禡,师祭也。《周官·肆师》:凡四时之大甸猎,祭表貉,则为位。郑注云:貉,师祭也。貉,读为十百之百,于所立表之处为师祭。祭造军法者,祷气势之增倍也。释文:貉,莫驾反。《甸祝》:掌四时之田表貉之祝号。杜子春注云:貉,读为百尔所思之百,书亦或为禡。禡,兵祭也。郑注云:禡者,祷气势之十百而多获。貉、禡与隔同声,皆增益之意。"(第37页下)

2.《释诂》卷四上:"曋,明也。"疏证:"曋之言奕奕也。《方言》:曋,明也。譯,见也。《小尔雅》:歡,明也。《洪范》曰:圛。《史记·宋世家》圛作涕。集解引郑氏《书》注云:圛者,色泽而光明也。《齐风·载驱篇》:齐子岂弟。郑笺云:此岂弟,犹言发夕也。岂,读当为闿。弟,《古文尚书》以弟为圛。圛,明也。《尔雅》:恺悌,发也。发,亦明也。司马相如《封禅文》:昆虫闿怿。亦是发明之意。犹言蛰虫昭苏耳。王延寿《鲁灵光殿赋》:赫燡燡而烛坤。李善注云:燡燡,光明貌。何晏《景福殿赋》云:镐镐铄铄,赫奕章灼。《集韵》引《字林》云:焲,火光也。是凡与曋同声者,皆光明之意也。"(第112页下)

从以上分析可以看出,王念孙表述同源词方式除了使用"声义并同"这一术语之外,还使用了"声义亦同"、"同声同义"、"并音某某反(切),其义同(义亦同、其义一)也"、"某与某同声,皆某某之意"等术语。共计使用53次,其中,"声义并同"使用频率最高,达21次;其次是"并音某某反(切),其义同(义亦同、其义一)也"17次;再次是"声义亦同"9次,"同声同义"4次,"某与某同声,皆某某之意"2次。说明"声义并同"是王念孙表述这一类同源词的基本术语。

第二,声近义同。

所谓"声近义同",表示该组同源词声音相近而意义相同。常用的术语除"声近(而)义同"外,还有"并(亦)与某声近义同"等。尽管术语不同,但所表述的内容是相同的。

《广雅疏证》在所系联的同源词里,共使用"声近(而)义同"这一术语103次。例如:

1.《释诂》卷三上:"打,击也。"疏证:"打者,《众经音义》卷二引《仓颉篇》云:椎,打也。王延寿《梦赋》云:撞纵目,打三颅。《后汉书·杜笃传》云:椎鸣镝,钉鹿蠡。钉与打通。《说文》:朾,撞也。朾与打,亦声近义同。"(第88页上)

2.《释诂》卷四上:"旭,明也。"疏证:"旭之言皓皓也。《说文》:旭,日旦出兒。读若好。一曰明也。《邶风·匏有苦叶篇》:旭日始旦。毛传云:旭,日始出,谓大昕之时。《周颂·载见篇》:休有烈光。郑笺云:休者,休然盛壮。休与旭,亦声近义同。"(第113页上)

3.《释诂》卷二上:"撩,理也。"疏证:"撩者,《说文》:撩,理也。《众经音义》卷十四引《通俗文》云:理乱谓之撩理。撩与料,声近义同。"(第58页下)

4.《释诂》卷二上:"灼、炯、焊、爇,也。"疏证:"灼者,《说文》:灼,炙也。《洛诰》云:厥攸灼。……焊者,《广韵》:焊,火气也。焊与灼,亦声近义同。"(第50页下)

5.《释诂》卷三下:"夠,多也。"疏证:"夠者,《玉篇》:够,苦侯切,多也。《广韵》同。《方言》:凡物晟而多谓之寇。寇与夠,声近义同。《文选·魏都赋》:繁富夥夠。李善注引《广雅》:夠,多也。"(第94页下)

6.《释诂》卷一上:"拊、舞,疾也。"疏证:"拊、舞者,《方言》:拊、抚,疾也。注云:谓急疾也。抚与舞通。《说文》:駙,疾也。駙与拊,亦声近义同。"(第23页上)

7.《释诂》卷一上:"胡,大也。"疏证:"胡者,《逸周书·谥法解》云:胡,大也。僖二十二年《左传》:虽及胡耇。杜预注云:胡耇,元老之称。《说文》:湖,大陂也。《尔雅》:壶枣。郭璞注云:今江东呼枣大而锐上者为壶。《方言》:䣖大而蜜者,燕赵之间谓之壶䣖。义并与胡同。《贾子·容经篇》云:祜,大福也。祜与胡,亦声近义同。"(第6页下)

8.《释诂》卷一下:"觊,视也。"疏证:"觊者,《说文》:吮觊,窥观也。蔡邕《汉律赋》云:觊朝宗之形兆。《文选·西征赋》注引《仓颉篇》云:狙,伺候也。《管子·七臣七主篇》云:从狙而好小察。《史记·留侯世家》:狙击秦皇帝博浪沙中。集解引服虔《汉书注》云:狙,伺候也。并与觊同。《周官·小司徒》:以比追胥。郑注云:追,逐寇也。胥,伺捕盗贼也。胥与觊,亦声近义同。"(第33页下)

9.《释诂》卷三上:"露,败也。"疏证:"露之言落也。《方言》:露,败也。昭元年《左传》云:勿使有所壅闭,湫底以露其体。《逸周书·皇门解》云:自露厥家。《管子·四时篇》云:国家乃路。《吕氏春秋·不屈篇》云:士民罢潞。露、潞、路,并通。今俗语犹云败露矣。《庄子·天地篇》:夫子阖行邪,无落吾事。谓无败吾事也。落与露,亦声近义同。"(第90页下~91页上)

10.《释器》卷七下:"絭谓之纕。"疏证:"《说文》:纕,援臂也。《玉篇》云:收衣袖絭也。《说文》:絭,攘臂绳也。《淮南子·原道训》:短袂攘卷以便刺舟。卷与絭、攘与纕,并声近义同。"(第238页上)

11.《释诂》卷一下:"澌,尽也。"疏证:"澌者,《说文》:澌,水索也。曹宪音斯。《玉篇》《广韵》并音赐。《方言》:澌,尽也。郑注《曲礼》云:死之言澌也,精神澌尽也。正义云:今俗呼尽为澌。即旧语有存者也。《金縢》:大木斯拔。《史记·鲁世家》作尽拔。《乡饮酒礼》:尊两壶于房户间,斯禁。郑注云:斯禁,禁切地无足者。疏云:斯,澌也。澌尽之名也。《文选·西征赋》:若循环之无赐。李善注引《方言》:赐,尽也。《史记·李斯传》云:吾顾赐志广欲。澌、斯、赐并通。《系辞传》:故君子之道鲜矣。释文《师说》云:鲜,尽矣。鲜与斯,亦声近义同。故《小雅·瓠叶》笺云:今俗语斯白之字作鲜,齐鲁之间声近斯矣。"(第41页下)

12.《释诂》卷二上:"笙,小也。"疏证:"笙之言星星也。《周官·内饔》:豕盲眡而交睫,腥。郑注云:腥,当为星。肉有如米者似星。星与笙,声近义同。"(第54页下)

13.《释言》卷五上:"收,振也。"疏证:"《中庸》:振河海而不泄。郑注云:振,犹收也。《孟子·万章篇》云:金声而玉振之也。《周官·职币》:掌式法以敛官府都鄙。与凡用邦财者之币,振掌事者之余财。敛、振,皆收也。故郑注云:振,犹捡也,检也。《广雅》卷三云:捡,收也。《孟子·梁惠王篇》注云:检,敛也。贾疏云:以财与之谓之捡。知其足剩谓之检,皆失之。《秦风·小戎篇》:小戎俴收。毛传云:收,轸也。正义云:轸,所以收敛所载。故名收焉。轸与振,亦声近义同。"(第147页下)

14.《释诂》卷二上:"捼,裂也。"疏证:"捼者,《说文》:捼,裂也。《庄子·养生主篇》云:动刀甚微,謋然已解。謋与捼同。宣六年《公羊传》:则赫然死人也。何休注云:赫然已支解之貌。《续汉书·礼仪志》:赫女躯,拉女干,节解女肉。赫与捼,亦声近义同。"(第48页上)

15.《释言》卷五下:"隑,陭也。"疏证:"《广雅》卷二云:隑,长也。曹宪音牛哀反。《汉书·司马相如传》:临曲江之隑州兮。张注云:隑,长也。陭,《玉篇》音于奇切。《说文》:陭,上党陭氏阪也。《小雅·节南山篇》:有实其猗。毛传云:猗,长也。猗与陭通。《淮南子·本经训》:积碟旋石,以纯修碕。《文选·吴都赋》注引许慎注云:碕,长边也。碕与陭,亦声近义同。"(第159页下)

16.《释诂》卷三下:"施,皱也。"疏证:"易与皱通。施,读当如施于中谷之施。《周南·葛覃》传云:施,移也。《大雅·皇矣篇》:施于孙子。郑笺云:施,犹易也,延也。《丧服传》:绝族无施服。郑注云:在旁而及曰施。义并相同。《尔雅》:弛,易也。郭璞注云:相延易。弛与施,亦声近义同。"(第99页下)

17.《释诂》卷一上:"厓,方也。"疏证:"涯与厓通。厉亦廉也。语之转耳。《卫风·有狐篇》:在彼淇厉。毛传云:厉,深可厉之旁。案:厉,谓水厓也。厉之言浒也。《广雅·释丘》云:隒、浒,厓也。此云:隒、厓、厉,方也。厉与浒,声近义同。"(第11页下)

18.《释诂》卷四上:"憿,怯也。"疏证:"慑、憿者,《方言》:脅阋,惧也。齐楚之间曰脅阋。《郊特牲》云:大夫强,诸侯脅。脅与憿通。憿与怯,亦声近义同。故《释名》云:怯,脅也。见敌恐脅也。"(第116页下)

19.《释诂》卷一上:"奄,大也。"疏证:"奄者,《说文》:奄,大有余也。从大申。申,展也。《大雅·皇矣篇》:奄有四方。毛传云:奄,大也。《说文》:俺,大也。俺与奄,亦声近义同。"(第6页下)

20.《释诂》卷三下:"赋,布也。"疏证:"赋者,《尔雅》:班,赋也。《尧典》正义引孙炎注云:谓布与也。《大雅·烝民篇》:明命使赋。毛传云:赋,布也。《周官·大师注》云:赋之言铺,直铺陈今之政教善恶。《释名》云:敷布其义谓之赋。赋、布、敷、铺,并声近而义同。"(第101页上)

《广雅疏证》在所系联的同源词里,共使用"并(亦)与某声近义同"等术语13次。例如:

1.《释诂》卷一下:"纠,急也。"疏证:"纠者,《说文》:纠,绳三合也。《王篇》、《广韵》并云:纠,急也。《荀子》云:矜纠收缭之属。《鲁颂·泮水篇》:角弓其觩。郑笺云:觩,持弦急也。《说文》:疛,腹中急痛也。并与纠声近义同。"(第36页上)

2.《释诂》卷一下:"硱,坚也。"疏证:"硱者,《方言》:艮、硱,坚也。《说卦传》云:艮为山,为小石。皆坚之义也。今俗语犹谓物坚不可拔曰艮。艮各本讹作良,惟影宋本不讹。《文选·高唐赋》:振陈硱硱。《思元赋》:行积水之硱硱兮。李善注并引《方言》:硱,坚也。《释名》:铠,犹塏也。塏,坚重之言也。并与硱声近义同。"(第41页上)

3.《释诂》卷三上:"坋,尘也。"疏证:"坋者,《说文》:坋,尘也。高诱注《淮南子·齐俗训》云:堁,坋尘也。坋与坋同。《论语·公冶长篇》:粪土之墙,不可杇也。《盐铁论·非鞅篇》:乀土之基,虽良匠不能成其高。并与坋声近义同。"(第86页上)

4.《释诂》卷三下:"欑,聚也。"疏证:"欑者,《文选·西都赋》注引《仓颉篇》云:欑,聚也。《丧大记》:君殡用辅,欑至于上。郑注云:欑,犹菆也。菆与丛同。《史记·司马相如传》云:欑罗列聚丛以茏茸兮。欑与菆通。《说文》:欑,积竹杖。一曰丛木。皆聚之义也。又云:儹,聚也。亦与欑声近义同。"(第95页上)

5.《释诂》卷四上:"曙,明也。"疏证:"曙者,《说文》:睹,旦明也。《文选·魏都赋》注引《说文》作曙。《管子·形势篇》云:曙戒勿怠。曙之言明著也。昭十一年《左传》:朝有著定。杜预注云:著定,朝内列位常处,谓之表著。《鲁语》云:暑,位之表也。曙、暑、著,三字声相近,皆明著之义也。"(第112页上)

从以上分析可以看出,王念孙用"声近(而)义同"这一术语表述同源词,数量最多,达 103 次,而使用"并(亦)与某声近义同"等术语只有 13 次。说明王念孙认识到汉语同源词的最基本特征是声近义同。

第三,声义相近。

所谓"声义相近",表示的是该组同源词在音义上都为相近关系。常用的术语为"声义(并、亦)相近"。《广雅疏证》在所系联的同源词里,共使用这类术语 15 次(不含重复出现)。例如:

1.《释器》卷八上:"纁,赤也。"疏证:"《说文》:纁,浅绛也。《考工记》:钟氏染羽,三入为纁。《尔雅》:一染谓之縓,再染谓之赪,三染谓之纁。李巡注云:三染,其色已成为绛。纁、绛,一名也。郑众注《周官·染人》亦云:纁,绛也。《说文》:绛,大赤也。绛与红,声义相近。"(第 272 页下)

2.《释诂》卷一下:"睨,视也。"疏证:"睨者,《集韵》引《埤仓》云:睨,眇视貌。《荀子·非十二子篇》:睨睨然。杨倞注云:小见之貌。睨与窥,声义相近也。"(第 33 页上)

3.《释草》卷十上:"茇,根也。"疏证:"《说文》云:菅,茇也。茅根也。《玉篇》云:菝,黄茅根,取汁治消渴。菝,亦与菞通。是茅根名茇,又名菞也。《广韵》云:菞,苇根可食者曰茇。是苇根又名菞也。《说文》云:茇,草根也。春草根枯引之而发土为拨,故谓之茇。案茇之言本也。本、茇,声义相近。"(第 337 页下)

4.《释地》卷九下:"湝,厓也。"疏证:"《说文》:湝,水崖也。《尔雅》:厓,夷上洒下,不湝。孙炎注云:平上陗下,故名湝。郭璞云:不,发声也。《王风·葛藟篇》:在河之湝。传云:湝,水隒也。《魏风·伐檀篇》:寘之河之湝兮。传云:湝,厓也。释文:湝,本亦作漘。漘者,在边之名,口边谓之漘,水厓谓之湝,屋宇谓之宸。声义并相近也。"(第 301 页上)

5.《释诂》卷三下:"订,平也。"疏证:"订者,《说文》:订,平议也。《玉篇》音他丁、唐顶二切。《周颂·天作》笺云:以此订大王文王之道,卓尔与天地合其德。释文:订谓平比之也。引《字诂》云:订,平也。《周官·司弓矢》注云:恒矢痹矢,前后订,其行平也。《楚辞·九歌》:搴汀洲兮杜若。王逸注云:汀,平也。《说文》:田践处曰町。徐锴传云:言平町町也。《郑风·东门之坛》传云:坛,除地町町者。皆平之义也。《周官·小宰》:以听官府之六计。郑注云:听,平治也。听与订,声义亦相近。"(第 107 页上~107 页下)

从以上分析可以看出,王念孙用"声义相近"这一术语表述同源词有 15 次,表明他认识到"声义相近"是汉语同源词的重要特征之一。

第四,并音某某反(切),义相近也。

所谓"并音某某反(切),义相近也",表示的是该组同源词语音相同,意义相近。《广雅疏证》在所系联的同源词里,共使用这一术语5次。

1.《释诂》卷四下:"剾、劊,剜也。"疏证:"劊者,《玉篇》:劊,剾也。案剾、劊皆空中之意。《说文》:窬,穿木户也。一曰空中之兒。孟康注《汉书·石奋传》云:东南人谓凿木空中如曹谓之揄。《广韵》:劊、窬、揄三字并度侯反,义相近也。"(第128页上)

2.《释诂》卷一上:"癵,病也。"疏证:"癵之言羸也。《说文》:癵,畜产疫病也。又云:羸,瘦也。癴,膝中病也。三字并力卧反,义相近也。"(第15页下)

3.《释器》卷八上:"莤,黄也。"疏证:"《说文》:莤,青黄色也。莤色在青黄之间,故青黑亦谓之莤。《汉书·薛宣传》:遇人不以义而见疻者,与痏人之罪钧。应劭注云:以杖手殴击人,剥其皮肤,肿起青黑而无创瘢者,律谓之疻痏。陆机《毛诗草木虫鱼鸟兽疏》云:鲔鱼,似鳣而色青黑。莤、鲔、痏,并音于鄙反,义相近也。"(第273页上)

4.《释器》卷八上:"毹,赤也。"疏证:"《方言》:騪,色也。郭注云:騪然,赤黑貌也。《玉篇》:毹、騪,并音许力切。义亦相近也。"(第272页下)

5.《释言》卷五上:"㲉,培也。"疏证:"《说文》:坏,瓦未烧也。《淮南子·精神训》云:夫造化者既以我为坏矣。《太元干次五》:或锡之坏。范望注云:坏,未成瓦也。坏与培通。坏之言岯胎也。郭璞《尔雅注》云:胚胎,未成物之始也。《说文》:肧,妇孕一月也。衃,凝血也。《玉篇》:醅,未釃之酒也。坏、肧、衃、醅并音片回反,义亦相近也。"(第150页下)

虽然王念孙用"并音某某反(切),义相近也"来表述同源词只有5次,但揭示了汉语同源词声同义近的特点。

第五,一声之转。

所谓"一声之转",表示的是该组同源词声母相同,韵部发生了流转。《广雅疏证》在所系联的同源词里,共使用这类术语24次。例如:

1.《释诂》卷三下:"媮,巧也。"疏证:"《说文》:媮,巧黠也。《尔雅》:佻,偷也。《楚辞·离骚》:余犹恶其佻巧。佻、偷一声之转。"(第108页上)

2.《释诂》卷三下:"藿,聚也。"疏证:"藿者,《尔雅》云:藿木,丛木。又云:木族生为藿。族、丛一声之转。"(第95页上)

3.《释言》卷五上:"易、与,如也。"疏证:"皆一声之转也。宋定之云:《系辞传》:易者,象也。象也者,像也。像,即如似之意。……《汉书·晁错传》:今匈奴上下山阪,出入溪涧,中国之马弗与也。弗与,犹弗如也。与、如、若,

亦一声之转。"(第 139 页下)

4.《释诂》卷一上:"恆、忲、俺,爱也。"疏证:"恆、忲、俺者,恆亦作亟。《方言》:亟、忲、俺,爱也。东齐海岱之间曰亟,自关而西,秦晋之间,凡相敬爱谓之亟。宋卫邠陶之间曰忲,或曰俺。又云:韩郑曰忲。晋卫曰俺。《尔雅》:惙,爱也。忲,抚也。注云:忲,爱抚也。忲与惙通。又矜怜,抚掩之也。注云:抚掩,犹抚拍,谓慰恤也。抚掩与忲俺,声近义同。俺、爱一声之转。"(第 18 页下)

5.《释亲》卷六下:"颜、题、颡、颔也。"疏证:"《说文》:颡,颔也。《说卦传》云:其于人也,为广颡。又云:其于马也,为的颡。《尔雅》:的颡,白颠。颠、颔、题,一声之转。"(第 203 页上～203 页下)

6.《释言》卷五上:"灵、禔,福也。"疏证:"卷一云:禄、灵,善也。《尔雅》:禄,福也。福与善,义相近。故皆谓之禄,又皆谓之灵。灵与禄一声之转耳。"(第 142 页上)

7.《释诂》卷一上:"翳,爱也。"疏证:"翳者,《尔雅·释木》:蔽者翳。郭璞注云:树荫翳覆地者。《方言》:掩、翳,薆也。郭注云:谓薆蔽也。引《邶风·静女篇》:薆而不见。今本作爱。《尔雅》:薆,隐也。注云:谓隐蔽。《大雅·烝民篇》:爱莫助之。毛传云:爱,隐也。掩、翳、爱、隐一声之转。爱与薆通。"(第 18 页下)

8.《释诂》卷一下:"揭,举也。"疏证:"揭,又音去例反。《邶风·匏有苦叶篇》:浅则揭。毛传云:揭,褰衣也。揭、褰、抠一声之转,故亦并训为举也。"(第 37 页上)

9.《释诂》卷二上:"尐,小也。"疏证:"尐者,《说文》:尐,少也。……《玉篇》:鷚,小鸡也。鷚与尐通。小鸡谓之鷚,犹小蝉谓之蟧。《尔雅》:蟧,茅蜩。注云:江东呼为茅蟧,似蝉而小。《说文》:鬓,束发少小也。张衡《西京赋》云:朱鬓鬓髽。尐、鷚、蟧、鬓并音姊列反,其义同也。《方言》谓小鸡为鷄子。鷄、鷚一声之转。《广韵》:吷,姊列切。鸣吷吷也。吷吷犹啾啾。啾、吷亦一声之转也。"(第 55 页下)

10.《释诂》卷四下:"剖、擗、片、胖,半也。"疏证:"皆一声之转也。剖者,襄十四年《左传》:与女剖分而食之。杜预注云:中分为剖。片、胖、半,声并相近。《说文》:片,判本也。从半木。《尔雅》:革中绝谓之辨。孙炎注云:辨,半分也。又桑辨有葚、栀。舍人注云:桑树半有葚,半无葚,名栀。释文:辨、辩并普遍反,与片同。《说文》:胖,半体肉也。《士丧礼》云:腊左胖。《丧服传》云:夫妻,胖合也。《周官·媒氏》:掌万民之判。郑注云:判,半也。主合其半,成夫妇也。《庄子·则阳篇》:雌雄片合。释文:片,音判。义并与胖

同。"(第 125 页上)

王念孙在表述同源词时,共使用"一声之转"这一术语 24 次,借此揭示了汉语同源词在语音上存在着声母相同、韵部发生流转的情况。

第六,语之转。

所谓"语之转",表示的是该组同源词由于古今方俗的差异,或声,或韵,或声韵发生了流转。王念孙有时也称作"方俗语有缓急耳"、"方俗语转耳"。《广雅疏证》在所系联的同源词里,使用这一术语共 16 次。例如:

1.《释诂》卷二下:"渷、渥,渍也。"疏证:"渷、渥者,《说文》:渷,泽多也。引《诗·小雅·信南山篇》:既渷既渥。今本作优。《说文》:渥,霑也。《邶风·简兮篇》:赫如渥赭。毛传云:渥,厚渍也。浞者,《说文》:浞,水濡皃也。《信南山篇》云:既霑既足。优、渥,语之转。霑、足,亦语之转。足与浞,声相近也。"(第 64 页下)

2.《释诂》卷一上:"封,大也。"疏证:"封之言豐也。《商颂·殷武》传云:封,大也。《尧典》云:封十有二山。封、坟语之转。故大谓之封,亦谓之坟,冢谓之坟,亦谓之封。冢亦大也。"(第 6 页下)

3.《释诂》卷一下:"粚、糥,杂也。"疏证:"粚、糥语之转。糥通作酿。《内则》:鹑羹、臡羹、駕,酿之蓼。郑注云:酿,谓切杂之也。《说文》:戼,乱也。读若穰。又云:孃,烦扰也。并与糥声近义同。"(第 35 页下)

4.《释诂》卷一上:"佳,大也。"疏证:"佳者,善之大也。《中山策》:佳丽人之所出。高诱注云:佳,大。丽,美也。《大雅·桑柔》笺云:善,犹大也。故善谓之佳,亦谓之介,大谓之介,亦谓之佳。佳、介,语之转耳。"(第 6 页上)

5.《释诂》卷一下:"宸,隐翳也。"疏证:"宸犹隐也。语之转耳。卷四云:宸,藏也。宸与底通。"(第 32 页上)

6.《释诂》卷二上:"晞,干也。"疏证:"晞,亦暵也。语之转耳。暵与罕同声,晞与希同声。晞之转为暵,犹希之转为罕矣。"(第 46 页下)

7.《释诂》卷二下:"䝼,短也。"疏证:"䝼者,《方言》:䝼,短也。注云:踙䝼,短小貌也。《玉篇》音知劣切。云:吴人呼短物也。又云:𣩂,短也。《庄子·秋水篇》:遥而不闷,掇而不跂。郭象注云:遥,长也。掇,犹短也。《淮南子·人间训》:圣人之思修,愚人之思叕。高诱注云:叕,短也。并字异而义同。《说文》:窦,短面也。《广韵》:顡,头短也。《众经音义》卷四引《声类》云:惙,短气貌。义亦与䝼同。今俗语谓短见为拙见。义亦同也。䝼与侏儒,语之转也。故短谓之侏儒,又谓之䝼;梁上短柱谓之棳,又谓之侏儒,又谓之棳儒。蜘蛛谓之蝃,又谓之蝃蝥,又谓之侏儒。《尔雅》:梁上楹谓之棳。释文:棳,本或作棁。《杂记》:山节而藻棁。郑注云:棁,侏儒柱也。《释名》

云:椓儒,梁上短柱也。椓儒,犹侏儒。短,故以名之也。《方言》云:𪚔𪚔,𪚔
蝥也。自关而西,秦晋之间,谓之𪚔蝥。自关而东,赵魏之郊,谓之𪚔𪚔,或
谓之蠮蝓。蠮蝓者,侏儒语之转也。注云:今江东呼蝃蝥,音椓。……盖凡
物形之短者,其命名即相似,故屡变其物而不易其名也。"(第 69 页下)。

8.《释诂》卷二上:"蕰,盛也。"疏证:"蕰者,《方言》:蕰,晠也。注云:蕰
蔼,茂貌。蕰与蕰同。《大雅·云汉篇》云:旱既大甚,蕰隆虫虫。是盛之义
也。释文:蕰,《韩诗》作鬱。《秦风·晨风篇》云:鬱彼北林。亦盛之义释也。
蕰、鬱,语之转耳。"(第 54 页上)

9.《释诂》卷四上:"殢、馀,盈也。"疏证:"殢者,残馀之数。故残、殢二字
并从歹。《说文》:歹,列骨之残也。又云:畸,残田也。《广韵》:畸、殢、奇三
字并居宜切。其义同也。盈亦馀也。语之转耳。"(第 114 页上)

10.《释诂》卷三上:"絓、挈、傛、介,独也。"疏证:"絓、挈、傛、介、特者,
《方言》:絓、挈、傛、介、特也。楚曰傛,晋曰絓,秦曰挈。物无耦曰特,兽无耦
曰介。挈,亦介也。语之转耳。"(第 80 页上)

古今方俗语在语音上往往存在着差异,或声,或韵,或声韵发生了流转。
王念孙在分析同源词时,注意到了这一语言现象,因此,他在对同源词进行
表述时,就用"语之转"予以标注,这一术语是主流,共使用了 13 次,"方俗语
有缓急耳"使用 2 次,"方俗语转耳"使用 1 次。

第七,并通。

所谓"并通",表示的是该组同源词声义相同相通。常用的术语是"并
通",也用"某与某(并)通","古同声而通用"、"义并与某通"等。尽管术语不
同,但所表示的意思相同。

关于"并通",《广雅疏证》在系联同源词时,共使用这类术语 35 次(不计
重复)。例如:

1.《释诂》卷一下:"臣,坚也。"疏证:"臣者,《太平御览》引《孝经说》云:
臣者,坚也。守节明度,循义奉职也。《白虎通义》云:臣者,繵也,坚也。属
志自坚固也。鏗者,《玉篇》:鏗,口闲切,坚也。《说文》:臤,坚也。《尔雅》:
臤,固也。郭璞注云:臤然牢固。鏗、鏗、臤,并通。《公羊氏春秋成四年》:郑
伯臤卒。疏云:左氏作坚字,《谷梁》作贤字。《玉篇》:臤,古千切。引《成公
四年》:郑伯臤卒。《说文》:坚、贤并从臤声,臤从臣声。《广雅》:鏗、贤、臣、
鏗,坚也。坚、紒、贤、鏗、鏗、臤、臣八字并声近而义同。"(第 41 页上)

2.《释器》卷八上:"苾,香也。"疏证:"司马相如《上林赋》云:晻蔼咇茀。
此释其义也。……《说文》:苾,馨香也。馝,食之香也。《玉篇》:咇,芳香也。
苾,大香也。《小雅·楚茨篇》云:苾芬孝祀。《周颂·载芟篇》云:有馝其香。

秘、呧、䬎、芯,并通。"(第 251 页上～251 页下)

3.《释诂》卷三下:"擵,按也。"疏证:"擵之言壓也。《说文》:擵,一指按也。《庄子·外物篇》:壓其顪。释文:壓,本亦作擵。《楚辞·九辩》:自壓按而学诵。壓,一作厭。《韩子·外储说右篇》云:田连、成窍、天下善鼓琴者也,然而田连鼓上,成窍擵下,而不能成曲,共故也。《淮南子·说林训》云:使伹吹竽,使氏厭窍,虽中节而不可听。《泰族训》云:所以贵扁鹊者,贵其擵息脉血,知病之从生也。擵、擵、壓、厭,并通。"(第 101 页上)

4.《释诂》卷一上:"愊,满也。"疏证:"㤢、愊者,《方言》:㤢、愊,满也。凡以器盛而满谓之㤢,腹满曰愊。郭璞注云:㤢,言涌出也。愊言勑愊也。《说文》:畐,满也。《玉篇》:普逼、扶六二切。云:腹满谓之涌,肠满谓之畐。㤢、涌,愊、畐并通。《汉书·陈汤传》:策虑愊亿。颜师古注云:愊亿,愤怒之貌也。《玉篇》云:䭇,饱也。又云:稄稯,满皃。义并与愊同。"(第 12 页下)

5.《释诂》卷一下:"抳,急也。"疏证:"抳者,《说文》:緪,急也。又云:抳,引急也。徐锴传云:抳,犹亘也。横亘之也。《楚辞·九歌》:緪瑟兮交鼓。王逸注云:緪,急张弦也。《淮南子·缪称训》:治国辟若张瑟,大弦絚,则小弦绝矣。高诱注云:絚,急也。马融《长笛赋》云:若絚瑟促柱。抳、緪、絚并通。"(第 36 页上)

6.《释诂》卷一上:"疛,病也。"疏证:"府者,《玉篇》:疛,附俱、扶禹二切,肿也。《西山经》:可以已胕。郭璞注云:治胕肿也。《素问·水热穴论》云:胕肿者,聚水而生病也。《吕氏春秋·情欲篇》云:身尽府肿。疛、胕、府并通。"(第 17 页上)

7.《释诂》卷三上:"露,败也。"疏证:"露之言落也。《方言》:露,败也。昭元年《左传》云:勿使有所壅闭,湫底以露其体。《逸周书·皇门解》云:自露厥家。《管子·四时篇》云:国家乃路。《吕氏春秋·不屈篇》云:士民罢潞。露、潞、路,并通。今俗语犹云败露矣。《庄子·天地篇》:夫子阖行邪,无落吾事。谓无败吾事也。落与露,亦声近义同。"(第 90 页下～91 页上)

8.《释诂》卷二上:"婓,饰也。"疏证:"婓者,《说文》:妆,饰也。宋玉《登徒子好色赋》云:不待饰装。《汉书·司马相如传》云:靓莊刻饰。婓、妆、装、莊并通。"(第 52 页下)

9.《释诂》卷三下:"廝,散也。"疏证:"廝、披者,《方言》:瘯、披,散也。东齐声散曰瘯,器破曰披。秦晋声变曰瘯,器破而不殊,其音亦谓之瘯。《集韵》引《字林》云:瘯,甍破也。《汉书·王莽传》:莽为人大声而嘶。颜师古注云:嘶,声破也。廝、瘯、嘶、甍并通。《尔雅》:斯,离也。《春秋繁露·度制篇》云:是大乱人伦而靡斯财用也。王逸注《九歌》云:澌,解冰也。义并与廝

同。"(第 109 页上)

10.《释诂》卷二上:"忨,贪也。"疏证:"忨者,《尔雅》:懊、忨也。愒,贪也。《说文》:忨,贪也。昭元年《左传》:翫岁而愒日。杜预注云:翫、愒,皆贪也。《晋语》作忨日而潊岁。昭二十六年《左传》:玩求无度。服虔注云:玩,贪也。忨、翫、玩并通。"(第 44 页上)

关于"某与某(并)通",《广雅疏证》在所系联的同源词里,共使用这类术语 27 次(不计重复)。例如:

1.《释诂》卷一上:"覂,弃也。"疏证:"覂,谓败弃之也。《汉书·武帝纪》云:泛驾之马。泛与覂通。《庄子·天地篇》:子往矣,无乏吾事。释文云:乏,废也。乏与覂,亦声近义同。"(第 14 页下)

2.《释宫》卷七上:"駃,犇也。"疏证:"駃,《史记·张仪传》:挨前趹后,蹄间三寻。索隐云:言马之走势疾也。《庄子·齐物论篇》:麋鹿见之决骤。崔撰注云:疾走不顾为决。卷一云:趏,疾也。《说文》:趹,马行皃。又云:趏,踶也。高诱注《淮南子·修务训》云:蹏,趏走也。趏、趹、决并与駃通。"(第 215 页下)

3.《释诂》卷一上:"㨖、驯,善也。"疏证:"㨖、驯者,《说文》:㨖,牛柔谨也。驯,马顺也。《玉篇》㨖字注云:《尚书》:㨖而毅字如此。《周官·大宰》:以擾万民。郑注云:擾,犹驯也。擾与㨖通。《大雅·烝民篇》:柔嘉维则。柔与㨖,亦声近义同。"(第 9 页上)

4.《释诂》卷一上:"般,大也。"疏证:"般者,《方言》:般,大也。郭璞音盘桓之盘。《大学》:心广体胖。郑注云:胖,犹大也。《士冠礼》注云:弁名出于槃。槃,大也。言所以自光大也。槃、胖并与般通。《说文》:幋,覆衣大巾也。鞶,大带也。《讼上九》:或锡之鞶带。马融注云:鞶,大也。《文选·啸赋》注引《声类》云:磐,大石也。义并与般同。《说文》:伴,大貌。伴与般,亦声近义同。"(第 6 页上)

5.《释诂》:"隒,方也。"疏证:"隒之言廉也。《乡饮酒礼》:设席于堂廉。郑注云:侧边曰廉。《说文》:厓,山边也。《秦风·蒹葭篇》云:在水一方。又云:在水之湄,在水之涘。《毛传》云:湄,水隒也。涘,厓也。即《经》所云水一方也。故苏武《诗》云:各在天一方。《古诗》云:各在天一涯。李善注引《广雅》:涯,方也。涯与厓通。厓,亦廉也。语之转耳。《卫风·有狐篇》:在彼淇厉。《毛传》云:厉,深可厉之旁。案厉谓水厓也。"(第 11 页下)

《释诂》卷一上:"厓,方也。"疏证:"涯与厓通。厉亦廉也。语之转耳。《卫风·有狐篇》:在彼淇厉。毛传云:厉,深可厉之旁。案:厉,谓水厓也。厉之言浔也。《广雅·释丘》云:隒、浔,厓也。此云:隒、厓、厉,方也。厉与

泻,声近义同。"(第11页下)

6.《释诂》卷三上:"媥,轻也。"疏证:"媥之言翩也。《说文》:媥,轻皃也。《泰六四》:翩翩。释文引向秀注云:轻举貌。翩与媥通。"(第77页上)

7.《释诂》卷一:"褒,大也。"疏证:"褒之言浑也。曹大家注《幽通赋》云:浑,大也。《后汉书》冯绲字鸿乡。绲与褒通。《说文》:睔,目大也。《尔雅》:百羽谓之缌。《释文》引《埤仓》云:緷,大束也。《玉篇》:鲧,大鱼也。睔、緷、鲧并音古本反,义与褒同也。"(第7页上)

8.《释诂》卷四下:"娠,傊也。"疏证:"娠者,《尔雅》:娠、震,动也。郭璞注云:娠,犹震也。《说文》:娠,女妊身动也。引哀元年《左传》:后缗方娠。《大雅·生民篇》:载震载夙。震与娠通。"(第128页下)

9.《释诂》卷一:"袥,大也。"疏证:"袥之言硕大也。……《说文系传》引《字书》云:袥,张衣令大也。《玉篇》:袥,广大也。《太元元莹》云:天地开辟,宇宙袥坦。《汉白石神君碑》云:开袥旧兆。《文选·魏都赋注》引《仓颉篇》云:斥,大也。《庄子·田子方篇》:挥斥八极。李轨音託。《汉书·扬雄传》云:拓迹开统。拓、斥并与袥通。《鲁颂·閟宫篇》:松桷有舄。毛传云:舄,大貌。徐邈音託。义亦与袥同。"(第6页上)

10.《释诂》卷四上:"荡、逸、放、恣,置也。"疏证:"废者,《尔雅》:废,舍也。郭注云:舍,放置也。……《说文》云:赦,置也。捨与赦,声义亦同。故《尔雅》云:赦,舍也。舍与捨通。荡、逸、放、恣并同义。"(第109页下)

关于"义并与某通",《广雅疏证》在所系联的同源词里,共使用这类术语5次。例如:

1.《释诂》卷一上:"睩,善也。"疏证:"睩者,《说文》:睩,目睐谨也。《楚辞·招魂》云:蛾眉曼睩。《说文》:逯,行谨逯逯也。《盐铁论·未通篇》云:录民数创于恶吏。义并与睩通。睩与禄,义亦通也。"(第9页下)

2.《释诂》卷一上:"斯,分也。"疏证:"斯者,《尔雅》:斯,离也。《方言》云:齐陈曰斯。《陈风·墓门篇》:斧以斯之。毛传云:斯,析也。《庄子·则阳篇》云:斯而析之。《史记·河渠书》:乃廝二渠以引其河。集解引《汉书音义》云:廝,分也。廝与斯通。今俗语犹呼手裂物为斯。《楚辞·九歌》:流澌纷兮将来下。王逸注云:澌,解冰也。《方言》:㾁,散也。东齐声散曰㾁,秦晋声变曰㾁,器破而不殊,其音亦谓之㾁。《集韵》引《字林》云:甀,甇破也。义并与斯通。"(第21页上)

3.《释诂》卷一下:"揭,举也。"疏证:"揭,音居列、去列、渠列三反。又居谒、渠竭二反。《说文》:揭,高举也。《小雅·大东篇》云:西柄之揭。《庄子·胠箧篇》云:唇竭则齿寒。竭与揭通。凡物之上举者皆谓之揭。《说文》:楬,禾举出苗也。《卫风·硕人篇》：葭菼揭揭。毛传云：揭揭，长也。《说文》：碣，特立之石也。义并与揭通。举物谓之揭，负物亦谓之揭。《说文》：竭，负举也。从立，曷声。《礼运》：五行之动，迭相竭也。郑注云：竭，犹负戴也。成二年《左传》：桀石以投人。杜预注云：桀，担也。《庄子·胠箧篇》云：负匮揭箧担囊而趋。竭、揭、桀并通。揭与担同义，故并训为举也。"（第36页下）

关于"古同声而通用"，《广雅疏证》在所系联的同源词时，共使用这类术语2次。

1.《释亲》卷六下："背谓之骶。背，北也。"疏证："《释名》云：背，倍也。在后称也。故又训为北。《卫风·伯兮》传云：背，北堂也。亦在后之称也。北与背，古同声而通用。"（第205页下～206页上）

2.《释言》："畏，威也。"疏证："襄三十一年《左传》云：有威而可畏谓之威。《皋陶谟》：天明畏，自我民明威。马融本畏作威。威、畏古同声而通用。"（第151页下）

"通"这一术语，王念孙在表述、分析同源词时，共使用了69次。其中，"并通"35次，"某与某（并）通"27次，"义并与某通"5次，"古同声而通用"2次。"并通"使用频次最高。"通"这一术语的使用，表明王念孙在分析同源词时，抓住了汉语同源词"音近义通"这一总原则，同时结合具体的语言环境，除了说明这组同源词之间音义相通之外，表述也更加准确、具体。

第八，某与某同义。

所谓"某与某同义"，表示该组同源词声义相同或相通。常常使用的术语有"某与某（亦）同义"、"某、某（并）同义"、"并（皆）与某同义"等。《广雅疏证》在所系联的同源词里，共使用这类术语8次。例如：

1.《释诂》卷一上："趞，疾也。"疏证："趞者，《说文》：趞，蹻也。高诱注《淮南子·修务训》云：蹻，趞走也。《说文》：趹，马行貌。《史记·张仪传》：揿前趹后。索隐云：言马之走势疾也。趹与趞同义。《庄子·逍遥游篇》：我决起而飞。李颐注云：决，疾貌。决与趞，亦声近义同。"（第23页下）

2.《释诂》卷一："愾，满也。"疏证："愾，音口代、许气二反。谓气满也。《玉篇》音《广雅》作嘅。《说文》：镊，怒战也。引文四年《左传》：诸侯敌王所镊。今本作愾。杜预注云：愾，恨怒也。《说文》：忼慨壮士不得志于心也。徐锴传云：内自高亢愤激也。义并与愾同。《方言》：饐、饐，饱也。饐与愾亦同义。故《广雅》愾、饐、饱三字同训为满矣。"（第12页上）

3.《释诂》卷二下："筰，滗也。"疏证："筰者，压筰出其汁也。《玉篇》音仄乍切。云：筰酒也。《广韵》云：醡，压酒具也。榨，打油具也。并出《证俗文》。《后汉书·耿恭传》：筰马粪汁而饮之。李贤注云：筰，谓压筰也。嵇康

《声无哀乐论》云:犹箍酒之囊漉,虽筲具不同,而酒味不变也。筲、醡、榨并同义。今俗语犹云筲酒、筲油矣。"(第69页上)

4.《释诂》卷一下:"蜕、毷,解也。"疏证:"蜕之言脱也。《说文》:蜕,蛇蝉所解皮也。《庄子·寓言篇》云:予,蜩甲也,蛇蜕也。今俗语犹谓虫解皮为蜕皮矣。……毷亦脱也。《方言》:毷,易也。郭璞注云:谓解毷也。《广韵》:毷,鸟易毛也。郭璞《江赋》:产毷积羽。李善注云:《字书》曰:毸,落毛也。毸与毷同。《管子·轻重篇》云:请文皮毸服而以为币。今俗语犹谓鸟兽解毛为毸毛。毷、毸、蜕,并同义。《方言》:隋,易也。揗,脱也。义亦与毷同。"(第28页下~29页上)

5.《释诂》卷四下:"颎,高也。"疏证:"《玉篇》:颎,高大也。《卫风·硕人篇》:硕人敖敖。毛传云:敖敖,长貌。《庄子·大宗师篇》:謷乎其未可制也。郭象注云:高放而自得。《尔雅》:狗四尺为獒。《说文》:颎,骏马也。并与颎同义。"(第127页下)

在这里,王念孙使用"某与某(亦)同义","某、某(并)同义","并(皆)与某同义"等术语表述、分析同源词,虽然只有8次,但他揭示了汉语同源词的语义特征是相同。

第九,义并同也。

所谓"义并同也",表示该组同源词语音相同或相近,意义相同或相通,且大多采用右文法来系联同源词。王念孙《广雅疏证》在所系联的同源词里,共使用这个术语7次。例如:

1.《释器》卷七下:"轊,轋也。"疏证:"轋之言锐也。昭十六年《左传》注云:锐,细小也。轴两耑出毂外细小也。小声谓之嘒,小鼎谓之锗,小棺谓之槥,小星貌谓之嘒,蜀细布谓之縳,鸟翮末谓之翽,车轴两耑谓之轊。义并同也。《方言》:车轋,齐谓之轊。"(第242页下)

2.《释诂》卷一下:"桻,末也。"疏证:"桻者,《玉篇》:桻,木上也。兵耑谓之锋,山耑谓之峰。义并同也。"(第28页上)

3.《释器》卷八上:"矑,黑也。"疏证:"《说文》:齐谓黑为矑,字通作卢。黑土谓之垆,黑犬谓之獹,目童子谓之矑,黑弓谓之玈弓,黑矢谓之玈矢,黑水谓之瀘水,黑橘谓之卢橘,义并同也。"(第274页上~274页下)

4.《释亲》卷六下:"婗、兒、姓,子也。"疏证:"婗亦兒也。方俗语有轻重耳。《说文》:婗,婴婗也。《释名》云:人始生曰婴兒,或曰婴婗。《孟子·梁惠王篇》:反其旄倪。赵岐注云:倪,弱小緊倪者也。緊倪与婴婗同。凡物之小者谓之倪,婴儿谓之婗,鹿子谓之麑,小蝉谓之蜺,老人齿落更生细齿谓之齯齿。义并同也。"(第201页下)

5.《释诂》卷二上:"覃,长也。"疏证:"覃者,《尔雅》:覃,延也。注云:谓蔓延相被及。《大雅·生民篇》:实覃实讦。毛传云:覃,长也。《说文》:覃,长味也。又云:醰,咭长味也。王褒《洞箫赋》云:良醰醰而有味。义并同也。"(第56页下)

王念孙使用"义并同也"这一术语来表述、分析同源词,虽然只有7次,但他抓住了汉语同源词共同的语义特征:相同。

第十,义并与某同。

所谓"义并与某同",表示该组同源词声义相同或相通。《广雅疏证》在所系联的同源词里,共使用这个术语16次。例如:

1.《释诂》卷一上:"般,大也。"疏证:"般者,《方言》:般,大也。郭璞音盘桓之盘。《大学》:心广体胖。郑注云:胖,犹大也。《士冠礼》注云:弁名出于槃。槃,大也。言所以自光大也。槃、胖并与般通。《说文》:般,覆衣大巾也。鞶,大带也。《讼上九》:或锡之鞶带。马融注云:鞶,大也。《文选·啸赋》注引《声类》云:磐,大石也。义并与般同。《说文》:伴,大貌。伴与般,亦声近义同。"(第6页上)

2.《释诂》卷一上:"抙,取也。"疏证:"抙者,《说文》:抙,引聚也。引《小雅·常棣篇》:原隰抙矣。今本作裒。毛传云:裒,聚也。《谦象传》:君子以裒多益寡。释文:裒,郑、荀、董、蜀才作抙。云:取也。《礼运》:汙尊而抙饮。郑注云:抙饮,手掬之也。《说文》:今盐官入水取盐曰掊。义并与抙同。《尔雅》:俘,取也。义亦与抙同。凡与之义近于散,取之义近于聚。聚、取声又相近,故聚谓之收,亦谓之敛,亦谓之集,亦谓之府。"(第20页上)

3.《释诂》卷一上:"愊,满也。"疏证:"恫、愊者,《方言》:恫、愊,满也。凡以器盛而满谓之恫,腹满曰愊。郭璞注云:恫,言涌出也。愊言勑偪也。《说文》:畐,满也。《玉篇》:普逼、扶六二切。云:腹满谓之涌,肠满谓之畐。恫、涌、愊、畐并通。《汉书·陈汤传》:策虑愊忆。颜师古注云:愊忆,愤怒之貌也。《玉篇》云:餾,饱也。又云:稫稜,满皃。义并与愊同。"(第12页下)

4.《释诂》卷二上:"筍,长也。"疏证:"筍者,狭长也。《说文》:筍,断竹也。《史记·三王世家》:广陵王策云:毋侗好佚。褚少孙释之云:毋长好佚乐也。《论衡·齐世篇》云:上世之人,侗长佼好。义并与筍同。《释名》云:山旁陇间曰涌。涌,犹桶。桶狭而长也。亦与筍声近义同。"(第56页上)

5.《释亲》卷六下:"背谓之甑。背,北也。"疏证:"甑之言邸也。邸者,后也。《周官·掌次》:设皇邸。郑众注云:邸,后版也。《说文》:軧,大车后也。义并与甑同。"(第205页下)

6.《释诂》卷一上:"茨,积也。"疏证:"茨者,《小雅·甫田篇》:曾孙之稼,如茨如梁。毛传云：茨，积也。郑笺云：茨，屋盖也。《释名》：屋以草盖曰茨。茨，次也。次比草为之也。是积之义也。《瞻彼洛矣篇》云：福禄如茨。其义同也。《说文》：薋，草多皃。垐，以土增大道上也。义并与茨同。《周官·籩人》：糗饵粉餈。郑注云：此二物皆粉稻米、黍米为之。合蒸曰饵，饼之曰餈。《释名》：餈，渍也。烝檆屑使相润渍饼之也。餈与茨，渍与积，义亦相近。”（第 18 页上）

7.《释诂》卷一上：“贤，大也。”疏证：“贤亦善之大也。《白虎通义》引《礼别名记》云：千人曰英，倍英曰贤。《考工记·轮人》：五分其毂之长，去一以为贤，去三以为轵。郑众注云：贤，大穿。轵，小穿。《说文》：犟，大皃。读若贤。又云：瞖，大目也。义并与贤同。”（第 6 页下）

8.《释言》卷五上：“蹩，蹞也。”疏证：“《越语》：蹩而趋之。韦昭注云：蹩，走也。《吕氏春秋·贵直篇》云：狐援闻而蹩往过之。《说文》：趀，蹞也。駃，马行皃。《史记·张仪传》：搤前趹后。索隐云：言马之走势疾也。义并与蹩同。”（第 149 页上）

9.《释诂》卷二上：“脫、杪，小也。”疏证：“脫、杪者，《方言》：葰、杪，小也。凡草生而初达谓之葰，木细枝谓之杪。注云：葰，音锐。锋萌始出也。左思《吴都赋》云：郁兮葰茂。葰之言锐也。昭十六年《左传》：不亦锐乎。杜预注云：锐，细小也。《说文》：锐，芒也。《尔雅》：再成锐上为融丘。注云：鐵项者。义并与葰同。《说文》：脫，小餟也。脫与葰，亦声近义同。”（第 55 页上～55 页下）

10.《释诂》卷二上：“儦，长也。”疏证：“儦者，《说文》：儦，长壮儦儦也。引昭七年《左传》：长儦者相之。今传作鬣。所见本异也。《说文》：鬣，发鬣鬣也。《尔雅》：犦牛。郭璞注云：旄牛也。髀膝尾皆有长毛。义并与儦同。”（第 56 页上）

王念孙使用“义并与某同”这一术语来表述、分析同源词，共 16 次，他抓住了汉语同源词语义相同这一特征。

王念孙为了揭示汉语同源词在语义上具有“相同”这一特征，便使用了“某与某（亦）同义”，“某、某（并）同义”，“并（皆）与某同义”、“义并与某同”、“义并同也”等术语来表述、分析同源词，虽然在术语里没有体现语音，但实际上，他在字里行间也分析了汉语同源词的音义关系。

第十一，义（亦）相近。

所谓“义（亦）相近”，表示该组同源词声音相同相近而意义也相近或相同。《广雅疏证》在所系联的同源词里，共使用这一术语 6 次。例如：

1.《释宫》卷七上：“楣、檐，梠也。”疏证：“《说文》：楣，秦名屋榱联也。齐谓之檐,楚谓之枂。《释名》云:楣,眉也。近前若面之有眉也。又云:水草交曰湄。湄,眉也,临水如眉临目也。湄与楣,义相近。楣、字,皆下垂之名。故在人,亦有眉宇之称。"(第 209 页上)

2.《释水》卷九下:"舸,舟也。"疏证:"舸者,洪大之称。门大开谓之閛,大杯谓之閛,大船谓之舸,义相近也。"(第 305 页下)

3.《释诂》卷一下:"陂,益也。"疏证:"陂之言被也。以物相被及也。故卷二云:益、被,加也。《尧典》:光被四表。传训被为溢。义相近也。陂与阤,叠韵也。《说文》:陂,移与也。《玉篇》:阤,陂也。《鄘风·君子偕老篇》:不屑髢也。郑笺云:髢,髲也。正义引《说文》云:髲,益发也。《释名》云:髲,被也。发少者得以被助其发也。髲、髢与陂、阤声相近,皆附益之意也。"(第 37 页下)

王念孙使用"义(亦)相近"这一术语表示汉语同源词意义之间存在相近关系。

第十二,并字异而义同。

所谓"并字异而义同",表示的是该组同源词虽然字形不同,但声音相同相近而意义相同。王念孙《广雅疏证》在所系联的同源词里,共使用这一术语 16 次。例如:

1.《释诂》卷四下:"硡,声也。"疏证:"硡者,《玉篇》:硡,石声也。《说文》:宏,屋深响也。㙤,谷中响也。《玉篇》引《字书》云:耾,耳语也。又云:嘈耾,市人声也。飖,大风也。䖯,虫飞也。《广韵》:鍧,金声也。《考工记·梓人》云:其声大而宏。《风赋》云:耾耾雷声。司马相如《长门赋》云:声嘈耾而似钟音。《藉田赋》云:鼓鞞硡隐以砰磕。并字异而义同。"(第 122 页上)

2.《释诂》卷二下:"庑,覆也。"疏证:"庑者,《说文》:䕳,溥覆照也。《方言》:幠,覆也。襄二十九年《左传》:如天之无不帱也。《史记·吴世家》作燾。《集解》引贾逵注云:燾,覆也。《周官·司几筵》:每敦一几。郑注云:敦,读曰焘。焘,覆也。并字异而义同。(第 62 页上)

3.《释诂》卷一下:"慓,急也。"疏证:"慓者,《玉篇》匹姚、蒲小二切。《广韵》又匹妙切。《说文》:嘌,疾也。引《桧风·匪风篇》:匪车嘌兮。《考工记·弓人》:则其为兽必剽。郑注云:剽,疾也。《史记·高祖纪》:项羽为人慓悍猾贼。《汉书》作剽。司马相如《上林赋》云:泪濞漂疾。并字异而义同。"(第 35 页下~36 页上)

4.《释器》卷八上:"皭、皢,白也。"疏证:"皢之言晓也。《说文》:晓,日之白也。《广韵》引《埤仓》云:皭,白色也。《史记·屈原传》云:皭然泥而不滓者也。重言之则曰皭皭。义见《释训》。皢,与下嚣字同。嚣之言皜皜也。

《说文》：暳，鸟之白也。又云：鹭，鸟白肥泽皃。《史记·司马相如传·上林赋》：鹭乎滴滴。索隐引郭璞注云：水白光貌。又《大人赋》：吾乃今目睹西王母暳然白首。《汉书》作暑然。并字异而义同。重言之则曰暳暳，义见《释训》。《说文》：犡，白牛也。义亦与暳同。"（第273页下）

5.《释诂》卷三下："辙，迹也。"疏证："辙者，《说文》：辙，车迹也。《释名》云：蹤，從也。人形从之也。《史记·张汤传》：言变事蹤迹安起。《汉书》作從。并字异而义同。"（第108页下）

6.《释诂》卷四下："锽，声也。"疏证："锽者，《玉篇》胡觥切。《集韵》又胡光切。《说文》：锽，钟声也。瑝，玉声也。喤，小儿声也。《尔雅》：韹韹，乐也。《方言》：諻，音也。《周颂·执竞篇》云：钟鼓喤喤。《小雅·斯干篇》云：其泣喤喤。《吕氏春秋·自知篇》云：钟况然有音。马融《广成颂》云：锽锽鎗鎗。《长笛赋》云：铮鐄謷嗃。并字异而义同。"（第122页上～122页下）

7.《释诂》卷四下："鎗，声也。"疏证："鎗者，《玉篇》音楚庚切。《集韵》又七羊切。《说文》：鎗，钟声也。瑲，玉声也。《小雅·采芑篇》：八鸾瑲瑲。《释文》：瑲，本亦作鎗。《庭燎篇》作将。《大雅·烝民篇》作锵。《商颂·烈祖篇》作鸧，并字异而义同。"（第122页上）

8.《释诂》卷三上："侹，直也。"疏证："侹者，《玉篇》音他顶切。《尔雅》：颋，直也。襄五年《左传》：周道挺挺。杜预注云：挺挺，正直也。《曲礼》：鲜鱼曰脡祭。郑注云：脡，直也。并字异而义同。"（第82页上）

9.《释诂》卷三下："堇，少也。"疏证："堇读为僅。《说文》：僅，才能也。徐锴传云：僅能如此，是才能如此也。又《说文》：廑，少劣之居也。《周语》：余一人僅亦守府。韦昭注云：僅，犹劣也。定八年《公羊传》云：懂然后得免。《射义》云：盖县有存者。《吕氏春秋·长见篇》：鲁公以削，至于觐存。高诱注云：觐，裁也。《盐铁论·通有篇》云：多者不独衍，少者不独僅。《汉书·董仲舒传》：廑能勿失耳。颜师古注云：廑，少也。《地理志》：堇堇物之所有。应劭注云：堇堇，少也。并字异而义同。《谷梁传》：三谷不升谓之僅。亦是少劣之意。犹一谷不升谓之歉也。"（第101页下）

10.《释诂》卷一下："獧，急也。"疏证："獧者，《说文》：獧，疾跳也。一曰急也。又云：懁，急也。《庄子·列御寇篇》释文引《三仓》云：懁，急腹也。《楚语》云：其心又狷而不洁。《史记·货殖传》云：民俗懁急。并字异而义同。"（第35页下）

11.《释诂》卷一下："翕，引也。"疏证："翕者，《说文》：吸，内息也。歙，缩鼻也。《小雅·大东篇》：载翕其舌。郑笺云：翕，犹引也。《楚辞·九章》：吸湛露之浮凉。扬雄《甘泉赋》：噏青云之流瑕。并字异而义同。"（第43页上）

"并字异而义同"这一术语，表述的内容非常复杂，但王念孙在这里用来表述同源词，揭示的是该组同源词虽然字形不同，但语音相同相近而意义相同。

第十三，凡言某者，皆某之义。

所谓"凡言某者，皆某之义"，表示的是该组同源词声符相同，意义也相同或相近。王念孙偶尔也用"并从某声，其义同也"、"并以某为声，义相近矣"来表示。《广雅疏证》在所系联的同源词里，使用这类术语共12次。例如：

1.《释诂》卷四下："緫、纱、糸、紃、细，微也。"疏证："緫、纱、糸、紃、细，皆丝之微也。緫之言恍惚。纱之言眇小也。《孙子算经》云：蚕所吐丝为忽。十忽为秒，紃、忽，纱、秒并通。《说文》：秒，禾芒也。……忽，蜘蛛网细者也。皆微之义也。《顾命》云：眇眇予末小子。僖九年《左传》云：以是貌诸孤。《方言》：眇，小也。又云：秒，小也。凡木细枝谓之秒。郭璞注云：言秒梢也。《尔雅》：管小者谓之篎。《说文》：眇，一目小也。又云：鶓鶁，桃虫也。《尔雅·释鸟》注作鶓鶁。《周颂·小毖篇》：肇允彼桃虫，拚飞维鸟。毛传云：桃虫，鶓也。鸟之始小终大者。陆机疏云：今鶓鶁是也。鶓之叠韵为鶓鶁，又为鶓鶁。皆小貌也。《文选·长笛赋》：焦眇睢维。李善注以焦眇为合目，睢维为开目。是凡言眇者，皆微之义也。"（第123页下）

2.《释宫》卷七上："楣、檐，梠也。"疏证："《说文》：梠，楣也。……《释名》云：梠，旅也，连旅之也。……凡言吕者，皆相连之意。众谓之旅，祆衣谓之绉，脊骨谓之吕，桷端榜联谓之梠。其义一也。"（第209页上）

3.《释诂》卷三下："霝，空也。"疏证："霝之言珑玲也。《说文》：欞，楯间子也。徐锴传云：即今人阑楯下为横欞也。《说文》：軨，车轖间横木也。《楚辞·九辩》：倚结軨兮长太息。字亦作笭。《释名》：笭，横在车前，织竹作之，孔笭笭也。定九年《左传》：载葱灵。贾逵注云：葱灵，衣车也。有葱有灵。……灵与欞同。《楚辞·九章》：乘舲船余上沅兮。王逸注云：舲船，船有牕牖者。《说文》：笼，笭也。是凡言霝者，皆中空之义也。"（第99页上）

4.《释诂》卷三下："嫔，聚也。"疏证："嫔，《尔雅》作嫔。郭璞注云：㻬翅上下也。《陈风·东门之枌篇》：越以鬷迈。郑笺云：鬷，总也。《周官·掌客》注云：《聘礼》曰：四秉曰筥，十筥曰稯。稯，犹束也。《说文》：稯，布之八十缕也。字亦作緵。《史记·孝景纪》云：令徒隶衣七緵布。《西京杂记》云：五丝为䌰，倍䌰为升，倍升为緎，倍緎为纪，倍纪为緵。《尔雅》：緵罟谓之九罭。九罭，鱼网也。郭注云：今之百囊罟是也。《玉篇》：騣，马鬣也。鬉，毛乱也。《汉书·司马相如传》：凌三嵏之危。颜师古注云：三嵏，三峰聚之山也。《尔雅》云：豕生三，豵；犬生三，猣。《说文》：豵，生六月豚也。一曰：一

岁曰貙,尚丛聚也。是凡言娞者,皆聚之义也。"(第 95 页上)

5.《释诂》卷二:"懱,小也。"疏证:"蒙鸠,犹言蔑雀。蔑、蒙,语之转耳。《尔雅》:蠓,蠛蠓。李善注《甘泉赋》引孙炎注云:虫小于蚊。是凡言蔑者皆小之义也。私亦细也。方俗语有缓急耳。"(第 55 页上)

6.《释诂》卷四下:"紤,微也。"疏证:"紤之言蔑也。《广韵》引《仓颉篇》云:紤,细也。《君奭》:兹迪彝教文王蔑德。郑注云:蔑,小也。正义云:小谓精微也。《逸周书·祭公解》:追学于文武之蔑。孔晁注云:言追学文武之微德也。《法言·学行篇》云:视日月而知众星之蔑也,仰圣人而知众说之小也。卷二云:懱,小也。《周语》:郑未失周典,王而蔑之,是不明贤也。韦昭注云:蔑,小也。蔑与懱同。今人谓小视人为蔑视,或曰眇视,或曰忽视,义与愡、纱、紤并同。……《玉篇》:醮,面小也。《说文》:糪,麨也。《方言》:江淮陈楚之内谓木细枝为蔑。注云:蔑,小貌也。《众经音义》卷十引《埤仓》云:篾,析竹肤也。字通作蔑。《顾命》:敷重蔑席。郑注云:蔑,析竹之次青者。《玉篇》:鷩,鷩雀也。亦通作懱。《方言》:桑飞,自关而西,或谓之懱爵。注云:即鹪鹩也。又名鷩鴜。……《尔雅》:蠓,蠛蠓。《文选·甘泉赋》注引孙炎注云:虫小于蚊。是凡言蔑者,皆微之义也。"(第 123 页下~124 页上)

《释诂》卷四下:"幾,微也。"疏证:"幾之言幾希也。《系辞传》云:幾者,动之微。《皋陶谟》云:惟幾惟康。《说文》:機,精详也。嘰,小食也。司马相如《大人赋》云:咀噍芝英兮,嘰琼华。《众经音义》卷九引《字林》云:璣,小珠也。《玉篇》:鐖,钩逆铓也。《淮南子·说林训》云:无鐖之钩,不可以得鱼。《方言》云:钩,自关而西,或谓之鐖。郭璞音微。是凡言幾者,皆微之义也。"(第 123 页上~123 页下)

7.《释诂》卷三下:"憋,恶也。"疏证:"是凡言憋者,皆恶之义也。《周官·司弓矢》:句者谓之獘弓。郑注云:獘,犹恶也。徐邈音扶灭反。獘与憋,声义亦同。故《大司寇》:以邦成獘之。故书獘为憋矣。"(第 106 页下)

8.《释诂》卷四下:"攙,锐也。"疏证:"攙者,《说文》:鑱,锐也。《太元元错》云:锐鉏鉏。并与攙通。又《说文》:劖,剽也。剽,砭刺也。《史记·扁鹊传》:镵石撟引。索隐云:镵,谓石针也。《广韵》:镵,吴人云:犁铁也。《说文》:儳,嚵也。《史记·天官书》云:天欃长四丈,末兑。《汉书·司马相如传》:崭岩参差。颜师古注云:崭岩,尖锐貌。是凡言攙者,皆锐之义也。"(第 126 页上~126 页下)

9.《释诂》卷一上:"夸,大也。"疏证:"夸者,《说文》:夸,奢也。从大,于声。《方言》:于,大也。夸、訏、芌并从于声,其义同也。"(第 6 页上)

10.《释草》卷十上:"稷穰谓之穄。"疏证:"稷茎之名穄,犹麻茎之名麠,蒲茎之名驺也。《玉篇》云：蔴，麻茎也。古文作蘙。《士丧礼记》云：御以蒲菆。郑注云：蒲菆，牡蒲茎也。古文菆作騶。蘙、騶、稯，三字并以刍为声，义相近矣。"（第330页下）

王念孙用"凡言某者，皆某之义"这一术语来表述、分析同源词，表明该组同源词中同"声符"的词，意义往往也相同或相近。这说明"右文法"是一种重要的系联同源词的方法。

第十四，其义一也。

所谓"其义一也"，表示的是该组同源词语源意义相同，这往往是在对右文分析之后得出的结论。《广雅疏证》在所系联的同源词里，共使用这一术语4次。例如：

1.《释兽》卷十下："麛，麛也。"疏证："麑之言兒也。弱小之称也。麌之言偄也，亦弱小之称。《说文》：麌，鹿麛也，读若偄弱之偄。麌与麛同。《玉篇》音奴乱切。凡字之从而声、耎声、需声者，声皆相近。小栗谓之栭，小鱼谓之鲕，小鸡谓之雞，小兔谓之䨲，小鹿谓之麌，其义一也。"（第385页上）

2.《释器》卷八上："酪，浆也。"疏证："《说文》：醇，杂味也。又云：犥，白黑杂毛牛也。犉，犥牛也。《春秋传》曰犥犉。杂和谓之醇，杂毛牛谓之犉，其义一也。"（第249页下）

"其义一也"与"凡言某者，皆某之义"这一术语的表述内容相同，王念孙用这一术语来表述、分析同源词，表明该组同源词"声符"相同，意义也相同。这说明"右文法"是一种重要的系联同源词的方法。

第十五，之言。

所谓"之言"，表示的是该组同源词在语音和意义上具有相同或相近的关系。《广雅疏证》在系联同源词时，共使用这一术语81次。例如：

1.《释诂》卷三上："僄，轻也。"疏证："僄之言飘也。《说文》：僄，轻也。又云：嫖，轻也。《周官·草人》云：轻票用犬。《考工记·弓人》云：则其为兽必剽。《荀子·议兵篇》云：轻利僄遫。《史记·贾谊传》云：凤漂漂其高逝。《汉书》作缥。《司马相如传》云：飘飘有凌云之气。并字异而义同。"（第77页上）

2.《释器》卷八上："皭、曤，白也。"疏证："皢之言晓也。《说文》：晓，日之白也。《广韵》引《埤仓》云：皭，白色也。《史记·屈原传》云：皭然泥而不滓者也。重言之则曰皭皭。义见《释训》。曤，与下翯字同。翯之言翯翯也。《说文》：暤，鸟之白也。又云：翯，鸟白肥泽皃。《史记·司马相如传·上林赋》：翯乎滈滈。索隐引郭璞注云：水白光貌。又《大人赋》：吾乃今目睹西王母曤然白首。《汉书》作翯然。并字异而义同。重言之则曰曤曤，义见《释

训》。《说文》:㹒,白牛也。义亦与曤同。"(第273页下)

3.《释诂》卷一上:"封,大也。"疏证:"封之言豐也。《商颂·殷武》传云:封,大也。《尧典》云:封十有二山。封、坟语之转。故大谓之封,亦谓之坟,冢谓之坟,亦谓之封。冢亦大也。"(第6页下)

4.《释诂》卷四上:"晃,明也。"疏证:"晃之言煌煌也。《释言》云:晃,晖也。《说文》:晄,明也。《释名》云:光,晃也。晃晃然也。晃与晄同。《小雅·皇皇者华》传云:皇皇,犹煌煌也。《释文》:煌,又音晃。《秦策》云:炫熿于道。《汉书·扬雄传》云:北爌幽都。并字异而义同。"(第112页下)

5.《释诂》卷一上:"憼,敬也。"疏证:"憼者,《说文》:憼,敬也。《大雅·常武》笺云:敬之言警也。敬、警、憼,声近而义同。"(第14页下)

6.《释诂》卷四上:"结,诎也。"疏证:"结之言诘屈也。卷一云:鞪、结、诎,曲也。"(第111页下)

7.《释诂》卷四上:"昕,明也。"疏证:"昕者,《说文》:昕,旦明也,日将出也。《士昏礼记》云:必用昏昕。昕之言炘炘也。《汉书·扬雄传》:垂景炎之炘炘。颜师古注云:炘炘,光盛貌。《说文》:昕,读若希。《齐风》:东方未晞。毛传云:晞,明之始升也。晞与昕,声近而义同。"(第112页上~112页下)

8.《释诂》卷一下:"汔,尽也。"疏证:"汔之言讫也。《说文》:汔,水涸也。《井象辞》:汔至。荀爽注云:阴来居初,下至汔竟也。竟,亦尽也。《吕氏春秋·听言篇》云:壮狡汔尽穷屈。汔与既,声亦相近也。"(第41页下)

9.《释诂》卷一上:"类,法也。"疏证:"类者,《方言》:类,法也。齐曰类。《缁衣》:身不正,言不信,则义不壹,行无类也。郑注云:类,谓比式。释文云:比方法式也。《楚辞·九章》:吾将以为类兮。王逸注云:类,法也。《荀子·儒效篇》云:其言有类,其行有礼。类之言律也。律,亦法也。《乐记》:律小大之称。《史记·乐书》作类。是类与律声义同。"(第11页上)

10.《释诂》卷四下:"幾,微也。"疏证:"幾之言幾希也。《系辞传》云:幾者,动之微。《皋陶谟》云:惟幾惟康。《说文》:機,精详也。嘰,小食也。司马相如《大人赋》:咀噍芝英兮,嘰琼华。《众经音义》卷九引《字林》云:璣,小珠也。《玉篇》:鐖,钩逆铓也。《淮南子·说林训》云:无鐖之钩,不可以得鱼。《方言》云:钩,自关而西,或谓之鐖。郭璞音微。是凡言幾者,皆微之义也。"(第123页上~123页下)

11.《释诂》卷一上:"癵,病也。"疏证:"闍之言羸也。《说文》:闍,畜产疫病也。又云:羸,瘦也。癵,膝中病。三字并力卧反,义相近也。"(第15页下)

12.《释器》卷八上:"糜,糟也。"疏证:"糜之言靡细也。米麦屑谓之糜,犹玉屑谓之麚。《楚辞·离骚》:精琼麚以为粮。王逸注云:麚,屑也。"(第

248页上）

13.《释诂》卷四下："麽，微也。"疏证："麽之言靡也。《众经音义》卷七引《三仓》云：麽，微也。《列子·汤问篇》：江浦之间有麽虫。张湛注云：麽，细也。《鹖冠子·道端篇》云：任用幺麽。《汉书·叙传》：又况幺䯢尚不及数子。郑氏注云：䯢，小也。《文选》作麽。李善注引《通俗文》云：不长曰幺，细小曰麽。《方言》：秦晋谓布帛之细者曰靡。靡与麽，声近而义同。"（第124页上）

14.《释诂》卷一上："厓，方也。"疏证："涯与厓通。厉亦廉也。语之转耳。《卫风·有狐篇》：在彼淇厉。毛传云：厉，深可厉之旁。案：厉，谓水厓也。厉之言浖也。《广雅·释丘》云：隒、浖，厓也。此云：隒、厓、厉，方也。厉与浖，声近义同。"（第11页下）

15.《释诂》卷三上："翾，飞也。"疏证："翾之言儇也。《方言》：儇，疾也。《荀子·不苟篇》：小人喜则轻而翾。杨倞注云：言轻佻如小鸟之翾。是翾与儇同义。"（第76页上）

16.《释诂》卷三下："擪，按也。"疏证："擪之言壓也。《说文》：擪，一指按也。《庄子·外物篇》：壓其顪。释文：壓，本亦作擪。《楚辞·九辩》：自壓按而学诵。壓，一作厭。《韩子·外储说右篇》云：田连、成窍，天下善鼓琴者也，然而田连鼓上，成窍擫下，而不能成曲，共故也。《淮南子·说林训》云：使但吹竽，使氐厭窍，虽中节而不可听。《泰族训》云：所以贵扁鹊者，贵其擪息脉血，知病之从生也。擪、擫、壓、厭，并通。"（第101页上）

17.《释器》卷八上："黯，黑也。"疏证："黯之言闇也。《说文》：黯，深黑也。《史记·孔子世家》云：黯然而黑。春秋晋蔡黯字墨。是其义也。《说文》：黶，中黑也。《玉篇》云：黑子也。《汉书·高祖纪》：左股有七十二黑子。颜师古注云：今中国通呼为黶子。《五行志》注云：檿，山桑之有点文者也。义亦与黶同。"（第274页上）

18.《释诂》卷三下："命、鸣，名也。"疏证："命者，《说文》：名，自命也。桓二年《左传》：命之曰仇，命之曰成师。命，即名也。《史记·天官书》：免七命。索隐云：谓免星凡有七名也。闵元年《左传》：今名之大，以从盈数。《史记·魏世家》作命。《祭法》：黄帝正名百物。《鲁语》作成命百物。是名、命古同声同义。……鸣者，《夏小正传》云：鸣者，相命也。《春秋繁露·深察名号篇》云：古之圣人，鸣而命施谓之名，名之为言鸣与命也。名、鸣、命，古亦同声同义。"（第104页上）

19.《释诂》卷一下："澌，尽也。"疏证："澌者，《说文》：澌，水索也。曹宪音斯。《玉篇》《广韵》并音赐。《方言》：澌，尽也。郑注《曲礼》云：死之言澌也,精神渐尽也。正义云:今俗呼尽为渐。即旧语有存者也。《金縢》:大木斯拔。《史记·鲁世家》作尽拔。《乡饮酒礼》:尊两壶于房户间,斯禁。郑注云:斯禁,禁切地无足者。疏云:斯,渐也。渐尽之名也。《文选·西征赋》:若循环之无赐。李善注引《方言》:赐,尽也。《史记·李斯传》云:吾顾赐志广欲。渐、斯、赐并通。《系辞传》:故君子之道鲜矣。释文:《师说》云:鲜,尽矣。鲜与斯,亦声近义同。故《小雅·瓠叶》笺云:今俗语斯白之字作鲜,齐鲁之间声近斯矣。"(第41页下)

20.《释诂》卷二上:"揫,小也。"疏证:"《乡饮酒义》:秋之为言愁也。郑注云:愁读为揫。揫,敛也。《汉书·律历志》云:秋,𪗉也。物𪗉敛乃成孰。《说文》云:𪗉,收束也。从韦,𪗉声。或从手,秋声,作揫。又云:𪗉,小也。𪗉训为小。𪗉、揫训为敛,物敛则小,故《方言》云:敛物而细谓之揫。揫、𪗉、𪗉,并声近义同。"(第54页下)

"之言"或者"之为言"是用一个音义相通的词来解释被释词。其功用是探求事物的得名之由,求证二者之间具有同源词关系。王念孙用"之言"或"之为言"这一术语来表述、分析同源词,目的就是要说明释词和被释词之间音义相通,具有同源关系。可见,通过声训来探求同源词,是王念孙常用的方法;而王念孙甚至清代最习惯使用的术语是"之言"而不是"之为言"。

从以上分析可以看出,王念孙表述同源词方式的术语众多,从大的分类来讲,有"声义并同"、"声近义同"、"声义相近"、"并音某某反(切),义相近也"、"一声之转"、"语之转"、"通"、"某与某同义"、"义并同也"、"义并与某同"、"义相近"、"并字异而义同"、"凡言某者,皆某之义"、"其义一也"、"之言"等,达15个之多。从每类的使用数量来看,"声近义同"类术语使用最多,共103次,表明王念孙认识到汉语同源词的最基本特征是声近义同。其次是"之言"类,共计81次,表明通过声训来探求同源词,是王念孙最常用的方法之一,同时也揭示了王念孙甚至清代最习惯使用的术语是"之言"而不是"之为言"。再次是"通"类,"通"这一类术语,王念孙在表述、分析同源词时,共使用了69次。表明王念孙在分析同源词时,结合具体的语言环境,除了说明这组同源词之间音义相通之外,为的是表述更加准确、具体。接下来,依次是"声义并同"类53次,"一声之转"24次,"并字异而义同"16次,"语之转"16次,"义并与某同"16次,"声义相近"15次,"凡言某者,皆某之义"12次,"某与某同义"8次,"义并同也"7次,"义相近"6次,"其义一也"4次,"并音某某反(切),义相近也"5次。不管是什么术语,王念孙在具体表述、分析的时候,都牢牢抓住同源词"音近义通"这一本质特征,体现了王念孙在汉语同源词研究视角和研究方法上的多样性,是同源词研究日益完善的体现；展示了王念孙在同源词的研究上既有继承，也有发展。王念孙同源词研究在表述方式和使用术语上的创新，也是他的一大贡献。

第二节 《广雅疏证》研究同源词的成就和不足

一、《广雅疏证》研究同源词的成就

《广雅疏证》是王念孙的代表作，他在小学尤其是音韵、训诂方面的精深造诣在此书中发挥得淋漓尽致。殷孟伦先生说："王念孙、王引之父子著《广雅疏证》一书，是十八世纪中国语言学的重要著作之一。这部书和与之同时代的段玉裁《说文解字注》的问世，标志出中国语言学的研究发展，已进入到近代语言学革命阶段，是一个划时代的里程碑。"①特别是他对训诂理论、原则和方法的贡献，对汉语同源词"命名之意"的探讨以及大量同源词系联的实践，使汉语同源词的研究进入到了词源学的研究范畴，走上了科学化的道路。毫不夸张地说，王念孙《广雅疏证》在汉语同源词的研究上取得的巨大成绩，是他以前和与他同时代的学者不可同日而语的。王念孙《广雅疏证》在同源词研究方面的成就主要表现在以下几个方面：

（一）突出的理论建树

理论上，王念孙明确提出了"训诂之旨，本于声音"的总纲领，对"名之于实，各有义类"进行了较为科学的阐发，并在此基础上系统地揭示同源词的"命名之意"和命名规律。

"先秦萌芽、汉代大行的'声训'，宋代的'右文说'都只是做了一些实证与归纳的工作，尚未进入理论阐释的阶段。到清代，戴震、段玉裁、王念孙才自觉认识到音、义'二者恒相因'（《戴震集》），'声与义同原'（《说文解字注》），'训诂之旨存乎声音'（见《经义述闻》王引之所引）的道理，这就促使训诂在继续从事实证工作的同时跃入理论概括以及用理论概括推进实证工作的历史阶段。"②在戴震、段玉裁、王念孙三人之中，真正使训诂在继续从事实证工作的同时跃入理论概括以及用理论概括推进实证工作历史阶段的最杰出代表是王念孙。在上古汉语里，声音即是训诂，而训诂的主要内容是解释词义，用语言解释语言，人们要探寻的是上古汉语古音与古义之间的关

---

① 殷孟伦：《子云乡人类稿》，齐鲁书社 1985 年版，第 215 页。

② 宋永培：《当代中国训诂学》，广东教育出版社 2000 年版，第 73 页。

系，探求事物的得名之由，探求词语的语源意义以及共同的核义素。所以从根本上说，训诂研究必须从声音上探求词义的发生。王念孙深刻地认识到这一点，所以"因声求义理论是王念孙最有特色、影响最大的释义理论。"①他在继承他的老师戴震"因声求义"（"[音义]二者恒相因"、"各从乎声，以原其义"）的理论和"音义互求"（"疑于义者以声求之，疑于声者以义正之"）的方法的基础上，提出了训诂的总理论、总纲领——"训诂之旨，本于声音"。他这一理论主要体现在他的《广雅疏证·自序》中：

> 窃以训诂之旨，本于声音。故有声同字异、声近义同，虽或类聚群分，实亦同条共贯。譬如振裘必提其领，举网必挈其纲。故曰本立而道生，知天下之至啧而不可乱也。此之不寤，则有字别为音，音别为义，或望文虚造而违古义，或墨守成训而鲜会通。易简之理既失，而大道多岐矣。今则就古音以求古义，引伸触类，不限形体，苟可以发明前训，斯凌杂之讥，亦所不辞。其或张君误采，博考以证其失；先儒误说，参酌而寤其非。

"义本于声"、"声近义同"，这不仅是《广雅疏证》全书的总纲和理论精髓，也是中国传统训诂学的理论精髓。

王念孙深刻认识到词是音与义的有机结合体，因此，音与义之间的关系是不可分割的；语言中词的音义结合经历了一个由偶然王国到必然王国的历史发展过程。

语言产生之初，音与义的结合没有必然联系，为此语言中产生了大量的异义同音词和异音同义词。王念孙也认识到语言的这一现象，于是在他的研究中便用"声同字异"四个字来概括语言的"约定俗成"这一社会属性。然而，一旦语言中词的声音与意义关系约定俗成之后，这种偶然性就变成了必然性，同时也就具有了严格的规定性。早期汉语词语的音义关系的约定俗成便成为了汉语词语的源头，这些语源对词语的增殖、词语的发展产生了直接的影响。随着社会的不断发展进步，新事物的不断涌现，人们认识水平的不断提高，需要源源不断地创造新词语来满足人们交际交流思想的需要。迅速、大量地创造新词，就必须利用原有的声义关系。新词产生的主要途径是词义的引申分化。新词在语音方面有两种情况，一是语音不变，在一个词内增加新的义项；一是语音稍变，由一个词派生出新词，成为派生词。同一

---

① 盛林：《〈广雅疏证〉中的语义学研究》，上海人民出版社 2008 年版，第 10 页。

语根的派生词——即同根词——往往音相同相近,意义相同相关。在同一词族中,派生词的声音和意义是从其语根的早已约定俗成而结合在一起的声音和意义发展而来的,带有历史的可以追溯的必然性①。因此,词的发展总是以声音为纽带。抓住声音这一线索,就有可能探求出词的命名之由、所属词族等。同时,王念孙还认识到,词语的"命名之意"相同,声音往往相近:

《释诂》卷一上:"礜,分也。"疏证:"礜,曹宪音口沃反。《说文》:斛,治角也。《玉篇》音口角反。又音学。《尔雅》:象谓之鹄,角谓之斛。释文:鹄,胡酷、古毒二反。本亦作骷。《广雅》作骼。斛,五角反。沈音学。此虽有治角治象之不同,而同为分析之义,其声亦相近也。马融《广成颂》:散毛族,梏羽群。梏与礜亦同义。"(第 21 页上)

王念孙在深刻认识了汉语音与义关系的基础上,从语言发展的视角,将汉语这一语言现象概括为"声近义同",可谓一语中的。对汉语同源词的研究是建立在音义相同相关的基础上的,王氏在《广雅疏证》训诂实践中提供的翔实而又丰富的例证充分证明了他"声近义同"这一论断的先进性和正确性。

王念孙"声近义同"这一论断还有一重要支撑点就是他的音转理论。盛林指出:"因声求义理论其实并不是王念孙父子独创的,但王念孙父子无疑确是在因声求义方面做得最好也是认识最为深刻的。""王念孙在'因声求义'时用得最多的是音转理论,而音转理论通过前人及与他同时代的研究已有较好的发展。如果说明代的陈第、方以智等还只是对音转现象有了普遍的认识、自觉地把音转规律用于训诂研究的话,那么清代尤其是乾嘉学者们则把音转原理推到训诂的最高境界。""清代音转研究的这种种特点都说明清代尤其是乾嘉时期的音转理论已经发展到一个比较成熟的、科学的高级阶段。而音转理论的高度成熟又为王念孙的因声求义提供了一个较高的理论平台,使王氏的因声求义能取得训诂学上前所未有的成就。""王念孙不仅依靠音转理论使《广雅疏证》在训诂学上取得了较高的成就,而且因为在《广雅疏证》中淋漓尽致地运用了双声音转理论,使音转理论也得到了更好的发展。……张舜徽认为王念孙在因声求义理论及实践方面的成就远远高于段玉裁。"②

"名之于实,各有义类"是东汉刘熙在《释名》一书里提出来的。刘熙试图通过对"名"、"实"关系的剖析,对命名之意的具体阐述,来论证"义类"规律之所在。但是,刘熙只提出了"名之于实,各有义类"这一论点,却没能"论

---

① 陆宗达、王宁:《训诂方法论》,中国社会科学出版社 1983 年版,第 80 页。
② 盛林:《〈广雅疏证〉中的语义学研究》,上海人民出版社 2008 年版,第 14~15 页。

叙"好"义类"的"指归"。王念孙的重大贡献是,提出了一个具有特殊内涵的"义"的概念,并进行了深层次的分析、阐述和论证。从语源学的角度看,王氏建立起了"名——义——实"这样一种新型关系,认识到了人们用某一声音指称某一事物时,最初赋予的含义,是用某个"名"指称某个"实",用某一语音表达某一概念,是有"理据"可言的。王念孙之前的刘熙、王圣美等人虽然利用音义关系对汉语的部分词语的词源意义做了探究,但是他们真正能探求到语源的词的数量是十分有限的,他们往往为右文所限制,并且他们所做的探讨绝大部分仍然停留在对词义的表层分析上,没能对词语的深层含义进行剖析。王念孙在对"义"的概念进行深层次的分析和论证的基础上,对刘熙提出的"名之于实,各有义类"这一理论做了深刻的阐发,提出了"命名之意"这一概念。王念孙用大量的例证说明在语言发展到一定阶段的时候,新词语的产生和确立,并不是纯粹偶然的音义结合,而是往往有其命名立意的过程,因此大多是可以探求它们命名之意的,并且这种命名之意是可以论证的。

当某种新事物、新现象出现之后,语音词义的这种联系就直接成了"名"、"实"产生某种必然联系的基础。这种"命名之意"具有自身的法则和规律,这正是王念孙强调的"名之于实,各有义类"这一著名论断的精神实质所在。王念孙在"名之于实,各有义类"这一理论的基础上,运用"就古音以求古义"的方法,在对一组组同源词"命名之意"的探求中,概括出了"命名之意"的法则和规律:"凡事理之相近者,其名即相同";"凡物之异类而同名者,其命名之意皆相近"。王念孙在这里总结、强调的是凡事物的特征相似,其命名可以相同;不同的事物之所以有相同的名称,是因为它们具有相近的"命名之意",有共同的命名取义的规律和法则。

"名之于实,各有义类",是探求汉语词汇孳乳繁衍、词语之间意义关系的重要理论,王念孙的重大贡献就是对这一理论进行了深入阐发和论证。

(二)研究方法的重大突破和创新

王念孙在"训诂之旨,本于声音"这一总纲领的指导下,创立了"就古音以求古义,引伸触类,不限形体"的训诂方法,即"因声求义"法。王念孙运用这一训诂方法,从"声近义同"现象入手,紧紧抓住"命名之意","引伸触类,不限形体","类聚群分,同条共贯",研究和系联同源词。他在其研究方法的运用上,可谓达到了炉火纯青的地步,与他之前和与他同时代的人相比,取得了重大突破和创新。

1.因声求义,不限形体

东汉时代的许慎的《说文解字》创立的形训法一直是训诂的主要方法,

直到 1700 多年后的段玉裁和王念孙才打破了这一藩篱,把训诂学推进到了一个崭新的阶段,使训诂学走上了日益科学化的道路。声训虽然是训诂方法之一,但其发达程度远不如形训。声训的科学性和可信性与音韵学研究的发达程度密切相关。清代古音学研究取得的辉煌成就,直接给训诂学带来了一场革命,使因声求义方法日趋成熟和科学化。王念孙精通音韵,他不但用"因声求义"的方法去求义,而且还用这个方法去推因。王念孙是这次革命的中坚力量,他深刻认识到以形索义以及传统右文说的局限性,打破文字符号的障碍,竭力倡导"因声求义,不限形体",从而引领训诂学进入到了一个以声音通训诂的近代语言学革命阶段。

盛林说:"既然文字是形、音、义三者的有机统一体,那么这种从书面材料入手的对于语义的解释势必牵涉对形、音、义三者关系的认识,或者说《广雅疏证》意义的说解能反映出作者对形、音、义关系的认识。王念孙在这方面最主要的贡献是不囿于文字形体,真正从语言的角度切入来研究语义,这是对当时流行做法的突破。"王念孙竭力倡导的"因声求义,不限形体",是对训诂研究方法的重大突破和创新,为汉语同源词的研究探求出了一条更加广阔的途径。

2.类聚群分,同条共贯

汉语词汇是成系统的,汉语同源词也是成系统的,它有着自身的形成规律。由于古代汉语中存在着大量的"声同字异"、"声近义同"或"声近义同"、"声义同源"等语言现象,这就要求人们以声音为线索去探求语源。王念孙在"训诂之旨,本于声音"训诂理论和"就古音以求古义,引伸触类,不限形体"训诂方法的指导下,把原来看似一盘散沙,零星分散、似不相干的同源词汇集在一起,并且"类聚群分,同条共贯"。"类聚群分,同条共贯"是"声同字异"、"声近义同"或"声近义同"、"声义同源"这种语言现象所蕴含的重要规律,王念孙把音义相同、相关的词汇聚在一起,通过比类分析,观其会通,揭示其共同的语源。王氏创立的"追根溯源,类聚群分,同条共贯"的方法,不但使自己的训诂实践如鱼得水,左右逢源,在同源词研究上取得了巨大的成就,而且给后来研究训诂的人拓展出了一条更为光明的道路。

3.比类声符,探求语源

"右文说在系联同源词时从形体出发达到对声音的限制,是在魏晋以降去古渐远,人们对古音日益陌生的情况下作出的不得已选择。它的主要进步意义在于对泛声训的抑制,它的主要缺陷在于拘牵形体。"[1]王念孙吸取

---

① 孟蓬生:《上古汉语同源词语音关系研究》,北京师范大学出版社 2001 年版,第 72 页。

了右文说的合理成分,摆脱了传统右文说囿于声符的束缚,认识到形声字"声中有义",这类词往往是同根词,它们不但音同音近音转,而且意义密切相关。因此,王氏以声音为纲,通过对一系列形声字声符的排比归类,特别是解读了"同声未必同源"、"同源不必同声"、"同一声符"可以构成多组同源词以及凡从某声的字未必均有某义的语言现象,揭示了一组组同源词的语源意义,丰富了同源词的研究方法。王念孙"比类声符,探求语源意义"的同源词研究方法,为后来科学的词源学研究所借鉴。

(三)揭示了汉语同源词词义的系统性和音义结合的规律性

语言是人类最重要的交际工具和思维工具,是一套音义结合的符号系统。汉语同源词作为汉语词汇系统的一个子系统,其词义也是成系统的。王念孙虽然没有像今天这样明确使用"同源词"、"词族"这样的术语,然而他在《广雅疏证》中所做的工作,实际上就是对同源词进行研究。他非常清楚地认识到汉语同源词的词义是成系统的,这个系统就是他在对"名之于实,各有义类"进行科学阐发和论证后提出的"命名之意"。"命名之意"的规律是:"凡事理之相近者,其名即相同";"凡物之异类而同名者,其命名之意皆相近",也就是说,不管事物名称是同还是异,但有一点是共同的,它们都是在"命名之意"相同之下类聚在一起的,也就是说它们的造词理据是相同的,造词理据相同也就是核义素相同或词源意义相同;一组同源词在词汇意义上有同义关系、相关(相通)关系或相同相关关系等,所以王念孙经常用"义同"、"义近"、"通"等术语来表示同源词之间的词义关系。我们从王念孙对一组组具体的同源词的系联中,看到了汉语同源词词汇和词义的系统性及形成规律。王念孙不但通过"命名之意"探求了汉语同源词的词义系统和形成规律,而且还探求了汉语词汇的孳乳繁衍以及词语之间意义相同、相关的规律。

此外,王念孙还根据汉语词语具有多义性的特点,分析、论证了同一"声符"可以构成多组意义不同的同源词。例如:

《释诂》卷三上:"撨,击也。"疏证:"撨者,《广韵》:撨,击声也。《西京赋》:流镝擂撨。薛综注云:擂撨,中声也。《尔雅》:暴虎,徒搏也。暴与撨,声近义同。"(第88页下)

"暴"为空手搏击野兽;"撨"为搏击。它们都有共同的意义核心"搏击","暴:撨"构成一组同源词。

《释诂》卷四上:"襮,表也。"疏证:"襮者,《吕氏春秋·忠廉篇》:臣请为襮。班固《幽通赋》:张修襮而内逼。曹大家及高诱注并云:襮,表也。襄三十一年《左传》:不敢暴露。暴与襮,声近而义同。"(第114页上)

"暴"为暴晒;"襮"为外衣。它们都有共同的意义核心"表露","暴∶襮"构成一组同源词。

以上是从"暴"得声的字构成的两组同源词。

《释诂》卷三下:"捭,开也。"疏证:"《方言》:箄,析也。箄与捭,亦声近义同。"(第107页下)

"箄"为析竹;"捭"为析物。它们都有共同的意义核心"分开","箄∶捭"构成一组同源词。

《释诂》卷一下:"埤,益也。"疏证:"埤者,《说文》:埤,增也。鞞,益也。裨,接益也。埤、鞞、裨并通。"(第37页下)

《释诂》卷二上:"埤,助也。"疏证:"埤者,《说文》:埤,增也。鞞,益也。裨,接益也。埤、鞞、裨并通。"(第52页下)

"埤"为增加;"鞞"为增益;"裨"本指衣之接益,引申为增加,补益。它们都有共同的意义核心"增益","埤∶鞞∶裨"构成一组同源词。

以上是从"卑"得声的字构成的两组同源词。其词源意义正好相反:分开——增益。

这是王念孙对汉语同源词词义具有多源性特点的揭示,也是对"同声必同义"的反映,显示了汉语词义规律是共同规律和特殊规律的有机统一体。

汉语同源词音义结合不但具有规律性,而且具有系统性。在这个聚合系统中,既呈现出严整的规律性(如音同、音近、音转以及音同音转、音同音近、音近音转、音同音近音转等都分别与义同、义关相结合,并且总是和义关结合的程度最高,与义同结合的程度较低,同时发展不平衡,音同义关结合的频率最高,其次是音转义关,再次是音转义同和音同音转义关),也表现出一定的复杂性,除了单一语音关系类型和单一的词义关系类型组合成的同源词外,还有一定数量的各种语音关系类型与单一的词义关系类型或两种词义关系类型复合而成的同源词。王宁先生指出:"同源派生词的音义,由于都是从根词早已结合在一起的音义直接或间接发展而来的,因此带有历史的、可以追溯的必然性,这就是音近义通现象产生的由来。"[1]同源词音义结合规律的形成原因,是和语言的发展、词汇的繁衍分化、古今音变、方俗语转等分不开的,词义引申分化和古今音变或方俗音的音转是同源词音义结合规律形成的主要原因。王念孙深刻地认识到了这一点,将其概括为"声近义同",并在系联同源词时常常使用"声义并同"、"古声义并同"、"同声同义"、"声义亦同"、"并音某某反,其义同(一)也"、"某与某同声,皆某之义"、

---

① 王宁:《训诂学原理》,中国国际广播出版社1996年版,第48页。

"声近义同"、"并(亦)与某声近义同"、"声义相近"、"声义并(亦)相近"、"并音某某反(切),义相近也"、"一声之转"、"语之转"、"方俗语有缓急耳"、"并通"、"凡言某者,皆某之义"等术语。这些都是他在对同源词音义结合规律性总体特征有了深刻认识和准确把握的基础上得出的经典论断。

(四)丰硕的实践成果

王念孙在"训诂之旨,本于声音"这一总纲领的指导下,在深入揭示汉语词汇的"命名之意"、汉语同源词词义的系统性和音义结合的规律性的基础上,创立了"就古音以求古义,引伸触类,不限形体"的训诂方法,即"因声求义"法,王氏娴熟地运用这一方法,从"声近义同"现象入手,紧紧抓住"命名之意","引伸触类,不限形体","追根溯源,类聚群分,同条共贯",研究和类聚同源词。王氏系联同源词完全突破了字形的限制,从声音和意义两个方面出发,运用音义结合法、右文法、声训法、音转法、综合法等方法,探究词语的同源关系,取得了丰硕成果。例如:

《释诂》卷二下:"䫌,短也。"疏证:"䫌者,《方言》:䫌,短也。注云:蹶䫌,短小貌也。《玉篇》音知劣切。云:吴人呼短物也。又云:㑇,短也。《庄子·秋水篇》:遥而不闷,掇而不跂。郭象注云:遥,长也。掇,犹短也。《淮南子·人间训》:圣人之思修,愚人之思㑇。高诱注云:㑇,短。并字异而义同。《说文》:婑,短面也。《广韵》:顡,头短也。《众经音义》卷四引《声类》云:㦬,短气貌。义亦与䫌同。今俗语谓短见为拙见。义亦同也。䫌与侏儒,语之转也。故短谓之侏儒,又谓之䫌;梁上短柱谓之棁,又谓之侏儒,又谓之棳儒。蜘蛛谓之蝃,又谓之蝃蝥,又谓之侏儒。《尔雅》:梁上楹谓之棁。释文:棁,本或作棳。《杂记》:山节而藻棁。郑注云:棁,侏儒柱也。《释名》云:棳儒,梁上短柱也。棳儒,犹侏儒。短,故以名之也。《方言》云:鼀鼄,鼀蝥也。自关而西,秦晋之间,谓之鼀蝥。自关而东,赵魏之郊,谓之鼀鼄,或谓之蝃蝓。蝃蝓者,侏儒语之转也。注云:今江东呼蝃蝥,音棁。……盖凡物形之短者,其命名即相似,故屡变其物而不易其名也。"(第69页下)。

《广雅》原文此条只是用"短"训"䫌",王念孙在此通过类比分析,运用"因声求义"方法,紧紧抓住"䫌"的"短小"这一"命名之意",引伸触类,同条共贯,运用音义结合法、右文法、音转法等同源词系联方法,共系联出了"䫌"、"㑇"、"婑"、"顡"、"㦬"、"㑇"、"棳儒"、"侏儒"8个同源词,并得出"盖凡物形之短者,其命名即相似,故屡变其物而不易其名也"的结论,收到了事半功倍的效果。《广雅疏证》中众多的同源词就是像这样系联起来的。他对同源词的研究和系联,为汉语词源学的研究积累了大量有价值的语料。他推求语源的成功实践,开阔了人们的视野,使人们看到了研究汉语同源词的新方法和新途径,并在此基础上不断取得新成就。

总之,王念孙《广雅疏证》在汉语同源词的研究上能取得如此巨大的成就,乃是他科学的理论和研究方法与他严谨的学风相结合的产物。无论是局部的平面系源,还是不完全的历史推源,他都使汉语同源词的研究进入到了词源学研究的范畴。"王念孙作此书,主观目的并不在于,或者说,并不主要在于发明《广雅》同源词,对同源词的发明只是兴之所之,随笔而为之,所以带有任意性。然而仅据其所发明者,已足以为人们展现出那个时代该领域的最高成就。"①无论是在理论建树上,还是在研究方法和训诂实践上,所达到的境界都是他以前和与他同时代的学者无法比拟的,他站在了他那个时代的巅峰,他为近现代汉语词源学体系的建立奠定了坚实的基础。所以,从段玉裁开始,历代学者都给予了他很高的评价,现摘录如下,供大家参考。

段玉裁《广雅疏证序》:"尤能以古音得经义,盖天下一人而已矣。"他在给王念孙的信中又说:"读《广雅疏证》,如入武陵桃源,取径幽深,而其中旷朗。"(罗振玉《高邮王氏遗书》辑本)

梁启超《论中国学术思想变迁之大势》:"其尤著者曰金坛段若膺、高邮王怀祖。……怀祖著《广雅疏证》、《经传释词》,以经传、诸子转相证明,凡诸古书文义诂籍者,悉迎刃而解。以授其子伯申,作《经义述闻》,训诂之学,至是圆满矣。"

梁启超《清代学术概论》:"然则诸公曷能有此成绩耶?一言以蔽之曰:用科学的研究方法而已。试细读王氏父子之著述,最能表现此等精神。"

《清史稿·儒林列传·王念孙传》:"其书就古音以求古义,引伸触类,扩充于《尔雅》、《说文》,无所不达。然声音文字部分之严,一丝不乱。盖藉张揖之书,以纳诸说,而实多揖所未知,及同时惠栋、戴震所未及。"

徐复先生在 1984 年重印《广雅疏证》"弁言"中称颂道:"世皆知段氏之言非阿好,皮氏(锡瑞)出于学术之公心也,综观王氏《广雅疏证》一书,考证详实,包罗万有,殚精积虑,成此绝业,求之当时,实罕伦比。"

周祖谟《读〈广雅疏证〉简论》:"总的来看,《广雅疏证》包容甚广,成就极大,是清人研究古代训诂的一部有代表性的著作,从单词意义的研究发展为义类和字族的研究,与段玉裁、程瑶田、阮元诸人声气相求,而蓄积深,范围广,独成一家之学。从理论到方法都给人以许多有益的启示。"

王力《中国语言学史》:"这种重形不重音的观念,控制着一千七百年来的中国文字学(从许慎时代到段玉裁、王念孙的时代)。直到段玉裁、王念

①　张其昀:《〈广雅疏证〉导读》,社会科学文献出版社 2009 年版,第 546 页。

孙,才冲破了这个藩篱。……这是训诂学上的革命,段、王等人把训诂学推进到崭新的一个历史阶段,他们的贡献是很大的。"又"王氏在训诂学上的贡献是巨大的。如果说段玉裁在文字学上坐第一把交椅的话,王念孙则在训诂学上坐第一把交椅。世称'段王之学';段、王二氏是乾嘉学派的代表,他们的著作是中国语言学走上科学道路的里程碑。在他们的研究工作中,有许多好东西是值得我们继承下来的。"

濮之珍《中国语言学史》:"王念孙和段玉裁是同时代人,同师戴震,当时是乾嘉极盛时代,而'段王之学'可说是乾嘉时代的代表,段玉裁的《说文解字注》和王念孙的《广雅疏证》,标志十八世纪中国语言学的研究发展,已进入新的阶段。""所谓就古音以求古义,引申触类,实清儒治小学之最大成功处,而这种研究,又以高邮王氏父子做得最为精通。《广雅疏证》这部书,王念孙倾注了旺盛的精力和深厚的学识,他是'假《广雅》以证其所得',实为'高邮王氏学'之精华。"

殷孟伦《王念孙父子〈广雅疏证〉在汉语研究史上的地位》:"王念孙、王引之父子著《广雅疏证》一书,是十八世纪中国语言学的重要著作之一。这部书和与之同时代的段玉裁《说文解字注》的问世,标志出中国语言学的研究发展,已进入到近代语言学革命阶段,是一个划时代的里程碑。两百年来,研究中国语言学的,不论中外学人,莫不推崇。……大体说来,王氏的这部《广雅疏证》,在中国语言学研究史上,原是有了以上的发展过程,然后由以前的单科深入进而成为综合运用,由散见的个别资料进而为集中的整理、分析,由时代不同的语言演变进而为古今的条贯的对比,由理论的正确指导进而为具体语言的证实,由繁复的语言现象进而为语言内部规律的探索,因而获得了一些不很平凡的业绩。他和段玉裁共同奠定了近代中国语言学研究的基础。因此,我们评价《广雅疏证》一书应看到它是中国语言学史上一大转折点的标志,当然我们并不说王氏的成就已经是登峰造极。"

二、《广雅疏证》研究同源词的不足

王念孙在《广雅疏证》同源词的研究上,虽然取得了巨大的成就,但也存在不足。主要表现为:

(一)术语使用的随意性

王念孙在术语的使用上,一般是比较严谨的,但有时随意性也比较大。这主要表现在他对字音、音义关系的表述上。例如:

1.术语"声"概念含混。

有时用术语"声"表示字的声母,有时用术语"声"表示字的读音。如《释诂》卷四下："麼,微也。"疏证:"靡与麼,声近而义同。"(第 124 页上)《释诂》卷二上:"纱,小也。"疏证:"靡、麼古同声。"(第 54 页下)

这是由于王念孙使用了"声"的两个概念即"声母"和"汉字整个音节的读音"所造成的。王氏说的"古同声"是指"靡"与"麼"声母相同,"声近"是指"靡"与"麼"两个字的读音相近。

2.术语概念重复。

即用不同的术语指称完全相同的概念。如王念孙在表达某一组同源词的声义关系都相同这一概念时,使用了"声义并同"、"声义亦同"、"同声同义"、"并音某某反(切),其义同(义亦同、其义一)也"等术语,体现了王念孙在术语使用上的随意性和不一致性。例如:

《释言》卷五上:"移、脱,遗也。"疏证:"移为遗与之遗,脱为遗失之遗。《汉书·武帝纪》:受爵赏而欲移卖者,无所流贿。应劭注云:贿音移。言无所移与也。移、贿,声义并同。"(第 138 页上)

《释诂》卷四上:"媵,二也。"疏证:"媵者,《方言》:媵,双也。南楚江淮之间曰媵。郭璞音滕。《月令》:乃合累牛腾马。郑注云:累、腾,皆乘匹之名。腾,与媵通。《玉篇》:媵,又音以证切。《说文》:賸,物相增加也。一曰送也,副也。徐锴传云:古者一国嫁女,二国往媵之。媵之言送也,副贰也。义出于此。媵、賸、媵声义亦同。"(第 116 页上)

《释诂》卷三下:"伪,为也。"疏证:"伪者,《荀子·性恶篇》云:不可学不可事而在人者,谓之性;可学而能可事而成之在人者,谓之伪。伪,即为也。《尧典》:平秩南伪。《史记·五帝纪》作南为。《月令》:作为淫巧。郑注云:今《月令》作为。为,诈伪。是为、伪古同声同义。"(第 105 页上)

《释诂》卷三上:"擎,击也。"疏证:"擎者,《说文》:擎,击也。又云:潎,于水中击絮也。擎、潎并音芳灭反,其义同也。"(第 88 页上~88 页下)

3."一声之转"和"声并相近"相混。

"一声之转"应是指声母相同,韵部发生了流转;"声并相近"指汉字整个音节的读音相近。但王氏有时也用这两个术语同时标注一组具有同源关系的词,似乎没有分别。例如《释诂》卷四下:"剖、辟、片、胖,半也。"疏证:"皆一声之转也。剖者,襄十四年《左传》:与女剖分而食之。杜预注云:中分为剖。片、胖、半,声并相近。"(第 124 页下)

4."并通"与"并声近而义同"相混。

王氏在《广雅疏证》里一般用"并通"表示同源词、本字与借字、异体字等,而一般用"并声近而义同"表示同源词。有时这两个术语在一条里同时出现,让人难以琢磨。例如《释诂》卷一下:"臣,坚也。"疏证:"鞏、擎、臤,并

通。……坚、緊、贤、贄、鏗、掔、臤、臣八字并声近而义同。"(第41页上)

5."并通"与"声义并同"相混。

相同的材料、同一组同源词分别用这两个术语来表示,很容易让人误解成"声义并同"是同源词,"并通"是通假字。例如:

《释诂》卷三上:"掔,击也。"疏证:"《招魂》:鏗钟摇簴。王逸注云:鏗,撞也。摇,动也。是其证矣。掔,读如鏗钟摇簴之鏗。《说文》:摼,捣头也。摼、掔、鏗,声义并同。"(第89页上)

《释言》卷五上:"鎗,撞也。"疏证:"《说文》:摼,捣头也。《楚辞·招魂》:鏗钟摇簴。王逸注云:鏗,撞也。班固《东都赋》云:发鲸鱼,鏗华钟。摼、鏗、鎗并通。"(第141页下)

6."声义亦同"实为"声转义同"。

"声义亦同",有时揭示的是"声转义同"。例如:

《释诂》卷三下:"疧、痤,恶也。"疏证:"《玉篇》:痤,恶也。恎,恶性也。恎与痤同。又音大结反。《说文》:蛈,蛇恶毒长也。《尔雅》:蛈,蜴。注云:蝮属,大眼,最有毒,今淮南人呼蜴子。释文:蛈,大结反。字亦作蚈。杨孟文《石门颂》云:恶虫蔽狩,蚖蛈毒蟃。毒蟃谓毒长也。蛈与蛭、蜴与恶,声义亦同。"(第106页下)

案:王念孙说"蛈与蛭,声义亦同",在他看来"蛈与蛭"为一组同源词,这组同源词上古语音相同,意义相同。意义上,"蛈"与"蛭"都有共同的意义核心"毒"。但上古语音并不相同。"蛈"上古音为定母质部开口四等短入;"蛭"上古为章母质部开口三等短入。"蛈"与"蛭"古音为定章准旁纽,质部叠韵。二者有音转关系。

7."之言"并不是用来表明声训、揭示语源的。

"之言"本来是一个声训术语,王念孙在《广雅疏证》里有的"之言"也并不是用来表明声训、揭示语源的。例如:

《释兽》卷十下:"駃騠。"疏证:"駃之言趹,騠之言踶。疾走之名也。《释诂》云:趹,疾也。《释宫》云:駃,奔也。《说文》:趹,马行貌。趹,踶也。高诱注《淮南·修务训》云:踶,趍走也。"(第389页下)

案:踶,本义为踢。《说文·足部》:"踶,躗也。"假借为"驰",义为"快跑"。《汉书·武帝纪》:"故马或奔踶而致千里。"颜师古注:"踶,蹋也。奔,走也。奔踶者,乘之即奔,立则踶人也。"王念孙杂志:"师古分奔、踶为二义,非也。踶,亦奔也。踶之言驰,奔踶犹奔驰耳。"上古语音为定母支部开口三等。騠,马属。公马母驴杂交所生。《说文·马部》:"騠,駃騠。"上古语音为定母支部开口四等。二者虽然在语音上具有双声叠韵关系,但意义相差太远。

《释诂》卷四上:"炗,明也。"疏证:"炗之言炎炎也。《说文》引《小雅·节南山篇》:忧心炗炗。今本作忧心如惔。《韩诗》作如炎。《说文》:炎,火光上也。《方言》:炗,明也。忧心如火之炎。故与明同义。凡《诗》言忧心烈烈,忧心奕奕,忧心惙惙,耿耿不寐,如有隐忧之类,皆其义也。《说文》:覝,察视也。读若镰。覝与炗,亦声近义同。"(第112页下)

案:"炗",《方言》卷十二:"炗,明也。"郭璞注:"光也。""炗"义为光明。上古音为余母侵部开口三等。"炎",火苗升腾,即火飞扬之光上出。《说文·炎部》:"炎,火光上也。"饶炯部首订:"火光上者,谓火飞扬之光上出也。"《书·洪范》:"火曰炎上。"孔颖达疏引王肃曰:"火之性,炎盛而升上。"《朱子语类·孟子七》:"如水之润下,火之炎上。"上古音为匣母谈部开口三等。语义上,"炗"与"炎"都有"光明"之义,但上古韵部虽然是侵谈对转,但声母"余"与"匣"相差太远。

8."语之转"太宽泛。

王念孙《广雅疏证》往往用这一术语系联同源词,表示该组同源词由于古今方俗的差异或声,或韵,或声韵发生了流转。但有时在使用这一术语时又比较宽泛,给人无所不转的感觉。例如:

《释诂》卷二下:"漫、渥、渍也。"疏证:"《说文》:渥,霑也。《邶风·简兮篇》:赫如渥赭。毛传云:渥,厚渍也。泜者,《说文》:泜,水濡皃也。《信南山篇》云:既霑既足。傻、渥,语之转。霑、足,亦语之转。"(第64页下)

案:"霑"与"足"在词义上虽然都有共同的意义核心"多",但上古语音却相差太远。"霑"上古语音为端母谈部开口三等,"足"上古语音为精母屋部合口三等短入。霑、足,虽然端精为准双声,但韵部"谈部"与"屋部"相差太远。故王念孙"霑、足,亦语之转"之结论不确。

《释诂》卷三下:"膚、朴、皮,离也。"疏证:"《释言》云:皮、膚,剥也。《说文》云:剥取兽革者谓之皮。《韩策》云:因自皮面抉眼,自屠出肠。郑注《内则》云:膚,切肉也。是皮、膚皆离之义也。朴与皮、膚一声之转。《说文》:朴,木皮也。"(第106页上)

案:"膚"、"朴"、"皮"虽然都有共同的意义核心"皮",只有"朴"与"膚"、"皮"与"膚"具有声转韵转关系,分别构成两组同源词。而"皮"与"朴"虽然是并滂旁纽,但韵部"歌部"与"屋部"相差太远,因此不构成韵转关系。故王念孙"朴与皮、膚一声之转"这一结论有误。

(二)同源词与异体字概念相混

王念孙在"因声求义"时,有时把同源词和异体字的概念混为一谈。例如:

《释言》卷五上:"谷,培也。"疏证:"《说文》:坏,瓦未烧也。《淮南子·精神训》云:夫造化者既以我为坏矣。《太元干次五》:或锡之坏。范望注云:坏,未成瓦也。坏与培通。坏之言岯胎也。郭璞《尔雅注》云:胚胎,未成物之始也。《说文》:肧,妇孕一月也。衃,凝血也。《玉篇》:醅,未酾之酒也。坏、肧、衃、醅并音片回反,义亦相近也。"(第150页下)

案:"肧"与"衃"为一对异体字,五代徐锴《说文解字系传·血部》:"衃,犹肧也。"《集韵·尤韵》:"肧胎,未成物之始,或从血。""坏、肧、醅"为一组同源词。

《释诂》卷一下:"拹,急也。"疏证:"拹者,《说文》:缊,急也。又云:拹,引急也。徐锴传云:拹,犹亘也。横亘之也。《楚辞·九歌》:缊瑟兮交鼓。王逸注云:缊,急张弦也。《淮南子·缪称训》:治国辟若张瑟,大弦緪,则小弦绝矣。高诱注云:緪,急也。马融《长笛赋》云:若緪瑟促柱。拹、缊、緪并通。"(第36页上)

案:"缊"与"緪"为一对异体字。《集韵·登韵》:"缊,《说文》:'大索也。一曰急也。'""拹、缊"为一组同源词。

(三)同源词与通假字偶尔相混

王念孙在因声求义系联同源词时,偶尔把同源词与假借字概念相混。例如:

《释诂》卷四下:"剾、劀,剜也。"疏证:"劀者,《玉篇》:劀,剾也。案剾、劀皆空中之意。《说文》:窬,穿木户也。一曰空中之㒸。孟康注《汉书·石奋传》云:东南人谓凿木空中如曹谓之㒸。《广韵》:劀、窬、㒸三字并度侯反,义相近也。"(第128页上)

案:王念孙认为"劀"、"窬"、"㒸"三字并度侯反,义相近也,应该是一组同源词。而事实上,"㒸"是"窬"的借字,只有"劀:窬"为一组同源词。清朱骏声《说文通训定声·需部》:"㒸,叚借为窬。"《汉书·万石君传》:"取亲中帬厕㒸,身自澣洒。"颜师古注引孟康曰:"厕,行清;㒸,中受粪函者也。东南人谓凿木空中如曹谓之㒸。"王先谦补注:"厕训为侧;㒸当做'窬'……然则窬当是傍室中门墙穿穴入地,空中以出水。"

《释草》卷十上:"稷穰谓之稷。"疏证:"稷茎之名稷,犹麻茎之名䕝,蒲茎之名骊也。《玉篇》云:䕝,麻茎也。古文作䕲。《士丧礼记》云:御以蒲菆。郑注云:蒲菆,牡蒲茎也。古文菆作騶。䕝、騶、稷,三字并以㑩为声,义相近矣。"(第330页下)

案:王念孙认为"䕝"、"騶"、"稷"三字并以㑩为声,义相近矣,应该是一组同源词,在"䕝"、"騶"、"稷"三字当中,"騶"为"菆"的借字,"䕝:稷"才为一组同源词。清朱骏声《说文通训定声·需部》:"騴,叚借为蒳。"义为好箭。

《释诂》卷三下:"餧,食也。"疏证:"餧者,《说文》:萎,饮牛也。昭二十五年《公羊传》:且夫牛马维娄,委已者也而柔焉。何休注云:委,食已者。《楚辞·九辩》云:凤不贪餧而妄食。餧、萎、委,并通。"

案:在"餧"、"萎"、"委"三字中,"委"为"萎"的假借字,"餧"与"萎"为一组同源词。

(四)"古音"是一个较为宽泛的概念

王念孙自己给自己定的原则是"就古音以求古义",这无疑是十分正确的。但从他对同源词的研究、系联上可以看出,他用于分析同源词的"古音"除了上古音外,还包括了中古音。由于同源词的大量产生是上古时代的事,所以分析同源词的语音必须以上古音为依据。王念孙用中古音进行分析,难以保证同源词系联的正确性。例如:

《释诂》卷四上:"隸,置也。"疏证:"隸者,《尧典》:眚灾肆赦。《春秋·庄二十二年》:肆大眚。皆谓放赦罪人。与置同意。故《说文》云:赦,置也。捨与赦,声义亦同。故《尔雅》云:赦,舍也。舍与捨通。"(第109页下)王念孙说"捨与赦,声义亦同",在他看来"捨与赦",不仅上古语音相同,而且意义也相同。"捨"赦"确实为一组同源词,都有共同的意义核心"舍弃",但二者语音并不相同:"捨"上古音为书母鱼部开口四等,"赦"上古音为书母铎部开口三等长入。二者声母相同,韵部为鱼铎对转。

《释诂》卷一下:"澌,尽也。"疏证:"澌者,《说文》:澌,水索也。曹宪音斯。《玉篇》《广韵》并音赐。《方言》:澌,尽也。郑注《曲礼》云:死之言澌也,精神澌尽也。正义云:今俗呼尽为澌。即旧语有存者也。《金縢》:大木斯拔。《史记·鲁世家》作尽拔。《乡饮酒礼》:尊两壶于房户间,斯禁。郑注云:斯禁,禁切地无足者。疏云:斯,澌也。澌尽之名也。《文选·西征赋》:若循环之无赐。李善注引《方言》:赐,尽也。《史记·李斯传》云:吾顾赐志广欲。澌、斯、赐并通。《系辞传》:故君子之道鲜矣。释文:《师说》云:鲜,尽矣。鲜与斯,亦声近义同。故《小雅·瓠叶》笺云:今俗语斯白之字作鲜,齐鲁之间声近斯矣。"(第41页下)王念孙认为"鲜与斯,亦声近义同",在他看来"鲜"与"斯"上古语音相近,意义相同,应该是一组同源词。事实上,"鲜"上古语音为心母元部开口三等,"斯"上古语音为心母支部开口三等,二者虽然是心母双声,但韵部相差太远。

以上不足主要是由于当时语言科学不发达。如术语使用的随意性,除了当时缺乏科学的术语学外,音与义研究的不发达应是直接导致术语使用随意性的重要原因。乾嘉时代,虽然古音研究取得了很大的成就,王念孙本人也精通音韵,但都主要体现在韵部的研究上,声纽的研究还相对较弱;在词义研究上,只注重单个词语意义的考证,至于词与词之间的意义关系缺乏科学、系统的论证,加之词义关系的复杂性,使得词与词的意义关系难于把握。因此在术语的使用上往往含混,随意性较大。至于同源词与异体字、通假字概念不清,常常相混,更是由于对这些概念缺乏科学的区分,以至界说含混而造成的。当然,上述不足与王念孙在《广雅疏证》同源词研究上所取得的巨大成就相比,只不过是白璧微瑕,需要我们采取实事求是的、科学的态度予以批判的继承。

同源词研究的主要目的是探究汉语词汇滋生繁衍的历史和规律,探索已经湮灭了的词的理据,如果我们不进行追根溯源的历史研究,理清源词与派生词、派生词与派生词形成的途径、演变轨迹和发展规律,而只停留在平面地系源的研究状态,是无法达到这一目的的。这只是汉语词源学研究的基本任务。"科学的汉语词源学应当首先继承这一点,并进一步完善有关这一工作的可操作方法。科学的汉语词源学除探讨单音节派生词的造词理据外,还必须完成以下三方面的任务:第一,探求后代已成为单纯词的联绵词与叠字词的源词;第二,探求汉语双音合成词的词源;第三,分辨汉语词与外来词,并探求外来词的来历及其汉化的过程。"[1]所以,语言科学研究者的工作可谓任重道远。

---

① 王宁:《训诂学原理》,中国国际广播出版社 1996 年版,第 148 页。

第六章 《广雅疏证》动植物名词
"异名同实"现象研究

对汉语动植物名词"异名同实"现象进行研究,是语源学的重要研究内容,对汉语词汇史和语言起源的探讨具有独特的价值。本章以现代语言学理论为指导,采用比较互证法和数理统计法,对王念孙《广雅疏证》动植物名词"异名同实"现象进行了研究。通过对王念孙《广雅疏证》"异名同实"动植物名词的得名理据和形成原因的研究,总结、归纳出汉语动植物"异名同实"名词的得名理据有形体理据、习性理据、纹色理据、时空理据、功用理据、感官理据、质地理据和综合理据八种;汉语动植物名词"异名同实"现象形成的原因包括因命名理据多源而异名、因词语的单音复音而异名、因词语同义替换而异名、因语音流变而异名、因方言差异而异名、因雅俗不同而异名、因时代不同而异名、因语体风格有别而异名等类型。

第一节 《广雅疏证》对"异名同实"动植物名词
得名理据的研究

"异名同实"一词最早出自《庄子·知北游》。《庄子·知北游》:"异名同实,其指一也。"从语言学的角度来看,"异名同实",也称作"同实异名",是指人们在给名物词命名时,一个事物具有多个名称。在汉语里,存在这样一种语言现象,即一个指称对象用几个甚至几十个词来记录。"同名异实"现象,不是简单的名称繁衍,也不是简单体现这一名物词的表面意义,更为重要的是它体现了这一名物词所折射的社会形态、价值观念、文化内涵以及语言特质等深层含义。正如胡裕树先生所说:"汉语至少有五千年的历史,在漫长的历史长河中,劳动人民创造了无比丰富的词汇,以满足各种不同的表达和交际的需要,加上中国地域辽阔,方言众多,方言之间不仅语音上有很大的差异,词汇的差别亦极为明显。这种历史的积淀和共时的差异使汉语词汇呈现出丰富而又纷繁的局面。其中一个突出特点就是同一指称对应于多个乃至数十个上百个不同的语符,这就是本书的所谓的'同实异名'现象。这一现象可以说是十分普遍的,特别是在历时方面尤为突出。"①王念孙《广雅疏证》十分注重名物异同关系的考辨,他在阐释名物时,重点对"同名异实"和"异名同实"等语言现象进行了细致入微的阐释,并对其命名的理据和规律进行了探讨和揭示。

词的理据,也叫词的内部形式,指的是事物命名的理由和根据。它是从名称与事物发生关系的角度,揭示词源意义之所在。陆国强《现代英语词汇学》:"词的理据(motivation)就是语言中表示事物、现象、观念的词的构成依据,就是一个词用这样的音节或这样的语素而不是那样的语素来构造的道理和依据,它说明词义与事物或现象的命名之间的关系。"探讨词的命名理据,是传统词源学的内容,也是现代名称学的研究重点之一。动植物名词的命名理据,也就是一个动植物名词得名的道理与根据,即为什么选用这个词语来表达这个动植物的名称,而不是用别的词语。

"理据"一词,最早出现在南朝梁僧祐的《重与刘刺史书》里。他说:"纡辱还诲,优旨仍降,征庄援释,理据皎然。"②在这里,"理据"一词是指"道理和根据所在",与我们现在所说的词的命名理据还有很大的差别。在中国语言学界,最早用"理据"一词来表达事物得名之由概念的是四川大学的张永言先生。他在《关于词的"内部形式"》一文中说:"语言的词汇是不断地发展丰富的,发展的主要途径是创造新词,而新词的创造多半是在已有的语言材料和构词方法的基础上进行的。因此新造的词的语音形式和意义内容之间的关系一般说来并不是偶然的;也就是说除了一些'原始名称'以外,语言里的词往往有可能考出其内部形式或者理据。"③张志毅先生也曾指出:"词的理据,作为词源学的一个分支,是指事物命名的理据与根据,它反映了事物命名特征和词之间的关系。从多数原始词那里找不出这种关系,也就是说它们是无理据的。而非原始词多是有理据可寻的。"④

我们根据名物词命名的相对可论证性认识,对王念孙在《广雅疏证》中对动植物名词"异名同实"现象的研究进行归纳和整理,其得名理据大致有如下几类:

---

① 胡裕树:《〈古汉语同实异名词典〉序》,《辽宁师范大学学报》(社会科学版)1992年第1期。
② (梁)僧祐:《弘名集》卷十一,中国民艺出版社2006年版,第88页。
③ 张永言:《语言学论集》,语文出版社1992年版,第137页。
④ 张志毅:《〈说文〉的词源学观念——〈说文〉所释"词的理据"》,《辞书研究》1991年第4期。

一、形体理据

形体理据是以事物的形体特征作为命名的依据。每一事物在其外形外貌上都有区别于其他事物的、本体独有的部分,这一部分恰恰是引起人们视觉关注的部分。"名字"作为具有区别意义的称号,名物就可以从最直观的外形外貌入手,取其特征而得名。① 王国维《〈尔雅〉草木虫鱼鸟兽名释例》:"此诸俗名之共名,皆雅名也。……有取诸其物之形者,有取诸其物之色者,有取诸其物之声者,有取诸性习者,有取诸功用者。"②"有取诸其物之形者",即把事物的外形特征作为命名的理据。

视觉系统是人类最重要的感知系统之一,人们通过视觉系统可以感知动植物的形体特征。因此,古人在给动植物命名时,往往善于根据动植物的形体特征命名取象。形体主要包括形状、形态以及形似。动植物命名的形体理据是依据动植物本身及某部分的形状作为命名依据,它是动植物名词命名的最主要理据,因此,以形体理据来为动植物命名的词也最多。在《广雅疏证》中这类约有 57 例。

(一)形状理据

动植物的形状千奇百怪,大小、长短、高低、粗细、厚薄以及圆、方、曲、扁、直等都是它们的表象特征。古人在给它们命名时,往往根据它们的这些形状特征作为命名理据。这类共约 16 例。

第一,大小。

动物、植物及其果实的大小程度,人们通过视觉是可以感知的。因此,人们在给动植物命名时,往往根据它们的大小特征作为命名理据。这类共约 8 例。例如:

1.《释草》卷十上:"蘧,芋也。"疏证:"芋之大根曰蘧。《说文》:芋,大叶实根骇人,故谓之芋也。徐锴传云:芋,犹言吁也。吁,惊词。则芋之为名,即是惊异其大。"(第 324 页下)

案:芋,蘧的别名。这种植物根大、叶大,故名"芋"。所以王念孙说:"则芋之为名,即是惊异其大"。

2.《释草》卷十上:"荭、龙、蘬,马蓼也。"疏证曰:"荭与红同。……《郑风·山有扶苏篇》:隰有游龙。传云:龙,红草也。笺云:游,犹放纵也。红草放纵

---

① 杨泽林:《从事物的特征看名物命名——王念孙〈广雅疏证〉研究》,《山东文学》2007 年第 1 期。

② 王国维:《观堂集林》(第一册),中华书局 1959 年版,第 220 页。

枝叶于隙中。陆机疏云:一名马蓼,叶大而赤白色,生水泽中,高丈余。"(第341页下)

案:马蓼,红草的别名。此种植物叶大,高丈余,古人以马喻大,故名"马蓼"。所以王念孙说:"一名马蓼,叶大而赤白色,生水泽中,高丈余"。

3.《释草》卷十上:"藋粱,木稷也。"疏证:"今之高粱,古之稷也。……王桢《农书》云:蜀黍,一名高粱,一名蜀秫,一名芦穄,一名芦粟,一名木稷,一名狄粱,以种来自蜀,形类黍稷,故有诸名。《九谷考》辨之云:彼土最宜稻,高粱惟高冈种之,专用以造酒。……余案:《方言》云:蜀,一也,南楚谓之独。蜀有独义,故《尔雅·释山》云:独者,蜀物之独者或且大,故因之有大义。《释兽》云:鸡大者,蜀。此蜀黍、蜀葵为独大者之明证也。引之案:高粱,茎长丈许,实大如椒,故谓之蜀黍,又谓之木稷,言其高大如木矣。"(第340页下)

案:木稷,高粱的别名。此种植物高大如木,故名"木稷"。所以王念孙说:"高粱,茎长丈许,……又谓之木稷,言其高大如木矣"。

4.《释木》卷十上:"含桃,樱桃也。"疏证:"《月令》:仲夏之月,天子乃以雏尝黍,羞以含桃,先荐寝庙。郑注云:含桃,今之樱桃也。……《月令》释文云:含本又作函。函与樱,皆小之貌。函若《尔雅》云:蠃小者蜬。樱若小儿之称婴儿也。樱或作罂。"(第352页下)

案:樱桃,含桃的别名。此种植物的果实小,故名"樱桃"。所以王念孙说:"函与樱,皆小之貌"、"樱若小儿之称婴儿也"。

5.《释虫》卷十下:"炙鼠、津姑、蝼蝛、蠮蛉、蛞蝼,蝼蛄也。"疏证:"炙鼠,苏颂《本草图经》引作硕鼠。炙、硕声相近也,各本炙伪作灸,今订正。字一作石,一作鼫。《广韵》:蝼蛄,一名仙蛄,一名石鼠。《晋九四》:晋如鼫鼠。……其形大,故叙云:大鼠也。"(第360页下)

案:大鼠,硕鼠的别名。此种动物的形体大,故名"大鼠"。所以王念孙说:"其形大,故叙云:大鼠也"。

第二,长短。

动植物的长短,人们通过视觉是可以感知的。因此,人们在给动植物命名时,往往以它们的长短特征作为命名理据。这类约有1例。

《释草》卷十上:"石发,石衣也。"疏证:"《尔雅》云:藫,石衣。郭璞注云:水苔也,一名石发,江东食之。或曰藫,叶似䕾而大,生水底,亦可食。……藫、苔一声之转也。郭璞《江赋》云:绿苔鬖髿乎研上。李善注引《风土记》云:石发,水苔也,青绿色,皆生于石。又引《通俗文》云:发乱曰鬖髿。盖以其似发,故有石发之名也。"(第329页上)

案:薄,又名石发,萍草,形细长如发,故得名。所以王念孙说:"盖以其似发,故有石发之名也"。

第三,圆形。

动物、植物及其果实的圆形特征,人们通过视觉是可以感知的。因此,人们在给动植物命名时,往往以动物、植物及其果实的圆形特征作为命名理据。这类约有2例。

1.《释草》卷十上:"豍豆、豌豆,䁂豆也。"疏证:"豌豆枝茎柔弱,布地而生,叶间有须连卷然,叶形颇圆,两两相值,南方人多摘以为蔬,味极美。三四月放小花四瓣,向内者二,向外者二,亦皆相对。花色淡紫可爱,四五月作荚,长寸余,荚中子皆圆如珠子,煮食之香美,亦可以为酱。"(第334页上)

案:豌豆,豍豆的别名,圆如珠子,故名"豌豆",所以王念孙说:"四五月作荚,长寸余,荚中子皆圆如珠子"。朱骏声《说文通训定声·乾部》:"《广雅·释草》:'豌豆,豍豆也。'字作豌……子圆如珠,煮食甜美。"

2.《释木》卷十上:"益智,龙眼也。"疏证:"《神农本草》云:龙眼,一名益智,生南海山谷。《齐民要术》引吴普《本草》云:龙眼,一名益智,一名比目。……《御览》又引《广志》云:龙眼树叶似荔枝,蔓延缘木生,子大如酸枣,色黑纯甜无酸。苏恭《本草注》云:龙眼树似荔枝,叶若林檎,花白色,子如槟榔,有鳞甲,大如雀卵,味甘酸,皆其形状也。龙眼,又名龙目。左思《蜀都赋》云:旁挺龙目,侧生荔枝,布绿叶之萋萋,结朱实之离离。是也。今人则谓之圆眼。李贤注《和帝纪》引《广州记》云:龙眼子似荔枝而圆。此圆眼之所以名也。别有益智,于此同名而异物。《艺文类聚》引《广志》云:益智叶似襄荷,长丈余,子大如枣,中瓣黑,皮白核小者,名曰益智也。"(第356页下)

案:圆眼,龙眼的别名。此种果实像荔枝一样圆,故名"圆眼"。所以王念孙说:"龙眼子似荔枝而圆。此圆眼之所以名也"。

第四,方形。

动植物的形状也有方形的,人们通过视觉是可以感知的。因此,人们在给动植物命名时,往往以它们的方形特征作为命名理据。这类约有1例。

《释草》卷十上:"狗虱、钜胜、藤宏,胡麻也。"疏证曰:"《神农本草》云:胡麻,一名巨胜。巨与钜同。《御览》引吴普《本草》云:胡麻,一名方茎,一名狗虱。方茎以茎形得名,狗虱以实形得名也。"(第344页下)

案:方茎,胡麻即芝麻的别名。此种植物的茎呈方形,故名"方茎"。所以王念孙说:"方茎以茎形得名"。

第五,曲折。

动植物的形状或行走的姿态也有曲折的,人们通过视觉是可以感知的。因此,人们在给动植物命名时,往往以它们的曲折特征作为命名理据。这类约有2例。

1.《释虫》卷十下:"蝶蠰、蚍蚗、蚨蚙,蚰蜒也。"疏证:"《尔雅》:蟓衔,入耳。郭璞注云:蚰蜒也。……案:蜻蛶与蚍蚗声相近,蚰蜒与蟓蛋声之转。谓之蚰蜒者,言其行蜿蜒然也。郑注《考工·梓人》云:邵行,蟓衔之属。《释文》云:此虫能两头行,是邵行也。"(第359页下~360页上)

案:蚰蜒,蟓蛋的别名。此虫爬行蜿蜒的样子,故名"蚰蜒"。所以王念孙说:"谓之蚰蜒者,言其行蜿蜒然也"。可见,"蚰蜒"之得名与其爬行时的姿态有关。

2.《释虫》卷十下:"蚯蚓、蜿蟺,引无也。"疏证:"《古今注》云:蚯蚓,一名蜿蟺,一名曲蟺,善长吟于地中。江东谓之歌女,或谓之鸣砌,一作蚰蟮。郭璞注《方言》'蟓场谓之坦'云:蟓,蚰蟮也。又转而为蠢蟥,为胸脮。高诱注《淮南·时则训》云:邱蟓,蠢蟥也。《后汉书·吴汉传》注:胸脮县属巴郡。《十三州志》:胸音蠢,脮音闻。其地下湿,多胸脮虫,因以名焉。……蔡邕《章句》云:结,犹屈也。邱蚓屈首下向阳气,气动则宛而上首,故其结而屈也。邱蚓之形屈曲,故谓之蜿蟺,又谓之蜘。蜿蟺之言宛转也。蜘之言曲也。"(第364页上)

案:蜿蟺,蜘,蚯蚓的别名。此虫的形状弯曲,故名"蜿蟺"、"蜘"。所以王念孙说:"邱蚓之形屈曲,故谓之蜿蟺,又谓之蜘"、"蜘之言曲也"。

第六,直。

动植物的形状也有直立的特征,人们通过视觉是可以感知的。因此,人们在给动植物命名时,往往以它们的直立特征作为命名理据。这类约有1例。

《释草》卷十上:"犁如,桔梗也。"疏证:"《御览》引吴普《本草》云:桔梗,一名符蒀,一名白药,一名利如,一名梗草,一名卢如。叶如荠苨,茎如笔管,紫赤,二月生。……《唐本草注》云:叶有差互者,亦有三四对者,皆一茎直上。案:《说文》云:桔,直木也。《尔雅》云:梗,直也。桔梗之名,或取义于直与。"(第320页上~320页下)

案:桔梗,犁如的别名。这种植物的茎直如笔管,且"桔"为直木,"梗"有直义,故名"桔梗"。所以王念孙说:"茎如笔管"、"皆一茎直上"、"《说文》云:桔,直木也。《尔雅》云:梗,直也。桔梗之名,或取义于直与"。可见,"桔梗"得名于它的特性"茎直如笔管"。

第七,厚薄。

动植物的形状也有厚薄之分,人们通过视觉是可以感知的。因此,人们在给动植物命名时,往往以它们的厚薄特征作为命名理据。这类约有 1 例。

《释木》卷十上:"重皮,厚朴也。"疏证:"《说文》云:重,厚也。朴,木皮也。重皮、厚朴,其义一也。《急就篇》云:芎藭厚朴桂栝楼。颜师古注云:凡木皮皆谓之朴。此树皮厚,故以厚朴为名。《御览》引吴普《本草》云:厚朴,一名厚皮,生交阯。又引《范子计然》云:厚朴出宏农。……苏颂《图经》云:木高三四丈,径一二尺,春生叶如柳叶,四季不凋,红花而青实,皮极鳞皱而厚,紫色多润者佳。李时珍云:五六月开细花,细实如冬青子,生青熟赤,有核。七八月采之,味甘美。"(第 356 页上)

案:厚朴,厚皮的别名。此树的树皮厚,故名"厚皮"。所以王念孙说:"凡木皮皆谓之朴。此树皮厚,故以厚朴为名"、"皮极鳞皱而厚"。

(二)形态理据

动植物的状态、形貌是多种多样的,不同的动植物有不同的表现形态。古人在给动植物命名时,往往根据它们的形态特征作为命名理据。形态特征主要指动植物所表现出来的状态、形貌等特征,如下垂、聚结、疏密、茂盛、中空、夹合等。这类共约 6 例。例如:

1.《释草》卷十上:"枸乳,苦杞也。"疏证:"《御览》引吴普《本草》云:枸杞,一名羊乳,盖其下垂似之。"(第 309 页下)

案:羊乳,枸杞的别名。因为其籽下垂像羊乳,故名。可见,"羊乳"得名于形态。所以王念孙说:"盖其下垂似之"。

2.《释草》卷十上:"黄文、内虚,黄芩也。"疏证:"《神农本草》云:黄芩,一名腐肠,生秭归川谷。陶注云:彭城、鄜州亦有之,圆者名子芩,破者名宿芩,其腹中皆烂,故名腐肠。……又引吴普《本草》云:一名黄文,一名妬妇,一名虹胜,一名经芩,一名印头,一名内虚。二月生赤黄叶,两两四四相值,茎空中,或方员,高三四尺。四月花紫红赤,五月实黑根黄。案:虹肠之虹,与红同。红,亦腐也。《名医别录》作空肠。吴氏云:其茎空中,此内虚之名所由起矣。"(第 313 页下)

案:内虚,黄芩的别名。因为此种植物的茎空中,故名"内虚"。所以王念孙说:"其茎空中,此内虚之名所由起矣"。

3.《释草》卷十上:"丁父、附支,蓪草也。"疏证:"《神农本草》云:通草,一名附支,生石城山谷。……通草以茎得名。陶注《本草》云:今出近道,绕树藤生,汁白,茎有细孔,两头皆通,含一头吹之,则气出彼头者良。或云即葍藤茎。唐本注云:此物大者径三寸,每节有二三枝,枝头有五叶,其子长三四寸,核黑穰白,食之甘美。南人谓为燕覆,或名乌覆。今言葍藤。葍、覆声相近尔。《食性本草》云:燕覆,茎名木通。陶弘景所说汁白茎有细孔者与吴普

《本草》合。两头皆通,正通草所以命名之义也。"(第 346 页上)

案:通草,丁公藤的别名。此种草本植物的茎两头皆通气,故名"通草"。所以王念孙说:"通草以茎得名。陶注《本草》云:今出近道,绕树藤生,汁白,茎有细孔,两头皆通,含一头吹之,则气出彼头者良"、"两头皆通,正通草所以命名之义也"。

4.《释木》卷十上:"栟榈,椶也。"疏证:"栟榈与并闾同。《西山经》云:石脆之山,其木多椶。郭注云:椶树高三丈许,无枝条,叶大而员,枝生梢头,实皮相裹,上行一皮者为一节,可以为绳。……椶之言總也,皮如丝缕,總總然聚生也。《说文》云:總,聚束也。又云:布之八十缕为椶。"(第 352 页上)

案:椶,一名栟榈,即棕树。椶之言總也,故谓之"椶"。所以王念孙说:"椶之言總也,皮如丝缕,總總然聚生也。《说文》云:總,聚束也"。

栟榈,椶的异名。因其树叶相连,群聚于树顶这一形态,故名"栟榈"。所以王念孙说:"椶树高三丈许,无枝条,叶大而员,枝生梢头,实皮相裹,上行一皮者为一节,可以为绳"。

5.《释草》卷十上:"豆角谓之荚,其叶谓之藿。"疏证:"荚之言夹也。两旁相夹,豆在其中也。豆荚长而峭锐,如角然,故又名豆角。豆角,今通语耳。"(第 339 页下)

案:豆荚,豆角的别名,因豆被夹在两瓣壳中而得名。所以王念孙说:"荚之言夹也。两旁相夹,豆在其中也"。

(三)形似理据

通过比喻手法,根据动植物的形似,间接描写动植物的外形特征,而不是直接展现,从而给动植物命名。这类约有 29 例。例如:

1.《释草》卷十上:"蓳,羊蹄也。"疏证:"《尔雅》:须,蕵芜。郭注云:似羊蹄,叶细,味酢可食,是羊蹄一种,名蓫,名蓄,一种名蕵芜、名酸摸,而总谓之蓳也。"(第 310 页上)

案:羊蹄,蓳的别名。因为其形状像羊蹄,故名。所以王念孙说:"似羊蹄,叶细"。

2.《释草》卷十上:"牛茎,牛劲也。"疏证:"《神农本草》:牛劲,一名百倍。《名医别录》云:生河内川谷及临朐。陶隐居注云:今出近道蔡州者,最长大柔润,其茎有节似牛劲,故以为名也。……《说文》:牼,牛劲下骨也。牛劲之名,殆取此义与。"(第 310 页下)

案:牛劲,牛茎的别名。因其茎有节,凸出如牛膝,故名。所以王念孙说:"其茎有节似牛劲,故以为名也"。

3.《释草》卷十上:"贝父,药实也。"疏证:"贝父,即贝母也。《尔雅》:茵,贝母。郭注云:根如小贝,圆而白花,叶似韭。……《名医别录》云:一名药实,一名商草。商字即菌字之误也。陶注云:形似聚贝子,故名贝母。"(第313页上)

案:贝母与贝父,药实的别名。因为它的形状像聚贝子,故名"贝母"、"贝父"。所以王念孙说:"根如小贝,圆而白花"、"形似聚贝子,故名贝母"。

4.《释草》卷十上:"苓耳、苍耳、菤、常枲、胡枲,枲耳也。"疏证:"《尔雅》云:菤耳,苓耳。郭璞注云:《广雅》云:枲耳也。亦云胡枲,江东呼为常枲,或曰苓耳,形似鼠耳,丛生如盘。……《列子·杨朱篇》《释文》引《仓颉篇》云:枲,薜耳也。一名苍耳。……《神农本草》云:菓耳,一名胡枲,一名地葵。《名医别录》云:一名菤,一名常思。陶注云:此是常思菜,伧人皆食之。……菓耳,别名菤。《说文》云:菤,卷耳也。又名苍草,又名爵耳。《诗·卷耳》正义引陆机疏云:卷耳,叶青白,色似胡荽,白花细茎蔓生,可煮为茹,滑而少味,四月中生子,如夫人耳中珰,今或谓之苍草,幽州谓之爵耳。"(第319页上～319页下)

案:卷耳、苓耳、苍耳、枲耳,常枲的别名。因为这种植物形状像老鼠的耳朵,故名"卷耳、苓耳、苍耳、枲耳"。所以王念孙说:"形似鼠耳,丛生如盘"。

苍草、爵耳,卷耳的别名。因为这种植物像夫人耳中珰,故名"苍草、爵耳"。所以王念孙说:"如夫人耳中珰,今或谓之苍草,幽州谓之爵耳"。

5.《释草》卷十上:"薓、地精,人蓡也。"疏证:"《神农本草》云:人参,味甘,一名人衔,一名鬼盖。出上党,状类人者善。《御览》引《范子计然》云:人参,出上党,状类人者善。又引吴普《本草》云:人参,一名土精,一名神草,一名黄参,一名血参,一名人微,一名王精。或生邯郸,三月生,叶小锐,核黑,茎有毛,根有头足手,面目如人,是人参以形得名。土精,犹地精也。色黄,故又名黄参。"(第321页下)

案:人参,薓的别名。因为这种植物的根与人体相似,故名"人参"。所以王念孙说:"根有头足手,面目如人,是人参以形得名"。

6.《释草》卷十上:"无心,鼠耳也。"疏证:"《御览》引《广志》云:鼠耳,叶如耳,缥色。……《酉阳杂俎》云:蚍蜉,酒草,一曰鼠耳,象形也。亦曰无心草。"(第322页下)

案:鼠耳,无心草的别名。这种植物叶像鼠耳,故名"鼠耳"。所以王念孙说:"鼠耳,叶如耳"、"一曰鼠耳,象形也"。

7.《释草》卷十上:"贯节,贯众也。"疏证:"《尔雅》云:篇,苻止。濼,贯众。《神农本草》云:贯众,一名贯节,一名贯渠,一名百头,一名虎卷,一名扁苻。生元山山谷,亦生冤句。《名医别录》云:此谓草鸱头也。陶注云:叶如大蕨,其根形色毛芒全似老鸱头,故呼为草鸱头。《御览》引吴普《本草》云:贯众,一名贯末,一名贯中,一名渠母,一名贯钟,一名伯芹,一名药藻,一名扁苻,一名黄钟。叶青黄,两两相对,茎黑,毛聚生,冬夏不死,四月华白,七月实黑,聚相连卷旁生。"(第 326 页上)

案:草鸱头,贯节的别名。此种草本植物的根、形状、毛芒像老鸱头,故名"草鸱头"。所以王念孙说:"其根形色毛芒全似老鸱头"。

8.《释草》卷十上:"女青,乌葛也。"疏证:"《神农本草》云:女青,一名雀瓢。……《唐本》注云:此草,即雀瓢也。叶似萝摩,两叶相对,子似瓢形,大如枣许,故名雀瓢。"(第 326 页上~326 页下)

案:雀瓢,女青的别名。此种植物果实像瓢形,故名"雀瓢"。所以王念孙说:"叶似萝摩,两叶相对,子似瓢形,大如枣许,故名雀瓢"。

9.《释草》卷十上:"菠、芡,鸡头也。"疏证:"《方言》云:菠、芡,鸡头也。北燕谓之菠,青徐淮泗之间谓之芡,南楚江湘之间谓之鸡头,或谓之雁头,或谓之乌头。郭注云:今江东亦名菠耳。《神农本草》云:鸡头,一名雁喙。陶注云:此即今蔿子,形上花似鸡冠,故名鸡头。"(第 327 页上)

案:鸡头,菠的别名。此种植物的花长得像鸡冠,故名"鸡头"。所以王念孙说:"形上花似鸡冠,故名鸡头"。

10.《释草》卷十上:"狗蝨、钜胜、藤宏,胡麻也。"疏证曰:"《神农本草》云:胡麻,一名巨胜。巨与钜同。《御览》引吴普《本草》云:胡麻,一名方茎,一名狗蝨。方茎以茎形得名,狗蝨以实形得名也。"(第 344 页下)

案:狗蝨,胡麻即芝麻的别名。此种植物的籽像依附在狗身上的虱子的形状,故名"狗蝨"。所以王念孙说:"狗蝨以实形得名也"。

11.《释虫》卷十下:"蛆蝶、马蚿,马蚿也。"疏证:"《方言》:马蚿,北燕谓之蛆蝶,其大者谓之马蚰。郭璞注云:今关西云马蚰。蚰与蚿同。字通作轴。《御览》引吴普《本草》云:又谓之马陆。《本草》云:马蚿,一名马轴。又谓之马陆。《本草》云:马陆,一名百足。马陆,犹言马蚿也。草名蓫薚,一名商陆。虫名马蚿,一名马陆,皆声近而转耳。蛆蝶之转声为蠲蛆,又转而为秦渠。高诱注《吕氏春秋·季夏纪》云:马蚿,幽州谓之秦渠。是也。又转而为商蛆。《庄子·秋水篇》:使商蛆驰河,必不胜任矣。司马彪注云:商蛆,虫名,北燕谓之马蚿。是也。蚿之转声为蚙,又转而为蠲为蚼。《说文》云:蠲,马蠲也。引《明堂月令》云:腐草为蠲。郭璞注《尔雅·马蝼》云:马蠲,蚼也。俗呼马蚿,是也。又转而为蠸为蚈。《吕氏春秋·季夏纪》:腐草化为蚈。高诱注云:蚈,马蚿也。蚈,读蹊径之蹊。《御览》引许慎《淮南·时则训注》云:草得阴而死,极阴中反阳,故化为蚈。蚈,马蠸也。苏恭《本草注》云:襄阳人

名为马蚿,亦呼马轴,亦名刀环虫,以其死侧卧,状如刀环也。寇宗奭云:即今百节虫。"(第360页下～361页上)

案:刀环虫,马蚿的别名。此虫之侧卧状像刀环,故名"刀环虫"。所以王念孙说:"以其死侧卧,状如刀环也"。

12.《释虫》卷十下:"芈芈,蚚朏,蟷蜋也。"疏证:"《尔雅》:不过,蟷蠰,其子蜱蛸。郭璞注云:蟷蠰,蟷蜋别名。蜱蛸,一名蟷螳,蟷蠰卵也。莫䝋,螳螂,蟭。注云:螳螂,有斧虫,江东呼为石蜋。……螳蜋,今谓之刀蜋,声之转也。其性骜悍,喜搏击。《庄子·人间世篇》:女不知夫螳蜋乎,努其臂以当车辙,不知其不胜任也。《山木篇》:睹一蝉,方得美荫,螳蜋执翳而搏之。是也。《御览》引《范子计然》云:螵蛸,出三辅。又引吴普《本草》云:桑螵蛸,一名冒焦。冒焦,蟷螳,皆螵蛸之转声也。《蜀本草图经》云:螵蛸多在小桑树上,丛荆棘间,并螳蜋卵也。三月四月中,一枝出小螳蜋数百枝。"(第362页上)

案:刀蜋,螳蜋的别名。此虫两臂像刀斧,故名"刀蜋"。所以王念孙说:"有斧虫"、"螳蜋,今谓之刀蜋,声之转也。其性骜悍,喜搏击"、"努其臂以当车辙"。明李时珍《本草纲目·虫一·螳螂桑螵蛸》:"螳螂,两臂如斧,当辙不避,故得'当郎'之名,俗呼为刀郎。"

13.《释虫》卷十下:"负蟠,蛜蝛也。"疏证:"蟠,一作蟠。《尔雅》:蟠,鼠负。郭璞注云:瓮器底虫。蛜蝛,委黍。注云:旧说鼠蝛别名。《说文》:蛜蝛,委黍。委黍,鼠蝛也。又云:蟠,鼠妇也。《御览》引《说文》作蟠、蝛,鼠蝛也。《豳风·东山篇》:伊威在室。义疏云:伊威,一名委黍,一名鼠蝛,在壁根下瓮底土中生,似白鱼者也。《本草》云:鼠妇,一名负蟠,一名蛜蝛。又云:鼠虫,一名地鳖。《名医别录》云:一名土鳖。陶注云:形扁扁如鳖,故名土鳖。而有甲不能飞,小有臭气。苏恭注云:此物好生鼠壤土中及屋壁下,状似鼠妇而大者寸余,形小似鳖,无甲但有鳞也。……蠦虫粉白色,背有横文,腹下多足,多生大水瓨底,或墙根湿处,故又谓之狸虫。"(第364页下)

案:土鳖,蠦虫的别名。此虫小,形体扁如鳖,故名"土鳖"。所以王念孙说:"形扁扁如鳖,故名土鳖"、"形小似鳖"。

狸虫,蠦虫的别名。此虫像狸一样有白纹,故名"狸虫"。所以王念孙说:"蠦虫粉白色,背有横文,腹下多足,多生大水瓨底,或墙根湿处,故又谓之狸虫"。

14.《释鸟》卷十下:"肥䲹、鸱鸺,怪鸱也。"疏证:"《尔雅》:怪鸱。郭璞注云:即鸱鸺也。见《广雅》。今江东通呼此属为怪鸟。《众经音义》卷十七引舍人注云:谓鸺鹠也。南阳名钩䲹。其鸟昼伏夜行,鸣为怪也。又鸺,鹠鹠。郭注云:今江东呼鸺鹠为鹠鹠,亦谓之鸺鹠。又萑,老鸮。郭注云:木兔也,似鸣鸺而小，兔头，有角毛脚，夜飞，好食鸡。《说文》：雗，……籀文从鸟作鸱。又云：旧，鸱旧，旧雷也。从萑，臼声。或从鸟休声作鸺。又云：觜，鸱旧，头上角觜也。又云：萑，鸱属也。从隹从丫，有毛角，所鸣，其民有祸。又云：鵬，鸱也。《广韵》云：鸱鵺，鸺鹠鸟。今之角鸱也。《大雅·瞻卬篇》：为枭为鸱。笺云：枭鸱，恶声之鸟。《庄子·秋水篇》：鸱夜撮蚤，察豪末，昼出，瞋目而不见邱山。司马彪蚤作蚤。云：鸱，鸺鹠也，夜取蚤食。崔误作爪。云：鸺鹠夜聚人爪于巢中也。案：高诱注《淮南·主术训》云：鸱，鸱鸺也。谓之老菟，夜鸣人屋上也，夜则目明，合聚人爪以筶其巢中。此崔误所本也。《庄子》：释文引许慎《淮南注》云：鸱夜聚食蚤虱不失也。与高诱异说。蚤爪二体，古虽通用，揆之事理，则许注为雅驯耳。鸱鸺昼无所见，异于众鸟。故《淮南·氾论训》云：鸱目大而睐不若鼠，物故有大不若小者也。鸱鸺之鸺古作旧，旧与久声相近，故又谓之鸱久。《海外南经》：汤山有鸱久。郭璞注云：鸱久，鸺鹠之属。又《大荒南经》：苍梧之野有鸱久。郭注云：即鸺鹠也。《众经音义》云：鸺鹠，关西呼训侯，山东谓之训狐。案：训侯之转声为训狐，其合声则为鸺矣。《本草拾遗》云：钩鸺入城城空，入室室空，怪鸟也，似鸱有角，夜飞昼伏。北土有训狐，二物相似。训狐声呼其名，两目如猫貌，大于鸺鹠，又有鸺鹠，亦是其类，微小而黄。案：怪鸱头似猫而夜飞，今扬州人谓之夜猫。所鸣有祸，一如昔人之说。故《周礼·庭氏》：掌射国中之夭鸟，若不见其鸟兽，则以救日之弓与救月之矢射之。郑注云：不见鸟兽，谓夜来，鸣呼为怪者，即此属矣。又谓之老鸱者，鸱与兔通，兔头有角，因以名云。《酉阳杂俎》云：北海有木兔似鸺鹠也。"（第375页上～375页下）

案：木兔，鸱鸺的别名。此鸟似鸣鸺而小，头似兔，故名"木兔"。所以王念孙说："木兔也，似鸣鸺而小，兔头，有角毛脚，夜飞，好食鸡"。

老鸱，鸱鸺的别名。此鸟头似兔，头上有角，故名"老鸱"。所以王念孙说："又谓之老鸱者，鸱与兔通，兔头有角，因以名云"。

15.《释鸟》卷十下："碨鸟、精列、鹡鸰，雅也。"疏证："《说文》：雅，石鸟，一名雝渠，一曰精列。石与碨同，雝渠与鹡鸰同。精列者，碨鸰之转声也。《尔雅》：鹡鸰，雝渠。郭璞注云：雀属也。或作脊令。《小雅·常棣篇》：脊令在原。传云：脊令，雝渠也。飞则鸣，行则摇，不能自舍耳。笺云：雝渠，水鸟，而今在原矣。其常处则飞则鸣求其类，天性也。《小宛篇》：题彼脊令，载飞载鸣。传云：脊令不能自舍，君子有取节尔。笺云：则飞则鸣，翼也口也，不有止息。义疏云：大如鹦雀，长脚长尾，尖喙，背上青灰色，腹下白，颈下黑如连钱，故杜阳人谓之连钱。《广韵》：䴏鸰，又名钱母，大于燕，颈下有钱文。《埤雅》引《物类相感志》云：俗呼雪姑，其色苍白，似雪，鸣则天当大雪，是其情状也。脊命不能自舍,故《汉书·东方朔传》云:日夜孳孳,敏行而不敢怠也。辟若鹖鸰,飞且鸣矣。颜师古注云:鹖鸰,雍渠,小青雀,飞则鸣,行则摇,言其勤苦也。"(第 379 页上)

案:连钱,脊令的别名。"连钱"的本义是花纹、形状似相连的铜钱。此鸟颈下黑如连钱,故名"连钱"。所以王念孙说:"大如鹨雀,长脚长尾,尖喙,背上青灰色,腹下白,颈下黑如连钱,故杜阳人谓之连钱"。

钱母,鹖鸰的别名。此鸟颈后的花纹像钱文,故名"钱母"。所以王念孙说:"鹖鸰,又名钱母,大于燕,颈下有钱文"。

二、习性理据

习性理据,即根据事物的性质特征而命名。事物的性质是事物本身所具有的区别于其他事物的特征。这种特征不是指事物外部、颜色等外在的表象性的东西,而是指某一事物本身所固有的、与生俱来的,不能为外物所改变的特性。动植物的习性理据是指动植物名词的得名来源于其自身固有的某种习性特征。王国维《〈尔雅〉草木虫鱼鸟兽名释例》云:"此诸俗名之共名,皆雅名也。……有取诸其物之形者,有取诸其物之色者,有取诸其物之声者,有取诸性习者,有取诸功用者。"[1]"有取诸性习者"即指以动植物自身的习性特征作为命名的理据。这类约有 34 例。例如:

1.《释草》卷十上:"游冬,苦菜也。"疏证:"《名医别录》云:一名游冬,生山陵道旁,冬不死。《桐君药录》云:三月生扶疏,六月花从叶出,茎直花黄,八月实黑。实落,根复生,冬不枯,则游冬之名,其取诸此乎?……案:《易统通卦·验元图》曰:苦菜生于寒秋,更冬历春,得夏乃成。今中原苦菜则如此也。"(第 309 页下)

案:游冬,苦菜的别名。因为它有冬不枯死、春生夏长的特性,故名"游冬",意谓"经冬不死"。可见,"游冬"得名于其习性。所以王念孙说:"冬不死"、"实落,根复生,冬不枯,则游冬之名,其取诸此乎?"、"生于寒秋,更冬历春,得夏乃成"。

2.《释草》卷十上:"蘋,漭也。"疏证:"蘋与藻同,漭与萍同。……《尔雅》云:苹,漭。郭注云:水中浮漭,江东谓之藻。《诗·召南·采蘋》释文引《韩诗》云:沉者曰蘋,浮者曰藻。……案:蘋之为言漂也。《说文》云:漂,浮也。蘋以瓢为声。《秦策》:百人舆瓢。《淮南·说山训》作百人抗浮。则瓢、浮古同声,漭浮故谓之蘋矣。漭、蘋一声之转。漭之为蘋,犹洴之为漂。《庄子·

---

① 王国维:《观堂集林》(第一册),中华书局 1959 年版,第 220 页。

逍遥游篇》:世世以洴澼絖为事。李颐注云:漂絮于水上。是其例也。"(第323 页上)

案:蘋,萍的别名。此种植物为一种浮游植物,因漂浮在水上而得名。所以王念孙说:"浮者曰蘋"。

3.《释草》卷十上:"蓍,耆也。"疏证:"《曲礼》正义引刘向云:蓍之言耆,龟之言久。龟千岁而灵,蓍百年而神。以其长久,故能辨吉凶也。《御览》引《洪范·五行传》云:龟之言久也,千岁而灵,此禽兽而知吉凶者也。蓍之为言耆,百年,一本生百茎,此草木之寿,知吉凶者也。圣人以问鬼神焉。《白虎通义》云:干草枯骨,众多非一,独以蓍龟何? 此天地之间寿考之物,故问之也。龟之为言久也,蓍之为言耆也,久长意也。"(第 338 页下)

案:蓍,耆的别名。此种植物寿命长,故曰"蓍"。所以王念孙说"龟千岁而灵,蓍百年而神"、"百年,一本生百茎,此草木之寿,知吉凶者也"、"龟之为言久也,蓍之为言耆也,久长意也"。

4.《释草》卷十上:"朝菌,朝生也。"疏证:"《庄子·逍遥游篇》:朝菌不知晦朔。司马彪云:大芝也。天阴生粪上,见日则死。一名日及,故不知月之终始。崔撰云:粪上芝朝生暮死,晦者不及朔,朔者不及晦。梁简文云:欻生之芝也。朝菌朝生暮死,故以朝生为名也。……《庄子》言:朝菌不知晦朔,蟪蛄不知春秋。皆谓死之速者。"(第 345 页下)

案:日及,朝菌的别名。此种菌朝生暮死,阴天生长在粪上,见太阳就死,所以始终见不到月亮,故名"日及"。所以王念孙说:"天阴生粪上,见日则死。一名日及,故不知月之终始"。

朝生,朝菌的别名。此种菌朝生暮死,故名"朝菌"。所以王念孙说:"崔撰云:粪上芝朝生暮死,晦者不及朔,朔者不及晦。梁简文云:欻生之芝也。朝菌朝生暮死,故以朝生为名也"。

5.《释草》卷十上:"寄屑,寄生也。"疏证:"即《释木》所云:宛童,寄生樆也。……《神农本草》云:桑上寄生,一名寄屑。……《尔雅》云:寓木,宛童。郭注云:寄生树,一名蔦。……樆之言揬也。《方言》云:揬,依也。郭注云:谓可依倚之也。依倚树上而生,故谓之樆矣。《中山经》云:龙山上多寓木。郭注云:寄生也。《汉书·东方朔传》:箸树为寄生,盆下为寠数,皆其异名也。《诗·頍弁》正义引陆机疏云:寄生,叶似当卢,子如覆盆子,赤黑甜美。陶隐居《本草注》云:生树枝间,寄根在皮节之内。叶圆青赤,厚泽易折,旁自生枝节,冬夏生,四月花,五月实赤,大如豆,皆其形状也。陶注又云:桑上者名桑上寄生。……今俗为寄生草是也。"(第 320 页上)

案:寄屑,俗名寄生草。因为这种植物"生树枝间,寄根在皮节之内",故名"寄生"。

6.《释木》卷十上:"雨师,柽檉也。"疏证:"《尔雅》云:柽,河柳。……《本草衍义》云:赤柽木又谓之三春柳,以其一年三秀也。花内红色,成细穗,人取滑枝为鞭。案:今人庭院中多植之,叶形似柏,而长丝下垂则如柳。"(第355页下)

案:三春柳,赤柽木的别名。此种植物一年开花三次,故名"三春柳"。所以王念孙说:"赤柽木又谓之三春柳,以其一年三秀也"。

7.《释虫》卷十下:"蟒,蛾也。"疏证:"《尔雅》云:蚕,罗。《说文》云:蚕,蟊化飞虫也。蚕,与蛾同。《御览》引《广志》云:凡草木虫以蛹化之为蛾甚众。《古今注》云:飞蛾善拂灯,一名火花,一名慕光。"(第358页下)

案:慕光、火花,飞蛾的别名。此种小虫有趋光性,喜欢往灯光处飞,故名"慕光"、"火花"。所以王念孙说:"飞蛾善拂灯,一名火花,一名慕光"。

8.《释虫》卷十下:"蜈蠼、蚰蜒、蚨蚙,蚰蜒也。"疏证:"《尔雅》:蟥街,入耳。郭璞注云:蚰蜒也。邢昺疏云:此虫像蜈蚣,黄色而细长,呼为吐古,喜入耳者也。陈藏器《本草拾遗》云:蚰蜒,色正黄,大者如钗股,其足无数,此虫好脂油香,能入耳及诸窍中,以驴乳灌之,化为水,是其性也。"(第359页下~360页上)

案:入耳,蚰蜒的别名。此虫喜欢钻入耳朵中,故名"入耳"。所以王念孙说:"此虫像蜈蚣,黄色而细长,呼为吐古,喜入耳者也"、"此虫好脂油香,能入耳及诸窍中"。

9.《释虫》卷十下:"蛛蝥、冈工、蝇蛟,蟏蛸也。"疏证:"《方言》:鼅鼄,鼄蝥也。自关而西,秦晋之间谓之鼄蝥;自关而东,赵魏之郊谓之鼅鼄,或谓之蝇蝓。蝇蝓者,侏儒语之转也。北燕朝鲜洌水之间谓之蟏蛸。郭璞注云:齐人又呼社公,亦言网工。网与冈同。各本冈伪作冈,今订正。网工,以作网得名也。"(第360页上)

案:网工,蛛蝥即蜘蛛的别名。此虫善于织网,故名"网工"。所以王念孙说:"网工,以作网得名也"。

10.《释虫》卷十下:"蛆蟝、马蠵,马蚿也。"疏证:"《本草》云:马蚿,一名马轴。又谓之马陆。《本草》云:马陆,一名百足。……《庄子·秋水篇》:夔怜蚿,蚿怜蛇,夔谓蚿曰:吾以一足趻踔而行,今子之使万足,独奈何? 蚿谓蛇曰:吾以众足行而不及子之无足,何也? 司马彪注云:蚿,马蚿虫也。夔一足,蚿多足,蛇无足。故《淮南·氾论训》云:蚿,足众而走不若蛇。物固有众不若少者也。"(第361页上)

案:百足,马陆的别名。此虫足多,"百"是虚指,不是此虫真有一百条腿,只是形容足多,故曰"百",此虫故名"百足"。所以王念孙说:"马陆,一名百足"、"蚿多足"、"足众而走不若蛇"。

11.《释虫》卷十下:"蜰蠙,蜰也。"疏证:"即下文飞蠊,飞蟅也。《尔雅》:蜚,蠦蜰。《说文》:蠦,臭虫,负蠜也。《汉书·五行志》云:庄公二十九年有蜚。刘歆以为负蠜也。性不食谷,食谷为灾,介虫之孼。刘向以为蜚色青,近青眚也。非中国所有,南越盛暑,男女同川泽,淫风所生,为虫臭恶。《本草》谓之蜰蠊。陶注云:形似䗪虫而轻小能飞,本在草中,八月九月知寒,多入人家屋里逃尔,有两三种,以作廉姜气者为真。南人亦噉之。苏恭注云:此虫味辛辣而臭,汉中人食之,言下气。……戎人食之,味极辛辣。窸盘虫,有短翅飞不能远,好夜中行,触之气出也。"(第363页下)

案:飞蠊,飞蟅的别名。此虫形似䗪虫,轻小能飞,故名"飞蠊"。所以王念孙说:"形似䗪虫而轻小能飞"。

窸盘虫,负盘的别名。此虫会放气,故名"窸盘虫"。所以王念孙说:"窸盘虫,有短翅飞不能远,好夜中行,触之气出也"。《字汇·穴部》:"窸,与同屁。"

12.《释虫》卷十下:"朝蟜,孳母也。"疏证:"蟜,一作秀。《庄子·逍遥游篇》:朝菌不知晦朔。《淮南·道应训》引作朝秀。高诱注云:朝秀,朝生暮死之虫也。生水上,似蚕蛾,一名孳母。海南谓之虫邪。案:菌者,蟜之转声。《庄子》:朝菌不知晦朔,蟪蛄不知春秋,皆谓虫也。"(第364页上)

案:朝秀,孳母的别名。此虫朝生暮死,故名"朝秀"。所以王念孙说:"朝秀,朝生暮死之虫也。"

13.《释虫》卷十下:"蚯蚓、蜿蟺,引无也。"疏证:"《古今注》云:蚯蚓,一名蜿蟺,一名曲蟺,善长吟于地中。江东谓之歌女,或谓之鸣砌,一作蚰蟺。郭璞注《方言》'蟥场谓之坦'云:蟥,蚰蟺也。又转而为蠢蟓,为胸朒。高诱注《淮南·时则训》云:邱蟥,蠢蟓也。《后汉书·吴汉传》注:胸朒县属巴郡。《十三州志》:胸音蠢,朒音闰。其地下湿,多胸朒虫,因以名焉。……蔡邕《章句》云:结,犹屈也。邱蚓屈首下向阳气,气动则宛而上首,故其结而屈也。邱蚓之形屈曲,故谓之蜿蟺,又谓之蜦。蜿蟺之言宛转也。蜦之言曲也。"(第364页上)

案:歌女、鸣砌,蚯蚓的别名。此虫在地中善长吟,故名"歌女"、"鸣砌"。所以王念孙说:"蚯蚓,一名蜿蟺,一名曲蟺,善长吟于地中。江东谓之歌女,或谓之鸣砌"。

14.《释虫》卷十下:"白鱼,蛃鱼也。"疏证:"《尔雅》:蟫,白鱼。郭璞注云:衣书中虫,一名蛃鱼。《本草》云:衣鱼,一名白鱼。苏颂《图经》云:今人谓之壁鱼。白鱼能啮书及衣,故又名蠹鱼。《玉篇》:蟫,白鱼也。《周礼·翦氏》:掌除蠹物。郑注云:蠹物,穿人器物者,蠹鱼亦是也。《穆天子传》:蠹书于羽陵。郭璞注云:暴书蠹虫,因曰蠹书也。《郑风·溱洧篇》义疏云:兰,香草。藏衣箸书中,辟白鱼。"(第 365 页下)

案:蠹鱼,白鱼的别名。此种虫能咬食书本和衣物,有破坏性,故名"蠹鱼"。所以王念孙说:"白鱼能啮书及衣,故又名蠹鱼。《玉篇》:蟫,白鱼也。《周礼·翦氏》:掌除蠹物。郑注云:蠹物,穿人器物者,蠹鱼亦是也。《穆天子传》:蠹书于羽陵。郭璞注云:暴书蠹虫,因曰蠹书也"。

15.《释鱼》卷十下:"鯸鮧,鲄也。"疏证:"鮧,一作鲐。《北山经》:敦薨之水,其中多赤鲑。郭注云:今名鯸鲐为鲑鱼。音圭。《吴都赋》:王鲔鯸鲐。刘逵注云:鯸鲐鱼状如科斗,大者尺余,腹下白,背上青黑,有黄文。性有毒,虽小獭及大鱼,不敢啖之。燅蒸煮啖之肥美。豫章人珍之。《论衡·言毒篇》云:毒螫渥者,在鱼则为鲑与鲐鲵。故人食鲑肝而死。《本草拾遗》云:鲵鱼,肝及子有大毒,一名鹕夷鱼。以物触之,即嗔腹如气球,亦名嗔鱼。腹白,背有赤道,如印鱼,目得合。与诸鱼不同。鲵即鲑的俗体。鹕夷即鯸鮧之转声。今人谓之河豚者是也。河豚善怒,故谓之鲑,又谓之鲄。"(第 366 页下)

案:鲑、鲄,河豚的别名。"鲑"、"鲄"是形声字,从"圭"、"可"旁的字有发怒之义,因为此种动物善怒,故名"鲑"、"鲄"。所以王念孙说:"河豚善怒,故谓之鲑,又谓之鲄"。

嗔鱼,河豚的别名。因触之鼓腹如发怒状,故名"嗔鱼"。所以王念孙说:"以物触之,即嗔腹如气球,亦名嗔鱼"。

16.《释鱼》卷十下:"鳀、鳀,鲇也。"疏证:"鳀,一作鮧。《尔雅》:鳀,鲇。孙炎云:鳀,一名鲇。郭璞以为二鱼。注鲇云:别名鳀,江东通呼鲇为鳀。《释文》引《字林》云:鳀,青州人呼鲇也。……《名医别禄》陶注云:鳀,即鳀也。今人皆呼慈音,即是鲇鱼,作臛食之。是鳀、鳀皆鲇之别名也。若以形体言之,则鲇之大者乃名为鳀。《说文》:鳀,大鲇也。《广韵》:鳀,大鳢也。大鲇谓之鳀,大鳢亦谓之鳀,为类虽殊,其命名之义则一也。……今扬州人谓大鲇为鱯子,声如获。古方言之存者也。《尔雅翼》云:鳀鱼,偃旗额,两目上陈,头大尾小,身滑无鳞,谓之鲇鱼,言其黏滑也。"(第 367 页上)

案:鲇鱼,鳀鱼的别名。此鱼的皮肤黏滑,故名"鲇鱼"。所以王念孙说:"鳀鱼,偃旗额,两目上陈,头大尾小,身滑无鳞,谓之鲇鱼,言其黏滑也"。

17.《释鱼》卷十下:"鲮,鲤也。"疏证:"《楚辞·天问》:鲮鱼何所?王逸注云:鲮鱼,鲤也。一曰鲮鱼也。有四足,出南山。鲮,一作陵。《吴都赋》:

陵鲤若兽。刘逵注云：陵鲤有四足，状如獭，鳞甲似鲤，居土穴中，性好食蚁。《名医别录》陶注云：鲮鲤能陆能水，出岸开鳞甲，伏如死，令蚁入中，忽闭而入水，开甲，皆浮出，于是食之。故主蚁瘘，是其情状也。今人谓其甲为穿山甲，以其穿穴山陵也，在陵故谓之鲮矣。"（第369页下）

案：穿山甲，鲮的别名。此种动物能穿穴山陵，故名"穿山甲"。所以王念孙说："今人谓其甲为穿山甲，以其穿穴山陵也，在陵故谓之鲮矣"。

18.《释鸟》卷十下："城旦、倒县、鹖鴠、定甲、独舂，鹖鴠也。"疏证："《方言》：鹖鴠，周魏齐宋楚之间定甲，或谓之独舂；自关而东谓之城旦，或谓之倒县，或谓之鹖鴠；自关而西秦陇之内谓之鹖鴠。郭璞注云：鸟似鸡，五色，冬无毛，赤倮，昼夜鸣。独舂，好自低仰也。城旦，言其辛苦，有似于罪谪者。倒县，好自县于树也。《月令》：仲冬之月，鹖旦不鸣。郑注云：鹖旦，夜鸣求旦之鸟也。《吕氏春秋·仲冬纪》注云：鹖鴠，山鸟。阳物也。是月阴盛，故不鸣也。《盐铁论·利议篇》云：鹖鴠，夜鸣无益于明，亦谓其求旦也。鹖，或作渴。《说文》：鴠，渴鴠也。或作盍。《坊记》引《诗》云：相彼盍旦，尚犹患之。郑注云：盍旦，夜鸣求旦之鸟也，求不可得也，人犹恶其欲反昼夜而乱晦明。鹖，或作鸦。……《御览》引《广志》云：侃旦冬毛希，夏毛盛，后世则谓之寒号虫。《嘉祐本草》云：寒号虫四足，有肉翅，不能远飞。"（第378页下～379页上）

案：城旦，鹖鴠的别名。"城旦"是古代一种刑罚，是一种筑城四年的劳役。此鸟忙碌，辛劳，故名"城旦"。所以王念孙说："城旦，言其辛苦，有似于罪谪者"。

倒县，鹖鴠的别名。此鸟睡觉时会倒挂于树上，故名"倒县"。所以王念孙说："倒县，好自县于树也"。

鹖旦、鹖鴠、渴鴠、盍旦，鹖鴠的别名。"鹖"或作"渴"。此鸟喜阳，白天啼叫，夜晚也会啼叫，似在求旦，故名"鹖旦"、"鹖鴠"、"渴鴠"、"盍旦"。所以王念孙说："鹖旦，夜鸣求旦之鸟也"、"鹖鴠，夜鸣无益于明，亦谓其求旦也。鹖，或作渴。《说文》：鴠，渴鴠也。或作盍"、"盍旦，夜鸣求旦之鸟也，求不可得也，人犹恶其欲反昼夜而乱晦明"。

寒号虫，鹖鴠的别名。此鸟夏月毛盛，冬月裸体，昼夜鸣叫，故名"寒号虫"。可见，"寒号虫"之得名既与其冬天不长毛的习性有关，又与其昼夜鸣叫有关。所以王念孙说："侃旦冬毛希，夏毛盛，后世则谓之寒号虫"。

19.《释兽》卷十下："鼹鼠，鼢鼠。"疏证："《尔雅》：鼢鼠。郭璞注云：地中行者。《说文》：鼢，地中行鼠，伯劳所化也。一曰偃鼠，或从虫作蚡。偃与鼹通。《庄子·逍遥游篇》：偃鼠饮河，不过满腹。是也。偃之转声则为隐。

《名医别录》：鼹鼠在土中行。陶注云：俗中一名隐鼠，一名蚡鼠，形如鼠大而无尾，黑色，长鼻，甚强，常穿地中行。《艺文类聚》引《广志》云：鼢鼠深目而短尾。案：此鼠在田中多有之，尾长寸许，体肥而扁，毛色灰黑，行于地中，起土上出，若蟓之有封。故《方言》：蚍蜉犁鼠之场谓之坻。郭璞注云：场，音伤。犁鼠，蚡鼠也。《尔雅疏》云：谓起地若耕，因名云。今顺天人犹呼鼢鼠。《庄子》释文引《说文》旧音鼢，扶问反，正与俗音相合矣。"（第 387 页上）

案：隐鼠，蚡鼠的别名。此鼠行踪隐蔽，常在地下行走，故名"隐鼠"。所以王念孙说："俗中一名隐鼠，一名蚡鼠，形如鼠大而无尾，黑色，长鼻，甚强，常穿地中行"、"此鼠在田中多有之，尾长寸许，体肥而扁，毛色灰黑，行于地中，起土上出，若蟓之有封"。

犁鼠，蚡鼠的别名。此种动物在地上和地下窜动，如耕地一般，故名"犁鼠"。所以王念孙说："蚍蜉犁鼠之场谓之坻。郭璞注云：场，音伤。犁鼠，蚡鼠也。《尔雅疏》云：谓起地若耕，因名云"。

20.《释虫》卷十下："樗鸠，樗鸡也。"疏证："《尔雅》：翰，天鸡。郭璞注云：小虫，黑身赤头，一名莎鸡，又曰樗鸡。《豳风·七月篇》：六月莎鸡振羽。传云：莎鸡羽成而振讯之。《正义》引李巡《尔雅注》云：一名酸鸡。陆机《义疏》云：莎鸡，如蝗而班色，毛翅数重，其翅正赤，或谓之天鸡。六月中飞而振羽，索索作声。"（第 366 页上）

案：莎鸡，樗鸠的别名。此虫像鸡一样喜欢抖动翅膀，索索作响，故名"莎鸡"。所以王念孙说："六月莎鸡振羽。传云：莎鸡羽成而振讯之"、"莎鸡，如蝗而班色，毛翅数重，其翅正赤，或谓之天鸡。六月中飞而振羽，索索作声"。

三、纹色理据

纹色理据，即依据事物的花纹或者颜色特征而命名。自然界由众多色彩组成，万事万物都有各自独有的颜色，色彩是对视觉分辨的最大、最直接的冲击，人们对某一事物的最初印象往往是其独具特色的颜色，于是人们就会根据它这一特征而命名。动植物的纹色理据是指动植物名词的得名是依据动植物形体的花纹或者颜色。王国维《〈尔雅〉草木虫鱼鸟兽名释例》云："此诸俗名之共名，皆雅名也。……有取诸其物之形者，有取诸其物之色者，有取诸其物之声者，有取诸性习者，有取诸功用者。"[1]"有取诸其物之色者"即以动植物的体表纹色作为命名之理据。这类约有 24 例。例如：

---

① 王国维：《观堂集林》（第一册），中华书局 1959 年版，第 220 页。

1.《释草》卷十上:"郝蝉,丹参也。"疏证:"《御览》引吴普《本草》云:丹参,一名赤参,一名木羊乳,一名却蝉草。生桐柏或太山山陵阴,茎叶小,方如荏,毛根赤,四月花紫。"(第 312 页下~313 页上)

案:丹参,一名赤参。因为它的毛根赤色:"毛根赤",故名"丹参"与"赤参"。可见,"丹参"与"赤参"得名于它的颜色。

2.《释草》卷十上:"黄良,大黄也。"疏证:"《御览》引吴普《本草》云:大黄,一名黄良,一名火参,一名肤如,或生蜀郡北部,或陇西。二月生黄,赤叶,四四相当,黄茎,高三尺许。三月花黄,五月实黑。"(第 313 页下)

案:黄良,别名大黄。因为其茎花皆黄色:"二月生黄,赤叶,四四相当,黄茎,高三尺许。三月花黄,五月实黑",故名"黄良"、"大黄"。可见,"黄良"、"大黄"得名于它的颜色。

3.《释草》卷十上:"苦心,沙蓡也。"疏证:"《神农本草》云:沙参,一名知母,味苦。此苦心所以名也。《御览》引吴普《本草》云:沙参,一名苦心,一名识美,一名虎须,一名白参,一名志取,一名文希。生河内川谷,或般阳续山。三月生如葵,叶青,实白如芥,根大白如芜菁。又引《范子计然》云:沙参,出洛阳,白者善。案沙之言斯白也。《诗·小雅·瓠叶》笺云:斯,白也。今俗语斯白字作鲜,齐鲁之间声近斯。斯、沙古音相近。实与根皆白,故谓之白参,又谓之沙参。"(第 321 页下~322 页上)

案:白参、沙参,"苦心"的别名。因为此种植物实与根皆白,故谓之"白参","沙"亦有"白"的意思,故又名为"沙参"。所以王念孙说:"实与根皆白,故谓之白参,又谓之沙参"。

4.《释草》卷十上:"茈茢,茈草也。"疏证:"茈与紫同。……《御览》引吴普《本草》云:紫草节赤,二月花。《唐本草注》云:紫草苗似兰香,茎赤节青,花紫白色而实白,皆其形状也。"(第 327 页上)

案:紫草,茈茢的别名。此种植物得名于花紫白色,故名"紫草"。所以王念孙说:"紫草苗似兰香,茎赤节青,花紫白色而实白,皆其形状也"。

5.《释草》卷十上:"白芷,其叶谓之药。"疏证:"芷与茝古同声。芷,即茝也。……《招魂》云:菉蘋齐叶兮白芷生。白芷以根白得名也。苏颂《本草图经》云:白芷,根长尺余,白色,粗细不等。枝干去地五寸已上。春生叶,相对婆娑,紫色,阔三指许。是白芷根与叶殊色,故以白芷名其根,又别以药名其叶也。"(第 331 页上)

案:白芷,茝的别名。"白芷"因其根为白色而得名。所以王念孙说:"白芷以根白得名也"。

6.《释草》卷十上:"茙、龙、虇,马蓼也。"疏证曰:"茙与红同。……《唐本

草注》云:荭草有毛,花红白。苏颂《图经》云:即水荭也。"(第341页下)

案:荭草,马蓼的别名。此种植物花红白色,故名"荭草"。所以王念孙说:"荭草有毛,花红白"。

7.《释草》卷十上:"白芨、茈,蕖也。"疏证:"《玉篇》:白芨即白及也。……《御览》引吴普《本草》云:白及,一名白根,茎叶如生姜藜芦也。十月华直上紫赤,根白连,生宛句。又谓之白给。给与及同声。《名医别录》云:白给生山谷如藜芦,根白相连。……案:白芨以根白得名也。"(第350页上~350页下)

案:白根,一名白芨,一名白及。因为这种植物的根白相连,故名"白根"。所以王念孙说:"根白连"、"白给生山谷如藜芦,根白相连"、"白芨以根白得名也"。

8.《释虫》卷十下:"蜻蛉,蜰蛉,仓螳也。"疏证:"《方言》:蜻蛉谓之蛕蛉。注云:六足四翼虫也。淮南人呼蟆蚸。《说文》:蛉,蜻蛉也。一名桑根。《淮南·齐俗训》:水虿为蟌。高诱注云:蟌,蜻蛉也。又注《吕氏春秋·精谕篇》云:蜻蜓,小虫,细腰四翅,一名白宿。……《古今注》云:蜻蛉,一名青亭,色青而大者是也。小而黄者曰胡梨,一曰胡离。小而赤者曰赤卒,一名绛驺,一名赤衣使者,一名赤弁丈人,好集水上。案:此虫色青者为蜻蛉。"(第363页上)

案:蜻蛉,青亭的别名。此虫为青色,故名"蜻蛉"。所以王念孙说:"蜻蛉,一名青亭,色青而大者是也"、"此虫色青者为蜻蛉"。

赤卒、绛驺、赤衣使者、赤弁丈人,都指称赤色小蜻蜓。此虫形小呈赤色,故名。所以王念孙说:"小而赤者曰赤卒,一名绛驺,一名赤衣使者,一名赤弁丈人,好集水上"。

9.《释虫》卷十下:"白鱼,蛃鱼也。"疏证:"《尔雅》:蟫,白鱼。郭璞注云:衣书中虫,一名蛃鱼。……《尔雅翼》云:衣书中虫,始则黄色,既老而身有粉,视之如银,故名曰白鱼。白与蛃声之转。蛃之为言犹白也。《淮南·原道训》:冯夷大丙之御。高诱注云:丙或作白,是其例也。"(第365页下)

案:白鱼,蛃鱼的别名。此种虫身上的粉看起来像银白色一样,故名"白鱼"。所以王念孙说:"白鱼,衣书中虫,始则黄色,既老而身有粉,视之如银,故名曰白鱼"。

10.《释虫》卷十下:"樗鸠,樗鸡也。"疏证:"《尔雅》:蛼,天鸡。郭璞注云:小虫,黑身赤头,一名莎鸡,又曰樗鸡。《豳风·七月篇》:六月莎鸡振羽。传云:莎鸡羽成而振讯之。《正义》引李巡《尔雅注》云:一名酸鸡。陆机《义疏》云:莎鸡,如蝗而班色,毛翅数重,其翅正赤,或谓之天鸡。……今在樗木上者,人呼红娘子,头翅皆赤乃如郭说。然不明樗鸡,疑即是此。"(第366页上)

案:红娘子,樗鸠的别名。此虫头和翅膀为红色,故名"红娘子"。所以王念孙说:"《尔雅》:䲙,天鸡。郭璞注云:小虫,黑身赤头"、"今在樗木上者,人呼红娘子,头翅皆赤乃如郭说"。

11.《释鱼》卷十下:"鲖、鳎,鲖也。"疏证:"鲖,一作鳢,一作鱧。《尔雅》:鱧,鯇。舍人云:鳢,一名鯇。郭璞以为二鱼,云:注云:鳢,鲖也。邢昺疏云:今鱓鱼也。鲖与鱓音义同。又鳀,大鲖。小者,鮵。注云:今青州呼小鲖为鮵。《说文》云:鱧,鲖也。《小雅·鱼丽篇》:鱼丽于罶,鲂鲤。传云:鲤,鲖也。……《本草》:蠡鱼,一名鲖鱼,蠡与鱧同。……《埤雅》云:鳢,今元鳢是也。诸鱼中惟此鱼胆甘可食。有舌,鳞细有花文,一名文鱼。与蛇通气,其首戴星,夜则北向。案今人谓之乌鱼。首有班文,鳞细而黑,故名鲖鱼。……《玉篇》、《广韵》并云:鳎,赤鲖也。鳎之言阳,赤色箸明之貌。"(第367页上～367页下)

案:文鱼,鲤的别名。此鱼鱼鳞上有花纹,故名"文鱼"。所以王念孙说:"有舌,鳞细有花文,一名文鱼"。

鲖鱼,鳎的别名。此鱼的鳞细有花纹而且颜色乌黑,颜色鲜明而美丽,故名"鲖鱼"。所以王念孙说:"首有班文,鳞细而黑,故名鲖鱼"、"鳎,赤鲖也。鳎之言阳,赤色箸明之貌"。

12.《释鸟》卷十下:"背竈、卑帔,鹳雀也。"疏证:"鹳与鹤同。《说文》:鹳,小爵也。引《豳风·东山篇》:鹳鸣于垤。案:小当为水,形相近而误也。《东山》传云:垤,蝼塚也。将阴雨,则穴处先知之矣。鹳好水,长鸣而喜也。笺云:鹳,水鸟也。将阴雨则鸣。李善《张华情诗》注引《韩诗》亦云:鹳,水鸟也。巢处知风,穴处知雨,天将雨而蚁出壅土,鹳鸟见之,长鸣而喜。诸家皆以鹳为水鸟,足正今本《说文》之误矣。《毛诗义疏》云:鹳,鹳雀也,似鸿而大,长颈赤喙,白身,黑尾翅,树上作巢,大如车轮,卵如三升杯,望见人。案:其子令伏,径舍去。一名负釜,一名黑尻,一名背竈,一名卑裙。又泥其巢一旁为池,含水满之,取鱼置池中,稍稍以食其雏。若杀其子,则一村致旱灾。案:竈与竈同。背竈,犹言负釜也。卑裙,犹言黑尻也。黑尾在下似裙,因以为名。裙与帏同。《释器》云:帔,帏也,故又谓之卑帔矣。《博物志》云:鹳伏卵时,取礜石周绕卵以时助燥气。故方术家以鹳巢中礜石为真。《名医别录》陶注云:鹳有两种,似鹄而巢树者为白鹳,黑色曲颈者为乌鹳。《酉阳杂俎》云:江淮谓群鹳旋飞为鹳井,必有风雨,皆其情状也。鹳或通作观。《庄子·寓言篇》:彼视三釜三千钟,如观雀蚊虻相过乎前。《释文》作观,云:本或作观。司马彪注云:鹳雀飞疾,与蚊相过,忽然不觉也。又作冠。《御览》引华乔《后汉书》云:有鹳雀衔三鳝鱼飞集讲堂前。今《后汉书·杨震传》作冠,是也。昭二十一年《左传》:郑翩愿为鹳,其御愿为鹅。杜预注云:鹳鹅皆陈名,盖陈形似之,若朱鸟青龙之等矣。"(第375页下~376页上)

案:黑尻,鹳的别名。此鸟尾翅为黑色,故名"黑尻"。所以王念孙说:"皁裙,犹言黑尻也"。

13.《释鸟》卷十下:"鹃鹩,鸠也。"疏证:"鸠之总名曰鹃鹩,其大而班者谓之鹪鸠,小而无班者谓之鹩鸠。《方言》:鸠,自关而东、周郑之郊、韩魏之都,谓之鹃鹩。是鹃鹩为鸠之总名也。《方言》又云:其鹪鸠谓鹏鹩。自关而西、秦汉之间,谓之鹩鸠。其大者谓之鹪鸠,其小者谓之鹪鸠,或谓之鸡鸠,或谓之鹁鸠,或谓之鹘鸠,梁宋之间谓之鹤。郭璞注云:鹪,音班。鹪鸠、鹏鹩、鹩鸠、鸡鸠、鹁鸠,则鸠之小者也。鸠之大者,《尔雅》所谓鹬鸠、鹘鸼也。舍人曰:鹬鸠,一名鹘鸼,今之班鸠。……孙炎云:鹘鸼,一名鸣鸠。……《义疏》云:斑鸠也,桂阳人谓之班佳,似鹁鸠而大,项有绣文班然,故曰班鸠。高诱注《吕氏春秋·季春纪》云:鸣鸠,班鸠也。……《夏小正》云:三月鸣鸠。《东京赋》云:鹘鸼春鸣。是班鸠绣项而能鸣。故晋傅咸《班鸠赋》云:体郁郁以敷文,音邕邕而有序也。凡此皆谓鸠之大者。鸠之小者,《尔雅》所谓雉其、鸠鸼叶。李巡注云:鸠鸼,一名雉,今楚鸠也。……《义疏》云:雉,今小鸠也。一名鹁鸠,幽州人或谓之鹩鹃,梁宋之间谓之佳,扬州人亦然。"(第377页上)

案:班鸠,今作斑鸠,鹬鸠的别名。此鸟颈后有斑纹,故名"斑鸠"。所以王念孙说:"班鸠也,桂阳人谓之班佳,似鹁鸠而大,项有绣文班然,故曰班鸠"、"班鸠绣项而能鸣"。

14.《释鸟》卷十下:"鸲鸟、精列、鹡鸰,雅也。"疏证:"《说文》:雅,石鸟,一名雎渠,一曰精列。石与鸲同,雎渠,与鹡鸰同。精列者,鹡鸰之转声也。《尔雅》:鹡鸰,雎渠。郭璞注云:雀属也。或作脊令。《小雅·常棣篇》:脊令在原。传云:脊令,雎渠也。飞则鸣,行则摇,不能自舍耳。笺云:雎渠,水鸟,而今在原矣。其常处则飞则鸣求其类,天性也。《小宛篇》:题彼脊令,载飞载鸣。传云:脊令不能自舍,君子有取节尔。笺云:则飞则鸣,翼也口也,不有止息。义疏云:大如鹦雀,长脚长尾,尖喙,背上青灰色,腹下白,颈下黑如连钱,故杜阳人谓之连钱。《广韵》:鹡鸰,又名钱母,大于燕,颈下有钱文。《埤雅》引《物类相感志》云:俗呼雪姑,其色苍白,似雪,鸣则天当大雪,是其情状也。脊命不能自舍,故《汉书·东方朔传》云:日夜孳孳,敏行而不敢怠也。辟若鹡鸰,飞且鸣矣。颜师古注云:鹡鸰,雍渠,小青雀,飞则鸣,行则摇,言其勤苦也。"(第379页上)

案:雪姑,鹡鸰的别名。此鸟前额纯白,故名"雪姑"。所以王念孙说:

"俗呼雪姑,其色苍白,似雪,鸣则天当大雪,是其情状也"。

15.《释鸟》卷十下:"白鹢,鹰也。"疏证:"见《初学记》。《太平御览》、《尔雅》:鹰,鶼鸠。又云:鹰隼丑,其飞也翚。又云:鹢,白鹢。郭璞注云:白鹢似鹰,尾上白。《广韵》云:白鹢,一名鹢,似鹰而尾上白,善捕鼠也。《御览》引《古今注》云:白鹢,似鹰而尾上白,亦号为印尾鹰。……《素问·骨空论》注云:尾穷谓之槭。然则鹢为尾后之称,故尾上白谓之白鹢也。"(第383页上)

案:白鹢,鹰的别名。此鸟似鹰,尾上有一点白,故名"白鹢"、"印尾鹰"。所以王念孙说:"白鹢似鹰,尾上白。《广韵》云:白鹢,一名鹢,似鹰而尾上白,善捕鼠也"、"白鹢,似鹰而尾上白,亦号为印尾鹰"、"尾穷谓之槭。然则鹢为尾后之称,故尾上白谓之白鹢也"。

四、时空理据

时空理据是指动植物名词命名时所依据的时间或空间根据,分为空间理据和时间理据两种。这类约有14例。

(一)空间理据

所谓空间理据是指人们在给动植物名词命名时以它所处的空间作为理据。这类约有12例。例如:

1.《释草》卷十上:"苓耳、苍耳、葹、常枲、胡枲,枲耳也。"疏证:"《尔雅》云:菤耳,苓耳。……《名医别录》云:一名葹,一名常思。陶注云:此是常思菜,伧人皆食之。以叶覆麦作黄衣者,一名羊负来。昔中国无此言,从外国逐羊毛中来。《御览》引《博物志》云:洛中人有驱羊入蜀者,胡葸子箸羊毛。蜀人取种之,因名羊负来。案:负、来叠韵字。无烦曲说。草名取于牛马羊豕鸡狗者,不必皆有实事。"(第319页上)

案:羊负来,卷耳的别名。这种植物是夹杂在从外国来蜀的羊毛中,蜀人取以种之,故名"羊负来"。所以王念孙说:"以叶覆麦作黄衣者,一名羊负来。昔中国无此言,从外国逐羊毛中来"、"洛中人有驱羊入蜀者,胡葸子箸羊毛。蜀人取种之,因名羊负来"。王念孙在此还对草名得名于动物做了概括总结,他说:"草名取于牛马羊豕鸡狗者,不必皆有实事。"这一论断十分正确。

2.《释草》卷十上:"藋粱,木稷也。"疏证:"今之高粱,古之稷也。……王桢《农书》云:蜀黍,一名高粱,一名蜀秫,一名芦穄,一名芦粟,一名木稷,一名狄粱,以种来自蜀,形类黍稷,故有诸名。《九谷考》辨之云:彼土最宜稻,高粱惟高冈种之,专用以造酒。"(第340页下)

案:高粱,稷的别名。此种植物常常种植在高冈上,故名"高粱"。所以王念孙说:"彼土最宜稻,高粱惟高冈种之,专用以造酒"。

3.《释草》卷十上:“芥葅,水苏也。”疏证:“《神农本草》云:水苏味辛微温,主下气、辟口臭、去毒、辟恶气。久服通神明,轻身耐老。一名芥葅,生九真池泽。……《唐本草》注云:此苏生下湿水侧,苗似旋复。两叶相当,大香馥。青齐河间人名为水苏。”(第345页上)

案:水苏,芥葅的别名。此种植物因生长在水边,故名“水苏”。所以王念孙说:“生九真池泽”、“此苏生下湿水侧,苗似旋复。两叶相当,大香馥。青齐河间人名为水苏”。

4.《释草》卷十上:“当道,马舄也。”疏证:“《尔雅》云:芣苢,马舄;马舄,车前。郭注云:今车前草。大叶长穗,好生道边,江东呼为虾蟆衣。《广韵》云:芣苢好生道间,故曰当道。”(第345页上)

案:当道,车前的别名。此种植物喜欢生长于道路旁边,故名“当道”。所以王念孙说:“芣苢好生道间,故曰当道”。

5.《释木》卷十上:“山李、爵某、爵李、郁也。”疏证:“《论语·子罕篇》正义引《召南·何彼襛矣篇》义疏云:唐棣,奥李也。一名雀梅,亦曰车下李。所在山者皆有,其华或白或赤,六月中熟,大如李子可食。……《御览》吴普《本草》云:郁李,一名车下李,一名棣。然则棣也,唐棣也,奥李也,郁李也,车下李也,雀李也,雀梅也,郁也,一物也。奥李所在山皆有,则又山李之所以名也。”(第352页下)

案:山李,奥李的别名。此种植物生长在山上,故名“山李”。所以王念孙说:“奥李所在山皆有,则又山李之所以名也”。

6.《释虫》卷十下:“地胆、虵要、青蓋,青蠵也。”疏证:“下文云:盤蝥,晏青也。此亦其类也。《本草》:地胆,一名蚖青。陶注云:状如大马蚁,有翼,伪者即斑猫所化,状如大豆。又注《别录·葛上亭长》云:二月三月在芫花上,即呼芫青;四月五月在王不留行上,即呼王不留行虫;六月七月在葛花上,即呼为葛上亭长;八月在豆花上,即呼为斑貓;九月十月欲还地蜇,即呼为地胆。斑貓,即盤蝥也。《御览》引《本草》亦云:春食芫华,故云芫青。秋食葛华,故云葛上亭长。然则此虫常食草花,故有盤蝥、青蝥之称。”(第358页下～359页上)

案:王不留行虫,地胆的别名。此种动物四月、五月出现在王不留行上,这是它生活的环境,故名“王不留行虫”。所以王念孙说:“四月五月在王不留行上,即呼王不留行虫”。

地胆,蚖青的别名。此种动物九月、十月时生活在地底下,故名“地胆”。所以王念孙说:“九月十月欲还地蜇,即呼为地胆”。

7.《释虫》卷十下:“蠓螉,蜂也。”疏证:“《说文》:蠭,飞虫螫人者。蠭与蜂同。《尔雅》:土蠭。郭璞注云:今江东呼大蠭在地中作房者为土蠭,啖其子,即马蠭也。今荆巴间呼为蟺,木蠭。注云:似土蠭而小,在树上作房,江东亦呼为木蠭,人食其子。《方言》:蠭,燕赵之间谓之蠓螉。《檀弓》:范则冠而蝉有緌。《内则》:爵鷃蜩范。郑注并云:范,蜂也。《艺文类聚》引《广雅》:范,蜂也。《集韵》引作蠭,今本脱蠭字。"(第361页上)

案:土蠭,蜂的别名。此虫在土中作房,故名"土蠭"。所以王念孙说:"今江东呼大蠭在地中作房者为土蠭"。

木蠭,蜂的别名。此虫在树上作房,故名"木蠭"。所以王念孙说:"在树上作房,江东亦呼为木蠭"。

8.《释虫》卷十下:"蚯蚓、蜿蟺,引无也。"疏证:"《古今注》云:蚯蚓,一名蜿蟺,一名曲蟺,善长吟于地中。江东谓之歌女,或谓之鸣砌,一作蚰蟮。郭璞注《方言》'蟓场谓之坥'云:蟓,蚰蟮也。又转而为蠹蝢,为朐朒。高诱注《淮南·时则训》云:邱蟓,蠹蝢也。《后汉书·吴汉传》注:朐朒县属巴郡。《十三州志》:朐音蠹,朒音闰。其地下湿,多朐朒虫,因以名焉。……蔡邕《章句》云:结,犹屈也。邱蚓屈首下向阳气,气动则宛而上首,故其结而屈也。邱蚓之形屈曲,故谓之蜿蟺,又谓之蜽。蜿蟺之言宛转也。蜽之言曲也。"(第364页上)

案:朐朒,蚯蚓的别名。此虫生活在潮湿的地下,朐朒地下潮湿多此虫,故名"朐朒"。所以王念孙说:"朐朒县属巴郡。《十三州志》:朐音蠹,朒音闰。其地下湿,多朐朒虫,因以名焉"。

9.《释鱼》卷十下:"鲮,鲤也。"疏证:"《楚辞·天问》:鲮鱼何所?王逸注云:鲮鱼,鲤也。一曰鲮鱼也。有四足,出南山。鲮,一作陵。《吴都赋》:陵鲤若兽。刘逵注云:陵鲤有四足,状如獭,鳞甲似鲤,居土穴中,性好食蚁。《名医别录》陶注云:鲮鲤能陆能水,出岸开鳞甲,伏如死,令蚁入中,忽闭而入水,开甲,皆浮出,于是食之。故主蚁瘘,是其情状也。今人谓其甲为穿山甲,以其穿穴山陵也,在陵故谓之鲮矣。"(第369页下)

案:鲮,穿山甲的别名。此种动物生活在山陵,故名"鲮"。所以王念孙说:"陵鲤有四足,状如獭,鳞甲似鲤,居土穴中,性好食蚁"。

10.《释鸟》卷十下:"野鸡,鴾也。"疏证:"鴾与雉同。《史记·封禅书》:文公获若石于陈仓北阪,城祠之。其神从东南来,集于祠城,则若雄鸡,其声殷云:野鸡夜雊。集解引如淳云:野鸡,雉也。吕后名雉,故曰野鸡。《汉书·郊祀志》:雄鸡作。雄雉,雊作鸣。颜师古注云:野鸡,亦雉也。避吕后讳,故曰野鸡。上言雄雉,下言野鸡,史驳文也。案《史记·殷本纪》:有飞雉鼎耳而呴。《屈原传》:鸡雉翔舞。《淮南王安传》:守下雉之城。皆不为吕后讳。

不应于《封禅书》独讳之。《汉书·五行志》:有非雉集于庭。又云:天水冀南山大石鸣,野鸡皆鸣。一篇之中既言雉,又云野鸡,与《郊祀志》同。不应驳文如是之多也。今案:《易林·睽之大壮》云:鹰飞雉遽,兔伏不起。狐张狼鸣,野鸡惊骇。则野鸡之非雉明甚。又案《急就篇》说飞鸟云:凤爵鸿鹄雁鹜雉。其说六畜则云:豛豵狡犬野鸡雏,则野鸡为常畜之鸡矣。谓之野鸡者,野鄙所畜之鸡。野鸡夜鸣者,犹《淮南·泰族训》云:雄鸡夜鸣耳。《郊祀志》之雄雉、野鸡,《五行志》之野鸡、飞雉,皆判然两物,谓野鸡避吕后讳者,不得其解而为之辞也。此云:野鸡,鴳也。亦误矣。颜师古《急就篇》注又云:野鸡生在山野,鷸鸡鷯鸡天鸡山鸡之类。如此,则非复常畜者矣。何以《急就篇》数六畜而及之哉?其《史记》雏字,《集解》、《正义》、《索隐》俱无音注,当亦是鸣字,后人改之耳。”(第 379 页下~380 页上)

案:野鸡,雉的别名。此鸟生长在山野间,故云“野鸡”。所以王念孙说:“谓之野鸡者,野鄙所畜之鸡”。

(二)时间理据

所谓时间理据是指人们在给动植物名词命名时以它所处的时间作为理据。这类共约 2 例。

1.《释草》卷十上:“黍穄谓之秫。”疏证:“《说文》云:黍,禾属而黏者也。以大暑而种,故谓之黍。《齐民要术》引《氾胜之书》云:黍者,暑也。种者必以暑。是《说文》所本也。”(第 330 页上)

案:黍,秫的别名。此种植物须在大暑时播种,故名“黍”。可见“黍”得名于种植时间。所以王念孙说:“以大暑而种”、“种者必以暑”。

2.《释虫》卷十下:“景天、萤火,蟒也。”疏证:“萤,一作荧。蟒,一作磷。《豳风·东山篇》:熠耀宵行。传云:熠耀,磷也。磷,萤火也。《正义》云:《释虫》云:萤火,即照。舍人云:夜飞有火虫也。《本草》:萤火,一名夜光,一名熠耀。案:诸文皆不言萤火为磷。《淮南子》云:久血为磷。许慎云:谓兵死之血为鬼火。然则磷者鬼火之名,非萤火也。陈思王《萤火论》曰:《诗》云:熠耀宵行。《章句》以为鬼火,或谓之磷,未为得也。天阴沈数雨,在于秋日,萤火夜飞之时也,故云宵行。”(第 359 页上~359 页下)

案:宵行,萤火的别名。此种动物通常是在晚上出来活动,故名“宵行”。所以王念孙说:“天阴沈数雨,在于秋日,萤火夜飞之时也,故云宵行”。

五、功用理据

功用理据,即按照事物的功能特征而命名。人类与其他各种生物共同生活在一个自然环境中,相互之间彼此依赖、彼此利用,相互影响,人们会在其生存过程中,尝试着利用周围的生物而为自己的生活服务。这样就会渐渐地认识周围的物种,分辨其各自不同的功能、性质等,在这一过程中就会逐步为一些具有独特功能的名物用其功能而命名。动植物功用理据是指动植物名词命名时所采用的动植物本身对于人类的功用价值作为命名的理据。王国维《〈尔雅〉草木虫鱼鸟兽名释例》说:"此诸俗名之共名,皆雅名也。……有取诸其物之形者,有取诸其物之色者,有取诸其物之声者,有取诸性习者,有取诸功用者。"①"有取诸功用者"即以动植物自身的功用价值作为命名的理据。这类共约 13 例。例如:

1.《释草》卷十上:"卬、昌阳,菖蒲也。"疏证:"《广韵》:卬,五刚切。菖蒲别名。……或作昌阳。《神农本草》:菖蒲,久服轻身,不忘,不迷惑,延年,一名昌阳。……《吕氏春秋·任地篇》:冬至后五旬七日,昌始生。昌者,百草之先生也。"(第 310 页下～311 页上)

案:昌阳,菖蒲的别名。人久服昌阳之后,有轻身、不忘、不迷惑等功效。"菖蒲"得名"昌阳",以其得阳气而昌盛。可见,"昌阳"得名于其功用:"久服轻身,不忘,不迷惑,延年,一名昌阳"。

2.《释草》卷十上:"褭,续断也。"疏证:"《急就篇》云:远志续断参土瓜。颜师古注云:续断,一名接骨,即今所呼续骨木也。又有草续断,其叶细而紫色,根亦入药用。《神农本草》云:续断,主伤折跌,续筋骨。一名龙豆,一名属折。《名医别录》云:一名接骨,一名南草,一名槐。生常山山谷,槐与褭同。……时人又有接骨树,高丈余许,叶似蒴藋,皮主疗金疮。有此接骨名,疑或是。"(第 315 页上)

案:续断、接骨、续骨木、属折,都是褭的别名。"续断、接骨、续骨木、属折"以其主治跌打损伤、续筋骨而得名。可见,"续断、接骨、续骨木、属折",均得名于它的药用功效:"主伤折跌,续筋骨"。

3.《释草》卷十上:"地髓,地黄也。"疏证:"《尔雅》:芐,地黄。郭注云:一名地髓,江东呼芐。《淮南·览冥训》云:地黄主属骨,而甘草主生肉之药也。"(第 315 页下)

案:地髓,地黄的别名。这种药用植物在古人看来具有属骨的功效:"地黄主属骨,而甘草主生肉之药也"。而"骨"与"髓"又是密切相关的,故名为"地髓"。

4.《释草》卷十上:"马唐,马饭也。"疏证:"陈藏器云:生南土废稻田中,节节有根,箸土如结缕,堪饲马。马饭之名,或以此与。"(第 316 页下)

---

① 王国维:《观堂集林》(第一册),中华书局 1959 年版,第 220 页。

案:马饭,马唐之别名。即荩草,俗称蟋蟀草。一年生草本植物,是一种优良的秋季牧草。由于可以作为马的饲料,故名"马饭"。所以王念孙说:"堪饲马。马饭之名,或以此与"。

5.《释草》卷十上:"山姜,荒也。"疏证:"《抱朴子·仙药篇》云:术,一名山精。故《神药经》云:必欲长生,常服山精。此方术家语耳。"(第317页上)

案:山精,术的别名。多年生草本植物,根茎可入药。在方术家看来,常服可以长生,故"山精"得名于它的功用:"必欲长生,常服山精"。

6.《释草》卷十上:"颠棘,女木也。"疏证:"《名医别录》云:营实,一名牛勒,一名山棘,亦与此同也。陶注引《博物志》云:天门冬,逆捋有逆刺,若叶滑者,名绮休,一名颠棘,可以浣缣素,白如绒,金城人名为浣草。擘其根温汤中捼之以浣衣,胜灰。此非门冬,但相似尔。"(第321页上)

案:浣草,颠棘、天门冬的别名。此草本植物具有洗涤污垢的功用,其洗涤效果比草灰更好,故名"浣草"。所以王念孙说:"可以浣缣素,白如绒,金城人名为浣草","擘其根温汤中捼之以浣衣,胜灰"。

7.《释草》卷十上:"木实、酸木,狐桃也。"疏证:"狐桃之名,未闻所出。《开宝本草》有猕猴桃,味酸甘寒,无毒。一名藤梨,一名木子,一名猕猴梨。生山谷,藤生,箸树,叶圆有毛。其形似鸡卵大,其皮褐色,经霜始甘美可食。《衍义》云:十月烂熟,色淡绿,生则极酸,子繁细,其色如芥子。枝条柔弱,高二三丈,多附木而生。浅山傍道,则有存者,深山则多为猴所食。"(第350页上)

案:猕猴桃,又名猕猴梨。因多生长在深山野林之中,是猕猴喜欢的食物之一,故名"猕猴桃"、"猕猴梨"。所以王念孙说:"浅山傍道,则有存者,深山则多为猴所食"。

8.《释草》卷十上:"马帚、屈,马第也。"疏证:"《尔雅》云:荓,马帚。郭注云:似著,可以为埽彗。邢疏云:荓,草似著者,今俗谓著荓,可以为埽彗,故一名马帚。"(第350页下)

案:马帚,荓的别名。因为这种植物可以做扫彗,故名"马帚"。所以王念孙说:"似著,可以为埽彗"、"可以为埽彗,故一名马帚"。

9.《释虫》卷十下:"蛋、趣织、蚟孙,蜻蛚也。"疏证:"《方言》:蜻蛚,楚谓之蟋蟀,或谓之蚕。南楚之间谓之蚟孙。《古今注》云:蟋蟀,一名吟蛩,一名蛩。蛩与蛋同。今人谓之屈屈,则蛋之转声也。陆机《诗义疏》云:蟋蟀似蝗而小,正黑有光泽如漆,有角翅,一名蚕,一名蜻蛚,楚人谓之王孙,幽州谓之趋织。里语曰:趋织鸣,懒妇惊。是也。《古诗》云:促织鸣东壁。李善注引《春秋考异邮》:立秋,趣织鸣。宋均注云:趣织,蟋蟀也。立秋女功急,故趣之。《御览》引《春秋·说题词》云:趣织之为言趣织也,织兴事遽,故趣织鸣,

女作兼也。"(第 360 页上)

案:趣织,蟋蟀的别名。此种动物在织兴事遽时鸣叫,故曰"趣织"。所以王念孙说:"趋织鸣,懒妇惊"、"趣织,蟋蟀也。立秋女功急,故趣之"、"趣织之为言趣织也,织兴事遽,故趣织鸣,女作兼也。"

10.《释鸟》卷十下:"雅鹊,雗也。"疏证:"《尔雅》:鹊,鵙丑,其飞也翪。郭璞注云:竦翅上下。《说文》:舄,雗也。象形,篆文从隹,昔声。作雗,舄、雗,并与鹊同。郑注《大射仪》云:鹄,鸟名,射之难中,中之为俊,是以所射于侯取名也。引《淮南子》曰:鸦鹊知来。鸦,與雅同。今《淮南·氾论训》作乾。云:乾鹊知来而不知往。高诱注云:乾鹊,鹊也。人将有来事忧喜之征则鸣,此知来也。知岁多风,卑巢于木枝,人皆探其卵,故曰不知往也。又谓之乾鹊。《西京杂记》:陆贾曰:乾鹊噪而行人至,今人则通呼喜鹊。《名医别录》陶注云:一名飞驳鸟也。《说文》又云:雗鷽,山鹊,知来事鸟也。雗鷽与雅鹊声相近。《广韵》亦云:鸦鹊,鸟名,似鹊。据此则雅鹊为山鹊,与鹊相似,非即是鹊。《尔雅》:鷽,山鹊。郭注云:似鹊而有文彩,长尾,觜脚赤,是也。但一种而小异,称名可以互通耳。"(第 379 页下)

案:喜鹊,乾鹊的别名。因此鸟鸣叫预示好事到,是种给人带来好事的鸟,故名"喜鹊"。所以王念孙说:"乾鹊,鹊也。人将有来事忧喜之征则鸣,此知来也。知岁多风,卑巢于木枝,人皆探其卵,故曰不知往也。又谓之乾鹊。《西京杂记》:陆贾曰:乾鹊噪而行人至,今人则通呼喜鹊"。

六、感官理据

动植物名词的命名理据除了以上五种理据外,还有其他一些命名理据,这类名词来源于人类的味觉、嗅觉、听觉等感官因素,在动植物名词的命名中不具有普遍性,只是偶尔使用。包括味觉理据、嗅觉理据、听觉理据等。这类共约 18 例。

(一)味觉理据

人们在给动植物名词命名时,也把苦、甘、酸、辣等味觉感官作为命名理据。王国维《〈尔雅〉草木虫鱼鸟兽名释例》说:"凡俗名多取雅之共名,而以其别别之。……有别以味者,则曰苦,曰甘,曰酸。"[①]这类理据常见于《释草》、《释木》等篇。这类共约 11 例。例如:

1.《释草》卷十上:"草蒿,青蒿也。"疏证:"《神农本草》:草蒿,一名青蒿,一名方溃。陶隐居注云:即今青蒿,人亦取杂香菜食之。《蜀本图经》云:叶

---

① 王国维:《观堂集林》(第一册),中华书局 1959 年版,第 220 页。

似茵陈蒿而背不白,高四尺许,江东人呼为犼蒿,其臭似犼,被人呼为青蒿。"(第 309 页上～309 页下)

案:草蒿,菊科二年生草本植物,别名青蒿。因为它的味道像"犼"这种动物那么臭,所以叫"犼蒿"。所以王念孙说:"江东人呼为犼蒿,其臭似犼"。可见"犼蒿"得名于它的味道。

2.《释草》卷十上:"枸乳,苦杞也。"疏证:"《尔雅》:杞,枸檵。郭璞注云:今枸杞也。……《小雅·四牡篇》:集于苞杞。正义引《义疏》云:杞,其树如樗。一名苦杞。春生可作羹茹,微苦。《神农本草》云:枸杞味苦寒。陶隐居注云:叶可作羹,味小苦。苏颂《图经》云:俗谓之甜菜。案:今世亦谓之甜菜,初食味苦,苦杞之名,起于此矣。"(第 309 页下)

案:枸杞,别名"苦杞"。因其味道苦寒:"枸杞味苦寒",所以叫"苦杞"。可见"苦杞"得名于它的味道。

3.《释草》卷十上:"董,羊蹄也。"疏证:"《齐民要术》引《字林》云:董,似冬蓝,蒸食之酢。陶隐居注《本草·羊蹄》云:又一种极相似而味醋,呼为酸摸。《本草拾遗》云:酸摸,叶酸美,人亦折食其英,叶似羊蹄,是山大黄,一名当药。《尔雅》:须,蕦芜。郭注云:似羊蹄,叶细,味酢可食,是羊蹄一种,名蕿,名蓄,一种名飧芜、名酸摸,而总谓之董也。"(第 310 页上)

案:酸摸,别名"董",因为其叶有酸味:"酸摸,叶酸美",所以叫"酸摸"。

4.《释草》卷十上:"菥蓂,马辛也。"疏证:"《神农本草》云:菥蓂子,味辛微温,一名蔑析,一名大戬,一名马辛。"(第 311 页下)

案:马辛,菥蓂、蔑析、大戬的别名。因为它的味道辛辣:"味辛微温",故名"马辛"。

5.《释草》卷十上:"陵游,龙胆也。"疏证:"《神农本草》云:龙胆,味苦涩,一名陵游,生齐朐山谷。陶注云:今出近道吴兴为胜,状似牛膝,味甚苦,故以胆为名。苏颂《图经》云:宿根黄白色,下抽根十余本,大类牛膝,直上生,苗高尺余。四月生叶而细,茎如小竹枝,七月开花如牵牛花,作铃铎形,青碧色。冬后结子,苗便枯。俗呼草龙胆。"(第 321 页上)

案:龙胆、草龙胆,均是陵游的别名。可见,"龙胆、草龙胆"得名于它的味道像胆一样苦。所以王念孙说:"味甚苦,故以胆为名"。

6.《释草》卷十上:"苦心,沙蔘也。"疏证:"《神农本草》云:"沙参,一名知母,味苦,此苦心之所以名也。"(第 321 页下)

案:苦心,沙参的别名。此草本植物,味道苦,故名"苦心"。所以王念孙说:"沙参,一名知母,味苦。此苦心所以名也。"

7.《释草》卷十上:"芥菹,水苏也。"疏证:"《神农本草》云:水苏味辛微

温,主下气、辟口臭、去毒、辟恶气。久服通神明,轻身耐老。……《本草拾遗》云:水苏叶有雁齿,香而气辛。"(第345页上)

案:芥葙,水苏的别名。此种植物味辛微温,故名"芥葙"。所以王念孙说:"水苏味辛微温"、"水苏叶有雁齿,香而气辛"。唐玄应《一切经音义》卷七引《字林》:"芥,辛菜也。"

8.《释草》卷十上:"会及,五味也。"疏证:"《神农本草》云:五味,一名会及。《御览》引吴普《本草》云:一名元及。陶注云:今第一出高丽,多肉而酸甜;次出青州冀州,味过酸,其核并似猪肾;又有建平者,少肉,核形不相似,味苦,亦良。《唐本》注云:五味,皮肉甘酸,核中辛苦,都有咸味,此则五味具也。其叶似杏而大,蔓生木上。"(第312页下)

案:五味,一名会及。由于这种植物的肉五味俱全,故名"五味"。所以王念孙说:"五味,皮肉甘酸,核中辛苦,都有咸味,此则五味具也"。

9.《释草》卷十上:"美丹,甘草也。"疏证:"《淮南·览冥训》云:甘草主生肉之药。《神农本草》亦云:甘草味甘,主长肌肉。一名蜜甘,一名美草。美草与美丹同意,殆取其味之甘美与。"(第317页下)

案:甘草,一名美草,一名美丹。因为其味道甘美,故名"甘草"、"蜜甘"。所以王念孙说:"甘草味甘,主长肌肉";又名"美草"、"美丹":"美草与美丹同意,殆取其味之甘美与"。

10.《释虫》卷十下:"蛪蜋,蜚也。"疏证:"即下文飞蠊,飞蠊也。《尔雅》:蜚,蠦蜚。《说文》:蠦,臭虫,负蠜也。《汉书·五行志》云:庄公二十九年有蜚。刘歆以为负蠜也。性不食谷,食谷为灾,介虫之孽。刘向以为蜚色青,近青眚也。非中国所有,南越盛暑,男女同川泽,淫风所生,为虫臭恶。《本草》谓之蜚蠊。陶注云:形似䗪虫而轻小能飞,本在草中,八月九月知寒,多入人家屋里逃尔,有两三种,以作廉姜气者为真。南人亦噉之。苏恭注云:此虫味辛辣而臭,汉中人食之,言下气。"(第363页下)

案:臭虫,蠦的别名。此虫味臭,故名"臭虫"。所以王念孙说:"蠦,臭虫,负蠜也"、"此虫味辛辣而臭"。

(二)嗅觉理据

人们在给动植物名词命名时,以他们对这种动植物的嗅觉作为理据。这类共约2例。

1.《释草》卷十上:"虎兰,泽兰也。"疏证:"《神农本草》云:泽兰,一名虎兰,一名龙枣,生汝南,又生大泽旁。《名医别录》云:一名虎蒲。陶注云:今处处有,多生下湿地,叶微香,可煎油。或生泽傍,故名泽兰,亦名都梁香。……

案:吴普《本草》云:泽兰,一名水香,生下地水傍,叶如兰,二月生苗,赤节。四叶相值枝节间。泽兰即水香,故郑氏《仪礼》注云:泽兰取其香且御湿,不得以方茎紫节不香者当之也。李当之云:兰草是今人所种,似都梁香草,与《毛诗义疏》兰草似药草泽兰之说合,是都梁香即泽兰。"(第 315 页上)

案:都梁香,泽兰的别名。因为这种植物的叶子有微微的香味,故名"都梁香"。所以王念孙说:"今处处有,多生下湿地,叶微香,可煎油。或生泽傍,故名泽兰,亦名都梁香"。

2.《释草》卷十上:"益母,充蔚也。"疏证:"《神农本草》云:茺蔚,一名益母,生海滨池泽。……萑者,充蔚之合声;充蔚者,臭秽之转声。……案:《本草》云:益母,充蔚也。故刘歆云:萑,臭蔚。臭蔚,即充蔚也。李巡《尔雅注》亦同刘歆。今益母草气恶近臭,故有臭秽之称。……前《释器》云:郁,臭也。故茺蔚之草,一名郁臭。"(第 328 页下~329 页上)

案:臭秽,益母的别名。此种植物气恶近臭,故名"臭秽"。所以王念孙说:"益母草气恶近臭,故有臭秽之称"。

(三)听觉理据

某些动植物名词的命名理据来源于人的听觉。声音是人类用来传情达意的工具,人类在其逐步进化的过程中,渐渐地把早期的简单声音进化为异常复杂的语音形式,以表达他们越来越复杂的交际需求。同样,声音也不仅仅属于人类,自然界的众多生物尤其是动物也需要进行它们之间的相互交流,虽然它们不会发出人类复杂的语音,但它们却能够在自然中选用自己所独有的声音。于是,人们就根据动植物独具特色的声音特征而为它们命名。这类共约 4 例。

1.《释虫》卷十下:"蛬、趮织、蚟孙,蜻蚟也。"疏证:"《方言》:蜻蚚,楚谓之蟋蟀,或谓之蛬。南楚之间谓之蚟孙。《古今注》云:蟋蟀,一名吟蛩,一名蛩。蛩与蛬同。今人谓之屈屈,则蛬之转声也。陆机《诗义疏》云:蟋蟀似蝗而小,正黑有光泽如漆,有角翅,一名蛬,一名蜻蚟,楚人谓之王孙,幽州谓之趮织。里语曰:趮织鸣,懒妇惊。是也。《古诗》云:促织鸣东壁。李善注引《春秋考异邮》:立秋,趣织鸣。宋均注云:趣织,蟋蟀也。立秋女功急,故趣之。《御览》引《春秋·说题词》云:趣织之为言趣织也,织兴事遽,故趣织鸣,女作兼也。"(第 360 页上)

案:吟蛩,蟋蟀的别名。此种动物会发声鸣叫,故名"吟蛩"。所以王念孙说:"趋织鸣,懒妇惊"、"织兴事遽,故趣织鸣"、"凉风至,蜻蚟鸣"。

2.《释鱼》卷十下:"魶,鲵也。"疏证:"《尔雅》:鲵,大者谓之鰕。郭璞注云:今鲵鱼似鲇四脚,前似猕猴,后似狗,声如小儿啼,大者长八九尺。《史记·司马相如传》:禺禺鱼魶。徐广注云:魶,一作鳎。裴骃引《汉书音义》云:魶,鲵鱼也。案:《汉书》正作鳎。郭璞注云:鳎,鲵鱼也。似鲇,有四足,声如婴儿。本《广雅》为训也。《水经·尹水注》引《广志》云:鲵鱼声如小儿啼,有四足,形如鲮鲤。可以治牛,出伊水也。注又云:司马迁谓之人鱼。故其箸《史记》曰:始皇帝之葬也,以人鱼膏为烛。徐广曰:人鱼,似鲇而四足,即鲵鱼也。案:所引《史记·秦始皇本纪》文也。然人鱼之名,不始于此。《北山经》:决决之水多人鱼,其状如鳊鱼,四足,其音如婴儿,食之无痴疾。郭璞注云:鳊,见《中山经》。或曰人鱼,即鲵也。似鲇而四足,声如小儿啼,今亦呼鲇为鳊。是鲵鱼,古谓之人鱼也。《本草拾遗》云:鲵鱼在山溪中,似鲇,有四脚,长尾,能上树。天旱则含水上山,叶覆身,鸟来饮水,因而取之。伊洛间亦有。声如小儿啼,故曰鲵鱼,一名鳐鱼,一名人鱼,膏然烛不灭。……《尔雅》曰:鲵,似鲇四足,声如小儿,今商州山溪内亦有此鱼,谓之鲋鱼。则鲵之名鲋,后世方言且然矣。"(第 368 页下)

案:人鱼,鲵鱼的别名。此鱼有四足,声音如小儿哭泣,故名"人鱼"。所以王念孙说:"人鱼,似鲇而四足,即鲵鱼也"、"决决之水多人鱼,其状如鳊鱼,四足,其音如婴儿,食之无痴疾"。

3.《释鸟》卷十下:"击谷、鸤鸠,布谷也。"疏证:"《尔雅》:尸鸠,鸤鸠。郭璞注云:今之布谷也,江东呼为穫谷也。《说文》:秸鶌,尸鸠也。鸤鸠、秸鶌,字异而义同。一作结诰。《方言》:布谷,自关而东,梁楚之间,谓之结诰,周魏之间谓之击谷。自关而西谓之布谷。击谷,鸤鸠,声之转耳。鸤鸠,又作秸鞠也。《召南·雀巢篇》:维鹊有巢,维鸠居之。传云:鸠,尸鸠,秸鞠也。尸鸠不自为巢,居鹊之成巢。《义疏》云:今梁宋之间谓布谷为鸤鸠,一名击谷,一名桑鸠。《曹风·尸鸠篇》:尸鸠在桑,其子七兮。传云:尸鸠,秸鞠也。尸鸠之养其子,朝从上下,莫从下上,平均如一。《本草拾遗》云:布谷,江东呼为郭公。北人云拨谷,似鹞长尾。《六书故》云:其声若曰布谷,故谓之布谷。又谓勃姑,又谓步姑。郭公者,击谷之转声。拨谷、勃姑、步姑者,布谷之转声也。今扬州人呼之为卜姑,德州人呼之为保姑。身灰色,翅末尾末并杂黑毛,以三四月间鸣也。"(第 374 页上～374 页下)

案:布谷,鸤鸠的别名。因鸟鸣叫声像"布谷",故名"布谷"。所以王念孙说:"其声若曰布谷,故谓之布谷"。

4.《释鸟》卷十下:"鸣鹅、仓鹅,雁也。"疏证:"雁与鴈同,或作雁。《尔雅》:舒雁,鹅。郭璞注:今江东呼鸣。引《聘礼记》云:出如舒雁。李巡注云:野曰雁,家曰鹅。案:雁之与鹅对文则异,散文则通。《庄子·山木篇》云:命竖子杀雁而烹之。是家畜者亦称雁也。《说文》:雁,鹅也。䳘,䳘鹅也。宋祁《汉书·扬雄传校本》引《字林》云:䳘鹅,鸟似雁。《方言》:雁,自关而东而

谓之鸲鹝,南楚之外谓之鹝,或谓之仓鸲。鸲,或作驾。《楚辞·七谏》云:畜
凫驾鹅。是也。春秋时鲁大夫有荣驾鹅,亦以为名。鸣鹅以象其声,仓鸣则
兼指其色。《齐民要术》引晋沈充《鹅赋序》云:太康中得大苍鹅,体色丰丽。
《本草拾遗》:苍鹅食虫,白鹅不食虫,主射工,当以苍者良。苍与仓通。其有
在野而飞者。《尔雅》所谓鴢鹅,鹅也,亦谓之驾鹅。《艺文类聚》引《广志》
云:驾鹅,野鹅也。《本草》陶注云:野鹅大于雁,犹似家苍鹅,谓之驾鹅。《中
山经》:青要之山,北望河曲,是多驾鸟。郭璞注云:驾宜为驾,驾鹅也。《史
记·司马相如传》云:弋白鹄,连驾鹅,皆谓野鹅也。"(第 376 页下)

案:鸣鹅,雁的别名。此鹅的叫声像"鸣",故名"鸣鹅"。所以王念孙说:
"鸣鹅以象其声"。

七、质地理据

所谓质地理据,是指人们在给事物命名的时候不是以它们的外在特征
作为命名理据,而是把它们的内在性质和结构作为命名理据。这类共约 6
例。例如:

1.《释木》卷十上:"杜仲,曼榆也。"疏证:"《御览》引吴普《本草》云:一名
思仲,一名木绵。陶注《本草》云:出建平宜都者,状如厚朴,折之多白丝为
佳。《古今注》亦云:杜仲皮中有丝,折之则见也。《蜀本草图经》云:生深山
大谷,树高数丈,叶似辛夷。苏颂《图经》云:江南人谓之檰。初生叶嫩时可
食,谓之檰芽,木可作履,益脚。案:绵与曼古同声,故杜仲谓之檰,或谓之木
绵,或谓之曼榆也。"(第 356 页上)

案:木绵,杜仲的别名。因为此种植物皮中有丝,像棉花一样,故名"木
绵",今作"木棉"。所以王念孙说:"杜仲皮中有丝,折之则见也"、"状如厚
朴,折之多白丝为佳"。

2.《释草》卷十上:"黄文、内虚,黄芩也。"疏证:"《神农本草》云:黄芩,一
名腐肠,生秭归川谷。陶注云:彭城、鬱州亦有之,圆者名子芩,破者名宿芩,
其腹中皆烂,故名腐肠。……又引吴普《本草》云:一名黄文,一名妒妇,一名
虹胜,一名经芩,一名印头,一名内虚。二月生赤黄叶,两两四四相值,茎空
中,或方员,高三四尺。四月花紫红赤,五月实黑根黄。案:虹肠之虹,与红
同。红,亦腐也。《名医别录》作空肠。吴氏云:其茎空中,此内虚之名所由
起矣。"(第 313 页下)

案:腐肠,黄芩的别名。因为这种植物腹中都腐烂,故名"腐肠"。所以
王念孙说:"黄芩,一名腐肠,生秭归川谷。陶注云:彭城、鬱州亦有之,圆者

名子芩,破者名宿芩,其腹中皆烂,故名腐肠"。

3.《释草》卷十上:"屈居,卢茹也。"疏证:"《神农本草》云:藺茹,味辛寒,生代郡川谷。陶注云:今第一出高丽,色黄,初断皆汁出,凝黑如漆,故云漆头。"(第325页下)

案:漆头,卢茹的别名。此种植物折断后,汁会凝成黑色,像油漆一样附着在植物上,故名"漆头"。所以王念孙说:"初断皆汁出,凝黑如漆"。

4.《释草》卷十上:"水芝,瓜也。其子谓之㻐。"疏证:"《神农本草》云:瓜,一名水芝。盖以其瓤中多水,故得此名也。"

案:水芝,瓜的别名。因为瓜瓤多水,故名"水芝"。所以王念孙说:"盖以其瓤中多水,故得此名也"。

八、综合理据

所谓综合理据,是指人们在给事物命名的时候,不是采用单一理据,而是采用两个或两个以上的理据予以命名。这类共约21例。例如:

1.《释草》卷十上:"菰葆,地榆也。"疏证曰:"《名医别录》云:地榆生桐柏及冤句山谷。陶隐居注云:叶似榆而长,初生布地,其花子紫黑色如豉,故名玉豉。"(第308页下)

案:地榆,一种药用植物。它的叶子像榆树,最初生长覆盖在地上:"叶似榆而长,初生布地",因此叫"地榆"。可见"地榆"之得名,既与其形体有关,又与其生长习性有关。

2.《释草》卷十上:"菰葆,地榆也。"疏证曰:"《名医别录》云:地榆生桐柏及冤句山谷。陶隐居注云:叶似榆而长,初生布地,其花子紫黑色如豉,故名玉豉。《齐民要术》引《神仙服食经》云:地榆,一名玉札。北方难得,故尹公度曰:宁得一斤地榆,不用明月珠。其实黑如豉。北方呼豉为札,当言玉豉。"(第308页下)

案:地榆,一种药用植物。又名玉豉、玉札。地榆的花子黑色像豉:"其花子紫黑色如豉,故名玉豉";这种药材药用价值极高,十分珍贵:"宁得一斤地榆,不用明月珠",古人往往用"玉"比喻珍贵,故名"玉豉",北方人呼"豉"为"札",所以也叫"玉札"。可见,"玉豉"之得名,既与其形体有关,也与其功用有关。

3.《释草》卷十上:"虎兰,泽兰也。"疏证:"《神农本草》云:泽兰,一名虎兰,一名龙枣,生汝南,又生大泽旁。《名医别录》云:一名虎蒲。陶注云:今处处有,多生下湿地,叶微香,可煎油。或生泽傍,故名泽兰,亦名都梁香。……案:吴普《本草》云:泽兰,一名水香,生下地水傍,叶如兰,二月生苗,赤节。四

503

叶相值枝节间。泽兰即水香,故郑氏《仪礼》注云:泽兰取其香且御湿,不得以方茎紫节不香者当之也。李当之云:兰草是今人所种,似都梁香草,与《毛诗义疏》兰草似药草泽兰之说合,是都梁香即泽兰。"(第 315 页上)

案:泽兰,虎兰的别名。因为此种植物生长在下地水旁,叶如兰草且微香,故名"泽兰":"生大泽旁"、"生下地水傍";"叶如兰";"叶微香"。足见,"泽兰"之得名,既与其生长的地方"泽旁"有关,又与它的叶子像"兰草"有关,也与它的叶子有香味有关。

4.《释草》卷十上:"细条、少辛,细辛也。"疏证:"《管子·地员篇》云:其山之浅,群药安生,小辛大蒙。小辛,即少辛。《中山经》云:腐戲之山,东有虵谷,上多少辛。郭注云:少辛,细辛也。……《神农本草》云:细辛,味辛温。一名小辛,生华阴。《御览》引《范子计然》云:细辛,出华阴,色白者善。又引吴普《本草》云:细辛如葵,叶赤黑,一根一叶相连。苏颂《图经》云:其根细而味极辛,故名之曰细辛。"(第 318 页上~318 页下)

案:细辛、少辛、小辛,皆细条之别名。因其根细味辛而得名"细辛、少辛、小辛":"其根细而味极辛,故名之曰细辛"。可见,"细辛、少辛、小辛"之得名,既与其形状"根细小"有关,又与它味道"味极辛"有关。

5.《释草》卷十上:"龙木,龙须也。"疏证:"龙须,莞属。《中山经》云:贾超之山,其中多龙修。郭注云:龙须也,似莞而细,生山石穴中,茎倒垂,可以为席。龙修、龙须,声之转也。须,一作鬚。……《御览》引吴普《本草》云:龙葛,一名龙鬚,一名龙木,一名草莓,一名龙华,一名悬莞,生梁州,龙须似莞,斯有悬莞之称矣。"(第 320 页下)

案:悬莞,龙须的别名。龙须草这种植物像莞草而细,由于生长在山石穴中,茎倒垂如悬,故名"悬莞"。"悬莞"之得名,既与形体有关:"似莞而细",也与其生长习性有关:"生山石穴中,茎倒垂"。

6.《释草》卷十上:"䔲茎,泽䔲也。"疏证:"䔲与漆同。《神农本草》云:泽漆味苦。《名医别录》云:一名漆茎,大戟苗也,生太山川泽。陶注云:大戟苗生时,摘叶有白汁,故名泽漆,亦能啮人肉。"(第 321 页上)

案:泽漆,䔲茎的别名。这种植物生长在河流水边,摘取叶子时有白汁流出,如同生漆一样,故名"泽漆"。"泽漆"之得名,既与其生长环境有关:"生太山川泽",也与其本身的特性有关:"摘叶有白汁"。

7.《释草》卷十上:"楚蘅,杜蘅也。"疏证:"《名医别录》云:杜蘅香人衣体。陶注云:根叶都似细辛,惟气小异尔。唐本注云:叶似槐,形如马蹄,故俗云马蹄香。"(第 322 页上)

案:马蹄香,别名杜蘅。此种植物有香气,叶子的形状像马蹄,故名"马蹄香"。"马蹄香"之得名,既与它的气味有关:"杜蘅香人衣体",也与它的形状有关:"叶似槐,形如马蹄,故俗云马蹄香"。

8.《释草》卷十上:"莏菇、水芋,乌芋也。"疏证:"莏菇,亦作藉菇。《名医别录》云:乌芋,一名藉菇,一名水萍。二月生,叶如芋。陶注云:今藉菇生水田中,叶有桠,状如泽泻,不正似芋,其根黄,似芋子而小,煮之亦可啖。疑其有乌者,根极相似,细而美,叶华异,状如苋草,呼为凫茨,恐此也。"(第322页下)

案:乌芋,莏菇的别名。这种植物根似芋子而颜色为乌者,故名"乌芋"。"乌芋"之得名,既与它的形体有关:"其根黄,似芋子而小",也与它的颜色有关:"疑其有乌者"。

9.《释草》卷十上:"巴朱,巴豆也。"疏证:"《神农本草》云:巴豆,一名巴菽。生巴郡川谷。菽与朱同。朱,亦豆也。《淮南·说林训》云:鱼食巴菽而死,鼠食之而肥。……巴豆,叶大如豆。《唐本草注》云:巴豆树高丈余,叶似樱桃,叶头微赤。"(第326页下)

案:巴豆,一名巴菽。这种植物生长在"巴郡川谷",且"叶大如豆",故名"巴豆"。"巴豆"之得名,既与生长之地有关,也与形体相似有关。

10.《释虫》卷十下:"地胆、蚍蜉、青蘁,青蟝也。"疏证:"下文云:螌蝥,晏青也。此亦其类也。《本草》:地胆,一名蚖青。陶注云:状如大马蚁,有翼,伪者即斑猫所化,状如大豆。又注《别录·葛上亭长》云:二月三月在芫花上,即呼芫青;四月五月在王不留行上,即呼王不留行虫;六月七月在葛花上,即呼为葛上亭长;八月在豆花上,即呼为斑猫;九月十月欲还地蜇,即呼为地胆。斑猫,即螌蝥也。《御览》引《本草》亦云:春食芫华,故云芫青。秋食葛华,故云葛上亭长。然则此虫常食草花,故有螌蝥、青蘁之称。蝥、蘁、蟊古字通用。《尔雅》云:食苗根,蟊。义可互通矣。《御览》引吴普《本草》云:地胆,一名青蛙。蛙、蟝声近而字通。《御览》又引吴普《本草》云:斑猫,一名晏青。晏与宴同。《本草》:斑猫。陶注云:豆花时取之,甲上黄黑,斑色如巴豆大者是也。以有黄黑斑,故曰螌蝥。螌犹斑也。《说文》:蕀,作蝥,云:螌蝥,毒虫也。"(第358页下～359页上)

案:芫青,地胆的别名。此种动物二月、三月出现在芫花上,这是它生活的环境。芫青以芫华为食,故名"芫青"。所以王念孙说:"二月三月在芫花上,即呼芫青";"春食芫华,故云芫青"。可见,"芫青"之得名,既与其生活环境芫花有关,又与其食芫华的习性有关。

葛上亭长,地胆的别名。此种动物六月、七月出现在葛花上,这是它生活的环境。它还以葛花为食。故名"葛上亭长"。所以王念孙说:"六月七月在葛花上,即呼为葛上亭长"、"秋食葛华,故云葛上亭长"。可见,"葛上亭长"之得名既与其生活在葛花上有关,又与其食葛花有关。

蟹螯,地胆的别名。此种动物是一种吃草花的有黄黑斑色的害虫。它的习性是经常吃草花。这种虫的外貌是有甲壳,甲壳上有如巴豆大小的黄黑斑纹,故名"蟹螯"。所以王念孙说:"然则此虫常食草花,故有蟹螯、青蘁之称"、"豆花时取之,甲上黄黑,斑色如巴豆大者是也。以有黄黑斑,故曰蟹螯。蟹犹斑也"。可见,"蟹螯"之得名既与它食草花的习性有关,又与它有斑点的外形有关。

11.《释虫》卷十下:"沙虱,蜒蟓也。"疏证:"蜒蟓之言便旋也。《方言》:腋,短也。郭璞注云:便旋,庳小貌也。《抱朴子·登涉篇》云:沙虱,新雨后及暑暮前,践沙必箸人。其大如毛发之端,初箸人,便入其皮里。其所在如芒刺之状,小犯大痛,可以针挑取之。正赤如丹,箸爪上行动。若不挑之,虫钻至骨,便周行走入身,其与射工相似,皆杀人,是其情状也。《本草》:又有石蚕,一名沙虱。李当之云:草根类虫,形如老蚕,生附石。"(第365页上)

案:石蚕,沙虱的别名。此虫形体如蚕,生活在水中石头上,故名"石蚕"。所以王念孙说:"又有石蚕,一名沙虱。草根类虫,形如老蚕,生附石"。可见"石蚕"之得名既与其形体如蚕有关,又与其附生在水中石头上有关。

12.《释鱼》卷十下:"鳟鲟,鲖也。"疏证:"《说文》:鲖,鱼也。出乐浪番国。一曰鲖出九江。有两乳,一曰溥浮。与鳟鲟同。《玉篇》:鳟鲟鱼,一名江豚,欲风则踊。鳟,一作鲋。……何超《音义》引《埤仓》云:鲋鲟,鲖鱼也。一名江豚。多膏少肉。鲋鲟之转语为鲟鲋。《说文》:鲋,鱼也。出乐浪番国。《御览》引《魏武四时食制》云:鲟鲋鱼黑色,大如百斤猪,黄肥不可食。数枚相随,一浮一沈,一名敷,常见首,出淮及五湖。郭璞《江赋》云:鱼则江豚海狶。李善注引《南越志》云:江豚似猪。《本草拾遗》云:江狶,状如狶,鼻中为声,出没水上,舟人候之,知大风雨。案即今之江猪是也。海猪似江猪而大,一名奔狓鲟。"(第368页上)

案:江豚(江狶)、江猪,鲖鱼的别名。此鱼形体如豚肥大,鼻子会出声,出没于江中,故名"江豚(江狶)"、"江猪"。所以王念孙说:"大如百斤猪,黄肥不可食。数枚相随,一浮一沈,一名敷,常见首,出淮及五湖。郭璞《江赋》云:鱼则江豚海狶。李善注引《南越志》云:江豚似猪。《本草拾遗》云:江狶,状如狶,鼻中为声,出没水上,舟人候之,知大风雨。案即今之江猪是也"。可见,"江豚(江狶)"、"江猪"之得名既与其形体如猪有关,又与其生活环境江中有关。

13.《释鸟》卷十下:"肥鹖、鸥鹖,怪鸱也。"疏证:"《尔雅》:怪鸱。郭璞注

云:即鸱鸺也。见《广雅》。今江东通呼此属为怪鸟。《众经音义》卷十七引
舍人注云:谓鸺鹠也。南阳名钩鵅。其鸟昼伏夜行,鸣为怪也。又鵋,鹍鹎。
郭注云:今江东呼鸺鹠为鹍鹎,亦谓之鸲鵅。又萑,老鵋。郭注云:木兔也,
似鸱鸺而小,兔头,有角毛脚,夜飞,好食鸡。《说文》:雗,……籀文从鸟作
鹎。又云:旧,鸱旧,旧畱也。从萑,臼声。或从鸟休声作鸺。又云:觜,鸱
旧,头上角觜也。又云:萑,鸱属也。从隹从丫,有毛角,所鸣,其民有祸。又
云:鵩,鸱也。《广韵》云:鹍鹎,鸺鹠鸟。今之角鸱也。《大雅·瞻卬篇》:为
枭为鸱。笺云:枭鸱,恶声之鸟。《庄子·秋水篇》:鸱夜撮蚤,察豪末,昼出,
瞋目而不见邱山。司马彪蚤作爪。云:鸱,鸺鹠也,夜取蚤食。崔误作爪。
云:鸺鹠夜聚人爪于巢中也。案:高诱注《淮南·主术训》云:鸱,鸱鸺也。谓
之老菟,夜鸣人屋上也,夜则目明,合聚人爪以箸其巢中。此崔误所本也。
《庄子》:释文引许慎《淮南注》云:鸱夜聚食蚤虱不失也。与高诱异说。蚤爪
二体,古虽通用,揆之事理,则许注为雅驯耳。鸱鸺昼无所见,异于众鸟。故
《淮南·氾论训》云:鸱目大而际不若鼠,物故有大不若小者也。鸱鸺之鸺古
作旧,旧与久声相近,故又谓之鸱久。《海外南经》:汤山有鸱久。郭璞注云:
鸱久,鸲鵅之属。又《大荒南经》:苍梧之野有鸱久。郭注云:即鸺鹠也。《众
经音义》云:鸺鹠,关西呼训侯,山东谓之训狐。案:训侯之转声为训狐,其合
声则为鸺矣。《本草拾遗》云:钩鵅入城城空,入室室空,怪鸟也,似鸱有角,
夜飞昼伏。北土有训狐,二物相似。训狐声呼其名,两目如猫貌,大于鸲鵅,
又有鸺鹠,亦是其类,微小而黄。案:怪鸱头似猫而夜飞,今扬州人谓之夜
猫。所鸣有祸,一如昔人之说。故《周礼·庭氏》:掌射国中之夭鸟,若不见
其鸟兽,则以救日之弓与救月之矢射之。郑注云:不见鸟兽,谓夜来,鸣呼为
怪者,即此属矣。又谓之老鵋者,鵋与兔通,兔头有角,因以名云。《酉阳杂
俎》云:北海有木兔似鵋鹠也。"(第375页上~375页下)

案:怪鸱,鸱鸺的别名。此鸟白天看不到东西,习性怪异,昼伏夜出,并
且叫声也怪异,故名"怪鸱"。所以王念孙说"其鸟昼伏夜行,鸣为怪也"、"鸱
夜撮蚤,察豪末,昼出"、"夜取蚤食"、"鸺鹠夜聚人爪于巢中也。案:高诱注
《淮南·主术训》云:鸱,鸱鸺也。谓之老菟,夜鸣人屋上也,夜则目明,合聚
人爪以箸其巢中"、"鸱鸺昼无所见,异于众鸟"、"怪鸟也,似鸱有角,夜飞昼
伏"、"怪鸱头似猫而夜飞,今扬州人谓之夜猫"、"不见鸟兽,谓夜来,鸣呼为
怪者,即此属矣"。可见,"怪鸱"之得名既与其昼伏夜出的习性有关,又与其
叫声怪异有关。

夜猫,鸱鸺的别名。此鸟头像猫,常常夜晚飞行,故名"夜猫"。所以王
念孙说:"怪鸱头似猫而夜飞,今扬州人谓之夜猫"。可见,"夜猫"之得名既

与其形体如猫有关，又与其夜晚飞行的习性有关。

14.《释鸟》卷十下："背竈、皁帔，鸛雀也。"疏证："雚与鹳同。《说文》：雚，小爵也。引《豳风·东山篇》：雚鸣于垤。案：小当为水，形相近而误也。《东山》传云：垤，蝗塚也。将阴雨，则穴处先知之矣。鹳好水，长鸣而喜也。笺云：鹳，水鸟也。将阴雨则鸣。李善《张华情诗》注引《韩诗》亦云：鹳，水鸟也。巢处知风，穴处知雨，天将雨而蚁出壅土，鹳鸟见之，长鸣而喜。诸家皆以鹳为水鸟，足正今本《说文》之误矣。《毛诗义疏》云：鹳，鹳雀也，似鸿而大，长颈赤喙，白身，黑尾翅，树上作巢，大如车轮，卵如三升杯，望见人。案：其子令伏，径舍去。一名负釜，一名黑尻，一名背竈，一名皁裙。又泥其巢一旁为池，含水满之，取鱼置池中，稍稍以食其雏。若杀其子，则一村致旱灾。案：竈与窜同。背竈，犹言负釜也。皁裙，犹言黑尻也。黑尾在下似裙，因以为名。裙与帔同。《释器》云：帔，帬也，故又谓之皁帔矣。《博物志》云：鹳伏卵时，取礜石周绕卵以时助燥气。故方术家以鹳巢中礜石为真。《名医别录》陶注云：鹳有两种，似鹄而巢树者为白鹳，黑色曲颈者为乌鹳。《酉阳杂俎》云：江淮谓群鹳旋飞为鹳井，必有风雨，皆其情状也。鹳或通作观。《庄子·寓言篇》：彼视三釜三千钟，如观雀蚊虻相过乎前。《释文》作观，云：本或作观。司马彪注云：鹳雀飞疾，与蚊相过，忽然不觉也。又作冠。《御览》引华乔《后汉书》云：有鹳雀衔三鳝鱼飞集讲堂前。今《后汉书·杨震传》作冠，是也。昭二十一年《左传》：郑翩愿为鹳，其御愿为鹅。杜预注云：鹳鹅皆陈名，盖陈形似之，若朱鸟青龙之等矣。"（第375页下～376页上）

案：皁裙、皁帔，鹳的别名。此鸟尾翅为黑色，如同藏在裙子下一般，故名"皁裙"、"皁帔"。所以王念孙说："皁裙，犹言黑尻也。黑尾在下似裙，因以为名。裙与帔同。《释器》云：帔，帬也，故又谓之皁帔矣"。

15.《释兽》卷十下："鼠狼，鼬。"疏证："《尔雅》：鼬鼠。郭璞注云：今鼬似鼬，赤黄色，大尾，啖鼠，江东呼为鼪。《说文》：鼬，如鼠，赤黄而大，食鼠者。《夏小正》：九月，熊鼬则穴。传云：穴也者，言蛰也。《庄子·徐无鬼篇》：藜藿柱乎鼪鼬之迳。《秋水篇》：骐骥骅骝，一日而驰千里，捕鼠不如狸狌。崔本狌作鼬。鼬，善捕鼠，故有鼠狼之名。《艺文类聚》引《广志》云：黄鼠善走，凡狗不得，惟鼠狼能得之。今俗通呼黄鼠狼，顺天下呼之黄鼬，好夜中食人鸡，人捕取之，以其尾毛为笔。"（第387页上）

案：黄鼠狼、黄鼬，鼬的别名。此种动物善于捕捉老鼠，胸腹淡黄褐色，故名"黄鼠狼"、"黄鼬"。所以王念孙说："今鼬似鼬，赤黄色"、"鼬，如鼠，赤黄而大"、"鼬，善捕鼠，故有鼠狼之名"、"黄鼠善走，凡狗不得，惟鼠狼能得之。今俗通呼黄鼠狼，顺天下呼之黄鼬，好夜中食人鸡，人捕取之，以其尾毛为笔"。可见,"黄鼠狼"、"黄鼬"之得名既与其善捕鼠的习性有关,又与其毛色有关。

王念孙在探求事物"命名之义(意)"的过程中,通过大量的语料探讨了动植物的得名理据,揭示出"名"与"实"的结合是有规律可循的。动植物与世界上的所有事物一样,其本身都有着这样或那样的突出特征,这些突出特征往往特别吸引人们的眼球,给人以深刻印象。所以人们在给这些事物命名的时候,理所当然地选择能突出其显著特征的某一方面作为它们命名的理据。尽管它们的得名理据所反映的是这些事物的外在的一般的特征,不是反映它们的本质特征,但是以上八种得名理据反映了汉民族语言得名理据的丰富性和多元性,更是揭示了"名"与"实"结合的规律性。汉语作为汉民族最重要的交际工具和思维工具,忠实记载了汉民族的历史和文化。以上动植物的得名理据,实质上也折射出了汉民族的文化心理、民俗风情、生产生活水平、道德观念、宗教意识和思维方式等。因此,探讨词的得名理据,除了从语言本身的角度着眼之外,还应该注重词的理据和历史文化的渊源关系。

第二节 从《广雅疏证》看动植物名词 "异名同实"现象的形成原因

动植物名词"异名同实"现象是客观存在的,也是比较普遍的。既然作为一种语言现象大量存在,表明不仅它的得名理据是有规律可循的,而且它的形成原因也是可以探究和论证的。张永言先生《关于词的"内部形式"》一文指出:"每一种客观事物或现象都具有多方面的特征或标志,比如一定的形状、颜色、声音、气味等,但是人们在给它命名的时候却只能选择其中的某一种特征或标志来作为根据,而这种选择在一定程度上又是任意的。"①孙雍长先生也认为:"客观事物的性质特征并不是单一的,一切认识和感知又总是根据选择原则进行的。"②可见,古代先贤在给动植物命名时,主要依据的是动植物的性质和特征,而他们在选取动植物什么样的性质和特征给动植物命名时,却不是随意的,而是要遵循一定的选择原则。

动植物的性质特征往往是复杂多样的,人们在认识和改造世界的时候,

① 张永言:《语言学论集》,语文出版社 1992 年版,第 136 页。

② 孙雍长:《王念孙"义类说"笺识》,《湖南师范大学学报》(社会科学版)1985 年第 5 期。

对这些动植物的认识往往不是全面而透彻的，大多数时候只是能感受到其性质和特征的某些部分；加之时代差异、地域差异、方言差异，不同身份人的语用风格等，于是人们在给同一种动植物命名时，往往就会出现"异名同实"这一语言现象。通过王念孙《广雅疏证》所论证的动植物名词中的"异名同实"现象，我们将动植物名词"异名同实"现象的形成原因归纳如下：

一、因命名理据多源而异名

王念孙《广雅疏证》对大量动植物名词的命名理据进行了论证。由于这些动植物的内外特征、习性等的多样性，决定了它们命名的理据具有多源性，所以不同的人，由于认知的不同，选择角度的差异，自然命名理据也就有异，从而造成它们异名。例如：

1.《释草》卷十上："黄文、内虚，黄芩也。"疏证："《神农本草》云：黄芩，一名腐肠，生秭归川谷。陶注云：彭城、鬱州亦有之，圆者名子芩，破者名宿芩，其腹中皆烂，故名腐肠。……又引吴普《本草》云：一名黄文，一名妬妇，一名虹胜，一名经芩，一名印头，一名内虚。二月生赤黄叶，两两四四相值，茎空中，或方员，高三四尺。四月花紫红赤，五月实黑根黄。案：虹肠之虹，与红同。红，亦腐也。《名医别录》作空肠。吴氏云：其茎空中，此内虚之名所由起矣。"（第313页下）

案：内虚、腐肠，都是黄芩的别名。因为此种植物的茎空中，故名"内虚"；又因为这种植物腹中皆烂，故名"腐肠"。王念孙根据其"茎空中"、"腹中皆烂"等性质特征，揭示了"黄芩"又名"内虚"、"腐肠"的命名理据。

2.《释草》卷十上："山姜，荒也。"疏证："《尔雅》：术，山蓟。郭璞注云：今术似蓟而生山中。……《神农本草》云：术，一名山蓟，生郑山。《艺文类聚》引《范子计然》云：术，出三辅，黄白色者善。又引吴普《本草》云：术，一名山连，一名山芥，一名天苏，一名山姜。……《图经》又云：叶似蓟，根似姜，然则山蓟以叶得名，山姜以根得名也。《抱朴子·仙药篇》云：术，一名山精。故《神药经》云：必欲长生，常服山精。此方术家语耳。"（第316页下）

案：山蓟，术的别名，多年生草本植物。因为这种植物的叶子像"蓟"，故名"山蓟"，所以王念孙引《图经》说"然则山蓟以叶得名"。

山姜，术的别名，多年生草本植物。因为这种植物的根像"姜"，故名"山姜"，所以王念孙引《图经》说"山姜以根得名也"。

3.《释草》卷十上："狗蝨、鉅胜、藤宏，胡麻也。"疏证曰："《神农本草》云：胡麻，一名巨胜。巨与鉅同。《御览》引吴普《本草》云：胡麻，一名方茎，一名狗蝨。方茎以茎形得名，狗蝨以实形得名也。"（第344页下）

案:胡麻,又名方茎、狗蝨。方茎以茎形得名,狗蝨以实形得名。人们依据其不同形体特征而命名,从而造成"胡麻"有"方茎"、"狗蝨"等异名。

4.《释虫》卷十下:"负蠜,蛴也。"疏证:"蠜,一作蟠。《尔雅》:蟠,鼠负。郭璞注云:瓮器底虫。蛜威,委黍。注云:旧说鼠妇别名。《说文》:蛜威,委黍。委黍,鼠蝠也。又云:蟠,鼠妇也。《御览》引《说文》作蟠、蠜,鼠蝠也。《豳风·东山篇》:伊威在室。义疏云:伊威,一名委黍,一名鼠蝠,在壁根下瓮底土中生,似白鱼者也。《本草》云:鼠妇,一名负蟠,一名蛜蠛。又云:蠦虫,一名地鳖。《名医别录》云:一名土鳖。陶注云:形扁扁如鳖,故名土鳖。而有甲不能飞,小有臭气。苏恭注云:此物好生鼠壤土中及屋壁下,状似鼠妇而大者寸余,形小似鳖,无甲但有鳞也。……蠦虫粉白色,背有横文,腹下多足,多生大水瓨底,或墙根湿处,故又谓之狸虫。"(第364页下)

案:土鳖,蠦虫的别名。此虫小,形体扁如鳖,故名"土鳖"。所以王念孙说:"形扁扁如鳖,故名土鳖"、"形小似鳖"。

狸虫,蠦虫的别名。此虫像狸一样有白纹,故名"狸虫"。所以王念孙说:"蠦虫粉白色,背有横文,腹下多足,多生大水瓨底,或墙根湿处,故又谓之狸虫"。

5.《释鸟》卷十下:"䳗鸟、精列、鹡鸰,雅也。"疏证:"《说文》:雅,石鸟,一名雕渠,一曰精列。石与䳗同,雕渠,与鹡鸰同。精列者,䳗鸰之转声也。《尔雅》:鹡鸰,雕渠。郭璞注云:雀属也。或作脊令。《小雅·常棣篇》:脊令在原。传云:脊令,雕渠也。飞则鸣,行则摇,不能自舍耳。笺云:雕渠,水鸟,而今在原矣。其常处则飞则鸣求其类,天性也。《小宛篇》:题彼脊令,载飞载鸣。传云:脊令不能自舍,君子有取节尔。笺云:则飞则鸣,翼也口也,不有止息。义疏云:大如鹨雀,长脚长尾,尖喙,背上青灰色,腹下白,颈下黑如连钱,故杜阳人谓之连钱。《广韵》:䳚鸰,又名钱母,大于燕,颈下有钱文。《埤雅》引《物类相感志》云:俗呼雪姑,其色苍白,似雪,鸣则天当大雪,是其情状也。脊命不能自舍,故《汉书·东方朔传》云:日夜孳孳,敏行而不敢怠也。辟若䳚鸰,飞且鸣矣。颜师古注云:䳚鸰,雍渠,小青雀,飞则鸣,行则摇,言其勤苦也。"(第379页上)

案:连钱,脊令的别名。"连钱"的本义是花纹、形状似相连的铜钱。此鸟颈下黑如连钱,故名"连钱"。所以王念孙说:"大如鹨雀,长脚长尾,尖喙,背上青灰色,腹下白,颈下黑如连钱,故杜阳人谓之连钱"。

钱母,䳚鸰的别名。此鸟颈后的花纹像钱文,故名"钱母"。所以王念孙说:"䳚鸰,又名钱母,大于燕,颈下有钱文"。

雪姑,䳚鸰的别名。此鸟前额纯白,故名"雪姑"。所以王念孙说:"俗呼雪姑,其色苍白,似雪,鸣则天当大雪,是其情状也"。

6.《释草》卷十上:"游冬,苦菜也。"疏证:"《名医别录》云:一名游冬,生山陵道旁,冬不死。《桐君药录》云:三月生扶疏,六月花从叶出,茎直花黄,八月实黑。实落,根复生,冬不枯,则游冬之名,其取诸此乎?……案:《易统通卦·验元图》曰:苦菜生于寒秋,更冬历春,得夏乃成。今中原苦菜则如此也。"(第309页下)

案:游冬,苦菜的别名。因为它有冬不枯死、春生夏长的特性,故名"游冬",意谓"经冬不死"。可见,"游冬"得名于其习性。所以王念孙说:"冬不死"、"实落,根复生,冬不枯,则游冬之名,其取诸此乎?"、"生于寒秋,更冬历春,得夏乃成"。

7.《释草》卷十上:"茯神,茯苓也。"疏证:"《淮南·说山训》云:千年之松,下有茯苓,上有兔丝。高诱注云:茯苓,千岁松脂也。苓,亦作灵。褚少孙《续龟策传》云:传曰:下有伏灵,上有兔丝。所谓伏灵者,在兔丝之下,状似飞鸟之形。……伏灵者,千岁松根也,食之不死。《神农本草》云:茯苓,一名茯菟。"(第315页下)

案:茯苓,茯神的别名。为一种寄生在松树根上的菌类植物,中医用以入药,有利尿、镇静等作用,故名"茯苓"。所以王念孙说:"千年之松,下有茯苓"。

茯菟,茯苓的别名。为一种寄生在松树根上的菌类植物,其上又有兔丝相依附,故名"茯菟"。所以王念孙说:"千年之松,下有茯苓,上有兔丝"、"下有伏灵,上有兔丝。所谓伏灵者,在兔丝之下,状似飞鸟之形"。

8.《释鸟》卷十下:"城旦、倒县、鹖鴠、定甲、独春,鴠鴠也。"疏证:"《方言》:鴠鴠,周魏齐宋楚之间定甲,或谓之独春;自关而东谓之城旦,或谓之倒县,或谓之鴠鴠;自关而西秦陇之内谓之鹖鴠。郭璞注云:鸟似鸡,五色,冬无毛,赤倮,昼夜鸣。独春,好自低仰也。城旦,言其辛苦,有似于罪谪者。倒县,好自县于树也。《月令》:仲冬之月,鹖旦不鸣。郑注云:鹖旦,夜鸣求旦之鸟也。《吕氏春秋·仲冬纪》注云:鹖鴠,山鸟。阳物也。是月阴盛,故不鸣。《监铁论·利议篇》云:鹖鴠,夜鸣无益于明,亦谓其求旦也。鹖,或作渴。《说文》:鴠,渴鴠也。或作盍。《坊记》引《诗》云:相彼盍旦,尚犹患之。郑注云:盍旦,夜鸣求旦之鸟也,求不可得也,人犹恶其欲反昼夜而乱晦明。鴠,或作鴠。……《御览》引《广志》云:侃旦冬毛希,夏毛盛,后世则谓之寒号虫。《嘉祐本草》云:寒号虫四足,有肉翅,不能远飞。"(第378页下～379页上)

案:城旦,鴠鴠的别名。"城旦"是古代一种刑罚,这是一种筑城四年的劳役。此鸟忙碌,辛劳,故名"城旦"。所以王念孙说:"城旦,言其辛苦,有似于罪谪者"。

倒县,鹠鸺的别名。此鸟睡觉时会倒挂于树上,故名"倒县"。所以王念孙说:"倒县,好自县于树也"。

鹠旦、鹠鸺、渴鴠、盍旦,鹠鸺的别名。"鹠"或作"渴"。此鸟喜阳,白天啼叫,夜晚也会啼叫,似在求旦,故名"鹠旦"、"鹠鸺"、"渴鴠"、"盍旦"。所以王念孙说:"鹠旦,夜鸣求旦之鸟也"、"鹠鸺,夜鸣无益于明,亦谓其求旦也。鹠,或作渴。《说文》:鴠,渴鴠也。或作盍"、"盍旦,夜鸣求旦之鸟也,求不可得也,人犹恶其欲反昼夜而乱晦明"。

寒号虫,鹠鸺的别名。此鸟夏月毛盛,冬月裸体,昼夜鸣叫,故名"寒号虫"。可见,"寒号虫"之得名既与其冬天不长毛的习性有关,又与其昼夜鸣叫有关。所以王念孙说:"侃旦冬毛希,夏毛盛,后世则谓之寒号虫"。

9.《释兽》卷十下:"鼹鼠,蚡鼠。"疏证:"《尔雅》:蚡鼠。郭璞注云:地中行者。《说文》:蚡,地中行鼠,伯劳所化也。一曰偃鼠,或从虫作蚡。偃与鼹通。《庄子·逍遥游篇》:偃鼠饮河,不过满腹。是也。偃之转声则为隐。《名医别录》:鼹鼠在土中行。陶注云:俗中一名隐鼠,一名蚡鼠,形如鼠大而无尾,黑色,长鼻,甚强,常穿地中行。《艺文类聚》引《广志》云:蚡鼠深目而短尾。案:此鼠在田中多有之,尾长寸许,体肥而扁,毛色灰黑,行于地中,起土上出,若螾之有封。故《方言》:蚍蜉犁鼠之场谓之坻。郭璞注云:场,音伤。犁鼠,蚡鼠也。《尔雅疏》云:谓起地若耕,因名云。今顺天人犹呼蚡鼠。《庄子》释文引《说文》旧音蚡,扶问反,正与俗音相合矣。"(第387页上)

案:隐鼠,蚡鼠的别名。此鼠行踪隐蔽,常在地下行走,故名"隐鼠"。所以王念孙说:"俗中一名隐鼠,一名蚡鼠,形如鼠大而无尾,黑色,长鼻,甚强,常穿地中行"、"此鼠在田中多有之,尾长寸许,体肥而扁,毛色灰黑,行于地中,起土上出,若螾之有封"。

犁鼠,蚡鼠的别名。此种动物在地上和地下窜动,如耕地一般,故名"犁鼠"。所以王念孙说:"蚍蜉犁鼠之场谓之坻。郭璞注云:场,音伤。犁鼠,蚡鼠也。《尔雅疏》云:谓起地若耕,因名云"。

10.《释木》卷十上:"雨师、柽,檉也。"疏证:"《尔雅》云:柽,河柳。《大雅·皇矣篇》:其柽其椐。《正义》引某氏《尔雅注》云:河柳,谓河傍赤茎小杨也。陆机《诗疏》云:河柳,皮正赤如绛,一名雨师。枝叶似松,是雨师即柽也。……柽之言赪也。《周南·汝坟篇》传云:赪,赤也。河柳茎亦赤。因名为柽,故江淹《柽颂》云:碧叶菴蔼,赪柯翕葋也。一名朱杨。《汉书·司马相如传》云:欀离朱杨。《史记》索隐引郭璞注云:朱杨,赤茎柳,生水边。《尔雅》云:柽,河柳。是也,又名柽柳。《汉书·西域传》云:鄯善国多柽柳。颜师古注云:柽柳,河柳也,今谓之赤柳。《开宝本草》云:赤柽木中脂,一名柽乳,生河西沙地,皮赤色,叶细。《本草衍义》云:赤柽木又谓之三春柳,以其一年三秀也。花内红色,成细穗,人取滑枝为鞭。案:今人庭院中多植之,叶形似柏,而长丝下垂则如柳。"(第355页下)

案:赤柳,河柳的别名。此种植物茎呈红色,故名"赤柳"。所以王念孙说:"柽柳,河柳也,今谓之赤柳"、"河柳,谓河傍赤茎小杨也"。

朱杨,河柳的别名。此种植物茎呈红色,故名"朱杨"。所以王念孙说:"朱杨,赤茎柳,生水边"。

柽柳,河柳的别名。此种植物茎呈红色,故名"柽柳"。所以王念孙说:"柽之言赪也"、"赪,赤也。河柳茎亦赤"。

赤茎柳,河柳的别名。此种植物茎呈红色,故名"赤茎柳"。所以王念孙说:"河柳茎亦赤"。

11.《释鱼》卷十下:"鲖、鳎,鲖也。"疏证:"鲖,一作鳢,一作鳊。《尔雅》:鳢,鲩。舍人云:鳢,一名鲩。郭璞以为二鱼,云:注云:鳢,鲖也。邢昺疏云:今鲤鱼也。鲖与鲤音义同。又鲣,大鲖。小者,鮵。注云:今青州呼小鲖为鮵。《说文》云:鳊,鲖也。《小雅·鱼丽篇》:鱼丽于罶,鲂鲖。传云:鲖,鲖也。……《本草》:蠡鱼,一名鲖鱼,蠡与鳊同。……《埤雅》云:鳢,今元鳢是也。诸鱼中惟此鱼胆甘可食。有舌,鳞细有花文,一名文鱼。与蛇通气,其首戴星,夜则北向。案今人谓之乌鱼。首有班文,鳞细而黑,故名鲖鱼。……《玉篇》、《广韵》并云:鳎,赤鲖也。鳎之言阳,赤色箸明之貌。"(第367页上~367页下)

案:文鱼,鲖的别名。此鱼鱼鳞上有花纹,故名"文鱼"。所以王念孙说:"有舌,鳞细有花文,一名文鱼"。

鲖鱼,鳎的别名。此鱼的鳞细有花纹而且颜色乌黑,颜色鲜明而美丽,故名"鲖鱼"。所以王念孙说:"首有班文,鳞细而黑,故名鲖鱼"、"鳎,赤鲖也。鳎之言阳,赤色箸明之貌"。

12.《释虫》卷十下:"蠮螉,蜂也。"疏证:"《说文》:蠭,飞虫螫人者。蠭与蜂同。《尔雅》:土蜂。郭璞注云:今江东呼大蜂在地中作房者为土蜂,啖其子,即马蜂也。今荆巴间呼为蟺,木蜂。注云:似土蜂而小,在树上作房,江东亦呼为木蜂,人食其子。《方言》:蜂,燕赵之间谓之蠮螉。《檀弓》:范则冠而蝉有緌。《内则》:爵鷃蜩范。郑注并云:范,蜂也。《艺文类聚》引《广雅》:范,蜂也。《集韵》引作蜌,今本脱蜌字。"(第361页上)

案:木蜂,蜂的别名。此虫在树上作房,故名"木蜂"。所以王念孙说:"在树上作房,江东亦呼为木蜂"。

土蠭,蜂的别名。此虫在土中作房,故名"土蠭"。所以王念孙说:"今江东呼大蠭在地中作房者为土蠭"。

13.《释鱼》卷十下:"鲮,鲤也。"疏证:"《楚辞·天问》:鲮鱼何所? 王逸注云:鲮鱼,鲤也。一曰鲮鱼也。有四足,出南山。鲮,一作陵。《吴都赋》:陵鲤若兽。刘逵注云:陵鲤有四足,状如獭,鳞甲似鲤,居土穴中,性好食蚁。《名医别录》陶注云:鲮鲤能陆能水,出岸开鳞甲,伏如死,令蚁入中,忽闭而入水,开甲,皆浮出,于是食之。故主蚁瘘,是其情状也。今人谓其甲为穿山甲,以其穿穴山陵也,在陵故谓之鲮矣。"(第369页下)

案:鲮,穿山甲的别名。此种动物生活在山陵,故名"鲮"。所以王念孙说:"陵鲤有四足,状如獭,鳞甲似鲤,居土穴中,性好食蚁"。

穿山甲,鲮的别名。此种动物能穿穴山陵,故名"穿山甲"。所以王念孙说:"今人谓其甲为穿山甲,以其穿穴山陵也,在陵故谓之鲮矣"。

14.《释虫》卷十下:"蚯蚓、蜿蟺,引无也。"疏证:"《古今注》云:蚯蚓,一名蜿蟺,一名曲蟺,善长吟于地中。江东谓之歌女,或谓之鸣砌,一作蛐蟮。郭璞注《方言》'蟥场谓之坥'云:蟥,蛐蟮也。又转而为蠢蝡,为朐朒。高诱注《淮南·时则训》云:邱蟥,蠢蝡也。《后汉书·吴汉传》注:朐朒县属巴郡。《十三州志》:朐音蠢,朒音闰。其地下湿,多朐朒虫,因以名焉。……蔡邕《章句》云:结,犹屈也。邱蚓屈首下向阳气,气动则宛而上首,故其结而屈也。邱蚓之形屈曲,故谓之蜿蟺,又谓之蜎。蜿蟺之言宛转也。蜎之言曲也。"(第364页上)

案:歌女、鸣砌,蚯蚓的别名。此虫在地中善长吟,故名"歌女"、"鸣砌"。所以王念孙说:"蚯蚓,一名蜿蟺,一名曲蟺,善长吟于地中。江东谓之歌女,或谓之鸣砌"。

蜿蟺、蜎,蚯蚓的别名。此虫的形状弯曲,故名"蜿蟺"、"蜎"。所以王念孙说:"邱蚓之形屈曲,故谓之蜿蟺,又谓之蜎"、"蜎之言曲也"。

15.《释草》卷十上:"丁父、附支,蓪草也。"疏证:"《神农本草》云:通草,一名附支,生石城山谷。《御览》引吴普《本草》云:通草,一名丁翁,叶青,蔓还树生,汁白。案:附支者,附树枝而生也。……陶注《本草》云:今出近道,绕树藤生,汁白,茎有细孔,两头皆通,含一头吹之,则气出彼头者良。"(第346页上)

案:附支,丁公藤的别名。此种草本植物依附树枝而生,故名"附支"。所以王念孙说:"附支者,附树枝而生也"、"绕树藤生"。

二、因词语的单音复音而异名

动植物异名的两个或两个以上的词,有的是单音词,有的是复音词,单音词的名物词变成复音词，异名同实，不仅反映了汉语单音词向复音词的演变趋势，而且在构词理据上也进一步凸显了复音词的优势：比单音词更清楚明白。例如：

1.《释虫》卷十下："蟧、蛔，马蜩也。"疏证："蜩之大者也。《尔雅》：蛔，马蜩。郭璞注云：蜩中最大者为马蝉。《方言》：蜩，楚谓之蜩，其大者谓之蟧，或谓之蛔马。郭璞注云：按《尔雅》：蛔者马蜩，非别名蛔马也，此《方言》误耳。马蜩，一名马蟧。《广韵》云：马蟧，大蝉也。苏颂《本草图经》云：今夏中所鸣者，比众蝉最大。蛔，各本伪作蝈，今订正。"（第358页上）

案：蟧、蛔，为单音词；马蜩、马蟧，为双音词。

2.《释木》卷十上："栟榈，椶也。"疏证："栟榈与并闾同。《西山经》云：石脆之山，其木多椶。郭注云：椶树高三丈许，无枝条，叶大而员，枝生梢头，实皮相裹，上行一皮者为一节，可以为绳。……椶之言緫也，皮如丝缕，緫緫然聚生也。《说文》云：緫，聚束也。又云：布之八十缕为稯。"（第352页上）

案：椶，为单音词；栟榈，为双音词。

3.《释草》卷十上："葠，人蓡也。"疏证："《神农本草》云：人参，味甘，一名人衔，一名鬼盖。出上党，状类人者善。《御览》引《范子计然》云：人参，出上党，状类人者善。又引吴普《本草》云：人参，一名土精，一名神草，一名黄参，一名血参，一名人微，一名王精。或生邯郸，三月生，叶小锐，核黑，茎有毛，根有头足手，面目如人，是人参以形得名。土精，犹地精也。色黄，故又名黄参。"（第321页下）

案：葠，为单音词；人参、土精、地精、神草、黄参、血参、人微、王精、人衔、鬼盖，为双音词。

4.《释草》卷十上："马帚、屈，马第也。"疏证："《尔雅》云：荓，马帚。郭注云：似蓍，可以为埽彗。邢疏云：荓，草似蓍者，今俗谓蓍荓。"（第350页下）

案：屈，为单音词；马帚、马第、蓍荓，为双音词。

5.《释虫》卷十下："蛆蝶、马蠲，马蚿也。"疏证："《方言》：马蚿，北燕谓之蛆蝶，其大者谓之马蚰。郭璞注云：今关西云马蚰。蚰与蠲同。字通作轴。《御览》引吴普《本草》云：又谓之马陆。《本草》云：马蚿，一名马轴。又谓之马陆。《本草》云：马陆，一名百足。马陆，犹言马蠲也。草名蓫薚，一名商陆。虫名马蠲，一名马陆，皆声近而转耳。蛆蝶之转声为蠿蛆，又转而为秦渠。高诱注《吕氏春秋·季夏纪》云：马蚿，幽州谓之秦渠。是也。又转而为商蚷。《庄子·秋水篇》：使商蚷驰河，必不胜任矣。司马彪注云：商蚷，虫名，北燕谓之马蚿。是也。蚿之转声为蜓，又转而为蠲为蚐。《说文》云：蠲，马蠲也。引《明堂月令》云：腐草为蠲。郭璞注《尔雅·马蝬》云：马蠲，蚐也。

俗呼马蜒,是也。又转而为螆为蚈。《吕氏春秋·季夏纪》:腐草化为蚈。高诱注云:蚈,马蚿也。蚈,读蹊径之蹊。《御览》引许慎《淮南·时则训注》云:草得阴而死,极阴中反阳,故化为蚈。蚈,马螆也。苏恭《本草注》云:襄阳人名为马蚿,亦呼马轴,亦名刀环虫,以其死侧卧,状如刀环也。寇宗奭云:即今百节虫。"(第360页下～361页上)

案:蚈,为单音节词;蛆蟍、马蜒、马蚿、马轴、马陆、百足,为双音词;刀环虫、百节虫,为三音词。

6.《释鱼》卷十下:"虺,蝮也。"疏证:"《尔雅》:蝮,虺。博三寸,首大如擘。《说文》:虺作虫,云:虫,一名蝮,博三寸,首大如擘指,象其卧形。《小雅·斯干篇》:为虺为蛇。正义引舍人《尔雅注》云:蝮,一名虺,江淮以南曰蝮,江淮以北曰虺。……《名医别录》注云:蝮蛇,黄黑色,黄颔尖口,毒最烈。虺,形短而扁,毒不异于虺。中人不即疗,多死。蛇类甚众,惟此二种及青蛙为猛,然则虺、蝮、青蛙,只是一类,故云:虺,蝮也。……蝮地多文,文起于阳,皆道其情状也。今江淮之间,谓之土骨蛇,其大虺有毒与虺同者,亦名蝮虺。《楚辞·招魂》:蝮蛇蓁蓁。王逸注云:蝮,大蛇也。《南山经》:猨翼之山多蝮虫。郭璞注云:蝮虫,色如绶文,鼻上有针,大者百余斤,一名反鼻虫。古虺字。此则殊方异产,非《尔雅》、《广雅》所谓虺矣。"(第370页上～370页下)

案:蝮虺、蝮虫,为双音词;土骨蛇、反鼻虫,为三音词。

7.《释草》卷十上:"陵游,龙胆也。"疏证:"《神农本草》云:龙胆,味苦涩,一名陵游,生齐朐山谷。陶注云:今出近道吴兴为胜,状似牛膝,味甚苦,故以胆为名。苏颂《图经》云:宿根黄白色,下抽根十余本,大类牛膝,直上生,苗高尺余。四月生叶而细,茎如小竹枝,七月开花如牵牛花,作铃铎形,青碧色。冬后结子,苗便枯。俗呼草龙胆。"(第321页上)

案:陵游、龙胆,为双音词;草龙胆,为三音词。

8.《释鸟》卷十下:"白鹢,鹰也。"疏证:"见《初学记》。《太平御览》、《尔雅》:鹰,鶝鸠。又云:鹰隼丑,其飞也翚。又云:鹢,白鹢。郭璞注云:白鹢似鹰,尾上白。《广韵》云:白鹢,一名鹢,似鹰而尾上白,善捕鼠也。《御览》引《古今注》云:白鹢,似鹰而尾上白,亦号为印尾鹰。……《素问·骨空论》注云:尾穷谓之橛。然则鹢为尾后之称,故尾上白谓之白鹢也。"(第383页上)

案:鹢,为单音词;白鹢,为双音词;印尾鹰,为三音词。

9.《释草》卷十上:"无心,鼠耳也。"疏证:"《御览》引《广志》云:鼠耳,叶如耳,缥色。……《酉阳杂俎》云:蚍蜉,酒草,一曰鼠耳,象形也。亦曰无心草。"(第322页下)

案:无心、鼠耳、蚍蜉,为双音词;无心草,为三音词。

三、因词语同义替换而异名

汉语存在大量的同义词,由于同义词的词义相同或相近,人们在给动植物命名时,往往采用同义替换的方法,因而形成异名。例如:

1.《释木》卷十上:"重皮,厚朴也。"疏证:"《说文》云:重,厚也。朴,木皮也。重皮、厚朴,其义一也。《急就篇》云:芎䓖厚朴桂栝楼。颜师古注云:凡木皮皆谓之朴。此树皮厚,故以厚朴为名。《御览》引吴普《本草》云:厚朴,一名厚皮,生交阯。又引《范子计然》云:厚朴出宏农。……苏颂《图经》云:木高三四丈,径一二尺,春生叶如柳叶,四季不凋,红花而青实,皮极鳞皱而厚,紫色多润者佳。李时珍云:五六月开细花,细实如冬青子,生青熟赤,有核。七八月采之,味甘美。"(第356页上)

案:"重皮"与"厚朴"同义,故异名。

2.《释草》卷十上:"美丹,甘草也。"疏证:"《淮南·览冥训》云:甘草主生肉之药。《神农本草》亦云:甘草味甘,主长肌肉。一名蜜甘,一名美草。美草与美丹同意,殆取其味之甘美与。"(第317页下)

案:"甘草"与"美草"、"美丹"、"蜜甘"同义,故异名。

四、因语音流变而异名

动植物异名中的两个或两个以上的词虽然都有相同的命名理据,但是有的词的语音在原词的基础上发生了流变,写成了另外的词语形式。例如:

1.《释虫》卷十下:"蝘蠳、蚰蜒、蚨蚚,蛐蜒也。"疏证:"《尔雅》:蟥衔,入耳。郭璞注云:蚰蜒也。……案:蛸蚔与蚰蜒声相近,蛐蜒与蟥蚩声之转。谓之蛐蜒者,言其行蜿蜒然也。郑注《考工·梓人》云:郤行,蟥衍之属。《释文》云:此虫能两头行,是郤行也。"(第359页下~360页上)

案:"蛐蜒"与"蟥蚩"声之转,语音发生了流变,书写形式也不同,但"蟥蚩"的命名理据与"蛐蜒"相同,此虫的特征是"行蜿蜒然"。

2.《释虫》卷十下:"芈芈,䖤肬,蜣蜋也。"疏证:"《尔雅》:不过,蟷蠰,其子蜱蛸。郭璞注云:蟷蠰,蟷蜋别名。蜱蛸,一名蟷蟭,蟷蠰卵也。莫貃,螳螂,蜉。注云:螳螂,有斧虫,江东呼为石蜋。……螳蜋,今谓之刀蜋,声之转也。其性鸷悍,喜搏击。《庄子·人间世篇》:女不知夫螳蜋乎,努其臂以当车辙,不知其不胜任也。《山木篇》:睹一蝉,方得美荫,螳蜋执翳而搏之。是也。《御览》引《范子计然》云:螵蛸,出三辅。又引吴普《本草》云:桑螵蛸,一名冒焦。冒焦,蜱蟭,皆螵蛸之转声也。《蜀本草图经》云:螵蛸多在小桑树上,

丛荆棘间,并螳蜋卵也。三月四月中,一枝出小螳蜋数百枚。"(第362页上)

案:"螳蜋"与"刀蜋"为声之转,语音发生了流变,书写形式也不同,但得名理据相同:此虫两臂像刀斧。

"冒焦"、"蝍蟭",皆"蟧蛸"之转声,语音发生了流变,书写形式也不同,但得名理据相同:小。

3.《释木》卷十上:"雨师、柽,槽也。"疏证:"《尔雅》云:柽,河柳。《大雅·皇矣篇》:其柽其椐。《正义》引某氏《尔雅注》云:河柳,谓河傍赤茎小杨也。陆机《诗疏》云:河柳,皮正赤如绛,一名雨师。枝叶似松,是雨师即柽也。雨,各本伪作而,又脱师字,今订正。柽,音敕贞反。柽之言赪也。《周南·汝坟篇》传云:赪,赤也。河柳茎亦赤。因名为柽,故江淹《柽颂》云:碧叶菴蔼,赪柯翕赩也。一名朱杨。《汉书·司马相如传》云:欒离朱杨。《史记》索隐引郭璞注云:朱杨,赤茎柳,生水边。《尔雅》云:柽,河柳。是也,又名柽柳。《汉书·西域传》云:鄯善国多柽柳。颜师古注云:柽柳,河柳也,今谓之赤柳。《开宝本草》云:赤柽木中脂,一名柽乳,生河西沙地,皮赤色,叶细。《本草衍义》云:赤柽木又谓之三春柳,以其一年三秀也。花内红色,成细穗,人取滑枝为鞭。案:今人庭院中多植之,叶形似柏,而长丝下垂则如柳。北方人谓之三川柳。三川即三春之转也,或谓之娑娑柳,声如酸酸。"(第355页下)

案:"三川"为"三春"之韵转,语音发生了流变,书写形式也不同,但得名理据相同:"一年三秀"。

4.《释鸟》卷十下:"击谷、鸤鶌,布谷也。"疏证:"《尔雅》:尸鸠,鸤鶌。郭璞注云:今之布谷也,江东呼为穫谷也。《说文》:秸鶌,尸鸠也。鸤鶌、秸鶌,字异而义同。一作结诰。《方言》:布谷,自关而东,梁楚之间,谓之结诰,周魏之间谓之击谷。自关而西谓之布谷。击谷,鸤鶌,声之转耳。鸤鶌,又作秸鞠也。《召南·雀巢篇》:维鹊有巢,维鸠居之。传云:鸠,尸鸠,秸鞠也。尸鸠不自为巢,居鹊之成巢。《义疏》云:今梁宋之间谓布谷为鸤鶌,一名击谷,一名桑鸠。《曹风·尸鸠篇》:尸鸠在桑,其子七兮。传云:尸鸠,秸鞠也。尸鸠之养其子,朝从上下,莫从下上,平均如一。《本草拾遗》云:布谷,江东呼为郭公。北人云拨谷,似鹞长尾。《六书故》云:其声若曰布谷,故谓之布谷。又谓勃姑,又谓步姑。郭公者,击谷之转声。拨谷、勃姑、步姑者,布谷之转声也。今扬州人呼之为卜姑,德州人呼之为保姑。身灰色,翅末尾末并杂黑毛,以三四月间鸣也。"(第374页上～374页下)

案:"拨谷"、"勃姑"、"步姑",为"布谷"之转声,语音发生了流变,书写形式也不同,但得名理据相同:"其声若曰布谷"。

5.《释鸟》卷十下："鷦鷯、鸋鴂、果蠃、桑飞、女鴎，工雀也。"疏证："懱爵，言懱戳也。《说文》：鷦鷯，桃虫也。《玉篇》：女鴎，巧妇也，又名鴎雀。鷦鷯者，鷦鷯之转声。鷦鷯、鷦鷯，皆小貌也，小谓之糕，一目小谓之眇，茆中小虫谓之蛁蟟，剖苇小鸟谓之鳭鷯，声义并同矣。果蠃，亦小貌。小蜂谓之果蠃，其义一也。……是鷦鷯、桃虫，即《荀子》之蒙鸠。或谓之蒙鸠，或谓之鷦鷯，或谓之懱雀。鷯、懱、蒙一声之转，皆小貌也。故《方言》：懱雀。注云：言懱戳也。谓懱戳然小也。木细枝谓之蔑，小虫谓之蠛蠓，小鸟谓之懱雀，又谓之蒙鸠，其义一也。或以为鷦鷯非蒙鸠者，失之。……《吕氏春秋·求人篇》鷦鷯作啁噍，皆鷦鷯之变转也。《毛诗义疏》云：鴎鸮，似黄雀而小，其喙尖如锥，取茅莠为巢，以麻紩之，如刺韈然，悬箸树枝，或一房，或二房，幽州人谓之鸋鴂，或曰巧妇，或曰女匠，或曰巧女。"（第378页上～378页下）

案："鷦鷯"，"鷦鷯"之转声，语音发生了流变，书写形式也不同，但得名理据相同：（此鸟）形体小。

6.《释草》卷十上："益母，充蔚也。"疏证："《神农本草》云：茺蔚，一名益母，生海滨池泽。……萑者，充蔚之合声；充蔚者，臭秽之转声。……案《本草》云：益母，充蔚也。故刘歆云：萑，臭蔚。臭蔚，即充蔚也。李巡《尔雅注》亦同刘歆。今益母草气恶近臭，故有臭秽之称。……前《释器》云：郁，臭也。故茺蔚之草，一名郁臭。"（第328页下～329页上）

案："充蔚"，"臭秽"之转声，语音发生了流变，书写形式也不同，"充蔚"得名于"臭秽"，取其味道恶臭。

7.《广雅·释草》卷十上："石发，石衣也。"疏证："《尔雅》云：薄，石衣。郭璞注云：水苔也，一名石发，江东食之。或曰薄，叶似䪥而大，生水底，亦可食。……薄、苔一声之转也。郭璞《江赋》云：绿苔鬖髿乎研上。李善注引《风土记》云：石发，水苔也，青绿色，皆生于石。又引《通俗文》云：发乱曰鬖髿。盖以其似发，故有石发之名也。"（第329页上）

案："薄"、"苔"一声之转，语音发生了流变，书写形式也不同，但得名理据相同：生长于水底的石头上。

8.《释虫》卷十下："朝蜏，孳母也。"疏证："蜏，一作秀。《庄子·逍遥游篇》：朝菌不知晦朔。《淮南·道应训》引作朝秀。高诱注云：朝秀，朝生暮死之虫也。生水上，似蚕蛾，一名孳母。海南谓之虫邪。案：菌者，蜏之转声。《庄子》：朝菌不知晦朔，蟪蛄不知春秋，皆谓虫也。"（第364页上）

案："菌"，"蜏"之转声，语音发生了流变，书写形式也不同，但得名理据相同：朝生暮死。

9.《释虫》卷十下："蛛蝥、冈工、蠾蝓，蝳蜍也。"疏证："《方言》：鼅鼄，鼄蝥也。自关而西，秦晋之间谓之蝇蝥；自关而东，赵魏之郊谓之鼅鼄，或谓之蠾蝓。蠾蝓者，侏儒语之转也。北燕朝鲜洌水之间谓之蝳蜍。郭璞注云：齐人又呼社公，亦言网工。网与冈同。各本冈伪作罔，今订正。网工，以作网得名也。”（第360页上）

案：“蠾蝓”，为“侏儒”语之转，语音发生了流变，书写形式也不同，“蠾蝓”得名于“侏儒”：短小，二者得名理据相同。

五、因方言差异而异名

方言是全民语言的地方变体，所以不同的地域在指称同一事物时往往使用的名称也不相同。这些因为方言差异而形成的异名动植物名物词，在不同的地域之间以自己独特的方式流传。它们也成为了异名同实家族的一员。例如：

1.《释草》卷十上：“葰、芡，鸡头也。”疏证：“《方言》云：葰、芡，鸡头也。北燕谓之葰，青徐淮泗之间谓之芡，南楚江湘之间谓之鸡头，或谓之雁头，或谓之乌头。郭注云：今江东亦名葰耳。《神农本草》云：鸡头，一名雁喙。陶注云：此即今蔿子，形上花似鸡冠，故名鸡头。”（第327页上）

案：鸡头草，汉代北燕叫“葰”；青徐淮泗之间叫“芡”；南楚江湘之间叫“鸡头”，或叫“雁头”、“乌头”；晋代江东叫“葰耳”；郭璞所处时代叫“蔿子”。

2.《释鸟》卷十下：“戴鵀、戴紝、鶝鶔、泽虞、鵖鶝、尸鸠，戴胜也。”疏证：“《尔雅》：鵖鴔，戴鵀也。郭璞注云：鵀，即头上胜。今亦呼为戴胜。鵖鴔，犹鵖鶝，语声转耳。《方言》：鳲鸠，燕之东北，朝鲜洌水之间，谓之鶝鶔。自关而东谓之戴鵀。东齐海岱之间，谓之戴南。南，犹鵀也。或谓之鷥鶝，或谓之戴鵀，或谓之戴胜，东齐吴扬之间谓之鵀，自关而西谓之服鶝，或谓之鵖鶝，燕之东北、朝鲜洌水之间谓之鵖。……高诱注《淮南·时则训》云：载任，戴胜鸟也。《诗》曰：尸鸠在桑。是也。《月令》正义引孙炎《尔雅注》云：鳲鸠，自关而东，谓之戴鵀。并与《方言》相合。《毛诗义疏》辨之云：鳲鸠，一名击谷。案：戴胜自生穴中，不巢生。而《方言》云：戴胜，非也。郭璞《方言注》亦云：按《尔雅》：鳲鸠，即布谷，非戴胜也。又云：按《尔雅》说：戴鵀，下鷥鶝自别一鸟名，《方言》似依此义，又失也。然则《尔雅》之鳲鸠、鵠鶔、鷥、泽虞，《方言》皆误以为戴胜矣。此云：泽虞、尸鸠，戴胜也。亦沿《方言》之误，《方言》之服鶝，犹鵖鶝也，转之则为鶝鶔，其变转则为鵖鶝。《广韵》：鵖、鶝二字注并云：鶝鵖鸟也，即鵖鶝也。《广雅》此条，悉本《方言》。疑《方言》谓之鵖下亦有鶝字，写者脱落耳。《月令》：季春之月，戴胜降于桑。郑注云：戴胜，织纴之鸟，是时恒在桑。言降者，若时始自天来，重之也。《御览》引《春秋考异邮》云：载任出，蚕期起。载与戴同。……《魏志·管宁传》云：戴鵀，阳鸟也。《尔雅翼》云：似山鹊而尾短，青色，毛冠俱有文。”（第377页下～378页上）

案：鳲鸠，汉代燕之东北、朝鲜洌水之间叫“鶝鶔”、“鵴”；自关而东叫“戴鵀”；东齐海岱之间叫“戴南”；东齐吴扬之间叫“鵀”；自关而西叫“服鶝”，或叫“鸊鶝”。

3.《释虫》卷十下：“蛛蝥、冈工、蠾蝓，蝳蜍也。”疏证：“《方言》：鼅鼄，鼄蝥也。自关而西，秦晋之间谓之鼄蝥；自关而东，赵魏之郊谓之鼅鼄，或谓之蠾蝓。蠾蝓者，侏儒语之转也。北燕朝鲜洌水之间谓之蝳蜍。郭璞注云：齐人又呼社公，亦言网工。网与冈同。各本冈伪作罔，今订正。网工，以作网得名也。”（第360页上）

鼅鼄，汉代自关而西、秦晋之间叫“鼄蝥”；自关而东、赵魏之郊叫“鼅鼄”，或叫“蠾蝓”；北燕朝鲜洌水之间叫“蝳蜍”；郭璞所处时代，齐人又叫“社公”、“网工”。

4.《释鱼》卷十下：“鲢，鱮也。”疏证：“《齐风·敝苟篇》：其鱼鲂鲂。笺云：鱮，似鲂而弱鳞。义疏云：鱮，似鲂而头大，鱼之不美者。故里语曰：网鱼得鱮，不如啖茹。其头尤大而肥者。徐州人谓之鲢，或谓之鳙，幽州人谓之鸮鷎，或谓之胡鳙。……《埤雅》云：鱮鱼色白。北土皆呼白鱮。……今人通呼鲢子。”（第367页下）

案：鲢鱼，清代徐州人叫“鲢”，或叫“鳙”；幽州人叫“鸮鷎”，或叫“胡鳙”。

5.《释鸟》卷十下：“鴚鹅、仓鹅，鴈也。”疏证：“鴈与鴈同，或作雁。《尔雅》：舒鴈，鹅。郭璞注：今江东呼鴚。引《聘礼记》云：出如舒鴈。李巡注云：野曰鴈，家曰鹅。案：鴈之与鹅对文则异，散文则通。《庄子·山木篇》云：命竖子杀鴈而烹之。是家畜者亦称鴈也。《说文》：雁，鹅也。鴚，鴚鹅也。宋祁《汉书·扬雄传校本》引《字林》云：鴚鹅，鸟似雁。《方言》：雁，自关而东而谓之鴚鵝，南楚之外谓之鵝，或谓之仓鴚。鴚，或作驾。《楚辞·七谏》云：畜凫駕鹅。是也。春秋时鲁大夫有荣駕鹅，亦以为名。鴚鹅以象其声，仓鴚则兼指其色。《齐民要术》引晋沈充《鹅赋序》云：太康中得大苍鹅，体色丰丽。《本草拾遗》：苍鹅食虫，白鹅不食虫，主射工，当以苍者良。苍与仓通。其有在野而飞者。《尔雅》所谓鴽鵱，鹅也，亦谓之驾鹅。《艺文类聚》引《广志》云：驾鹅，野鹅也。《本草》陶注云：野鹅大于鴈，犹似家苍鹅，谓之驾鹅。《中山经》：青要之山，北望河曲，是多驾鸟。郭璞注云：驾宜为駕，駕鹅也。《史记·司马相如传》云：弋白鹄，连駕鹅，皆谓野鹅也。”（第376页下）

案：舒鴈与鹅，晋代江东叫“鴚”。

鴈，汉代自关而东叫“鴚鵝”；南楚之外叫“鵝”，或叫“仓鴚”。

6.《释虫》卷十下:"蠓螉,蜂也。"疏证:"《说文》:蠭,飞虫螫人者。蠭与蜂同。《尔雅》:土蠭。郭璞注云:今江东呼大蠭在地中作房者为土蠭,啖其子,即马蠭也。今荆巴间呼为蟺,木蠭。注云:似土蠭而小,在树上作房,江东亦呼为木蠭,人食其子。《方言》:蠭,燕赵之间谓之蠓螉。《檀弓》:范则冠而蝉有緌。《内则》:爵鷃蜩范。郑注并云:范,蜂也。《艺文类聚》引《广雅》:范,蜂也。《集韵》引作蝥,今本脱蝥字。"(第361页上)

案:晋代江东呼大蠭在地中作房者为"土蠭",即"马蠭";晋代荆巴间呼为"蟺"、"木蠭"。

蠭,汉代燕赵之间叫"蠓螉"。

7.《释鸟》卷十下:"伏翼、飞鼠、仙鼠,蚨蟵也。"疏证:"伏与服同,蚨与蝙同。《尔雅》:蝙蝠,服翼。郭璞注云:齐人呼为蟙蟵,或谓之仙鼠。《方言》:蝙蝠,自关而东谓之服翼,或谓之飞鼠,或谓之老鼠,或谓之仙鼠。自关而西、秦陇之间,谓之蝙蝠,北燕谓之蟙蟵。李当之《本草》云:伏翼,即天鼠也。《新序·杂事篇》云:黄鹄白鹤,一举千里,使之与燕服翼试之堂庑之下,庐室之间,其便未必能过燕服翼也。曹植《蝙蝠赋》云:二足为毛,飞而含齿,巢不哺鷇,空不乳子,不容毛群,斥逐羽族,下不蹈陆,上不冯木,是其情状也。今蝙蝠似鼠黑色,翅与足连,栖于屋隙,黄昏出飞。故鲍照《飞蛾赋》云:仙鼠伺闇,飞蛾候明矣。"(第380页上)

案:蝙蝠,汉代自关而东叫"服翼",或叫"飞鼠",或叫"老鼠",或叫"仙鼠";自关而西、秦陇之间,叫"蝙蝠";北燕叫"蟙蟵"。

8.《释鱼》卷十下:"虺,蝮也。"疏证:"《尔雅》:蝮,虺。博三寸,首大如擘。《说文》:虺作虫,云:虫,一名蝮,博三寸,首大如擘指,象其卧形。《小雅·斯干篇》:为虺为蛇。正义引舍人《尔雅注》云:蝮,一名虺,江淮以南曰蝮,江淮以北曰虺。……《名医别录》注云:蝮蛇,黄黑色,黄颔尖口,毒最烈。虺,形短而扁,毒不异于蚖。中人不即疗,多死。蛇类甚众,惟此二种及青蛙为猛,然则虺、蝮、青蛙,只是一类,故云:虺,蝮也。……蝮地多文,文起于阳,皆道其情状也。今江淮之间,谓之土骨虵,其大虵有毒与虺同者,亦名蝮虺。《楚辞·招魂》:蝮蛇蓁蓁。王逸注云:蝮,大蛇也。《南山经》:猨翼之山多蝮虫。郭璞注云:蝮虫,色如绶文,鼻上有针,大者百余斤,一名反鼻虫。古虺字。此则殊方异产,非《尔雅》、《广雅》所谓虺矣。"(第370页上～370页下)

案:蝮蛇,舍人所处时代,江淮以南叫"蝮",江淮以北叫"虺"。

9.《释兽》卷十下:"貒,貛也。"疏证:"《尔雅》:狸狐貒貈丑。《说文》引作狐狸貒貈丑。又貒子,貗。郭璞注云:貒豚,一名貛。《释文》引《字林》云:貒,兽似豕而肥。《方言》:貒,关西谓之貒。《说文》:貛,野豕也。《淮南·修务训》：貛貉为曲穴。……《本草衍义》云：貛，肥矮，毛微灰色，头连脊毛一道黑，觜尖黑，尾短阔，蒸食之极美。案：今貛有二种，或如猪，或如狗，皆穴于地中，夜出食人鸡鴟。"（第383页下）

案：貛，汉代关西叫"貒"。

10.《释鱼》卷十下："鲵、鳀，鲇也。"疏证："鳀，一作鮧。《尔雅》：鳠，鲇。孙炎云：鳠，一名鲇。郭璞以为二鱼。注鲇云：别名鳀，江东通呼鲇为鮧。《释文》引《字林》云：鳀，青州人呼鲇也。……《名医别录》陶注云：鮧，即鳀也。今人皆呼慈音，即是鲇鱼，作臛食之。是鲵、鳀皆鲇之别名也。若以形体言之，则鲇之大者乃名为鲵。《说文》：鲵，大鲇也。《广韵》：鲵，大鳠也。大鲇谓之鲵，大鳠亦谓之鲵，为类虽殊，其命名之义则一也。……今扬州人谓大鲇为鳠子，声如获。古方言之存者也。《尔雅翼》云：鮧鱼，偃旗额，两目上陈，头大尾小，身滑无鳞，谓之鲇鱼，言其黏滑也。"（第367页上）

案：鳀、鲇，晋代江东叫"鮧"；大鲇，清代扬州人叫"鳠子"。

六、因雅俗不同而异名

不同的人，由于个人修养、身份、地位的不同，加之语境的不同，在造词或使用词语时，往往具有典雅和通俗的分别。因此，动植物名物词也就自然而然会出现因雅俗不同而异名的异名同实词。王国维《〈尔雅〉草木虫鱼鸟兽名释例上》："物名有雅俗，有古今，《尔雅》一书，为通雅俗古今之名而作者也。其通之也谓之释，释雅以俗，释古以今。闻雅名而不知者，知其俗名，斯之雅矣；闻古名而不知者，知其今名，斯知古矣。"[①]例如：

1.《释草》卷十上："葥葟，马辛也。"疏证："《尔雅》：葥葟，大荠。郭注云：似荠叶细，俗呼之曰老荠。……《月令》谓之靡草。……郑注引旧说云：靡草，荠亭历之属。《正义》云：靡草，以其枝叶靡细，故云靡草。依《尔雅注》则葥葟之叶，又细于荠也。"（第311页下）

案：葥葟、马辛、大荠，雅名；老荠，俗名。

2.《释草》卷十上："蒲穗谓之蒚。"疏证："《广韵》云：蒚，蒲秀也。秀，亦穗也。《尔雅》云：莞，苻蓠，其上蒚。郭注云：今西方呼蒲为莞蒲。蒚，谓其头臺首也。臺首，即其作穗处矣。《玉篇》云：蒚谓今蒲头有臺，臺上有重臺，中出黄。即蒲黄也。《神农本草》有蒲黄。陶注云：此即蒲蒚花上黄粉也。苏颂《图经》云：蒲，今处处有之。春初生嫩叶，未出水时红白，色茸茸然。至夏抽梗于丛叶中。花抱梗端，如武士棒杵，故俚俗谓之蒲槌，亦谓之蒲蒚花。

---

① 王国维：《观堂集林》（第一册），中华书局1959年版，第219页。

黄即花中蕊也,细若金粉。当其欲开时,有便取之,市廛间亦採,以蜜搜作果实货卖,甚益小儿。案今蒲草初作穗时,有黄蕟裹之,穗上有重臺。长大则蕟拆裂,随风落去,穗上重臺亦渐枯。其穗皆紫茸四周,密密相次,长五六寸,形正圆。高邮人谓之蒲棒头,以其形似之也。……蒲穗形圆,故谓之尊,尊之为言团团然丛聚也。"(第335页上~335页下)

案:蒲,雅名;蒲槌,俗名。

3.《释草》卷十上:"寄屑,寄生也。"疏证:"即《释木》所云:宛童,寄生槬也。……《神农本草》云:桑上寄生,一名寄屑。……《尔雅》云:寓木,宛童。郭注云:寄生树,一名蔦。……槬之言捣也。《方言》云:捣,依也。郭注云:谓可依倚之也。依倚树上而生,故谓之槬矣。《中山经》云:龙山上多寓木。郭注云:寄生也。《汉书·东方朔传》:箸树为寄生,盆下为寠数,皆其异名也。《诗·頍弁》正义引陆机疏云:寄生,叶似当卢,子如覆盆子,赤黑甜美。陶隐居《本草注》云:生树枝间,寄根在皮节之内。叶圆青赤,厚泽易折,旁自生枝节,冬夏生,四月花,五月实赤,大如豆,皆其形状也。陶注又云:桑上者名桑上寄生。……今俗为寄生草是也。"(第320页上)

案:寄生,雅名;寄生草,俗名。

4.《释兽》卷十下:"鼠狼,鼬。"疏证:"《尔雅》:鼬鼠。郭璞注云:今鼬似貂,赤黄色,大尾,啖鼠,江东呼为鼪。《说文》:鼬,如鼠,赤黄而大,食鼠者。《夏小正》:九月,鼬貈则穴。传云:穴也者,言蛰也。《庄子·徐无鬼篇》:藜藿柱乎鼪鼬之迳。《秋水篇》:骐骥骅骝,一日而驰千里,捕鼠不如狸狌。崔本狌作鼬。鼬,善捕鼠,故有鼠狼之名。《艺文类聚》引《广志》云:黄鼠善走,凡狗不得,惟鼠狼能得之。今俗通呼黄鼠狼,顺天下呼之黄鼬,好夜中食人鸡,人捕取之,以其毛为笔。"(第387页上)

案:鼬、鼠狼,雅名;黄鼠狼,俗名。

5.《释草》卷第十上:"楚蘅,杜蘅也。"疏证:"《名医别录》云:杜蘅香人衣体。陶注云:根叶都似细辛,惟气小异尔。唐本注云:叶似槐,形如马蹄,故俗云马蹄香。"(第322页上)

案:楚蘅、杜蘅,雅名;马蹄香,俗名。

七、因时代不同而异名

语言是随着社会的发展而发展的,新事物的出现,旧事物的消亡,首先在词汇上得到反映,动植物名物词的异名同实作为词汇系统的重要组成部分,自然也受这一规律的影响。不同的历史时期,由于人们的思想观念和思维方式的差异,加之受当时政治经济和社会环境、自然环境的影响,他们对

动植物的认识角度和认知程度是存在一定差异的,从而造就了一批因时代不同而形成的"异名同实"的名物词。例如:

1.《释草》卷十上:"藋粱,木稷也。"疏证:"今之高粱,古之稷也。"(第340页下)

案:古代"稷",清代乃至今天都叫"高粱"。

2.《释鱼》卷十下:"鯸鮐,鮈也。"疏证:"鮈,一作鮕。《北山经》:敦薨之水,其中多赤鲑。郭注云:今名鯸鮐为鲑鱼。音圭。《吴都赋》:王鲔鯸鮐。刘逵注云:鯸鮐鱼状如科斗,大者尺余,腹下白,背上青黑,有黄文。性有毒,虽小獭及大鱼,不敢啖之。馔蒸煮啖之肥美。豫章人珍之。《论衡·言毒篇》云:毒螫渥者,在鱼则为鲑与鲦鮥。故人食鲑肝而死。《本草拾遗》云:鯸鱼,肝及子有大毒,一名鹕夷鱼。以物触之,即嗔腹如气球,亦名嗔鱼。腹白,背有赤道,如印鱼,目得合。与诸鱼不同。鯸即鲑的俗体。鹕夷即鯸鮐之转声。今人谓之河豚者是也。河豚善怒,故谓之鲑,又谓之鮈。"(第366页下)

案:古代的"鯸鮐"、"鮈",清代乃至今天都叫"河豚"。

3.《释鱼》卷十下:"鲮,鲤也。"疏证:"《楚辞·天问》:鲮鱼何所?王逸注云:鲮鱼,鲤也。一曰鲮鱼也。有四足,出南山。鲮,一作陵。《吴都赋》:陵鲤若兽。刘逵注云:陵鲤有四足,状如獭,鳞甲似鲤,居土穴中,性好食蚁。《名医别录》陶注云:鲮鲤能陆能水,出岸开鳞甲,伏如死,令蚁入中,忽闭而入水,开甲,皆浮出,于是食之。故主蚁瘘,是其情状也。今人谓其甲为穿山甲,以其穿穴山陵也,在陵故谓之鲮矣。"(第369页下)

案:古代的"鲮"、"鲤",清代乃至今天都叫"穿山甲"。

4.《释木》卷十上:"雨师、柽,檉也。"疏证:"《尔雅》云:柽,河柳。《大雅·皇矣篇》:其柽其椐。《正义》引某氏《尔雅注》云:河柳,谓河傍赤茎小杨也。陆机《诗疏》云:河柳,皮正赤如绛,一名雨师。枝叶似松,是雨师即柽也。……柽之言赪也。《周南·汝坟篇》传云:赪,赤也。河柳茎亦赤,因名为柽。故江淹《柽颂》云:碧叶菴蔼,赪柯翕弱也。一名朱杨。《汉书·司马相如传》云:檗离朱杨。《史记》索隐引郭璞注云:朱杨,赤茎柳,生水边。《尔雅》云:柽,河柳。是也,又名柽柳。《汉书·西域传》云:鄯善国多柽柳。颜师古注云:柽柳,河柳也,今谓之赤柳。《开宝本草》云:赤柽木中脂,一名柽乳,生河西沙地,皮赤色,叶细。《本草衍义》云:赤柽木又谓之三春柳,以其一年三秀也。花内红色,成细穗,人取滑枝为鞭。案:今人庭院中多植之,叶形似柏,而长丝下垂则如柳。"(第355页下)

案:古代叫"柽柳"、"河柳",唐代叫"赤柳"。

5.《释鸟》卷十下：“鶻鶔，鸠也。”疏证：“鸠之总名曰鶻鶔，其大而班者谓之鳻鸠，小而无班者谓之鵴鸠。《方言》：鸠，自关而东、周郑之郊、韩魏之都，谓之鶻鶔。是鶻鶔为鸠之总名也。《方言》又云：其鸊鸠谓之鸊鶔。自关而西、秦汉之间，谓之鵴鸠。其大者谓之鳻鸠，其小者谓之鸊鸠，或谓之鵻鸠，或谓之鷄鸠，或谓之鹘鸠，梁宋之间谓之鷂。郭璞注云：鳻，音班。鸊鸠、鸊鶔、鵴鸠、鵻鸠、鷄鸠，则鸠之小者也。鸠之大者，《尔雅》所谓鵧鸠、鹘鵃也。舍人曰：鵧鸠，一名鹘鵃，今之班鸠。……孙炎云：鹘鵃，一名鸣鸠。……《义疏》云：斑鸠也，桂阳人谓之班隹，似鷄鸠而大，项有绣文班然，故曰班鸠。高诱注《吕氏春秋·季春纪》云：鸣鸠，班鸠也。……《夏小正》云：三月鸣鸠。《东京赋》云：鹘鵃春鸣。是班鸠绣项而能鸣。故晋傅咸《班鸠赋》云：体郁郁以敷文，音邕邕而有序也。凡此皆谓鸠之大者。鸠之小者，《尔雅》所谓鵻其、鳺鴀叶。李巡注云：鳺鴀，一名鵻，今楚鸠也。……《义疏》云：鵻，今小鸠也。一名鷄鸠，幽州人或谓之鸋鶻，梁宋之间谓之隹，扬州人亦然。”（第 377 页上）

案：古代“班鸠”，舍人所处时代乃至今天叫“班（斑）鸠”。古代“鳺鴀”，李巡时代叫“楚鸠”。

6.《释虫》卷十下：“蛬、趗织、蚟孙，蜻蛚也。”疏证：“《方言》：蜻蛚，楚谓之蟋蟀，或谓之蛬。南楚之间谓之蚟孙。《古今注》云：蟋蟀，一名吟蛩，一名蛩。蛩与蛬同。今人谓之屈屈，则蛬之转声也。陆机《诗义疏》云：蟋蟀似蝗而小，正黑有光泽如漆，有角翅，一名蛬，一名蜻蛚，楚人谓之王孙，幽州谓之趋织。里语曰：趋织鸣，懒妇惊。是也。《古诗》云：促织鸣东壁。李善注引《春秋考异邮》：立秋，趣织鸣。宋均注云：趣织，蟋蟀也。立秋女功急，故趣之。《御览》引《春秋·说题词》云：趣织之为言趣织也，织兴事遽，故趣织鸣，女作兼也。”（第 360 页上）

案：古代的“趗织”，清代叫“屈屈”。

7.《释鱼》卷十下：“魶，鲵也。”疏证：“《尔雅》：鲵，大者谓之鰕。郭璞注云：今鲵鱼似鲇四脚，前似猕猴，后似狗，声如小儿啼，大者长八九尺。《史记·司马相如传》：禺禺鱋魶。徐广注云：魶，一作鳎。裴骃引《汉书音义》云：魶，鳀鱼也。案：《汉书》正作鳎。郭璞注云：鳎，鲵鱼也。似鲇，有四足，声如婴儿。本《广雅》为训也。《水经·尹水注》引《广志》云：鲵鱼声如小儿啼，有四足，形如鲮鲤。可以治牛，出伊水也。注又云：司马迁谓之人鱼。故其箸《史记》曰：始皇帝之葬也，以人鱼膏为烛。徐广曰：人鱼，似鲇而四足，即鲵鱼也。案所引《史记·秦始皇本纪》文也。然人鱼之名，不始于此。《北山经》：决决之水多人鱼，其状如鯑鱼，四足，其音如婴儿，食之无痴疾。郭璞注云：

鯑,见《中山经》。或曰人鱼,即鲵也。似鲇而四足,声如小儿啼,今亦呼鲇为鯑。是鲵鱼,古谓之人鱼也。《本草拾遗》云:鲵鱼在山溪中,似鲇,有四脚,长尾,能上树。天旱则含水上山,叶覆身,鸟来饮水,因而取之。伊洛间亦有。声如小儿啼,故曰鲵鱼,一名鳜鱼,一名人鱼,膏然烛不灭。……《尔雅》曰:鲵,似鲇四足,声如小儿。今商州山溪内亦有此鱼,谓之魶鱼。则鲵之名魶,后世方言且然矣。"(第368页下)

案:古代的"人鱼",晋代叫"鲵鱼"。

8.《释鱼》卷十下:"鱄鮬,鮪也。"疏证:"《说文》:鮪,鱼也。出乐浪番国。一曰鮪出九江。有两乳,一曰溥浮。与鱄鮬同。《玉篇》:鱄鮬鱼,一名江豚,欲风则踊。鱄,一作鮪。……何超《音义》引《埤仓》云:鮬鮬,鮪鱼也。一名江豚。多膏少肉。鮬鮬之转语为鮬鮬。《说文》:鮬,鱼也。出乐浪番国。《御览》引《魏武四时食制》云:鮬鮬鱼黑色,大如百斤猪,黄肥不可食。数枚相随,一浮一沈,一名敷,常见首,出淮及五湖。郭璞《江赋》云:鱼则江豚海豨。李善注引《南越志》云:江豚似猪。《本草拾遗》云:江独,状如独,鼻中为声,出没水上,舟人候之,知大风雨。案即今之江猪是也。海猪似江猪而大,一名奔蚾鮬。"(第368页上)

案:古代的"江豚"、"鱄鮬"、"鮪",清代叫"江猪"。

9.《释鱼》卷十下:"鳢、鳎,鮦也。"疏证:"鳢,一作鳢,一作鳢。《尔雅》:鳢,鲩。舍人云:鳢,一名鲩。郭璞以为二鱼,云:注云:鳢,鮦也。邢昺疏云:今鲩鱼也。鮦与鲩音义同。又鲣,大鮦。小者,鮵。注云:今青州呼小鳢为鮵。《说文》云:鳢,鮦也。《小雅·鱼丽篇》:鱼丽于罶,魴鳢。传云:鳢,鮦也。……《本草》:蠡鱼,一名鮦鱼,蠡与鳢同。……《埤雅》云:鳢,今元鳢是也。诸鱼中惟此鱼胆甘可食。有舌,鳞细有花文,一名文鱼。与蛇通气,其首戴星,夜则北向。案今人谓之乌鱼。首有班文,鳞细而黑,故名鳢鱼。……《玉篇》、《广韵》并云:鳎,赤鳢也。鳎之言阳,赤色箸明之貌。"(第367页上~367页下)

案:古代的"鳢鱼"、"鳎"、"鮦",清代乃至今天叫"乌鱼"。

10.《释草》卷十上:"丁父、附支,蓪草也。"疏证:"《神农本草》云:通草,一名附支,生石城山谷。……通草以茎得名。陶注《本草》云:今出近道,绕树藤生,汁白,茎有细孔,两头皆通,含一头吹之,则气出彼头者良。或云即葍藤茎。唐本注云:此物大者径三寸,每节有二三枝,枝头有五叶,其子长三四寸,核黑穰白,食之甘美。南人谓为燕覆,或名乌覆,今言葍藤。葍、覆声相近尔。《食性本草》云:燕覆,茎名木通。陶弘景所说汁白茎有细孔者与吴普《本草》合。两头皆通,正通草所以命名之义也。"(第346页上)

案:古代之"丁父"、"附支"、"通草",唐代叫"蒨藤"。

11.《释草》卷十上:"苓耳、苍耳、菤、常枲、胡枲,枲耳也。"疏证:"《尔雅》云:卷耳,苓耳。郭璞注云:《广雅》云:枲耳也。亦云胡枲,江东呼为常枲,或曰苓耳,形似鼠耳,丛生如盘。……《列子·杨朱篇》《释文》引《仓颉篇》云:枲,蒙耳也。一名苍耳。……《神农本草》云:菓耳,一名胡枲,一名地葵。《名医别录》云:一名菰,一名常思。陶注云:此是常思菜,伧人皆食之。……菓耳,别名莠。《说文》云:莠,卷耳也。又名珰草,又名爵耳。《诗·卷耳》正义引陆机疏云:卷耳,叶青白,色似胡荽,白花细茎蔓生,可煮为茹,滑而少味,四月中生子,如夫人耳中珰。今或谓之珰草,幽州谓之爵耳。"(第319页上~319页下)

案:古代之"卷耳",陆机时代叫"珰草"。

八、因语体风格有别而异名

由于语体风格的不同,人们在使用词语的选择上也就不同,从而形成异名同实的动植物名物词。有的词是运用比喻、借代、比拟、夸张等修辞手段而产生的,因而这些名物词更富有形象性、艺术性。这些异名同实的动植物名物词都蕴含了人们的主观认知心理和审美情趣。

有的异名同实动植物名物词是运用比喻手段而形成的。例如:

1.《释草》卷十上:"蕧、地精,人参也。"疏证:"《神农本草》云:人参,味甘,一名人衔,一名鬼盖。出上党,状类人者善。《御览》引《范子计然》云:人参,出上党,状类人者善。又引吴普《本草》云:人参,一名土精,一名神草,一名黄参,一名血参,一名人微,一名王精。或生邯郸,三月生,叶小锐,核黑,茎有毛,根有头足手,面目如人,是人参以形得名。土精,犹地精也。色黄,故又名黄参。"(第321页下)

案:蕧,这种植物因为其根有头足手,面目如人,故用比喻的手法称之为"人参"。

2.《释草》卷十上:"蓫,羊蹄也。"疏证:"《尔雅》:须,薚芜。郭注云:似羊蹄,叶细,味酢可食,是羊蹄一种,名蓫,名蓄,一种名薚芜、名酸摸,而总谓之蓫也。"(第310页上)

案:羊蹄,蓫的别名。按王念孙所说:"似羊蹄,叶细"。因此是由其形状像羊蹄,通过比喻的手法而称之为"羊蹄"。

3.《释草》卷十上:"茯神,茯蔶也。"疏证:"《淮南·说山训》云:千年之松,下有茯苓,上有兔丝。高诱注云:茯苓,千岁松脂也。苓,亦作灵。褚少孙《续龟策传》云:传曰:下有伏灵,上有兔丝。所谓伏灵者,在兔丝之下,状

似飞鸟之形。……伏灵者,千岁松根也,食之不死。《神农本草》云:茯苓,一名茯菟。"(第 315 页下)

案:茯苓又作伏灵,为一种寄生在松树根上的菌类植物,又其上有兔丝相依附,故名"茯菟"。据王念孙所言:"下有伏灵,上有兔丝。所谓伏灵者,在兔丝之下,状似飞鸟之形"。可知伏灵一名源于位处兔丝的下面,形状如同飞鸟,因而是通过比喻的手法命名。

4.《释草》卷十上:"草蒿,青蒿也。"疏证:"《神农本草》:草蒿,一名青蒿,一名方溃。陶隐居注云:即今青蒿,人亦取杂香菜食之。《蜀本图经》云:叶似茵陈蒿而背不白,高四尺许,江东人呼为犲蒿,其臭似犲,被人呼为青蒿。"(第 309 页上～309 页下)

案:草蒿,别名青蒿、犲蒿。按王念孙所言"江东人呼为犲蒿,其臭似犲"可知,因为它的味道如同"犲"这种动物那么臭,故名。所以"犲蒿"的得名也与比喻的修辞手法相关。

有的异名同实动植物名物词是运用借代手段而形成的。例如:

1.《释草》卷十上:"黄文、内虚,黄芩也。"疏证:"《神农本草》云:黄芩,一名腐肠,生秭归川谷。陶注云:彭城、鬱州亦有之,圆者名子芩,破者名宿芩,其腹中皆烂,故名腐肠。……又引吴普《本草》云:一名黄文,一名妬妇,一名虹胜,一名经芩,一名印头,一名内虚。二月生赤黄叶,两两四四相值,茎空中,或方员,高三四尺。四月花紫红赤,五月实黑根黄。案:虹肠之虹,与红同。红,亦腐也。《名医别录》作空肠。吴氏云:其茎空中,此内虚之名所由起矣。"(第 313 页下)

案:黄芩,这种植物由于腹中皆烂,于是采用借代的手法称之为"腐肠"。同时,由于其茎空中,于是也采用借代的手法称之为"内虚"。

2.《释木》卷十上:"雨师、柽,檉也。"疏证:"《尔雅》云:柽,河柳。《大雅·皇矣篇》:其柽其椐。《正义》引某氏《尔雅注》云:河柳,谓河傍赤茎小杨也。陆机《诗疏》云:河柳,皮正赤如绛,一名雨师。枝叶似松,是雨师即柽也。……柽之言赪也。《周南·汝坟篇》传云:赪,赤也。河柳茎亦赤,因名为柽。故江淹《柽颂》云:碧叶菴蔼,赪柯翕翮也。一名朱杨。《汉书·司马相如传》云:檗离朱杨。《史记》索隐引郭璞注云:朱杨,赤茎柳,生水边。《尔雅》云:柽,河柳。是也,又名柽柳。《汉书·西域传》云:鄯善国多柽柳。颜师古注云:柽柳,河柳也,今谓之赤柳。《开宝本草》云:赤柽木中脂,一名柽乳,生河西沙地,皮赤色,叶细。《本草衍义》云:赤柽木又谓之三春柳,以其一年三秀也。花内红色,成细穗,人取滑枝为鞭。案:今人庭院中多植之,叶形似柏,而长丝下垂则如柳。"(第 355 页下)

案:柽、河柳,这种植物由于一年三秀,就像三个春天一样,所以通过借代手法称之为"三春柳"。

3.《释虫》卷十下:"蟓,蛾也。"疏证:"《尔雅》云:蚅,罗。《说文》云:蚅,蠶化飞虫也。蚅,与蛾同。《御览》引《广志》云:凡草木虫以蛹化之为蛾其众。《古今注》云:飞蛾善拂灯,一名火花,一名慕光。"(第358页下)

案:慕光、火花是飞蛾的别名。按王念孙所说:"飞蛾善拂灯,一名火花,一名慕光。"可知由于这种小虫有趋光性,喜欢往灯光处飞,故根据这种特性,采用借代的手法命名为"慕光"、"火花"。

有的异名同实动植物名物词是运用比拟手段而形成的。例如:

1.《释虫》卷十下:"蚯蚓、蜿蟺,引无也。"疏证:"《古今注》云:蚯蚓,一名蜿蟺,一名曲蟺,善长吟于地中。江东谓之歌女,或谓之鸣砌,一作蛐蟮。郭璞注《方言》'蟓场谓之坥'云:蟓,蛐蟮也。又转而为蠢蝢,为胸朒。高诱注《淮南·时则训》云:邱蟓,蠢蝢也。《后汉书·吴汉传》注:胸朒县属巴郡。《十三州志》:胸音蠢,朒音闰。其地下湿,多胸朒虫,因以名焉。……蔡邕《章句》云:结,犹屈也。邱蚓屈首下向阳气,气动则宛而上首,故其结而屈也。邱蚓之形屈曲,故谓之蜿蟺,又谓之蜎。蜿蟺之言宛转也。蜎之言曲也。"(第364页上)

案:蚯蚓,由于善长吟于地中,故通过比拟手法称之为"歌女"。

2.《释鱼》卷十下:"魶,鲵也。"疏证:"《尔雅》:鲵,大者谓之鰕。郭璞注云:今鲵鱼似鲇四脚,前似猕猴,后似狗,声如小儿啼,大者长八九尺。《史记·司马相如传》:禺禺鱸魶。徐广注云:魶,一作鰨。裴骃引《汉书音义》云:魶,鲲鱼也。案:《汉书》正作鰨。郭璞注云:鰨,鲵鱼也。似鲇,有四足,声如婴儿。本《广雅》为训也。《水经·尹水注》引《广志》云:鲵鱼声如小儿啼,有四足,形如鯪鲤。可以治牛,出伊水也。注又云:司马迁谓之人鱼。故其箸《史记》曰:始皇帝之葬也,以人鱼膏为烛。徐广曰:人鱼,似鲇而四足,即鲵鱼也。案所引《史记·秦始皇本纪》文也。然人鱼之名,不始于此。《北山经》:决决之水多人鱼,其状如鳀鱼,四足,其音如婴儿,食之无痴疾。郭璞注云:鳀,见《中山经》。或曰人鱼,即鲵也。似鲇而四足,声如小儿啼,今亦呼鲇为鳀。是鲵鱼,古谓之人鱼也。《本草拾遗》云:鲵鱼在山溪中,似鲇,有四脚,长尾,能上树。天旱则含水上山,叶覆身,鸟来饮水,因而取之。伊洛间亦有。声如小儿啼,故曰鲵鱼,一名鰲鱼,一名人鱼,膏然烛不灭。……《尔雅》曰:鲵,似鲇四足,声如小儿。今商州山溪内亦有此鱼,谓之魶鱼。则鲵之名魶,后世方言且然矣。"(第368页下)

案:鲵鱼,这种动物,叫声如小儿啼,于是通过比拟的手法称之为"鲵鱼"。

3.《释虫》卷十下："樗鸠，樗鸡也。"疏证："《尔雅》：翰，天鸡。郭璞注云：小虫，黑身赤头，一名莎鸡，又曰樗鸡。《豳风·七月篇》：六月莎鸡振羽。传云：莎鸡羽成而振讯之。《正义》引李巡《尔雅注》云：一名酸鸡。陆机《义疏》云：莎鸡，如蝗而班色，毛翅数重，其翅正赤，或谓之天鸡。……今在樗木上者，人呼红娘子，头翅皆赤乃如郭说。然不明樗鸡，疑即是此。"（第 366 页上）

案：红娘子是樗鸠的别名。按王念孙所言："《尔雅》：翰，天鸡。郭璞注云：小虫，黑身赤头"、"今在樗木上者，人呼红娘子，头翅皆赤乃如郭说"。可见此虫头和翅膀为红色，故通过比拟的手法命名为"红娘子"。

4.《释鸟》卷十下："鹪鹩、鹪鹩、果蠃、桑飞、女鸥、工雀也。"疏证："《尔雅》：鸱鸮，鹪鹩。又云：桃虫，鹪。其雌鴱。郭璞注云：鹪鹩，桃雀也。俗称为巧妇。……以其巧于作巢，故又有女鸥、工雀之名。……今巧妇鸟之巢之精密，多系于苇竹之上，是也。……《毛诗义疏》云：鸱鸮，似黄雀而小，其喙尖如锥，取茅莠为巢，以麻紩之，如刺襪然，悬著树枝，或一房，或二房，幽州人谓之鹪鹩，或曰巧妇，或曰女匠，或曰巧女。……案：鹪鹩之鸟，今扬州谓之桪串，毛色青黄，目间有白色如银，数编麻为巢于竹树枝间，条理致密，莫能寻其端绪，时则雌雄交鸣，声小而清澈，始小终大之说，则未之验也。"（第 378 页上～378 页下）

案：巧妇、女匠是鹪鹩的别名。据王念孙所说："以其巧于作巢，故又有女鸥、工雀之名"、"今巧妇鸟之巢之精密，多系于苇竹之上，是也"、"数编麻为巢于竹树枝间，条理致密，莫能寻其端绪"。可见，此鸟因善于做巢，故通过比拟的手法命名为"巧妇"、"女匠"。

上述异名同实名物词体现了比喻、借代和比拟等修辞手法在动植物命名中的作用。此外，还有一些异名同实名物词的命名运用了夸张等修辞手法。例如：

《释虫》卷十下："蛆蝾、马蜓，马蚿也。"疏证："《本草》云：马蚿，一名马轴。又谓之马陆。《本草》云：马陆，一名百足。……《庄子·秋水篇》：夔怜蚿，蚿怜蛇，夔谓蚿曰：吾以一足趻踔而行，今子之使万足，独奈何？蚿谓蛇曰：吾以众足行而不及子之无足，何也？司马彪注云：蚿，马蚿虫也。夔一足，蚿多足，蛇无足。故《淮南·泛论训》云：蚈，足众而走不若蛇。物固有众不若少者也。"（第 361 页上）

案：百足是马陆的别名。据王念孙所说："马陆，一名百足"、"蚿多足"、"足众而走不若蛇"。可知此虫因足多而得名。其中，"百"是虚指，不是此虫真有一百条腿，只是形容"足"多，故运用了夸张这一修辞手法命名。

综上所述，动植物名词"异名同实"的形成原因，是多方面的，有因命名理据多源而异名、因词语的单音复音而异名、因词语同义替换而异名、因语音流变而异名、因方言差异而异名、因雅俗不同而异名、因时代不同而异名、因语体风格有别而异名等,这反映了汉语动植物"异名同实"名词的丰富性。以上八种动植物名词"异名同实"的形成原因,既包含了命名理据的因素,也包含了语用方面的因素。"前两条是从词的命名理据入手来考证动植物名词的'异名同实'现象,后四条则是从词的语用角度着眼。理据能从各个方面揭示词义特征,反映名物的特点,在异名范围内折射出异名产生的内部动因及结构分布。语用是异名产生的直接动力,它使得古汉语词汇在早期人类社会的发展历程中不断丰富。"①它体现了汉民族先民的思想观念、思维方式和心理状态,是中华民族优秀文化的重要组成部分,值得我们好好继承和研究。

由此可见,王念孙《广雅疏证》对动植物名物词"异名同实"现象的研究是非常精湛的。"有清一代,乾嘉学者所涉极广,于学无所不通。除段玉裁在《说文解字注》中、王念孙《广雅疏证》中对名物的精湛研究外,一批具有汉学传统的名物研究专著刊行于世。"②

---

① 商思强:《〈尔雅〉动植物名词的"同名异实"与"异名同实"现象研究》,广西师范大学硕士学位论文 2011 年,第 38 页。

② 王强:《中国古代名物学初论》,《扬州大学学报》(人文社会科学版)2004 第 6 期。

主要参考文献

一、著作

1. [战国]荀况:《荀子》,载《二十二子》,上海古籍出版社 1986 年版。

2. [汉]毛亨:《毛诗诂训传》,[清]阮元等校刻《十三经注疏》,中华书局 1980 年版。

3. [汉]司马迁:《史记》,中华书局 1959 年版。

4. [汉]班固撰,[唐]颜师古注:《汉书》,中华书局 1962 年版。

5. [汉]许慎撰,[宋]徐铉校定:《说文解字》(大徐本),中华书局 2001 年版。

6. [晋]杜预:《春秋左传集解》,载阮元等校刻《十三经注疏》,中华书局 1980 年版。

7. [晋]葛洪撰,向新阳、刘克任校注:《西京杂记》,上海古籍出版社 1991 年版。

8. [梁]萧统编,[唐]李善注:《文选》(上、中、下),中华书局 1997 年版。

9. [梁]顾野王:《大广益会玉篇》,中华书局 1987 年版。

10. [唐]释慧琳:《一切经音义》,上海古籍出版社 1986 年版。

11. [唐]陆德明:《经典释文》,中华书局 1983 年版。

12. [南唐]徐锴:《说文解字系传》,中华书局 1987 年版。

13. [宋]丁度:《集韵》(上、下),上海古籍出版社 1985 年版。

14. [宋]陈彭年等:《大宋重修广韵》,中国书店 1982 年影印本。

15. [宋]洪兴祖:《楚辞补注》,中华书局 1983 年版。

16. [明]陈第:《毛诗古音考》,中华书局 1988 年版。

17. [清]顾炎武:《音学五书》,中华书局 1982 年版。

18. [清]戴震:《戴震集》,上海古籍出版社 1980 年版。

19. [清]王念孙:《广雅疏证》,中华书局 1983 年版。

20. [清]王念孙:《读书杂志》,江苏古籍出版社 1985 年版。

21. [清]程瑶田:《果赢转语记》,载《安徽丛书》第 2 期,安徽丛书编印处 1934 年版。

22. [清]段玉裁:《说文解字注》,上海古籍出版社 1986 年版。

23. [清]朱骏声:《说文通训定声》,中华书局 1984 年版。

24. [清]桂馥:《说文解字义证》,上海古籍出版社 1987 年版。

25. [清]王筠:《说文句读》,中国书店 1983 年版。

26. [清]阮元等撰集:《经籍籑诂》,中华书局 1982 年版。

27. [清]阮元编:《清经解》,上海书店 1988 年版。

28. [清]阮元等校刻:《十三经注疏》,中华书局 1980 年版。

29.[清]郝懿行:《尔雅义疏》,上海古籍出版社 1983 年版。

30.[清]焦循:《孟子正义》,中华书局 1987 年版。

31.[清]郭庆藩:《庄子集释》,中华书局 1961 年版。

32.[清]王先谦:《释名疏证补》,上海古籍出版社 1984 年版。

33.[清]王先谦:《诗三家义集疏》,中华书局 1987 年版。

34.[清]王先谦:《汉书补注》,书目文献出版社 1995 年版。

35.章炳麟:《国故论衡》,载《章氏丛书》(1917~1919),浙江图书馆刊本。

36.周祖谟校、吴晓铃编:《方言校笺及通检》,科学出版社 1956 年版。

37.崔复爰:《现代汉语词义讲话》,山东人民出版社 1957 年版。

38.王国维:《观堂集林》(全四册),中华书局 1959 年版。

39.周祖谟:《问学集》(上、下),中华书局 1966 年版。

40.黄侃:《黄侃论学杂著》,上海古籍出版社 1980 年版。

41.李方桂:《上古音研究》,商务印书馆 1980 年版。

42.陆宗达:《训诂简论》,北京出版社 1980 年版。

43.王力:《汉语史稿》,中华书局 1980 年版。

44.何九盈、蒋绍愚:《古汉语词汇讲话》,北京出版社 1980 年版。

45.王力:《中国语言学史》,山西人民出版社 1981 年版。

46.王力:《同源字典》,商务印书馆 1982 年版。

47.章炳麟:《章太炎全集》(一)至(八)卷,上海人民出版社 1982 年版。

48.黄侃:《广雅疏证笺识》,载《训诂研究》(陆宗达主编)第 1 辑,北京师范大学出版社 1982 年版。

49.唐作藩:《上古音手册》,江苏人民出版社 1982 年版。

50.谢文庆:《同义词》,湖北人民出版社 1982 年版。

51.张永言:《词汇学简论》,华中工学院出版社 1982 年版。

52.黄侃述、黄焯编:《文字声韵训诂笔记》,上海古籍出版社 1983 年版。

53.陈复华、何九盈:《古韵通晓》,中国社会科学出版社 1987 年版。

54.胡朴安:《中国训诂学史》,北京市中国书店 1983 年版。

55.陆宗达、王宁:《训诂方法论》,中国社会科学出版社 1983 年版。

56.杨树达:《积微居小学述林》,中华书局 1983 年版。

57.杨树达:《增订积微居小学金石论丛》,中华书局 1983 年版。

58.白兆麟:《简明训诂学》,浙江教育出版社 1984 年版。

59.张世禄:《张世禄语言学论文集》,学林出版社 1984 年版。

60.洪诚:《训诂学》,江苏古籍出版社 1984 年版。

61.经本植:《古汉语文字学知识》,四川教育出版社 1984 年版。

62.符淮青:《现代汉语词汇》,北京大学出版社 1985 年版。

63.郭锡良:《汉字古音手册》,北京大学出版社 1986 年版。

64.郭在贻:《训诂学》,湖南人民出版社 1986 年版。

65.洪成玉、张桂珍:《古汉语同义词辨析》,浙江教育出版社 1987 年版。

66.胡奇光:《中国小学史》,上海人民出版社 1987 年版。

67.濮之珍:《中国语言学史》,上海古籍出版社 1987 年版。

68.向熹:《诗经词典》,四川人民出版社 1986 年版。

69.赵振铎:《训诂学纲要》,陕西人民出版社 1987 年版。

70.周大璞主编:《训诂学初稿》,武汉大学出版社 1987 年版。

71.赵振铎:《训诂学史略》,中州古籍出版社 1988 年版。

72.丁福保:《说文解字诂林》,中华书局 1988 年版。

73.蒋绍愚:《古汉语词汇纲要》,北京大学出版社 1989 年版。

74.张双棣:《吕氏春秋词汇研究》,山东教育出版社 1989 年版。

75.徐世荣:《古汉语反训集释》,安徽教育出版社 1989 年版。

76.程树德:《论语集释》,中华书局 1990 年版。

77.陆宗达、王宁、宋永培:《训诂学的知识与应用》,语文出版社 1990 年版。

78.钱绎:《方言笺疏》,中华书局 1991 年版。

79.王力:《汉语音韵》,中华书局 1991 年版。

80.周荐:《同义词语的研究》,天津人民出版社 1991 年版。

81.吉常宏、王佩增:《中国古代语言学家评传》,山东教育出版社 1992 年版。

82.贾彦德:《汉语语义学》,北京大学出版社 1992 年版。

83.刘君惠、李恕豪等:《扬雄方言研究》,巴蜀书社 1992 年版。

84.王政白:《古汉语同义词辨析》,黄山书社 1992 年版。

85.许威汉:《汉语词汇学引论》,商务印书馆 1992 年版。

86.张永言《语言学论集》,语文出版社 1992 年版。

87.王凤阳:《古辞辨》,吉林文史出版社 1993 年版。

88.刘又辛:《文字训诂论集》,中华书局 1993 年版。

89.宋子然:《训诂学》,电子科技大学出版社 1993 年版。

90.向熹:《简明汉语史》,高等教育出版社 1993 年版。

91.宋永培:《说文解字与文献词义学》,河南人民出版社 1994 年版。

92.高守纲:《古代汉语词义通论》,语文出版社 1994 年版。

93.冯蒸:《说文同义词研究》,首都师范大学出版社 1995 年版。

94.刘志成:《汉字与华夏文化》,巴蜀书社 1995 年版。

95.何九盈:《中国古代语言学史》,广东教育出版社 1995 年版。

96.胡继明:《诗经尔雅比较研究》,重庆大学出版社 1995 年版。

97.黄金贵:《古代文化词义集类辨考》,上海教育出版社 1995 年版。

98.符淮青:《词义的分析和描写》,语文出版社 1996 年版。

99.管锡华:《尔雅研究》,安徽大学出版社 1996 年版。

100.沈兼士:《沈兼士学术论文集》,中华书局 1996 年版。

101.蒋人杰编纂:《说文解字集注),上海古籍出版社 1996 年版。

102.陆宗达、王宁:《训诂与训诂学》,山西教育出版社 1996 年版。

103.王宁:《训诂学原理》,中国国际广播出版社 1996 年版。

104.吕景先:《语言文史丛谈》,河南大学出版社 1996 年版。

105.刘师培:《刘申叔遗书》,江苏古籍出版社 1997 年版。

106.郑远汉主编:《黄侃学术研究》,武汉大学出版社 1997 年版。

107.马景仑:《段注训诂研究》,江苏教育出版社 1997 年版。

108. 高小方：《中国语言文字学史料学》，南京大学出版社 1998 年版。

109. 刘利：《音韵答问》，江苏教育出版社 1998 年版。

110. 徐复主编：《广雅诂林》，江苏古籍出版社 1998 年版。

111. 殷寄明：《汉语语源义初探》，学林出版社 1998 年版。

112. 张永言：《语文学论集》（增补本），语文出版社 1999 年版。

113. 张希峰：《汉语词族丛考》，巴蜀书社 1999 年版。

114. 刘叔新：《汉语描写词汇学》，商务印书馆 1990 年版。

115. 刘利：《先秦汉语助动词研究》，北京师范大学出版社 1999 年版。

116. 华星白：《训诂释例》，语文出版社 1999 年版。

117. 宋永培：《〈说文〉汉字体系研究法》，广西教育出版社 1999 年版。

118. 蒋绍愚：《蒋绍愚自选集》，大象出版社 1999 年版。

119. 万艺玲、郑振峰、赵学清：《词汇应用通则》，春风文艺出版社 1999 年版。

120. 王力：《古代汉语》（校订重排本），中华书局 1999 年版。

121. 王力：《王力语言学论文集》，商务印书馆 2000 年版。

122. 汪维辉：《东汉—隋常用词演变研究》，南京大学出版社 2000 年版。

123. 徐超：《中国传统语言文字学》，山东大学出版社 2000 年版。

124. 崔枢华：《说文解字声训研究》，北京师范大学出版社 2000 年版。

125. 柳士镇主编：《中国典籍精华丛书·语文名著》第八卷，中国青年出版社 2000 年版。

126. 罗振玉辑：《高邮王氏遗书》，江苏古籍出版社 2000 年版。

127. 毛远明：《左传词汇研究》，西南师大出版社 2000 年版。

128. 宋永培：《当代中国训诂学》，广东教育出版社 2000 年版。

129. 宋永培：《古汉语词义系统研究》，内蒙古教育出版社 2000 年版。

130. 宋子然：《古汉语词义丛考》，巴蜀书社 2000 年版。

131. 毛远明：《训诂学新编》，巴蜀书社 2001 年版。

132. 殷寄明：《语源学概论》，上海教育出版社 2000 年版。

133. 张博：《古代汉语词汇研究》，宁夏人民出版社 2000 年版。

134. 张联荣：《古汉语词义论》，北京大学出版社 2000 年版。

135. 张希峰：《汉语词族续考》，巴蜀书社 2000 年版。

136. 张显成：《先秦两汉医学用语研究》，巴蜀书社 2000 年版。

137. 赵振铎：《中国语言学史》，河北教育出版社 2000 年版。

138. 王艾录、司富珍：《汉语词的理据》，商务印书馆 2001 年版。

139. 孟蓬生：《上古汉语同源词语音关系研究》，北京师范大学出版社 2001 年版。

140. 管锡华：《〈史记〉单音词研究》，巴蜀书社 2001 年版。

141. 刘兴均：《〈周礼〉名物词研究》，巴蜀书社 2001 年版。

142. 宋永培：《〈说文〉与上古汉语词义研究》，巴蜀书社 2001 年版。

143. 严修：《二十世纪的古汉语研究》，书海出版社 2001 年版。

144. 徐兴海：《〈广雅疏证〉研究》，江苏古籍出版社 2001 年版。

145. 池昌海：《〈史记〉同义词研究》，上海古籍出版社 2002 年版。

146. 宋子然：《训诂理论与运用》，巴蜀书社 2002 年版。

147. 韩陈其：《汉语词汇论稿》，江苏古籍出版社 2002 年版。

148. 黄金贵：《古汉语同义词辨释论》，上海古籍出版社 2002 年版。

149. 蒋宗福：《四川方言词语考释》，巴蜀书社 2002 年版。

150. 蒋宗福：《语言文献论集》，巴蜀书社 2002 年版。

151. 李海霞：《汉语动物命名研究》，巴蜀书社 2002 年版。

152. 周文德：《〈孟子〉同义词研究》，巴蜀书社 2002 年版。

153. 李建国：《中国训诂学史》（修订版），上海辞书出版社 2002 年版。

154. 黄晓冬：《〈荀子〉单音节形容词同义关系研究》，巴蜀书社 2003 年版。

155. 窦秀艳：《中国雅学史》，齐鲁书社 2004 年版。

156. 徐正考：《〈论衡〉同义词研究》，中国社会科学出版社 2004 年版。

157. 吴泽顺：《汉语音转研究》，岳麓书社 2005 年版。

158. 赵克勤：《古代汉语词汇学》，商务印书馆 2005 年版。

159. 郑振峰：《甲骨文字构形系统研究》，上海教育出版社 2006 年版。

160. 刘兴均：《训诂学原理方法与实践》，中国文史出版社 2007 年版。

161. 胡继明：《〈广雅〉研究》，四川辞书出版社 2008 年版。

162. 毛远明：《汉魏六朝碑刻校注》，线装书局 2008 年版。

163. 盛林：《〈广雅疏证〉中的语义学研究》，上海人民出版社 2008 年版。

164. 谭宏姣：《古汉语植物命名研究》，中国社会科学出版社 2008 年版。

165. 张其昀：《〈广雅疏证〉导读》，社会科学文献出版社 2009 年版。

166. 唐智燕：《汉语商贸词汇演变研究》，中国社会科学出版社 2010 年版。

167. ［苏］谢·叶·洪雅托夫著，唐作藩、胡双宝选编：《汉语史论集》，北京大学出版社 1986 年版。

168. ［美］索尔·克里普克著，梅文译：《命名与必然性》，上海译文出版社 1988 年版。

169. ［瑞士］皮亚杰著，王宪细等译：《发生认识论原理》，商务印书馆 1995 年版。

170. ［德］威廉·冯·洪堡特著，姚小平译：《论人类语言结构的差异及其对人类精神发展的影响》，商务印书馆 1995 年版。

二、论文

1. 沈兼士：《右文说在训诂学上之沿革及其推阐》，《庆祝蔡元培先生六十五岁论文集》（1933）。

2. 杨树达：《形声字声中有义略证》，《清华学报》9 卷 2 期（1934）。

3. 杨伯峻：《从上古汉语几组同义词的考察试探在词汇方面古今分合现象的规律》，《北京大学学报》（哲学社会科学版）1956 年第 2 期。

4. 孙良明：《反义词》，《语文学习》1958 年第 1 期。

5. 赵振铎：《试论研究中国语言学史的观点和方法》，《中国语文》1965 年第 1 期。

6. 黄瑞云：《关于春秋典籍中的"人"与"民"》，《文史哲》1978 年第 2 期。

7. 周祖谟：《读王念孙〈广雅疏证〉简论》，《兰州大学学报》（社会科学版）1979 年第 1 期。

8. 赵克勤：《略论古代汉语同义词》，《学术论坛》1979 年 Z1 期。

9. 严学宭：《论汉语同族词内部屈折的变换模式》，《中国语文》1979 年第 2 期。

10. 张荣芳：《西周的"民"和"氓"非奴隶说》，《中山大学学报》（社会科学版）1979 年第 3 期。

11. 赵振铎：《读〈广雅疏证〉》，《中国语文》1979 年第 4 期。

12.殷孟伦:《王念孙父子〈广雅疏证〉在汉语研究史上的地位》,《东岳论丛》1980年第2期。

13.陆宗达、王宁:《"因声求义"论》,《辽宁师院学报》1980年第6期。

14.章季涛:《略论声母有别的同源字》,《武汉师范学院学报》(哲学社会科学版)1981年第1期。

15.经本植:《有关汉语同源词的几个问题》,《四川大学学报》(哲学社会科学版)1981年第3期。

16.王力:《〈同源字典〉的性质及其意义》,《语文研究》1982年第1期。

17.刘又辛:《"右文说"说》,《语言研究》1982年第1期。

18.王力:《说江河》,《中学语文教学》(北京师院)1982年第6期。

19.王宁:《谈训诂学术语的定称与定义》,《辽宁教育学院学报》1983年第2期。

20.朱星:《论转语与词源学》,《河北大学学报》(哲学社会科学版)1983年第4期。

21.石安石、詹人凤:《反义词聚的共性、类别及不平衡性》,《语言学论丛》第十辑,商务印书馆1983年版。

22.洪成玉:《古汉语同义词及其辨析方法》,《中国语文》1983年第6期。

23.洪成玉:《说"宫、室"、"房、屋":古汉语同义词辨析》,《天津师大学报》(社会科学版)1984年第1期。

24.伍铁平:《比较词源初探》,《福建外语》1984年创刊号。

25.伍铁平:《词义从具体到抽象的演变——比较词源探索》,《学语文》1984年第3期。

26.孙雍长:《王念孙"义通说"笺识》,《贵州民族学院学报》(哲学社会科学版)1984年第4期。

27.陆宗达、王宁:《浅论传统字源学》,《中国语文》1984年第5期。

28.李光华:《论〈说文段注〉因声求义》,《河南大学学报》(社会科学版)1984年第5期。

29.胡双宝:《声旁的表义作用》,《语文研究》1985年第1期。

30.孟庆魁:《同源字的反义现象》,《辽宁师范大学学报》(社会科学版)1985年第2期。

31.张庆绵:《对右文说的再认识》,《辽宁大学学报》(哲学社会科学版)1985年第2期。

32.汪耀楠:《王念孙、王引之训诂思想和方法的探讨》,《湖北大学学报》(哲学社会科学版)1985年第2期。

33.经本植:《段玉裁〈汲古阁说文订〉与〈说文解字注〉》,《四川大学学报》(哲学社会科学版)1985年第3期。

34.孙雍长:《王念孙"义类说"笺识》,《湖南师大学报》(社会科学版)1985年第5期。

35.吕景先:《古汉语里的形同实异举例》,《河南大学学报》(哲学社会科学版)1985年第5期。

36.陆宗达、王宁:《训诂学和现代词语探源》,《中学语文教学》(北京师院)1985年第8期。

37.吴平:《因声求义与古籍整理》,《江西师范大学学报》(哲学社会科学版)1986年第1期。

38.赵振铎:《〈广雅〉散论》,载《语言文字研究专辑下》(吴文祺主编,中华文史论丛增刊),上海古籍出版社1986年版。

39.陈伟武:《〈诗经〉同义动词说例》,《中山大学研究生学刊》1986年第1期。

40.方一新:《试论〈广雅疏证〉关于联绵词的解说部分的成就》,《杭州大学学报》(哲学社会科学版)1986年第3期。

41.苏新春:《〈尔雅·释诂〉同义词词义特点考论》,《江西师范大学学报》(哲学社会科学版)1986 年第 3 期。

42. 周光庆:《王念孙"因声求义"的理论基础和实践意义》,《荆州师专学报》1987 年第 2 期。

43. 车先俊:《〈说文〉"夷"、"狄"、"蛮"、"羌"释义溯源》,《徐州师范学院学报》(哲学社会科学版)1987 年第 3 期。

44. 王宁:《论词义训释》,《辞书研究》1988 年第 1 期。

45. 刘叔新:《论反义聚合的条件和范围》,《语言研究论丛》第五辑,南开大学出版社 1988 年版。

46. 王宁:《试论训诂学在当代的发展及其旧质的终结》,《中国社会科学》1988 年第 2 期。

47. 王小莘:《王氏父子"因声求义"述评》,《华南师范大学学报》(社会科学版)1988 年第 4 期。

48. 杨剑桥:《同源词研究和同源词典》,《辞书研究》1988 年第 5 期。

49. 齐冲天:《论语源研究》,《郑州大学学报》(哲学社会科学版)1988 年第 5 期。

50. 钟敬华:《同源字判定的语音标准问题》,《复旦学报》(社会科学版)1989 年第 1 期。

51. 吴福祥:《试论郑玄就音求义训诂原则》,《重庆师院学报》(哲学社会科学版)1989 年第 2 期。

52. 杨润陆:《〈文始〉说略》,《北京师范大学学报》(社会科学版)1989 年第 4 期。

53. 赵振铎:《扬雄方言里的同源词》,载《语言文字学术论文集——庆祝王力先生学术活动五十周年》,知识出版社 1989 年版。

54. 邵文利:《试论同源字——兼论〈同源字典〉的收字问题》,《内蒙古民族师院学报》(社会科学汉文版)1989 年第 2 期。

55. 罗正坚:《同源词与训诂》,《古籍整理研究学刊》1989 年第 4 期。

56. 王宁:《论形训与声训——兼谈字与词、义与训在实践中的区分》,《北京师范大学学报》(社会科学版)1989 年第 4 期。

57. 刘又辛、李茂康:《汉语词族(字族)研究的沿革》,《古汉语研究》1990 年第 1 期。

58. 胡学品:《试论古汉语同义词及其辨析》,《语文学刊》1990 年第 2 期。

59. 侯占虎:《利用谐声偏旁系联同源词探讨》,《古籍整理研究学刊》1990 年第 5 期。

60. 刘志成:《楚方言考略》,《语言研究》1991 年增刊。

61. 徐超:《杨树达语源学思想及其研究方法》,《文史哲》1991 年第 4 期。

62. 崔枢华:《〈广雅·释诂〉疏证以声音通训诂发覆》,《北京师范大学学报》(社会科学版)1991 年第 6 期。

63. 张公瑾:《走向二十一世纪的语言科学》,《民族语文》1992 年第 2 期。

64. 宋永培:《〈说文〉意义体系记载了"尧遭洪水"事件》,《古汉语研究》1991 年第 2 期。

65. 张志毅:《〈说文〉的词源学观念——〈说文〉所释"词的理据"》,《辞书研究》1991 年第 4 期。

66. 宋永培:《〈说文〉与先秦文献词义》,《青海师范大学学报》(哲学社会科学版)1992 年第 2 期。

67. 宋永培:《〈说文〉对反义同义同源关系的表述与探讨》,《河北大学学报》(哲学社会科学版)1992 年第 4 期。

68. 陈建初:《汉语语源研究的文化视角》,《湖南师范大学社会科学学报》1992 年第 4 期。

69. 张希峰:《从〈释名〉看刘熙在词源学上的成就和局限》,《古籍整理研究学刊》1992 年第 6 期。

70. 苏新春:《同源词的同源线是形象义》,《古汉语研究》1993 年第 1 期。

71. 饶尚宽:《汉语单音词溯源——关于汉语发生学的初步思考》,《新疆师范大学学报》(哲学社会科学版)1993 年第 2 期。

72. 盛九畴:《〈本草纲目〉中"释名"的词源学价值》,《语文研究》1993 年第 3 期。

73. 胡继明:《〈说文解字注〉和〈广雅疏证〉的右文说》,《四川大学学报》(哲学社会科学版)1993 年第 4 期。

74. 王宁:《训诂学理论建设在语言学中的普遍意义》,《中国社会科学》1993 年第 6 期。

75. 宋永培:《〈说文〉意义体系与成体系的中国上古史》,《四川大学学报》(哲学社会科学版)1994 年第 1 期。

76. 陈建初:《汉语语源学评介》,《古汉语研究》1994 年第 1 期。

77. 陈满华:《词义之间的关系与同义词、反义词的构成》,《汉语学习》1994 年第 2 期。

78. 杨荣祥:《〈说文〉中的"否定训释法"》,《古汉语研究》1994 年第 3 期。

79. 陆忠发:《〈说文段注〉的同源词研究》,《古汉语研究》1994 年第 3 期。

80. 饶尚宽:《先秦单音反义词简论》,《新疆师范大学学报》(哲学社会科学版)1994 年第 3 期。

81. 孟蓬生:《汉语同源词刍议》,《河北学刊》1994 年第 4 期。

82. 刘利:《从〈国语〉的用例看先秦汉语的"可以"》,《中国语文》1994 年第 5 期。

83. 孙玉文:《从上古同源词看上古汉语四声别义》,《湖北大学学报》(哲学社会科学版)1994 年第 6 期。

84. 郭攀:《试论具有反义要素的同义现象》,《语言研究》1995 年第 1 期。

85. 胡继明:《〈广雅疏证〉的"字异而义同"》,《古汉语研究》1995 年第 3 期。

86. 王宁:《汉语词源的探求与阐释》,《中国社会科学》1995 年第 2 期。

87. 刘钧杰:《同源词研究与歧训的抉择》,《首都师范大学学报》(社会科学版)1995 年第 3 期。

88. 刘利:《〈国语〉中的"为之名"结构及其他》,《古汉语研究》1995 年第 2 期。

89. 张联荣:《古汉语中词的语义特征》,《内蒙古社会科学》(文史哲版)1996 年第 3 期。

90. 李生信:《古汉语同实异名的文化意蕴》,《固原师专学报》1995 年第 4 期。

91. 张联荣:《近代汉语词汇研究中的推源问题》,《北京大学学报》(哲学社会科学版)1995 年第 5 期。

92. 李恕豪:《刘熙〈释名〉中的东汉方言》,《西南民族学院学报》(哲学社会科学版)1995 年第 6 期。

93. 曾世竹:《形声字声符兼义规律之探微》,《辽宁师范大学学报》(社会科学版)1995 年第 6 期。

94. 侯尤峰:《〈说文解字注〉中的同源字研究》,《湖北大学学报》(哲学社会科学版)1996 年第 1 期。

95. 李玉杰:《同根字与同源字》,《社会科学战线》1996 年第 1 期。

96. 朱端平:《略谈传统语言学中的早期词源学研究》,《黄淮学刊》(哲学社会科学版)1996 年第 1 期。

97. 陈伟武:《甲骨文反义词研究》,《中山大学学报》(社会科学版)1996 年第 3 期。

98. 吴世雄、林宇：《比较文化词源学初探》，《黄淮学刊》（哲学社会科学版）1996年第4期。

99. 黄易青：《论事物特征与意象之异同》，《古汉语研究》1997年第2期。

100. 夏广兴、徐时仪：《汉语反义词研究述略》，《大同职业技术学院学报》1997年第4期。

101. 李晓春：《历代"右文"研究是非纵横谈》，《淮北煤师院学报》（社会科学版）1997年第4期。

102. 郑远汉：《论词内反义对立》，《中国语文》1997年第5期。

103. 孙旭东：《反义关系存在的语义基础》，《石油大学学报》（社会科学版）1998年第1期。

104. 殷寄明：《论同源词的语音亲缘关系类型》，《复旦学报》（社会科学版）1998年第2期。

105. 彭逢树：《同源词方言证诂》，《古汉语研究》1998年第2期。

106. 钟明立：《〈说文段注〉同义词论证方法述略》，《江西师范大学学报》（哲学社会科学版）1998年第2期。

107. 池昌海：《五十年汉语同义词研究焦点概述》，《杭州大学学报》（哲学社会科学版）1998年第2期。

108. 陆忠发：《试说〈说文段注〉的同源词研究在汉语语源学史上的意义》，《古籍整理研究学刊》1998年第2期。

109. 刘兴均：《名物的定义与名物词的确定》，《西南师范大学学报》（人文社会科学版）1998年第3期。

110. 曾昭聪：《谈〈说文解字〉对声符示源功能的研究》，《古籍整理研究学刊》1998年Z1期。

111. 邢公畹：《汉藏语系上古音之支脂鱼四部同源字——读柯蔚南〈汉族语词汇比较手册〉札记》，《民族语文》1998年第4期。

112. 陈建初：《汉语语源研究中的认知观》，《湖南师范大学社会科学学报》1998年第5期。

113. 池昌海：《对汉语同义词研究重要分歧的再认识》，《浙江大学学报》（人文社会科学版）1999年第1期。

114. 胡继明：《〈孟子〉对汉语文学语言词汇的影响》，《西南师范大学学报》（人文社会科学版）1999年第1期。

115. 钟明立：《〈说文段注〉"义同"字类型论考》，《浙江大学学报》（人文社会科学版）1999年第2期。

116. 殷寄明：《汉语语源义索隐》，《古汉语研究》1999年第2期。

117. 黄易青：《同源词义素分析法——同源词意义分析与比较的方法之一》，《古汉语研究》1999年第3期。

118. 朱国理：《〈广雅疏证〉的"同"》，《殷都学刊》1999年第4期。

119. 朱国理：《〈广雅疏证〉的声训法》，《固原师专学报》1999年第5期。

120. 董莲池：《字形分析和同源词系联》，《古籍整理研究学刊》1999年第6期。

121. 池昌海：《古代汉语同义词研究的现状和存在的主要问题》，《杭州师范学院学报》（社会科学版）2000年第1期。

122. 管锡华：《从〈史记〉看上古几组同义词的发展演变》，《语言研究》2000年第2期。

123. 符淮青：《同义词研究的几个问题》，《中国语文》2000年第3期。

124. 朱国理：《〈广雅疏证〉的"命名之义"》，《语言研究》2000年第3期。

125. 金理新：《论形态在确定汉藏同源词中的重要意义》，《民族语文》2000年第3期。

126. 黄金贵：《论同义词之"同"》，《浙江大学学报》（人文社会科学版）2000年第4期。

127. 黄易青：《同源词意义关系比较互证法》，《古汉语研究》2000 年第 4 期。

128. 朱国理：《〈广雅疏证〉对右文说的继承与发展》，《上海大学学报》（社会科学版）2000 年第 4 期。

129. 郭春环：《〈尔雅〉与同义复合词研究》，《古汉语研究》2000 年第 4 期。

130. 周复刚：《论训诂类比法》，《贵州教育学院学报》（社会科学版）2000 年第 5 期。

131. 朱国理：《〈广雅疏证〉"声同声近声通"考》，《黄山高等专科学院学报》2001 年第 1 期。

132. 朱国理：《〈广雅疏证〉的"通"》，《古籍整理研究学刊》2001 年第 1 期。

133. 王宁：《关于汉语词源研究的几个问题》，《古籍整理研究学刊》2001 年第 1 期。

134. 李文泽：《宋代语言中的同义词聚合》，《四川大学学报》（哲学社会科学版）2001 年第 1 期。

135. 姜晓红：《略论同义词与反义词的关系》，《宁夏大学学报》（人文社会科学版）2001 年第 2 期。

136. 蒋宗福：《中国传统文献与研究的现代转换》，《四川大学学报》（哲学社会科学版）2001 年第 3 期。

137. 徐正考：《〈论衡〉"征兆"类同义词研究》，《古籍整理研究学刊》2001 年第 4 期。

138. 钟明立：《〈段注〉在同义词研究上的继承与发展》，《华南师范大学学报》（社会科学版）2001 年第 5 期。

139. 游修龄：《〈说文解字〉"禾、黍、来、麦"部的农业剖析》，《浙江大学学报》（人文社会科学版）2001 年第 5 期。

140. 黄金贵：《论古汉语同义词的构组》，《浙江学刊》2002 年第 1 期。

141. 黄金贵：《论古汉语同义词的识同》，《浙江大学学报》（人文社会科学版）2002 年第 1 期。

142. 蒋宗福：《敦煌文献词语札记》，《古汉语研究》2002 年第 1 期。

143. 方环海：《〈尔雅〉与汉语语源学研究方法》，《徐州师范大学学报》（哲学社会科学版）2002 年第 1 期。

144. 徐正考：《古汉语专书词汇研究中同义关系的确定方法问题》，《吉林大学社会科学学报》2002 年第 2 期。

145. 徐正考：《古汉语同义词研究的历史与现状述评》，《北华大学学报》（社会科学版）2002 年第 2 期。

146. 周文德：《古汉语同义词的认定方法》，《西南民族学院学报》（哲学社会科学版）2002 年第 3 期。

147. 王宁、黄易青：《词源意义与词汇意义论析》，《北京师范大学学报》（人文社会科学版）2002 年第 4 期。

148. 刘忠华：《"反训"质疑——兼论正反同词现象》，《汉中师范学院学报》（社会科学版）2002 年第 4 期。

149. 侯占虎：《对"音近义通"说的反思——近年来汉语词源学研究趋势管窥》，《古籍整理研究学刊》2002 年第 4 期。

150. 胡继明：《〈广雅疏证〉系联同源词的方法和表述方式》，《汉字文化》2002 年第 4 期。

151. 徐正考：《古汉语专书同义词的研究方法与原则问题》，《吉林大学社会科学学报》2003 年第 4 期。

152. 周玉琨：《试谈同义词和近义词的区分》，《内蒙古大学学报》（哲学社会科学版）2002

年第 5 期。

153. 李燕燕：《词义聚合关系之反义关系》，《内蒙古民族大学学报》(社会科学版)2002 年第 6 期。

154. 周文德：《古汉语同义词的形成原理探微》，《西南民族学院学报》(哲学社会科学版) 2002 年第 10 期。

155. 黄金贵：《论古汉语同义词构组的标准和对象》，《古汉语研究》2003 年第 1 期。

156. 曾昭聪：《同声符反义同源词研究综述》，《古汉语研究》2003 年第 1 期。

157. 胡继明：《〈广雅疏证〉研究同源词的成就和不足》，《西南民族学院学报》(哲学社会科学版)2003 年第 1 期。

158. 华学诚、柏亚东、王智群、赵奇栋、郑东珍：《就王念孙的同源词研究与梅祖麟教授商榷》，《古汉语研究》2003 年第 1 期。

159. 李玉：《汉语同源词词群考》，《广西师范学院学报》(哲学社会科学版)2003 年第 2 期。

160. 朱国理：《〈广雅疏证〉中的转语》，《上海大学学报》(社会科学版)2003 年第 2 期。

161. 黄金贵：《古今汉语同义词辨析异同论》，《古汉语研究》2003 年第 3 期。

162. 黄金贵：《评王力的同源词与同义词关系论——兼谈同源求异法》，《浙江大学学报》(人文社会科学版)2003 年第 3 期。

163. 胡继明：《〈广雅疏证〉研究同源词的理论和方法》，《辽宁师范大学学报》(社会科学版)2003 年第 3 期。

164. 曾昭聪：《汉语词源研究的现状与展望》，《暨南学报》(哲学社会科学版)2003 年第 4 期。

165. 赵红梅、程志兵：《〈尔雅·释木〉名物词理据研究》，《伊犁师范学院学报》(社会科学版)2003 年第 4 期。

166. 陈桂成：《同义词群是开放性的动态结构》，《辞书研究》2003 年第 4 期。

167. 陈居渊：《清代"乾嘉新义理学"探究》，《求索》2003 年第 5 期。

168. 李占平：《反义词判断标准研究述评》，《求索》2003 年第 6 期。

169. 王建莉：《〈尔雅〉在同义复合词研究中的利用价值》，《内蒙古大学学报》(哲学社会科学版)2004 年第 1 期。

170. 王建莉：《从多义词看〈尔雅〉的同义聚合标准》，《古汉语研究》2004 年第 1 期。

171. 段益民：《略论单音反义形容词的句法分布》，《齐齐哈尔大学学报》(哲学社会科学版)2004 年第 2 期。

172. 赵鑫：《试析〈商君书〉单音节反义关系实词依存方式》，《聊城大学学报》(社会科学版)2004 年第 2 期。

173. 王建莉：《论〈尔雅〉同义词内部地位的不等同性》，《贵州大学学报》(社会科学版)2004 年第 3 期。

174. 杜丽荣：《试析〈广雅疏证·释诂〉"一声之转"的语音关系》，《汉字文化》2004 年第 3 期。

175. 曾昭聪：《古汉语文化同义词研究的历史、现状与展望》，《烟台师范学院学报》(哲学社会科学版)2004 年第 4 期。

176. 任晔：《论同源词的语义特征》，《新疆师范大学学报》(哲学社会科学版)2004 年第 4 期。

177. 王强：《中国古代名物学初论》，《扬州大学学报》(人文社会科学版)2004 年第 6 期。

178. 胡继明：《〈广雅疏证〉中的同源词研究》，《西南民族大学学报》(人文社科版)2004 年第 7 期。

179. 曾昭聪:《古汉语文化同义词的辨释价值——以"神祀类"同义词为例》,《南阳师范学院学报》2004 年第 7 期。

180. 徐盛芳:《20 年来古代汉语同义词研究综述》,《长春大学学报》2005 年第 1 期。

181. 葛佳才:《〈太平经〉中表顺承关系的"反"》,《语文研究》2005 年第 1 期。

182. 郑振峰:《关于同源词的判定问题》,《语文研究》2005 年第 1 期。

183. 张生汉:《关于古汉语同义词研究的一点看法》,《语言研究》2005 年第 1 期。

184. 郑振峰、李冬鸽:《关于同源词的判定问题》,《语文研究》2005 年第 1 期。

185. 朱国理:《〈广雅疏证〉同源词的词义关系》,《上海大学学报》(社会科学版)2005 年第 2 期。

186. 王冰:《古汉语反义词研究初探》,《吉林大学社会科学学报》2005 年第 2 期。

187. 杨凤仙:《互训与古汉语同义词的构组》,《北华大学学报》(社会科学版)2005 年第 4 期。

188. 唐瑛:《〈墨子〉同义形容词研究》,《宁夏大学学报》(人文社会科学版)2005 年第 6 期。

189. 王建莉:《〈尔雅〉异名理据的特征》,《内蒙古师范大学学报》(哲学社会科学版)2005 年第 6 期。

190. 胡继明:《就王念孙〈广雅疏证〉研究同源词的方法与梅祖麟教授商榷》,《重庆三峡学院学报》2005 年第 6 期。

191. 盛林:《〈广雅疏证〉对语义运动轨迹的认识》,《南京社会科学》2005 年第 8 期。

192. 刘精盛:《论〈释大〉同源词研究的启示及不足》,《广西社会科学》2005 年第 10 期。

193. 杨希英:《从单音反义形容词看汉语语法的逻辑证明系统》,《西南民族大学学报》(人文社科版)2005 年第 10 期。

194. 江傲霜:《〈左传〉同义复词研究》,《古籍整理研究学刊》2006 年第 1 期。

195. 齐冲天:《〈广雅疏证〉的因声求义与语源学研究》,《汉字文化》2006 年第 1 期。

196. 盛林:《〈广雅疏证〉中的"依文释义"》,《浙江师范大学学报》(社会科学版)2006 年第 2 期。

197. 彭慧:《论〈广雅疏证〉的"因声求义"》,《中州学刊》2006 年第 2 期。

198. 彭慧:《试论〈广雅疏证〉在汉语语义研究中的重要理论价值》,《社会科学家》2006 年第 3 期。

199. 李茂康:《〈说文·示部〉说解与同源词研究》,《古籍整理研究学刊》2006 年第 3 期。

200. 郑振峰、李冬鸽:《关于古汉语同义词研究的几个问题》,《语文研究》2006 年第 3 期。

201. 颜洽茂、张建勇:《古汉语反义词研究的回顾与展望》,《浙江大学学报》(人文社会科学版)2006 年第 3 期。

202. 王东海:《〈唐律疏议〉法律词语反义谱系关系分析》,《鲁东大学学报》(哲学社会科学版)2006 年第 3 期。

203. 马景仑:《〈广雅疏证〉所涉"正反同词"现象成因探析》,《扬州大学学报》(人文社会科学版)2006 年第 5 期。

204. 马景仑:《〈广雅疏证〉"散文"、"对文"所涉同义词词义状况分析》,《徐州师范大学学报》(哲学社会科学版)2006 年第 3 期。

205. 陈颖:《试论方以智对戴侗"因声求义"的继承与发展》,《四川师范大学学报》(社会科学版)2006 年第 6 期。

206. 毛远明：《汉字形旁类化研究》，《西南师范大学学报》(社会科学版)2006 年第 6 期。

207. 汪梅枝：《"反义聚合"定义及性质的再探讨》，《山东社会科学》2006 年第 7 期。

208. 丁烨：《汉语反义语素合成词的产生及其文化探析》，《现代语文》(语言研究版)2006 年第 7 期。

209. 曾伟娟：《〈孙子〉反义词研究》，《语文学刊》2006 年第 20 期。

210. 石勇：《从同源词定义的嬗变看同源词研究理论的进步》，《广西师范学院学报》(哲学社会科学版)2007 年第 1 期。

211. 张博：《反义类比构词中的语义不对应及其成因》，《语言教学与研究》2007 年第 1 期。

212. 方一新：《反义复合词"好歹"的语法化及主观化》，《浙江大学学报》(人文社会科学版)2007 年第 1 期。

213. 鲁六：《〈荀子〉反义词研究》，《语文知识》2007 年第 2 期。

214. 王盛婷：《"干湿"义反义词聚合演变研究》，《语言研究》2007 年第 2 期。

215. 王兴隆、陈淑梅：《〈尔雅·释虫〉名物词理据探微》，《徐州师范大学学报》(哲学社会科学版)2007 年第 3 期。

216. 雷华：《古汉语同义词形成原因和途径》，《云南民族大学学报》(哲学社会科学版)2007 年第 3 期。

217. 杨海峰：《〈吴越春秋〉同义词与反义词研究》，《四川文理学院学报》2007 年第 4 期。

218. 孙德平：《〈广雅疏证〉在同义词研究上的贡献》，《东南大学学报》(哲学社会科学版)2007 年第 5 期。

219. 甘勇：《〈广雅疏证〉同源字系统研究》，《汉字文化》2006 年第 5 期。

220. 周光庆：《"名"族词考论》，《江汉大学学报》(人文科学版)2007 年第 6 期。

221. 滕华英：《近 20 年来汉语同源词研究综述》，《江汉大学学报》(人文科学版)2007 年第 6 期。

222. 富天飞：《反义词及反义词的不平衡性》，《文教资料》2007 年第 14 期。

223. 于峻嵘：《同义词研究中语义、语法、语体的接界——以"采"字组同义分析为例》，《语文研究》2008 年第 4 期。

224. 张生汉：《古汉语同义词研究的时空观念》，《语言研究》2008 年第 1 期。

225. 徐正考、王冰：《古汉语专书反义词研究与大型语文工具书的编纂和修订》，《古籍整理研究学刊》2008 年第 1 期。

226. 滕华英：《同源词形成发展的认知方式研究》，《华中师范大学研究生学报》2008 年第 2 期。

227. 马景仑：《〈广雅疏证〉部分训诂术语的含义和用法浅析》，《南京师范大学文学院学报》2008 年第 2 期。

228. 周勤、胡继明：《〈广雅疏证〉研究单音节同义词的方法》，《扬州大学学报》(人文社会科学版)2008 年第 4 期。

229. 关俊红：《由反知正释义法探析》，《辞书研究》2008 年第 4 期。

230. 刘京：《〈尔雅·释草〉名物词理据研究》，《科技信息》(学术研究)2008 年第 7 期。

231. 易志文：《〈说文解字·虫部〉中的同物异名和同名异物》，《农业考古》2009 年第 1 期。

232. 王三格、陈叔梅：《析〈尔雅·释畜〉名物词的理据》，《乐山师范学院学报》2009 年第 4 期。

233. 张其昀：《声训之源流及声训在〈广雅疏证〉中的运用》，《湖南文理学院学报》（社会科学版）2009 年第 4 期。

234. 卜启文：《同源字研究综述》，《湖北广播电视大学学报》2009 年第 4 期。

235. 李占平：《关于反义词研究的几个问题》，《西南大学学报》（社会科学版）2009 年第 4 期。

236. 袁健惠：《〈同源字典〉对同源词研究之字形视角启示》，《宁夏大学学报》（人文社会科学版）2009 年第 5 期。

237. 李占平：《〈庄子〉反义词显示格式探析》，《陕西师范大学学报》（哲学社会科学版）2009 年第 6 期。

238. 孙红梅：《〈说文解字注〉辨析同义词的方法》，《语文学刊》2009 年第 8 期。

239. 云兴华：《语义组合中的功能指向与概念指向》，《山东师范大学学报》（人文社会科学版）2010 年第 1 期。

240. 冯丽：《同义词辨析研究方法新探》，《沈阳师范大学学报》（社会科学版）2010 年第 1 期。

241. 郭英杰：《语义场及其词汇类型研究》，《石河子大学学报》（哲学社会科学版）2010 年第 1 期。

242. 张其昀：《〈广雅疏证〉对于名物关系的阐释》，《湖北师范学院学报》（哲学社会科学版）2010 年第 1 期。

243. 康忠德：《上古汉语反义词的历史演变》，《理论观察》2010 年第 2 期。

244. 马景仑：《〈广雅疏证〉以"凡"语说明"名"、"实"、"义"关系情况浅析》，《安徽大学学报》（哲学社会科学版）2010 年第 2 期。

245. 方一新：《近十年中古汉语词汇研究的回顾与展望》，《古汉语研究》2010 年第 3 期。

246. 于峻嵘：《"弱"义组同义词释义关联研究》，《河北大学学报》（哲学社会科学版）2010 年第 5 期。

247. 于峻嵘：《语体学视野下的同义词专题研究》，《河北学刊》2010 年第 5 期。

248. 金小平：《施受同词不是反训——反训例词研究之四》，《汉字文化》2010 年第 5 期。

249. 吴泽顺、胡婷：《〈通雅〉音训特色及其对清人的影响》，《浙江师范大学学报》（社会科学版）2010 年第 5 期。

250. 陈晓强、陈烁：《陆宗达、王宁先生汉语词源学思想述学》，《甘肃社会科学》2010 年第 5 期。

251. 马景仑：《从名、实、义关系角度看〈广雅疏证〉对事物命名方式的揭示》，《语言科学》2010 年第 5 期。

252. 杨运庚：《古代汉语同义词研究对同义关系的再界定》，《社会科学论坛》2010 年第 7 期。

253. 向学春：《〈广雅疏证〉之反义关系研究》，《求索》2010 年第 9 期。

254. 朱国理：《〈广雅疏证〉训诂术语"之言"探析》，《井冈山大学学报》（社会科学版）2011 年第 1 期。

255. 刘精盛：《刍议研究王念孙之训诂理论与实践的意义》，《汉字文化》2011 年第 1 期。

256. 陈青青：《反义关系的分类及其逻辑基础》，《河北北方学院学报》（社会科学版）2011 年第 3 期。

257. 司晓莲：《〈说文解字〉车类名物词命名理据研究》，《集美大学学报》（哲学社会科学版）2011 年第 3 期。

258. 钟明立：《汉语"胜—败"义语义场的历时演变》，《华南师范大学学报》（社会科学版）

2011 年第 4 期。

259. 李娟:《〈史记〉〈汉书〉异文中的同源词研究》,《湖北师范学院学报》(哲学社会科学版)2011 年第 4 期。

260. 周勤:《论〈广雅疏证〉中蕴含的同义词辨析理论》,《求索》2011 年第 5 期。

261. 魏清源:《同源字的韵部和声纽关系》,《河南大学学报》(社会科学版)2011 年第 5 期。

262. 郑振峰:《古汉语法律专科同义词的辨析方法探析——以〈唐律疏议〉的法律词语为例》,《语文研究》2012 年第 2 期。

263. 王用源:《汉藏英反义词比较研究》,《天津大学学报》(社会科学版)2012 年第 3 期。

264. 毛远明:《魏晋南北朝汉字的特征及规律》,《山西大学学报》(哲学社会科学版)2012 年第 6 期。

265. 吴泽顺:《从王氏四种看先秦文献语言的音转规律》,西南师范大学语言文献研究所硕士论文 1988 年。

266. 曹燕:《〈尔雅〉动物专名研究》,内蒙古大学硕士学位论文 2007 年。

267. 王文玲:《〈广雅疏证〉名物训释研究》,扬州大学硕士学位论文 2010 年。

268. 商思强:《〈尔雅〉动植物名词的"同名异实"与"异名同实"现象研究》,广西师范大学硕士学位论文 2011 年。

附　录

一、《广雅疏证》同义词词表

1. 碍、止——阻止(《释言》卷五下)

2. 馤、香、馣、臐——香气(《释器》卷八上)

3. 安、成、抚、居(据)——安定(《释诂》卷四上)

4. 闾、庐、庵——居丧时所住的房子(《释宫》卷七上)

5. 奥、深、沈——程度深(《补正》,《释言》卷五上)

6. 芰、蔽、芍——藕根(《释草》卷十上)

7. 捭、开、擘、分、扒、别——分开(《释诂》卷二上,《释言》卷五上)

8. 败、坏——毁坏(《释诂》卷三上)

9. 扳、引、攀——援引(《释言》卷五下)

10. 般、大——过度(《释器》卷七下)

11. 棓、棁、柀——棒,杖(《释器》卷八上)

12. 苞、葆——包裹(《释诂》卷三下)

13. 苞、稹——汇聚(《释言》卷五下)

14. 报、复——报复(《释诂》卷一下)

15. 陂、阪——山坡(《释丘》卷九下)

16. 杯、盏——杯子(《释器》卷七下)

17. 本(芰)、根——草木的根(《释草》卷十上)

18. 秕、粃——不饱满(《释诂》卷四上)

19. 闭、阖——闭合(《释诂》卷二上)

20. 柲、柄、拊、把——器物上便于握持的部分(《释器》卷八上)

21. 陆、高、上、尧——离地面远(《释诂》卷一下,《释言》卷五上)

22. 弹、射——射(《释器》卷八上)

23. 榒、椇、枅、膝——栱(《释宫》卷七上)

24. 秉、把——控制(《释器》卷八上)

25. 病、疾——疾病(《释诂》卷四上)

26. 剥、落、蕣——脱落(《释木》卷十上)

27. 瓟、瓠、蠡、瓢——用短颈大腹的老熟葫芦制作的盛器(《释器》卷七下)

28. 藏、幽、寝——隐藏(《释器》卷八上)

29.侧、旁——旁边(《释诂》卷一上)

30.舣、艒、艇、艑——小船(《释水》卷九下)

31.镵、锐——锋利(《释器》卷七下)

32.醮、酢、酸——醋(《释器》卷八上)

33.长、久——长久,永久(《释诂》卷二上)

34.常、庸、素——平素,平常(《释器》卷七下)

35.畅、通——通达(《释诂》卷一上)

36.麨、糗、糒——干粮(《释器》卷八上)

37.坼、拆——拆毁(《补正》)

38.坼、分、折、裂——分裂(《补正》)

39.坼、裂——绽开(《补正》)

40.辰、时——时光(《释天》卷九上)

41.陈、延——陈设(《释器》卷八上)

42.称、铨、衡——测定物体重量的器具(《释器》卷八上)

43.塍、畔——田间的土埂子(《释宫》卷七上)

44.驰、逐——追逐(《释诂》卷三下)

45.救、诫——告诫(《释诂》卷二下)

46.冲、突——突然袭击(《释水》卷九下)

47.拷、搐——引(《释诂》卷三下)

48.帱、帐——帐子(《释器》卷七下)

49.除、治——修治(《释言》卷五下)

50.楚、牡荆、蔓荆、荆——木名,又名牡荆,落叶灌木,或小乔木,枝干坚劲,可做杖(《释木》卷十上)

51.褚、卒——兵卒(《释训》卷六上)

52.怆、悲——悲伤(《释训》卷六上)

53.慈、孝——指对父母的孝敬(《释鸟》卷十下)

54.伙、递——依次(《释诂》卷三上)

55.葱、苍——青绿色(《释器》卷八上)

56.从、踪——追随(《释诂》卷四上)

57.错、镂——雕刻(《补正》)

58.打、击——攻打(《释言》卷五上)

59.大、荒、讦、幠、廓——面积大(《释诂》卷一上)

60.贷、借——借(《释诂》卷二下)

61.逮、及、追、遝——追上(《释言》卷五上)

62.担、负——负载(《释诂》卷三上)

63.笪、笞——鞭打(《释诂》卷三上)

64.惮、疼——劳累(《释训》卷六上)

65.弹、提——弹(《释器》卷八上)

66.胹、肴——意为熟肉,亦泛指鱼肉之类的荤菜(《释器》卷八上)

67.荡、逸、放、恣——放纵(《释诂》卷四上)

68.稻、稌——稻(《释草》卷十上)

69.第、次、顺——顺序(《释诂》卷一上)

70.睇、眄——斜视(《释鸟》卷十下)

71.典、主——掌管,主持(《释草》卷十上)

72.淀、滓、垽——沉淀物,渣滓(《释器》卷八上)

73.掉、摇——摆动(《补正》)

74.湩、乳——乳汁(《释器》卷八上)

75.刿、裂——堤坝下面排水、灌水的小孔(《释言》卷五下)

76.逗、着、止、处——停留(《释诂》卷二下,《释诂》卷三下)

77.渎、沟——沟渠(《释水》卷九下)

78.椟、匮——柜、函一类的藏物器(《释器》卷八上)

79.鞠、韬、束——捆缚(《释诂》卷三上)

80.笃(竺)、厚——深厚(《释草》卷十上)

81.短、小——矮小(《释诂》卷二下)

82.顿、泯、乱——昏乱(《释诂》卷三上)

83.笸、簞——储存谷物的器具(《释器》卷八上)

84.掇、短——时间距离小(《释诂》卷二下)

85.揣、剗、刊、除——去除(《释诂》卷三下)

86.俄、斜——不正(《释诂》卷二下)

87.额、题——额头(《释兽》卷十下)

88.歺、死——死(《释木》卷十上)

89.发、叩(扣)——兴兵(《释诂》卷一下)

90.发、明——公开(《释诂》卷四上)

91.发、鬙——头发(《释器》卷七下)

92.幡、幰、识、幦——旗帜(《释器》卷七下)

93.防、隄——挡水的堤岸,堤坝(《释丘》卷九下)

94.舫、舟、船——泛指船,水上主要运输工具(《释水》卷九下)

95.飞、翔、翻、翻、翅——(鸟、虫等)鼓动翅膀在空中活动(《释鸟》卷十下)

96.腓、腨——小腿肚(《释亲》卷六下)

97.菲、芴——葍菜,萝卜一类的菜(《释草》卷十上)

98.分、别——区别(《释言》卷五上)

99.饙、馏——蒸熟(《释器》卷八上)

100.丰(封、坟)、冢、大——高大(《释诂》卷一上,《释丘》卷九下)

101.垺、殷(隐)、鸁、粗——规模宏大(《释诂》卷一上)

102.跗、足——脚(《释器》卷八上)

103.茀、蔽——古代车上的遮蔽物(《释器》卷七下)

104.服、任、事——使用(《释诂》卷二上)

105.抚、循、顺——依循(《释诂》卷一上)

106.拊、击、抵——击打(《释言》卷五下)

107.腐、朽——腐烂(《释器》卷八上)

108. 腐、朽、臭——秽恶之气(《释器》卷八上)

109. 赙、赗、赠、禭、唅——赠送(《释言》卷五上)

110. 覆、察、审——考察(《释言》卷五上)

111. 覆、冒——保护(《释诂》卷二下,《释水》卷九下)

112. 摡、拭、擓、揩、捇、撞——擦拭(《释诂》卷三上,《释宫》卷七上)

113. 干、杠、橦——竹、木竿子(《释天》卷九上)

114. 秆(稈)、稾——禾类植物的茎秆(《释草》卷十上)

115. 缸、瓨——古代瓦制长颈容器(《释器》卷七下)

116. 格、至、来——来(《释诂》卷一上)

117. 翮、翅、翼——鸟类和昆虫等动物用以飞行的羽翼(《释器》卷八上)

118. 个、枚——量词(《释言》卷五上)

119. 耿耿、儆儆——不安貌(《释训》卷六上)

120. 梗、刚——强硬(《释诂》卷四上)

121. 荄、茎——嫩茎(《释草》卷十上)

122. 固、久——副词,久已(《释诂》卷一下)

123. 梏、鞠、械——手铐(《释宫》卷七上)

124. 寡(鰥、孤)、独——孤独(《释诂》卷三上)

125. 诖、误——贻误(《释诂》卷二下)

126. 乖、戾——违背(《释诂》卷二下)

127. 官、长、君——君王(《释诂》卷一上)

128. 管、钥(籥、鐍)——钥匙(《释宫》卷七上)

129. 桄、艙——指门的栏木(《释水》卷九下)

130. 鮭、鮰——河豚的别名(《释鱼》卷十下)

131. 轨、道、蹊、径——途径(《释宫》卷七上)

132. 轨、道、蹊(徯)、径、达、庚——泛指用于行走的道路(《释宫》卷七上)

133. 诡、谲——欺诈(《释言》卷五上)

134. 果、克——完成(《释言》卷五下)

135. 妒、妒(妬)——嫉妒(《释诂》卷一下)

136. 皔、明、显、的、白、皤——白色(《释器》卷八上)

137. 撼、动、挥、奋、衡、儌——摇动(《释诂》卷一下)

138. 蒿、荍、青蒿——蒿草(《释草》卷十上)

139. 皓、光——光明(《释训》卷六上)

140. 禾、谷、总、钰、秸——谷类作物(《释草》卷十上)

141. 横、广——与"纵"相对(《释诂》卷二上)

142. 衡、横——地理上东西向的(《释器》卷七下)

143. 衡、平——正,当(《释诂》卷三下)

144. 幠、荒——据有(《释诂》卷二下)

145. 瓠、匏、壶、瓢——短颈大腹的盛器(《释草》卷十上)

146. 华、皇——光耀(《释训》卷六上)

147. 铧、铴、锹——一种人力翻土农具(《释器》卷八上)

148. 坏、堕（惰）、擺（嬾）、输（窬）——败坏（《释言》卷五上）

149. 萑、蓷——益母草（《释草》卷十上）

150. 荒、遐——边地（《释诂》卷一上）

151. 荒、遐、远、弥、久——时间久远（《释诂》卷一上，《补正》）

152. 惶、恐、慎、愼、恓、怵、惧、懅——害怕（《释诂》卷二下，《释言》卷五上，《释训》卷六上）

153. 虺、蝮——毒蛇（《释鱼》卷十下）

154. 恚、诃、怒——愤怒（《释鱼》卷十下）

155. 佸（括）、止、造、邸（抵）、致（至、臻）、薄、傅、氐——到达（《释诂》卷一上，《释诂》卷四下）

156. 获、铚、刈——刈割，割取（《释器》卷八上）

157. 溲、辱、污——不清洁（《释诂》卷三下）

158. 击、椎——敲打（《释诂》卷二下）

159. 饥、歉、馑——食不饱（《释天》卷九上）

160. 饥、歉、馑、歉、荒、少、大侵——年成很差或颗粒无收（《释天》卷九上）

161. 茇、藗、茨——白茇（《释草》卷十上）

162. 基（姬）、本——事物的根本（《释言》卷五下）

163. 笄、簪——古代用以别住挽起的头发，也用来固着弁、冕（《释器》卷七下）

164. 禨、祥、吉——吉利（《释天》卷九上）

165. 齑、齏——用醋、酱拌和，切成碎末的菜或肉（《释器》卷八上）

166. 急、苦、快——快速（《释诂》卷一下）

167. 鏷、鍱——锤成的金属薄片（《释器》卷八上）

168. 芰、蘧（菠）——菱，一年生水生草本植物（《释草》卷十上）

169. 季、稔、年——庄稼成熟（《释天》卷九上）

170. 寄、讬——托付（《释诂》卷三上）

171. 寂、寥、清、静——无声（《释诂》卷一下）

172. 概、稠、苞、鬓——繁密（《释言》卷五下）

173. 稷、粱——即粟（《释草》卷十上）

174. 嘈、唪（啐）——尝试（《释诂》卷三下）

175. 鰿、鮒——鲫鱼（《释鱼》卷十下）

176. 枷、柫——脱粒、打豆的农具，即连枷（《释器》卷八上）

177. 揭、刮、搔、括——刮削（《释诂》卷二下）

178. 价、忧——忧虑（《释诂》卷二下）

179. 袷、袃——古代交叉式的衣领（《释器》卷七下）

180. 甲、铠、函（含）——用皮革、金属等制成的护身服（《释器》卷八上）

181. 斝、醆（琖、湔）、爵——古代一种盛酒礼器，青铜制（《释器》卷七下）

182. 嫁、归、往——到……去（《释诂》卷一上）

183. 湛、渍——浸渍（《释诂》卷二下）

184. 犍（犗）、羯、毁——阉过的牲畜（《释兽》卷十下）

185. 莆（蓋）、兰——兰草（《释草》卷十上）

186. 莆、莲——莲子（《释草》卷十上）

187. 鋻、刚——坚硬(《释言》卷五上)

188. 幰、帬——裙子(《补正》)

189. 减、削——削减(《释言》卷五下)

190. 简、策——古代用以写字的竹片(《释器》卷八上)

191. 建、树——竖起(《释器》卷八上)

192. 荐、进、晋——进献(《释诂》卷二上)

193. 健、偈、壮、魌——强有力(《释诂》卷二上)

194. 键、闭——关闭(《释宫》卷七上)

195. 键、牡——门闩(《释宫》卷七上)

196. 键、牝——锁簧(《释器》卷八上)

197. 箭、矢——搭在弓上发射的武器(《释器》卷八上)

198. 箭、蒱、簛、筱——竹名(《释草》卷十上)

199. 将、皇、甫、大——广大(《释诂》卷一上)

200. 将、嘉、休、美——美好(《释诂》卷一上)

201. 耩、㯺、耕、犁、垦——翻土犁田(《释地》卷九下)

202. 剿、绝——灭绝(《释言》卷五下)

203. 趣、走——奔跑(《释宫》卷七上)

204. 醮、尽、酋、终、已、央——结束(《释诂》卷一下)

205. 揭、担——担负(《释诂》卷三上)

206. 揭、担、举——抬(《释诂》卷一下)

207. 揭、担、举——双手托物使之向上(《释诂》卷三上)

208. 戒、备——防备(《释诂》卷二下)

209. 帉、帻——包头的巾(《释器》卷七下)

210. 衸、衭——即裙子正中开衩的地方(《释器》卷七下)

211. 衿、被——被子(《释器》卷七下)

212. 矜、杖、柲、殳、梃——做兵器的杖(《释器》卷八上)

213. 谨、敕——都含有"小心,慎重"的意思(《释诂》卷四下)

214. 茎、本——草木的干(《释诂》卷三下)

215. 京、都——国都(《释训》卷六上,《释丘》卷九下)

216. 精、微、小——小(《释诂》卷一上)

217. 竞、强——强盛(《释训》卷六上)

218. 敬、肃——恭敬(《释诂》卷一上)

219. 静、絜——清洁,清洗(《补正》)

220. 久、旧——陈旧(《释言》卷五下)

221. 局、曲——委曲(《释言》卷五下)

222. 筥、筐、簏、簾——盛物竹器(《释器》卷八上)

223. 簍、箕、筥、牛筐、篓、筹——笼子(《释器》卷八上)

224. 距、超、拔——超过(《补正》)

225. 距、樘——柱桩(《释器》卷八上)

226. 聚、积、庚——积聚,贮藏(《释宫》卷七上)

227. 蠲、明——显示（《释诂》卷四上）

228. 卷、曲——使弯曲；折，弯（《释丘》卷九下）

229. 縛、绢、缟——平纹的生丝织物（《释器》卷七下）

230. 羉、网、罞、絇——捕兽等的网（《释器》卷七下）

231. 屦、履、屐——鞋（《释器》卷七下）

232. 橛、杙、樴——木桩（《释宫》卷七上）

233. 栞、除、去——去掉（《释诂》卷二上）

234. 亢、当——抵挡（《补正》）

235. 伉、健——强壮（《补正》）

236. 伉、强——强大（《释诂》卷二上）

237. 科、程——法式（《释言》卷五下）

238. 科、品——品类（《释言》卷五下）

239. 克、能——能够（《释言》卷五下）

240. 扣、击——敲击（《释器》卷七下）

241. 枯、槁（槀）、姑——干枯（《释诂》卷二上）

242. 苦、急——紧迫（《释诂》卷二上）

243. 夸、淫——奢侈（《释诂》卷一下）

244. 款、空——中空不实（《释器》卷七下）

245. 狂、乱——纷乱（《释训》卷六上）

246. 旷、荒——荒废（《释诂》卷一上，《释训》卷六上）

247. 况、益、滋——更加（《释言》卷五上）

248. 馗、高——大路（《释亲》卷六下）

249. 傀、伟——奇异（《释诂》卷二上）

250. 焜（昆）、明、皎、晒、旷——明亮（《释诂》卷二上，《释训》卷六上）

251. 括、束——约束（《释诂》卷三上）

252. 剌（瘌）、厲、创、伤——创伤（《释诂》卷四上）

253. 莱、藜——灰藋、灰菜，一年生草本植物（《释草》卷十上）

254. 濑、湍、碛——急流（《释水》卷九下）

255. 阑、槛——栏杆（《释宫》卷七上）

256. 滥、渍——以盐等腌渍食物（《释器》卷八上）

257. 埌、垄、冢——坟墓（《释丘》卷九下）

258. 劳、苦——愁苦（《释诂》卷四上）

259. 牢、闲、圈、槽、槛、栊、栏——关养设施（《释宫》卷七上，《释兽》卷十下）

260. 牢、狱、槛——牢房（《释宫》卷七上）

261. 雷、靁、霆、霏——雷（《释天》卷九上）

262. 类、律、法、纪——法则（《释诂》卷一上）

263. 类、形——形象（《释诂》卷一上）

264. 离（劙）、分、割、解——分解（《释诂》卷一下）

265. 篱（杝）、落——篱笆（《释宫》卷七上）

266. 里（闾）、乡、閈——乡村居民聚落（《释诂》卷二上）

267.理、治、乱、敉、汩、越——治理(《释诂》卷二上,《释诂》卷三下)

268.鱨、鮦、鳢——鳢鱼(《释鱼》卷十下)

269.厉、高——声音强,声调高(《释诂》卷四下)

270.厉、疾——疾驰(《释水》卷九下)

271.戾、紾——扭曲(《释训》卷六上)

272.历、疏——稀疏(《释地》卷九下)

273.鎌(镰)、锲、钩——镰刀(《释器》卷八上)

274.辽、迥、远、夐——差距大,悬殊(《释诂》卷三下)

275.疗、药、治——医治(《释诂》卷三下)

276.燎(爒)、炙——烘烤(《释诂》卷二上)

277.劣、弱——与"强"相对(《释诂》卷二下)

278.劣、少——数量小(《释诂》卷二下)

279.灵、禄——福气(《释言》卷五上)

280.流、化——变化(《补正》)

281.罶、笱——捕鱼的竹器(《释器》卷七下)

282.虏、钞、略——掠夺(《释诂》卷一下)

283.戮、皋——惩罚(《补正》)

284.漊、涸、漉、极、尽、竭、汔——穷竭(《释诂》卷一下)

285.缕、线——用棉、毛、丝、麻、金属等材料制成的细缕(《释器》卷七下)

286.羉、罠——捉野猪的网(《释器》卷七下)

287.乱、搅——扰乱(《释诂》卷三上)

288.略、疏——疏远(《补正》)

289.沦、没——陷入(《释天》卷九上)

290.笿、笼、络——盛物的竹器(《释器》卷七下)

291.曼(蔓)、引、延、长——延长(《释诂》卷二上)

292.幔、幪、幪——覆盖物(《释宫》卷七上)

293.漫、漠、污、辱——玷辱(《释诂》卷三上,《释诂》卷三下)

294.漫、污、涂——玷污(《释诂》卷三上)

295.缦、曼——无文饰(《释诂》卷四下)

296.猫、狸、狌——猫科动物,或特指豹猫(《释兽》卷十下)

297.牦、罽、毡——毛毯一类织物(《释器》卷八上)

298.髦、发——泛指动物头颈上的长毛(《释器》卷八上)

299.茸、茂、葆(苞)——植物丛生(《释言》卷五下)

300.貌、形、容——相貌(《释诂》卷一上)

301.枚、干——树干(《释木》卷十上)

302.脄、脊——脊侧肉,背部肉(《释亲》卷六下)

303.禖、醊、祭——祭祀(《释天》卷九上)

304.美、盛、媌、好、窕、媌媌(苕苕)——外形美丽(《释训》卷六上)

305.袂(褎)、桂、袔、被、袺——衣袖(《释器》卷七下)

306.焆、炼——火光(《释器》卷七下)

307．蒙、覆、盖——覆盖（《释诂》卷二下，《释水》卷九下）

308．密、勔（敕）——密（《补正》）

309．幎、幦、巾——遮盖物体的巾（《释器》卷七下）

310．籆、缆、索、絛、縢、緘、约、绳、紩、绹、绞、緤、纫——绳索（《释器》卷七下，《补正》）

311．秒、杪、眇——细微（《释诂》卷二上）

312．邈、敻、迥——精神、情怀等高远（《释诂》卷三下，《释训》卷六上）

313．揩、摩、抚、揞——抚摸（《释诂》卷一上）

314．筤、篾、篶（篛）、筹——竹篾，薄竹片（《释草》卷十上）

315．模、法——标准（《释诂》卷四下）

316．摩、拭——摩擦（《释诂》卷二下）

317．墨、楳——贪污（《释诂》卷二上）

318．牟、多——数量大（《释言》卷五下）

319．牟、麦、秾——麦子（《释草》卷十上）

320．衲、补——修治破衣使完整（《释言》卷五上）

321．乃、曩、昔、遂、往——过去（《释诂》卷一上）

322．逆、乱、错——使混乱、错乱（《释言》卷五下）

323．鮎、鯷、鲵、魶、鲸——鲵鱼（《释鱼》卷十下）

324．撚、从、续——接着（《释诂》卷二上）

325．嫋、姌、弱——柔弱（《释训》卷六上）

326．佞、才、偢——才能（《释言》卷五下）

327．纽、束——系上（《释宫》卷七上）

328．笯、镞、镝——箭头（《释器》卷八上）

329．葩、华、菁、花、荂、荣——花（《释草》卷十上）

330．箄、筏——用竹木编的渡水的用具（《释水》卷九下）

331．蟠、蟩——小虫名，鼠妇的别名（《释虫》卷十下）

332．滂、沛——浩大（《释训》卷六上）

333．旁、大、广——广泛（《释诂》卷二上）

334．庖、厨——厨房（《释宫》卷七上）

335．抨、弹、拼——拨弄（《释言》卷五下）

336．怦、满——烦闷（《释训》卷六上）

337．砰、磕——拟声词（《释诂》卷四下）

338．蓬蓬（菶菶）、沛沛、莆、茂、夭、盛、郁、蓊——茂盛（《释训》卷六上）

339．疲（罢）、倦（劵）、劳、嬾——疲惫劳累（《释训》卷一下，《释诂》卷二下）

340．陴、垸——城上矮墙（《释宫》卷七上）

341．漂、浮——漂在液体表面或空中（《释草》卷十上）

342．贫、欠——贫穷（《释诂》卷四下）

343．频、比——并列（《释训》卷六上）

344．枰、榻（平）——独坐的板床（《释器》卷八上）

345．憑、盈（亿）、满——满（《释诂》卷一上，《补正》）

346．仆、顿——倒下（《释言》卷五下）

347.匍、踣、伏(匐)——伏地行走(《释言》卷五上)

348.戚、斧、扬、戉(钺)——斧子(《释器》卷八上)

349.暵、曝——曝晒(《释草》卷十上)

350.祈、求——请求(《释天》卷九上)

351.崎、岖——倾斜(《释训》卷六上)

352.琦、玮——珍贵的(《释训》卷六上)

353.苣、蘼——苦菜(《释草》卷十上)

354.岂(闿)、欲——想要(《释诂》卷一下)

355.忔、欯、喜——高兴(《释训》卷六上)

356.契、绝——分成两段或几段(《释言》卷五下)

357.迁、避——离开(《释诂》卷三下)

358.迁、遁、徙、移——迁移(《释诂》卷三下)

359.金、咸、胥、皆——都,所有(《释诂》卷三下)

360.褰、绔——套裤(《释器》卷七下)

361.虔、刘、杀——杀戮(《释诂》卷一下)

362.幓、帷——以布帛制作的环绕四周的遮蔽物(《释器》卷七下)

363.潜、藏、浚(深)——隐藏(《释言》卷五上,《释水》卷九下)

364.潜、沈、潭、浚(深)——距水面高(《释言》卷五上,《释水》卷九下)

365.谴、呵——谴责(《释言》卷五下)

366.穄、穈、穄、稷——即穈子,粮食作物黍的一种,其籽实不黏(《释草》卷十上)

367.强、屈——倔强(《释训》卷六上)

368.钞、镣——纯美的金属(《释诂》卷一下)

369.陒、峻——陡峭(《补正》)

370.窃、私——私自(《补正》)

371.锲(契)、刻——刻物(《释诂》卷二下)

372.鲸、鮏——鱼鲊(《释言》卷五上)

373.蝗蚓(蚯蚓、曲蟮、蚰蟮、螽蟓、䏶朒)、螫蚕、寒引、螾、螼、蜗、蜿蟮、螾衍(衍蚓)——蚯蚓(《释虫》卷十下)

374.邱、邑——人聚居之处(《释诂》卷二上)

375.酋、短、朡——空间距离小(《释鱼》卷十下)

376.趑、进——前进(《释宫》卷七上)

377.曲、折、诎——屈服(《释言》卷四下)

378.拔、捧——两手承托(《释言》卷五下)

379.䏮、胠——肋骨部位(《释亲》卷六下)

380.趣、凑、遽——迅速地,赶忙(《释诂》卷一下)

381.俊、敬、悛——恭敬(《释诂》卷四上)

382.权、重——分量重(《释诂》卷三下)

383.岆、谷——山谷,山间深凹的低地,多有出口与山外相通(《释山》卷九下)

384.鬈、诎、曲——卷曲(《释诂》卷四下)

385.却、推——拒绝(《释诂》卷三上)

386.皯、皷——皮肤粗糙(《释诂》卷四下)

387.阙、观——宫门、城门两侧的高台,中间有道路,台上起楼观(《释宫》卷七上)

388.然、烧、燔、热、焫——燃烧(《释诂》卷二上,《释诂》卷三上)

389.禳、祮——古代除邪消灾的祭祀(《释天》卷九上)

390.桀、弱——柔软(《释训》卷六上)

391.任、用、使——任用(《释诂》卷一下)

392.容、常、刑、庸、索(素)、法——法度(《释诂》卷一上,《释言》卷五下)

393.辱、衄——侮辱(《释言》卷五下)

394.蓐、荐——垫席(《释器》卷八上)

395.恼、愁、劳、忧、骚——忧愁(《释训》卷六上)

396.善、介(佳)、大、傀——程度大(《释诂》卷一上)

397.善、时、嘉、静、美、昌——善美(《释诂》卷一上)

398.梢、祜——衣襟(《释器》卷七下)

399.韶、继——承接(《释器》卷八上)

400.赦(舍)、置——释放(《释诂》卷四上)

401.摄、持、抚、把——手握着物体(《释诂》卷三下)

402.伸、引——申述,陈述(《释诂》卷四下)

403.绅、带——约束衣服的形状狭长而扁平的物品(《释诂》卷三上)

404.椹、榳——砧,垫板(《释器》卷八上)

405.盛、贾——华美(《释诂》卷一上)

406.湿、埄——位置低下(《释诂》卷一下)

407.拾、敛、捍——古代射箭时用的皮制护袖(《释器》卷八上)

408.蒔、殖、树、立、置——树立(《释地》卷九下)

409.豕、羬、豬、豨——猪(《释兽》卷十下)

410.事、贯——侍奉(《释诂》卷一上)

411.糨、黏——胶附,黏合(《释鱼》卷十下)

412.螫、瘌——刺痛(《释诂》卷二上)

413.守、久——止栖(《释诂》卷三下)

414.首、长、元——居首位的、首领(《释诂》卷四下)

415.首、头——人体的最上部分或动物的最前部分(《释天》卷九上)

416.朮、豆——豆类植物(《释草》卷十上)

417.抒(纾)、瘛(挚)、解——解除(《释诂》卷一下)

418.淑、漻、清——清澈(《释诂》卷一下)

419.疏、麤——不细致(《释草》卷十上)

420.疏、理——整理(《释诂》卷三下)

421.恕、仁——仁爱待物(《释诂》卷四上)

422.漱、瀚——洗涤(《释言》卷五下)

423.刷、刮——除掉(《释言》卷五下)

424.爽、差、忒——差错(《释诂》卷三上)

425.朔、始、兆、俶、祖、原、元、端——开端(《释器》卷八上,《释地》卷九下)

426.硕、大——体积大(《释山》卷九下)

427.汜、湄(溦)、厓——水边(《释丘》卷九下)

428.竢、止、待——等待(《释诂》卷三下)

429.肆、缓、赢、缢——缓解(《释诂》卷二上)

430.耸、奖、劝——劝勉(《释诂》卷一下)

431.耸、聱、聋——听觉有障碍(《释诂》卷三上)

432.薮、泽——水草丛杂之地(《释地》卷九下)

433.苏、寤——睡醒(《补正》)

434.速、征、召——征召(《释言》卷五上)

435.岁、祀、年——时间单位,指地球绕太阳一周的时间(《释天》卷九上)

436.遂、达——通达(《释宫》卷七上)

437.璲、绶、组、绂——丝带,古代用以系佩玉、官印、帷幕等(《释器》卷八上)

438.索、空、尽——没有(《释诂》卷一下)

439.索、取——索取(《释诂》卷一上)

440.獭、獱——兽名,分水獭、旱獭、海獭三种(《释兽》卷十下)

441.坛、坦——平坦(《释天》卷九上)

442.覃、延——伸长(《释言》卷五上)

443.滔、漫、洋洋——水盛大无际貌(《释言》卷五下,《释训》卷六上)

444.题、头——物体最前面的部分或顶端(《释器》卷八上)

445.鲲(鮧)、鳢、鲇、鳒——鲇鱼(《释鱼》卷十下)

446.褍、继、褐、裸——指裹小儿的衣被(《释器》卷七下)

447.蒢、蒁——草名,又名羊蹄草(《释草》卷十上)

448.嬥、娆(嬲)——妖艳(《释诂》卷二下)

449.怗、服、静——使安定(《释诂》卷四下)

450.莛、茎——草茎(《释草》卷十上)

451.徎、代——代替(《释诂》卷三上)

452.挺、直——伸直(《补正》)

453.赨、彤、赤、酡——红色(《释器》卷八上)

454.僮、痴——无知(《释训》卷六上)

455.投、娗、挏、摘——投掷(《释诂》卷三上)

456.黇、黄、蕼、鞋、黗、黫——黄色(《释器》卷八上)

457.突、穿——穿破(《释诂》卷三上)

458.荼、毒、苦、痛——痛苦(《释诂》卷二上)

459.涂、塓、墐、墍、幔、墁、塓、墍——涂抹(《释宫》卷七上)

460.屯、舍——驻扎(《补正》)

461.屯、舍、邸——客舍,旅店(《补正》)

462.鈍、鳢——鳢鱼(《释鱼》卷十下)

463.忨、愒、贪——贪恋(《释诂》卷二上)

464.穾、窟——洞穴(《补正》)

465.輐、刓——圆转无棱角貌(《释诂》卷一上)

466. 葭、菼、苇、蒹、蘼、荻(萑)、萑——多年生草本植物,与芦同类(《释草》卷十上)

467. 网、罜——用绳线等结成的捕鱼或捉鸟兽的用具(《释宫》卷七上)

468. 违、离——离别(《释言》卷五下)

469. 围、束——环绕,围绕(《释诂》卷三上)

470. 闱、闳——小门(《释宫》卷七上)

471. 帷、襜、幨、幄、襜(帙)——车上的帷幕(《释器》卷七下)

472. 觓、伛、曲——弯曲(《释诂》卷一下)

473. 媞、善、是——好的或正确的(言行)(《释言》卷五下)

474. 壝、垺、壻——矮土围墙(《释丘》卷九下)

475. 温、煴——温暖(《释诂》卷四下)

476. 额、脰、颈、项——颈项(《释亲》卷六下)

477. 湊、浇、灌、淳、沃、淙、淋、灓、灌——浇灌(《释诂》卷二下)

478. 忨、怜、哀——哀怜(《释诂》卷一上)

479. 吸、噏——吸入(《释诂》卷一下)

480. 息、长——生长(《释诂》卷四下)

481. 咸、皆——普遍,全面(《释器》卷八上)

482. 鹹、醝、鹷——像盐的味道(《释言》卷五上)

483. 筅(筅)、箱——用竹丝等做成的刷锅用具,即饭帚,又名炊帚(《释器》卷七下)

484. 陷、隤——坠下(《补正》)

485. 䶂、鼫——田鼠的一种(《释兽》卷十下)

486. 削、鞞、枬、柗——刀剑鞘(《释器》卷八上)

487. 消、磨——消磨(《释诂》卷三上)

488. 小、倪——年幼者(《释训》卷六上)

489. 皛、皎(皦)——洁白(《释兽》卷十下)

490. 肖、类——相似(《释诂》卷一上)

491. 谐、和——协调(《释训》卷六上)

492. 朕、脯、腊、脩、腒、黮——干肉(《释诂》卷二上,《释器》卷八上)

493. 鍱、鋌——铜铁矿石(《释器》卷八上)

494. 泄、漏——透出(《释诂》卷一下)

495. 泄、溢——流布。都可用于实体和抽象名词(《释言》卷五下)

496. 緤、纼、靮——缰绳(《释器》卷七下)

497. 歆、喜、兴——高兴(《释诂》卷一下)

498. 薪、柴——柴火,做燃料的木柴(《释木》卷十上)

499. 镡、珥——剑柄末端的凸起部分,状如蕈类,中空,上有孔,吹而有声(《释器》卷八上)

500. 行、动——行动(《释训》卷六上)

501. 行、服——实施(《释诂》卷一上)

502. 形、容——修饰(《释诂》卷一上)

503. 汹、讻、誼(譐)、哗——吵闹(《释诂》卷二上)

504. 敻、讍、詷、求——营求(《释诂》卷三下)

505. 脩、暵、干——干燥(《释诂》卷二上,《释器》卷八上)

506. 潞、溺、湍、灈——污水(《释器》卷八上)

507. 秀、穗、稼——稻麦等禾本科植物的花或果实聚生在茎上顶端部分(《释草》卷十上)

508. 栩、柕——栎木(《释木》卷十上)

509. 谖、诈、诖、误、欺、谬、詑——欺骗(《释诂》卷二下,《释诂》卷三下)

510. 阽、坑、埂——地上洼陷处(《释水》卷九下)

511. 紃、繶——指装饰鞋的圆形条带(《释器》卷七下)

512. 庌、庑——廊屋(《释宫》卷七上)

513. 延、达——达到,及于(《释器》卷八上)

514. 阎、巷——里巷(《释宫》卷七上)

515. 筵、席——竹篾、枝条和蒲苇等编织成的席子(《释器》卷八上)

516. 掔(研)、摩(礛)、错——切磋(《释诂》卷三上)

517. 匽、屏——隐藏(《释宫》卷七上)

518. 剡、锋——锐利(《释诂》卷四上)

519. 衍、泽——沼泽(《释地》卷九下)

520. 掩、敛——藏匿(《释器》卷七下)

521. 扬、举——扬起(《释训》卷六上)

522. 阳、明——鲜明(《释鱼》卷十下)

523. 洋洋、盛——丰盛,众多(《释训》卷六上)

524. 幺、小、蔑、肖——细小(《释诂》卷二上)

525. 妖、妍、昌、茂、嬥、好、瑶、姚——貌美(《释诂》卷一下)

526. 峣、嵬——高峻(《释诂》卷四下,《释训》卷六上)

527. 谣、毁、诼、谮、詯、谭——毁谤(《释诂》卷二下)

528. 遥、辽、远、邈、迥、夐——空间距离遥远(《释诂》卷三下)

529. 耀、燎、照——照明(《释诂》卷三下)

530. 耀、照——照射(《释诂》卷二上)

531. 饴、饧、餩——糖(《释器》卷八上)

532. 疑、忌——猜忌(《补正》)

533. 倚、依、因——依靠(《释诂》卷四下)

534. 义、善、美——善良(《释诂》卷一上)

535. 驿、庐、旅——古代沿途迎候宾客的房舍(《释诂》卷四上)

536. 绎、充、寻、长、柼——在空间的两端之间距离大(《释诂》卷四下)

537. 肄、习——练习(《释天》卷九上)

538. 癔、谛、审——细察(《释言》卷五上)

539. 荫、覆、廕——遮挡(《释言》卷五下)

540. 垠(圻)、岸、崖、塄——岸边(《释丘》卷九下)

541. 酳、漱、涫、安——含水洗荡口腔(《补正》)

542. 罃、甄——盛水防火的瓦器(《释器》卷七下)

543. 盈、满——充满(《释诂》卷一下)

544. 优、饶——丰足(《释诂》卷四下)

545. 忧、思、妯、陶——伤感(《释诂》卷二下)

546. 漫、渍、涔——浸渍(《释器》卷七下)

547. 有、取——得到(《释诂》卷一上)

548. 黝、幽、黑——黑暗(《释宫》卷七上)

549. 狄、貘——狸类动物名(《释兽》卷十下)

550. 于、居——助词(《补正》)

551. 虞、候、望——期待(《释诂》卷一下)

552. 歈、讴、歌——歌唱(《释乐》卷八下)

553. 予、与——给予(《释诂》卷三下)

554. 圉、敔——古乐器名,又称楬,形如伏虎,雅乐将终时击以止乐(《释乐》卷八下)

555. 芋、莒——芋,芋头(《释草》卷十上)

556. 徣、行、逌、道——行走(《释诂》卷一上,《释水》卷九下)

557. 御、禁——制止(《释乐》卷八下)

558. 隩、隈——水边深曲处(《释丘》卷九下)

559. 遹、述——遵循(《释草》卷十上)

560. 豫、乐——欢快(《释言》卷五上)

561. 鬻、稚、鞠——幼小稚嫩(《释言》卷五下)

562. 削、剜——抉而取之(《释言》卷五下)

563. 蜎、蠉——孑孓,蚊子的幼虫(《释虫》卷十下)

564. 垣、墙——房屋、院落、城邑等的四围,多为土筑或砖砌而成,垂直于地面(《释草》卷十上)

565. 远、邈——超越(《释训》卷六上)

566. 怨、讥、刺——讽刺(《释言》卷五上)

567. 餦、饵、饼、餈——糕饼(《释器》卷八上)

568. 约、绞、绚、束——缠绕(《释器》卷七下)

569. 黰(黫)、涅、黑、黔、黎、黬、黸——黑色(《释器》卷八上)

570. 抎、损、失——失掉(《释诂》卷二下)

571. 酝、酿——酿造(《释器》卷八上)

572. 甾、灾——灾害,祸患(《释言》卷五下)

573. 载、焘——承受(《释言》卷五上)

574. 崽、子——儿子(《释言》卷五下)

575. 儹、聚、属——聚集(《释诂》卷三下)

576. 澡、治——整治(《补正》)

577. 皁、枥——喂牛马的食槽(《释器》卷七下)

578. 枭、畣——插地起土的工具,即锹(《释地》卷九下)

579. 笮、厌(壓)、镇——压制(《释言》卷五下)

580. 赠、称、禭、谥——赐死者以爵位或荣誉称号(《释言》卷五下)

581. 乍、基、肁、哉、始——动作开始(《释诂》卷一上)

582. 诈、卒——突然(《释言》卷五下)

583. 摘、揶——摘取(《释言》卷五下)

584. 昭、明——明显(《释天》卷九上)

585. 兆、端——先兆(《释器》卷八上)

586. 梼、槌——架蚕箔的木柱(《释器》卷八上)

587. 诏、诰——告诉(《释诂》卷四下)

588. 晰、明、皎——光亮(《释训》卷六上)

589. 晰、明、皎、焯、旷——明白(《释训》卷六上)

590. 磔、县——分裂肢体的酷刑(《释言》卷五下)

591. 钮(镊)、籣——铁钳、火夹等钮取之器(《释言》卷五下)

592. 贞、久——持久不变(《释诂》卷一下)

593. 针(箴)、插、刺——刺入(《释诂》卷二上)

594. 侦、窥、伺、觇、瞻、视——观看(《释诂》卷一下)

595. 真、正——与"副"相对(《释诂》卷二下)

596. 真、正、方、桔、梗、直——正直,正派(《释诂》卷二下,《释诂》卷四上)

597. 蒖、茚——蒖荬的种子(《释草》卷十上)

598. 榛、菣(藗)——丛生(《释木》卷十上)

599. 轸、舆——车子(《释天》卷九上)

600. 钲、铙、镯——古代军中乐器,钟状(《释器》卷八上)

601. 铮、玎——玉声(《释诂》卷四下)

602. 扮、拔——拔出、抽出(《释言》卷五上)

603. 扮、收、取——占据(《释诂》卷三下)

604. 支、持——使立起不倾倒(《释言》卷五下)

605. 脂、膏——油脂,脂肪(《释鸟》卷十下)

606. 直、正(是)——不歪斜(《释言》卷五上)

607. 絷、绊——绊索(《释器》卷七下)

608. 殖、蕃——繁殖(《释诂》卷一上)

609. 摭(拓)、攘、取——采摘获取(《释诂》卷一上)

610. 臊、膻、臭——油肉腐败而发臭(《释器》卷八上)

611. 止、待、萃(崒)、悛、处——停止(《释诂》卷二下)

612. 芷、茝、蘺——香草名,即白芷(《释草》卷十上)

613. 恉、志、意——意志(《释诂》卷三上)

614. 质、本——原来的、固有的性质(《释宫》卷七上)

615. 陟、升——由低处向高处走。与"降"相对(《释鸟》卷十下)

616. 智(知)、譓、慧、睿(叡)——聪明(《释诂》卷三上)

617. 置、着——放置,搁(《补正》)

618. 擿、掅、搔、摘、觙——搔头,妇女首饰的一种(《释器》卷七下)

619. 钟、聚——集中(《释器》卷八上)

620. 螽、蝗——蝗虫(《释虫》卷十下)

621. 重、厚——浓厚(《释木》卷十上)

622. 噣、喙——鸟兽等的嘴(《释亲》卷六下)

623. 属、合、聚、总——会合(《释言》卷五上)

624. 檛、棰、策——马鞭(《释器》卷八上)

625. 椎、打、扞、搉、撞、击——撞击(《释诂》卷三上,《释器》卷八上)

626. 锥、锐——锋利的武器(《释器》卷八上)

627. 赘、缀、属——连缀(《释言》卷五上)

628. 埻(准)、臬、法——准则(《释诂》卷一上)

629. 粢、粟、稷——谷物名,即稷(《释草》卷十上)

630. 纵、长——与"横"相对(《释诂》卷二上)

631. 足、蹄(蹏)、蹢——动物的脚(《释兽》卷十下)

632. 钻、鍴——穿孔的工具(《释器》卷八上)

二、《广雅疏证》反义词词表

1. 爱——憎、恶(《释诂》卷三下)

2. 箋——见(《释诂》卷二下)

3. 晻、冥——明(《释诂》卷四上)

4. 捭——阖(《释诂》卷三下)

5. 败——成(《释诂》卷三上/《释诂》卷三下)

6. 薄——厚(《释诂》卷一下)

7. 饱——饿、饥(《释诂》卷一上/《释诂》卷四上)

8. 悲——欢(《释诂》卷三上/《释诂》卷一上)

9. 背——面(《释诂》卷二下)

10. 本——末(《释诂》卷三下/《释诂》卷一下)

11. 贬、损——称、誉(《释诂》卷四下)

12. 长——短(《释诂》卷四下)

13. 沈——浮(《释诂》卷一下/《释言》卷五上)

14. 勒、密——略、疏(《附录·补正》)

15. 粗——细、纤、微(细小)(《释诂》卷一上/《释诂》卷二上)

16. 麤粗——微妙(《释诂》卷一上)

17. 大——小(《释诂》卷一上/《释诂》卷二上)

18. 大原——小陵(《释天》卷九下)

19. 贷——借(《释诂》卷三下)

20. 诞、信——猜、疑(《释诂》卷一下/《释言》卷五上)

21. 得——失(《释诂》卷三下/《释诂》卷二下)

22. 阽、危——安(《释诂》卷一下/《释诂》卷一上)

23. 东西——南北(《释言》卷五上)

24. 动——静(《释诂》卷一下/《释诂》卷四下)

25. 独——耦(《释诂》卷三上/《释诂》卷四上)

26. 断——续(《释诂》卷一上/《释诂》卷二上)

27. 多——少(《释诂》卷三下)

28. 繁——约(《释诂》卷三下)

29. 方——圆(《释器》卷七下)

30. 放——收(《释诂》卷二上/《释诂》卷三下)

31. 非、否、不——是(《释言》卷四上/《释诂》卷五下)

32. 分——合(《释诂》卷一上/《释诂》卷二下)

33. 丰——俭、约(《释诂》卷三下/《释诂》卷四下)

34. 福——祸(《释言》卷五上/《释言》卷五下)

35. 富——贫(《释诂》卷四下)

36. 甘(急)——苦(缓)(《释诂》卷一下)

37. 甘——苦(《释器》卷八上)

38. 刚——柔(《释诂》卷一下)

39.高——低(《释诂》卷一下/《释诂》卷四下)

40.根——桴、标(树梢)(《释诂》卷一上/《释诂》卷一下)

41.公——私(《释诂》卷一上/《释诂》卷二上)

42.攻——守(《释诂》卷三下)

43.古——今(《释乐》卷八下)

44.瞽、盲——明(《释诂》卷三下/《释诂》卷四上)

45.广——长(《释诂》卷二上)

46.广——袤(《释诂》卷二上)

47.广、宽——狭、窄(《释诂》卷四下/《释诂》卷一下)

48.贵——贱(《释言》卷五上)

49.好——坏(《释诂》卷一下/《释诂》卷一上)

50.合——分(《释诂》卷二下/《释诂》卷一上)

51.横——纵(《释诂》卷二上)

52.后——先(《释诂》卷一上/《释诂》卷三上)

53.浑浑——区区(《释训》卷六上)

54.即——既(《释诂》卷二下/《释诂》卷一上)

55.急——缓(《释诂》卷一下/《释诂》卷二上)

56.疾、急、快——迟、缓、慢(《释诂》卷一下/《释诂》卷二下/《释诂》卷二上)

57.既——作、始(《释诂》卷一上)

58.家——野(《释鸟》卷十下)

59.贱、卑——贵、尊(《释言》卷五下)

60.结——解(《释诂》卷四上)

61.介、特——耦(《释诂》卷三上《释诂》卷四上)

62.经——纬(《释言》卷五上)

63.欠——富(《释诂》卷四下)

64.聚——散(《释诂》卷三下)

65.君——臣(《释诂》卷一上/《释诂》卷一下)

66.君、官——民(《释诂》卷一上/《释诂》卷四下/《释诂》卷四上)

67.开——闭(《释诂》卷三下)

68.开——合(《释诂》卷三下/(《释诂》卷二下)

69.客——主(《释诂》卷四下/《释诂》卷三下)

70.宽——窄(《释诂》卷三上/《释诂》卷一下)

71.筐——筥(《释器》卷八上)

72.劣——优(《释诂》卷三下/《释诂》卷五下)

73.聋、聩——聪(《释诂》卷三上)

74.乱——治、理(《释诂》卷三上/《释诂》卷三下)

75.买——卖(《释诂》卷三上)

76.美——丑(《释诂》卷一上/《释诂》卷二下)

77.美——恶(《释诂》卷三下)

78.明——暗(《释诂》卷四上/《释训》卷六上)

79. 牡——牝(《释兽》卷十下)

80. 男——女(《释亲》卷六下)

81. 泞——泥(《释言》卷五下)

82. 耆——懦(《释诂》卷一下)

83. 歉——足(《释诂》卷三下)

84. 歉、饥、馑、欤——丰、穰(《释天》卷九上/《释诂》卷四下)

85. 强——弱(《释诂》卷一下)

86. 亲——疏(《释诂》卷三下/《释诂》卷三上)

87. 勤——惰、怠、懒(《释诂》卷四下/《释诂》卷二下)

88. 清——浊(《释诂》卷一下/《释诂》卷三上)

89. 清、冷、寒——温、煖(暖)(《释诂》卷四上/《释诂》卷三上)

90. 求——予(《释诂》卷三下)

91. 曲——直(《释诂》卷一下/《释诂》卷三上)

92. 屈——伸(《释诂》卷四上)

93. 祛——合(《释诂》卷三下)

94. 去——从(《释诂》卷二上/《释诂》卷一上)

95. 去——就(《释诂》卷二上/《释诂》卷二下)

96. 去——取(《释诂》卷二上/《释诂》卷一上)

97. 柔服——屈强(《释诂》卷二上)

98. 辱——尊、敬(《释诂》卷三下/《释诂》卷一上)

99. 入——出(《释诂》卷三下/《释诂》卷一下)

100. 锐、利——钝(《释诂》卷二下/《释诂》卷四上)

101. 善——恶(《释诂》卷一上/《释诂》卷三下)

102. 上——下(《释诂》卷一下)

103. 胜——败(《释诂》卷一下/《释诂》卷三上)

104. 盛——衰(《释诂》卷二上/《释言》卷五下)

105. 失——得(《释诂》卷二下/《释诂》卷三下)

106. 施——取(《释诂》卷三上/《释诂》卷一上)

107. 时——灾(《释诂》卷一上)

108. 实——亏(《释诂》卷二下/《释诂》卷四下)

109. 始——末(《释诂》卷一上/《释诂》卷一下)

110. 始——终(《释诂》卷一上/《释诂》卷四下)

111. 顺——逆(《释诂》卷一上/《释诂》卷三上)

112. 姒——娣(《释亲》卷六下)

113. 缩、瘶——伸(《释诂》卷三下)

114. 特——牸(《释兽》卷十下)

115. 天——地(《释诂》卷一上)

116. 天子、诸侯——庶人(《释天》卷九上)

117. 调和——急戾(《释诂》卷一下)

118. 枲——籴(《释诂》卷三上)

119.同——异（《释诂》卷四上/《释言》卷五上）

120.吞——吐（《释言》卷五下/《释诂》卷四下）

121.橐——囊（《释器》卷七下）

122.外、表——内、里、中（《释诂》卷四上/《释言》卷五上）

123.完——缺（《释诂》卷四下/《释诂》卷二上）

124.往——返（《释诂》卷一上/《释诂》卷二下）

125.文——武（《释诂》卷三上/《释诂》卷二下）

126.文——质（《释诂》卷二上/《释诂》卷三下）

127.晞、干——润、湿（《释诂》卷二上/《释诂》卷一下）

128.皙、白——黑（《释器》卷八上）

129.曦和——望舒（《释天》卷九上）

130.喜——忧（《释诂》卷一下/《释诂》卷一上）

131.先——后（《释诂》卷一上/《释诂》卷三上）

132.贤——愚（《释诂》卷一上）

133.香——臭、朽（《释器》卷八上）

134.肖——傀（《释诂》卷二上）

135.晓、慧——蠢、愚（《释诂》卷一下）

136.笑——泣（《释诂》卷一下/《释言》卷五上）

137.信——慢（《释诂》卷二下）

138.行——止（《释诂》卷一上/《释诂》卷二下）

139.兄——弟（《释亲》卷六下）

140.雄——雌（《释兽》卷十下）

141.休——戚（《释诂》卷一下）

142.虚、空——实（《释诂》卷三下/《释诂》卷四下）

143.徐——疾（《释诂》卷一下）

144.衍——馑（《释诂》卷三下）

145.偃——仆（《释诂》卷四上）

146.抑——举（《释诂》卷三下/《释诂》卷一下）

147.益、增——损、减（《释诂》卷二上/《释诂》卷二下/《释诂》卷三下）

148.殷——微（《释诂》卷一上）

149.盈——亏（《释诂》卷四上/《释诂》卷三下）

150.赢——缩（《释诂》卷三下）

151.勇——怯、懦（《释诂》卷二下/《释诂》卷四上）

152.有——无（《释诂》卷一上）

153.愉愉、喻喻、欣欣——戚戚、慅慅、愁愁、忡忡、怛怛（《释训》卷六上）

154.与、予——求（《释诂》卷三下）

155.与——欲、受（《释诂》卷三下）

156.誉、称——詍、诋、诽（《释诂》卷四下/《释诂》卷二下）

157.原——流（《释诂》卷一下）

158.远——近（《释诂》卷一上/《释诂》卷三下）

159.杂——纯(《释诂》卷一下/《释言》卷五上)

160.暂、乍——旷、久(《释言》卷五下/《释诂》卷三下)

161.早——迟、晏、晚(《释言》卷五上/《释诂》卷三上)

162.燥、晞——润(《释诂》卷二上/《释诂》卷一下)

163.仄——阔(《释诂》卷一下/《释诂》卷二上)

164.长——消(《释诂》卷四下)

165.长、老——幼、稚、少(《释诂》卷一上/《释诂》卷三上)

166.丈夫——妇人(《释亲》卷六下)

167.炤炤、皎皎、皓皓——冥冥、昧昧、晻晻(《释训》卷六上)

168.正——反(《释诂》卷一上/《释言》卷五上)

169.正——误(《释诂》卷一上/《释诂》卷三下)

170.稙——穉(《释言》卷五上)

171.駌——駥(《释兽》卷十下)

172.众——寡(《释诂》卷三下/《释诂》卷三下)

173.重——轻(《释诂》卷三下/《释诂》卷三上)

174.昼——暮、夜(《释诂》卷四下)

175.主——辅(《释诂》卷三下/《释诂》卷四下)

176.掇——遥(《释诂》卷二下)

177.姊——妹(《释亲》卷六下)

178.坐——立(《释诂》卷三下/《释诂》卷四上)

三、《广雅疏证》同源词词表

(一)之部

1. 鮨:鮪:痏——黑色(《释器》卷八上)

2. 骇:核——动(《释诂》卷一下)

3. 孃:駘——迟钝(《释诂》卷二下)

4. 駘:台——脱落(《释诂》卷二下)

5. 待:跱——停留(《释诂》卷三下)

6. 闾:里——住宅(《释诂》卷二上)

7. 志:识——记住(《释诂》卷二下)

8. 梩:鯉:鯢——弱小(《释兽》卷十下)

9. 坏:肧:醅——未成(《释言》卷五上)

10. 负:背——背部(《释诂》卷四下)

11. 培:陪——增益(《释诂》卷一下)

12. 捊:裒:抔:掊:俘——聚集(《释诂》卷一上)

13. 才:材——才能(《释诂》卷四上)

14. 龟:久——长久(《释草》卷十上)

(二)职部

1. 或:國——邦国(《释诂》卷四下)

2. 絠:䵍——赤色(《释器》卷八上)

3. 昱:煜——明亮(《释诂》卷四上)

4. 殖:蒔:置:植——树立(《释诂》卷四上)

5. 背:北——相背(《释亲》卷六下)

6. 福:富:備——齐备(《释诂》卷二下)

7. 愊:畐:腷:稫——满(《释诂》卷一上)

8. 糒:熊——干(《释诂》卷二上)

9. 墨:坶——贪(《释诂》卷二上)

(三)蒸部

1. 掤:緪——急绷(《释诂》卷一下)

2. 烝:鬵——以火干物(《释诂》卷二上)

3. 硻:宏:硡:耾:鈜——声响(《释诂》卷四下)

4. 膺:應——打击(《释诂》卷三上)

5. 朾:打——撞击(《释诂》卷三上)

6. 腾:賸:媵——贰(《释诂》卷四上)

(四)幽部

1. 赳:嬲——才能(《释诂》卷四上)

2. 纠:觓:疚——紧急(《释诂》卷一下)

3. 休:旭——大(《释诂》卷四上)

4. 漫:優:渥——充足(《释诂》卷四下)

5.舀:挑——舀取(《释诂》卷二上)

6.薫:翻:薫——遮盖(《释诂》卷二下)

7.酉:酒:就——成(《释诂》卷三上)

8.潦:浏——清深(《释诂》卷一下)

9.髎:膠——空虚(《释诂》卷三下)

10.醜:州——窍(《释亲》卷六下)

11.犪:柔——柔(《释诂》卷一上)

12.粿:糠——杂(《释诂》卷一下)

13.胅:膞——肥(《释诂》卷二上)

14.眑:壤——柔软(《释诂》卷二上)

15.朕:眑——美好(《释诂》卷二上)

16.啾:鍪——幼小(《释诂》卷二上)

17.遒:媨——美好(《释诂》卷一下)

18.挲:糕——细小(《释诂》卷二上)

19.秋:酉——成熟(《释诂》卷三上)

20.菽:葆:苞——丛生(《释言》卷五下)

21.舜:浮:烰:裒——盛多(《释诂》卷三下)

22.菽:茂——茂盛(《释言》卷五上)

23.秋:愁——忧愁(《释诂》卷二上)

24.旭:晧——明亮(《释诂》卷四上)

25.韭:久——长久(《释草》卷十上)

(五)觉部

1.斲:斠——加工(《释诂》卷一上)

2.叔:少——小(《释诂》卷三上)

3.鲭:脩——干(《释器》卷八上)

4.学:觉——觉悟(《释诂》卷四上)

5.蜎:曲——弯曲(《释虫》卷十下)

(六)冬部

1.绛:红——红色(《释器》卷八上)

2.穷:极——穷尽(《释诂》卷一上)

3.縬:濃——多(《释诂》卷三下)

(七)宵部

1.皎:皦——洁白(《释器》卷八上)

2.殇:薨:槁——干枯(《释诂》卷二上)

3.摧:敲:殻——击打(《释诂》卷三上)

4.挈:敲——击打(《释诂》卷三上)

5.骜(鷔):獒:謷:鼇:顤——高大(《释诂》卷一上、《释诂》卷四下)

6.么:纱——细小(《释诂》卷二)

7.刌:刉——断(《释诂》卷一上)

8.貂:䫈:翢——短小(《释诂》卷二下)

9.佻:偷——轻薄(《释诂》卷三下)

10.佻:佻:跳——疾速(《释诂》卷一上)

11.超:迢——遥远(《释诂》卷一上)

12.遥:辽——遥远(《释诂》卷三下)

13.旧:久——久(《释鸟》卷十下)

14.撩:料——料理(《释诂》卷二上)

15.寮:寮:嫽——孔穴(《释诂》卷三下)

16.慓:嘌:剽:僄:漂——迅疾(《释诂》卷一下)

17.僄:飘:嫖:剽:漂:票——轻(《释诂》卷三上)

18.纱:秒:眇:杪:筲——细小(《释诂》卷四下)

19.摊:絻——多(《释诂》卷三下)

20.藻(薻):漂:瓢——漂浮(《释草》卷十上)

21.鹞:摇——疾速(《释鸟》卷十下)

22.斛:挑——插取(《释器》卷七下)

23.皢:暟:翯:滴——白色(《释器》卷八上)

24.皢:晓——光亮(《释器》卷八上)

(八)药部

1.耀:燎——光明(《释诂》卷三下)

2.焯:灼——火烧(《释诂》卷二上)

3.暴:搏——搏击(《释诂》卷三上)

4.暴:襮——表露(《释诂》卷四上)

5.搏:殉——击打(《释言》卷五下)

6.暴:瀑——急速(《释诂》卷一上)

(九)侯部

1.寇:够——众多(《释诂》卷三下)

2.狗:呴——鸣呼(《释诂》卷二上)

3.劍:窬——空中(《释诂》卷四下)

4.椒:菆:箙——柴(《释木》卷十上)

5.麀:稼——茎(《释草》卷十上)

6.府:胕——浮肿(《释诂》卷一上)

7.驸:拊——疾速(《释诂》卷一上)

8.犨:翟——幼小(《释兽》卷十下)

(十)屋部

1.睩:逯——谨慎(《释诂》卷一上)

2.蔟:族——聚集(《释言》卷五上)

3.族:丛——聚集(《释诂》卷三下)

4.剥:朴:卜——剥离(《释诂》卷三下)

5.朴:膚——皮(《释诂》卷三下)

6.足:涊——充足(《释诂》卷二下)

(十一)东部

1.攻:刉——割断(《释器》卷八上)

2.舁:扛:杠:杲——对举(《释诂》卷一下)

3.蓊:滃——上起(《释草》卷十上)

4.恫:涌——满溢(《释诂》卷一上)

5.烔:爞——热气(《释诂》卷二上)

6.筩:侗:涌:桶——长(《释诂》卷二上)

7.恫:痛——痛苦(《释诂》卷二上)

8.拢:摧:軵——推(《释诂》卷三上)

9.鞚:蹤:從——踪迹(《释诂》卷三下)

10.夋:稷:緵:騣:峻:猣:燚——聚集(《释诂》卷三下)

11.繱:蔥:聰——青色(《释器》卷八上)

12.丛:菆——聚集(《释诂》卷三下)

13.封:豐——大(《释诂》卷一上)

14.桻:锋:峰——尖端(《释诂》卷一下)

15.幏:冡:蒙——覆盖(《释诂》卷二下)

16.貯:篰——贮藏(《释器》卷七下)

17.椶:總:稷——聚集(《释木》卷十上)

(十二)鱼部

1.寡:孤——孤独(《释诂》卷三上)

2.殆:枯——干枯(《释诂》卷二上)

3.夸:讦:芋——大(《释诂》卷一上)

4.寤:悟——觉醒(《释诂》卷四上)

5.墫:罅——裂开(《释诂》卷二上)

6.胡:湖:壶:祜——大(《释诂》卷一上)

7.瑕:霞:騢——赤色(《释地》卷九下)

8.簬:醁——盛物之器(《释器》卷七下)

9.与:如:若——如同(《释言》卷五上)

10.鑪:壚:玈:矑:旅:櫨:瀘——黑色(《释器》卷八上)

11.柤:絽:吕:旅——连接(《释宫》卷七上)

12.廡:庐——屋(《释宫》卷七上)

13.捨:赦——释放(《释诂》卷四上)

14.祖:珇——好(《释诂》卷一下)

15.覩:狙:胥——伺机(《释诂》卷一下)

16.曙:著——明著(《释诂》卷四上)

17.布:敷:铺——铺展(《释诂》卷三下)

18.矑:嫵——美(《释诂》卷一下)

19.禑:隅——增多(《释诂》卷一下)

20.媒:怃——爱抚(《释诂》卷一上)

21. 黍：暑——炎热（《释草》卷十上）

22. 捨：舍——舍弃（《释诂》卷四上）

23. 素：索——空（《释诂》卷一下）

（十三）铎部

1. 胳：袼——腋下（《释器》卷七下）

2. 蠚：恶——恶（《释诂》卷三下）

3. 祐：硕：拓：斥：鸟——大（《释诂》卷一上）

4. 曅：奕：煐——光明（《释诂》卷四上）

5. 夜：昔：夕——夜晚（《释诂》卷四上）

6. 露：落——败落（《释诂》卷三上）

7. 若：而——……样子（《释诂》卷四下）

8. 笮：醡——压榨（《释诂》卷二下）

9. 白：蜗——白色（《释虫》卷十下）

10. 阁：格——止（《释诂》卷三上）

（十四）阳部

1. 梗：鲠：骾——刺（《释诂》卷二下）

2. 尪：伉：梗——强（《释诂》卷四上）

3. 仰：卬——举头（《释诂》卷一下）

4. 腳：膮——香美（《释器》卷八上）

5. 锽：瑝：喤：諻——声大（《释诂》卷四下）

6. 晄：煌：爌：光——光明（《释诂》卷四上）

7. 党：昌——美善（《释诂》卷一上）

8. 鳎：鍚——赤色（《释鱼》卷十下）

9. 酲：惊——混合（《释器》卷八上）

10. 鎗：瑲——声大（《释诂》卷四下）

11. 糧：釀：毇：孃——杂（《释诂》卷一下）

12. 臁：孃：壤：穰：瀼——盛多（《释诂》卷二上）

13. 攘：纕——捋露（《释器》卷七下）

14. 妆：装：莊——装饰（《释诂》卷二上）

15. 晃：煌——明亮（《释诂》卷四上）

16. 胻：梗——直长（《释亲》卷六下）

（十五）支部

1. 嫛：䌖——细小（《释诂》卷二上）

2. 睨：窥——看（《释诂》卷一下）

3. 佳：介——大（《释诂》卷一）

4. 涯：厓——边缘（《释诂》卷一下）

5. 婗：倪：麑：蜺：齯：兒——幼小（《释亲》卷六下）

6. 知：智——知（《释诂》卷三上）

7. 提：摘——投掷（《释诂》卷三上）

8. 螽：劙——分割（《释诂》卷一下）

9.是:谍——正（《释言》卷五下）

10.斯:廝:澌:瘯:齹:嘶——破散（《释诂》卷一上、《释诂》卷三下）

11.澌:赐——尽（《释诂》卷一下）

12.箪:捭——分开（《释诂》卷三下）

13.捭:擺:罷——分开（《释诂》卷三下）

14.坒:鞞:裨——增益（《释诂》卷一下、《释诂》卷二上）

15.弜:觲——弯曲（《释器》卷八上）

16.捭:擘——分开（《释诂》卷三下）

17.死:澌——竭尽（《释诂》卷一下）

18.炷:颕:炯——明亮（《释诂》卷四上）

（十六）锡部

1.韣:炷——明（《释诂》卷四上）

2.迟:谷——曲（《释诂》卷一下）

3.摛:掃——搔（《释诂》卷二下）

4.嫡:勣——整齐（《释诂》卷四上）

5.冖:幎:鼏:幦——覆盖（《释诂》卷二下）

6.糸:覛——微小（《释诂》卷四下）

7.磧:積——聚集（《释水》卷九下）

（十七）耕部

1.敬:警:憼——恭敬（《释诂》卷一上）

2.摼:鏗:鎗——撞击（《释诂》卷三上）

3.匒:硡——声大（《释诂》卷四下）

4.脛:莖——直而长（《释亲》卷六下）

5.颠:頯:题——顶（《释亲》卷六下）

6.侹:颋:挺:脡——直挺（《释诂》卷三上）

7.汀:町——平（《释诂》卷三下）

8.逞:挺——解除（《释诂》卷一下）

9.逞:铤——尽（《释诂》卷一下）

10.畾:欙:輘:舲——中空（《释诂》卷三下）

11.灵:禄——福（《释言》卷五上）

12.竫:静:靖——安（《释诂》卷一上）

13.星:竛——细小（《释诂》卷二上）

14.铮:琤——声音（《释诂》卷四下）

15.砰:軯——声音（《释诂》卷四上）

16.名:命:鸣——命名（《释诂》卷三下）

17.柽:赪——红色（《释木》卷十上）

（十八）脂部

1.黳:繄:鷖:瑿:醫——黑色（《释器》卷八上）

2.翳:隐——遮蔽（《释诂》卷一上）

3.甀:邸:氐——后部（《释亲》卷六下）

4.柢:樇——根(《释木》卷十上)

5.柅:尼——制止(《释诂》卷三下)

6.憿:济——忧愁(《释诂》卷一上)

7.茨:薋:坕:瓷——聚集(《释诂》卷一上)

8.私:细——细小(《释诂》卷二上)

9.楣:湄:眉——交接处(《释宫》卷七上)

10.蓍:耆——老(《释草》卷十上)

(十九)质部

1.结:诘——弯曲(《释诂》卷四上)

2.剿:刜——割断(《释诂》卷一上)

3.耱:衛——茎毛(《释草》卷十上)

4.潏:矞——上出(《释诂》卷一下)

5.臷:蛭——毒(《释诂》卷三下)

6.苾:飶 ——香(《释器》卷八上)

7.氉:屑:糪——碎屑(《释器》卷八上)

(二十)真部

1.賢:犨:臤——大(《释诂》卷一上)

2.演:螾:引——引长(《释言》卷五下)

3.侚:骏——疾速(《释诂》卷一上)

4.傧:宾——陈列(《释诂》卷一上)

5.媥:翩——轻(《释诂》卷三上)

(二十一)微部

1.幾:嘰:璣:鐖——细小(《释诂》卷四下)

2.坚:緊:賢:臤:鏗:掔:臥——坚(《释诂》卷一下)

3.硍:艮:铿:垠——坚硬(《释诂》卷一下)

4.餧:萎——喂养(《释诂》卷三下)

5.扆:庡:隐——隐蔽(《释诂》卷一下)

6.畏:威——畏惧(《释言》卷五上)

7.唏:咦——笑(《释诂》卷一下)

8.晞:暵——干(《释诂》卷二上)

9.希:罕——稀少(《释诂》卷二上)

10.晞:昕——黎明(《释诂》卷四上)

11.欷:唏:悕——悲伤(《释诂》卷三上)

12.縈:蕤:甤——下垂(《释草》卷十上)

13.扉:枈:騑——两旁(《释宫》卷七下)

14.尾:微——微小(《释诂》卷四下)

(二十二)物部

1.朏:诎——弯曲(《释亲》卷六下)

2.悷:退——延缓(《释诂》卷二上)

3.愐:鏋:饙——满(《释诂》卷一上)

4.憨:寤——醒(《释诂》卷四上)

5.汔:讫——完尽(《释诂》卷一下)

6.篓:蔓:偊:曖——隐蔽(《释诂》卷二下)

7.蔓:隐——遮蔽(《释诂》卷一上)

8.类:律——法则(《释诂》卷一上)

9.础:屾:婐:頮:惙:夎——短(《释诂》卷二下)

10.硙:瓾——磨(《释诂》卷三上)

11.奲:綷——大(《释诂》卷一上)

12.朏:旵——未盛明(《释诂》卷四上)

(二十三)文部

1.筋:新——力量(《释诂》卷二上)

2.焜:煇——盛大(《释诂》卷二上)

3.堇:僅:廑:馑——少劣(《释诂》卷三下)

4.昕:炘——光明(《释诂》卷四上)

5.军:晕:运:围——环绕(《释言》卷五下)

6.浑:混——大(《释诂》卷二上)

7.衮:浑:绲:睔:緷:鯀——大(《释诂》卷一上)

8.员:賑:雲:覞——众多(《释诂》卷三下)

9.蕴:郁——茂盛(《释诂》卷二上)

10.隐:殷——大(《释诂》卷一上)

11.隐:慇——忧痛(《释诂》卷二上)

12.悬:哀——忧伤(《释诂》卷一上)

13.伦:沦——伦理(《释诂》卷一上)

14.黗:纯——黑色(《释器》卷八上)

15.辰:娠:振:震——震动(《释言》卷五下)

16.沌:顿——乱(《释诂》卷三上)

17.谆:憝——厌恶(《释诂》卷三下)

18.唇:漘:宸——边缘(《释丘》卷九下)

19.抮:振——收敛(《释言》卷五上)

20.紾:抮:軫——转动(《释训》卷六上)

21.纯:暾:焞——大(《释诂》卷四上)

22.瞤:蜳——动(《释诂》卷一下)

23.荨:傅:噂:蹲——聚集(《释诂》卷三下)

24.悛:恮——敬(《释诂》卷一上)

25.坌:粪——尘埃(《释诂》卷三上)

26.本:茇——根(《释草》卷十上)

27.靳:堇:墐——黏(《释诂》卷四上)

28. 顺：伦——依循（《释诂》卷一上）

(二十四)歌部

1. 畸：奇——奇（《释诂》卷四上）

2. 闉：舸——大（《释水》卷九下）

3. 科：窠：窼——中空（《释诂》卷三下）

4. 赫：㧖——裂（《释诂》卷二上）

5. 揭：閜——分开（《释诂》卷三下）

6. 为：伪——劳作（《释诂》卷三下）

7. 碕：陭：猗——长（《释言》卷五下）

8. 尪：枉——弯曲（《释诂》卷四下）

9. 移：貤——给予（《释言》卷五上）

10. 髻：堕——落下（《释诂》卷三上）

11. 髦：貤——附益（《释诂》卷一下）

12. 揣：楣——度量（《释诂》卷三下）

13. 佗：扅——加（《释诂》卷二上）

14. 嫷：覿——好（《释诂》卷一下）

15. 殰：儢：羸——病（《释诂》卷一上）

16. 弛：施——延伸（《释诂》卷三下）

17. 搓：差——斜（《释诂》卷二下）

18. 皤：繠：皤——白色（《释器》卷八上）

19. 髦：貱——附益（《释诂》卷一下）

20. 麢：糜——碎烂（《释诂》卷一上）

21. 靡：麼：麿——细小（《释诂》卷三下）

22. 移：扅——施加（《释诂》卷二上）

23. 蘂：蕤——花（《释草》卷十上）

24. 貱：被——增加（《释诂》卷一下）

25. 皮：膚——皮（《释诂》卷三下）

(二十五)月部

1. 擶：儈：暬：會——会聚（《释诂》卷三下）

2. 蹶：趹：趏：跌：决——疾速（《释诂》卷一上）

3. 栔：契：鍥——刻（《释言》卷五下）

4. 挈：介——独特（《释诂》卷三上）

5. 挈：絜——独一（《释诂》卷三上）

6. 鈌：鐍——刺（《释诂》卷一上）

7. 偈：揭：桀——勇武（《释诂》卷二上）

8. 揭：褰——揭起（《释诂》卷一下）

9. 揭：竭：碣：碣：桀——上举（《释诂》卷一下）

10. 傑：楬：碣——特立（《释诂》卷二上）

11. 孓：栴——残余（《释诂》卷二上）

12. 齰：嘈：错：槽：甈——小（《释器》卷七下）

13. 跋:狄:揻——疾行（《释诂》卷一上）

14. 娍:越——轻（《释诂》卷三上）

15. 害:曷:胡:盍:何——什么（《释诂》卷三上）

16. 括:佸:会——汇合（《释诂》卷一上）

17. 憎:憎——憎恶（《释诂》卷三下）

18. 餲:鶡——臭（《释器》卷八上）

19. 黡:黵——黑色（《释器》卷八上）

20. 撮:㩅——取（《释诂》卷一上）

21. 蜕:脱:毻——脱落（《释诂》卷一下）

22. 锐:莌:锐——小（《释诂》卷二上）

23. 裔:澨——边缘（《释诂》卷一上）

24. 裔:邅——远（《释诂》卷一上）

25. 厓:浖——水旁（《释诂》卷一上）

26. 热:爇——焚烧（《释诂》卷二上）

27. 芮:炳——温暖（《释诂》卷三上）

28. 尐:蠿:蠿:蠿——小（《释诂》卷二上）

29. 獘:憋——恶（《释诂》卷三下）

30. 挈:瀎——击打（《释诂》卷三上）

31. 紒:蔑:㦬:礷:糱:篾:鷩:蠛——小（《释诂》卷四下）

32. 太:大——大（《释言》卷五上）

（二十六）元部

1. 猭:懁:狷——急（《释诂》卷一下）

2. 嗎:嗅——喜（《释训》卷六上）

3. 忓:婵 ——美好（《释诂》卷一下）

4. 挢:㩵——搏（《释诂》卷三上）

5. 暷:閞——缝隙（《释诂》卷三下）

6. 姽:鬓——美（《释诂》卷一下）

7. 倦:羂——疲劳（《释诂》卷一上）

8. 忨:翫:玩——贪（《释诂》卷二上）

9. 猭:儇:翻:趱——疾速（《释诂》卷一上）

10. 锻:殿:段——椎击（《释诂》卷二下）

11. 亶:诞——诚信（《释诂》卷一下）

12. 断:剬——齐断（《释诂》卷四上）

13. 孱:雑——幼小（《释诂》卷三上）

14. 骃:縓——赤色（《释器》卷八上）

15. 嘽:繵——宽缓（《释诂》卷二上）

16. 綩:繂——宽缓（《释诂》卷二上）

17. 梴:梴:延——长（《释诂》卷二上）

18. 圌:轮:湍——圆（《释诂》卷三上）

19. 攒:攒:儹——聚集（《释诂》卷三下）

20.悛：竣——停止(《释诂》卷三下)

21.脤：朎：殘——食余(《释诂》卷二下)

22.旋：圓：欒：鏇：匠——圆(《释诂》卷三上)

23.醆：棧：淺——小(《释器》卷七下)

24.撰：僎：譔：僝：巽——具备(《释诂》卷三上)

25.片：胖：半：辨：判——半(《释诂》卷四下)

26.判：片——分开(《释器》卷七下)

27.悈：痵：卞——急(《释诂》卷三下)

28.輄：軓：藩——屏障(《释器》卷七下)

29.般：槃：幋：鑿：磐——大(《释诂》卷一上)

30.卷：縴——弯曲(《释器》卷七下)

31.攒：葺——聚集(《释诂》卷三下)

32.禪：单——单衣(《释器》卷七下)

(二十七)缉部

1.吸：歙——吸入(《释诂》卷一下)

2.遝：眔：諜——及(《释言》卷五上)

3.妠：纳——接纳(《释诂》卷三下)

(二十八)侵部

1.感：撼——动(《释诂》卷一下)

2.歆：歁：脂——贪婪(《释诂》卷二上)

3.腜：醰——味美(《释诂》卷一上)

4.罨：醰——长(《释诂》卷二上)

5.霖：淫：涔——久雨(《释言》卷五上)

6.惢：桑：荏——弱(《释诂》卷一下)

7.惂：諗：念——思念(《释诂》卷二下)

8.惨：暗——忧愁(《释诂》卷一上)

9.暗：豮——残害(《释诂》卷三下)

10. 闇：黯——昏暗(《释器》卷八上)

(二十九)叶部

1.厴：壓：厭——压(《释诂》卷三下)

2.憎：脅：怯——恐惧(《释诂》卷四上)

3.挾：鍤——取物(《释言》卷五下)

4.聑：惉：怗——安(《释诂》卷一上)

5.坴：摄：慹——安静(《释诂》卷四下)

6.儑：鼸：犣——长(《释诂》卷二上)

7.攝：摄——持(《释诂》卷三下)

8.荚：夹——夹住(《释草》卷十上)

(三十)谈部

1.歉：嗛：慊：谦——不足(《释诂》卷三下)

2.钳:拑——挟持(《释诂》卷三下)

3.黶:檿——黑点(《释器》卷八上)

4.俺:奄——大(《释诂》卷一上)

5.掩:晻——遮蔽(《释诂》卷二下)

6.拈:钻——取物(《释言》卷五下)

7.覝:炗——明(《释诂》卷四上)

8.隒:廉:厉——边缘(《释诂》卷一上)

9.姑:沾——轻薄(《释诂》卷一下)

10.籤:鑯——锐利(《释诂》卷二下)

11.纤:摻——细小(《释诂》卷二上)

12.攙:鑱:劖:嚵:欃——锐利(《释诂》卷四下)

13.晻:暗——暗淡(《释诂》卷二下)

后　记

我对"雅学"研究的兴趣始于 1990 年在四川大学师从向熹教授学习汉语史，在他的耐心指导下，开始接触《尔雅》，硕士论文为《尔雅毛传比较研究》，后来在此基础上修改出版了一本小书《诗经尔雅比较研究》。1999 年再次进入四川大学，师从宋永培教授读汉语言文字学博士研究生，在他的悉心指导下，开始研究清代朴学大师王念孙的《广雅疏证》。《广雅疏证》为清代训诂学的典范之作，可谓博大精深，刚开始接触也感到无所适从，但在导师宋永培教授的耐心教导下，最终完成了 40 余万字的博士论文《〈广雅疏证〉同源词研究》。后经过修改，2002 年在巴蜀书社出版。

该书出版后，虽然获得了较高评价，但仍然觉得还有不少错误和遗漏，需要修改和完善，于是就有了对该书进行修订的想法。《广雅疏证》作为传统语言学的经典之作，从文字、音韵、训诂、词汇等角度去研究，都是很有理论价值和实践意义的。从词义关系的角度讲，汉语的词汇除了同源词，还有同义词、反义词，这在王念孙《广雅疏证》里也应该有充分体现。于是，我在与周勤、向学春两位老师一起研讨的过程中，认为从词义关系的角度研究《广雅疏证》的词汇很有必要，于是我们在 2005 年联合申报了教育部的人文社科项目"《广雅疏证》词汇研究"。该项目在当时的资助经费只有 3 万元，没有足够的经费支持出版。结题之后，仍然发现有不少问题，需要进一步完善。2010 年，我们再次申请了国家社科基金后期资助项目，获准立项后，我们就开始投入到紧张的研究之中。在原有研究的基础上，进行了补充和订正，同时也增加了"《广雅疏证》动植物名词'异名同实'现象研究"部分内容。初稿本来只有 33 万字，完稿后骤增到近 70 万字，后来觉得太庞大，又删减到 56 万字。其中的酸甜苦辣，是可想而知的。本成果只是对《广雅疏证》的词汇进行了尝试性的研究，疏漏和错误在所难免，还望方家斧正。

本书在写作过程中，我的导师向熹教授给予了精心指导并作序，对我是莫大的鼓励和鞭策。我的恩师向熹教授、宋永培教授、经本植教授，从我踏上学术之路的那一天起，就始终关注着我的成长，并付出了大量心血。师恩铭刻在心，没齿难忘。遗憾的是恩师宋永培教授、经本植教授不幸早逝，仅以此书的出版祭奠和纪念他们。

全国哲学社会科学规划办公室寄来的本书稿匿名评审专家提出的修改意见，十分中肯，让我们受益匪浅。本书能得以继续研究并正式出版，没有全国哲学社会科学规划办公室领导和同志们的信任和支持，是不可想象的。北京师范大学刘利教授、吉林大学徐正考教授、四川大学蒋宗福教授、成都大学刘兴均教授、四川师范大学黄晓冬博士，对本书的修改提了很好的意见和建议，在此，向他们表示衷心的感谢！我的研究生陈秀然、隋文娟、胡超、薛芹、王云专、罗春霞、张玉平、袁进宇、刘晓霞、王明霞等对本书进行了文献校正，在此一并致谢！感谢商务印书馆汉语出版中心副主任叶军博士、责任编辑龚英为本书出版付出的辛勤劳动！感谢所有支持和关心我的学术同仁和朋友们！

胡继明

2014 年 5 月 26 日于重庆